Sabine Rudolph

**Restitution von Kunstwerken aus jüdischem Besitz**

Schriften zum Kulturgüterschutz

Cultural Property Studies

Schriften zum Kulturgüterschutz
Cultural Property Studies

Sabine Rudolph

# Restitution von Kunstwerken aus jüdischem Besitz

## Dingliche Herausgabeansprüche nach deutschem Recht

W DE G RECHT

De Gruyter Recht · Berlin

Dr. *Sabine Rudolph*,
Rechtsanwältin in Dresden

∞ Gedruckt auf säurefreiem Papier,
das die US-ANSI-Norm über Haltbarkeit erfüllt.

ISBN 978-3-89949-436-5

*Bibliografische Information der Deutschen Nationalbibliothek*

Die Deutsche Nationalbibliothek verzeichnet diese Publikation in der Deutschen Nationalbibliografie; detaillierte bibliografische Daten sind im Internet über <http://dnb.d-nb.de> abrufbar.



Printed in Germany
Einbandgestaltung: +malsy kommunikation und gestaltung, Bremen
Umschlagfoto: Private Collection, courtesy Neue Galerie New York
Datenkonvertierung: Werksatz Schmidt & Schulz GmbH, Gräfenhainichen
Druck und Bindung: Hubert & Co., Göttingen

In memoriam Dr. Fritz Salo Glaser

# Vorwort

Die vorliegende Untersuchung wurde am 6. November 2006 von der Juristischen Fakultät der Technischen Universität Dresden als Dissertation angenommen.

Danken möchte ich zuerst Herrn Professor Dr. Michael Becker für die freundliche Betreuung der Dissertation. Frau Professor Dr. Dr. Sabine von Schorlemer und Herrn Professor Dr. Kurt Siehr danke ich für die zügige Anfertigung des Zweit- und Drittgutachtens.

Mein Dank gilt weiterhin Frau Ute Glaser, die mir in zahlreichen Gesprächen viel über ihren Schwiegervater Dr. Fritz Salo Glaser erzählt und so dazu beigetragen hat, dass sein Schicksal in der vorliegenden Arbeit besonders geschildert werden konnte. Bedanken darf ich mich zudem bei der Historikerin Dr. Ute Babick-Krüger, die für Fragen aller Art stets zur Verfügung stand.

Besonders herzlich danke ich schließlich noch meiner Familie und meinen Freunden für ihre Geduld und ihr Verständnis dafür, dass ich die Zeit, die mir neben meiner beruflichen Tätigkeit verblieben ist, jahrelang allzu oft nicht ihnen, sondern dieser Arbeit gewidmet habe.

Dresden, im Juni 2007 *Sabine Rudolph*

# Zum Umschlagbild

Besondere Wertschätzung des Kunstsammlers Dr. Fritz Salo Glaser genossen die Gemälde von Otto Dix. Nicht nur, dass sie zahlenmäßig den Schwerpunkt seiner Kollektion bildeten, er ließ sich und seine Familie sogar von Dix porträtieren. Bereits im Jahr 1921 entstand das auf dem Umschlag zu sehende „Bildnis Rechtsanwalt Dr. Fritz Glaser", im Jahr 1925 folgte dann die „Familie des Rechtsanwalts Dr. Fritz Glaser".

Seine starke Verbundenheit mit den Werken Dix' zeigt sich auch darin, dass Glaser sich selbst in der NS-Zeit nicht von ihnen trennte, als er zahlreiche Kunstwerke verkaufen musste, nachdem ihm bereits im September 1933 die Ausübung seines Berufs als Rechtsanwalt verboten worden war und er den Lebensunterhalt seiner Familie sowie später die ihm auferlegte Judenvermögensabgabe durch die Verkaufserlöse finanzieren musste.

Nach dem Zusammenbruch des Dritten Reichs erlebte Glaser erneut die Verfolgung seiner Person, weil er die Pflichtverteidigung von vor dem Landgericht Dresden angeklagten Richtern und Staatsanwälten übernommen hatte, die in der NS-Zeit mit Verfahren wegen Hoch- und Landesverrats befasst waren. Er wurde daraufhin aus dem Verband der „Opfer des Faschismus" ausgeschlossen, was wiederum die Ursache für die bedrängte finanzielle Lage war, in der sich seine Frau und seine Tochter nach seinem Tod am 18. Oktober 1956 befanden. Sie wurden infolgedessen nämlich nicht als Hinterbliebene eines „Verfolgten des Nationalsozialismus" anerkannt und erhielten somit keine entsprechende Rente. Um ihren Lebensunterhalt bestreiten zu können, mussten die beiden Frauen nunmehr sogar die Kunstwerke veräußern, welche die Familie, wie die Tochter Aga Glaser im Juni 1957 an die Staatlichen Kunstsammlungen Dresden schreibt, *„nur unter größten Schwierigkeiten vor dem Zugriff der Nazis, der Bombenangriffe und Nachkriegswirren gerettet haben"*, nämlich die Gemälde von Otto Dix. Schweren Herzens überließen sie damals auch das Familienbildnis dem Museum.

In ihrem Besitz blieb vorläufig nur eines der Dix-Werke, und zwar das, das ihnen offenbar am wertvollsten war: das „Bildnis Rechtsanwalt Dr. Fritz Glaser". Es gelangte erst nach dem Tod seiner Frau Erna Glaser im Jahr 1982 in die Staatlichen Kunstsammlungen Dresden. Dabei gab es ihr in der Bundesrepublik Deutschland lebender Sohn Volkmar Glaser keineswegs freiwillig her: Er durfte die übrigen im Nachlass seiner Mutter befindlichen Kunstwerke nur unter der Bedingung aus der DDR ausführen, dass er das Porträt seines Vaters dem Museum schenkt. Nach der Wende erhielt er es zurück und verkaufte es, so meinte er jedenfalls, an die Galerie der Stadt Stuttgart, die dabei jedoch für den Musical-Produzenten Rolf Deyhle gehandelt hat. Dieser ließ das Bildnis im Jahr 1999 bei Sotheby's versteigern, wo es Ronald S. Lauder für seine „Neue Galerie" in New York erworben hat.

# Inhaltsverzeichnis

# Abkürzungsverzeichnis

| | |
|---|---|
| a. A. | anderer Ansicht |
| a. a. O. | an angegebenem Ort |
| Abl. | Amtsblatt der Europäischen Gemeinschaften |
| Abs. | Absatz |
| AcP | Archiv für die civilistische Praxis |
| a. F. | alte Fassung |
| AG | Amtsgericht |
| AIDI | Annuaire de l'Institut de Droit International |
| AöR | Archiv des öffentlichen Rechts |
| Art. | Artikel |
| Aufl. | Auflage |
| AVR | Archiv des Völkerrechts |
| BB | Betriebs-Berater |
| Bd. | Band |
| Begr. | Begründer |
| BG | Schweizerisches Bundesgericht |
| BGB | Bürgerliches Gesetzbuch |
| BGBl. | Bundesgesetzblatt, römische Ziffern verweisen auf den jeweiligen Teil |
| BGE | Entscheidungen des Schweizerischen Bundesgerichts |
| BGH | Bundesgerichtshof |
| BGHZ | Entscheidungen des Bundesgerichtshofs in Zivilsachen |
| BNSDJ | Bund Nationalsozialistischer Deutscher Juristen |
| BRAK-Mitt. | Bundesrechtsanwaltskammer Mitteilungen |
| BrREG | Gesetz Nr. 59 der britischen Militärregierung über die Rückerstattung feststellbarer Vermögensgegenstände an Opfer der nationalsozialistischen Unterdrückungsmaßnahmen |
| BRüG | Bundesrückerstattungsgesetz |
| BT-Drucksache | Bundestags-Drucksache |
| Buchst. | Buchstabe |
| BVerfG | Bundesverfassungsgericht |
| BVerfGE | Entscheidungen des Bundesverfassungsgerichts |
| DAV | Deutscher Anwaltsverein |
| DDR | Deutsche Demokratische Republik |
| ders. | derselbe |
| dies. | dieselbe |
| DNN | Dresdener Neueste Nachrichten |
| DRZ | Deutsche Rechts-Zeitschrift |
| EGBGB | Einführungsgesetze zum Bürgerlichen Gesetzbuch |
| ERR | Einsatzstab Reichsleiter Rosenberg |
| f. | folgende |
| FAZ | Frankfurter Allgemeine Zeitung |

| | |
|---|---|
| ff. | fortfolgende |
| FS | Festschrift |
| Fn. | Fußnote |
| | |
| GG | Grundgesetz der Bundesrepublik Deutschland |
| GYIL | German Yearbook of International Law |
| | |
| HLKO | Haager Landkriegsordnung |
| Hrsg. | Herausgeber |
| | |
| IPRax | Praxis des internationalen Privat- und Verfahrensrechts |
| i. V. m. | in Verbindung mit |
| | |
| JR | Juristische Rundschau |
| Jura | Juristische Ausbildung |
| JuS | Juristische Schulung |
| JZ | Juristenzeitung |
| | |
| KJ | Kritische Justiz |
| KRG | Kontrollratsgesetz |
| KUR | Kunstrecht und Urheberrecht |
| | |
| LG | Landgericht |
| LM | Das Nachschlagewerk des Bundesgerichtshofs in Zivilsachen, herausgegeben von Fritz L. Lindenmaier und Philipp M. Möhring |
| | |
| m. w. Nachw. | mit weiteren Nachweisen |
| MDR | Monatsschrift für Deutsches Recht |
| MFA & A | Monuments, Fine Arts and Archives Section im Office of Military Government for Germany |
| MRG | Militärregierungsgesetz |
| | |
| n. F. | neue Fassung |
| NJ | Neue Justiz |
| NJW | Neue Juristische Wochenschrift |
| NJW-RR | Neue Juristische Wochenschrift, Rechtsprechungsreport |
| Nr. | Nummer |
| NSDAP | Nationalsozialistische Deutsche Arbeiterpartei |
| NZZ | Neue Zürcher Zeitung |
| | |
| o. g. | oben genannt |
| OGH BrZ | Oberster Gerichtshof für die Britische Zone |
| OGHZ | Entscheidungen des Obersten Gerichtshofs in Zivilsachen |
| OKW | Oberkommando der Wehrmacht |
| OLG | Oberlandesgericht |
| | |
| RabelsZ | Zeitschrift für ausländisches und internationales Privatrecht, begründet von Ernst Rabel |

| | |
|---|---|
| REAO | Anordnung BK/O (49) der Alliierten Kommandantur Berlin über die Rückerstattung feststellbarer Vermögensgegenstände an Opfer der nationalsozialistischen Unterdrückungsmaßnahmen |
| RGBl. | Reichsgesetzblatt, römische Ziffern verweisen auf den jeweiligen Teil |
| RM | Reichsmark |
| Rn. | Randnote |
| RzW | Rechtsprechung zum Wiedergutmachungsrecht |
| S. | Seite oder Satz |
| SächsHStA | Sächsisches Hauptstaatsarchiv Dresden |
| SBZ | Sowjetische Besatzungszone |
| SD | Sicherheitsdienst |
| SED | Sozialistische Einheitspartei Deutschlands |
| SJZ | Süddeutsche Juristenzeitung |
| SMAD | Sowjetische Militär-Administration in Deutschland |
| Sp. | Spalte |
| SS | Schutzstaffel |
| SZ | Süddeutsche Zeitung |
| UEK | Unabhängige Expertenkommission Schweiz – Zweiter Weltkrieg |
| USREG | Gesetz Nr. 59 der amerikanischen Militärregierung über die Rückerstattung feststellbarer Vermögensgegenstände |
| v. | versus (gegen) oder vom |
| VdN | Verfolgte des Nationalsozialismus |
| Verf. | Verfasserin |
| VermG | Gesetz zur Regelung offener Vermögensfragen |
| vgl. | vergleiche |
| VIZ | Zeitschrift für Vermögens- und Investitionsrecht |
| VO | Verordnung |
| WamS | Welt am Sonntag |
| WRV | Weimarer Reichsverfassung |
| ZaöRV | Zeitschrift für ausländisches öffentliches Recht und Völkerrecht |
| z. B. | zum Beispiel |
| ZfRV | Zeitschrift für Rechtsvergleichung |
| ZGB | Schweizerisches Zivilgesetzbuch |
| ZOV | Zeitschrift für offene Vermögensfragen |
| ZRP | Zeitschrift für Rechtspolitik |
| ZVglRWiss | Zeitschrift für vergleichende Rechtswissenschaft |

# Einleitung

Wenn heute, mehr als ein halbes Jahrhundert nach dem Ende der nationalsozialistischen Herrschaft, ein aus einer jüdischen Sammlung entzogenes und seitdem verschollen geglaubtes Kunstwerk wieder auftaucht, kann sein früherer Eigentümer oder dessen Erben vom jetzigen Besitzer auf der Grundlage des § 985 BGB seine Herausgabe verlangen? Dieser Frage will diese Arbeit nachgehen und behandelt damit ein Thema, das bislang kaum Gegenstand juristischer Untersuchungen gewesen ist.[1]

In der Zeit vom 30. Januar 1933 bis zum 8. Mai 1945 ist im Gebiet des Deutschen Reichs und in den von den deutschen Truppen besetzten Gebieten eine große Anzahl von Kunstwerken aus jüdischen Sammlungen entzogen worden. Ihre Restitution war, was die in den besetzten Gebieten entzogenen Kunstwerke angeht, bereits während des Zweiten Weltkriegs erklärtes Ziel der westlichen Alliierten. Nach Kriegsende konnten sie dieses zumindest teilweise verwirklichen und etwa ein Drittel der aus den besetzten Gebieten entfernten Kunstwerke an ihre Herkunftsstaaten zurückgeben. Die Restitution der im Reichsgebiet entzogenen Kunstwerke sollte durch die in den einzelnen Besatzungszonen in Kraft gesetzten Rückerstattungsgesetze erreicht werden. Diese begründeten einen Anspruch des früheren Eigentümers oder seiner Erben, die danach von dem damaligen Besitzer die Rückerstattung des entzogenen Kunstwerks verlangen konnten. Die geringe Anzahl der restituierten Kunstwerke im Vergleich etwa zu der rückerstatteter Grundstücke zeigt, dass die Rückerstattung in jener Hinsicht gescheitert ist. In der amerikanischen Besatzungszone konnten bis zum Stichtag 31.12.1973 zwar 17.186 Grundstücke, aber nur 4.128 Kunstwerke einschließlich ritueller Gegenstände rückerstattet werden. Auch wenn sich die Zahl der entzogenen Kunstwerke kaum verlässlich feststellen lässt, kann davon ausgegangen werden, dass sie ein Vielfaches mehr betragen hat. Der Grund dafür, dass nur so

---

[1] Einzelne der in diesem Zusammenhang zu klärenden Rechtsfragen werden in den Aufsätzen von *Müller-Katzenburg*, NJW 1999, S. 2551 ff.; *dies.* in: Museen im Zwielicht, S. 211 ff.; *Heuer*, NJW 1999, S. 2558 ff.; *Messerschmidt*, VIZ 2001, S. 289 ff. und der Dissertation von *Hartung*, Kunstraub in Krieg und Verfolgung angerissen. Selbst der Letztgenannte versteht sein Werk, das sich im übrigen nicht nur den Kunstwerken widmet, die während der nationalsozialistischen Herrschaft aus jüdischen Sammlungen entzogen worden sind, sondern auch denjenigen, die nach dem Ende des Zweiten Weltkriegs von den von Stalin eingesetzten Trophäenkommissionen beschlagnahmt und in die damalige Sowjetunion verbracht worden sind, als Kompendium (*Hartung*, Kunstraub in Krieg und Verfolgung, S. IX). Die vorliegende Arbeit, die beim Erscheinen seines Werkes im Wesentlichen fertig gestellt war, stellt also, soweit sich Überschneidungen ergeben, eine Vertiefung von *Hartungs* Ausführungen dar. Ausschließlich dem völkerrechtlichen Anspruch auf Restitution entzogener jüdischer Kulturgüter, insbesondere solcher, die „herrenlos" geworden sind, widmet sich die Dissertation von *Röhling*, Restitution jüdischer Kulturgüter nach dem Zweiten Weltkrieg.

wenige Kunstwerke restituiert werden konnten, ist wohl darin zu sehen, dass es den früheren Eigentümern oder ihren Erben in der Zeit von reichlich einem Jahr, die vom Inkrafttreten der Gesetze bis zum Ablauf der Frist für die Anmeldung des durch sie begründeten Anspruchs verblieb, nicht gelungen ist, den damaligen Belegenheitsort und Besitzer des entzogenen Kunstwerks zu ermitteln. In den meisten Fällen sind die Kunstwerke nämlich nicht im Besitz derjenigen verblieben, die sie entzogen haben, sondern durch Veräußerung in den Besitz Dritter gelangt. Deren Namen und Anschriften herauszufinden, war den früheren Eigentümern oder ihren Erben mangels Informationsquellen so gut wie unmöglich.

Diese Situation hat sich seit dem 3. Dezember 1998 ein wenig verbessert. An diesem Tag haben sich die 44 Teilnehmerländer der Washingtoner Konferenz über Vermögenswerte aus der Zeit des Holocaust auf elf Grundsätze in Bezug auf Kunstwerke, die von den Nationalsozialisten beschlagnahmt wurden, geeinigt.[2] Der erste Grundsatz bestimmt, dass *„Kunstwerke, die von den Nationalsozialisten beschlagnahmt und in der Folge nicht zurückerstattet wurden, identifiziert werden [sollten]“*. Im zweiten Grundsatz ist festgelegt, dass dazu *„einschlägige Unterlagen und Archive der Forschung ... zugänglich gemacht werden [sollten]“*. Weiterhin wird im fünften Grundsatz erklärt, dass *„alle Anstrengungen unternommen werden [sollten], Kunstwerke, die als durch die Nationalsozialisten beschlagnahmt und in der Folge nicht zurückerstattet identifiziert wurden, zu veröffentlichen, um so die Vorkriegseigentümer oder ihre Erben ausfindig zu machen“*. Im achten Grundsatz schließlich ist festgehalten, dass, wenn die früheren Eigentümer oder ihre Erben ausfindig gemacht werden können, *„rasch die nötigen Schritte unternommen werden [sollten], um eine gerechte und faire Lösung zu finden, wobei diese je nach den Gegebenheiten und Umständen des spezifischen Falls unterschiedlich ausfallen kann“*.

Der Umsetzung der Grundsätze der Washingtoner Konferenz in der Bundesrepublik Deutschland dient die „Erklärung der Bundesregierung, der Länder und der kommunalen Spitzenverbände zur Auffindung und zur Rückgabe NS-verfolgungsbedingt entzogenen Kulturgutes, insbesondere aus jüdischem Besitz“ vom 14. Dezember 1999.[3] In deren Ziffer 1 haben die Beteiligten versichert, dass sie *„im Sinne der Washingtoner Erklärung in den verantwortlichen Gremien der Träger einschlägiger öffentlicher Einrichtungen darauf hinwirken [werden], dass Kulturgüter, die als NS-verfolgungsbedingt entzogen identifiziert und bestimmten Geschädigten zugeordnet werden können, nach individueller Prüfung den legitimierten früheren Eigentümern bzw. deren Erben zurückgegeben werden“*. In Zif-

---

2 Abgedruckt in: Beiträge öffentlicher Einrichtungen, S. 301 f. Im Folgenden „Grundsätze der Washingtoner Konferenz“ genannt.

3 Abgedruckt in: Beiträge öffentlicher Einrichtungen, S. 303 ff. Im Folgenden „Gemeinsame Erklärung“ genannt.

fer 2 wird erklärt, dass die deutschen öffentlichen Einrichtungen wie Museen, Archive und Bibliotheken die Suche nach NS-verfolgungsbedingt entzogenem Kulturgut auch weiterhin wie folgt unterstützen werden: zum ersten *„durch Erschließung und Offenlegung ihrer Informationen, Forschungsstände und Unterlagen“*, zum zweiten *„durch Nachforschungen bei konkreten Anfragen und eigene Recherchen im Falle von aktuellen Erwerbungen“*, zum dritten *„durch eigene Suche im Rahmen der Wahrnehmung der Aufgaben der jeweiligen Einrichtung“* und zum vierten *„durch Hinweise auf die Geschichte von Kulturgütern aus NS-verfolgungsbedingt entzogenem Besitz in den Sammlungen, Ausstellungen und Publikationen“*.

Vorausgesetzt, diese Absichtserklärungen werden in die Tat umgesetzt, haben die früheren Eigentümer oder ihre Erben nunmehr also zumindest dann gute Chancen, den jetzigen Belegenheitsort und Besitzer des entzogenen Kunstwerks zu ermitteln, wenn dieses sich im Besitz eines öffentlichen Museums befindet. Befindet es sich dagegen in Privatbesitz, so ist es auch heute noch nahezu unmöglich, seinen Verbleib aufzuklären. Zwar werden in Ziffer 4 der Gemeinsamen Erklärung auch privatrechtlich organisierte Einrichtungen und Privatpersonen aufgefordert, sich den darin niedergelegten Grundsätzen und Verfahrensweisen anzuschließen. Jedoch ist fraglich, ob diese dieser Aufforderung nachkommen werden. In diesen Fällen bleibt den früheren Eigentümern oder ihren Erben eigentlich nur zu hoffen, dass das Kunstwerk eines Tages auf dem Kunstmarkt auftaucht. Diese Hoffnung ist allerdings durchaus berechtigt. Inzwischen sind seit der Entziehung mehr als 30 Jahre vergangen, so dass der jetzige Besitzer die Einrede der Verjährung erheben und die Herausgabe des entzogenen Kunstwerks verweigern kann. Es liegt nahe, dass diejenigen Besitzer, denen bekannt ist, dass das Kunstwerk seinem jüdischen Eigentümer während der nationalsozialistischen Herrschaft entzogen worden ist, nur auf diese Möglichkeit gewartet haben, um es nun endlich ohne das Risiko, es vielleicht an diesen oder seine Erben herausgeben zu müssen, veräußern zu können.

Gelingt es den früheren Eigentümern oder ihren Erben, das entzogene Kunstwerk und seinen jetzigen Besitzer ausfindig zu machen, so können sie ihr Rückgabebegehren allerdings nicht auf die Grundsätze der Washingtoner Konferenz bzw. die Gemeinsame Erklärung stützen. Bei diesen handelt es sich nämlich „nur“ um „politische Willenserklärungen im Sinne einer moralischen Selbstverpflichtung“, denen keine rechtliche Verbindlichkeit zukommt.[4] Für die Grundsätze der Washingtoner Konferenz ergibt sich dies schon aus ihrem Einleitungssatz, in dem sie ausdrücklich als „nicht bindend“ qualifiziert werden. Bei ihrer nationalen Anwendung ist, wie in dem Einleitungssatz weiter erklärt wird, zu berücksichtigen, dass *„die Teilnehmerstaaten unterschiedliche Rechtssysteme*

---

4 Vgl. *Kuhn* in: Museen im Zwielicht, S. 299, 301; *Jayme* in: Museen im Zwielicht, S. 248; *Messerschmidt*, VIZ 2001, S. 290.

*haben und dass die Länder im Rahmen ihrer eigenen Rechtsvorschriften handeln"*.[5] Dementsprechend wird in Ziffer 1 der Gemeinsamen Erklärung darauf hingewiesen, dass die Bundesrepublik Deutschland auf der Washingtoner Konferenz erneut ihre Bereitschaft erklärt hat, *„auf der Basis der dort verabschiedeten Grundsätze und nach Maßgabe ihrer rechtlichen und tatsächlichen Möglichkeiten nach weiterem NS-verfolgungsbedingt entzogenen Kulturgut zu suchen und gegebenenfalls die notwendigen Schritte zu unternehmen, eine gerechte und faire Lösung zu finden"*. Welches die angesprochenen „rechtlichen und tatsächlichen Möglichkeiten" sind, ergibt sich aus der Präambel der Erklärung. Dort heißt es: *„Das Rückerstattungsrecht und das allgemeine Zivilrecht der Bundesrepublik Deutschland regeln damit abschließend und umfassend die Frage der Restitution und Entschädigung von NS-verfolgungsbedingt entzogenem Kulturgut, das insbesondere aus jüdischem Besitz stammt"*. Aus der dieser Aussage vorausgehenden Darstellung der in der alten Bundesrepublik durchgeführten Wiedergutmachung folgt, dass zum „Rückerstattungsrecht" insbesondere die alliierten Rückerstattungsgesetze gehören. Dazu gehört aber auch das Vermögensgesetz, wie der nachfolgende Hinweis auf die Rechtslage im Gebiet der ehemaligen DDR erhellt. Als Rechtsgrundlage für den Anspruch auf Rückgabe von entzogenen Kunstwerken, deren Verbleib erst in der heutigen Zeit aufgeklärt werden kann, scheiden diese Gesetze allerdings ebenso aus wie die Grundsätze der Washingtoner Konferenz und die Gemeinsame Erklärung selbst. Dies deshalb, weil mit dem bereits erfolgten Ablauf der darin normierten Anmeldefristen das Recht, Ansprüche auf Rückerstattung oder Rückübertragung geltend zu machen, nicht mehr besteht. Damit kommt als Anspruchsgrundlage im Rechtssinne allein der dingliche Herausgabeanspruch nach § 985 BGB in Betracht. Allerdings gehen die Beteiligten der Gemeinsamen Erklärung insoweit davon aus, dass Ansprüche *„heute auf dem Rechtsweg überwiegend nicht mehr durchsetzbar"* sind.[6] Dies macht den Zweck der Gemeinsamen Erklärung offenbar. Danach soll eine Rückgabe von entzogenen Kunstwerken selbst dann erfolgen, wenn ein darauf gerichteter Anspruch unter rechtlichen Gesichtspunkten nicht mehr erfolgreich geltend gemacht werden kann.

Ob insbesondere die Gemeinsame Erklärung als „moralische Selbstverpflichtung" für sich allein tatsächlich geeignet ist, die Fälle der Restitution von entzogenen Kunstwerken einer „gerechten und fairen Lösung" zuzuführen, ist höchst zweifelhaft. Vielmehr ist zu befürchten, dass das Bestreben, in Einzelfällen eine gerechte Lösung zu finden, im Allgemeinen dazu führt, dass Ungerechtigkeit entsteht. Dies deshalb, weil nicht sicher ist, ob und inwieweit sich der Besitzer eines entzogenen Kunstwerks durch die Gemeinsame Erklärung zu dessen Rückgabe verpflichtet fühlt. Eine solche Unsicherheit besteht vor allem dann, wenn es

---

5 Vgl. *Kuhn* in: Museen im Zwielicht, S. 299.

6 Vgl. *Kuhn* in: Museen im Zwielicht, S. 300.

sich bei dem Besitzer um ein privatrechtlich organisiertes Museum oder einen Privatsammler handelt. Während sich ein öffentliches Museum in der Regel auch von dem Interesse leiten lässt, sein Ansehen in der Öffentlichkeit nicht zu beschädigen, vermag dieses Risiko auf ein privatrechtlich organisiertes Museum oder einen Privatsammler keinen Druck auszuüben. Anders als jene befinden sich diese auch und gerade im Hinblick auf die Rückgabe von entzogenen Kunstwerken kaum im Blickfeld der Öffentlichkeit.

Wie sehr dieses Thema in das Interesse der Allgemeinheit gerückt ist und wie sehr es ein Museum in Misskredit bringen kann, zeigt die Berichterstattung über den Streit um die Rückgabe des Gemäldes „Buchsbaumgarten" von Emil Nolde.[7] Das Kunstwerk, das sich heute im Besitz des Duisburger Wilhelm Lehmbruck Museums befindet, gehörte einst zu der Sammlung des Breslauer Rechtsanwalts und Notars Dr. Ismar Littmann. Dieser hat sich vermutlich infolge der gegen die jüdischen Rechtsanwälte eingeleiteten Maßnahmen im Dezember 1934 das Leben genommen. Daraufhin hat seine Witwe einen Teil seiner etwa 6.000 Werke umfassenden Sammlung des Expressionismus, darunter den „Buchsbaumgarten", in die 188. Auktion des Berliner Auktionshauses Max Perl am 26./27. Februar 1935 eingeliefert. Der Erlös sollte ihr und ihren Kindern die Auswanderung ermöglichen. Erworben hat das Gemälde der Dresdner Bankier Dr. Heinrich Arnhold. Nach seinem Tod und dem zwangsweisen Verkauf des Dresdner Geschäfts des Bankhauses „Gebr. Arnhold" an die Dresdner Bank konnte seine Witwe es in die Schweiz und weiter nach New York mitnehmen. Von dort aus ließ sie es in der 24. Auktion des Stuttgarter Kunstkabinetts Ketterer am 29./30. Mai 1956 versteigern, wo es ohne Kenntnis seiner Vorgeschichte für die Sammlung des heutigen Wilhelm Lehmbruck Museums erworben wurde.[8] Seit Juli 1999 sieht sich das Museum nunmehr mit dem Rückgabebegehren der Tochter Littmanns konfrontiert, das es bislang entsprechend der Empfehlung der Oberfinanzdirektion Berlin vom 27. Juni 2000 zurückgewiesen hat. Dabei beruft es sich vornehmlich darauf, dass schon in dem in den 1950/60er Jahren geführten Rückerstattungsverfahren festgestellt worden sei, dass die gesetzliche Vermutung des Art. 3 Abs. 1 REAO, dass es sich bei der Veräußerung um eine Entziehung gehandelt hat, durch den Nachweis der Zahlung eines angemessenen Kaufprei-

---

[7] Vgl. etwa *Koldehoff*, Wem gehört Noldes Garten? Eine neue Kommission soll die umstrittensten Fälle von NS-Raubkunst lösen, Die Zeit v. 10.7.2003; *Dittmar*, Moralisches Gewicht. Die Kommission zur Rückgabe NS-verfolgungsbedingt entzogener Kulturgüter hat sich konstituiert, Die Welt v. 15.7.2003; Meldung: Recht und Raubkunst. Lehmbruck-Museum unter Druck, SZ v. 30.09.2003; *Koldehoff*, Zahnloser Tiger. Raubkunst: Keine Rückgewähr von Noldes „Buchsbaumgarten", SZ v. 25.11.2003.

[8] Vgl. *Brockhaus* in: Beiträge öffentlicher Einrichtungen, S. 79 ff.; *Koldehoff*, SZ v. 25.11.2003. Zur Arisierung des Bankhauses „Gebr. Arnhold" vgl. *Lässig* in: Pommerin, S. 129 ff., *dies.*, Dresdner Hefte Nr. 49, S. 39 ff.

ses zur freien Verfügung der Witwe Littmanns widerlegt werden kann. Es weist aber auch darauf hin, dass selbst eine moralische Bewertung dieses Falles gegen eine Restitution spreche.[9]

Die Verfahrensweise des Wilhelm Lehmbruck Museums ist in den Medien kritisiert worden. Diese hätten es wohl lieber gesehen, dass es, wie etwa die Kunsthalle in Emden, „moralischen und ethischen Fragestellungen absoluten Vorrang vor juristischen Aspekten“[10] einräumt. Ihrer Meinung nach sollte dieser Fall, dem „juristisch nicht beizukommen“ sei, nämlich in der „Beratenden Kommission im Zusammenhang mit der Rückgabe von NS-verfolgungsbedingt entzogenen Kulturguts, insbesondere aus jüdischem Besitz“, die sich am 14. Juli 2003 konstituiert hat, behandelt werden.[11] Dieses Gremium wird, so die offizielle Beschreibung seiner Aufgabe, *„bei Entscheidungen über die Rückgabe von Kulturgütern tätig, die ehemaligen, zumeist jüdischen Eigentümern im Zusammenhang mit Verfolgungen in der NS-Zeit entzogen wurden. Die Beratende Kommission kann bei dabei auftretenden Meinungsverschiedenheiten zwischen den Trägern der öffentlichen Sammlungen und den ehemaligen Eigentümern der Kulturgütern bzw. deren Erben eine Mediatorenrolle übernehmen. Voraussetzung für ihre Tätigkeit ist ein entsprechender Wunsch aller Beteiligten. Im Ergebnis ihrer Beratungen wird die Kommission Empfehlungen aussprechen“*.[12] Gedacht ist die Beratende Kommission, wie die damalige Kulturstaatsministerin Christina Weiss in den Medien zitiert wird, vor allem für *„rechtlich schwierige Einzelfälle, die sich eher durch moralische und ethische Kategorien als durch juristische Schritte lösen lassen“*.[13]

Indes macht der Fall der Rückgabe des „Buchsbaumgarten“ gerade deutlich, wie schwierig es ist, solche Fälle allein durch moralische Erwägungen zu lösen. Die Wertvorstellungen verschiedener Personen unterscheiden sich voneinander und es gibt außerhalb des Rechts keine klaren Regeln, anhand derer bestimmt werden

---

9 Vgl. *Brockhaus* in: Beiträge öffentlicher Einrichtungen, S. 83 ff.

10 *Sommer* in: Beiträge öffentlicher Einrichtungen, S. 100. Die Kunsthalle in Emden hat dem Restitutionsgesuch der Tochter Littmanns entsprochen und ihr das Gemälde „Knabe vor zwei stehenden und einem sitzenden Mädchen (Landschaft mit Figuren)“ von Otto Mueller zurückgegeben. Auch das Museum Ludwig Köln ist so verfahren und hat das Gemälde „Zwei weibliche Halbakte“ ebenfalls von Otto Mueller an die Tochter Littmanns restituiert (*Weiss* in: Beiträge öffentlicher Einrichtungen, S. 171 ff.). Allerdings hatten diese beiden Werke ein ganz anderes Schicksal als der „Buchsbaumgarten“. Zwar sollten auch sie in der besagten Auktion versteigert werden. Dazu ist es jedoch nicht gekommen, weil sie zwei Tage zuvor als „kunstbolschewistische Darstellungen pornographischen Charakters“ von der Gestapo beschlagnahmt und im Jahr 1938 als „entartete Kunst“ eingezogen worden sind (vgl. *Sommer* in: Beiträge öffentlicher Einrichtungen, S. 97 f.; *Weiss* in: Beiträge öffentlicher Einrichtungen, S. 177 f.).

11 *Koldehoff*, Die Zeit v. 10.7.2003; *Dittmar*, Die Welt v. 15.7.2003.

12 Pressemitteilung der Bundesregierung Nr. 327 v. 14.07.2003.

13 *Koldehoff*, Die Zeit v. 10.7.2003.

kann, welchen von ihnen der Vorzug zu geben ist. Eine solche Entscheidung wird selbst der Beratenden Kommission nicht zugetraut. Obwohl es an streitigen Fällen nicht fehlt, ist sie bislang nur ein einziges Mal angerufen worden, und das in einem Fall, in dem als jetziger Besitzer nicht ein Museum, sondern das Bundesamt zur Regelung offener Vermögensfragen beteiligt war.[14]

Es ist unbestreitbar, dass bei der Lösung von Fällen der Restitution von entzogenen Kunstwerken auch moralischen Anschauungen Bedeutung beigemessen werden muss. Die notwendige Geltung kann ihnen aber nicht dadurch verschafft werden, dass das Prinzip „Moral vor Recht" aufgestellt wird. Wer das tut, unterstellt, Recht und Moral schlössen einander aus. Das stimmt aber nicht. Vielmehr verhilft das Recht der Moral zur Geltung, indem es etwa in § 138 Abs. 1 BGB auf die „guten Sitten", in § 242 BGB auf „Treu und Glauben" und in § 932 BGB auf den „guten Glauben" abstellt. Diese Normen sind Einbruchstellen für Wertvorstellungen, wie sie namentlich in der Gemeinsamen Erklärung niedergelegt sind. Die Berücksichtigung dieser Wertvorstellungen bei der Rechtsanwendung sollte eine gesonderte moralische Bewertung auf einer zweiten Ebene unnötig werden lassen. Damit rückt die Frage, ob der dingliche Herausgabeanspruch nach § 985 BGB von dem früheren Eigentümer eines entzogenen Kunstwerks oder seinen Erben heute noch erfolgreich geltend gemacht werden kann, in den Vordergrund.

Der eigentlichen Beantwortung dieser Frage stellt die vorliegende Arbeit in ihrem ersten Teil einen geschichtlichen Überblick über die Entziehung von Kunstwerken aus jüdischen Sammlungen während der nationalsozialistischen Herrschaft voran. Wegen der zwischen ihnen bestehenden Unterschiede werden dabei die Entziehung im Reichsgebiet und die Entziehung in den besetzten Gebieten getrennt voneinander dargestellt. Insbesondere bei der Entziehung im Reichsgebiet ist zu berücksichtigen, dass sie in den mit der Machtergreifung der Nationalsozialisten am 30. Januar 1933, als Adolf Hitler zum Reichskanzler

---

[14] Dieser Fall betraf die Rückgabe von drei Gemälden aus der Sammlung Julius Freund. Sie waren von diesem 1933 zu Ausstellungszwecken in die Schweiz gebracht und dann dort belassen worden. Nach seinem Tod im Exil in England 1941 sah sich seine Witwe aus wirtschaftlichen Gründen gezwungen, sie in der Galerie Theodor Fischer in Luzern versteigern zu lassen. Erworben hat sie Hans Posse, der damalige Direktor der Dresdner Gemäldegalerie und Sonderbeauftragte Adolf Hitlers für das sogenannte „Führermuseum Linz". Nach Kriegsende konnten sie von den Alliierten sichergestellt werden, die sie später deutschen Stellen übergeben haben. Das seit Anfang 2004 hierfür zuständige Bundesamt zur Regelung offener Vermögensfragen hat die Rückgabe der Gemälde an die Erben Freunds zunächst abgelehnt, da es mangels Zusammenhangs zwischen der Verfolgung und der Veräußerung darin keine Entziehung zu erkennen vermochte. Die Beratende Kommission hat die „moralisch begründete Empfehlung" ausgesprochen, die Gemälde zurückzugeben (vgl. hierzu Pressemitteilung der Bundesregierung Nr. 19 v. 12.01.2005). Das Bundesamt zur Regelung offener Vermögensfragen will dieser Empfehlung folgen (*Harald König* in einem Gespräch mit der Verfasserin am 2.8.2005).

ernannt wurde, einsetzenden Prozess der Vernichtung der Juden eingebettet ist. Sie kann damit nicht losgelöst namentlich von denjenigen anderen Maßnahmen betrachtet werden, die als Ursache für die Entziehung angesehen werden müssen. Dabei handelt es sich vor allem um die bereits im April 1933 gegen bestimmte Berufsgruppen eingeleiteten Maßnahmen, was am Beispiel jüdischer Rechtsanwälte genauer dargestellt wird. Dem folgt die Beschreibung der Art und Weise, wie speziell Kunstwerke aus jüdischen Sammlungen entzogen worden sind.

Der zweite Teil der Arbeit widmet sich der nach dem Ende der nationalsozialistischen Herrschaft erfolgten Restitution von entzogenen Kunstwerken. Dem tatsächlichen zeitlichen Ablauf folgend, werden zunächst die Grundsätze der äußeren Restitution dargestellt, bevor sodann anhand der wichtigsten Regelungen des Gesetzes Nr. 59 der amerikanischen Militärregierung über die Rückerstattung feststellbarer Vermögensgegenstände und des Vermögensgesetzes die Grundsätze der inneren Restitution erläutert werden. Besondere Bedeutung wird dabei jeweils der Frage beigemessen, ob die Ansprüche nach dem Gesetz Nr. 59 und dem Vermögensgesetz den dinglichen Herausgabeanspruch nach § 985 BGB verdrängen.

In ihrem dritten Teil befasst sich die Arbeit schließlich mit ihrer Kernfrage, also der Frage, ob und unter welchen Voraussetzungen der frühere Eigentümer oder seine Erben heute noch auf der Grundlage des dinglichen Herausgabeanspruchs nach § 985 BGB die Restitution eines entzogenen Kunstwerks verlangen können. Bevor diese Frage beantwortet werden kann, muss allerdings erst einmal geklärt werden, ob dabei in sämtlichen Entziehungsfällen das deutsche Recht anzuwenden ist. Dies ist deshalb notwendig, weil diese Fälle verschiedene Berührungspunkte mit dem Recht eines anderen Staates aufweisen können. Im Vordergrund steht dabei die Frage, ob auch in diesen Fällen die im Internationalen Sachenrecht übliche und nunmehr in Art. 43 Abs. 1 EGBGB normierte Anknüpfung an den Ort der Belegenheit herangezogen werden kann oder ob statt dessen eine andere Anknüpfungsregel Anwendung finden sollte.

In dem sich daran anschließenden Kapitel wird sodann untersucht, ob die Geltendmachung des dinglichen Herausgabeanspruchs nach § 985 BGB daran scheitert, dass der jüdische Sammler das Eigentum an dem ihm entzogenen Kunstwerk verloren hat. Dabei ist zunächst zu prüfen, ob die Entziehung selbst zu einem Verlust des Eigentums geführt hat. Hier ist für jede Entziehungsform gesondert festzustellen, ob sie wirksam ist und den Übergang des Eigentums an dem entzogenen Kunstwerk auf den Entzieher bewirken konnte. Ein Eigentumsverlust kann aber nicht nur durch die Entziehung selbst, sondern auch durch einen sich daran anschließenden Rechtserwerb eines Dritten eingetreten sein. Deshalb ist des weiteren auf die Möglichkeit des gutgläubigen Eigentumserwerbs vom Nichtberechtigten einzugehen und zu untersuchen, ob ein Dritter das Eigentum an einem entzogenen Kunstwerk durch gewöhnliches Rechtsgeschäft, in einer öffentlichen Versteigerung oder durch Ersitzung erwerben konnte. Besonderes Augenmerk gilt dabei dem Erfordernis des guten Glaubens des Erwerbers. Hier wird vor allem herausgearbeitet, zu welcher Zeit welche Anforderungen an die Sorgfalt des Erwerbers eines entzogenen Kunstwerks zu stellen sind. Ein weiterer wichtiger Prüfungspunkt ist der Ausschluss des gutgläubigen rechtsgeschäftlichen Erwerbs, insbesondere auch des Erwerbs in einer öffentlichen Versteigerung. Bei der Darstellung des Eigentumserwerbs durch Ersitzung werden die Fragestellungen der Anrechnung der Ersitzungszeit des Rechtsvorgängers und der Hemmung der Ersitzungsfrist im Zentrum der Betrachtung stehen.

In ihrem dritten Kapitel behandelt die Arbeit die Frage der Verjährung des dinglichen Herausgabeanspruchs nach § 985 BGB. Dabei wird zuerst die Rechtslage vor und nach der Neuregelung des Verjährungsrechts durch das Gesetz zur Modernisierung des Schuldrechts vom 26. November 2001 dargestellt. Danach wird auf diejenigen Fragen eingegangen, denen nunmehr entscheidende Bedeutung zukommt. Dabei handelt es sich zum einen um die Frage, ob dem jetzigen Besitzer im Hinblick auf den Ablauf der Verjährungsfrist die Besitzzeiten seiner Rechtsvorgänger zugute kommen. Dies ist zum anderen die Frage, ob die Einrede der Verjährung durch den Gegeneinwand der unzulässigen Rechtsausübung entkräftet werden kann.

# Teil 1: Die Entziehung jüdischen Kunstbesitzes während der nationalsozialistischen Herrschaft

## I. Die Entziehung im Gebiet des Deutschen Reichs

Nachfolgend wird dargestellt, in welcher Form und in welcher zeitlichen Abfolge Kunstwerke aus jüdischen Sammlungen entzogen worden sind. Dabei wird zunächst ein Überblick über den Prozess der Judenverfolgung gegeben, in den die Entziehung jüdischen Vermögens im Allgemeinen und jüdischen Kunstbesitzes im Besonderen eingebettet ist. Im Anschluss daran werden Kategorien gebildet, denen die verschiedenen denkbaren Formen der Entziehung zugeordnet werden können. Diesem theoretischen Überblick folgt die Darstellung der einzelnen konkreten Entziehungstatbestände anhand von Beispielen.

### A. Die Entziehung jüdischen Kunstbesitzes als ein Schritt auf dem Weg zur Vernichtung der Juden

Die Entziehung jüdischen Vermögens, insbesondere die Entziehung von Kunstwerken, stellt nur eine der vielen verschiedenen Maßnahmen dar, aus denen sich die nationalsozialistische Judenverfolgung zusammensetzte. Ihr voran gingen die Aktionen, die auf die Zerstörung der beruflichen Existenz der Juden abzielten, ihr folgten die Maßnahmen, die deren persönliche Lebensführung beeinträchtigten: von der Zusammenpferchung in den sogenannten „Judenhäusern" über die öffentliche Brandmarkung durch den Judenstern bis hin zu der Deportation und der Ermordung von Millionen Juden.[15]

---

[15] Da sich die vorliegende Arbeit mit dem Unrecht befasst, das die Nationalsozialisten den Juden getan haben, kann der Begriff „Jude" hier nicht im religiösen Sinne verstanden und verwendet werden, sondern nur in dem rassischen Sinn, den ihm die Nationalsozialisten beigemessen haben.
Eine Bestimmung dieses Begriffes enthielt die Vorschrift des § 5 der Ersten Verordnung zum Reichsbürgergesetz vom 14. November 1935 (RGBl. I, S. 1333). Ihr erster Absatz bestimmte, dass *„Jude ist, wer von mindestens drei der Rasse nach volljüdischen Großeltern abstammt"*. Nach § 2 Abs. 2 S. 2 der Verordnung galt ein Großelternteil ohne weiteres als volljüdisch, wenn er der jüdischen Religionsgemeinschaft angehörte. Als Jude galt gemäß § 5 Abs. 2 der Verordnung auch der von zwei volljüdischen Großeltern abstammende staatsangehörige jüdische Mischling, der beim Erlass des Gesetzes der jüdischen Religionsgemeinschaft angehörte oder danach in sie aufgenommen worden ist (Buchst. a), der beim Erlass des Geset-

Dabei standen die einzelnen Maßnahmen nicht nur einfach nebeneinander, sondern waren vielmehr auf vielfältige Weise miteinander verknüpft: So bewirkte etwa die Verdrängung der Juden aus der Wirtschaft zugleich ihre Verdrängung aus der Gesellschaft, war der Verlust der Existenzgrundlage infolge eines Berufsverbots oder der Arisierung des Betriebes häufig die Ursache für die Veräußerung von Vermögensgegenständen wie Kunstwerken, deren Erlös den Lebensunterhalt sichern oder die Emigration ermöglichen sollte.

## I. Die Charakteristika des Vernichtungsprozesses

Die wirtschaftliche und gesellschaftliche Ausgrenzung der Juden war zwar vom Beginn ihrer Machtergreifung an erklärtes Ziel der Nationalsozialisten, sie war jedoch nicht im Sinne eines Aktionsprogramms geplant. Vielmehr folgte – ausgerichtet an den tatsächlichen Gegebenheiten – ein Schritt dem anderen.[16] Dabei trat mehr als einmal das Spannungsverhältnis zwischen der Partei und der Staatsführung zutage: Der nationalsozialistischen Bewegung konnte die Umsetzung ihrer Ziele nicht schnell genug gehen, sie veranlasste Boykotte und Pogrome. Die Regierung dagegen wollte die Stabilisierung ihrer Macht nicht durch eine zu offensichtliche Diskriminierung der jüdischen Bevölkerung gefährden und versuchte, das Vorgehen der Partei in „geordnete Bahnen" zu lenken.[17] Kurz gesagt: Die Partei agierte, die Staatsführung reagierte. Sichtbar wird dieser Handlungsablauf nicht nur im April 1933, wo dem von der Parteileitung der NSDAP angeordneten Boykott vom 1. April 1933 eine Woche später erste, die Berufsausübung betreffende Gesetze folgten, sondern auch im Sommer 1935. Zwar wurden die in dieser Zeit auftretenden gewalttätigen Ausschreitungen gegen die Juden von der Regierung gestoppt, da diese vermeiden wollte, dass das Ausland, das wegen der olympischen Sommerspiele verstärkt auf Deutschland blickte, auf den Pogrom aufmerksam wird und darauf etwa mit Importembargos deutscher Waren reagiert; schließlich war die deutsche Wirtschaft noch immer auf den Handel mit dem Ausland angewiesen.[18] Jedoch folgte dem Boykott wiederum eine „gesetzliche" Verfolgungsmaßnahme auf dem Fuße. Am 15. September 1935 wurde auf dem Nürnberger Parteitag der NSDAP das „Reichsbür-

---

zes mit einem Juden verheiratet war oder sich danach mit einem solchen verheiratet hat (Buchst. b), der aus einer Ehe mit einem Juden im Sinne des § 5 Abs. 1 stammt, die nach dem Inkrafttreten des Gesetzes zum Schutze des deutschen Blutes und der deutschen Ehre vom 15. September 1935 geschlossen worden ist (Buchst. c) oder der aus einem außerehelichen Verkehr mit einem Juden im Sinne des § 5 Abs. 1 stammt und nach dem 31. Juli 1936 außerehelich geboren worden ist (Buchst. d).

16 Vgl. *Hilberg*, Die Vernichtung der europäischen Juden, S. 56 f.; *Rürup* in: Paucker, S. 104.

17 Vgl. *Barkai*, Vom Boykott zur „Entjudung", S. 108; *Rürup* in: Paucker, S. 108; *Bajohr* in: Goschler, Lillteicher, S. 40.

18 Vgl. *Barkai*, Vom Boykott zur „Entjudung", S. 67.

gergesetz"[19] erlassen, das freilich keine unmittelbaren Auswirkungen auf die wirtschaftliche Stellung der Juden hatte, allerdings die Grundlage für zahlreiche spätere, die Rechtsstellung der Juden regelnde Verordnungen darstellte.

Mit der Planung weiterer Maßnahmen zur Ausschaltung der Juden aus der Wirtschaft begannen die Nationalsozialisten Ende 1936, also zu der Zeit, als die deutsche Wirtschaft die Vollbeschäftigung erreicht hatte. Im Jahr 1938 verwirklichten sie ihre Vorhaben und setzten verschiedene Verordnungen in Kraft. In einem geheimen Exposé vom 14. Juni 1938 über die „Juden in der Wirtschaft" erläuterte Reichswirtschaftsminister Walther Funk die Bedeutung der neuen Regelungen: Die *„Lösung der Judenfrage auf wirtschaftlichem Gebiet ist eingeleitet worden, nachdem bereits auf einer Besprechung vom 29. April 1938 zur endgültigen Ausschaltung der Juden aus dem deutschen Wirtschaftsleben die Umwandlung des jüdischen Vermögens in Deutschland in Werte, die keinen wirtschaftlichen Einfluss mehr gestatteten, in Aussicht genommen wurde".*[20]

Zum dritten Mal wird dieser typische Handlungsablauf Ende 1938 sichtbar: Wieder leitete der „Volkszorn", nämlich der von staatlichen Stellen auf höchster Ebene inszenierte Pogrom vom 8. bis zum 10. November 1938, die Verschärfung der „gesetzlichen" Verdrängung der Juden aus Wirtschaft und Gesellschaft ein. Während des Novemberpogroms gingen 191 Synagogen in Flammen auf, wurden etwa 7.500 jüdische Geschäfte zerstört und geplündert, etwa 100 Juden umgebracht und etwa 30.000 jüdische Männer, und zwar ausdrücklich besser situierte, verhaftet – darunter sehr viele Rechtsanwälte, Richter und Beamte. Sie wurden misshandelt und in Konzentrationslagern festgehalten, einige nur für wenige Tage, andere aber für viele Wochen; entlassen wurden sie häufig nur unter der Auflage auszuwandern.[21] Daraufhin erließ die Regierung sofort mehrere Ver-

---

[19] RGBl. I, S. 1146.

[20] Zitiert nach *Barkai*, Vom Boykott zur „Entjudung", S. 130.

[21] *Göppinger*, Juristen jüdischer Abstammung im „Dritten Reich" S. 98; *Benz* in: Heinrichs, S. 844; *Barkai*, Vom Boykott zur „Entjudung", S. 147.
Ihr Ziel, die Gesellschaft judenfrei zu machen, wollten die Nationalsozialisten zunächst – bevor sie sich zur Deportation und Ermordung der Juden entschlossen – dadurch erreichen, dass sie die Juden zur Auswanderung bewegten, und zwar auch durch ihre die wirtschaftliche Stellung der Juden betreffenden Maßnahmen. Mit Erfolg: Entsprechend der Intensität, mit der die Juden aus der Erwerbstätigkeit gedrängt wurden, schwoll die Flut von Auswanderungen an. Unmittelbar nach der Machtergreifung 1933 setzte eine erste Ausreisewelle ein, die zunächst wieder abebbte, um 1938 um so stärker wieder einzusetzen: Sind in den fünf Jahren von 1933 bis 1937 knapp 130.000 Juden ausgewandert, so verließen 1938/39 etwa 118.000 Juden Deutschland – also fast so viele, wie in den vorangegangenen fünf Jahren zusammen (vgl. *Barkai*, Vom Boykott zur „Entjudung", S. 156).
Mit einem Geheim-Runderlass des Reichssicherheitshauptamtes vom 24. Oktober 1941 wurde die Auswanderung von Juden aus Deutschland für die Dauer des Krieges ausnahmslos verboten (*Walk*, Das Sonderrecht, S. 353, Nr. IV 256). Mit einem weiteren Runderlass des Reichsführers SS und Chefs der Deutschen Polizei vom 3. Januar 1942 wurde schließlich

ordnungen: zum einen solche, die den Pogrom zum Anlass nahmen, auf das jüdische Vermögen im Allgemeinen zuzugreifen, und zum anderen solche, die sich ganz bestimmten Vermögenswerten widmeten. Zu der ersten Kategorie gehörte die „Verordnung zur Wiederherstellung des Straßenbildes bei jüdischen Gewerbebetrieben" vom 12. November 1938[22], deren § 1 die Juden verpflichtete *„alle Schäden, welche durch die Empörung des Volkes über die Hetze des internationalen Judentums gegen das nationalsozialistische Deutschland am 8., 9. und 10. November 1938 an jüdischen Gewerbebetrieben und Wohnungen entstanden sind, … sofort zu beseitigen"*. Die Kosten hierfür hatten die Juden gemäß § 2 Abs. 1 der Verordnung selbst zu tragen. Damit aber noch nicht genug: Durch die „Verordnung über eine Sühneleistung der Juden deutscher Staatsangehörigkeit" ebenfalls vom 12. November 1938[23] wurde den Juden die Zahlung einer Kontribution von 1 Milliarde Reichsmark an das Deutsche Reich auferlegt.[24]

Zu der zweiten Kategorie gehörte die „Verordnung zur Ausschaltung der Juden aus dem deutschen Wirtschaftsleben" desgleichen vom 12. November 1938.[25] Ihr § 1 untersagte den Juden mit Wirkung vom 1. Januar 1939 den Berieb von Einzelhandelsverkaufsstellen sowie den selbstständigen Betrieb eines Handwerks. Den vorläufigen Abschluss dieser Phase des Erlasses gesetzlicher Regelungen bildete die ebenfalls zu dieser Kategorie zählende „Verordnung über den Einsatz des jüdischen Vermögens" vom 3. Dezember 1938[26], deren § 14 Abs. 1 den Juden die freihändige Veräußerung bestimmter Vermögensgegenstände verbot.

In der Folgezeit ergingen zahlreiche das alltägliche Leben der Juden betreffende Regelungen: im Jahr 1939 etwa Ausgangsbeschränkungen, das Verbot des Besitzes von Rundfunkgeräten und die Zuweisung besonderer Lebensmittelgeschäfte. Seit dem 19. September 1941 mussten die Juden den sechszackigen gelben Stern auf ihrer Kleidung tragen, was sie wegen der damit verbundenen und bezweckten öffentlichen Brandmarkung trotz der schon bisher massiven Beeinträchtigung ihrer Lebensführung in persönlicher wie materieller Hinsicht als „Umwäl-

---

angeordnet, dass angesichts der nahe bevorstehenden Endlösung der Judenfrage die Auswanderung von Juden deutscher Staatsangehörigkeit aus dem Reich unterbunden wird (*Walk*, Das Sonderrecht, S. 361, Nr. IV 293).

22 RGBl. I, S. 1581.

23 RGBl. I, S. 1579.

24 Eine Durchführungsverordnung des Reichsfinanzministers bestimmte, dass die Sühneleistung im Form einer Sondersteuer in Höhe von 20 % auf das Vermögen jedes einzelnen Juden erhoben werden soll. Im Oktober 1939 wurde der Steuersatz auf 25 % angehoben. Auf diese Weise brachte der Novemberpogrom den Nationalsozialisten insgesamt 1,127 Milliarden Reichsmark ein (vgl. *Barkai*, Vom Boykott zur „Entjudung", S. 151). Hinzu kamen noch die den Juden zustehenden Versicherungsgelder, die gemäß § 2 Abs. 2 der Wiederherstellungsverordnung zugunsten des Reichs beschlagnahmt worden sind.

25 RGBl. I, S. 1580.

26 RGBl. I, S. 1709. Im Folgenden „Einsatzverordnung" genannt.

zung und Katastrophe" und „entscheidenden Einschnitt überhaupt" erlebten.[27] Im Herbst 1941 wurden auch die Vorbereitungen für die „Endlösung der Judenfrage" getroffen, die im Oktober abgeschlossen waren, woraufhin die Nationalsozialisten mit der Deportation der Juden begannen.[28]

Die „Rechtsgrundlage" für die endgültige und vollständige Ausraubung der ausgewanderten und deportierten Juden wurde mit der „Elften Verordnung zum Reichsbürgergesetz" vom 25. November 1941[29] geschaffen. Ihr § 3 bestimmte, dass das Vermögen eines Juden, der die deutsche Staatsangehörigkeit aufgrund dieser Verordnung verliert, dem Reich verfällt. Der Verlust der Staatsangehörigkeit und der Vermögensverfall trafen nicht nur die ins Ausland geflüchteten Juden, sondern auch die in Konzentrationslager außerhalb der Reichsgrenzen Verschleppten. Sie verloren in Folge ihrer Deportation „durch Gesetz" ihr Vermögen und durch Mord ihr Leben – so sah sie aus, die „Endlösung der Judenfrage".

## 2. Die Verdrängung jüdischer Rechtsanwälte aus ihrem Beruf

Die Verdrängung der Juden aus ihrer beruflichen und gesellschaftlichen Stellung wird hier am Beispiel der jüdischen Rechtsanwälte geschildert, da viele von ihnen Kunstwerke gesammelt haben, die sie verkaufen mussten, nachdem sie wegen Berufsverbots keine anderen Einkünfte mehr erzielen konnten.

### 2.1. Der Antisemitismus vor der Machtergreifung Hitlers

Da die von den Nationalsozialisten angestrebte Ausgrenzung der Juden aus der Gesellschaft zwingende Folge des Verlusts ihrer wirtschaftlichen Existenzgrundlage war, erscheint es aus heutiger Sicht nur konsequent, dass die Nationalsozialisten an diesem Punkt angesetzt haben, zumal sie insoweit die damaligen wirtschaftlichen Verhältnisse und die Stimmung in der Bevölkerung für ihre Zwecke ausnutzen konnten.

Die Verdrängung der Juden aus ihrer beruflichen Stellung war bereits ein Kernpunkt des Parteiprogramms der NSDAP vom 24. Februar 1920, das folgende These enthielt: *„Staatsbürger kann nur sein, wer Volksgenosse ist. Volksgenosse kann nur sein, wer deutschen Blutes ist, ohne Rücksichtnahme der Konfession. Kein Jude kann daher Volksgenosse sein"*, und forderte, *„dass jedes öffentliche Amt, gleichgültig welcher Art, …, nur durch Staatsbürger bekleidet werden darf."*[30] Aber

---

[27] *Klemperer*, Tagebücher 1940–1941, S. 159; *Brenner*, Das Lied ist aus, S. 62 ff.

[28] *Benz* in: Heinrichs, S. 848 f.

[29] RGBl. I, S. 722. Im Folgenden „11. VO zum Reichsbürgergesetz" genannt.

[30] Zitiert nach: *Göppinger*, Juristen jüdischer Abstammung im „Dritten Reich", S. 28, 29.

nicht nur aus den öffentlichen Ämtern sollten die Juden verdrängt werden, sondern aus allen Berufsgruppen, in denen sie besonders stark vertreten waren: dem Handel, dem Bankwesen und den freien Berufen wie der Rechtsanwaltschaft.[31]

Jüdische Akademiker waren insbesondere vor dem Jahr 1919 im Staatsdienst zurückgesetzt und wurden dadurch in die freien Berufe abgedrängt. Da ihnen seinerzeit Richterstellen und die höhere Beamtenlaufbahn weitestgehend verschlossen blieben, wurden jüdische Juristen also Rechtsanwälte.[32] Illustrieren mag diese Situation eine Passage aus den Lebenserinnerungen des Dresdner Rechtsanwalts und Notars Dr. Friedrich Salzburg: *„Das höhere Ansehen, das die Stellung als Richter mit sich brachte ... war ausschlaggebend dafür, dass jeder danach strebte, vom Staate als Richter oder Verwaltungsbeamter angestellt zu werden. Die Entscheidung, ob einer angestellt wurde oder nicht, hatte der Justizminister. Es war nun üblich, dass die Kandidaten unmittelbar nach ihrer mündlichen Prüfung dem Justizminister einen offiziellen Besuch machten. Hatte der Kandidat ein schlechtes Examen gemacht und kam seine Anstellung als Hilfsrichter deshalb nicht in Frage, so empfing ihn der Justizminister gleich mit den Worten: „Ich höre, Sie wollen Rechtsanwalt werden." ... Mit derselben Äußerung „Ich höre, Sie wollen Rechtsanwalt werden" empfing der Justizminister auch alle jüdischen Kandidaten, gleichviel, ob sie das Examen gut oder schlecht gemacht hatten."*[33]

Nicht weiter verwunderlich ist daher die hohe Anzahl jüdischer Rechtsanwälte unmittelbar vor der Machtergreifung Hitlers.[34] Unter den reichlich 19.200

---

[31] Im Jahr 1925 waren im Freistaat Sachsen 57,4 Prozent der jüdischen Bevölkerung in Handel und Verkehr beschäftigt – gegenüber 15,1 Prozent der Gesamtbevölkerung (*Diamant*, Chronik der Juden in Dresden, S. 241). Zur selben Zeit bildeten die Juden 34 Prozent aller Bankinhaber; im Jahr 1938 waren von den 58 Leitern der zehn größten Banken in Deutschland immerhin noch 28 Juden (*Diamant*, Chronik der Juden in Dresden, S. 264).

[32] *Krach*, Jüdische Rechtsanwälte in Preußen, S. 8 ff. Begünstigt worden sei diese Entwicklung durch die am 1.10.1879 in Kraft getretene Rechtsanwaltsordnung, durch die der „Amtscharakter der Rechtsanwaltschaft" sowie die „lokale Fixierung auf bestimmte Zahlen" abgeschafft worden seien. Dadurch sei jüdischen Juristen erstmals ein uneingeschränktes Betätigungsfeld eröffnet worden. Zum Zugang zu juristischen Berufen vor diesem Zeitpunkt vgl. auch *Rürup* in: Heinrichs, S. 1 ff.; *Landau* in: Heinrichs, S. 133 ff.
Die Beschränkung der Berufsausübung beeinflusste bereits die Berufswahl jüdischer Abiturienten: Sie bevorzugten vor allem das Studium der Rechtswissenschaften, bot es doch die Möglichkeit nach Abschluss der Ausbildung einen freien – im Sinne von frei zugänglichen – Beruf zu ergreifen; in Preußen beispielsweise waren 41 Prozent der jüdischen Studenten an juristischen Fakultäten immatrikuliert (*Krach*, Jüdische Rechtsanwälte in Preußen, S. 29, 36; *Hebeis*, Die Verfolgung, S. 6).

[33] *Salzburg*, Mein Leben, S. 32.

[34] Die Anzahl jüdischer Rechtsanwälte stieg mit der Zahl der Anwälte insgesamt, die wiederum mit der Freigabe der Advokatur im Jahr 1879 stetig zu wachsen begonnen hatte: Im Jahr 1880 waren im Deutschen Reich nur 4.091 Anwälte zugelassen, 1927 waren es knapp 15.000 und am 1.1.1933 schließlich mehr als 19.200 (*Krach*, Jüdische Rechtsanwälte in Preußen, S. 40, 47). In Sachsen waren im Jahr 1924 insgesamt nur 1.082 Anwälte zugelassen, 1932

Rechtsanwälten, die Anfang des Jahres 1933 im Reichsgebiet zugelassen waren, befanden sich etwa 4.500 Juden, was einer Quote von rund 23 Prozent entspricht. Demgegenüber betrug der Anteil von Juden an der deutschen Bevölkerung lediglich 0,76 Prozent. Im Bezirk des Oberlandesgerichts Dresden waren 116 der 975 praktizierenden Rechtsanwälte jüdischer Herkunft, also 11,9 Prozent. Im Vergleich dazu waren nur 0,4 Prozent der sächsischen Bevölkerung jüdischer Abstammung.[35]

Der überproportionale Anteil der Juden in der Rechtsanwaltschaft, aber auch unter den Ärzten, Bankiers und Händlern wurde in der Bevölkerung, vor allem aber von den Konkurrenten, als ein „Beherrschen" der betroffenen Wirtschaftszweige durch die Juden wahrgenommen. Dies und die ohnehin schlechte ökonomische Lage nach der Weltwirtschaftskrise schufen Konfliktherde und Spannungen, die von der antisemitischen Propaganda der Nationalsozialisten leicht ausgenutzt werden konnten.[36] Der Konkurrenzneid mag ein Grund dafür gewesen sein, dass die NSDAP ihre Mitglieder vornehmlich im Mittelstand unter kleinen Kaufleuten, Handwerkern, Beamten und Angestellten rekrutierte. Aber auch unter den Angehörigen der freien Berufe gewannen die Nationalsozialisten an Einfluss, zum Beispiel durch die Einrichtung besonderer Berufsorganisationen wie dem Bund Nationalsozialistischer Deutscher Juristen (BNSDJ).[37]

Gerade beim BNSDJ zeigte sich schon frühzeitig die Zielrichtung nationalsozialistischen Handelns.[38] Bereits am 14. März 1933 wurde auf der Reichstagung in

---

waren es schon 1.650 (*Frank*, Der Kampf um die freie Advokatur, S. 17, der anfügt, dass diese Zunahme von etwa 53 Prozent innerhalb von nur acht Jahren über dem Reichsdurchschnitt von 44 Prozent gelegen habe).
Während die Zahl der Anwälte kontinuierlich anstieg, sank ihr Einkommen im Durchschnitt beständig. Deshalb wurde bereits auf dem Anwaltstag im Jahr 1927 die Einführung eines Numerus clausus für Anwälte diskutiert. Am 4. Dezember 1932 hat dann die 29. Abgeordnetenversammlung des Deutschen Anwaltsvereins (DAV) allen kritischen Stimmen zum Trotz die Einführung einer Zulassungssperre zunächst für die Dauer von drei Jahren und die sich anschließende Beschränkung des Zugangs zur Anwaltschaft beschlossen. Als Motiv hat dabei die wirtschaftliche Belebung des Standes im Vordergrund gestanden. Es hat aber damals schon Stimmen gegeben, die in einem Numerus clausus das geeignete Mittel zur Beschränkung der Zahl der jüdischen Rechtsanwälte gesehen haben (vgl. *Krach*, Jüdische Rechtsanwälte in Preußen, S. 47 ff.).

35 *Hebeis*, Die Verfolgung, S. 6; *Frank*, Der Kampf um die freie Advokatur, S. 19. Von den insgesamt 116 jüdischen Rechtsanwälten waren 30 in Dresden, 15 in Chemnitz und 71 in Leipzig und anderen Städten tätig (*Diamant*, Chronik der Juden in Dresden, S. 281).

36 *Barkai*, Vom Boykott zur „Entjudung", S. 16; *Klemperer*, Tagebücher 1935–1936, S. 138. Ausführlich zur Propaganda gegen den „jüdischen Anwalt" *Krach*, Jüdische Rechtsanwälte in Preußen, S. 121 ff.

37 *Barkai*, Vom Boykott zur „Entjudung", S. 20; *ders.* in: Paucker, S. 153 ff.; *Bajohr* in: Goschler, Lillteicher, S. 46.

38 Die Bildung des BNSDJ wurde im Völkischen Beobachter vom 13.10.1928 bekannt gegeben. Im Jahr 1929 hatte er lediglich 30 Mitglieder, zu Beginn des Jahres 1931 waren es

Leipzig gefordert: *„Für Angehörige fremder Rasse ist unverzüglich die Zulassungssperre zur Ausübung des Rechtsanwaltsberufs an deutschen Gerichten zu verhängen. ... Nach Ablauf von vier Jahren darf nach dem Plan des Führers kein Angehöriger fremder Rasse mehr Anwalt sein.“*[39] Die Forderung nach einem Berufsverbot für jüdische Rechtsanwälte wurde von ihren arischen Kollegen zumindest akzeptiert, nicht zuletzt deshalb, weil sie sich von dem Konkurrentenverlust eine wirtschaftliche Konsolidierung versprachen.[40]

## 2.2. Der Boykott vom 1. April 1933 und das Gesetz über die Zulassung zur Rechtsanwaltschaft vom 7. April 1933

Zwei Monate nach der Machtergreifung Hitlers begann die organisierte Judenverfolgung, und zwar mit dem ersten allgemeinen Judenboykott vom 1. April 1933.[41] Die Parteileitung der NSDAP hatte mit Anordnung vom 28. März 1933 „zum planmäßigen Boykott jüdischer Waren, jüdischer Ärzte und jüdischer Rechtsanwälte“ aufgerufen[42]. In Ziffer 9 dieser Anordnung war dazu bestimmt: *„Die Aktionskomitees organisieren sofort in Zehntausenden von Massenveranstaltungen, die bis ins kleinste Dorf hineinzureichen haben, die Forderung nach Einführung einer relativen Zahl für die Beschäftigung der Juden in allen Berufen entsprechend ihrer Beteiligung an der deutschen Volkszahl. Um die Stoßkraft der Aktion zu erhöhen, ist diese Forderung zunächst auf drei Gebiete zu beschränken: a) auf den Besuch an den deutschen Mittel- und Hochschulen, b) für den Beruf der Ärzte, c) für den Beruf der Rechtsanwälte.“*[43] Von der sächsischen Gauleitung

---

immer noch nur 213, wobei mehr als die Hälfte von ihnen als Rechtsanwälte tätig waren. Ende 1931 war die Vereinigung schon 701 Mitglieder stark. Um die Jahreswende 1932/33 waren schließlich 1.374 Juristen aus dem Deutschen Reich und Österreich im BNSDJ organisiert (vgl. *Krach*, Jüdische Rechtsanwälte in Preußen, S. 147). Im Frühjahr 1933 sind dann alle größeren Juristenvereinigungen, darunter der DAV, dem BNSDJ kooperativ beigetreten, der sich seitdem als „organisatorischer Träger“ der „Deutschen Rechtsfront“ verstanden hat. Im Oktober 1933 sind diese Vereinigungen aufgefordert worden, sich bis Ende Dezember aufzulösen. Wer noch nicht dem BNSDJ angehörte, war mit diesem Datum zum Eintritt verpflichtet. Dementsprechend ist auch der DAV Ende 1933 aufgelöst und sind seine Mitglieder – ausgenommen die jüdischen Rechtsanwälte – in die Fachgruppe Rechtsanwälte des BNSDJ „überführt“ worden, die danach weit über 10.000 Mitglieder hatte (vgl. *Krach*, Jüdische Rechtsanwälte in Preußen, S. 232 ff.).

39 Zitiert nach: *Göppinger*, Juristen jüdischer Abstammung im „Dritten Reich“, S. 42. Vgl. hierzu auch *Hebeis*, Die Verfolgung, S. 9 f.; *Barkai*, Vom Boykott zur „Entjudung“, S. 25.

40 *Krach*, Jüdische Rechtsanwälte in Preußen, S. 75; *Landau*, BRAK-Mitt. 2003, S. 112.

41 Zu den bereits unmittelbar nach der Machtergreifung einsetzenden einzelnen Übergriffen insbesondere auf jüdische Rechtsanwälte vgl. *Göppinger*, Juristen jüdischer Abstammung im „Dritten Reich“, S. 49 ff.; *Krach*, Jüdische Rechtsanwälte in Preußen, S. 165 ff.; *Benz* in: Heinrichs, S. 814 ff.

42 *Walk*, Das Sonderrecht, Nr. I 19.

43 Zitiert nach: *Göppinger*, Juristen jüdischer Abstammung im „Dritten Reich“, S. 58.

wurden die Aktionskomitees angewiesen, unter anderem auch folgende Forderung aufzustellen und auf Handzetteln, in Versammlungen und Zeitungen zu verbreiten: *„Von allen Rechtsanwälten dürfen nur 1% Juden sein.“*[44] Der Boykott diente also auch dazu, dieses von der antisemitischen Bewegung schon lange verfolgte Ziel populär zu machen.[45]

Entsprechend der Anordnung der NSDAP-Parteileitung wurde am Boykott-Tag die Tätigkeit der jüdischen Rechtanwälte behindert: Vor den Gerichtsgebäuden und den Kanzleien standen SA-Wachen und verwehrten den jüdischen Anwälten den Zutritt zu den Gerichten und ihren Mandanten den Zutritt zu ihren Büros.[46]

Wie der Boykott als erste planmäßige Maßnahme der Partei, betraf auch das erste der Verdrängung der Juden aus der Wirtschaft dienende Gesetz als Maßnahme der Reichsregierung die Berufsausübung. Nur eine Woche nach dem Boykott, am 7. April 1933, wurde das „Gesetz zur Wiederherstellung des Berufsbeamtentums“[47] in Kraft gesetzt, dessen § 3 Abs. 1 bestimmte, dass Beamte, die nicht arischer Abstammung sind, in den Ruhestand zu versetzen sind.[48] Dieses Gesetz diente als Vorbild und Grundlage für die gesetzliche Ausschaltung der Rechtsanwälte.[49] In der Sitzung des Reichskabinetts am 7. April 1933 erklärte Hitler, dass für die Rechtsanwälte eine ähnliche Regelung wie für die Beamten getroffen werden müsse.[50] Und so bestimmte § 1 Abs. 1 des noch am selben Tag verabschiedeten „Gesetzes über die Zulassung zur Rechtsanwaltschaft“[51], dass

---

44 Zitiert nach: *Diamant*, Chronik der Juden in Dresden, S. 246.

45 *Krach*, Jüdische Rechtsanwälte in Preußen, S. 182.

46 Ausführlich hierzu *Göppinger*, Juristen jüdischer Abstammung im „Dritten Reich“, S. 58 ff.; *Krach*, Jüdische Rechtsanwälte in Preußen, S. 188 ff.; *Salzburg*, Mein Leben, S. 53. Die Anwaltskammern und ihre nichtjüdischen Mitglieder vermieden nicht nur jeglichen Protest gegen die Diskriminierung ihrer Kollegen, sondern kollaborierten mit den Nationalsozialisten, indem sie zur Ermöglichung des Betretens der Gerichtsgebäude Bescheinigungen mit „Ariernachweisen“ ausgestellten oder sich ausstellen ließen (*Landau*, BRAK-Mitt. 2003, S. 111).

47 RGBl. I, S. 175.

48 Aufgrund dieser Regelung wurden nach den Angaben von *Held* in: Vollnhals, S. 208 im Geschäftsbereich des sächsischen Justizministeriums sechs Richter, drei Gerichtsassessoren und 34 Referendare wegen ihrer „nicht arischen Abstammung“ entlassen. Außerdem sei 31 Anwaltsnotaren das Notariat entzogen worden.

49 *Barkai*, Vom Boykott zur „Entjudung“, S. 35; *Benz* in: Heinrichs, S. 823.

50 *Krach*, Jüdische Rechtsanwälte in Preußen, S. 206. Diese Sitzung habe nach einer Besprechung des Reichsjustizministers mit den Vertretern der Landesjustizverwaltungen stattgefunden, in der diese einen „Antrag in Gesetzesform“ betreffend die Beschränkung der Zulassung von jüdischen Rechtsanwälten erarbeitet hätten. Dieser Antrag sei jedoch nach Meinung des Reichsjustizministers weit über den Bereich des Justizressorts hinausgegangen. Hitler hätte schließlich erklärt, dass im Augenblick nur das Notwendigste geregelt werden sollte.

51 RGBl. I, S. 188. Im Folgenden „Anwaltsgesetz“ genannt.

die Zulassung von Rechtsanwälten nicht arischer Abstammung bis zum 30. September 1933 zurückgenommen werden „konnte". In der Praxis wurde diese Kann-Bestimmung jedoch zuungunsten der jüdischen Rechtsanwälte als Muss-Bestimmung gehandhabt, das heißt, ihre Zulassung wurde grundsätzlich zurückgenommen.[52] Zwar waren nach § 1 Abs. 2 des Anwaltsgesetzes sogenannte „Altanwälte", nämlich solche, die bereits seit dem 1. August 1914 zugelassen waren, sowie Frontkämpfer und Väter und Söhne von Gefallenen des Ersten Weltkriegs hiervon ausgenommen.[53] Indessen wurde selbst diese Regelung häufig unterlaufen, beispielsweise im Fall des Dresdner Rechtsanwalts Dr. Fritz Salo Glaser. Instrument hierfür war § 3 des Anwaltsgesetzes, wonach die Zulassungen von „Personen, die sich in kommunistischem Sinne betätigt haben" ebenfalls zurückzunehmen waren.[54]

Innerhalb weniger Wochen nach Inkrafttreten des Anwaltsgesetzes schieden reichsweit 1.653 jüdische Anwälte aus der Rechtsanwaltschaft aus. Die meisten, weil ihnen die Zulassung nach den neuen Bestimmungen entzogen worden ist, einige aber auch durch Tod und freiwillige Löschung. In Sachsen verloren 40, in Dresden zehn jüdische Rechtsanwälte ihre Zulassung.[55] Zu diesen gehörte auch der Dresdner Rechtsanwalt Dr. Helmut Klemperer. Das Schreiben des Sächsischen Ministeriums der Justiz vom 4. Mai 1933, in dem dieses mitteilte, dass es wegen seiner jüdischen Abstammung die Zurücknahme seiner Zulassung erwäge, veranlasste ihn zu folgender Antwort, in der er den Zustand Deutschlands in dieser Zeit so treffend beschrieb: *„Ich habe auch nichts dagegen einzuwenden, dass Sie mich aus der deutschen Anwaltschaft ausschließen; ich befinde [mich] da in so ausgezeichneter Gesellschaft, dass ich Mühe haben werde, mich ihrer würdig zu zeigen. Zwar habe ich es bisher als eine Ehrensache betrachtet, deutscher Anwalt zu sein. Heute aber betrachte ich es als eine Ehrensache, nicht mehr deutscher Anwalt zu sein. Denn die höchsten Güter der Nation sind vernichtet: die Unabhängigkeit und Objektivität der Rechtspflege, die Achtung vor der Meinung Andersdenkender, vor ihrem Leben, ihrer Freiheit und ihrem Eigentum bestehen in Deutschland nicht mehr. … Deutschland ist kein Rechtsstaat mehr. Und kein hoher deutscher Richter, kein angesehener deutscher Anwalt arischer Abstammung hat den germanischen Mut, hiergegen öffentlich aufzustehen als Anwalt des zertrampelten Rechts der Minderheit, – das offen auszusprechen, was die meisten von ihnen*

---

52 Vgl. *Benz* in: Heinrichs, S. 825; *Krach*, Jüdische Rechtsanwälte in Preußen, S. 263, 268.

53 Diese Regelung wurde auf Intervention des Reichspräsidenten Paul von Hindenburg beim Reichskanzler in das Berufsbeamtengesetz aufgenommen und in das Anwaltsgesetz übernommen (vgl. *Krach*, Jüdische Rechtsanwälte in Preußen, S. 203 ff.).

54 Zum Schicksal von Dr. Fritz Salo Glaser siehe unten S. 29 ff. Allgemein hierzu vgl. auch *Benz* in: Heinrichs, S. 825.

55 *Frank*, Der Kampf um die freie Advokatur, S. 24; *Hebeis*, Die Verfolgung, S. 16.

*im Innern denken. Darum bin ich froh über den Trennungsstrich, den Sie ziehen. So albern auch die Theorien sind, nach denen ein deutscher Jude nicht mehr deutscher Anwalt soll sein können.“* [56]

## 2.3. Der wachsende Verfolgungsdruck und der vollständige Ausschluss der Juden aus der Rechtsanwaltschaft zum 1. Dezember 1938

Aber auch diejenigen jüdischen Rechtsanwälte, denen die Zulassung zunächst nicht entzogen worden ist, konnten ihren Beruf nicht mehr ohne Behinderungen ausüben. Zwar verfügte die „Zweite Verordnung zur Durchführung der Gesetze über die Zulassung zur Rechtsanwaltschaft und Patentanwaltschaft“ vom 1. Oktober 1933 [57], dass jeder Rechtsanwalt, der aufgrund des Anwaltsgesetzes in seinem Beruf verblieben ist, *„nicht nur im vollen Genuss seiner Berufsrechte [bleibt], sondern auch Anspruch auf die Achtung [hat], die ihm als Angehörigen seiner Standesgemeinschaft zukommt“*. Weiter war bestimmt, dass kein Rechtsanwalt *„in der gesetzmäßigen Ausübung seines Berufes gehindert oder beeinträchtigt werden [darf]“*. Damit änderte die Regierung jedoch nicht ihre Judenpolitik, sondern bremste nur die „gesetzlichen“ Verfolgungsmaßnahmen, um das internationale Ansehen des Dritten Reichs nicht allzu sehr zu beschädigen – zum Leidwesen der radikalen Antisemiten: Ihnen gingen schon die bisherigen Maßnahmen gegen die jüdischen Rechtsanwälte nicht weit genug; sie strebten ein totales Berufsverbot an.[58] Und so setzten die verschiedensten Stellen trotz der Verordnung ihre Maßnahmen gegen die jüdischen Rechtsanwälte fort. Es gab weiterhin antisemitische Demonstrationen in Gerichtsgebäuden, es erschienen Hetzartikel über die Tätigkeit jüdischer Anwälte, ihre Mandanten wurden in der nationalsozialistischen Lokalpresse denunziert, sogar Gerichtsentscheidungen zeigten vermehrt antisemitische Tendenzen.[59]

---

[56] Sächsisches Hauptstaatsarchiv Dresden (SächsHStA), Bestand: Ministerium des Innern, Nr. 9734.

[57] RGBl. I, S. 188.

[58] So erklärte Hans Frank auf einer BNSDJ-Kundgebung im Mai 1933: *„Das Tempo der nationalen Revolution bestimmt unser Führer. Niemals aber wird der BNSDJ von der Forderung ablassen, dass alle Juden restlos aus jeder Form des Rechtslebens heraus müssen“* (zitiert nach: *Hebeis*, Die Verfolgung, S. 17).
Hans Frank war Gründer und Führer des BNSDJ sowie Leiter der im Jahr 1930 gegründeten Rechtsabteilung der Reichsleitung der NSDAP. Seit März 1933 war er zudem Justizminister in Bayern. Seit Oktober 1933 durfte er außerdem den Titel „Reichsrechtsführer“ führen. Nach der Besetzung Polens wurde Frank dort Generalgouverneur (vgl. *Göppinger*, Juristen jüdischer Abstammung im „Dritten Reich“, S. 56, Fn. 47; *Benz* in: Heinrichs, S. 834).

[59] Vgl. *Krach*, Jüdische Rechtsanwälte in Preußen, S. 273 ff. 301 f.; *Hebeis*, Die Verfolgung, S. 19 f., 22 ff.; einzelne Gerichtsentscheidungen nennt *Göppinger*, Juristen jüdischer Abstammung im „Dritten Reich“, S. 9 ff. Eine Methode, jüdischen Rechtsanwälten Mandate vorzuenthalten, war etwa, sie nicht mehr als Armenanwälte beizuordnen (vgl. hierzu *Krach*, Jüdische Rechtsanwälte in Preußen, S. 306 ff.).

Dieser anhaltende Boykott blieb nicht ohne die beabsichtigte Wirkung: Die nicht jüdischen Mandanten zogen sich zurück – teils aus eigener antisemitischer Haltung, teils, weil sie nachteilige Entscheidungen der Gerichte oder negative Reaktionen der Öffentlichkeit befürchteten, wenn sie sich von einem jüdischen Rechtsanwalt vertreten ließen.[60] In seinen Lebenserinnerungen berichtet der Dresdner Rechtsanwalt und Notar Dr. Friedrich Salzburg wie folgt über diese Situation: *„Allerdings ging in der Zeit von der Machtergreifung an sowohl die Notariats- als auch die Rechtsanwaltspraxis ganz rapide zurück. Meine Klienten (ich hatte fast nur christliche Klienten) fürchteten, dass das Gericht von ihnen einen schlechten Eindruck bekommen würde, wenn sie sich durch einen jüdischen Rechtsanwalt vertreten ließen oder ihre Urkunden und Schriftstücke durch einen jüdischen Notar beglaubigen oder beurkunden ließen. Die Klienten sagten mir das ganz offen und baten mich, es ihnen nicht übel zu nehmen, wenn sie andere Anwälte annähmen. Die Dresdner Bank z.B., ein weltbekanntes Institut, die ich jahrelang oft vertreten hatte und die damals den sächsischen Staat aufgrund einer in rechtlicher Beziehung zu Zweifel Anlass gebenden Bürgschaftsübernahme zu verklagen gezwungen war, bat mich, sie auch in dieser Sache zu beraten und die Schriftsätze auszuarbeiten. Gleichzeitig aber bat sie mich, diese Schriftsätze nicht mit meinem Namen zu unterzeichnen und unterschrieb selbst und ließ sich in der mündlichen Verhandlung vor dem Schiedsgericht nicht wie sonst durch mich vertreten, sondern entsandte einen ihrer juristisch geschulten Bankbeamten zur mündlichen Verhandlung.“*[61]

Aufgrund der „Ersten Verordnung zum Reichsbürgergesetz“ vom 14. November 1935[62] wurden jüdische Rechtsanwälte, die zugleich Notare waren, auch von diesem Amt ausgeschlossen. Gemäß § 4 Abs. 1 der Verordnung konnte ein Jude kein öffentliches Amt bekleiden.[63] Auch Dr. Friedrich Salzburg durfte seit dem nicht mehr als Notar arbeiten. Zunächst wurde ihm durch Verfügung des Präsidenten des Oberlandesgerichts Dresden aufgrund einer Anordnung des Reichsjustiz-

---

Die gesellschaftliche Isolierung der jüdischen Rechtsanwälte zu fördern, bezweckten die Anwaltskammern mit ihrem Verbot von Sozietäten und Bürogemeinschaften zwischen jüdischen und nichtjüdischen Rechtsanwälten (vgl. *Krach*, Jüdische Rechtsanwälte in Preußen, S. 293). In Dresden waren zwei Kanzleien von diesem Verbot betroffen, die sich auch tatsächlich aufgelöst haben (*Hebeis*, Die Verfolgung, S. 24).

60 Vgl. *Krach*, Jüdische Rechtsanwälte in Preußen, S. 291; *Hebeis*, Die Verfolgung, S. 25.

61 *Salzburg*, Mein Leben, S. 59. Dr. Friedrich Salzburg hatte im Ersten Weltkrieg an der Front gekämpft, so dass seine Zulassung gemäß § 1 Abs. 2 des Anwaltsgesetzes nicht zurückgenommen werden konnte.

62 RGBl. I, S. 1333.

63 Den meisten sächsischen Notaren jüdischer Herkunft ist das Notariat bereits im Jahr 1933 entzogen worden. Hierzu hat das sächsische Justizministerium eine entsprechend ausgelegte Vorschrift des Sächsischen Notargesetzes von 1900 herangezogen (*Hebeis*, Die Verfolgung, S. 18 f.). Einer, dem das Amt als Sächsischer Notar damals noch belassen wurde, war Dr. Friedrich Salzburg, der dies auf die Angaben seiner militärischen Vorgesetzten im Ersten Weltkrieg zurückführt (*Salzburg*, Mein Leben, S. 59).

ministers am 1. Oktober 1935 die Fortführung der Amtstätigkeit als Notar mit sofortiger Wirkung untersagt.[64] Am 25. Januar 1936 schließlich wurde ihm folgender Bescheid des Reichsjustizministers zugestellt: *„Im Namen des Reiches! Der Notar Dr. Friedrich Salzburg ist auf Grund des § 3 des Reichsbürgergesetzes in Verbindung mit § 4 Abs. 1 der Ersten Verordnung dazu vom 14. November 1935 (RGBl. I S. 1333) mit Ablauf des 14. November 1935 aus seinem Amt als Notar ausgeschieden."*[65]

Infolge des anhaltenden Boykotts und des Verlusts des einträglichen Notarsamtes hatten die jüdischen Rechtsanwälte enorme wirtschaftliche Einbrüche zu verkraften.[66] Der Dresdner Rechtsanwalt Prof. Dr. James Breit zum Beispiel klagte bereits im Mai 1935, dass er nur noch zehn Prozent seines früheren Einkommens erziele.[67] Ihrer wirtschaftlichen Existenzgrundlage beraubt, entschlossen sich viele zur Auswanderung.[68] So auch Dr. Friedrich Salzburg, der diesen Entschluss nach eigenen Angaben an dem Tag fasste, an dem man ihm die Ausübung des Notariats verboten hat.[69] Er gehörte zu dem reichlichen Drittel der jüdischen Rechtsanwälte Dresdens, die mit ihren Familien zwischen 1934 und 1939 ihre Heimat verließen.[70]

Anders als der Ausschluss vom Notarsamt wurde der Ausschluss der im Jahr 1935 noch tätigen 2.300 jüdischen Rechtsanwälte aus der Anwaltschaft zunächst vertagt[71] – trotz der anhaltenden Forderungen der radikalen Antisemiten in der Partei.[72] Die Zurückstellung des Berufsverbots stand im Zusammenhang mit der allgemeinen Verzögerung der Verdrängung der Juden aus dem Wirtschaftsleben.[73] Erst im Jahr 1938, in dem sie ihre Judenpolitik insgesamt verschärfte,

---

64 *Salzburg*, Mein Leben, S. 72.

65 *Salzburg*, Mein Leben, S. 78, 79.

66 *Krach*, Jüdische Rechtsanwälte in Preußen, S. 68, 353 f.

67 *Klemperer*, Tagebücher 1935–1936, S. 29.

68 *Göppinger*, Juristen jüdischer Abstammung im „Dritten Reich", S. 94.

69 *Salzburg*, Mein Leben, S. 79 ff. Nachdem sich die Vorbereitungen in die Länge gezogen hatten, überschritten Salzburg und seine Frau am 31. Dezember 1937 die deutsch-schweizerische Grenze und reisten von der Schweiz aus über England nach Berkeley, Kalifornien, wo Salzburg bis zu seinem Tod am 22.8.1953 gelebt hat.

70 *Hebeis*, Die Verfolgung, S. 35. Zur Emigration jüdischer Rechtsanwälte allgemein vgl. auch *Ladwig-Winters*, BRAK-Mitt. 2003, S. 105 f.

71 Zahl nach: *Krach*, Jüdische Rechtsanwälte in Preußen, S. 383; *Benz*, in: Heinrichs, S. 839.

72 Zum Beispiel erklärte Reichsrechtsführer Hans Frank auf dem Reichsparteitag 1935, dass nationalsozialistische Gesetze niemals durch einen jüdischen Richter oder Rechtsanwalt richtig angewandt werden könnten und es daher ein *„unverrückbares Ziel bleiben [werde], den Juden im Laufe der Zeit aus der Rechtspflege immer mehr auszuschalten"* (zitiert nach: *Göppinger*, Juristen jüdischer Abstammung im „Dritten Reich", S. 43).

73 Vgl. *Krach*, Jüdische Rechtsanwälte in Preußen, S. 384.

wandte sich die Regierung den noch verbliebenen jüdischen Rechtsanwälten zu und erließ die „Fünfte Verordnung zum Reichsbürgergesetz" vom 27. September 1938[74]. Ihr § 1 bestimmte schließlich: *„Juden ist der Beruf des Rechtsanwalts verschlossen"*. Weiter war dort geregelt, dass die Zulassung der restlichen jüdischen Rechtsanwälte zum 30. November 1938 zurückzunehmen ist.

Von dieser Regelung waren insgesamt 1.753 jüdische Rechtsanwälte betroffen, die jedoch inzwischen ohnehin fast ausschließlich nur noch jüdische Mandanten betreuten.[75] In Sachsen mussten, wie der Dresdner Anzeiger in seiner Ausgabe vom 17. November 1938 meldete, *„im Zuge der Ausschaltung der Juden aus der Rechtspflege [...] am 30. November 1938 die letzten 43 jüdischen Rechtsanwälte in Sachsen ihre Ämter nieder [legen]. Zur Wahrnehmung der Interessen jüdischer Klienten werden in Sachsen elf jüdische Konsulenten zugelassen, zwei davon in Dresden."*[76]

Die Zulassung jüdischer Konsulenten zur rechtlichen Beratung und Vertretung von Juden war in § 8 der Fünften Verordnung zum Reichsbürgergesetz vorgesehen.[77] Zunächst sollten im Reichsgebiet 172 Konsulenten – bevorzugt Frontkämpfer – zugelassen werden, tatsächlich bestellt wurden dann allerdings lediglich 125. Bis 1944 verringerte sich ihre Zahl auf zwölf.[78] Ihre Tätigkeit schützte die Konsulenten nämlich nicht davor, deportiert und umgebracht zu werden; nur wenige haben das Dritte Reich überlebt.[79]

## B. Systematischer Überblick über die Formen der Entziehung jüdischen Kunstbesitzes

Hinsichtlich der Art und Weise der Entziehung jüdischen Kunstbesitzes sind theoretisch im Wesentlichen zwei Formen zu unterscheiden: zum einen die „freiwillige" Entziehung durch Rechtsgeschäft des jüdischen Eigentümers und zum anderen die zwangsweise Entziehung durch staatlichen Hoheitsakt. Daneben

---

74 RGBl. I, S. 1403. Zur Entstehungsgeschichte dieser Verordnung vgl. *Krach*, Jüdische Rechtsanwälte in Preußen, S. 386 ff.

75 *Göppinger*, Juristen jüdischer Abstammung im „Dritten Reich", S. 95; *Barkai*, Vom Boykott zur „Entjudung", S. 134; *Krach*, Jüdische Rechtsanwälte in Preußen, S. 388.

76 Zitiert nach: *Diamant*, Chronik der Juden in Dresden, S. 284. In Dresden mussten 14 Kanzleien schließen (*Hebeis*, Die Verfolgung, S. 30).

77 Zur Tätigkeit der Konsulenten vgl. *Krach*, Jüdische Rechtsanwälte in Preußen, S. 398 ff.; *Hebeis*, Die Verfolgung, S. 31 ff.

78 *Göppinger*, Juristen jüdischer Abstammung im „Dritten Reich", S. 96; *Krach*, Jüdische Rechtsanwälte in Preußen, S. 394 spricht von 175 Konsulenten, die insgesamt zugelassen werden sollten.

79 *Krach*, Jüdische Rechtsanwälte in Preußen, S. 401 f.

gibt es noch eine dritte Form der Entziehung, nämlich die durch unkontrollierte Handlungen Einzelner. Sowohl Parteifunktionäre als auch Zivilpersonen haben sich durch Diebstahl, Raub oder Untreue in den Besitz jüdischen Vermögens gebracht. Diese Form der Entziehung muss in der vorliegenden Arbeit außer Betracht bleiben; ihre Varianten sind zu vielfältig, als dass sie verallgemeinert und in abstrakter Form juristisch bewertet werden könnten. Sie reichen von „Spontanaktionen" vieler, wie Plünderungen anlässlich von Pogromen, bis zu gezielten, wiederholten Aktionen Einzelner.

Zeitlich lassen sich die beiden erstgenannten Formen der Entziehung wie folgt einordnen: Die „freiwilligen" Entziehungen begannen mit der Machtergreifung der Nationalsozialisten und endeten – jedenfalls theoretisch – mit dem Inkrafttreten der Einsatzverordnung vom 3. Dezember 1938, deren § 14 Abs. 1 den Juden die freihändige Veräußerung insbesondere von Kunstgegenständen verbot. Das Inkrafttreten dieser Verordnung leitete zugleich die Phase der zwangsweisen Entziehung von Kunstwerken aus jüdischen Sammlungen ein.

Greift man die entsprechenden Regelungen der alliierten Rückerstattungsgesetze auf, lassen sich die „freiwilligen" Entziehungen durch Rechtsgeschäft des jüdischen Eigentümers wiederum in zeitlicher Hinsicht in zwei Gruppen einteilen, nämlich in Entziehungen durch ein vor dem Inkrafttreten des Reichsbürgergesetzes am 15. September 1935 abgeschlossenes Rechtsgeschäft und in Entziehungen durch ein danach erfolgtes Rechtsgeschäft. Bedeutung erlangt diese zeitliche Zäsur insbesondere bei der Frage der Wirksamkeit des jeweiligen Rechtsgeschäfts. An diesen Zeitpunkt anknüpfend stellen die alliierten Rückerstattungsgesetze nämlich unterschiedliche Anforderungen an die Widerlegung der in ihnen normierten Vermutung, dass das Rechtsgeschäft eine Entziehung darstellt.

## C. Die Auflösung jüdischer Kunstsammlungen im Reichsgebiet

Die Entziehung jüdischen Kunstbesitzes war bisher kaum Gegenstand der Geschichtsforschung, es fehlt daher an grundlegender Literatur.[80] Das Schicksal einzelner Sammlungen und ihrer Eigentümer ist bekannt geworden durch Restitutionsverfahren nach den alliierten Rückerstattungsgesetzen, Provenienzforschungen in Museen und Recherchen der Eigentümer oder ihrer Rechtsnachfolger, insbesondere der Conference on Jewish Material Claims against Germany.[81] Wie viele jüdische Sammlungen es bei der Machtergreifung der Nationalsozialisten gab, ist nicht bekannt. Ihre Anzahl lässt sich auch kaum schätzen, hängt

---

[80] Vgl. *Francini/Heuss/Kreis* in: UEK, Bd. 1, S. 22.

[81] Im Folgenden „Jewish Claims Conference" genannt.

doch die Zählung davon ab, wie man den Begriff „Sammlung“ definiert. Genügt schon der Besitz dreier Kunstwerke oder verlangt man das Vorhandensein mehrerer Dutzend Objekte? Lässt man sich von der ersten Umschreibung leiten, so kann man davon ausgehen, dass es mehrere hundert Sammlungen gab.[82] Wie viele dieser jüdischen Sammlungen wurden während der nationalsozialistischen Herrschaft aufgelöst? Auch auf diese Frage lässt sich keine verlässliche Antwort finden. Fest steht, dass zahlreiche jüdische Kunstsammler ihre Kollektionen bereits in den frühen dreißiger Jahren veräußert haben.[83] Ungewiss ist indes, wie viele Sammlungen im Dezember 1938 noch bestanden haben, die sich die Nationalsozialisten nunmehr durch Zwangsverkauf oder Vermögensverfall aneignen konnten.

## 1. Die „freiwillige“ Entziehung durch Rechtsgeschäft des jüdischen Sammlers

Die Veräußerung von Kunstwerken durch jüdische Sammler erfolgte zum einen freihändig und zum anderen in Versteigerungen. Die Zahl der freihändigen Verkäufe kann nicht ermittelt werden, die Zahl der Versteigerungen aber doch wenigstens annäherungsweise, und zwar anhand von Auktionskatalogen und Versteigerungslisten. Man kann wohl davon ausgehen, dass die meisten Sammler ihre Kunstwerke in Versteigerungen gegeben haben, da sich auf diese Weise ein größerer Interessentenkreis ansprechen und ein höherer Erlös erzielen ließ.

### 1.1. Die Versteigerung jüdischer Kunstsammlungen

Auktionen, auf denen Kunstwerke aus jüdischen Sammlungen angeboten wurden, fanden sowohl im Inland, hauptsächlich in Berlin, Frankfurt und München, als auch im Ausland statt, hervorzuheben ist hierbei die Schweiz, in die einige jüdische Sammlungen gebracht worden sind.[84] Nach den Angaben von *Heuss*,

---

82 *Francini/Heuss/Kreis* in: UEK, Bd. 1, S. 43.

83 *Heuss*, Sediment 1998, Heft 3, S. 53.

84 Das Ausmaß des Transfers von jüdischen Sammlungen in die Schweiz ist vor allem in den frühen dreißiger Jahren erheblich gewesen (*Francini/Heuss/Kreis* in: UEK, Bd. 1, S. 165 f.). So hat zum Beispiel der Breslauer Bankier Hugo Simon einen Teil seiner Sammlung im Kunsthaus Zürich deponiert, während er selbst nach Frankreich emigriert und nach dessen Besetzung nach Brasilien geflohen ist. Nachdem sich das Kunsthaus Zürich gegen einen Ankauf entschieden hatte, hat Hugo Simon die 25 Kunstwerke, die er in der Zwischenzeit auch nicht anderweitig hatte veräußern können, dem Kunstmuseum Basel übergeben, das zunächst am Erwerb einiger Objekte interessiert war. In Erwartung dieser Erwerbung hat die Stadt Basel Hugo Simon einen Kredit über 50.000 Schweizer Franken gewährt, der mit den Ankaufspreisen verrechnet werden sollte. Jedoch hat das Museum den Ankauf später abgelehnt, so dass Hugo Simon zur Rückzahlung des Kredites samt Zinsen gezwungen war. Um dieser Verpflichtung nachkommen zu können, hat er seine Kunstwerke im Sommer 1939 der

die im Auftrag der Jewish Claims Conference entsprechende Nachforschungen angestellt hat, lassen sich anhand von Versteigerungslisten etwa 200 jüdische Sammlungen nachweisen, die namentlich in den bedeutenden Berliner Auktionshäusern Paul Graupe[85] und Rudolph Lepke[86] versteigert worden seien.[87] Die Auktionshäuser hätten seinerzeit die von ihnen durchgeführten Versteigerungen bei der Reichskammer der bildenden Künste anmelden müssen.[88] Die dieser vorgelegten Listen enthielten den Namen des Eigentümers, manchmal auch die Angabe, ob er Jude war. Die Überprüfung der Namen hat ergeben, so *Heuss*, dass sich unter den Eigentümern wesentlich mehr Juden befunden haben, als von den Auktionshäusern angegeben.[89]

---

Galerie Theodor Fischer in Luzern übergeben, damit diese sie versteigere. Mit dem Erlös aus dem Verkauf von vier Gemälden hat Hugo Simon zumindest einen Teil seiner Schulden begleichen können (*Francini/Heuss/Kreis* in: UEK, Bd. 1, S. 168 ff.) Die Sammlung Hugo Simon war nicht die einzige, die von der Galerie Theodor Fischer versteigert worden ist. Die Galerie hat zwischen 1933 und 1945 insgesamt 47 sogenannte „Emigrantenauktionen" veranstaltet, in denen Auswanderer ihren Kunstbesitz veräußerten, um ihren Lebensunterhalt in der Schweiz zu sichern, oder ihre Schifftickets oder Visumsgebühren für das Einreiseland zu bezahlen (*Francini/Heuss/Kreis* in: UEK, Bd. 1, S. 156 f.; *Buomberger*, Raubkunst – Kunstraub, S. 65, 357 ff.).

85 Paul Graupe nahm unter den jüdischen Kunsthändlern eine Sonderstellung ein: Er wurde zunächst nicht aus der im Jahr 1933 von Propagandaminister Joseph Goebbels gegründeten Reichskulturkammer ausgeschlossen, sondern durfte seinen Beruf weiter ausüben. Der Grund hierfür war, dass er dem Deutschen Reich wegen seiner internationalen Handelsbeziehungen ein gewaltiges Devisenaufkommen gesichert hat und sich der von 1935 bis 1937 amtierende Reichswirtschaftsminister Hjalmar Schacht deshalb für den Verbleib von Juden in der Reichskulturkammer eingesetzt hat. Aber auch Paul Graupe musste schließlich Deutschland verlassen; er wanderte im September 1937 nach Paris aus. Sein Auktionshaus wurde von seinem ehemalige Teilhaber Hans W. Lange arisiert (*Heuss*, Sediment 1998, Heft 3, S. 52). Nach dem Einmarsch der deutschen Truppen in Paris ging Paul Graupe in die Schweiz und reiste Ende 1940 von dort aus nach New York weiter (*Buomberger*, Raubkunst – Kunstraub, S. 218).

86 Das Auktionshaus wurde 1869 von Rudolph Lepke gegründet. Im Jahr 1900 wurde es von den Brüdern Dr. Adolf und Gustav Wolffenberger übernommen, die wegen ihrer jüdischen Abstammung zum 31.12.1935 aus dem Geschäft ausscheiden mussten. Das Auktionshaus wurde danach bis Ende 1938 unter dem weithin bekannten Namen von deren langjährigen Teilhaber H. C. Krüger weitergeführt (*Heuss*, Sediment 1998, Heft 3, S. 52, Fn. 13).

87 Kunstwerke aus jüdischen Sammlungen wurden auch in den Berliner Auktionshäusern Leo Spik, Max Perl, Adolf Herold, Edgar Lach, Reinhold Puppel, Rudolf Harms, Gerhard Harms, A. Berkhan und Achenbach versteigert (*Heuss*, Sediment 1998, Heft 3, S. 51).

88 Die Reichskammer der bildenden Künste war eine der sieben Kammern der am 22. September 1933 gegründeten Reichskulturkammer, deren Vorsitzender Propagandaminister Joseph Goebbels war. In ihr waren auch die Kunst- und Antiquitätenhändler organisiert. Durch eine Verordnung Goebbels vom Februar 1936 wurden jüdische Kunsthändler von der Mitgliedschaft in der Reichskulturkammer ausgeschlossen, was einem Berufsverbot gleichkam (vgl. *Petropoulos*, Kunstraub und Sammelwahn, S. 37, 40, 121; *Heuss*, Sediment 1998, Heft 3, S. 51).

89 *Heuss*, Sediment 1998, Heft 3, S. 51.

Im Auktionshaus Paul Graupe etwa wurden im April und Dezember 1935 einige Kunstwerke aus der Sammlung des Breslauer Kaufmanns Max Silberberg versteigert.[90] Es ist allerdings zu bezweifeln, dass die in der späteren Auktion angebotenen Kunstwerke von dem Eigentümer selbst eingeliefert worden sind. Der Auftrag für diese Auktion trägt nämlich im Feld „Unterschrift des Auftraggebers" den handschriftlichen Eintrag: „gez. Max Silberberg", was keine eigenhändige Unterschrift darstellt.[91] Diese Zweifel werden durch folgende Tatsache bestärkt, über die ein Schreiben des Hauptamtes des SD Berlin an das Verwaltungsamt SS vom 17. Juli 1936 Auskunft gibt. Darin geht es um den Erwerb des Grundstücks der Familie Silberberg in Breslau: Dieses sei die ideale Lösung für die Dienststelle des SD in Breslau und deshalb von der NSDAP gekauft worden – zu einem weit unter seinem Wert liegenden Preis. Es liegt somit deshalb nahe, dass Max Silberberg die Kunstwerke deshalb in die Auktionen gegeben hat, weil er im Frühjahr 1935 sein Grundstück räumen musste.[92] Ein weiterer Grund hierfür waren vermutlich die wirtschaftlichen Schwierigkeiten der Firma M. Weissenberg, deren Mitinhaber Max Silberberg war, in die diese infolge des Boykotts jüdischer Unternehmen geraten war.[93] Die Kunstwerke aus der Sammlung Max Silberberg, die nicht im Jahr 1935 versteigert worden sind, wurden im Februar 1940 wegen rückständiger Steuern dem Deutschen Reich, vertreten durch das Finanzamt Breslau-Süd, übereignet.[94]

---

90 Die Sammlung Max Silberberg umfasste vor 1933 etwa 130 Gemälde, Zeichnungen und Plastiken des 19. und 20. Jahrhunderts. Betroffen von der Weltwirtschaftskrise hat Silberberg seine wichtigsten impressionistischen Gemälde bereits im Jahr 1932 in Paris versteigern lassen (*Francini/Heuss/Kreis* in: UEK, Bd. 1, S. 189 ff.). Durch seine Hände gingen insgesamt etwa 250 Objekte, einschließlich der Werke, die er verkaufte, um sie durch besser zur Sammlung passende zu ersetzen (*Hinz*, Raubkunst in Görlitz, S. 2).

91 *Zimmermann* in: Museen im Zwielicht, S. 322.

92 *Zimmermann* in: Museen im Zwielicht, S. 322 f.; *Hinz*, Raubkunst in Görlitz, S. 5 f.; *Tatzkow/Henicke*, ZOV 2000, S. 67, 68.

93 *Francini/Heuss/Kreis* in: UEK, Bd. 1, S. 189; *Kathmann* in: Beiträge öffentlicher Einrichtungen, S. 32.

94 *Francini/Heuss/Kreis* in: UEK, Bd. 1, S. 190; *Zimmermann* in: Museen im Zwielicht, S. 321. Interessant ist dessen Zitat aus einem Schreiben des Regierungspräsidenten in Breslau an den dortigen Oberpräsidenten vom 5. Juli 1939, das sich auch auf einzelne Kunstwerke aus der Sammlung Silberberg beziehe: „*Die Breslauer Juden hatten früher einen sehr bedeutenden Kunstbesitz. Der größte Teil davon ist in den letzten Jahren in andere Hände übergegangen und aus Schlesien herausgegangen .... Schlesien und seine Sammlungen sind auch sonst nicht gerade reich an hervorragenden Werken der Kunst. Ich halte es daher für wünschenswert, dass verhindert wird, dass im Rahmen der Entjudung weiterer Kunstbesitz für Schlesien verloren geht. Die Entjudung bietet vielmehr die Gelegenheit, den Kunstbesitz aus jüdischen Händen zu mäßigen Preisen für öffentliche Zwecke zu erwerben und mit verhältnismäßig geringen Mitteln den schlesischen Sammlungen weitere Werke zuzuführen.*" Offenbar stieß der Verfasser dieses Briefes beim Adressaten nicht auf taube Ohren – einige Kunstwerke aus der Sammlung Max Silberberg landeten schließlich tatsächlich im Museum der Bildenden Künste in Breslau (*Francini/Heuss/Kreis* in: UEK, Bd. 1, S. 190).

Max Silberberg und seine Frau wurden im Jahr 1942 nach Theresienstadt deportiert und später ermordet.[95]

## 1.2. Die Auflösung der Sammlung des Dresdner Rechtsanwalts Dr. Fritz Salo Glaser

Dr. Fritz Salo Glaser wurde am 30. August 1876 in Zittau geboren. Er studierte Rechts- und Musikwissenschaften in München, Göttingen und Leipzig, wo er auch promovierte. Nachdem er den vierjährigen Referendardienst in Zittau und Dresden geleistet hatte, ließ er sich dort als Rechtsanwalt mit eigener Praxis in der Wilsdruffer Straße 1 nieder. In den 1920er Jahren betätigte er sich unter anderem als Vertragsanwalt der „Roten Hilfe" und als Strafverteidiger der Gardisten des Arbeiterführers Max Hoelz.[96] Aber nicht dies wurde ihm als Betätigung in „kommunistischem Sinne" nach § 3 des Anwaltsgesetzes ausgelegt, sondern ausweislich des Bescheides des Sächsischen Ministeriums der Justiz vom 29. September 1933 ein im Winter 1919 oder 1920 im Hause des Geheimen Kommerzienrats Collenbusch gehaltener Vortrag, in dem er sich, wie es in dem Bescheid heißt, *„zur kommunistischen Weltanschauung bekannt und für sie bei den Zuhörern zu werben versucht"* haben soll.[97] Tatsächlich hat Dr. Fritz Salo Glaser auf einem von Collenbusch veranstalteten Diskussionsabend zum Thema „Kommunismus und kultureller Fortschritt" referiert. Allerdings war er selbst ganz und gar unkommunistisch.[98] Diesen Vortrag hat das Justizministerium höchstwahrscheinlich herangezogen, um über § 3 des Anwaltsgesetzes das erreichen zu können, was, da Dr. Fritz Salo Glaser im Ersten Weltkrieg Frontkämpfer war, durch § 1 Abs. 2 des Anwaltsgesetzes ausgeschlossen war: die Rücknahme seiner Zulassung zur Rechtsanwaltschaft mit Wirkung zum 15. Oktober 1933.[99]

Durch das Berufsverbot einer Einnahmequelle beraubt, musste Dr. Fritz Salo Glaser in der Folgezeit etliche Kunstwerke aus seiner umfangreichen Sammlung

---

95 *Francini/Heuss/Kreis* in: UEK, Bd. 1, S. 190; *Hinz*, Raubkunst in Görlitz, S. 8; *Zimmermann* in: Museen im Zwielicht, S. 320. Diesem zufolge emigrierte der Sohn von Max Silberberg zusammen mit seiner ebenfalls jüdischen Ehefrau im Jahr 1938 nach England, wo er im Jahr 1984 verstarb. Im Jahr 1999 habe die Schwiegertochter von Max Silberberg bei der Stiftung Preußischer Kulturbesitz Rückgabeansprüche für Kunstwerke, die aus der Sammlung Max Silberberg stammen, geltend gemacht und schließlich die van Gogh-Zeichnung „L'olivette" zurückerhalten.

96 SächsHStA, Bestand: Bezirkstag/Rat des Bezirkes Dresden, VdN-Akten Nr. 1992, Schreiben Dr. Fritz Salo Glasers an den Oberbürgermeister der Stadt Dresden vom 9.6.1947; *Klemperer*, Tagebücher 1942, S. 168; *Prof. Dr. Diether Schmidt* in einem Brief an die Verfasserin vom 15.11.2003.

97 Bescheid vom 29.09.1933 aus Familienbesitz.

98 Einladung zum Diskussionsabend aus Familienbesitz; *Dr. Linda Ansorg* in einem Interview im Film: Tragödie einer Familie.

99 *Ute Glaser* in einem Gespräch mit der Verfasserin am 7.10.2003.

veräußern. Diese bestand zum größten Teil aus zeitgenössischer moderner Kunst.[100] Durch seine Ankäufe und Aufträge in den frühen 1920er Jahren hatte Dr. Fritz Salo Glaser insbesondere die künstlerische Entwicklung von Otto Dix unterstützt und gefördert, aber auch die anderer junger Dresdner Künstler wie des Malers Otto Griebel und des Bildhauers Christoph Voll. Zu seiner Sammlung gehörten zudem Gemälde von Wassily Kandinsky, Paul Klee, Oskar Kokoschka, Emil Nolde sowie Karl Schmidt-Rottluff, also Künstlern, deren Werke später von den Nationalsozialisten als „Entartete Kunst" deklariert und erstmals als solche in der am 23. September 1933 im Lichthof des Dresdner Rathauses eröffneten Ausstellung „Entartete Kunst" gezeigt und verpönt wurden.[101] Obwohl in dieser und den nachfolgenden Schauen nur Werke aus öffentlichen Sammlungen ausgestellt wurden, wirkten sie sich auch auf Kunstwerke in Privatsammlungen nachteilig aus: Zum einen stürzten die dafür zu erzielenden Preise in den Keller.[102] Und zum anderen stellte sich insbesondere einem zu besonderer Vorsicht gezwungenem jüdischen Sammler die Frage, ob er solche Kunstwerke überhaupt noch veräußern dürfe. Dr. Fritz Salo Glaser jedenfalls erkundigte sich mit Schreiben vom 29. September 1938 bei dem Münchner Kunsthändler Ludwig Gutbier, ob nicht etwa die Reichskulturkammer den Verkauf von „entarteter Kunst" untersagt habe. Gutbier antwortete unter dem 6. Oktober 1938, dass ihm solches nicht bekannt sei.[103]

Im Jahr 1939 sah sich Glaser dann gezwungen – unter Verstoß gegen das inzwischen bestehende Veräußerungsverbot des § 14 der Einsatzverordnung – jeweils ein Gemälde von Kandinsky, Klee, Kokoschka und Nolde sowie zwei Bilder von Schmidt-Rottluff für insgesamt 8.000 RM zu verkaufen.[104] Mit dem Erlös konnte er zumindest einen Teil der ihm auferlegten Judenvermögensabgabe in Höhe von 23.250 RM begleichen.[105] Das Bild „Gelbe Begleitung" von Wassily

---

[100] Zu Inhalt und Umfang der Sammlung vgl. auch *Biedermann* in: Von Monet bis Mondrian, S. 113 ff.

[101] Vgl. die „Liste der Künstler mit der Anzahl ihrer als ‚Entartete Kunst' beschlagnahmten Werke" (aus den Akten des Reichspropagandaministeriums entnommene Aufstellung) abgedruckt in: *Gräf*, Behandlung der vermögensrechtlichen Ansprüche von NS-Verfolgten, S. 56 ff.; *Griebel*, Ich war ein Mann der Straße, S. 213; *Hannusch*, Angriff auf die Moderne. Vor 70 Jahren wurde im Lichthof des Dresdner Rathauses die Ausstellung „Entartete Kunst" eröffnet, DNN v. 18.9.2003, S. 8.

[102] *Prof. Dr. Diether Schmidt* in einem Brief an die Verfasserin vom 15.11.2003.

[103] Eine Kopie dieser Briefe wurde freundlicherweise von Dr. Ruth Negendanck aus dem Nachlass Arnold/Gutbier im Archiv für Bildende Kunst im Germanischen Nationalmuseum Nürnberg zur Verfügung gestellt.

[104] *Prof. Dr. Diether Schmidt* in einem Brief an die Verfasserin vom 15.11.2003; *Ute Glaser* in einem Gespräch mit der Verfasserin am 7.10.2003.

[105] SächsHStA, Bestand: Bezirkstag/Rat des Bezirkes Dresden, VdN-Akten, Nr. 1992, Schreiben Glasers an den Landesprüfungsausschuss, Ministerium für Arbeit und Aufbau, Referat VdN (VdN-Landesdienststelle) vom 29.9.1951.

Kandinsky wurde schließlich vom Solomon R. Guggenheim Museum in New York erworben, die anderen Gemälde vermutlich von Sammlern oder Museen in der Schweiz. Um mit dem Erlös seinen und seiner Frau Erna und Tochter Agathe Lebensunterhalt zu sichern, veräußerte Dr. Fritz Salo Glaser in der Folgezeit weitere „entartete“ Kunstwerke an einen Liebhaber solcher.[106]

Neben dem Berufsverbot und der Verpflichtung zur Zahlung der Judenvermögensabgabe war Dr. Fritz Salo Glaser zahlreichen weiteren Repressalien ausgesetzt. Dank der Vorwarnungen eines ehemaligen SPD-Polizisten konnte er sich zwar den ständigen Hausdurchsuchungen und Prügeleien durch Gestapo-Männer durch Flucht aus der Stadt entziehen, der Heranziehung zum Arbeitsdienst als Wäschereiarbeiter und Gepäckträger dagegen nicht. Von den Transporten in die Konzentrationslager blieb er zunächst verschont, weil er in privilegierter Mischehe mit seiner arisch-christlichen Frau lebte. Vor der am 16. Februar 1945 drohenden Deportation und damit vermutlich vor dem Tod rettete ihn, wie auch die anderen noch in der Stadt lebenden „privilegierten“ Juden, der Bombenangriff auf Dresden in der Nacht des 13./14. Februar: Dr. Fritz Salo Glaser nutzte das damit verbundene Chaos, um aus der Stadt zu flüchten und auf dem Lande unterzutauchen, statt dem Deportationsbefehl Folge zu leisten.[107]

Nach Kriegsende kehrte Dr. Fritz Salo Glaser aus seinem Versteck in der Niederlausitz nach Dresden zurück und nahm seine Tätigkeit als Rechtsanwalt wieder auf. Im Mai 1947 trat er in dem sogenannten „Richterprozess“ in Dresden als Pflichtverteidiger von vier Richtern auf, die wegen ihrer Urteilssprechung in Hochverratsprozessen angeklagt waren, und bat um ein mildes Urteil, woraufhin er „aus den Reihen der Opfer des Faschismus“ ausschlossen wurde.[108] Unter anderen Vorzeichen zwar musste Dr. Fritz Salo Glaser also noch einmal die Verfolgung seiner Person erleben, die, gegen seine Frau und Tochter gerichtet, sogar über seinen Tod am 18. Oktober 1956 hinaus andauerte.[109] Der von Erna Glaser im März 1966 gestellte Antrag, ihren verstorbenen Mann wieder als Opfer des

---

[106] *Klemperer*, Tagebücher 1942, S. 169.

[107] *Christa Neumann* in: Tragödie einer Familie; *Klemperer*, Tagebücher 1945, S. 31 ff.; *Brenner*, Das Lied ist aus, S. 7 ff., 86 ff. Ungefähr 40 der noch etwa 170 in Dresden lebenden Juden sind in jener Nacht nicht mit dem Leben davongekommen, sie starben im Keller eines von den Bomben getroffenen Judenhauses (*Brenner*, Das Lied ist aus, S. 88).

[108] SächsHStA, Bestand: Bezirkstag/Rat des Bezirkes Dresden, VdN-Akten Nr. 1992, Beschluss des Ortsausschusses Opfer des Faschismus vom 3.6.1947.

[109] Dieses Schicksal hat nicht nur die Familie Glaser erlitten, sondern all jene Juden, die sich nicht den Kommunisten anschlossen. Neben dem ihrer eigenen Familie schildert *Brenner*, Das Lied ist aus, S. 104, 109 ff. das Schicksal anderer Juden, zumeist in gehobenen Positionen, wie zum Beispiel des Mitvorsitzenden der noch vereinten Berliner Jüdischen Gemeinde und Volkskammerabgeordneten Julius Meyer und ihre Flucht „in den Westen“ im Jahr 1952.

Faschismus und sie als Hinterbliebene eines solchen anzukennen, wurde abgelehnt.[110]

Da sie damit auch keine Rente erhielt, blieb ihr und ihrer Tochter nichts anderes übrig, als etliche der Kunstwerke, die über die Zeit der nationalsozialistische Herrschaft hinweg gerettet werden konnten, zu veräußern. So konnten etwa die Staatlichen Kunstsammlungen Dresden die Gemälde „Frau mit Kind" und „Familienbildnis" von Otto Dix[111] und die Nationalgalerie Berlin unter anderem die beiden Mauerbilder „Figur mit Streifen" und „Dreigestaffelte Figur mit Schwarz" von Willi Baumeister[112] erwerben. Ebenfalls in den Bestand der Nationalgalerie ist schließlich auch das Gemälde „Mondweib" von Otto Dix gelangt, das Agathe Glaser an einen Sammler in Altenburg verkauft hat, von dem es an einen Arzt bei Magdeburg weitergewandert ist, der es im Tausch gegen ein Einfamilienhaus der Nationalgalerie angeboten hat.[113]

## 2. Die zwangsweise Entziehung jüdischer Kunstsammlungen

Wie bereits angesprochen, leitete die Einsatzverordnung vom 3. Dezember 1938, deren § 14 Abs. 1 den Juden die freihändige Veräußerung insbesondere von Kunstgegenständen verbot, die Phase der zwangsweisen Entziehung ein. Die sichtbaren und spürbaren Vorbereitungen für die zwangsweise Entziehung begannen jedoch bereits einige Monate zuvor, und zwar mit dem Erlass einer Verordnung, die es den Nationalsozialisten ermöglichen sollte, sich einen Überblick über das noch vorhandene jüdische Vermögen zu verschaffen. Fast gleichzeitig wurden außerdem Maßnahmen zur Verhinderung der Verbringung namentlich von Kunstgegenständen ins Ausland getroffen.

### 2.1. Die Erfassung des jüdischen Vermögens

Am 26. April 1938 wurde die „Verordnung über die Anmeldung des Vermögens von Juden"[114] erlassen, die in ihrem § 1 bestimmte, dass jeder Jude sein gesamtes

[110] SächsHStA, Bestand: Bezirkstag/Rat des Bezirkes Dresden, VdN-Akten Nr. 1992, Beschluss der VdN-Kreiskommission Dresden-Stadt vom 10.3.1966.

[111] Staatliche Kunstsammlungen Dresden, Archiv, Bestand: Generaldirektion, Erwerbungen 1957–1958, Archivnummer 16, Liste „Neuerwerbungen" (Blatt 17). In ihrem Schreiben an die Staatlichen Kunstsammlungen Dresden vom 18.6.1957 hat Agathe Glaser diese Gemälde betreffend auf folgendes hingewiesen: *„Diese Dix-Bilder haben für uns einen besonderen Wert, da wir sie nur unter größten Schwierigkeiten vor dem Zugriff der Nazis, der Bombenangriffe und Nachkriegswirren gerettet haben"* (Staatliche Kunstsammlungen Dresden, Archiv, Bestand: Generaldirektion, Erwerbungen 1956–1957, Archivnummer 15).

[112] Mitteilung der Stiftung Preußischer Kulturbesitz vom 6.9.2005; Staatliche Museen zu Berlin – Preußischer Kulturbesitz, Zentralarchiv, Bestand: VA 5594, Nr. 46 (Mauerbild „Figur mit Streifen") und VA 5595, Nr. 67 (Mauerbild „Dreigestaffelte Figur mit Schwarz").

[113] *Prof. Dr. Diether Schmidt* in einem Brief an die Verfasserin vom 15.11.2003.

[114] RGBl. I, S. 414. Im folgenden „Anmeldeverordnung" genannt.

in- und ausländisches Vermögen anzumelden und zu bewerten hat. Zum Vermögen in diesem Sinne gehörte selbstverständlich auch Kunstbesitz. Die Anmeldung hatte gemäß § 4 der Anmeldeverordnung unter Benutzung eines amtlichen Musters bis zum 30. Juni 1938 zu erfolgen.

## 2.2. Die Erschwerung der Verbringung von Kunstwerken ins Ausland

Zwar wollten die Nationalsozialisten die Juden zur Auswanderung bewegen, ihr Vermögen jedoch wollten sie zurückhalten. Zu diesem Zweck wandten sie in den ersten Jahren nach ihrer Machtergreifung das „Reichsfluchtsteuergesetz" vom 8. Dezember 1931[115] extensiv an: Die Steuer, die ursprünglich nur für Vermögen von mehr als 200.000 RM zu entrichten war, wurde seit Mai 1934 für Vermögen schon ab 50.000 RM erhoben; der Steuersatz betrug 25 Prozent.[116] War allerdings die Steuer bezahlt, konnten auswandernde Juden ihr Vermögen, ihre Kunstwerke eingeschlossen, mit ins Ausland nehmen.[117]

Das änderte sich Ende 1938. Den ausreisewilligen Juden wurde nunmehr die Mitnahme von Vermögensgegenständen, insbesondere Kunstwerken, erschwert: Um sicherzustellen, dass Vermögenswerte, auf die Reichsfluchtsteuer und später auch die Judenvermögensabgabe erhoben werden konnten, nicht ungesehen ins Ausland verbracht werden, ordnete der Reichswirtschaftsminister mit Runderlass Nr. 38/38 vom 13. Mai 1938[118] an, dass vor der Versendung von Umzugsgut ins Ausland gegenüber der zuständigen Devisenstelle genaue Angaben über die zu verschickenden Gegenstände und die eigene Vermögenslage zu machen sind. In dem vertraulichen Allgemeinen Erlass Nr. 73/38 vom 7. Juni 1938[119] wurde der Minister deutlicher und verfügte in Ziffer I: *„Durch die Verordnung über die Anmeldung des Vermögens von Juden vom 26. April 1938 (RGBl. I S. 414) soll das in- und ausländische Vermögen der in Deutschland lebenden oder aus Deutschland ausgewanderten Juden erfasst werden. Darüber hinaus enthält diese Verordnung die Ermächtigung an den Beauftragten für den Vierjahresplan, den Einsatz des angemeldeten jüdischen Vermögens im Einklang mit den Belangen der deutschen Wirtschaft sicherzustellen. Die erfolgreiche Durchführung dieser Maßnahmen würde gefährdet werden, falls weiterhin jüdisches Vermögen ins Ausland*

---

[115] RGBl. I, S. 731.

[116] Insgesamt haben die Nationalsozialisten 939 Millionen Reichsmark an Reichsfluchtsteuer vereinnahmt.

[117] Zum Beispiel konnte Lisa Arnhold, die Witwe des Dresdener Bankiers Heinrich Arnhold, die Kunstsammlung der Familie in die Schweiz uns später in die USA retten (siehe oben S. 5). Sie begann bereits im November 1935, nach dem Tod ihres Mannes und der Arisierung des Dresdner Geschäfts des Bankhauses Gebr. Arnhold, damit, die Kunstwerke in die Schweiz zu bringen (*Lässig*, in: Pommerin, S. 129 ff., *dies.*, Dresdner Hefte Nr. 49, S. 39 ff.).

[118] *Walk*, Das Sonderrecht, Nr. II 468.

[119] SächsHStA, Bestand: Oberfinanzpräsident Dresden, Nr. 461.

*transferiert würde. Ich ersuche daher, Anträge von Juden auf Verbringung inländischer Vermögenswerte nach dem Ausland oder die Freigabe ausländischer Vermögenswerte zunächst grundsätzlich abzulehnen."*

Mit dem neuen „Gesetz über die Devisenbewirtschaftung" vom 12. Dezember 1938[120] wurde die generelle Genehmigungspflicht für die Mitnahme von Umzugsgut schließlich endgültig eingeführt. Gemäß § 57 des Gesetzes durften Auswanderer Umzugsgut nur mit Genehmigung ins Ausland versenden oder überbringen.[121] Eine spezielle Regelung für Kunstwerke enthielt der zu dieser Vorschrift ergangene Runderlass Nr. 49/39 des Reichswirtschaftsministers vom 17. April 1939.[122] In seiner Ziffer I. 3. Buchst. b bestimmte er ein unbedingtes Mitnahmeverbot für Sachen, deren Ausfuhr nach der „Verordnung über die Ausfuhr von Kunstwerken" vom 11. Dezember 1919 untersagt ist sowie für „sonstige Sachen von besonderer geschichtlicher, künstlerischer oder kultureller Bedeutung".[123]

Diesbezüglich haben der Reichswirtschaftsminister, der Reichsinnenminister, der Reichsminister für Volksaufklärung und Propaganda und der Reichsminister für Wissenschaft, Erziehung und Volksbildung eine Vereinbarung über die erforderlichen Maßnahmen zum „Schutz des deutschen Kulturguts gegen Abwanderung (Mitnahme von Umzugsgut bei der Auswanderung von Juden)" getroffen.[124] Die Minister verständigten sich unter anderem darauf, dass die Fachministerien den für die Freigabe von Umzugsgut jüdischer Auswanderer zuständigen Devisenstellen Sachverständige als Gutachter zur Verfügung stellen. Diese sollten feststellen, ob ein Kunstwerk von besonderer Bedeutung ist und einen besonderen Wert besitzt, und zwar nicht nur dann, wenn ein Auswanderungsantrag gestellt wurde, sondern auch unabhängig davon. Zu diesem Zweck erhielten sie eine Abschrift der von den Juden gemäß der Anmeldeverordnung erstellten Vermögensverzeichnisse; ihre Erkenntnisse hatten sie der Devisenstelle mitzuteilen.[125]

---

120 RGBl. I, S. 1733.

121 Dass auswanderungswillige Juden Umzugsgut schon vor ihrer Auswanderung ins Ausland bringen, wurde durch die Regelung in § 58 des Gesetzes verhindert: Juden durften im Reiseverkehr andere als die zum persönlichen Gebrauch unbedingt erforderlichen Gegenstände nur mit Genehmigung ins Ausland mitnehmen.

122 SächsHStA, Bestand: Oberfinanzpräsident Dresden, Nr. 530.

123 Gemäß § 1 der „Verordnung über die Ausfuhr von Kunstwerken" vom 11. Dezember 1919 (RGBl. I, S. 1961) bedurfte die Ausfuhr eines Kunstwerks der Genehmigung, sobald es in das Verzeichnis der Werke eingetragen war, deren Verbringung ins Ausland einen wesentlichen Verlust für den nationalen Kunstbesitz bedeuten würde.

124 Dies teilte der Reichsminister für Wissenschaft, Erziehung und Volksbildung mit Schreiben vom 15.5.1939 dem Direktor der Staatlichen Gemäldegalerie, Dr. Hans Posse, mit, übersandte ihm den entsprechenden Erlass, den die beteiligten Ministerien herausgeben würden, und beauftragte ihn mit „der Wahrung dieser Interessen" (SächsHStA, Bestand: Gemäldegalerie, Nr. 291).

125 SächsHStA, Bestand: Gemäldegalerie, Nr. 291. Vgl. hierzu auch *Heuss* in: Museen im Zwielicht, S. 420 ff.

## 2.3. Vom Verbot der freihändigen Veräußerung zum zwangsweisen Verkauf

Genau genommen muss man auch die bereits angesprochene Einsatzverordnung zu den Vorbereitungsmaßnahmen für die zwangsweise Entziehung zählen. Denn nicht sie selbst, sondern erst eine in den Folgejahren zu ihrer Durchführung erlassene Verordnung bildete die formelle Grundlage für die Anordnung eines zwangsweisen Verkaufs von Kunstgegenständen. Die Einsatzverordnung selbst enthielt in ihrem § 14 Abs. 1 unter anderem das folgende, bereits angesprochene Veräußerungsverbot: *„Juden ist es verboten, Gegenstände aus Gold, Platin oder Silber sowie Edelsteine und Perlen zu erwerben, zu verpfänden oder freihändig zu veräußern. Solche Gegenstände dürfen … nur von den vom Reich eingerichteten öffentlichen Ankaufstellen erworben werden. Das gleiche gilt für sonstige Schmuck- und Kunstgegenstände, soweit der Preis für den einzelnen Gegenstand 1 000 Reichsmark übersteigt."*[126]

Die am 16. Januar 1939 in Kraft getretene „Verordnung zur Durchführung der Verordnung über den Einsatz des jüdischen Vermögens"[127] bestimmte in ihrem § 3 Abs. 2, dass für den Erwerb von Kunstgegenständen aus jüdischem Besitz für das gesamte Reichsgebiet die öffentliche Ankaufstelle für Kulturgut in Berlin zuständig ist. Es dauerte jedoch länger als zwei Jahre, bis diese Stelle „eingerichtet" war: Durch § 1 der „Fünften Verordnung zur Durchführung der Verordnung über den Einsatz des jüdischen Vermögens" vom 25. April 1941[128] wurde die Reichskammer der bildenden Künste zur Ankaufstelle für Kulturgut erklärt.[129]

Dass allerdings, obgleich die Bezeichnung „Ankaufstelle" dies nahe legt, die Reichskammer der bildenden Künste nicht selbst als Käuferin auftreten sollte, ergibt sich aus § 2 der 5. DVO, der anordnete: *„Die Ankaufstelle hat nur die Aufgabe, zu bestimmen, ob Schmuck- und Kunstgegenstände aus jüdischem Besitz freihändig veräußert werden können"*. Deutlicher wird die Rolle der Ankaufstelle, betrachtet man die Vorschriften in der aufgrund § 4 der 5. DVO erlassenen „Verfahrensordnung der Reichskammer der bildenden Künste als Ankaufsstelle für

---

[126] Diese Wertgrenze wurde später durch § 3 der „Fünften Verordnung zur Durchführung der Verordnung über den Einsatz des jüdischen Vermögens" vom 25. April 1941 (RGBl. I, S. 218) aufgehoben.

[127] RGBl. I, S. 37.

[128] RGBl. I, S. 218. Im Folgenden „5. DVO" genannt.

[129] Diese Verzögerung wurde in der Nachkriegszeit folgendermaßen erklärt: *„Nachdem durch die Verkaufsangebote von Juden ein Überblick über die in Betracht kommenden Mengen an … Kunstgegenständen erzielt war, erwies es sich, dass der Ankauf jüdischen Kulturgutes durch eine zentrale Ankaufstelle große Kosten und Schwierigkeiten verursachen würde … Die Sicherung des Erwerbs der wertvollsten Gegenstände ließ sich auch auf einem anderen Weg erreichen"* (KG Berlin v. 16.11.1971, RzW 1972, S. 131 f. [131]).

Kulturgut“ vom 6. Mai 1941.[130] Nach deren § 4 Abs. 1 traf die Reichskammer die Entscheidung darüber, ob Kunstgegenstände im Inland freihändig veräußert werden dürfen (Nr. 1) oder einer öffentlichen Stelle zum Erwerb (Nr. 2) oder den örtlich interessierten Stellen in den Reichsgauen anzubieten (Nr. 3) oder gegen Devisen ins Ausland zu veräußern sind (Nr. 4).[131] Der Reichskammer kam also die Aufgabe zu, jüdische Kunstsammlungen im Interesse des Deutschen Reichs zu vermarkten.[132]

Sollte die Veräußerung an eine öffentliche Stelle erfolgen oder sollte der Kunstgegenstand gegen Devisen ins Ausland veräußert werden, so hatte die Reichskammer gemäß § 5 der Verfahrensordnung auf das Zustandekommen eines Kaufvertrages hinzuwirken (Abs. 1) und den Wert des Gegenstandes oder den Kaufpreis zu bestimmen (Abs. 2).[133]

Da der jüdische Eigentümer in diesen Fällen weder seinen Vertragspartner wählen, noch den Kaufpreis bestimmen konnte, kann von einem freiwilligen Verkauf keine Rede sein. Vielmehr muss von einem zwangsweisen Verkauf gesprochen werden.[134]

## 2.4. Vermögensverfall zugunsten des Deutschen Reichs

Bei der zwangsweisen Entziehung jüdischen Vermögens im Allgemeinen und jüdischen Kunstbesitzes im Besonderen kam dem Vermögensverfall zugunsten des Deutschen Reichs höchstwahrscheinlich weit größere Bedeutung zu als dem zwangsweisen Verkauf. Dies nicht zuletzt deshalb, weil die Nationalsozialisten hier, anders als beim zwangsweisen Verkauf, nicht auf einen Antrag des Eigentümers angewiesen waren, um die Entziehung einzuleiten. Zwar kam ein Vermögensverfall nach den Gesetzen und Verordnungen der Nationalsozialisten nur dann in Betracht, wenn der Eigentümer ins Ausland geflüchtet war und sein Ver-

---

130 RGBl. I, S. 245.

131 Diese Regelungen finden sich entgegen der Ansicht von *Heuss*, Sediment 1998, Heft 3, S. 55 f. nicht ausschließlich in einer „Geheimfassung“ des § 4 der Verfahrensordnung, die nur den Landesleitern der Reichskammer der bildenden Künste mitgeteilt worden sei. Sie wurden vielmehr mit genau dem Wortlaut, den *Heuss* als „Geheimfassung“ wiedergibt, im Reichsgesetzblatt veröffentlicht.

132 Vgl. *Heuss*, Sediment 1998, Heft 3, S. 56.

133 § 7 der Verfahrensordnung regelt, wie zu verfahren ist, wenn der jüdische Eigentümer zu der verlangten Veräußerung nicht bereit ist. In diesem Fall hat die Reichskammer der bildenden Künste bei der zuständigen Verwaltungsbehörde die Einleitung von Maßnahmen gemäß den §§ 1 und 2 der Einsatzverordnung zu beantragen. Nach deren § 2 kann „zur Herbeiführung der Veräußerung“ ein Treuhänder eingesetzt werden (Abs. 1), der zu allen damit verbundenen Rechtshandlungen ermächtigt ist (Abs. 2).

134 Das gilt freilich nicht, wurde dem jüdischen Eigentümer der freihändige Verkauf erlaubt. Soweit ersichtlich, gibt es keine Erkenntnisse darüber, in wie vielen Fällen die Reichskammer der bildenden Künste das eine oder das andere angeordnet hat.

mögen einschließlich seines Kunstbesitzes in Deutschland zurückgelassen hat. Da den Juden seit Dezember 1938 nicht nur die Veräußerung von Kunstwerken, sondern auch ihre Mitnahme ins Ausland verboten war, war dies jedoch seitdem regelmäßig der Fall.

### 2.4.1. Einziehung jüdischen Kunstbesitzes aufgrund des Gesetzes über die Einziehung volks- und staatsfeindlichen Vermögens

Als Grundlage für die Entziehung von infolge Auswanderung zurückgelassenen jüdischen Kunstbesitzes wurde, wie etwa im Fall der Entziehung von Kunstwerken aus der Sammlung des Berliner Warenhausunternehmers Martin Tietz, das „Gesetz über die Einziehung volks- und staatsfeindlichen Vermögens" vom 14. Juli 1933[135] herangezogen.[136] Danach finden die Vorschriften des „Gesetzes über die Einziehung kommunistischen Vermögens" vom 26. Mai 1933[137] auch auf Sachen und Rechte Anwendung, die zur Förderung marxistischer oder anderer, *„nach Feststellung des Reichsministers des Innern volks- und staatsfeindlicher Bestrebungen"* gebraucht oder bestimmt sind. Nach § 1 Abs. 1 dieses Gesetzes konnten die obersten Landesbehörden Sachen und Rechte der Kommunistischen Partei Deutschlands sowie Sachen und Rechte, die zur Förderung kommunistischer Bestrebungen gebraucht oder bestimmt sind, zugunsten des Landes einziehen.

### 2.4.2. Vermögensverfall aufgrund des Gesetzes über den Widerruf von Einbürgerungen und die Aberkennung der deutschen Staatsangehörigkeit

Wie der Fall der Entziehung von Kunstwerken aus der Sammlung des Berliner Bankiers Jakob Goldschmidt zeigt, wurde die Entziehung von infolge Auswanderung zurückgelassenen jüdischen Kunstbesitzes auch auf das „Gesetz über den Widerruf von Einbürgerungen und die Aberkennung der deutschen Staatsangehörigkeit" vom 14. Juli 1933[138] gestützt. Gemäß § 2 des Gesetzes konnten Reichsangehörige, die sich im Ausland aufhielten, der deutschen Staatsangehörigkeit für verlustig erklärt werden, sofern sie durch ein Verhalten, das gegen die Pflicht zur Treue gegen Reich und Volk verstößt, die deutschen Belange geschädigt haben. Bei der Einleitung des Aberkennungsverfahrens konnte ihr Vermögen beschlagnahmt, nach Aberkennung der deutschen Staatsangehörigkeit als dem Reiche verfallen erklärt werden.

---

[135] RGBl. I, S. 479.

[136] Zum Schicksal von Martin Tietz vgl. *König* in: Beiträge öffentlicher Einrichtungen, S. 21ff. Siehe auch unten S. 215.

[137] RGBl. I, S. 293.

[138] RGBl. I, S. 480. Zum Schicksal von Jakob Goldschmidt siehe unten S. 211 ff.

### 2.4.3. Vermögensverfall aufgrund der 11. VO zum Reichsbürgergesetz

Die 11. VO zum Reichsbürgergesetz vom 25. November 1941 stellt eine Weiterentwicklung und Optimierung des Gesetzes über den Widerruf von Einbürgerungen und die Aberkennung der deutschen Staatsangehörigkeit dar. Hatte ein Jude beim Inkrafttreten der Verordnung seinen gewöhnlichen Aufenthalt im Ausland oder nahm er ihn später dort, so verlor er gemäß §§ 1 und 2 der 11. VO zum Reichsbürgergesetz die deutsche Staatsangehörigkeit, und zwar ohne dass ein Aberkennungsverfahren durchgeführt werden musste. Diese Vorschrift galt auch für die nach außerhalb des Reichsgebiets deportierten deutschen Juden. Als Folge des Verlusts der deutschen Staatsangehörigkeit bestimmte § 3 der 11. VO zum Reichsbürgergesetz: *„Das Vermögen des Juden, der die deutsche Staatsangehörigkeit auf Grund dieser Verordnung verliert, verfällt mit dem Verlust der Staatsangehörigkeit dem Reich."*

### 2.4.4. Die Verwertung der aus jüdischen Sammlungen entzogenen Kunstwerke

#### (1) Gesetzliche Regelungen

Die Verwertung der aus jüdischen Sammlungen entzogenen Kunstwerke erfuhr eine besondere Regelung, die im Zusammenhang mit dem Aufbau des Führermuseums Linz steht. Mit Erlass des Reichsministers und Chefs der Reichskanzlei Hans Heinrich Lammers vom 9. Oktober 1940 wurde der für die in Österreich entzogenen Kunstwerke angeordnete sogenannte „Führervorbehalt" auf die im Reichsgebiet entzogenen Kunstwerke ausgedehnt: *„Nach der Wiedervereinigung Österreichs mit dem deutschen Reich hat der Führer, als in der Ostmark in größerem Umfange die Vermögen von Staatsfeinden beschlagnahmt und eingezogen wurden, sich die Entscheidung über die Verwendung der beschlagnahmten und eingezogenen, zum Teil überaus wertvollen Kunstwerke vorbehalten, um von vornherein jede missbräuchliche Verwendung dieser Kunstwerke auszuschließen. Dem Führer ist jetzt vorgeschlagen worden, auch für das übrige Reichsgebiet einen entsprechenden Vorbehalt zu machen. Der Führer hat diesem Vorschlag zugestimmt mit der Maßgabe, dass er nur über die Verwendung <u>eingezogener Kunstsammlungen</u> die Entscheidung zu treffen wünscht. Der Beauftragte des Führers für die Vorbereitung dieser Entscheidungen ist der Direktor der Staatlichen Gemäldegalerie Dresden, Herr Dr. Posse."*[139]

Der Führervorbehalt galt auch nach Inkrafttreten des „Erlasses des Führers und Reichskanzlers über die Verwertung des eingezogenen Vermögens von Reichsfeinden" vom 29. Mai 1941[140] fort. Dessen § 1 Abs. 1 bestimmte, dass in allen Fäl-

[139] SächsHStA, Bestand: Ministerium des Kultus und öffentlichen Unterrichts, Nr. 18834/1: „Akten des Ministeriums für Volksbildung. Sachbetreff: Sammlung Klemperer" (Blatt 213).

[140] RGBl. I, S. 303.

len, in denen nach den geltenden Vorschriften Vermögen eingezogen werden kann, die Entziehung zugunsten des Deutschen Reichs erfolgt. Nach § 1 Abs. 2 des Erlasses ist derartiges Vermögen, soweit es seiner Natur nach der Erfüllung der Aufgaben der gebietlichen Selbstverwaltungskörperschaften dienlich ist, auf Vorschlag des Reichsinnenministers diesen Selbstverwaltungskörperschaften unentgeltlich zu übertragen. In § 1 Abs. 3 dieses Erlasses behält sich der Führer jedoch das Recht vor, im Einzelfall andere Anordnungen zu treffen. Von diesem Recht hat er namentlich dadurch Gebrauch gemacht, dass er den Erlass des Reichsministers und Chefs der Staatskanzlei vom 9. Oktober 1940 nicht aufgehoben hat.

Dieser Erlass und der darin angeordnete Führervorbehalt blieben, wie der Fall der Entziehung der Sammlungen des Dresdner Bankdirektors Dr. Victor von Klemperer zeigt, auch nach Inkrafttreten der 11. VO zum Reichsbürgergesetz bestehen. Die Entscheidung über die Verwertung dieser dem Deutschen Reich verfallenen Sammlungen erging erst, nachdem der Führer hierüber entschieden hatte. Dabei oblag die Verwaltung und Verwertung des dem Deutschen Reich verfallenen Vermögens nach § 8 Abs. 2 der 11. VO zum Reichsbürgergesetz an sich dem Oberfinanzpräsidenten Berlin.

### (2) Formen der Verwertung

#### a) Übertragung an Museen

In einer wahrscheinlich nicht geringen Anzahl von Fällen sind die dem Deutschen Reich verfallenen Kunstwerke aus jüdischen Sammlungen, die nicht für das Führermuseum Linz in Frage kamen, zu einem ermäßigten Preis oder sogar unentgeltlich demjenigen Museum übertragen worden, das an ihrer Aufnahme in seine Bestände interessiert war. Beispielhaft hierfür ist neben der Verwertung der Sammlungen des Dresdner Bankdirektors Dr. Victor von Klemperer insbesondere auch die Verwertung von Kunstwerken aus der Sammlung des Breslauer Großkaufmanns Carl Sachs. Durch die antisemitischen Verfolgungsmaßnahmen der Nationalsozialisten hat er seine Existenzgrundlage verloren und ist mit seiner Frau im Februar 1939 in die Schweiz emigriert.[141] Alle Versuche, seine in Breslau

---

[141] *Hinz*, Raubkunst in Görlitz, S. 6; *Klammt, Winzeler* in: Beiträge öffentlicher Einrichtungen, S. 124.
Bereits im September 1934 hatte Sachs vier Gemälde an das Kunsthaus Zürich geschickt. Bis 1935 wurden dort nach und nach 22 Kunstwerke eingelagert. Von dem Erlös, den sie durch den Verkauf dieser Kunstwerke erzielten, bestritten Carl Sachs und seine Frau, die aus Breslau nur jeweils 10 RM hatten mitnehmen dürfen, ihren Lebensunterhalt in der Schweiz. Eines der Kunstwerke, ein Gemälde von Monet, erwarb 1939 das Kunsthaus Zürich selbst, das die Lage der Eheleute Sachs kannte. Ein weiteres Kunstwerk kaufte 1941 die Galerie Theodor Fischer. In einer Auktion dieser Galerie im Mai 1943 wurden noch vier andere Gemälde aus dem Besitz von Carl Sachs angeboten und drei davon verkauft (*Francini/Heuss/Kreis* in: UEK, Bd. 1, S. 180 ff.)

zurückgelassenen Kunstwerke nachzuholen, scheiterten. Die Breslauer Behörden verweigerten die Genehmigung zu deren Ausfuhr und forderten stattdessen die entschädigungslose Abgabe an das Deutsche Reich. Sollte Carl Sachs dem nicht nachkommen, würde ihm die deutsche Staatsangehörigkeit aberkannt und sein gesamtes Vermögen als dem Reiche verfallen erklärt werden. Außerdem würde kein Geld aus seinen gesperrten Konten freigegeben werden. Diesem Druck musste sich Carl Sachs schließlich beugen.[142]

Auf die in Breslau verbliebenen Kunstwerke hatten die Direktoren des Schlesischen Museums Breslau und der Städtischen Kunstsammlungen Görlitz sogleich nach der Emigration ihres Eigentümers ein Auge geworfen. Nach deren Beschlagnahme besichtigten sie die Kunstwerke und erstellten eine Aufstellung derjenigen, die sie zu übernehmen wünschten. Diese Wunschliste legte der Breslauer Regierungspräsident im Mai 1940 dem Reichswirtschaftsminister vor, der am 18. Juni 1940 die Genehmigung zur Aufteilung und Übereignung erteilte. Daraufhin erhielten namentlich die Städtischen Kunstsammlungen Görlitz alle der von ihr begehrten Objekte und noch weitere dazu.[143]

### b) Versteigerung durch Finanzämter oder von ihnen beauftragte Auktionshäuser

In einer erheblichen Anzahl von Fällen sind die dem Deutschen Reich verfallenen und nicht in das Führermuseum Linz übernommenen Kunstwerke aus jüdischen Sammlungen im Wege der Versteigerung veräußert worden. Die Versteigerung erfolgte entweder durch die örtlichen Finanzämter oder durch von diesen damit beauftragte Auktionshäuser. Insbesondere in den Fällen, in denen die Kunstwerke dem Deutschen Reich nach § 3 der 11. VO zum Reichsbürgergesetz verfallen sind, wurde diese Aufgabe den Finanzämtern entweder von dem für die Verwertung zuständigen Oberfinanzpräsidenten Berlin oder von dem diesem unterstellten Finanzamt Berlin Moabit-West übertragen. In einer Versteigerung des örtlichen Finanzamts veräußert wurden zum Beispiel Kunstwerke aus dem Besitz des Dresdner Juweliers Alexander Jacoby. Nach der Deportation seiner Witwe im September 1942 wurden der dort befindliche Hausrat, darunter zahlreiche kostbare Möbel, und die Gemälde in einigen Zimmern der Jacobyschen Villa in Dresden-Blasewitz zusammengestellt. Im Oktober wurden sie von zwei Angestellten des Finanzamts und einem Kunstsachverständigen inventarisiert

---

[142] *Hinz*, Raubkunst in Görlitz, S. 6 f.; *Klammt, Winzeler* in: Beiträge öffentlicher Einrichtungen, S. 125.

[143] *Hinz*, Raubkunst in Görlitz, S. 7 f.; *Klammt, Winzeler* in: Beiträge öffentlicher Einrichtungen, S. 125 ff., deren Angaben zufolge die Werke, die zu diesem Zeitpunkt noch in Görlitz vorhanden waren, im Dezember 2000 an die Erben von Carl Sachs zurückgegeben worden sind.

und geschätzt.[144] Beginnend im Dezember erfolgte dann die Versteigerung – vor Ort, in der Jacobyschen Villa. Dabei wurde zunächst der „kleine Hausrat" an gewöhnliche Leute veräußert. Danach folgten die teureren Gegenstände und ein etwas besseres Publikum.[145] Und im Januar 1943 schließlich wurden die Gemälde versteigert.[146] Im Auftrag eines Finanzamts, nämlich des Finanzamts Berlin Moabit-West, handelte etwa das Auktionshaus Hans W. Lange, als es Kunstwerke aus den Sammlungen Jakob Goldschmidt und Martin Tietz versteigert hat.[147]

## 2.4.5. Die Entziehung und Verwertung der Sammlungen des Dresdner Bankiers Dr. Victor von Klemperer

Die Entziehung der Sammlungen Dr. Victor von Klemperer illustriert das Bemühen staatlicher Stellen, sich Kunstwerke aus jüdischem Besitz anzueignen, wobei jede der oben genannten Regelungen als „Rechtsgrundlage" in Betracht gezogen wurde. Führte die Anwendung der einen nicht zum Ziel, versuchte man es mit der nächsten – bis endlich die Anwendung des § 3 der 11. VO zum Reichsbürgergesetz den gewünschten Erfolg brachte.

Dr. Victor von Klemperer hatte gemeinsam mit seinen Brüdern Ralph und Herbert die von seinem Vater angelegte Porzellansammlung geerbt.[148] Er selbst sammelte Handschriften, Frühdrucke und wertvolle Buchausgaben.[149] Seine Villa in der Tiergartenstraße war zudem mit Gemälden, Plastiken, Zeichnungen sowie wertvollen Möbeln und Teppichen ausgestattet. Dort blieben diese Kunstgegenstände zurück, als Dr. Victor von Klemperer und seine Ehefrau Sophie im Februar 1938 nach Rhodesien auswanderten.[150] Im Mai 1938 wurde die Staatspolizeileitstelle Dresden, so diese in ihrem Schreiben an das Ministerium für Volksbildung vom 10. Januar 1939, *„darauf aufmerksam gemacht, dass von Klem-*

---

144 *Klemperer*, Tagebücher 1942, S. 231 f., 257.

145 *Klemperer*, Tagebücher 1942, S. 288. Zur Verwertung von Hausrat im Allgemeinen vgl. Dreßen, Betrifft: „Aktion 3".

146 *Klemperer*, Tagebücher 1943, S. 18.

147 Siehe unten S. 211 ff.

148 Nach der Einschätzung des Kunsthistorikers Ludwig Georg Schnorr von Carolsfeld, der mit der Katalogisierung der Sammlung beauftragt war, handelte es sich bei dieser *„um die nach Umfang und Inhalt bedeutendste Privatsammlung Meissner Porzellans"* (Einleitende Worte zum Katalog der Porzellansammlung Gustav von Klemperer, abgedruckt in: *Diamant*, Chronik der Juden in Dresden, S. 293 f.). Zu Aufbau und Inhalt der Sammlung vgl. *Loesch* in: Beiträge öffentlicher Einrichtungen, S. 57 ff.

149 Zur Inkunabelsammlung vgl. *Mühlner*, Dresdner Hefte Nr. 49, S. 55 ff.

150 SächsHStA, Bestand: Ministerium des Kultus und öffentlichen Unterrichts, Nr. 18834/1, Schreiben der Staatspolizeileitstelle Dresden an das Ministerium für Volksbildung vom 10.1.1939 (Blatt 27–29).

*perer Besitzer einer umfangreichen und kostbaren Kunst- und Büchersammlung sei, die sich vermutlich zum größten Teil noch im Hause Tiergarten Str. 64 befinde. Da die Befürchtung bestand, dass von Klemperer versuchen würde, nicht nur seinen Hausrat, sondern auch seine Kunstsammlungen in das Ausland zu verbringen, sind am 24.11.1938 im Hause Tiergartenstraße 64 die dort befindlichen Kunstgegenstände von der Staatspolizeileitstelle Dresden vorläufig sichergestellt worden."* In ihrem Schreiben teilte diese dem Ministerium für Volksbildung weiter mit, dass der Reichsstatthalter in Sachsen, Martin Mutschmann, die Sammlungen besichtigt und dabei den Wunsch geäußert habe, dass diese in das Eigentum des Sächsischen Staates überführt werden, und bat das Ministerium darum, die hierfür notwendigen Maßnahmen einzuleiten.[151]

Nach ihrer Sicherstellung sind die Kunstgegenstände aus den Sammlungen Dr. Victor von Klemperer den Staatlichen Kunstsammlungen Dresden zur Verwahrung übergegeben worden: die Porzellane der Staatlichen Porzellansammlung, die Bücher der Sächsischen Landesbibliothek, die Skulpturen der Skulpturensammlung, die Gemälde der Gemäldegalerie, die Aquarelle, Zeichnungen und Kupferstiche dem Kupferstichkabinett und die kunstgewerblichen Gegenstände dem Kunstgewerbemuseum.[152] Daraufhin haben sich die Direktoren dieser Sammlungen Anfang Dezember 1938 an das Ministerium für Volksbildung gewandt und dort darum gebeten, *„bei den in Frage kommenden Stellen die Übereignung der Sammlung Klemperer zu erwirken"*.[153] Dies betreffend wurde am 23. Januar 1939 in einer Besprechung im Ministerium festgestellt, dass *„die Entwicklung der Dinge z. Zt. die Annahme zulässt, dass mit einer Übernahme aller sichergestellten Werke kaum zu rechnen sein wird, da Klemperer seine Steuerverpflichtungen zum größten Teil schon beglichen hat. Die heutige Sitzung soll feststellen, welche der deponierten Werke aufgrund ihrer Qualität eine Bereicherung der staatlichen Museen darstellen und deshalb erworben werden möchten"*.[154]

Deshalb überlegte Ministerialrat Dr. Reuter, wie dies am besten zu bewerkstelligen sei: Ob es möglich wäre, dass die verschiedenen Kunstgegenstände aus dem Besitz von Dr. Victor von Klemperer in die Liste der für die Ausfuhr gesperrten Kunstwerke aufgenommen werden und dass die in Aussicht genommene Stelle

---

[151] SächsHStA, a. a. O., Schreiben der Staatspolizeileitstelle Dresden an das Ministerium für Volksbildung vom 10.1.1939 (Blatt 27–29).

[152] SächsHStA, a. a. O., Schreiben der Staatlichen Porzellansammlung Dresden an das Ministerium für Volksbildung vom 1.12.1938 (Blatt 1–2). Zur Unterbringung der Porzellansammlung Gustav von Klemperer in der Staatlichen Porzellansammlung vgl. auch *Loesch* in: Beiträge öffentlicher Einrichtungen, S. 61.

[153] SächsHStA, a. a. O.

[154] SächsHStA, a. a. O., Sitzungsniederschrift (Blatt 32). Zur Bedeutung der Porzellansammlung Gustav von Klemperer für die Staatliche Porzellansammlung vgl. *Loesch* in: Beiträge öffentlicher Einrichtungen, S. 61.

für die Verwertung des Kunstguts aus nicht arischem Besitz ihren Verkauf herbeiführt.[155] Am 15. Februar 1939 schrieb er zu diesem Zweck an den Reichsinnenminister und bat ihn darum, die Kunstwerke aus den Sammlungen Dr. Victor von Klemperer in das „Verzeichnis der national wertvollen Kunstwerke" aufzunehmen, um sie für die Ausfuhr zu sperren.[156] Mit Schreiben vom selben Tag brachte er sein Anliegen auch beim Reichswirtschaftsministerium, Öffentliche Ankaufstelle für Kulturgut vor: *„Das Land Sachsen hat das größte Interesse daran, dass diese beiden Sammlungen den öffentlichen Staatlichen Sammlungen Sachsens einverleibt werden. ... Ich bitte daher, die Genehmigung zum Ankauf dieser Sammlungsgegenstände durch dritte Personen bis auf weiteres zu versagen."*[157]

Der Reichsinnenminister antwortete am 11. März 1939, dass eine Aufnahme in das „Verzeichnis der national wertvollen Kunstwerke" nur dann erforderlich wäre, wenn die Gefahr der Veräußerung an das Ausland bestünde, was hier jedoch wegen der vorläufigen Sicherstellung nicht der Fall sei.[158] In seinem am 18. März 1939 mit dem Reichswirtschaftsministerium geführten Telefonat erfuhr Ministerialrat Dr. Reuter, dass die Ankaufstelle für Kulturgut noch nicht errichtet worden sei.[159] Als er dann am 14. Dezember 1939 persönlich im Ministerium in Berlin vorsprach, erklärte man ihm, dass man von der Absicht, eine Ankaufstelle zu errichten, wieder abgekommen sei und eventuelle Verhandlungen lieber selbst führen wolle. Das Land Sachsen müsse also dem hiesigen Vertreter Dr. Victor von Klemperers ein Kaufangebot unterbreiten. Käme eine Einigung zustande, müsse das Ministerium ersucht werden, den Kauf zu genehmigen, käme eine Einigung nicht zustande, würde es *„in der Lage sein, dem Juden Klemperer aufzugeben, die Sammlung zu bestimmten Bedingungen binnen einer ihm zu setzenden Frist an das Land Sachsen zu verkaufen mit der Androhung, dass im Falle der Verweigerung der Verkauf durch einen Treuhänder erfolgen würde"*.[160]

Nur vier Tage später, am 18. Dezember 1939, trat das Ministerium für Volksbildung in Kaufverhandlungen mit dem Generalbevollmächtigten Dr. Victor von

---

155 SächsHStA, a. a .O., Aktenvermerk vom 27.1.1939 (Blatt 33).

156 SächsHStA, a. a .O., Schreiben des Ministeriums für Volksbildung an den Reichsinnenminister vom 15.2.1939 (Blatt 69).

157 SächsHStA, a. a. O., Schreiben des Ministeriums für Volksbildung an das Reichswirtschaftsministerium – Öffentliche Ankaufstelle für Kulturgut vom 15.2.1939 (Blatt 74).

158 SächsHStA, a. a. O., Schreiben des Reichsinnenministers an das Ministerium für Volksbildung vom 11.3.1939 (Blatt 93). Drei wichtige Stücke figürlichen Meissner Porzellans sind allerdings bereits 1920 in das Verzeichnis aufgenommen worden (*Loesch* in: Beiträge öffentlicher Einrichtungen, S. 58).

159 SächsHStA, a. a. O., Aktenvermerk vom 18.3.1939 (Blatt 89).

160 SächsHStA, a. a. O., Aktenvermerk vom 14.12.1939 (Blatt 115).

Klemperers, dem Kaufmann Dr. Erich Goslar, ein.[161] Diese scheiterten jedoch am angebotenen Kaufpreis. Nach dem Willen von Reichsstatthalter Martin Mutschmann sollten die Pozellansammlung und die Inkunabelsammlung zum billigstmöglichen Preis, nämlich 20.000 RM, angekauft werden, was kein akzeptables Angebot für Sammlungen darstellte, die selbst nach der Einschätzung des Ministeriums das Fünffache wert waren.[162] Es musste also ein anderer Weg gefunden werden, die Kunstgegenstände aus dem Besitz von Dr. Victor von Klemperer den Staatlichen Sammlungen Sachsens „einzuverleiben", und zwar, so das Interesse des Ministeriums für Volksbildung, ohne dass das Reichswirtschaftsministerium eingeschaltet werden müsse.[163]

Dies konnte nach Ansicht von Ministerialrat Dr. Reuter nur dadurch erreicht werden, dass man die Sammlungen Dr. Victor von Klemperer nicht als „Kunstgegenstände" im Sinne der Einsatzverordnung betrachtet. Dann wäre nämlich der Regierungspräsident zuständig.[164] Im Regierungspräsidium war man jedoch, wie Reuter in einer Besprechung erfahren musste, der Auffassung, dass es sich bei den Sammlungen sehr wohl um Kunstgegenstände handele.[165] Hierüber informiert, schrieb Reichsstatthalter Martin Mutschmann unter dem 4. März 1940 an das Ministerium für Volksbildung: *„Nach Kenntnisnahme Ihres Berichtes vom 23. Februar 1940 und der ihm beigefügten Niederschrift weise ich Sie an, die aus der Wohnung des Juden Viktor Israel von Klemperer stammenden und vorläufig sichergestellten Kunstgegenstände nach Art. 2 § 6 der Verordnung über den Einsatz des jüdischen Vermögens vom 3. Dezember 1938 (Reichsgesetzbl. 1938 I, S. 1709) zu behandeln. Demgemäß ist der Regierungspräsident zu Dresden-Bautzen von Ihnen mit den erforderlichen Weisungen zu versehen; er hat die Veräußerungsanordnung zu erlassen und mit der Auflage zu verbinden, dass die Kunstgegenstände an den sächsischen Staat bzw. an die Kulturstiftung zum Preise von 50 000 RM zu verkaufen sind."*[166] Das Ministerium leistete dem Folge und erteilte dem Regierungspräsidenten mit Schreiben vom 30. März 1940 die gewünschte Weisung.[167]

---

161 SächsHStA, a. a. O., Aktenvermerk vom 18.12.1939 (Blatt 117).

162 SächsHStA, a. a. O., Aktenvermerk vom 17.2.1940 (Blatt 130).

163 SächsHStA, a. a. O., Aktenvermerk vom 21.12.1939 (Blatt 124).

164 SächsHStA, a. a. O., Aktenvermerk vom 21.12.1939 (Blatt 124).

165 SächsHStA, a. a. O., Aktenvermerk vom 19.2.1940 (Blatt 133).

166 SächsHStA, a. a. O., Schreiben des Reichsstatthalters Martin Mutschmann an das Ministerium für Volksbildung vom 4. März 1940 (Blatt 151).
Die Vorschrift des § 6 der Einsatzverordnung bestimmte, dass einem Juden aufgegeben werden kann, *„seinen land- oder forstwirtschaftlichen Betrieb, sein anderes land- oder forstwirtschaftliches Vermögen, sein sonstiges Grundeigentum oder andere Vermögensteile ganz oder teilweise binnen einer bestimmten Frist zu veräußern. Mit der Anordnung können Auflagen verbunden werden."*

167 SächsHStA, a. a. O., Antrag an den Regierungspräsidenten vom 30.3.1940 (Blatt 186, 187).

Dieser erließ daraufhin am 4. Mai 1940 einen der Weisung entsprechenden Bescheid, gegen den der Bevollmächtigte von Herbert von Klemperer für die Erbengemeinschaft nach Gustav von Klemperer gemäß § 19 der Einsatzverordnung Beschwerde beim Reichswirtschaftsminister einlegte, die er damit begründet hat, dass der festgesetzte Kaufpreis nicht dem tatsächlichen Wert der Sammlungen entspreche: Den Angaben in dem gemäß der Anmeldeverordnung aufgestellten Vermögensverzeichnis zufolge sei die Porzellansammlung 120.000 RM und die Inkunabelsammlung 80.000 RM wert.[168]

Nachdem inzwischen die 5. DVO und die Verfahrensordnung der Reichskammer der bildenden Künste als Ankaufstelle für Kulturgut in Kraft getreten waren, teilte der Reichswirtschaftsminister dem Regierungspräsidenten mit Schreiben vom 3. Juni 1941 mit, dass er über die Beschwerde der Erbengemeinschaft erst dann entscheiden könne, wenn ihm die Stellungnahme des Reichsministers für Volksaufklärung und Propaganda vorliegt, dem die nunmehr für die Entscheidung über die Veräußerung von Kunstwerken aus jüdischem Besitz zuständige Reichskammer der bildenden Künste unterstellt ist.[169] In seinem Schreiben an den Reichswirtschaftsminister vom 22. August 1941 erklärte der Reichsminister für Volksaufklärung und Propaganda schließlich, dass er keine Bedenken gegen den Verkauf der Sammlungen Dr. Victor von Klemperer zu dem festgesetzten Preis von 50.000 RM habe.[170] Erst reichlich drei Monate später, als bereits die 11. VO zum Reichsbürgergesetz in Kraft getreten war, wandte sich der Reichswirtschaftsminister mit Schreiben vom 10. Dezember 1941 wieder an den Regierungspräsidenten und erläuterte: *„Nach der Elften VO zum Reichsbürgergesetz vom 25. November 1941 – Reichsgesetzbl. I S. 722 – ist das Vermögen der Juden von Klemperer dem Reich verfallen. Gemäß § 7 der Verordnung ist das verfallene Vermögen dem Oberfinanzpräsidenten Berlin anzuzeigen, dem nach § 8 Abs. 2 a. a. O. die Verwaltung und Verwertung des verfallenen Vermögens obliegt. Eine Entscheidung über die namens der Juden von Klemperer von dem Wirtschaftsprüfer Hans Weyer eingelegte Beschwerde gegen Ihre Verfügung vom 16. Mai 1940 – W M VII K 6/40 – erübrigt sich danach. Ich stelle anheim, sich mit dem Herrn Oberfinanzpräsidenten Berlin wegen des Erwerbs der Kunstsammlung durch die Sächsische Kulturstiftung in Verbindung zu setzen.“*[171]

---

[168] SächsHStA, a. a. O., Bescheid des Regierungspräsidenten vom 4.5.1940 (Blatt 191,192), Beschwerde vom 18.5.1940 (Blatt 196), Beschwerdebegründung vom 28.11.1940 (Blatt 219–220).

[169] SächsHStA, a. a. O., Schreiben des Reichswirtschaftsministers an den Regierungspräsidenten vom 3.6.1941 (Blatt 245).

[170] SächsHStA, a. a. O., Schreiben des Reichsministers für Volksaufklärung und Propaganda an den Reichswirtschaftsminister vom 22.8.1941 (Blatt 260).

[171] SächsHStA, a. a. O., Schreiben des Reichswirtschaftsministers an den Regierungspräsidenten vom 10.12.1941 (Blatt 279).

Inzwischen hatte der Reichsinnenminister bereits mit Verfügung vom 15. August 1941 festgestellt, dass *„die Bestrebungen des Juden Viktor von Klemperer volks- und staatsfeindlich gewesen sind. Das gesamte Vermögen wurde beschlagnahmt und sichergestellt. … Aufgrund des Gesetzes über die Entziehung volks- und staatsfeindlichen Vermögens vom 14.7.1933 – RGBl. I S. 479 – habe ich den Herrn Sächs. Minister des Innern gebeten, wegen der Einziehung und Verwendung der beschlagnahmten Vermögenswerte das Weitere zu verfügen“.*[172] Dieser Bitte ist der sächsische Innenminister auch nachgekommen. Seine Verfügung ist allerdings erst im Sächsischen Verwaltungsblatt, Teil I: Verordnungsblatt, Nr. 24 vom 3. Februar 1942 öffentlich bekannt gemacht worden und hätte also erst an diesem Tag Wirksamkeit erlangt.[173] Auch das Ministerium für Volksbildung hat er erst mit Schreiben vom 3. Februar 1942 darüber informiert.[174] Mit Schreiben vom 9. Februar 1942 setzte dieses sodann Reichsstatthalter Martin Mutschmann davon in Kenntnis, dass die 11. VO zum Reichsbürgergesetz die Rechtslage völlig verändert habe. Das Verfahren nach § 6 der Einsatzverordnung habe sich ebenso erledigt wie die Entziehung aufgrund des Gesetzes über die Entziehung volks- und staatsfeindlichen Vermögens, da diese bei Inkrafttreten der 11. VO zum Reichsbürgergesetz zwar eingeleitet, aber noch nicht ausgesprochen gewesen sei.[175] Der Reichsstatthalter erklärte daraufhin, dass er wünsche, dass in der Sache nichts unternommen werde. Er wolle bei Gelegenheit mit dem Führer persönlich über diese Angelegenheit sprechen.[176] Dazu kam es wohl nicht. Jedenfalls beantragte er schließlich mit Schreiben vom 17. Oktober 1942 beim Oberfinanzpräsidenten Dresden, dass die aus der Wohnung Dr. Victor von Klemperers sichergestellten und dem Deutschen Reich verfallenen Sammlungen und sonstigen Kunstgegenstände, nämlich *„1. Eine aus 836 Stücken bestehende Sammlung von Meißner Porzellan und 2 Fayencen; 2. eine aus 56 Stücken bestehende Sammlung kunstvoller Gläser; 3. eine Sammlung von 13 Handschriften, 549 Frühdrucken und 510 wertvollen Buchausgaben; 4. 4 Gemälde; 5. 12 Federzeichnungen, Radierungen oder Stiche; 6. 7 Plastiken; 7. 33 Teppiche von Kunstwert; 8. 136 Stück Möbel von Kunstwert; 9. 55 kunstgewerbliche Gegenstände von Kunstwert“* dem Land Sachsen unentgeltlich übertragen werden.[177]

---

[172] SächsHStA, a. a. O., Verfügung des Reichsinnenministers vom 15.8.1941 (Blatt 270).

[173] SächsHStA, a. a. O., Bekanntmachung der Verfügung des sächsischen Innenministers (Blatt 284/1).

[174] SächsHStA, a. a. O., Schreiben des sächsischen Innenministers an das Ministerium für Volksbildung vom 3.2.1942 (Blatt 284).

[175] SächsHStA, a. a. O., Schreiben des Ministeriums für Volksbildung an Reichsstatthalter Martin Mutschmann vom 9.2.1942 (Blatt 286).

[176] SächsHStA, a. a. O., Aktenvermerk vom 20.3.1942 (Blatt 302).

[177] SächsHStA, a. a. O., Schreiben des Reichsstatthalters Martin Mutschmann an den Oberfinanzpräsidenten Dresden vom 17.10.1942 (Blatt 303 f.). Ein Abdruck dieses Schreibens findet sich bei: *Diamant*, Chronik der Juden in Dresden, S. 294 f. Bezugnehmend auf diesen

Am 4. Januar 1943 erging dann folgender Erlass des Reichsfinanzministers: *„Der Führer hat entschieden, dass die bezeichneten Sammlungen dem Land Sachsen unentgeltlich übertragen werden sollen."* [178] Daraufhin beschied der Oberfinanzpräsident Dresden am 14. Januar 1943 den Antrag des Reichsstatthalters wie folgt: *„Gemäß Erlass des Reichsministers der Finanzen vom 4. Januar 1943 übertrage ich Ihnen das Eigentum an den in Ihrem Schreiben vom 17. Oktober 1942 aufgeführten Gegenständen."* [179]

Damit fand die Entziehung der Sammlungen Victor von Klemperer mehr als vier Jahre nach ihrem Beginn mit der vorläufigen Sicherstellung im November 1938 ihren Abschluss.[180]

---

Antrag hat sich der Direktor der Gemäldegalerie, Hans Posse, mit Schreiben vom 18. November 1942 an den Reichsleiter Martin Bormann gewandt und diesem dargelegt, weshalb namentlich die Pozellansammlung und die Inkunabelsammlung für Sachsen erhalten werden sollten (vgl. *Loesch* in: Beiträge öffentlicher Einrichtungen, S. 61, dieses Schreiben ist ebenfalls abgedruckt in: *Diamant*, Chronik der Juden in Dresden, S. 296).

[178] SächsHStA, Bestand: Ministerium des Kultus und öffentlichen Unterrichts, Nr. 18834/2, Erlass des Reichsfinanzministers vom 4.1.1943 (Blatt 1).

[179] SächsHStA, a. a. O., Erlass des Oberfinanzpräsidenten Dresden vom 14.1.1943 (Blatt 10).

[180] *Loesch* in: Beiträge öffentlicher Einrichtungen, S. 63 ff. zufolge hat die Staatliche Porzellansammlung Dresden die Porzellansammlung Gustav von Klemperer und den von ihr übernommenen Hausrat Victor von Klemperers zusammen mit ihren eigenen Beständen im November 1943 in verschiedene Depots außerhalb Dresdens ausgelagert, um sie vor Luftangriffen zu schützen. Das Heranrücken der Front im Osten hätte dann eine erneute Umlagerung nötig gemacht. Ein zum Transport verwendeter Lastkraftwagen sei in der Nacht vom 13. auf den 14. Februar 1945 im Hof des Dresdner Schlosses abgestellt gewesen und während der Bombenangriffe samt Inhalt zerstört worden – darunter, so werde vermutet, der größte Teil der Porzellansammlung Gustav von Klemperer. Die in den Auslagerungsorten verbliebenen Porzellane seien von einer der sogenannten „Trophäenkommissionen", die Stalin eingesetzt hatte, als Kriegsbeute in die Sowjetunion gebracht worden. Die nach dem Krieg von der Familie von Klemperer erbetenen Auskünfte über den Verbleib der Sammlung seien ihr von den zuständigen Stellen der DDR nicht erteilt worden, erst recht seien geltend gemachte Ansprüche auf Rückgabe noch vorhandener Gegenstände zurückgewiesen worden. Nach der „Wende" seien schließlich im Herbst 1990 Verhandlungen geführt worden, in deren Folge den Erben Gustav von Klemperers im März 1991 ein Teil der noch vorhandenen Porzellane zurückgegeben worden sei. Der andere Teil sei der Porzellansammlung von den Erben geschenkt worden.
Nach den Angaben von *Mühlner*, Dresdner Hefte Nr. 49, S. 60 gelangte auch der Teil der Inkunabelsammlung, den die Sächsische Landesbibliothek erhalten hat, zusammen mit deren Beständen in einen der Auslagerungsorte in der Umgebung von Dresden, wo er nach Kriegsende ebenfalls von einer sowjetischen Trophäenkommission beschlagnahmt und in die Sowjetunion gebracht worden sei. Die Inkunabeln befänden sich seitdem in der Staatsbibliothek, früher Lenin-Bibliothek in Moskau. Die ebenfalls weggeführten mittelalterlichen Handschriften seien 1958 an die Sächsische Landesbibliothek zurückgegeben worden. Das dort vorhandene Depositum, etwa 295 Werke, sei ebenfalls 1990 die Erben Victor von Klemperers übergeben worden.

## II. Die Entziehung in den von Deutschland besetzten Gebieten

Die Nationalsozialisten wollten nicht nur die deutsche Gesellschaft, sondern auch die Gesellschaften der von ihnen besetzten Länder von jeglichem jüdischen Einfluss befreien. Dieses Ziel sollte wiederum nicht allein durch die physische Vernichtung erreicht werden, sondern auch dadurch, dass man den Juden das nahm, was ihre Stellung in der Gesellschaft und ihren vermeintlichen Einfluss begründete: ihre Arbeit und ihr Vermögen, insbesondere ihren Kunstbesitz.

### A. Die Zwecke des Kunstraubs

Anders als in Deutschland, wo es den Nationalsozialisten jedenfalls nicht vordergründig darum gegangen ist, sich in den Besitz von Kunstwerken zu bringen, beschlagnahmten sie in den besetzten Ländern ganz gezielt jüdische Kunstsammlungen. Der Kunstraub[181] war ein herausragendes Kriegsziel, gelangten die Nationalsozialisten dadurch doch nicht nur in den Besitz gewöhnlicher Beute, sondern in den Besitz bedeutender und wertvoller Kunstwerke – einer „stabilen internationalen Währung“, die bei Bedarf gegen Devisen eingetauscht werden konnte.[182] Die geraubten Kunstwerke sollten aber nicht nur wirtschaftlich, sondern auch politisch und ideologisch verwertet werden: Die Werke der schönen Künste sollten die „Höherwertigkeit“ der deutschen gegenüber den anderen europäischen Kulturen beweisen.[183] Nach den rassenideologischen Vorstellungen der Nationalsozialisten waren die Juden zu eigener schöpferischer Tätigkeit nicht fähig; jüdische Sammler waren dementsprechend Schmarotzer, die sich fremdes Kulturgut aneigneten, wenn sie Werke von Rembrandt oder Rubens kauften.[184]

Bezweckt war außerdem, auf dem Gebiet des Kunstsammelns die Vorherrschaft zu übernehmen. Mit dem Führermuseum Linz wollte Hitler eine Kunstgalerie aufbauen, die bedeutender und größer sein sollte als der Louvre in Paris, die National Gallery in London und das Metropolitan Museum in New York. Die Idee zum Aufbau dieses Museums kam Hitler vermutlich im Jahr 1938 bei einem

---

[181] Für die Beschlagnahmen in den besetzten Gebieten hat sich in der einschlägigen Literatur der Begriff „Kunstraub“ eingebürgert, der deshalb auch hier neben dem Begriff „Beschlagnahme“ als nicht juristisch definierter Terminus gebraucht werden soll.

[182] *Buomberger*, Raubkunst – Kunstraub, S. 28.

[183] *Petropoulos*, Kunstraub und Sammelwahn, S. 17, 301, 306; *Heuss*, Kunst- und Kulturgutraub, S. 345.

[184] *Heuss*, Kunst- und Kulturgutraub, S. 96.

Besuch der Uffizien in Florenz.[185] Zu diesem Zeitpunkt hatten sich die Nationalsozialisten bereits in den Besitz von Kunstsammlungen österreichischer Juden gebracht, aus denen die bedeutendsten Werke für das geplante Museum gesichert werden sollten.[186] Dass dies tatsächlich geschah, sollte der Führervorbehalt gewährleisten, der Hitler ein Erstwahlrecht und die letztendliche Verfügung vorbehielt. Mit der Gründung des Museums beauftragte Hitler im Juni 1939 den Direktor der Dresdner Gemäldegalerie Hans Posse.[187] Dieser und sein Nachfolger Hermann Voß haben bis zum Ende des Krieges für das Führermuseum Linz etwa 6.000 Objekte zusammengetragen.[188]

In Konkurrenz mit Hitler trat Reichsmarschall Hermann Göring[189], der den Ehrgeiz hatte, die „bedeutendste Privatsammlung zumindest in Deutschland, wenn nicht in Europa“ aufzubauen.[190] Göring begann schon in den frühen dreißiger Jahren damit, Kunstwerke zu sammeln. Untergebracht war seine Sammlung hauptsächlich auf seinem Landsitz „Carinhall“ in der Schorfheide, nordöstlich von Berlin, benannt nach seiner verstorbenen Frau. In den dreißiger

---

185 *Kurz*, Kunstraub in Europa, S. 26.

186 Gleich nach dem Einmarsch der Deutschen in Österreich am 13. März 1938 begannen Gestapo und Sicherheitsdienst mit der Beschlagnahme jüdischen Kunstbesitzes (vgl. *Kurz*, Kunstraub in Europa, S. 17 ff.). Zu erwähnen ist hier insbesondere die Sammlung Louis de Rothschild, mit der sich der Sammler die Freiheit erkaufte, nachdem er verhaftet und neun Monate lang festgehalten worden war (vgl. *Kurz*, Kunstraub in Europa, S. 41; *Petropoulos*, Kunstraub und Sammelwahn, S. 111 f.).

187 Vgl. *Kurz*, Kunstraub in Europa, S. 32 f., 48 ff.; *Haase*, Kunstraub und Kunstschutz, S. 30 ff.; *Heuss*, Kunst- und Kulturgutraub, S. 32 ff.; *Francini/Heuss/Kreis* in: UEK, Bd. 1, S. 223 f. Letztere weisen darauf hin, dass das Projekt zunächst streng geheim gewesen sei. So habe etwa Posse für die das Führermuseum Linz betreffende Korrespondenz stets den Briefkopf der Gemäldegalerie Dresden benutzt. Erst durch die Ehrung Posses nach seinem Tod im Dezember 1942 sei das Vorhaben bekannt geworden. *Petropoulos*, Kunstraub und Sammelwahn, S. 305 präzisiert dies dahingehend, dass es bereits in den Nachrufen auf Posse Hinweise auf das Projekt gegeben habe, dass es allerdings erst ein Artikel in der Zeitschrift „Kunst dem Volk“ der Öffentlichkeit bekannt gemacht habe.

188 *Francini/Heuss/Kreis* in: UEK, Bd. 1, S. 224. *Buomberger*, Raubkunst – Kunstraub, S. 33 spricht von etwa 8.000 Werken, die bei Kriegsende für das Museum bereitgestellt gewesen seien. *Petropoulos*, Kunstraub und Sammelwahn, S. 24, 234 beziffert die zusammengetragenen Gemälde mit 6.755, darunter 5.350 alte Meister. Er gibt an, dass Hitler für Kunst nahezu 164 Millionen Reichsmark ausgegeben habe (S. 239).

189 Auch andere NS-Größen sammelten Kunstwerke, u. a. Propagandaminister Joseph Goebbels und Außenminister Joachim von Ribbentrop. Ihre Kunstsammlungen sind Gegenstand der Ausführungen von *Petropoulos*, Kunstraub und Sammelwahn, S. 231 ff. Seiner Meinung nach demonstrierten sie durch das Kunstsammeln ihre politische Macht und ihren privaten Wohlstand – also ihren Aufstieg an die Spitze der deutschen Gesellschaft.

190 Zitiert nach: *Kurz*, Kunstraub in Europa, S. 159; *Buomberger*, Raubkunst – Kunstraub, S. 33; *Heuss*, Kunst- und Kulturgutraub, S. 75. Ausführlich zur Sammlung Göring auch *Haase*, Kunstraub und Kunstschutz, S. 86 ff., *Petropoulos*, Kunstraub und Sammelwahn, S. 242 ff.

Jahren tätigte Göring seine Erwerbungen auch in den Judenauktionen in Berlin. Nach der Besetzung der Niederlanden, Belgiens und Frankreichs bezog er neue Kunstwerke überwiegend aus den dort beschlagnahmten jüdischen Sammlungen – in dieser Zeit wuchs seine Sammlung beachtlich, sie umfasste zuletzt rund 2.000 Objekte, darunter 1.375 Gemälde.[191]

## B. Der Kunstraub in Frankreich

Vom Kunstraub am stärksten betroffen waren, was die Anzahl der entzogenen Kunstwerke anbelangt, die jüdischen Sammlungen in Frankreich. Denn dort, vor allem in der Kulturmetropole Paris, lebten und arbeiteten viele namhafte jüdische Kunstsammler und Kunsthändler und dort befand sich ein Großteil der bedeutendsten europäischen Privatsammlungen.[192] Deshalb soll der Kunstraub der Nationalsozialisten hier auch am Beispiel französischer jüdischer Sammlungen geschildert werden.[193]

---

191 *Haase*, Kunstraub und Kunstschutz, S. 86 ff.; *Buomberger*, Raubkunst – Kunstraub, S. 33; *Petropoulos*, Kunstraub und Sammelwahn, S. 243; *Heuss*, Kunst- und Kulturgutraub, S. 73 ff.; *Francini/Heuss/Kreis* in: UEK, Bd. 1, S. 241.

192 *Buomberger*, Raubkunst – Kunstraub, S. 35; *Feliciano*, Das verlorene Museum, S. 8, 119; *Frehner* in: Frehner, S. 85. Laut *Petropoulos*, Kunstraub und Sammelwahn, S. 181 hat die niederländische Gruppe des Einsatzstabes Reichsleiter Rosenberg (ERR) festgestellt, dass die niederländischen Juden keine Kunstsammlungen besaßen, die denen der französischen Juden vergleichbar gewesen wären.

193 Da hierzu mit den zumeist schon zitierten Arbeiten von *Kurz*, Kunstraub in Europa; *Haase*, Kunstraub und Kunstschutz; *Nicholas*, Der Raub der Europa; *Buomberger*, Raubkunst – Kunstraub; *Feliciano*, Das verlorene Museum; *Petropoulos*, Kunstraub und Sammelwahn; *Heuss*, Kunst- und Kulturgutraub; *Francini/Heuss/Kreis* in: UEK, Bd. 1 bereits zahlreiche einschlägige Publikationen vorliegen, beschränkt sich die Darstellung an dieser Stelle auf eine kurze Zusammenfassung der dort präsentierten Forschungsergebnisse.
Untersuchungen zum Kunstraub in den Niederlanden, insbesondere zum Raub von Kulturgütern aus jüdischem Besitz liefern *Kurz*, Kunstraub in Europa, S. 253 ff. und *Aalders*, Geraubt! Die Enteignung jüdischen Besitzes im Zweiten Weltkrieg, S. 327 ff. Diesem zufolge wurde der Raub des Kunstbesitzes der niederländischen Juden zumeist auf Verordnungen, die Gesetzeskraft hatten, gestützt (S. 182). Seiner Form nach ist er also eher mit den Entziehungen im Reichsgebiet als mit dem Kunstraub in Frankreich zu vergleichen.
Im Gegensatz zu Frankreich und den Niederlanden gab es, so *Heuss*, Kunst- und Kulturgutraub, S. 346, in der Sowjetunion kaum noch private Kunstsammlungen, also auch kaum jüdische Sammlungen. Demzufolge habe der Kunstraub der Nationalsozialisten dort fast ausschließlich auf staatlichen Besitz abgezielt. Mit dem Kunstraub in der Sowjetunion beschäftigt sich auch *Volkert*, Kunst- und Kulturraub im Zweiten Weltkrieg, S. 55 ff.

## 1. Die Beschlagnahme von Kunstwerken aus jüdischen Sammlungen

Die Sicherstellung jüdischer Kunstsammlungen begann unmittelbar nach dem Einmarsch der deutschen Truppen in Paris am 14. Juni 1940. Am 30. Juni 1940 ließ Hitler durch den Chef des Oberkommandos der Wehrmacht (OKW), Wilhelm Keitel, dem Militärgouverneur von Paris folgenden Befehl geben: *„Der Führer hat nach Vortrag des Herrn Reichsaußenministers angeordnet, dass neben den in französischem Staatsbesitz befindlichen Kunstschätzen auch die in privatem, vornehmlich jüdischem Besitz befindlichen Kunst- und Altertumswerte vor Verschleppung bzw. gegen Verbergung einstweilen in Verwahrung der Besatzungsmacht sichergestellt werden unter Kenntlichmachung des bisherigen französischen Besitzers. Es soll zwar keine Enteignung, wohl aber eine Überführung in unseren Gewahrsam stattfinden als Pfand für die Friedensverhandlungen.“* [194]

Die daraufhin einsetzenden Beschlagnahmen wurden zunächst auf Initiative des Außenministers Joachim von Ribbentrop von der Deutschen Botschaft in Paris durchgeführt.[195] Diese konnte einige der berühmtesten jüdischen Sammlungen in Paris in ihren Besitz bringen, deren Eigentümer zwar noch sich selbst, nicht jedoch mehr ihre Sammlungen vor den nahenden deutschen Truppen in den Süden Frankreichs oder ins Ausland hatten retten können. Zu den von der Botschaft beschlagnahmten Sammlungen gehörten insbesondere die von Edouard und Maurice de Rothschild, Paul Rosenberg und Josse Bernheim-Jeune.[196]

---

[194] Zitiert nach: Der Prozess, Band VII Verhandlungsniederschriften 5. Februar 1946 bis 19. Februar 1946, S. 66.
In Ausführung dieses Befehls wurde am 15. Juli 1940 eine Verordnung erlassen, die anordnete, dass bewegliche Kunstschätze nicht ohne schriftliche Ermächtigung der Militärverwaltung von ihrem Belegenheitsort entfernt werden durften. Rechtsgeschäfte, die eine Übereignung von Kunstschätzen zum Gegenstand hatten, bedurften der Genehmigung der Militärverwaltung. Kunstschätze mit einem Wert von über 100.000 Franc mussten bis zum 15. August 1940 angemeldet werden (Text auszugsweise abgedruckt in: Der Prozess, a. a. O., S. 67; im Übrigen zitiert nach: *Günther-Hornig*, Kunstschutz, S. 37).
Darüber, welchen Zweck diese Verordnung erfüllen sollte, gehen die Auffassungen auseinander: Der Kunstraub-Sachverständige in dem Prozess vor dem Internationalen Militärgerichtshof sah darin „eine Maßnahme, die den späteren Raub vorbereiten sollte“ (Der Prozess, a. a. O., S. 67). Demgegenüber meint *Günther-Hornig*, Kunstschutz, S. 37, dass die Verordnung der Sicherung der Kunstschätze sowohl vor den deutschen Truppen als auch vor der einheimischen Bevölkerung dienen sollte.

[195] Der Prozess, a. a. O., S. 65; *Günther-Hornig*, Kunstschutz, S. 21 f.; *Kurz*, Kunstraub in Europa, S. 136, 143 mit dem Hinweis, dass die Botschaft 74 der beschlagnahmte Gemälde als ihr eigenes Inventar ausweisen ließ.

[196] Eine ausführliche Schilderung des Schicksals der genannten Sammlungen sowie der Sammlungen David David-Weill und Adolphe Schloss findet sich bei *Feliciano*, Das verlorene Museum, S. 47 ff.

Kurze Zeit später, im Oktober 1940, begann dann auch der Einsatzstab Reichsleiter Rosenberg (ERR) damit, jüdischen Kunstbesitz zu beschlagnahmen.[197] Er stützte sein Handeln auf den durch das OKW an alle Dienststellen übermittelten Befehl Hitlers vom 17. September 1940: „*Reichsleiter Rosenberg … hat hinsichtlich des Zugriffsrechtes eindeutige Weisungen vom Führer persönlich; er ist ermächtigt, die ihm wertvoll erscheinenden Kulturgüter nach Deutschland abzutransportieren und hier sicherzustellen. Über ihre Verwendung hat der Führer sich die Entscheidung vorbehalten*".[198]

Damit trat der ERR in Konkurrenz mit der Botschaft. Da es keine Begrenzung der Tätigkeiten und Zuständigkeiten gab, kam es zu Streitigkeiten und Rivalitäten, aus denen letztendlich der ERR als Sieger hervorging.[199] Nicht nur, dass ihm die Botschaft im November 1940 rund 450 Kisten mit den von ihr beschlagnahmten 2.000 bis 3.000 Objekten übergab und ihre Tätigkeit hinsichtlich der Sicherstellung von Kunstwerken beendete.[200] Ab März 1941 ging außerdem die Leitung der anderen an den Beschlagnahmen beteiligten Stellen auf ihn über.[201] Hand in Hand mit dem ERR arbeitete insbesondere das Devisenschutzkom-

---

[197] Der ERR war im Jahr 1940 von Reichsleiter Alfred Rosenberg gegründet worden. Dieser war von Hitler durch Erlass vom 29. Januar 1940 damit beauftragt worden, die bereits begonnenen Vorarbeiten für die Errichtung der sogenannten „Hohen Schule", „einer zentralen Stätte der nationalsozialistischen Forschung, Lehre und Erziehung", weiterzuführen (Text in: Der Prozess, a. a. O., S. 68; *Günther-Hornig*, Kunstschutz, S. 19; *Kurz*, Kunstraub in Europa, S. 124). Nach dem Einmarsch der deutschen Truppen in Belgien und den Niederlanden unterbreitete Rosenberg Hitler den Vorschlag, mit Hilfe eines Einsatzstabes das zurückgelassene Gut der geflohenen Juden und Freimaurer zu durchforschen, um Material für die politische, weltanschauliche und wissenschaftliche Arbeit der NSDAP und der „Hohen Schule" zu erhalten. Hitler entsprach diesem Vorschlag und ließ durch das OKW am 5. Juli 1940 einen Befehl an alle Dienstellen geben, worin er dem ERR gestattete, Staatsbibliotheken und Archive zu durchforschen und das in Betracht kommenden Material beschlagnahmen zu lassen (Text in: Der Prozess, a. a. O., S. 66; *Günther-Hornig*, Kunstschutz, S. 19; *Kurz*, Kunstraub in Europa, S. 125).

[198] Zitiert nach: Der Prozess, a. a. O., S. 70. Damit wurde Hitlers ursprünglicher Auftrag an Rosenberg erweitert. Hintergrund hierfür war, dass dem ERR bei der Durchsuchung von Bibliotheken und Archiven auch Kunstwerke in die Hände gefallen waren, an denen er Anfang September 1940 sein Interesse bekundet hatte. Daraufhin hat Hitler die Kompetenzen des ERR wie beschrieben erweitert (vgl. *Günther-Hornig*, Kunstschutz, S. 19 f.; *Kurz*, Kunstraub in Europa, S. 129 ff.; *Haase*, Kunstraub und Kunstschutz, S. 66 ff.; *Petropoulos*, Kunstraub und Sammelwahn, S. 164 ff.; *Heuss*, Kunst- und Kulturgutraub, S. 95 ff.).

[199] Vgl. Der Prozess, a. a. O., S. 68.

[200] Vgl. *Günther-Hornig*, Kunstschutz, S. 24 f.; *Heuss*, Kunst- und Kulturgutraub, S. 113; *Francini/Heuss/Kreis* in: UEK, Bd. 1, S. 282. Möglicherweise hat sich der ERR zuvor schon eigenmächtig in den Besitz eines Teils der von der Botschaft beschlagnahmten Kunstwerke gebracht. *Buomberger*, Raubkunst – Kunstraub, S. 31 zufolge hat er nämlich bereits im Oktober 1940 etwa 200 Kisten mit Kunstgütern konfisziert, welche die Botschaft bei der Transportfirma Schenker für den Abtransport nach Deutschland bereitgestellt hatte.

[201] Der Prozess, a. a. O., S. 68.

mando, das Bankschließfächer jüdischer Eigentümer öffnete, in denen sich neben Wertpapieren, Devisen, Schmuck und Gold häufig auch Kunstwerke befanden. Es übergab dem ERR mindestens 1.359 Kunstwerke aus 20 verschiedenen Sammlungen.[202]

Der ERR selbst brachte zunächst die anderen bekannten jüdischen Sammlungen in Paris in seinen Besitz, darunter namentlich die Sammlungen Alphonse Kann, David David-Weill und Levy de Benzion.[203] Alsdann ging er dazu über, die verlassenen Wohnungen der begüterten Pariser Juden und die Lagerhäuser der Speditionen zu durchsuchen. Auf diese Weise fand er zahlreiche zusätzliche Kunstwerke, die er ebenfalls sicherstellte. Außerdem ermittelte er anhand französischer Kunst- und Sammlerkataloge weitere jüdische Sammlungen und Kunstwerke, die er schließlich mit der Hilfe französischer Behörden, Detektive und Kunsthändler aufspüren und aus ihren Verstecken überall im Land holen konnte.[204]

Die vom ERR zusammengetragenen Kunstgegenstände, insgesamt 21.903 Objekte aus 203 Privatsammlungen, wurden zunächst im Louvre und im Jeu de Paume, einem kleinen Museum in dessen Nähe, verwahrt.[205] Für ihre fachliche Betreuung war der auf Veranlassung Görings geschaffene Sonderstab „Bildende Kunst“, der organisatorisch dem ERR angeschlossen war, zuständig.[206] Er

---

202 Vgl. *Günther-Hornig*, Kunstschutz, S. 28; *Petropoulos*, Kunstraub und Sammelwahn, S. 172, 173; *Heuss*, Kunst- und Kulturgutraub, S. 112; *Francini/Heuss/Kreis* in: UEK, Bd. 1, S. 282.

203 *Heuss*, Kunst- und Kulturgutraub, S. 111. Nach den Angaben von *Haase*, Kunstraub und Kunstschutz, S. 78 und *Buomberger*, Raubkunst – Kunstraub, S. 37 gelangten aus der Sammlung David David-Weill 2.687 Kunstobjekte in die Hände des ERR, aus der Sammlung Alphonse Kann 1.202 Objekte und aus der Sammlung Levy de Benzion 989. Beschlagnahmt wurden laut *Heuss*, Kunst- und Kulturgutraub, S. 119 auch Sammlungen emigrierter deutscher Juden wie etwa die des Kunsthändlers Paul Graupe.
Für Schlagzeilen sorgte jüngst das Gemälde „Stillleben mit Glas“ von Pablo Picasso aus der Sammlung Alphonse Kann. Dieses vermutlich vom ERR beschlagnahmte Bild ist im Jahr 1989 von einem schwedischen Sammler in einer Versteigerung des Auktionshauses Christies erworben worden, ohne dass die Angabe im Auktionskatalog, dass das Gemälde sich einstmals in der Sammlung Alphonse Kann befunden habe, Aufsehen erregt hätte. Ganz anders heute: Inzwischen ist das Schicksal der Sammlung während der deutschen Besatzung bekannt geworden, so dass das Gemälde unter „Raubkunstverdacht“ steht. Deshalb weigert sich das Auktionshaus Sotheby's, wo der schwedische Sammler das Bild inzwischen eingeliefert hat, nicht nur, dieses zu versteigern, sondern auch, es an den Einlieferer zurückzugeben. Dieser hat daher nunmehr Klage erhoben und fordert von Sotheby's Schadensersatz und die Herausgabe des Bildes (*Koldehoff*, Seltsamer Prozess, SZ v. 8.7.2003).

204 Vgl. *Günther-Hornig*, Kunstschutz, S. 29; *Kurz*, Kunstraub in Europa, S. 165 ff.; *Nicholas*, Der Raub der Europa, S. 175 f.; *Buomberger*, Raubkunst – Kunstraub, S. 36; *Heuss*, Kunst- und Kulturgutraub, S. 111; *Francini/Heuss/Kreis* in: UEK, Bd. 1, S. 283.

205 Der Prozess, a. a. O., S. 77; *Kurz*, Kunstraub in Europa, S. 244; *Buomberger*, Raubkunst – Kunstraub, S. 37; *Feliciano*, Das verlorene Museum, S. 8, 119; *Frehner* in: Frehner, S. 85; *Heuss*, Kunst- und Kulturgutraub, S. 118; *Francini/Heuss/Kreis* in: UEK, Bd. 1, S. 283.

206 *Günther-Hornig*, Kunstschutz, S. 26.

führte aber nicht nur die wissenschaftliche Inventarisierung und Expertisierung durch, er richtete auch sieben große Ausstellungen aus, um Rosenberg und Göring einen Überblick über die Bestände zu verschaffen.[207]

Nachdem Hitler am Neujahrstag des Jahres 1941 dem Abtransport der geraubten Kunstwerke nach Deutschland zugestimmt hatte, wurden erst einmal die für das Führermuseum Linz und die für Görings Kunstsammlung vorgesehenen Kunstwerke nach München gebracht. Zwischen April 1941 und Juli 1944 wurden dann die übrigen Kunstgegenstände nach Deutschland befördert.[208]

## 2. Der Ankauf von Kunstwerken aus jüdischen Sammlungen

Durch seine Beauftragten Hans Posse und später Hermann Voß erwarb das Deutsche Reich für das Führermuseum Linz von der Vichy-Regierung etwa 365 Kunstwerke, wovon neben den 262 Gemälden aus der Sammlung Alphonse Schloss noch zahlreiche weitere aus jüdischen Sammlungen stammten, die diese im unbesetzten Teil Frankreichs beschlagnahmt hatte.[209] Außerdem erwarb das Deutsche Reich ebenso wie Göring zahlreiche Kunstwerke über den deutsch-französischen Kunsthandel. Auch darunter befanden sich vermutlich etliche Objekte jüdischer Provenienz.[210] Angesichts ihrer Verfolgung verkauften die

---

[207] *Günther-Hornig*, Kunstschutz, S. 26, 30.

[208] Vgl. Der Prozess, a. a. O., S. 77; *Günther-Hornig*, Kunstschutz, S. 30. Der vom Führerbefehl gedeckte Abtransport der beschlagnahmten Kunstgegenstände konnte zunächst vom Kunstschutz der Militärverwaltung unter der Leitung des Beauftragten für Kunstschutz beim OKW, Prof. Dr. Franz Graf Wolff Metternich, verhindert werden (vgl. *Günther-Hornig*, Kunstschutz, S. 39; *Kurz*, Kunstraub in Europa, S. 151 f.; *Nicholas*, Der Raub der Europa, S. 170). Gegen die mit Zustimmung Hitlers ergangene Anordnung Görings konnte die Militärverwaltung jedoch nichts ausrichten. Daraufhin gab sie zwar ihren Widerstand gegen die Abtransporte auf, suchte aber nach außen hin darzutun, dass sie für diese rein politische Aktion keine Verantwortung trug (*Günther-Hornig*, Kunstschutz, S. 39 f. m. w. Nachw.). Graf Wolff Metternich wurde schließlich im Juni 1942 auf direkten Befehl Hitlers seines Amtes enthoben (*Günther-Hornig*, Kunstschutz, S. 34). Zu Organisation, Aufgaben und Tätigkeit des Kunstschutzes: *Günther-Hornig*, Kunstschutz, S. 33 ff.

[209] Die Sammlung Alphonse Schloss war vom ältesten Sohn des verstorbenen Sammlers aus Angst vor Bombenangriffen nach Tulle, ins unbesetzte Zentralfrankreich gebracht worden. Nachdem ihr Aufenthaltsort ausfindig gemacht und sie von der Vichy-Regierung beschlagnahmt und zurück nach Paris gebracht geworden war, konnten 262 Gemälde daraus für 50 Millionen Franc für Linz erworben werden. Die Familie Schloss erhielt von dem Kaufpreis keinen Centime (vgl. *Kurz*, Kunstraub in Europa, S. 236 ff.; *Haase*, Kunstraub und Kunstschutz, S. 202 ff.; *Nicholas*, Der Raub der Europa, S. 231 ff.; *Feliciano*, Das verlorene Museum, S. 95 ff.; *Heuss*, Kunst- und Kulturgutraub, S. 58 f.).

[210] Laut *Heuss*, Kunst- und Kulturgutraub, S. 64 kann deren Zahl nicht näher bestimmt werden, sie dürfte aber recht hoch gewesen sein.

jüdischen Sammler ihre Kunstwerke an französische Händler, die diese an deutsche Kunsthändler weiterveräußerten, die in direktem Kontakt mit Hitler selbst, seinen Beauftragten Posse und Voß oder Göring standen.[211]

## C. Die Verwertung der geraubten Kunstwerke

Aus den vom ERR beschlagnahmten Kunstwerken wählte Göring für das „Führermuseum Linz" 53 Objekte[212] und für seine eigene Sammlung 634 Gegenstände aus.[213]

Während die für das Führermuseum Linz bestimmten Gemälde in diese Sammlung integriert wurden, setzte Göring einen Teil der Kunstwerke, die er sich vom ERR beschafft hatte, als Tauschobjekte ein: französische Impressionisten gegen alte deutsche und niederländische Meister. Diese Tauschgeschäfte wickelte zum einen sein Berater Walter Andreas Hofer für ihn ab – zumeist mit der Galerie Theodor Fischer im schweizerischen Luzern.[214] Solcherart Geschäfte tätigte Göring des weiteren mit dem deutschen Kunsthändler Gustav Rochlitz, und zwar unter Einschaltung des ERR: Dieser gestattete Rochlitz, dass er sich – als

---

[211] *Heuss*, Kunst- und Kulturgutraub, S. 64 f., 83, der zufolge die wichtigsten für Hitler tätigen deutschen Kunsthändler Karl Haberstock und Maria Almas Dietrich waren. Letztere habe Hitler 80 aus Paris stammende Gemälde verkauft. Posse habe von Haberstock 71 aus Frankreich stammende Gemälde erworben. Die Geschäfte Haberstocks und Dietrichs beschreiben auch *Haase*, Kunstraub und Kunstschutz, S. 47 ff. und *Nicholas*, Der Raub der Europa, S. 213 ff.
Göring arbeitete sehr eng mit Walter Andreas Hofer zusammen. Für ihn tätig waren darüber hinaus Hans Wendland, Gustav Rochlitz und Walter Bornheim (vgl. *Heuss*, Kunst- und Kulturgutraub, S. 77 ff.; *Haase*, Kunstraub und Kunstschutz, S. 90 ff., der zudem die Geschäftbeziehungen der genannten Händler zu französischen Händlern darstellt).
*Feliciano*, Das verlorene Museum, S. 121 ff. beschreibt ausführlich den Pariser Kunstmarkt während der Besetzung, nennt Verkäufer und Käufer, zu denen nicht nur deutsche Kunsthändler, sondern in großem Umfang auch deutsche Museen gehörten, darunter zum Beispiel die Städtischen Kunstsammlungen Düsseldorf und das Museum Folkwang Essen.

[212] *Petropoulos*, Kunstraub und Sammelwahn, S. 241; *Heuss*, Kunst- und Kulturgutraub, S. 57; *Francini/Heuss/Kreis* in: UEK, Bd. 1, S. 283.

[213] *Heuss*, Kunst- und Kulturgutraub, S. 83; *Francini/Heuss/Kreis* in: UEK, Bd. 1, S. 283.
Der Grund für den so viel größeren Beuteanteil Görings ist in seiner sehr viel intensiveren Zusammenarbeit mit dem ERR zu sehen. Dieser hat sogar eigens für Göring im Jeu de Paume Ausstellungen ausgerichtet, auf denen Göring ihn interessierende Kunstwerke auswählen konnte (vgl. *Kurz*, Kunstraub in Europa, S. 153 ff.; *Haase*, Kunstraub und Kunstschutz, S. 105; *Nicholas*, Der Raub der Europa, S. 174, 180; *Buomberger*, Raubkunst – Kunstraub, S. 45; *Heuss*, Kunst- und Kulturgutraub, S. 88).

[214] Zu den Tauschgeschäften im Einzelnen vgl. *Haase*, Kunstraub und Kunstschutz, S. 136 ff.; *Nicholas*, Der Raub der Europa, S. 226 ff.; *Frehner* in: Frehner, S. 138 ff.; *Heuss*, Kunst- und Kulturgutraub, S. 83; *Francini/Heuss/Kreis* in: UEK, Bd. 1, S. 252 ff., 284 ff.

Bezahlung für die Gemälde alter Meister, die er Göring beschafft hatte – einige der im Jeu de Paume lagernden beschlagnahmten Kunstwerke aussucht.[215]

Solche Tauschgeschäfte schloss der ERR aber nicht nur zugunsten Görings ab, sondern auch zugunsten des Führermuseums Linz. Einige der beschlagnahmten Kunstwerke veräußerte er aber auch für eigene Zwecke, nämlich, um mit dem dadurch erzielten Erlös selbst Werke von „anerkannt künstlerischem" Wert anzukaufen. Die Verkäufe fanden nicht nur in Frankreich, sondern teilweise auch in Deutschland und der Schweiz statt.[216] Durch die Geschäfte des ERR und Görings gelangten die in Frankreich geraubten Kunstwerke also nicht nur nach Deutschland, sondern ebenso in die Schweiz, wo sie zumeist an Privatsammler weiterveräußert wurden.[217]

Da die endgültige Entscheidung über die weitere Verwendung der vom ERR beschlagnahmten Kunstgegenstände, die nicht in den Kunsthandel gelangt, sondern nach Deutschland gebracht worden sind, noch nicht getroffen war, blieben sie zunächst in den Depots des ERR, insbesondere im bayrischen Schloss Neuschwanstein, wo sie weiter inventarisiert und wissenschaftlich bearbeitet wurden.[218]

---

215 Vgl. Der Prozess, a. a. O., S. 74; *Kurz*, Kunstraub in Europa, S. 183 ff.; *Nicholas*, Der Raub der Europa, S. 225 f., nach deren Angaben Rochlitz auf diese Weise insgesamt 80 erstklassige Gemälde erhalten hat.
*Haase*, Kunstraub und Kunstschutz, S. 81 zufolge hat der ERR insgesamt 28 Verträge abgeschlossen: 18 davon mit Rochlitz, 18 für Göring und 6 oder 7 für Hitler bzw. die Reichskanzlei. Aufgrund der engen Zusammenarbeit von Göring und Rochlitz steht zu vermuten, dass alle 18 vom ERR mit Rochlitz getätigten Geschäfte für Göring abgewickelt wurden.

216 Der Prozess, a. a. O., S. 75; *Frehner* in: Frehner, S. 141.

217 Zur Rolle der Schweiz beim Absatz von Raubkunst und zu den Tauschgeschäften vgl. *Buomberger*, Raubkunst – Kunstraub, S. 65 ff., *Feliciano*, Das verlorene Museum, S. 152 ff.; *Kreis* in: Frehner, S. 128 ff., denen zufolge der beste Kunde der Galerie Theodor Fischer der Waffenfabrikant und Kunstsammler Emil Bührle war, der 12 Bilder erworben hat, von denen sich später herausstellte, das sie aus vom ERR beschlagnahmten jüdischen Sammlungen stammen.

218 *Heuss*, Kunst- und Kulturgutraub, S. 120. Mit dieser Begründung widersetzte sich der ERR der Aufforderung des Chefs der Staatskanzlei, Reichsleiter Martin Bormann, vom 21. April 1943, sämtliche beschlagnahmten Werke dem Führermuseum Linz zu übergeben. Der ERR wollte diese Objekte behalten und für eigene Zwecke nutzen, zum Beispiel zum Aufbau der „Hohen Schule" (*Heuss*, Kunst- und Kulturgutraub, S. 120). Hintergrund der Aufforderung Bormanns war der mit Hitler abgestimmte Wille, den ERR aufzulösen (*Haase*, Kunstraub und Kunstschutz, S. 83). Damit sollte zugleich zum Schlag gegen Göring ausgeholt werden, um dessen Bereicherung an den vom ERR in Frankreich beschlagnahmten Kunstwerken ein Ende zu machen. Indem er sich von Göring distanzierte, konnte Rosenberg den Angriff Hitlers und Bormanns abwehren und den Fortbestand des ERR bis zum Ende des Dritten Reichs sichern (*Petropoulos*, Kunstraub und Sammelwahn, S. 205 ff.).

# Teil 2: Die Restitution entzogener Kunstwerke nach dem Zusammenbruch des Dritten Reichs auf der Grundlage besonderer Regelungen

Zu den Wiedergutmachungen, die Deutschland nach Beendigung des Zweiten Weltkriegs zu leisten hatte, gehörte die Rückerstattung des während der nationalsozialistischen Herrschaft entzogenen jüdischen Kunstbesitzes. Dabei sind entsprechend dem Ort, an dem die Entziehungen stattgefunden haben, zwei Formen zu unterscheiden: die innere Restitution und die äußere Restitution. Die innere Restitution hat das Ziel, das innerhalb des Deutschen Reichs verübte Unrecht wiedergutzumachen. Demgegenüber befasst sich die äußere Restitution mit dem Ausgleich des einem fremden Staat oder seinen Angehörigen zugefügten Unrechts. Sie stellt grundsätzlich die Erfüllung des völkerrechtlichen Anspruchs des geschädigten Staates gegen den schädigenden Staat dar.[219]

## I. Die äußere Restitution

### A. Die Ankündigung der Restitution

Die Verpflichtung Deutschlands zur Restitution der Kulturgüter, die in den von ihm besetzten Gebieten durch Gewalt oder Zwang entzogen und nach Deutschland gebracht worden sind, wurde von den Alliierten bereits während des Krieges allgemein befürwortet.[220]

---

219 *Engstler*, Die territoriale Bindung, S. 124; *Hartung*, Kunstraub in Krieg und Verfolgung, S. 66.
Ähnlich definiert Art. 4 des Föderalen Gesetzes über die infolge des Zweiten Weltkriegs in die UdSSR verbrachten und sich im Hoheitsgebiet der Russischen Förderation befindenden Kulturgüter vom 15. April 1998 (in deutscher Übersetzung des Auswärtigen Amtes abgedruckt in: AVR, Band 38 (2000), S. 72 ff.) den Begriff der „Restitution" als *„die Art der materiellen völkerrechtlichen Haftung eines Staates, der einen Aggressionsakt oder einen anderen völkerrechtswidrigen Akt begangen hat, die in der Verpflichtung dieses Staates zur Beseitigung oder Verminderung des dem anderen Staat zugefügten materiellen Schadens durch Wiederherstellung des früheren Zustandes besteht, insbesondere durch Rückgabe des Vermögens, das von ihm aus dem von seinen Truppen besetzten Gebiet des anderen Staates geraubt und unrechtmäßig ausgeführt wurde."*

220 Vgl. hierzu und zu den Verhandlungen über die Prinzipien der beabsichtigten Restitution von Kulturgütern in der European Advisory Commission, in der neben den europäischen

Zum Ausdruck kommt dies insbesondere in der „Alliierten Erklärung über die in den vom Feinde besetzten oder unter seiner Kontrolle stehenden Gebieten begangenen Enteignungshandlungen“ vom 5. Januar 1943, die auch als „Londo-

---

Kriegsgegnern Deutschlands auch die USA und die Sowjetunion vertreten waren, *Kurtz*, Nazi Contraband, S. 75 ff.
Umstritten war dagegen die Frage, ob deutsche Kulturgüter zu von Deutschland zu leistenden Reparationen, also der Wiedergutmachung der allgemeinen Kriegsschäden der alliierten Staaten, herangezogen werden können. Der Streit betraf insbesondere die Frage der Zulässigkeit der sogenannten „restitution in kind“ (zu den in dieser Frage vertretenen Auffassungen und geführten Verhandlungen vgl. *Kurtz*, Nazi Contraband, S. 107 ff., 142 ff; *Turner* in: Fiedler, S. 115 ff.; *Stumpf*, Kulturgüterschutz, S. 96 ff.). Bei dieser besonderen Form der Reparation wird im Falle des Untergangs des restitutionspflichtigen Gegenstandes ersatzweise die Herausgabe eines gleichwertigen Gegenstandes verlangt (*Turner* in: Fiedler, S. 116). In Ziffer 3 der Kontrollratsdirektive vom 21. Januar 1946 wurde die restitution in kind schließlich unter engen Voraussetzungen zugelassen. Sie wurde auf Kulturgüter von einmaligem Charakter beschränkt und sollte erst dann erfolgen, wenn eine besondere Anweisung die Art von Gütern, bei denen ein Ersatz in Frage kommt, die Art dieses Ersatzes und die Bedingungen, unter denen diese Güter durch gleichwertige Gegenstände ersetzt werden können, festgesetzt hat (*Stumpf*, Kulturgüterschutz, S. 100). Eine Restitution nach diesem Prinzip scheiterte jedoch in der Folgezeit letztlich vor allem an dem Verhalten der Sowjetunion, die jegliche Informationen über die Kulturgüter, die von ihren Trophäenkommissionen in Besitz genommenen und in die Sowjetunion gebracht worden waren, verweigerte (*Kurtz*, Nazi Contraband, S. 150; *Turner* in: Fiedler, S. 101, 123).
Die Wegführung deutscher Kulturgüter in die Sowjetunion wurde bereits seit September 1943 vorbereitet. Zu dieser Zeit wurde das sogenannte „Expertenbüro“, eine Dienststelle der „Staatlichen Sonderkommission zur Registrierung und Untersuchung von Verbrechen und Zerstörungen durch die faschistische deutsche Besatzungsmacht und deren Verbündete, begangen an Bürgern, Kolchosen, öffentlichen Einrichtungen, Staatsbetrieben und Organen der UdSSR“, damit beauftragt, Listen mit Kulturgütern insbesondere deutscher Museen zu erstellen, welche die Verluste sowjetischer Museen ersetzen sollten, die diese durch den Raub und die Zerstörungen der Nationalsozialisten erlitten haben. Die Kompensation der eingetretenen Schäden war allerdings nicht der einzige Zweck, der mit der Verbringung deutscher Kulturgüter in die Sowjetunion verfolgt wurde. Zudem wurden Pläne geschmiedet, nach dem Ende des Krieges in Moskau ein Museum der Weltkunst zu gründen, in dem die Meisterwerke des Feindes zusammengetragen werden sollten, und das in den höchsten Rang aller westeuropäischen und amerikanischen Institute erhoben werden sollte (ausführlich hierzu *Akinscha/Koslow/Toussaint*, Operation Beutekunst, S. 13 ff.; *Volkert*, Kunst- und Kulturraub im Zweiten Weltkrieg, S. 40 ff., 95 ff.; *Stumpf*, Kulturgüterschutz, S. 106 ff.; *Baufeld*, Kulturgutbeschlagnahmen, S. 123, 196 f.).
Die Beschlagnahmen durch die Trophäenkommissionen und die Abtransporte der beschlagnahmten Kulturgüter nach Moskau begannen unmittelbar nach dem Ende der Kampfhandlungen (zu dem Vorgehen und der Befehlsstruktur der Trophäenkommissionen vgl. *Akinscha/Koslow/Toussaint*, Operation Beutekunst, S. 24 ff.; *Volkert*, Kunst- und Kulturraub im Zweiten Weltkrieg, S. 106 ff.; *Stumpf*, Kulturgüterschutz, S. 108 ff.; *Baufeld*, Kulturgutbeschlagnahmen, S. 124 ff.). Einer sowjetischen Aufstellung aus dem Jahr 1957 zufolge gelangten auf diese Weise mehr als 2,6 Millionen Kunstgegenstände in die Sonderdepots vor allem des Puschkin Museums in Moskau und der Eremitage im damaligen Leningrad (*Akinscha/Koslow/Toussaint*, Operation Beutekunst, S. 45; *Fiedler* in: Frehner, S. 89; *Gujer* in: Frehner, S. 116). Darunter befand sich unter anderem der Inhalt des Auslagerungsdepots der Gemäldegalerie Dresden auf Schloss Weesenstein bei Pirna. Zu den dort in Sicherheit gebrachten Kunstgegenständen gehörten auch einige Objekte, die für das Führermuseum

Linz bestimmt waren und aus jüdischen Sammlungen aus den besetzten Gebieten stammen (vgl. *Heuss* in: Frehner, S. 112).
Ein Teil der weggeführten Kulturgüter kehrte in den 1950er Jahren in die DDR zurück. Bereits im Jahr 1955 gab die UdSSR die Kunstschätze der Dresdner Gemäldegalerie zurück. Anfang 1959 erhielt die DDR dann weitere 1.569.176 vermisste Kunstwerke zurück (ausführlich hierzu *Akinscha/Koslow/Toussaint*, Operation Beutekunst, S. 41 ff.; *Volkert*, Kunst- und Kulturraub im Zweiten Weltkrieg, S. 167 ff.; siehe auch *Engstler*, Die territoriale Bindung, S. 172; *Turner* in: Fiedler, S. 127; *Nicholas*, Der Raub der Europa, S. 580; *Fiedler* in: Frehner, S. 89; *Gujer* in: Frehner, S. 116; *Petropoulos*, Kunstraub und Sammelwahn, S. 372; *Schoen*, NJW 2001, S. 538).
Nach dem Ende des Kalten Krieges trat schließlich auch die Bundesrepublik Deutschland in Verhandlungen mit der UdSSR respektive der Russischen Förderation und den anderen Nachfolgestaaten der UdSSR über die Rückgabe der Kulturgüter aus den westdeutschen Museen ein (ausführlich hierzu *Volkert*, Kunst- und Kulturraub im Zweiten Weltkrieg, S. 188 ff.; *Stumpf*, Kulturgüterschutz, S. 123 ff.). Diese gerieten jedoch schon bald wieder ins Stocken und kamen schließlich ganz zum Stillstand, als das „Föderale Gesetz über die infolge des Zweiten Weltkriegs in die UdSSR verbrachten und sich im Hoheitsgebiet der Russischen Förderation befindenden Kulturgüter" vom 15. April 1998 (sogenanntes „Beutekunstgesetz", in deutscher Übersetzung des Auswärtigen Amtes abgedruckt in: AVR, Band 38 (2000), S. 72 ff.) in Kraft trat. Art. 6 Abs. 1 dieses Gesetzes bestimmt, dass alle Kulturgüter, die in Wahrnehmung deren Rechts auf kompensatorische Restitution in die UdSSR verbracht wurden und sich im Hoheitsgebiet der Russischen Förderation befinden, in deren Besitz und Eigentum stehen.
Mit der in dieser Vorschrift zum Ausdruck kommenden Rechtsauffassung, wonach die Verwendung von Kulturgütern zur restitution in kind völkerrechtlich zulässig ist, hat sich deshalb auch die völkerrechtliche Literatur wieder verstärkt auseinandergesetzt. Dabei ist sie wohl überwiegend zu der gegenteiligen Ansicht gelangt, dass die restitution in kind als unzulässig abzulehnen ist. Zu der Zeit der Beschlagnahme und Verbringung deutscher Kulgüter in die UdSSR habe nämlich keine Völkerrechtsregel existiert, die eine solche erlaubt hätte. Dass es damals insofern an einer einheitlichen Staatenpraxis fehlte, zeigten gerade die Tatsachen, dass die Anwendung der restitution in kind zwischen den Alliierten äußert umstritten war und dass auf eine Durchführung derselben letztlich verzichtet wurde (vgl. *von Schorlemer*, GYIL 41 (1998), S. 331; *Stumpf*, Kulturgüterschutz, S. 188 ff.; so wohl im Ergebnis auch *Schoen*, Der rechtliche Status von Beutekunst, S. 128, welche eine restitution in kind nur dann als zulässig erachtet, wenn sie in einem Friedensvertrag ausdrücklich geregelt ist). Bedenken gegen die restitution in kind ergäben sich zudem daraus, dass ihr Umfang letztlich ungeklärt sei. Schließlich sei es kaum möglich zu bestimmen, wann zwei Kulturgüter gleichartig sind (vgl. *von Schorlemer*, GYIL 41 (1998), S. 331; *Stumpf*, Kulturgüterschutz, S. 193 ff.).
Anderer Ansicht ist etwa *Baufeld*, Kulturgutbeschlagnahmen, S. 147 ff. Er meint, dass die restitution in kind-Regelungen in Art. 247 des Versailler Vertrages und der Friedensverträge mit Italien, Ungarn und Bulgarien aus dem Jahr 1947 zeigen, dass sich insofern eine einheitliche Staatenpraxis entwickelt habe (*Baufeld*, Kulturgutbeschlagnahmen, S. 148 ff.). Dies vermag nicht zu überzeugen. Es ist nämlich zweifelhaft, ob schon zwei historische Beispiele, noch dazu aus dem Vertragsrecht, belegen, dass die Staaten zu der gemeinsamen Rechtsüberzeugung gelangt sind, dass Kulturgüter generell zur kompensatorischen Restitution herangezogen werden dürfen. Hinzu kommt, dass die Wegnahme deutscher Kulturgüter durch die sowjetischen Trophäenkommissionen bereits vor dem Abschluss der Friedensverträge von 1947 erfolgt ist, so dass diese zumindest insoweit nicht als Beleg für eine einheitliche Staatenpraxis herangezogen werden können. *Baufeld* sieht auch keine Schwierigkeiten bei der Feststellung der Gleichwertigkeit der zerstörten oder geraubten Kulturgüter und ihrer Ersatzobjekte, die der Anerkennung eines generell gültigen Prinzips der restitution in kind entgegenstehen. Seiner Meinung nach ist es nämlich durchaus möglich, Kriterien für die Bestimmung der Äquivalenz aufzustellen. Solche seien in der Zeugnis- und Identifikations-

ner Erklärung“ bekannt ist.[221] Darin warnen die alliierten Mächte „*sämtliche in Frage kommenden Personen und insbesondere diejenigen, die in neutralen Ländern wohnhaft sind, dass sie mit allen Mitteln danach streben werden, die Enteignungsmethoden zu vereiteln, die von den Regierungen, mit denen sie in Feindseligkeiten begriffen sind, den schimpflich angegriffenen und beraubten Nationen und Völkern gegenüber gebraucht werden.*“ Infolgedessen behalten sie sich das Recht vor, „*jede Übertragung und Veräußerung von Eigentum, Guthaben, Rechten und Anrechten, welcher Natur sie auch seien, für nichtig zu erklären, die sich in den von den Regierungen, mit denen sie in Feindseligkeiten begriffen sind, besetzten oder mittelbar oder unmittelbar kontrollierten Gebieten befinden oder befunden haben, oder die im Besitz von in den betreffenden Gebieten wohnhaften Personen (einschließlich der juristischen Personen) sind oder gewesen sind. Die gegenwärtige Warnung gilt auch, wenn solche Übertragungen oder Veräußerungen unter der Form eines offensichtlichen Raubes oder scheinbar gesetzmäßiger Geschäfte vorgenommen worden sind, und selbst, falls es angegeben wird, dass die besagten Übertragungen oder Veräußerungen ohne jeden Zwang getätigt worden sind.*“

Obwohl die Londoner Erklärung selbst keine Restitutionspflicht regelt, war sie ebenso in der deutschen Literatur als Ausgangspunkt der nach Beendigung des Krieges von den Alliierten durchgeführten Restitutionen anerkannt.[222]

---

funktion der Kulturgüter zu sehen. Diese seien Zeugnisse ihrer Zeit, vor allem der wissenschaftlichen, künstlerischen und sozialethischen Entwicklungsstufe ihrer Entstehungsepoche, und als solche zugleich Mittel der Identifikation einer sozialen Gemeinschaft mit ihrer eigenen Kultur. Zwei Kulturgüter seien also dann gleichwertig, wenn das als Ersatz dienende Objekt in gleicher Weise wie das zu Ersetzende Zeugnis von den kulturellen Umweltbedingungen seiner Entstehungszeit und seines Entstehungsortes ablegen kann (*Baufeld*, Kulturgutbeschlagnahmen, S. 162). Laut *Baufeld* kommt es also letztlich darauf an, ob das Ersatzobjekt (auch) einen Bezug zur Nationalkultur des Ersatz begehrenden Staates hat. Sei dies nicht der Fall, so könne es nicht als Ersatz beansprucht werden (*Baufeld*, Kulturgutbeschlagnahmen, S. 165). Jedoch wird sich in den meisten Fällen nicht eindeutig feststellen lassen, welcher Nation ein Kulturgut als nationales Kulturerbe zugerechnet werden kann. Insofern kommen nämlich mehrere Kriterien in Betracht, die auf unterschiedliche Staaten verweisen können (siehe unten S. 126 f., 131 f.). Der Ansatz von *Baufeld* vernachlässigt überdies, dass sich Kulturgüter gerade durch ihre Einzigartigkeit auszeichnen. Sie können deshalb nicht durch andere Objekte ersetzt werden.

221 Die amtliche Übersetzung der „Alliierten Erklärung über die in den vom Feinde besetzten oder unter seiner Kontrolle stehenden Gebieten begangenen Enteignungshandlungen“ vom 5. Januar 1943, kurz: Londoner Erklärung, ist abgedruckt in: Europa-Archiv, 1946–1947, S. 211. Zu deren Zustandekommen vgl. *Kurtz*, Nazi Contraband, S. 52 ff.

222 *Kaufmann*, Deutschlands Rechtslage unter der Besatzung, S. 64; *ders.*, AöR 75 (1949), S. 2; *Engstler*, Die territoriale Bindung, S. 140; *Röhling*, Restitution jüdischer Kulturgüter, S. 82 f., denen zufolge auch die Erklärung von Bretton Woods vom 22. Juli 1944 eine ausdrückliche Ankündigung der späteren Restitutionspflicht Deutschlands enthält.

## B. Die Sicherung der Restitution

Der Sicherung der Restitutionen diente das Gesetz Nr. 52 über die Sperre und Kontrolle von Vermögen der Militärregierungen[223], das noch während der Dauer der Kampfhandlungen in den westlichen Zonen von den jeweils zuständigen Militärbefehlshabern verkündet worden war.[224] Zu den Vermögenswerten, die der Kontrolle durch die Militärregierungen unterworfen wurden, gehörte nach Art. 1 Nr. 2 des Gesetzes Nr. 52 auch dasjenige Vermögen, *„das unter Zwang oder Drohung übertragen oder rechtswidrig dem Eigentümer oder Besitzer entzogen oder erbeutet worden ist, ohne Rücksicht darauf, ob diese Handlungen in Anwendung von Rechtssätzen oder im Wege von Verfahren, die den Schein des Rechts zu wahren vorgaben oder in sonstiger Weise vorgenommen wurden"*.[225]

Der Kontrolle unterworfen waren demnach insbesondere die ihren jüdischen Eigentümern in Frankreich entzogenen Kunstwerke, die für das Führermuseum Linz[226] bestimmt waren, in die Sammlung Görings[227] gelangt sind oder sich noch

---

223 Abgedruckt in: *Anders*, Die Proklamationen, Gesetze und Verordnungen, Abschnitt D 1/1.

224 Vgl. *Kaufmann*, Deutschlands Rechtslage unter der Besatzung, S. 66; *ders.*, AöR 75 (1949), S. 3, 6; *Turner* in: Fiedler, S. 119, 124; *Röhling*, Restitution jüdischer Kulturgüter, S. 84.
In der sowjetischen Besatzungszone sind abweichende Befehle ergangen. Die Beschlagnahme einiger Eigentumskategorien, darunter geraubte Kulturgüter, erfolgte auf der Grundlage des SMAD-Befehls Nr. 124 vom 30. Oktober 1945. Durch den SMAD-Befehl Nr. 104 vom 4. April 1946 wurde jede Art von Vermögen, das Staatsbürgern der Länder der Vereinten Nationen gehört bzw. deren Eigentum nach dem 1. September 1939 auf Grund nationalsozialistischer Maßnahmen entzogen wurde, unter den Schutz und die Kontrolle der Sowjetischen Militäradministration gestellt (vgl. *Zschiedrich/Hoffmann*, NJ 1984, S. 86 f.).
Die Rückgabe der sichergestellten Gegenstände an die Regierungen der Herkunftsländer ist offenbar erst von der DDR durchgeführt worden (vgl. *Zschiedrich/Hoffmann*, NJ 1984, S. 88).

225 Nach Angaben von *Schwarz*, Rückerstattung, S. 25 f. enthielt die ursprünglichen Fassung des Art. 1 Nr. 2 des Gesetzes Nr. 52 die Worte „außerhalb Deutschlands", die später gestrichen wurden, um auch das innerhalb Deutschlands entzogene Vermögen in die Sperre und Kontrolle einzubeziehen. Damit hätten die Alliierten erkennen lassen, das auch die innere Restitution Bestandteil ihrer Besatzungspolitik ist.

226 Da die Gebäude, die das Führermuseum Linz beherbergen sollten, noch nicht gebaut waren, wurden die für das Museum vorgesehenen Kunstwerke zum größten Teil im Führerbau in München gelagert. Einige Werke wurden auch in der Gemäldegalerie Dresden aufbewahrt und später in das Schloss Weesenstein ausgelagert. Der Großteil der im Führerbau deponierten Werke wurde 1944 vor den Bombenangriffen der Alliierten in Sicherheit gebracht, hauptsächlich in den Kammern des österreichischen Salzbergwerks Altaussee (*Kurz*, Kunstraub in Europa, S. 364 ff.; *Nicholas*, Der Raub der Europa, S. 413 f.). Nicht ausgelagert wurde, so *Heuss*, Kunst- und Kulturgutraub, S. 71, die erwähnte Sammlung Schloss. Sie sei daher bei der Plünderung des Führerbaus durch die Zivilbevölkerung im Jahr 1945 abhanden gekommenen; keines der Gemälde sei später wieder aufgetaucht.

227 Göring schaffte seine Sammlung im Januar 1945, als sich die Rote Armee Berlin näherte, aus Carinhall fort. Zwei seiner Sonderzüge sollten sie in sein Schloss Veldenstein in der Nähe von

in den Händen des ERR[228] befanden. Zusammen mit den anderen dort gelagerten Objekten wurden diese Kunstwerke von Sondereinheiten der alliierten Armeen aus ihren Depots geholt und in eigens dafür eingerichteten Sammelstellen, den sogenannten „Central Collecting Points", zusammengetragen.[229] Diese Sicherstellung diente zwar zugleich dem Schutz der Kunstwerke vor Zerstörung und Diebstahl durch die deutsche Bevölkerung und die Angehörigen der alliierten Armeen. Vor allem aber erfolgte sie, um die Prüfung zu ermöglichen, bei welchen der sichergestellten Kunstwerke es sich um solche handelt, die in den besetzten Gebieten beschlagnahmt oder unter Zwang erworben worden und infolgedessen an ihre Herkunftsländer zu restituieren sind.[230]

Der Kontrolle unterworfen waren theoretisch auch die in den besetzten Gebieten beschlagnahmten oder unter Zwang erworbenen Kunstwerke, die sich im Besitz von Museen oder Privatpersonen befanden. Freilich konnte die Militärregierung ihre Kontrollbefugnisse nicht ausüben und die restitutionspflichtigen Kunstwerke sicherstellen, wenn ihr deren Besitzer nicht bekannt waren. Dem sollte durch die Regelungen in Ziffer 19 der Kontrollratsproklamation Nr. 2 vom 20. September 1945[231] Abhilfe geschaffen werden. Nach Ziffer 19 Buchst. b mussten sich die deutschen Behörden allen Anweisungen der alliierten Vertreter in Bezug auf *„Eigentum, Guthaben, Rechte, Anrechte und Interessen innerhalb Deutschlands, die irgendeiner der Vereinten Nationen oder ihrer Staatsangehörigen gehören oder bei Kriegsausbruch oder zu irgendeinem Zeitpunkt seit Ausbruch des Krieges zwischen Deutschland und der betreffenden Nation oder seit der Besetzung*

---

Nürnberg bringen. Da diese Gegend aber unter Beschuss stand, schickte er sie nach Berchtesgaden, wo sie in Tunneln abgestellt wurden – allerdings nicht ausreichend geschützt vor unberechtigtem Zugriff: Die Bevölkerung sowie französische und amerikanische Soldaten nahmen, was nicht im Luftschutzkeller von Görings Haus Platz gefunden hatte und in den Waggons zurück gelassen werden musste (*Nicholas*, Der Raub der Europa, S. 420 ff.; *Haase*, Kunstraub und Kunstschutz, S. 209 ff.; *Heuss*, Kunst- und Kulturgutraub, S. 92).

228 Der ERR hatte die aus Frankreich abtransportierten Kunstgegenstände hauptsächlich im bayrischen Schloss Neuschwanstein untergebracht. Die wertvollsten der dort und in anderen Depots aufbewahrten Stücke wurden später auf Anordnung Hitlers ebenfalls nach Altaussee gebracht (*Kurz*, Kunstraub in Europa, S. 365 ff.).

229 Im Juni 1945 richtete die Monuments, Fine Arts and Archives Section (MFA & A) im Office of Military Government for Germany (U.S.) (OMGUS) im ehemaligen Führerbau in München einen Central Collecting Point ein, welcher der bedeutsamste seiner Art wurde (*Engstler*, Die territoriale Bindung, S. 149; *Nicholas*, Der Raub der Europa, S. 469 ff.; *Heuss*, Kunst- und Kulturgutraub, S. 71, 92). Bereits zuvor war eine erste Sammelstelle in Marburg entstanden, eine dritte folgte später in Wiesbaden (*Nicholas*, Der Raub der Europa, S. 448, 488).

230 Vgl. *Kaufmann*, AöR 75 (1949), S. 6; *Turner* in: Fiedler, S. 111, 124; *Röhling*, Restitution jüdischer Kulturgüter, S. 93.
Zur Völkerrechtsmäßigkeit der verschiedenen Sicherungsmaßnahmen vgl. *Turner* in: Fiedler, S. 128 ff.

231 Amtsblatt des Kontrollrats in Deutschland 1945–46, S. 8.

*durch Deutschland irgendeines Teiles ihrer Gebiete gehört haben"* fügen. Ziffer 19 Buchst. c erklärt sodann alle Personen in Deutschland, in deren Besitz sich derartiges Eigentum, derartige Rechte, Anrechte und Interessen befinden, für *„persönlich dafür verantwortlich, dass sie angemeldet und bis zur Übergabe in der vorgeschriebenen Weise sichergestellt werden"*.[232]

Später ergingen dann in den verschiedenen Zonen Verordnungen, welche die Anmeldung von Vermögenswerten aus ehemals besetzten Gebieten regelten.[233]

## C. Die Durchführung der Restitution

Anweisungen für die Durchführung der Restitutionen gaben die Richtlinien des Kontrollrats für die Rückerstattung vom Januar und März 1946, die für die amerikanische Zone in Title 19 der Military Government Regulations vom 15. April 1946 übernommen worden sind.[234] Für Kulturgüter wird darin auf Title 18 verwiesen, der mit Nr. 18–106 eine besondere Restitutionsvorschrift enthält.[235] Danach sind „identifiable looted works of art and cultural materials" an die Regierungen der Länder zurückzugeben, aus denen sie entfernt worden sind. Als „loot" gelten Objekte, die Gegenstand eines „act of dispossession by the enemy" waren und von den Deutschen aus einem von ihnen besetzten Gebiet entfernt worden sind. Der sich anschließende Verweis: „see MGR Title 19" dürfte sich vor allem auf die darin enthaltene Bestimmung des Terminus „act of dispossession" beziehen. Nach Title 19 Par. b sind Vermögenswerte zu restituieren, die mit Gewalt aus einem besetzten Gebiet entfernt worden sind. Der Begriff „Gewalt" umfasst auch Zwang, der mit oder ohne tatsächliche Gewalt ausgeübt sein kann. Darunter fallen insbesondere *„Plünderung, Diebstahl, Raub und andere Formen der Verdrängung und Vertreibung aus dem Besitz, und zwar ohne Rücksicht darauf, ob sie auf Befehl von deutschen Behörden oder Beamten der Militär- oder Zivilverwaltung, oder auch ohne dass ein Befehl vorlag, oder von Individuen ausgeführt worden sind"*. Weiterhin sind darunter unter Zwang getätigte Erwerbungen zu verstehen.[236]

---

[232] Vgl. *Kaufmann*, Deutschlands Rechtslage unter der Besatzung, S. 65 f.; *ders.*, AöR 75 (1949), S. 3 f., 6.

[233] Vgl. Gutachten: Restitution, Eigentumserwerb unter Kriegsrecht, Rückgabepflicht und deutsche Privatrechtsfolgen, BB 1947, S. 159; *Kaufmann*, Deutschlands Rechtslage unter der Besatzung, S. 68 f.

[234] *Kaufmann*, AöR 75 (1949), S. 4; *Engstler*, Die territoriale Bindung, S. 140.

[235] Abgedruckt in: Fiedler, Internationaler Kulturgüterschutz, Anlage Nr. 17, S. 288 ff.

[236] Zitiert nach: *Kaufmann*, AöR 75 (1949), S. 5. Das Gutachten, BB 1947, S. 159 verweist auf einen Beschluss des Kontrollrats vom 21. Januar 1946 in dem es nahezu gleichlautend heißt: *„Das Wort ‚Gewalt' meint Zwang, der mit oder ohne tatsächliche Gewalt auftritt. In diesen Begriff mit eingeschlossen sind Plünderungen, Raub, Diebstahl und andere Formen der Enteig-*

In Title 19 Par. a wird der Grundsatz aufgestellt, dass die Restitutionsfrage in allen Fällen „im Lichte der Deklaration vom 5. Januar 1943" geprüft werden muss. Daran wird deutlich, dass durch die Regelungen in Title 18 und 19 der Military Government Regulations der in dieser Deklaration enthaltene Vorbehalt einer Nichtigerklärung realisiert wurde.[237]

In der amerikanischen Zone wurden zwischen 1945 und 1949 von der MFA & A über eine Million Kunstgegenstände an ihre Herkunftsstaaten restituiert.[238] An Frankreich beispielsweise wurden 14.900 Gemälde, Drucke, Gobelins und sonstige Kunstwerke zurückgegeben.[239] Bedenkt man mit, dass seitens der Alliierten gerade in der Anfangszeit der Restitutionsbegriff der Londoner Erklärung und der Title 18 und 19 der Military Government Regulations überdehnt und auch

---

*nung, gleichgültig, ob sie auf Befehl der deutschen Behörde oder von Beamten der deutschen Zivil- oder Militärverwaltung verübt wurden, selbst wenn kein Befehl der deutschen Behörde vorlag, oder von einzelnen Personen".*

237 Vgl. *Kaufmann*, AöR 75 (1949), S. 25.

238 *Engstler*, Die territoriale Bindung, S. 149.
Die äußere Restitution endete 1949 damit, dass die MFA & A die bis dahin noch nicht restituierten Objekte der deutschen „Treuhandverwaltung für Kulturgut" in München übergab. Diese konnte im Laufe der folgenden Jahre im Wege der äußeren und inneren Restitution weitere rund eine Million Kunstgegenstände an ihre Eigentümer zurückgeben. Die noch immer nicht restituierten Objekte, etwa 3.500 an der Zahl, übergab sie im Jahr 1963 dem damaligen Bundesschatzminister, der einen Großteil von ihnen deutschen Museen als Leihgabe überlassen hat (vgl. *Nicholas*, S. 570; *König* in: Museen im Zwielicht, S. 149 ff.).

239 *Engstler*, Die territoriale Bindung, S. 154; zur Rückgabe von Kunstwerken aus jüdischen Sammlungen vgl. *Röhling*, Restitution jüdischer Kulturgüter, S. 96.
In die Niederlande wurden 3.585 von den Alliierten aufgespürte Kunstgegenstände zurückgeschickt. Davon wurden aber nur zwölf Prozent an die früheren Eigentümer zurückgegeben. Diese hatten ihre Ansprüche bis zum 15. Oktober 1945 anmelden müssen; wer diese Frist versäumte oder seinen Anspruch nicht beweisen konnte, ging leer aus. Ein Teil der nicht zurückgegebenen Gegenstände wurde versteigert, ein anderer verteilt an Botschaften, Ministerien und Museen.
Unter den in die Niederlande zurückgeschickten Kunstgegenständen befanden sich etwa 300 Gemälde aus der Sammlung des Amsterdamer Kunsthändlers Jacques Goudstikker, der 1940 auf der Flucht vor den Deutschen ums Leben gekommen war. Etwa 600 der von ihm zurückgelassenen Bilder waren von Angestellten seiner Kunsthandlung ohne die Zustimmung seiner Witwe an Hermann Göring verkauft worden. Die „Stiftung niederländischer Kunstbesitz", die nach dem Krieg die zurückgeschickten Kunstwerke verwaltete, einigte sich mit der Goudstikker-Witwe in folgender Weise: Gegen den Verzicht auf ihr Eigentum sollten ihr bestehende Steuerschulden erlassen werden (vgl. *Heuss* in: Frehner, S. 105 ff.; *Weidemann*, SZ v. 13.2.2003). Diesen Vergleich haben die Erben später angefochten und vom niederländischen Staat die Herausgabe der Gemälde verlangt. Ihre darauf gerichtete Klage wurde jedoch mit der Begründung abgewiesen, die Ansprüche seien verjährt. Nun bekommen die Erben die Gemälde doch noch zurück: Die Restitutionskommission, die seit 2001 die Rückgabe von Kunstwerken aus jüdischem Besitz untersucht, hat der niederländischen Regierung die Restitution empfohlen. Diese hat sich dem Rat angeschlossen und die Rückgabe von 202 Gemälden an die Goudstikker-Erben angeordnet (vgl. *Weidemann*, SZ v. 13.2.2003; *Preuss/ Huijsmans*, Berliner Zeitung v. 9.2.2006, S. 37).

Gegenstände restituiert wurden, die im Wege normaler Handelsgeschäfte erworben worden sind[240], zeigt diese Zahl, dass bei weitem nicht alle der 21.903 vom ERR beschlagnahmten Kunstgegenstände aufgespürt, sichergestellt und restituiert werden konnten. Es liegt nahe, den Grund hierfür darin zu vermuten, dass sich diese Kunstwerke im Besitz von Museen und Privatsammlern befanden, die, soweit sie um deren Provenienz wussten, ihrer Anmeldepflicht nicht nachgekommen sind und die in ihrem Besitz befindlichen Kunstwerke so dem Zugriff der Alliierten und der Restitution entzogen haben.

## D. Die völkerrechtliche Grundlage der Restitution

Die Rechtsgrundlage der Restitutionen wurde in den unmittelbaren Nachkriegsjahren sowohl von den Alliierten als auch von den Deutschen in einem allgemeinen völkerrechtlich anerkannten Restitutionstatbestand gesehen.[241] Danach sind solche Vermögensgegenstände zu restituieren, die während des Krieges mit Gewalt oder Zwang aus einem besetzten Gebiet entfernt worden sind und deren

---

[240] Vgl. *Kaufmann*, AöR 75 (1949), S. 12 f.; *Engstler*, Die territoriale Bindung, S. 141, 143.

[241] So auch *Fiedler* in: Basedow, S. 207, 209. Was die Alliierten anbelangt, so ergibt sich dies daraus, dass vor allem die Londoner Erklärung sowie die Richtlinien des Kontrollrats und die Regulations der Militärregierungen Restitutionsansprüche nicht begründen, sondern als bestehend voraussetzen. In der deutschen zeitgenössischen Literatur wurden teilweise bereits die alliierten Regelungen selbst als rechtliche Grundlage der Restitutionen anerkannt (vgl. *Dabelstein*, BB 1949, S. 22; *Witz*, NJW 1949, S. 659). Überwiegend wurde jedoch die Ansicht vertreten, dass die alliierten Regelungen mit dem allgemeinen völkerrechtlich anerkannten Restitutionstatbestand übereinstimmen und daher zusammen mit diesem die Rechtsgrundlage der Restitution bilden (vgl. Entschließung der Leiter des Justizwesens im amerikanischen und britischen Besatzungsgebiet, BB 1948, S. 247 f.; *Arndt*, SJZ 1948, Sp. 324; *Kaufmann*, AöR 75 (1949), S. 13 ff.; *Engstler*, Die territoriale Bindung, S. 141).
Der völkergewohnheitsrechtliche Restitutionsanspruch entwickelte sich parallel zu dem völkergewohnheitsrechtlichen Verbot, Kulturgüter als Kriegsbeute zu erobern. Schließlich zieht ein Verstoß gegen dieses Verbot in der Regel die Verpflichtung des verletzenden Staates nach sich, die rechtswidrig beschlagnahmten oder sonst erlangten Objekte an den verletzten Staat zurückzugeben (*von Schorlemer*, GYIL 41 (1998), S. 327; *Stumpf*, Kulturgüterschutz, S. 235; vgl. hierzu auch *Röhling*, Restitution jüdischer Kulturgüter, S. 71 ff.). Mit der Kodifikation des Landkriegsrechts erfuhr nicht nur das Verbot jeglicher Beschlagnahme von Kulturgütern eine ausdrückliche Regelung, sondern auch der Restitutionsanspruch als Sanktion eines Verstoßes gegen dieses Verbot. Insofern bestimmt Art. 3 des Haager „Abkommens, betreffend die Gesetze und Gebräuche des Landkriegs" vom 18. Oktober 1907 (RGBl. I 1910, S. 107), dass die Kriegspartei, welche die Bestimmungen der Haager Landkriegsordnung verletzt, zum Schadensersatz verpflichtet ist. Dieser Anspruch ist im Falle der rechtswidrigen Beschlagnahme von Kulturgütern auf deren Rückgabe gerichtet (ausführlich hierzu *Baufeld*, Kulturgutbeschlagnahmen, S. 87 ff.). Für die hier behandelten Restitutionen kommt diese Vorschrift jedoch deshalb nicht als Rechtsgrundlage in Betracht, weil das Haager Abkommen von 1907 nicht von allen Kriegsparteien des Zweiten Weltkriegs ratifiziert worden ist und somit gemäß seinem Art. 2 in diesem Krieg keine Anwendung fand.

Identität noch festgestellt werden kann.[242] Dabei war allgemein anerkannt, dass *„die Anwendung von Gewalt oder Zwang […] nach dem gegenwärtigen Völkerrecht nicht nur dahin zu verstehen [ist], dass es sich um Wegnahme unter Anwendung von physischer Kraft handeln muss, vielmehr wird im modernen Kriege auch der mittelbare Zwang als ausreichend angesehen werden müssen. Diese neue Auslegung des Begriffs Zwang war der Sinn der Londoner Erklärung, … die den Vorbehalt zum Ausdruck brachte, dass die Alliierten solche Handlungen für nichtig erklären würden, bei denen „Enteignungsmethoden" zur Anwendung gekommen sind. Damit ist gesagt, dass es für die Auslegung des völkerrechtlichen Begriffs Zwang nicht auf die Form, sondern allein auf die Sache ankommt, mithin als zwangsweise Entfernung eines Gegenstandes aus dem besetzten Gebiet auch die Besitzergreifung unter dem Schein eines Vertrages angesehen werden kann."*[243]

Diese Grundsätze wurden nachfolgend abgesichert durch den Vertrag vom 26. Mai 1952 zur Regelung aus Krieg und Besatzung entstandener Fragen (in der gemäß Liste IV zu dem am 23. Oktober 1954 in Paris unterzeichneten Protokoll über die Beendigung des Besatzungsregimes in der Bundesrepublik Deutschland geänderten Fassung)[244], in dessen fünftem Teil die Fortführung der äußeren Restitution durch die Bundesrepublik Deutschland geregelt war. Zwar ist der Überleitungsvertrag durch Ziffer 2 der Vereinbarung vom 27./28. September 1990[245] bis auf einige Vorschriften suspendiert worden und außer Kraft getreten. Jedoch soll nach Ziffer 4 Buchst. c Abs. 1 dieser Vereinbarung die Streichung des fünften Teils des Überleitungsvertrages *„die Fortgeltung der darin festgelegten Grundsätze in bezug auf die äußeren Restitutionen nicht beeinträchtigen"*.

Weiterhin Geltung beansprucht demnach insbesondere Art. 1 Abs. 1 des fünften Teils des Überleitungsvertrages. Danach waren Kulturgüter zu restituieren, falls

---

[242] Vgl. Entschließung, BB 1948, S. 247 mit dem Hinweis darauf, dass die Restitutionsregelungen in den am 10.2.1947 in Paris unterzeichneten Friedensverträgen der Vereinten Nationen mit Italien (Art. 75), Ungarn (Art. 24), Bulgarien (Art. 22) und Rumänien (Art. 23) die allgemeine Geltung dieses völkerrechtlichen Grundsatzes bekräftigt haben.

[243] *Arndt*, SJZ 1948, Sp. 324; ebenso *Kaufmann*, AöR 75 (1949), S. 21; *Engstler*, Die territoriale Bindung, S. 141. Hiervon gehen auch die Leiter des Justizwesens in ihrer Entschließung, BB 1948, S. 247 aus, wenn sie die Ansicht äußern, dass in dem Fall, dass Zwang oder Gewalt angewendet wurde, um einen Vertragsschluss herbeizuführen, die Restitution nur in der Weise durchgeführt werden könne, dass gleichzeitig mit der Rückgabe des Vermögensstückes auch die Herausgabe der dafür gewährten Gegenleistung erfolgt.

[244] Der sogenannte „Überleitungsvertrag" ist einer der Zusatzverträge zu dem Vertrag vom 26. Mai 1952 über die Beziehungen zwischen der Bundesrepublik Deutschland und den Drei Mächten (in der gemäß Liste I zu dem am 23. Oktober 1954 in Paris unterzeichneten Protokoll über die Beendigung des Besatzungsregimes in der Bundesrepublik Deutschland geänderten Fassung) („Deutschlandvertrag"), BGBl. II 1955, S. 213, 405.

[245] Bekanntmachung der Vereinbarung vom 27./28. September 1990 zu dem Vertrag über die Beziehungen zwischen der Bundesrepublik Deutschland und den Drei Mächten (in der geänderten Fassung) sowie zu dem Vertrag zur Regelung aus Krieg und Besatzung entstandener Fragen (in der geänderten Fassung) vom 8. Oktober 1990, BGBl. II 1990, S. 1386.

diese *„während der Besetzung eines Gebiets von den Truppen oder Behörden Deutschlands oder seiner Verbündeten oder von deren einzelnen Mitgliedern (auf Befehl oder ohne Befehl) durch Zwang (mit oder ohne Anwendung von Gewalt), durch Diebstahl, Requisition oder andere Formen erzwungener Besitzentziehung erlangt und aus diesem Gebiet entfernt worden waren"*. Bis hierher stimmt die Vorschrift also grundsätzlich mit Title 18 und 19 der Military Government Regulations überein. In Art. 1 Abs. 2 des fünften Teils des Überleitungsvertrages findet sich indes eine Erweiterung dieser Regelungen. Dort ist bestimmt, dass bei Kulturgütern, die sich bereits vor seiner Besetzung in dem betreffenden Land befunden haben, die Restitution auch dann durchzuführen ist, wenn sie durch Schenkung, sei es unter direktem oder indirektem Druck, sei es mit Rücksicht auf die amtliche Stellung des Beschenkten (Buchst. a), oder durch einwandfreien Kauf erworben waren, es sei denn, sie seien zum Zweck des Verkaufs in das betreffende Land gebracht worden (Buchst. b).[246]

Entsprechend den Regelungen der Title 18 und 19 der Military Government Regulations und der allgemeinen Restitutionspraxis konnte die Restitution eines in dieser Weise entzogenen Kunstwerks nach Art. 2 Abs. 1 des fünften Teils des Überleitungsvertrages bei der Bundesregierung *„nur von der Regierung des Staates beantragt werden, aus dessen Gebiet die Sache entfernt wurde"*.[247]

Allerdings begründete Art. 3 Abs. 1 des fünften Teils des Überleitungsvertrages darüber hinaus sogar Ansprüche von Privatpersonen: *„Abweichend von den Bestimmungen des deutschen Rechts kann eine Person, der oder deren Rechtsvorgänger während der Besetzung eines Gebiets eine Sache durch Diebstahl oder Zwang (mit oder ohne Anwendung von Gewalt) von den Streitkräften oder Behörden Deutschlands oder seinen Verbündeten oder von deren einzelnen Mitgliedern (auf Befehl oder ohne Befehl) entzogen worden ist, von dem gegenwärtigen Besitzer dieser Sache Restitution verlangen"*.[248]

Jedoch konnte sowohl der in Art. 2 Abs. 1 des fünften Teils des Überleitungsvertrages geregelte Anspruch des Herkunftsstaates als auch der durch Art. 3 Abs. 1

---

246 Vgl. *Partsch*, BB 1952, S. 678; *Engstler*, Die territoriale Bindung, S. 143 ff.

247 Zwar wurde der Überleitungsvertrag nur mit den „Drei Mächten" Frankreich, Großbritannien und USA abgeschlossen, jedoch nahmen diese gerade auf dem Gebiet der äußeren Restitution vorwiegend Interessen anderer Staaten wahr (vgl. *Partsch*, BB 1952, S. 678). Dies spiegelt sich in der Regelung des Art. 5 Abs. 1 des fünften Teils des Überleitungsvertrages wieder, wonach die Bestimmungen dieses Teils auf folgende Länder Anwendung finden: Österreich, Tschechoslowakei, Polen, Dänemark, Norwegen, Belgien, Luxemburg, Niederlande, Frankreich, Griechenland, Jugoslawien, Union der Sozialistischen Sowjet-Republiken, Italien, Rumänien, Finnland, Bulgarien und Ungarn.

248 Weiter heißt es: *„der Kläger hat jedoch (a) dem Beklagten die wertsteigernden Aufwendungen zu erstatten, die dieser nach dem Erwerb der Sache gemacht hat; (b) den Wert des Entgelts zu erstatten, das er oder sein Rechtsvorgänger erhalten hat; der Wert ist ebenso zu behandeln wie deutsche Werte, die sich zur Zeit der Entfernung der Sache in dem Lande befanden, aus dem die*

dieses Vertragswerks begründete Anspruch des früheren Eigentümers oder seiner Erben nur bis zum 8. Mai 1956 geltend gemacht werden. Durch diese in Art. 2 Abs. 2 und Art. 3 Abs. 2 des fünften Teils des Überleitungsvertrages normierten Ausschlussfristen sollte ein endgültiger Schlussstrich unter das Restitutionsprogramm der Bundesrepublik Deutschland gezogen werden.[249]

Das bedeutet, dass dann, wenn ein im besetzten Frankreich entzogenes und nach Deutschland verbrachtes Kunstwerk, das etwa in ein Museum oder in eine Privatsammlung gelangt ist, erst heutzutage ausfindig gemacht werden kann, seinem früheren Eigentümer oder dessen Erben kein eigener völkerrechtlicher Restitutionsanspruch mehr zusteht, auf den sie ihre Rückgabebegehren stützen könnten. Als Grundlage hierfür kommt vielmehr allein der privatrechtliche Herausgabeanspruch nach § 985 BGB in Betracht.

Dieser Anspruch, den das deutsche Privatrecht als das nationale Recht des das Völkerrecht verletzenden Staates dem Eigentümer gewährt, wird durch die inzwischen ausgeschlossenen völkerrechtlichen Restitutionsansprüche nicht berührt. Es besteht nämlich keine allgemeine Regel des Völkerrechts, wonach Ansprüche wegen einer Verletzung des Kriegsvölkerrechts nur im Rahmen von völkerrechtlichen Verträgen geregelt werden könnten oder bestehende Verträge über solche Ansprüche abschließend wären. Vielmehr kann das nationale Recht des verletzenden Staates den verletzten Personen individuelle, aus eigenem Recht durchsetzbare Ansprüche gewähren, die durch das Völkerrecht auch insoweit nicht berührt werden, als sie an Tatbestände anknüpfen, die mit dem Kriegsgeschehen zusammenhängen.[250]

---

*Sache entfernt wurde. Der Anspruch besteht nicht, wenn der gegenwärtige Besitzer die Sache zehn Jahre oder mindestens bis zum 8. Mai 1956 gutgläubig in Besitz gehabt hat.“*
Das Verhältnis des Anspruchs des Heimatstaates zu dem der Privatperson regelte Art. 2 Abs. 4 des fünften Teils des Überleitungsvertrages wie folgt: *„Die Stellung eines Restitutionsantrags gemäß Artikel 1 dieses Teils zu Gunsten einer natürlichen oder juristischen Person schließt die Stellung eines Restitutionsantrags gemäß Artikel 3 dieses Teils aus; ebenso schließt die Erhebung einer Restitutionsklage nach Artikel 3 einen Restitutionsantrag gemäß Artikel 1 aus.“*

[249] Vgl. *Partsch*, BB 1952, S. 678; *Engstler*, Die territoriale Bindung, S. 144.
Gegen den Ausschluss der Ansprüche nach Ablauf der in Art. 2 Abs. 2 und Art. 3 Abs. 2 des fünften Teils des Überleitungsvertrages normierten Frist bestehen aus völkerrechtlicher Sicht keine Bedenken. Anders als namentlich der die Frage der Reparationen regelnde sechste Teil des Überleitungsvertrages (Art. 1 Abs. 1) enthält der fünfte Teil keinen Vorbehalt für die friedensvertragliche Beilegung dieser aus dem Krieg resultierenden Frage. Er stellt somit sozusagen selbst einen Friedensvertrag dar. Beim Abschluss eines solchen besitzen die Parteien weitgehende Gestaltungsfreiheit. Sie können hierbei sogar auf Individualansprüche ihrer Angehörigen verzichten (vgl. BVerfG v. 13.5.1996, BVerfGE 94, 315 [333]). Sie können also erst recht solche Ansprüche begründen und zugleich eine Frist bestimmen, nach deren Ablauf die Geltendmachung der Ansprüche ausgeschlossen ist.

[250] Vgl. BVerfGE 94, 315 [331 f.].
So im Ergebnis wohl auch *Hartung*, Kunstraub in Krieg und Verfolgung, S. 69, der die Entscheidung, ob der Anspruch auf Restitution „in Krieg und Verfolgung“ geraubter Kunst-

# II. Die innere Restitution

Ebenso wie das in den besetzten Gebieten am jüdischen Vermögen begangene Unrecht sollte das im Reichsgebiet begangene Unrecht wiedergutgemacht werden. Im Vordergrund stand dabei wiederum die Rückgabe der entzogenen Vermögensgegenstände, da diese Form der Wiedergutmachung eher realisierbar schien als eine Entschädigung. Es mussten nämlich nicht erst besondere Geldmittel etwa von einem staatlichen Schuldner aufgebracht werden, sondern „nur" die noch vorhandenen Vermögensgegenstände zurückgegeben werden.[251] Während sich in den besetzten Gebieten das Unrecht im Wesentlichen in Form staatlicher Maßnahmen zugunsten weniger „staatlicher" Einrichtungen zeigte, trat es im Reichsgebiet auch in Gestalt einer sich über das jüdische Vermögen gierig hermachenden Gesellschaft auf. Viele Privatpersonen nutzten die günstige Gelegenheit und schlossen Geschäfte ab, obgleich sie wussten, dass ihre jüdischen Geschäftspartner dabei unter dem Druck der sich stetig steigernden Verfolgung durch die Nationalsozialisten standen. Hier waren, im Gegensatz zu den in den besetzten Gebieten entzogenen Kunstwerken, der derzeitige Belegenheitsort und Besitzer der betreffenden Kunstwerke oft unbekannt und befanden sich diese nicht unbedingt in „rückgabebereiten Händen". Deshalb begegnete die innere Restitution weit größeren Schwierigkeiten als die äußere.

---

werke „im originär völkerrechtlichen Gewande als klassischer Wiedergutmachungsanspruch" oder als Herausgabeanspruch des Privatrechts geltend gemacht werden kann, anhand formaler Kriterien, nämlich der Beteiligten an einem Verfahren und dem gegenwärtigen Aufenthaltsort des im Streit stehenden Kulturguts, treffen will: Mache ein Staat einen Anspruch auf Rückgabe seines Eigentums bei einem anderen souveränen Staate geltend, so geschehe dies im völkerrechtlichen Verfahren. Ist nur einer der Beteiligten eine Privatperson, so stehe im Regelfall nur noch der ordentliche private Rechtsweg vor staatlichen Gerichten offen. Dabei käme die Geltendmachung des völkerrechtlichen Anspruchs allerdings nur dann in Betracht, wenn *„der zu restituierende Gegenstand sich noch immer in einem staatlich zurechenbaren Besitz befindet"*. Könne der Herkunftsstaat dagegen mangels Bereitschaft des gegenwärtigen Aufenthaltsstaats zur Rückgabe nicht auf völkerrechtlichem Wege auf den Gegenstand zugreifen, bliebe *„dem Privateigentümer nichts anderes übrig, als den privatrechtlichen Herausgabeanspruch (die rei vindicatio) gegen den gegenwärtigen Besitzer zu erheben"*. Speziell zu den Fällen der Entziehung jüdischen Kunstbesitzes führt *Hartung*, Kunstraub in Krieg und Verfolgung, S. 408 schließlich noch aus: *„Im Unterschied zur ‚Beutekunst' kann aber mangels Subjektsqualität der Eigentümer von vornherein kein völkerrechtlicher Restitutionstatbestand greifen; der Anspruchsteller ist unter Berufung auf die gravierenden Verstöße gegen das Völkerrecht auf den ordentlichen Rechtsweg angewiesen"*.

[251] *Goschler*, Wiedergutmachung, S. 314, der weitere Faktoren für die Priorität der Rückerstattung gegenüber der Entschädigung nennt; *Pawlita*, KJ 1991, S. 46.

# A. Die Rückerstattung nach den alliierten Rückerstattungsgesetzen am Beispiel des Gesetzes Nr. 59 der Amerikanischen Militärregierung

Die Lösung der absehbaren Schwierigkeiten bei der inneren Restitution, insbesondere des Konflikts zwischen den Interessen des Verfolgten und denen des privaten Erwerbers, wurde seinerzeit nicht allein als Aufgabe des Rechts, sondern vor allem auch als Aufgabe der Politik begriffen. Deutlich wird dies an der Schaffung besonderer gesetzlicher Regelungen für die Wiedergutmachung in Form der Rückgabe der während des Nationalsozialismus entzogenen Vermögensgegenstände.

## I. Die Entstehung des Gesetzes Nr. 59 der Amerikanischen Militärregierung über die Rückerstattung feststellbarer Vermögensgegenstände

Einen ersten Entwurf eines Gesetzes zur Rückerstattung wiederauffindbaren Eigentums legte die amerikanische Militärregierung im Sommer 1946 vor. Sie reagierte damit auf den Entwurf der Justizministerien Bayerns und Württemberg-Badens, der im Mai 1946 im Länderrat beraten worden war.[252] In diesem war nur die Wiedergutmachung von Entziehungen durch Hoheitsakt und die Rückerstattung solcher Vermögensgegenstände vorgesehen, die sich im Besitz der öffentlichen Hand befinden. Dies ging den Amerikanern nicht weit genug; nach ihrer Auffassung, die sich in dem von ihnen vorgelegten Entwurf widerspiegelte, sollte alles noch feststellbare Vermögen zurückerstattet werden, und zwar auch solches, das unfreiwillig zu einem unangemessenen Preis übertragen worden war.[253] Auf diesen Entwurf folgten weitere Entwürfe des Länderrats und Gegenentwürfe der Militärregierung bis schließlich der achte deutsche Entwurf vom März 1947 die amerikanischen Vorstellungen umsetzte.[254] Diesen Entwurf legte die Militärregierung im April 1947 dem Alliierten Kontrollrat vor, und zwar als Entwurf eines einheitlichen Rückerstattungsgesetzes für alle Zonen – eine

---

[252] Der Länderrat mit Sitz in Stuttgart wurde in der US-Zone am 17.10.1945 als überzonales Regierungsorgan errichtet, er bestand aus den Ministerpräsidenten der Länder Bayern, Württemberg-Baden und Hessen sowie dem Ersten Bürgermeister Bremens und hatte die Aufgabe, im Rahmen der von der Besatzungsmacht vorgegebenen politischen Richtlinien die über das Gebiet des jeweiligen Landes hinausreichenden Fragen gemeinschaftlich zu lösen (vgl. *Schwarz*, Rückerstattung, S. 25).

[253] Vgl. *Schwarz*, Rückerstattung, S. 31; *Goschler*, Wiedergutmachung, S. 105; *Goschler* in: Goschler, Lillteicher, S. 105, *Graf*, Rückgabe, S. 21.

[254] Ausführlich hierzu *Schwarz*, Rückerstattung, S. 31 ff.

Idee, die sich nach monatelangen Verhandlungen im Kontrollrat schließlich als illusorisch erwies.[255]

Wenigstens in ihrer Zone wollte die Militärregierung nunmehr so schnell wie möglich ein Rückerstattungsgesetz in Kraft setzen und trat daher erneut in Verhandlungen mit dem Länderrat ein. Anstatt jedoch zu seinem achten Entwurf zu stehen, verabschiedete dieser einen neunten Entwurf, in dem er, beeinflusst durch die öffentliche Kritik[256], seine Bedenken gegen die amerikanischen Vorstellungen schärfer herausstellte und neue Vorschläge unterbreitete, die jedoch für die Amerikaner unannehmbar waren.[257] Letztlich wollten die Ministerpräsidenten der Länder für ein deutsches Gesetz in der Form des achten Entwurfes nicht die politische Verantwortung übernehmen.[258] Um diesem Hin und Her ein Ende zu

---

[255] Ausführlich hierzu, insbesondere zu den strittigen Punkten *Schwarz*, Rückerstattung, S. 44, 45; *Goschler*, Wiedergutmachung, S. 117 ff.

[256] Die deutsche Gesellschaft stand den alliierten Rückerstattungsgesetzen eher ablehnend gegenüber. Denn in ihr fand sich eine große Anzahl von Nutznießern und Profiteuren, die ein Interesse daran hatten, von jüdischen Eigentümern nicht regresspflichtig gemacht werden zu können (*Bajohr* in: Goschler, Lillteicher, S. 49, 55). Einverstanden war man vor allem nicht mit dem Verzicht auf den Schutz des guten Glaubens, der Einbeziehung von Rechtsgeschäften, welche die jüdischen Eigentümer selbst abgeschlossen haben, und der Anspruchsberechtigung nur einer jüdischen Nachfolgeorganisation hinsichtlich erbenlosen jüdischen Vermögens und nicht angemeldeter Ansprüche. Man meinte, die Gesetze seien ungerecht, weil sie den Verfolgten zu Lasten der pflichtigen Deutschen eine überreiche Genugtuung gewähren würden (*Küster*, BB 1947, S. 362; *Schwarz*, Rückerstattung, S. 70 ff.; *Pawlita*, KJ 1991, S. 54 ff.).
Nach dem Inkrafttreten der alliierten Rückerstattungsgesetze setzten sich ihre Gegner auf politischer Ebene für ihre Änderung ein: Sie sollten vereinheitlicht oder durch ein deutsches Gesetz ersetzt werden. Beides konnte nicht erreicht werden. Der Grund für das Scheitern dieser Versuche waren die Vorbehaltsrechte der Alliierten, nach deren Willen an den bisherigen Grundsätzen der Rückerstattung festgehalten werden sollte (vgl. *Schwarz*, Rückerstattung, S. 81 ff.; *Goschler*, Wiedergutmachung, S. 225 ff.; *Pawlita*, KJ 1991, S. 55). Von diesem Standpunkt rückten die Alliierten auch nicht in den Verhandlungen über den Überleitungsvertrag ab, in dessen drittem Teil die Fortführung der inneren Restitution geregelt ist. In Art. 2 des dritten Teils des Überleitungsvertrages hat die Bundesrepublik Deutschland die Verpflichtung übernommen, die alliierten Rückerstattungsgesetze und die dafür vorgesehenen Programme für die Rückerstattung in vollem Umfang und mit allen ihr zur Verfügung stehenden Mitteln beschleunigt durchzuführen. Dementsprechend bestimmt Art. 3 des dritten Teils des Überleitungsvertrages, dass die alliierten Rückerstattungsgesetze aufrechterhalten bleiben, bis alle Verfahren aufgrund dieser Vorschriften vollständig erledigt sind.

[257] Vgl. *Schwarz*, Rückerstattung, S. 49 ff.; *Pawlita*, KJ 1991, S. 49, 50. Streitig war vor allem die Ausgestaltung der neben dem Anspruch auf Rückgabe bestehenden Ansprüche des Berechtigten und der Gegenansprüche des Pflichtigen.

[258] *Goschler*, Wiedergutmachung, S. 124; *Pawlita*, KJ 1991, S. 49, der anfügt, dass der politische Dissens trotz der Annäherungen auf beiden Seiten im Grundsätzlichen bestehen geblieben sei. Seiner Meinung nach hat man auf der deutschen Seite die grundsätzliche Verantwortung für die Vergangenheit nicht realisiert (S. 48).

machen, veröffentlichte die Militärregierung schließlich am 10. November 1947 das Gesetz Nr. 59 über die Rückerstattung feststellbarer Vermögensgegenstände (USREG).[259]

## 2. Die Gründe für die Schaffung eines Sondergesetzes

Die Schaffung der alliierten Rückerstattungsgesetze war aus damaliger Sicht ein politisches Zeichen und eine juristische Notwendigkeit zugleich: Sie brachte die Bewertung des nationalsozialistischen Handelns, namentlich der Verfolgung der Juden und speziell der Entziehung ihres Vermögens, als Unrecht ebenso zum Ausdruck wie den Willen, sich von diesem Unrecht zu distanzieren.[260] Dabei sollte das am jüdischen Vermögen begangene Unrecht, so der in Art. 1 Abs. 1 USREG zum Ausdruck kommende Wille des amerikanischen Gesetzgebers, „im größtmöglichen Umfange beschleunigt" wiedergutgemacht werden. Diesem Zweck dienen sollte insbesondere der in Art. 1 Abs. 2 USREG angeordnete Ausschluss des vom Bürgerlichen Gesetzbuch zugelassenen gutgläubigen Erwerbs.

Auch nach der Ansicht eines Teils der deutschen Befürworter eines Rückerstattungsgesetzes konnte die beabsichtigte Wiedergutmachung nur durch die Schaffung besonderer gesetzlicher Vorschriften gewährleistet werden. Für die Regelung der Ansprüche der Verfolgten hätten die Bestimmungen des Bürgerlichen Gesetzbuchs nicht ausgereicht, so dass hierfür neues Recht geschaffen werden musste.[261] Dies aber, so *Roemer*, konnte nicht den Gerichten überlassen werden, wollte man nicht zu einer heillosen Zersplitterung auf einem Gebiet kommen, das aus politischen, volkswirtschaftlichen und rechtlichen Gründen einer einheitlichen Regelung bedurfte.[262]

---

[259] *Schwarz*, Rückerstattung, S. 54; *Goschler*, Wiedergutmachung, S. 125 f.; Bayerisches Gesetz- und Verordnungsblatt Nr. 18/1947, S. 221. Zeitgleich mit dem USREG veröffentlichte die französische Militärregierung die VO Nr. 120 vom 10. November 1947. Es folgten das Gesetz Nr. 59 vom 12. Mai 1949 der Britischen Militärregierung (BrREG), das eine vereinfachte und vielfach verbesserte Version des USREG darstellte, und die Anordnung BK/O (49) 180 vom 26. Juli 1949 der Alliierten Kommandantur Berlin (REAO), der wiederum der Text des BrREG zugrunde lag (*Schwarz*, Rückerstattung, S. 65 ff.).

[260] Vgl. *Arndt*, NJW 1947/48, S. 161; *Pawlita*, KJ 1991, S. 42.

[261] *Roemer*, SJZ 1947, Sp. 263 ff.; *Schwarz*, Rückerstattung, S. 58. Für *Roemer* zeigt sich dies insbesondere an der Entscheidung des Kammergerichts Berlin, in der dieses als Drohung im Sinne des § 123 BGB die Drohung von dritter Seite, nämlich *„von der nationalsozialistischen Regierung und ihren mit der Durchführung terroristischer Maßnahmen beauftragten Handlangern"*, in Form einer sogenannten „Kollektivdrohung" gegen *„die rassenmäßig bestimmten jüdischen Einwohner"* anerkannt hat (KG Berlin v. 20.10.1946, SJZ 1947, Sp. 257 ff. [260], siehe Fn. 278). Anderer Auffassung war *Hachenburg*, SJZ 1949, Sp. 801, der, ohne seine Ansicht näher zu begründen, meinte, dass weder das deutsche Volk noch die Hitlerregierung einen Kollektivzwang, wie ihn das Zivilrecht beachten könnte, auf die Veräußerer ausgeübt habe.

[262] *Roemer*, SJZ 1947, Sp. 265, der sich auch deshalb für eine (zoneneinheitliche) gesetzliche

Diese Auffassung teilten jedoch nicht alle, die sich auf deutscher Seite für die Wiedergutmachung stark gemacht haben. *Küster* zum Beispiel wies darauf hin, dass ein gutgläubiger Erwerb desjenigen, der eine Sache unmittelbar von ihrem jüdischen Eigentümer erworben hat, ohnehin nicht in Betracht käme. Der gute Glaube im Rechtssinne stünde vielmehr erst dort in Frage, wo der erste Erwerber den entzogenen Vermögensgegenstand weiterveräußert hat. Der gutgläubige Erwerb sei aber gerade dann ausgeschlossen, wenn *„bewegliche Sachen geradezu weggenommen wurden"*. In den allermeisten Arisierungsfällen hätte daher *„schon nach bürgerlichem Recht der gute Glaube eines Nacherwerbers außer Betracht bleiben"* müssen.[263]

Die Bedeutung der alliierten Rückerstattungsgesetze, speziell des USREG, lag demnach nicht in erster Linie darin, überhaupt erst eine Rechtsgrundlage für die Restitution entzogener Vermögensgegenstände zu schaffen, sondern darin, die Lösung des Konflikts zwischen den Interessen des Verfolgten und denen des Erwerbers verbindlich vorzugeben, und zwar abweichend vom Bürgerlichen Gesetzbuch: Das USREG bewertet die willensmäßige Unfreiheit des Verfolgten stärker als das seinerzeitige Verhalten des Erwerbers, insbesondere seinen guten Glauben, und kommt so zu einer streng durchgeführten Rückerstattungspflicht.[264] Das Verhalten des Erwerbers berücksichtigt es erst bei der Abrechnung über die Zeit zwischen der Entziehung und der Rückerstattung, indem es hierfür drei Haftungsstufen schafft, an die sich, je nach dem, ob der Erwerber die Entziehung bewirkt hat oder nicht bzw. von ihr wusste oder nicht, weitere Pflichten anknüpfen oder eine weitere Haftung ausgeschlossen ist.[265]

---

Regelung ausspricht, weil nur auf diese Weise eine Lösung gefunden werden könne, die sowohl den Bedürfnissen der Allgemeinheit als auch den Interessen des Verfolgten und denen des Erwerbers eines jenem entzogenen Vermögensgegenstandes gerecht wird.

263 *Küster*, BB 1947, S. 362; so auch *Arndt*, NJW 1947/48, S. 163.

264 *Korth*, SJZ 1948, Sp. 382.

265 Vgl. *Küster*, BB 1947, S. 362. Nach Art. 30 Abs. 1 USREG haftet derjenige, der den entzogenen Vermögensgegenstand von dem Verfolgten mittels eines gegen die guten Sitten verstoßenden Rechtsgeschäfts oder durch eine von ihm zu seinen Gunsten ausgeübte Drohung oder widerrechtliche Wegnahme oder sonstige unerlaubte Handlung erlangt hat (schwere Entziehung), auf Schadensersatz wegen Unmöglichkeit der Herausgabe oder Verschlechterung des entzogenen Vermögensgegenstandes, auf Herausgabe von Nutzungen und auf sonstigen Schadensersatz nach den allgemeinen Vorschriften des bürgerlichen Rechts über den Schadensersatz wegen unerlaubter Handlung. Die Vorschrift des Art. 31 Abs. 1 USREG regelt eine „gemilderte Haftung" für denjenigen Inhaber eines entzogenen Vermögensgegenstandes, der *„diesen durch eine nicht den Tatbestand des Art. 30 Absatz 1 erfüllende Entziehung (einfache Entziehung) erworben hat"*. Dieser haftet zwar auch auf Schadensersatz wegen Unmöglichkeit der Herausgabe oder Verschlechterung des entzogenen Vermögensgegenstandes, er kann sich aber dadurch entlasten, dass er *„nachweist, dass er die im Verkehr erforderliche Sorgfalt angewendet hat"*. Gemäß Art. 32 Abs. 1 USREG muss er auch nicht die gezogenen Nutzungen herausgeben, sondern hierfür nur *„eine angemessene Vergütung entrichten"*. Das bedeutet, so bestimmt es Art. 31 Abs. 2 USREG, dass er von dem Betrag der

## 3. Der räumliche Geltungsbereich des USREG

Die Entziehung jüdischen Vermögens während der nationalsozialistischen Herrschaft, deren Wiedergutmachung das USREG bezweckt, beschränkte sich nicht auf das Gebiet der späteren amerikanischen Besatzungszone, sondern erstreckte sich auf das gesamte Reichsgebiet und darüber hinaus namentlich auf das besetzte Frankreich. Wurde ein Vermögensgegenstand, der sich nach dem Zusammenbruch des Dritten Reichs in der amerikanischen Zone befand, auf dem Gebiet der späteren französischen oder britischen Besatzungszone oder gar im besetzten Frankreich entzogen, berührte der Sachverhalt neben dem USREG auch das französische oder britische Rückerstattungsgesetz oder das französische Recht, wies also einen Auslandsbezug auf. In diesen Fällen stellte sich deshalb die Frage nach dem anwendbaren Recht, insbesondere nach dem räumlichen Geltungsanspruch des USREG.[266]

Da das Gesetz selbst keine Vorschrift enthält, die seinen räumlichen Anwendungsbereich bestimmt, war es Sache der Gerichte, den mutmaßlichen Willen des Gesetzgebers und das maßgebende Anknüpfungsmoment zu ermitteln.

Davon ausgehend, dass das USREG, da es das am jüdischen Vermögen begangene Unrecht wiedergutmachen will, ein politisches Gesetz ist, vertrat *Wengler* die Auffassung, sein Anwendungsbereich sei ohne Rücksicht auf die Frage, welcher Anwendungsbereich entsprechenden ausländischen Gesetzen zukommt, allein aus seinem Zweck heraus zu bestimmen.[267] Frage man nach dem zweckbestimmten Anwendungsbereich des USREG, so könne kein Zweifel daran bestehen, dass der Gesetzgeber in der amerikanischen Zone die von ihm im USREG vorgesehenen Ansprüche innerhalb dieser Zone überall zur Verwirklichung brin-

---

gezogenen reinen Nutzungen ein angemessenes Entgelt für seine Geschäftsführung abziehen kann. Die Vorschrift des Art. 33 Abs. 1 USREG geht noch weiter und regelt einen Haftungsausschluss. Danach ist der Inhaber eines entzogenen Vermögensgegenstandes zum Schadensersatz und zur Vergütung gezogener Nutzungen *„für die Zeit nicht verpflichtet, während der er weder wusste noch den Umständen nach annehmen musste, dass der Gegenstand zu irgendeiner Zeit durch eine Entziehung erlangt worden ist"*.

266 Bei der Entziehung von Kunstwerken im besetzten Frankreich ist hier weniger an die Beschlagnahmen des ERR zu denken, sondern vielmehr an die Fälle, in denen der jüdische Sammler selbst oder, nach seiner Flucht in die unbesetzten Teile des Landes oder ins Ausland, seine zu Verwaltern bestellten früheren Angestellten Kunstwerke verkauft haben, die dann unmittelbar oder über den Kunsthandel in deutsche Museen oder Privatsammlungen gelangt sind. Denn die vom ERR beschlagnahmten Werke werden zumeist im Wege der äußeren Restitution an ihre Herkunftsländer zurückgeben worden sein.

267 *Wengler*, RzW 1949/50, S. 197. Ihm zufolge ist in Rechtsprechung und Wissenschaft fast aller Länder anerkannt, dass politische Gesetze zu denjenigen Rechtsvorschriften gehören, denen der Staat, welcher sie erlassen hat, eine „exklusive Geltung" zuschreibt und zuschreiben kann.

gen will, wo dies überhaupt in dieser Zone möglich ist.[268] Suche man nun nach den Anknüpfungen des Sachverhalts, welche diesem Prinzip gerecht werden, so sei die gegenwärtige Belegenheit des entzogenen Vermögensgegenstandes in der amerikanischen Zone dasjenige Anknüpfungsmoment, welches die Anwendung des USREG rechtfertigt. Ist der entzogene Gegenstand in der Zone belegen, spiele es keine Rolle, wo er sich zur Zeit seiner Entziehung befunden hat; diese brauche also keineswegs innerhalb des Gebietes des Deutschen Reichs erfolgt sein.[269]

---

[268] *Wengler*, RzW 1949/50, S. 197 ff. Seiner Ansicht nach ist das USREG allerdings dann nicht anwendbar, wenn seine Anwendung bei Ansprüchen mit Auslandsbeziehungen den Grundgedanken dieses Gesetzes, nämlich die beschleunigte und erleichterte Rückerstattung, nicht fördere, sondern hemme. Dies sei insbesondere dann der Fall, wenn der Eigentümer eines im Ausland entzogenen Gegenstandes nicht habe damit rechnen können, dass der Gegenstand nach Deutschland, in die spätere amerikanische Zone verbracht worden ist. Dann könne von ihm billigerweise nicht verlangt werden, dass er die Belegenheit des Gegenstandes in dieser Zone bis zum Ablauf der Frist für die Anmeldung von Rückerstattungsansprüchen am 31. Dezember 1948 (Art. 56 Abs. 1 USREG) ermittelt und seinen Anspruch geltend gemacht hat. Würde das USREG in solchen Fällen als anwendbar erachtet, so würde sich insbesondere die zeitliche Begrenzung der Ansprüche in der Mehrzahl der Fälle zu Lasten des Geschädigten auswirken. Anstatt das ihm zugefügte Unrecht bevorzugt wiedergutzumachen, würde seine Rechtsposition wesentlich verschlechtert. Es könne nicht angenommen werden, dass dies die Absicht des Gesetzgebers gewesen ist. Für die Nichtanwendbarkeit des USREG in den Fällen der Entziehung eines Vermögensgegenstandes im Ausland spreche aber nicht nur die typische Interessenlage der Geschädigten, sondern auch der sich in der amtlichen Begründung zum USREG niederschlagende Wille des Gesetzgebers: *„Die Rückerstattung nach dem Gesetz darf nicht verwechselt werden mit der Rückerstattung im Verhältnis zum Ausland … demnach müssen Vermögensgegenstände, die die Nazis aus außerdeutschen Ländern entfernt haben, weiterhin von der Regierung des Landes angefordert werden, aus dem sie entfernt worden sind“* (zitiert nach: *Wengler*, RzW 1949/50, S. 199). Dem von *Wengler* daraus, dass aus der Anwendbarkeit des USREG in diesen Fällen Nachteile für Geschädigte erwachsen können, gezogenen Schluss, das Gesetz erstrecke sich keinesfalls auf Vermögen, welches aus den besetzten Gebieten nach Deutschland verbracht worden ist, kann in dieser undifferenzierten Form nicht gefolgt werden. Das von ihm Gesagte kann zwar für die vom ERR beschlagnahmten Kunstwerke gelten, die als dessen Bestände oder Bestände des Führermuseums Linz oder der Sammlung Göring nach Deutschland verbracht worden sind. Denn der Großteil dieser Objekte konnte tatsächlich von den Alliierten aufgespürt und an Frankreich zurückgegeben werden. Es kann jedoch nicht für die Kunstwerke gelten, die in deutsche Museen und Privatsammlungen gelangt sind. Sie unterlagen nämlich zumeist nicht der äußeren Restitution, und zwar deshalb nicht, weil ihr Belegenheitsort den dafür zuständigen Stellen nicht bekannt war. Wenn es indes dem früheren Eigentümer allen Schwierigkeiten zum Trotz gelungen war, den derzeitigen Belegenheitsort und Besitzer des ihm entzogenen Kunstwerks vor Ablauf der Anmeldefrist zu ermitteln, so durfte ihm die Geltendmachung der durch das USREG begründeten Ansprüche nicht mit dem Argument versagt werden, das Kunstwerk unterliege eigentlich der äußeren Restitution. So im Ergebnis wohl auch *von Godin*, USREG, Art. 1, Anm. 6.

[269] *Wengler*, NJW 1954, S. 739; *ders.*, RzW 1949/50, S. 198; ebenso *von Godin*, USREG, Art. 1, Anm. 6; *ders.*, SJZ 1949, Sp. 219.

Die von *Wengler* vertretene Auffassung hat sich schließlich auch bei den Gerichten durchgesetzt.[270] So hat etwa das *OLG Frankfurt* in seiner Entscheidung vom 24.10.1952 die Ansicht der Vorinstanz geteilt, die angenommen hatte, dass das USREG keine Begrenzung seines räumlichen Geltungsbereichs enthielte und somit die Annahme gerechtfertigt sei, dass *„der Gesetzgeber auch die außerhalb des Reichsgebietes geschehenen Entziehungsfälle der deutschen Gerichtsbarkeit in der amerikanischen Zone und dem dort geltenden Recht unterstellen wollte"*.[271] Ähnlich hatte sich bereits zuvor das *Board of Review Herford* in seinem Urteil vom 28.1.1952 geäußert. Seiner Meinung nach müsse bei der Bestimmung des Geltungsbereichs des BrREG in erster Linie auf seinen Sinn und Zweck abgestellt werden. Dem Ort der Entziehung dagegen könne *„höchstens eine indirekte und nebensächliche Bedeutung"* zukommen. Zu fordern, dass die Entziehung in jedem Falle in der britischen Zone erfolgt sein muss, hieße nämlich, es zuzulassen, dass diese als Zufluchtsort für anderorts entzogene Vermögensgegenstände benutzt wird, was mit dem ausdrücklichen Ziel des Gesetzes unvereinbar wäre. Die einzige Bedingung, die der Gesetzgeber in dem BrREG habe aufstellen wollen, sei die, dass es den Wiedergutmachungsbehörden in der britischen Zone *„sowohl tatsächlich als auch rechtlich möglich sein muss, die Rückerstattung durchzusetzen"*. Im Falle von Sachen lässt sich diese Bedingung, so das Gericht, jedoch auf jeden Fall erfüllen, *„wenn sich der betreffende Vermögensgegenstand im Zuständigkeitsbereich der Wiedergutmachungsbehörden befindet, und zum mindesten in diesem Fall ist es nicht notwendig, dass auch die Entziehung innerhalb des Zuständigkeitsbereiches stattfand."*[272]

---

[270] Dagegen sind die Gerichte der von ihm vorgeschlagenen Einschränkung des Anwendungsbereichs nur teilweise gefolgt; so, soweit ersichtlich, nur das OLG München v. 10.2.1950, RzW 1949/50, S. 172 f.

[271] OLG Frankfurt v. 24.10.1952, RzW 1952, S. 129 f. [130].

[272] Board of Review Herford v. 28.1.1952, RzW 1952, S. 110 ff. [110]. Zwar hat in dem der Entscheidung zugrunde liegenden Fall die Entziehung innerhalb Deutschlands und nur in dem Gebiet einer anderen Zone stattgefunden. Die Ausführungen des Gerichts beziehen sich jedoch auch auf Entziehungen, die außerhalb des Gebiets des Deutschen Reichs erfolgt sind. Dies folgt aus dem Hinweis des Gerichts, dass die Bedingung der Durchsetzbarkeit der Ansprüche nach dem BrREG zwar nicht im Falle von unbeweglichem Vermögen außerhalb Deutschlands erfüllt werden könne, im Falle von Sachen jedoch in jedem Fall.
Demgegenüber wird bei den Ausführungen des Court of Restitution Appeals Nürnberg in seinem Urteil vom 30.3.1950 nicht so recht deutlich, ob sie sich nur auf den Fall der Entziehung innerhalb, oder auch auf den Fall der Entziehung außerhalb des Reichsgebiets beziehen. Das Gericht meint, dass das USREG dann anwendbar sei, wenn die Vermögensgegenstände, deren Rückerstattung beansprucht wird, in der amerikanischen Zone belegen sind. Unter diesen Umständen ist der Ort der Entziehung seiner Ansicht nach unerheblich (Court of Restitution Appeals Nürnberg v. 30.3.1950, RzW 1949/50, S. 242 f. [242]). Es kann aber wohl angenommen werden, dass er das USREG, ist die Voraussetzung der Belegenheit in der amerikanischen Zone erfüllt, auch dann für anwendbar hält, wenn die Entziehung außerhalb des Reichsgebiets erfolgt ist. Es ist nämlich kein vernünftiger Grund dafür erkennbar, dass der Ort der Entziehung in diesem Fall sehr wohl eine Rolle spielen sollte.

Die Auffassung, dass die alliierten Rückerstattungsgesetze immer dann anwendbar sind, wenn der Vermögensgegenstand, dessen Rückerstattung beansprucht wird, in der jeweiligen Zone belegen ist, und zwar selbst dann, wenn die Entziehung in einer anderen Zone oder außerhalb des Gebiets des Deutschen Reichs erfolgt ist, findet sich in der Regelung des § 5 des Bundesrückerstattungsgesetzes bestätigt.[273] Danach gelten feststellbare Vermögensgegenstände, die vom Deutschen Reich außerhalb des Geltungsbereichs dieses Gesetzes entzogen und danach nachweislich in dessen Geltungsbereich verbracht worden sind, ohne dass der Ort, an den sie gelangt sind, feststeht, als in den Geltungsbereich der REAO gelangt. Dieser Fiktion des § 5 BRüG liegt die Auffassung zugrunde, dass die alliierten Rückerstattungsgesetze auch dann anwendbar sind, wenn ein außerhalb des Reichsgebiets entzogener Gegenstand im Zeitpunkt der Anspruchstellung im Gebiet der jeweiligen Zone festgestellt werden kann.

## 4. Die wichtigsten Regelungen des USREG

Die wesentlichen Grundgedanken der Rückerstattung sind in Art. 1 USREG niedergelegt. Danach bezweckt das Gesetz *„die Rückerstattung feststellbarer Vermögensgegenstände (Sachen, Rechte, Inbegriffe von Sachen und Rechten) an Personen, denen sie in der Zeit vom 30. Januar 1933 bis 8. Mai 1945 aus Gründen der Rasse, Religion, Nationalität, Weltanschauung oder politischen Gegnerschaft gegen den Nationalsozialismus entzogen worden sind, im größtmöglichen Umfange beschleunigt zu bewirken"* (Abs. 1).[274] *„Vermögensgegenstände … sind auch dann an*

---

[273] Bundesgesetz zur Regelung der rückerstattungsrechtlichen Geldverbindlichkeiten des Deutschen Reichs und gleichgestellter Rechtsträger (Bundesrückerstattungsgesetz – BRüG) vom 19.7.1957 (BGBl. I, S. 734).
Der Erlass dieses Gesetzes erfolgte in Erfüllung der Verpflichtung, welche die Bundesrepublik in Art. 4 Abs. 1 des dritten Teils des Überleitungsvertrages eingegangen ist, nämlich die Zahlung an Rückerstattungsberechtigte aus allen Urteilen und Entscheidungen zu gewährleisten, die aufgrund der alliierten Rückerstattungsgesetze gegen das frühere Deutsche Reich ergangen sind oder ergehen werden. Gemeint ist damit insbesondere die Erfüllung des Anspruchs auf Schadensersatz wegen Unmöglichkeit der Herausgabe oder Verschlechterung des entzogenen Vermögensgegenstandes namentlich nach den Art. 30 und 31 USREG. Da dieses Gesetz somit lediglich die Befriedigung von Ansprüchen regelt, die aufgrund der alliierten Rückerstattungsgesetze entstanden sind, handelt es sich bei ihm um ein die Vollstreckung betreffendes Ergänzungsgesetz zu den alliierten Rückerstattungsgesetzen (*Düx*, VIZ 1992, S. 258).

[274] Die Rückerstattung in natura ist abzugrenzen von der Entschädigung, was über das Merkmal der Feststellbarkeit geschieht. Für den Anspruch auf Rückerstattung in natura ist das gegenwärtige Vorhandensein des entzogenen Vermögensgegenstandes notwendig, wohingegen für die Alternativansprüche die Feststellbarkeit zum Zeitpunkt der Entziehung genügt (*Schwarz*, Rückerstattung, S. 36). Nicht mehr feststellbar in diesem Sinne ist ein Gegenstand, der durch Vermischung oder Verarbeitung unkenntlich oder ununterscheidbar geworden ist. Hieran scheitert zwar der Anspruch auf Rückerstattung gezahlter Judenvermögensabgabe und Reichsfluchtsteuer, nicht aber der Anspruch auf Rückerstattung derjenigen Gegen-

*ihren ursprünglichen Inhaber oder dessen Rechtsnachfolger zurückzuerstatten, wenn die Rechte anderer Personen, die von dem begangenen Unrecht keine Kenntnis hatten, zurücktreten müssen"* (Abs. 2 S. 1). Zur Umsetzung des letztgenannten Grundsatzes stellt Art. 1 Abs. 2 S. 2 USREG folgende Rechtsnorm auf: *„Der Rückerstattung entgegenstehende Vorschriften zum Schutze gutgläubiger Erwerber bleiben außer Betracht, soweit nicht nach diesem Gesetz etwas anderes bestimmt ist."* Damit werden also die Regelungen des Bürgerlichen Gesetzbuchs zum Schutz des gutgläubigen Erwerbs außer Kraft gesetzt.[275]

Die sich an Art. 1 USREG anschließenden Vorschriften gestalten die darin normierten Grundsätze sodann näher aus.

## 4.1. Die Entziehungstatbestände des USREG

Die Vorschriften der Art. 2, 3 und 4 USREG bestimmen, in welchen Fällen ein Vermögensgegenstand im Sinne des Gesetzes „entzogen" ist. Dabei definiert Art. 2 USREG die Entziehung in Form der zwangsweisen Entziehung durch widerrechtliche Handlungen Einzelner und staatlichen Hoheitsakt, wohingegen die Art. 3 und 4 USREG die „freiwillige" Entziehung durch Rechtsgeschäft des jüdischen Eigentümers rechtlich zu erfassen versuchen.

### 4.1.1. Die Entziehungstatbestände des Art. 2 USREG

Nach Art. 2 Abs. 1 USREG sind Vermögensgegenstände entzogen, wenn ihr Inhaber sie infolge eines gegen die guten Sitten verstoßenden Rechtsgeschäfts, einer Drohung, einer widerrechtlichen Wegnahme oder sonstigen unerlaubten Handlung (Buchst. a), einer Wegnahme durch Staatsakt oder Missbrauch eines solchen (Buchst. b) oder einer Wegnahme durch Maßnahmen der NSDAP, ihrer Gliederungen oder angeschlossenen Verbände (Buchst. c) eingebüßt hat, sofern diese Tatbestände durch Verfolgungsmaßnahmen aus den Gründen des Artikels 1 verursacht waren oder solche Verfolgungsmaßnahmen darstellten.

Die Vorschrift des Art. 2 Abs. 3 USREG benennt die Handlungen, die als „Wegnahme durch Staatsakt" im Sinne des Art. 2 Abs. 1 Buchst. b gelten. Dazu gehören unter anderem *„Einziehung, Verfallerklärung, Verfall kraft Gesetzes und Verfügung auf Grund staatlicher Auflage oder durch staatlich bestellten Treuhänder"*.

---

stände, die von ihrem jüdischen Eigentümer oder dem zuständigen Finanzamt veräußert worden sind, um mit dem erzielten Erlös die betreffende Abgabe zu bezahlen (*von Godin*, USREG, Art. 1, Anm. 4).

275 *Von Godin*, USREG, Art. 1, Anm. 11.

#### 4.1.2. Die Entziehung kraft gesetzlicher Vermutung nach Art. 3 USREG

Die Regelung des Art. 3 USREG widmet sich den Rechtsgeschäften eines Verfolgten, die dieser in der Zeit vom 30. Januar 1933 bis zum 8. Mai 1945 abgeschlossen hat, also der hier sogenannten „freiwilligen" Entziehung. Bereits an dieser Bezeichnung wird das Problem bei der Qualifizierung eines Rechtsgeschäfts eines jüdischen Veräußerers als Entziehung im Sinne des Art. 2 USREG deutlich: Dieser hat eine der „Entziehung" zustimmende Willenserklärung abgegeben und somit den äußeren Schein, mit der Vermögenseinbuße einverstanden gewesen zu sein, gegen sich.[276] Der einer Entziehung im Sinne des Art. 2 USREG innewohnende Zwang ist hier „lediglich" der innere Beweggrund für den Abschluss des Rechtsgeschäfts, der schon ohnehin kaum zu beweisen ist. In den Fällen, in denen die Judenverfolgung während der nationalsozialistischen Herrschaft der Anlass für die Veräußerung eines Vermögensgegenstands war, kommt hinzu, dass ein Beweis meist auch deshalb nicht zu führen sein wird, weil die Personen, die gewillt und imstande wären, die verwerfliche Vorgeschichte scheinbar einwandfreier Verträge aufzudecken, nicht mehr am Leben oder nicht zu ermitteln und das Geschäft betreffende Unterlagen vernichtet worden sind.[277]

Diesem Beweisnotstand trägt Art. 3 Abs. 1 USREG Rechnung, indem er folgende gesetzliche Vermutung aufstellt: *„Zugunsten eines Berechtigten wird vermutet, dass ein in der Zeit vom 30. Januar 1933 bis 8. Mai 1945 abgeschlossenes Rechtsgeschäft eine Vermögensentziehung im Sinne des Artikels 2 darstellt: (a) wenn die Veräußerung oder Aufgabe des Vermögensgegenstandes in der Zeit der Verfolgungsmaßnahmen von einer Person vorgenommen worden ist, die Verfolgungsmaßnahmen aus Gründen des Artikels 1 unmittelbar ausgesetzt war; (b) wenn die Veräußerung oder Aufgabe eines Vermögensgegenstandes seitens einer Person vorgenommen wurde, die zu einer Gruppe von Personen gehörte, welche in ihrer Gesamtheit aus Gründen des Artikels 1 durch Maßnahmen des Staates oder der NSDAP aus dem kulturellen und wirtschaftlichen Leben Deutschlands ausgeschaltet werden sollte."*[278]

---

276 *Von Godin*, USREG, Art. 3, Anm. 1.

277 *Werner*, NJW 1947/48, S. 541; *Korth*, SJZ 1948, Sp. 377.

278 Mit der Regelung seines Art. 3 Abs. 1 Buchst. b greift das USREG die vom Kammergericht Berlin in seinem Urteil vom 29.10.1946 (SJZ 1947, Sp. 257 ff. [260 f.]) entwickelten Gedanken zur Rechtserheblichkeit einer sogenannten „Kollektivdrohung" auf: *„Der gegen eine Mehrheit einzelner Personen gerichtete Zwang ist dann im Sinne des § 123 BGB rechtlich relevant, wenn er sich gegen eine Personenmehrheit richtet, die durch die gegebenen rechtlichen und tatsächlichen Verhältnisse aus der menschlichen Umgebung so weit ausgesondert ist, dass jede einzelne der zu dieser Gesamtheit gehörigen Personen erkenntlich und fassbar ist, wenn die gegen diese ausgesonderte Gesamtheit ausgesprochene Ankündigung eines Übels darauf abzweckt, jedes einzelne jederzeit bestimmbare Mitglied dieser Gesamtheit zu einem bestimmten Verhalten zu veranlassen und wenn die Stelle, von der die Drohung ausgeht, auch in der Lage ist, ihren Willen gegen diese ausgesonderte Gesamtheit und jede zu ihr gehörige individuelle Person*

Beim zweiten Tatbestand des Art. 3 Abs. 1 USREG wird, im Unterschied zum ersten, eine die Person des Veräußerers unmittelbar berührende Verfolgungsmaßnahme nicht verlangt. Hier genügt schon seine Zugehörigkeit namentlich zu den Juden, die unzweifelhaft als eine Gruppe von Personen anzusehen sind, die nach dem Willen der Nationalsozialisten vollständig aus dem kulturellen und wirtschaftlichen Leben Deutschlands ausgeschaltet werden sollten.[279]

Damit kommt der Vermutungsregel des Art. 3 Abs. 1 Buchst. b USREG bei Rechtsgeschäften jüdischer Veräußerer besondere Bedeutung zu. Sie enthebt diese nämlich der Notwendigkeit, die unmittelbare Verfolgung ihrer Person nachzuweisen. Die Beweisführung beschränkt sich für sie vielmehr auf den Nachweis des Abschlusses des Rechtsgeschäfts über den rückerstattet begehrten Vermögensgegenstand in der Zeit vom 30. Januar 1933 bis zum 8. Mai 1945 und den Nachweis ihrer Zugehörigkeit zu den Juden.[280]

---

*durchzusetzen. Diese Voraussetzungen waren bei der Antragstellerin zur Zeit des Abschlusses des umstrittenen Kaufvertrages sämtlich gegeben. Sie waren durch eine zielbewusste Umsetzung des nationalsozialistischen Parteiprogramms in eine Reihe von Gesetzesakten in der Zeit vom Jahre 1933–1938 geschaffen worden. Es ist zunächst klar, dass die jüdische Bevölkerung in Deutschland durch die Gesetzgebung des nationalsozialistischen Regimes von der übrigen Bevölkerung eindeutig ausgesondert war. Sie war durch die Nürnberger Gesetze und durch eine Reihe weiterer Ausnahmebestimmungen zu einer besonderen Gruppe gestempelt und in rechtlicher und ökonomischer Hinsicht in eine Lage minderen Rechts versetzt worden. Durch diese Maßnahmen war die ausgesonderte Menschengruppe in persönlicher, gesellschaftlicher, kultureller und ökonomischer Beziehung von den übrigen Einwohnern Deutschlands fast völlig isoliert worden. Zugleich war in diesen Jahren unter der Leitung einer Abteilung des Reichsinnenministeriums und bestimmter Abteilungen der Gestapo, zum Teil unter erzwungener Mitwirkung der jüdischen Gemeinden und ihrer Organe, ein besonderer Verwaltungsapparat geschaffen worden, durch den jede einzelne in diese Ausnahmekategorie fallende Person verwaltungsmäßig, bürokratisch aufgrund von Anmeldungen und Listen hinsichtlich ihrer Person und ihres Vermögens sowie ihren übrigen Lebensumständen nach erfasst war, so zwar, dass es nur einer verwaltungsmäßigen Anordnung der zentralen Stellen bedurfte, um sämtliche zu dieser ausgesonderten Personengesamtheit gehörigen Individuen in ihrer physischen Person und ihrem Vermögen zu erfassen. Unter solchen Umständen richtete sich jede gegen die Personengesamtheit ausgesprochene Drohung zugleich gegen die zu dieser Gesamtheit gehörenden Einzelpersonen, wenn sie von derjenigen Stelle ausgingen, die die Macht hatte, den geschaffenen Apparat für ihre Zwecke in Bewegung zu setzen."*

[279] *Von Godin*, USREG, Art. 3, Anm. 5; *Küster*, BB 1947, S. 362; *Werner*, NJW 1947/48, S. 542; *Korth*, SJZ 1948, Sp. 378.

[280] *Von Godin*, USREG, Art. 3, Anm. 1, 2, 3 und 5; *Korth*, SJZ 1948, Sp. 377.
Diese Beweiserleichterung gilt freilich auch für die Rechtsnachfolger des jüdischen Veräußerers. Seinem Wortlaut nach gilt Art. 3 Abs. 1 USREG für den „Berechtigten". Darunter ist nach der Definition des Art. 7 USREG aber nicht nur derjenige zu verstehen, dem ein Vermögensgegenstand entzogen worden ist, sondern auch sein Rechtsnachfolger. Dieser Grundsatz erleidet nur dann eine Ausnahme, wenn gesetzlicher Erbe des Verfolgten gemäß § 1936 BGB der Staat wäre. Seine Berechtigung wäre unerträglich, war es doch gerade der nationalsozialistische Staat, der ganze jüdische Familien ermordet hat (*Küster*, BB 1947, S. 362). Und so bestimmt Art. 10 USREG, dass in diesem Falle an die Stelle des Staates eine von der Militärregierung zu bestimmende Nachfolgeorganisation tritt.

Die Entziehungsvermutung des Art. 3 Abs. 1 USREG kann jedoch von dem Rückerstattungspflichtigen widerlegt werden. Und zwar, so sieht es Art. 3 Abs. 2 USREG vor, insbesondere durch den Beweis, dass dem Veräußerer ein „angemessener Kaufpreis“ bezahlt worden ist. Nach der Definition des Art. 3 Abs. 3 USREG ist dies *„derjenige Geldbetrag, den ein Kauflustiger zu zahlen und ein Verkaufslustiger anzunehmen bereit wäre“*. In der Praxis hilft diese Erklärung aber nicht so recht weiter, da es gerade im Interesse des Käufers liegt, so wenig wie möglich zu bezahlen, und im Interesse des Verkäufers, so viel wie möglich zu erlangen. Doch immerhin stellt sie klar, dass bei der Bestimmung des angemessenen Kaufpreises besondere persönliche Umstände, wie die Verfolgung aus rassischen Gründen, unberücksichtigt bleiben sollen.[281] Maßgeblich sind vielmehr allein die Marktverhältnisse zur Zeit des Abschlusses des Rechtsgeschäfts. Demnach muss namentlich bei der Ermittlung des angemessenen Preises für ein Kunstwerk zunächst geklärt werden, ob für Werke des jeweiligen Künstlers zur selben Zeit überhaupt ein Markt vorhanden gewesen ist. Weiterhin ist zu berücksichtigen, dass zu bestimmten Zeiten der Marktpreis durch das Überangebot von Kunstwerken aus jüdischen Sammlungen nach unten gedrückt war. Dieser Preis kann nicht als Vergleichsgrundlage herangezogen werden, was die Bestimmung des angemessenen Kaufpreises für Kunstwerke äußerst schwierig macht.[282]

Allein durch den Beweis der Zahlung eines angemessenen Kaufpreises kann die Entziehungsvermutung, so bestimmt es Art. 3 Abs. 2 USREG weiter, jedoch dann nicht widerlegt werden, wenn *„dem Veräußerer aus den Gründen des Artikels 1 das Recht der freien Verfügung über den Kaufpreis verweigert worden ist“*. Dies ist etwa dann der Fall, wenn der Veräußerer mit dem Erlös die ihm auferlegte Reichsfluchtsteuer oder Judenvermögensabgabe bezahlt hat oder der Kaufpreis auf ein gesperrtes Bankkonto eingezahlt werden musste oder kein angemessener Transfer ins Ausland bewilligt worden ist.[283] Hier muss überdies nachgewiesen werden, dass das Rechtsgeschäft nicht unter einer Drohung zustande gekommen und auch sonst nichts Verwerfliches geschehen ist, dass eine Entziehung nach Art. 2 Abs. 1 Buchst. a USREG begründet hat.[284]

Die Entziehungsvermutung des Art. 3 Abs. 1 USREG umfasst von ihrem Regelungsgehalt her zwar alle während der nationalsozialistischen Herrschaft abgeschlossenen Rechtsgeschäfte. In ihrer praktischen Anwendung kommt ihr jedoch lediglich für die Rechtsgeschäfte Bedeutung zu, die in der Zeit vom 30. Januar 1933 bis zum 14. September 1935 abgeschlossen worden sind. Denn für die

281 *Von Godin*, USREG, Art. 3, Anm. 7.

282 *Schwarz*, Rückerstattung, S. 160 f.

283 *Von Godin*, USREG, Art. 3, Anm. 8; *von Godin*, JR 1948, S. 33.

284 *Küster*, BB 1947, S. 362; *Werner*, NJW 1947/48, S. 542; *Korth*, SJZ 1948, Sp. 377.

Zeit danach gibt Art. 4 Abs. 1 USREG den jüdischen Veräußerern das noch wirksamere Mittel der Anfechtbarkeit der von ihnen abgeschlossenen Rechtsgeschäfte.[285]

### 4.1.3. Die Entziehung kraft gesetzlicher Fiktion nach Art. 4 USREG

Die Vorschrift des Art. 4 USREG trägt dem Umstand Rechnung, dass sich die Verfolgung der Juden in ihrem Ausmaß und ihrer Intensität von Jahr zu Jahr gesteigert hat. Dies geschieht in der Weise, dass für den Fall, dass ein Rechtsgeschäft von einem jüdischen Veräußerer in der Zeit vom 15. September 1935 bis zum 8. Mai 1945 vorgenommen worden ist, die Möglichkeit einer Widerlegung der Entziehungsvermutung des Art. 3 Abs. 1 USREG eingeschränkt wird. Dazu bestimmt Art. 4 Abs. 1 USREG, dass *„der Berechtigte ein Rechtsgeschäft, das von einer zur Gruppe des Absatzes 1 (b) des Artikels 3 gehörigen Person in der Zeit vom 15. September 1935 (Datum der ersten Nürnberger Gesetze) bis zum 8. Mai 1945 vorgenommen worden ist, wegen der Zwangslage, in der sich diese Gruppe befand, anfechten [kann], wenn das Rechtsgeschäft die Veräußerung oder Aufgabe eines Vermögensgegenstandes zum Inhalt hatte, es sei denn, dass (a) das Rechtsgeschäft als solches und mit seinen wesentlichen Bestimmungen auch ohne die Herrschaft des Nationalsozialismus abgeschlossen worden wäre, oder (b) der Erwerber die Vermögensinteressen des Berechtigten (Artikel 7) oder seines Rechtsvorgängers in besonderer Weise und mit wesentlichem Erfolg, insbesondere durch Mitwirkung bei einer Vermögensübertragung ins Ausland oder durch ähnliche Maßnahmen, wahrgenommen hat“.*

Die Anfechtung nach Art. 4 Abs. 1 USREG unterscheidet sich in zwei wesentlichen Punkten von der Anfechtung nach § 123 BGB. Zum einen ist hier keine besondere Erklärung gegenüber dem Anfechtungsgegner, wie sie § 143 Abs. 1 BGB vorsieht, erforderlich. Vielmehr gilt, wie Art. 4 Abs. 5 USREG bestimmt, bereits *„die Anmeldung eines Rückerstattungsanspruchs als Ausübung des Anfechtungsrechts seitens des Anfechtungsberechtigten ohne Rücksicht darauf, ob in der Anmeldung eine ausdrückliche Anfechtungserklärung enthalten ist“*. Zum anderen ist die Rechtsfolge der Anfechtung nach Art. 4 Abs. 1 USREG eine andere, als die von § 142 Abs. 1 BGB angeordnete Nichtigkeit des angefochtenen Rechtsgeschäfts. Insofern bestimmt Art. 4 Abs. 4 USREG, dass *„die Ausübung des Anfechtungsrechts die Wirkung [hat], dass der durch das angefochtene Rechtsgeschäft übertragene oder aufgegebene Vermögensgegenstand als entzogenes Vermögen im Sinne dieses Gesetzes gilt“*.

Ebenso wie bei der Entziehungsvermutung des Art. 3 Abs. 1 USREG muss der Berechtigte bei der Anfechtung lediglich nachweisen, dass er jüdischer Abstam-

[285] Vgl. *Küster*, BB 1947, S. 362; *Korth*, SJZ 1948, Sp. 377.

mung ist und dass er den rückerstattet begehrten Vermögensgegenstand in der Zeit vom 15. September 1935 bis zum 8. Mai 1945 veräußert hat. Das Vorliegen eines der eine Anfechtung ausschließenden Tatbestände muss von dem Rückerstattungspflichtige bewiesen werden.[286] Dabei können, so will es Art. 4 Abs. 2 USREG, *„die Tatsachen, dass der Veräußerer den Vermögensgegenstand selbst dem Erwerber angeboten oder dass er einen angemessenen Kaufpreis (Artikel 3, Absatz 3) erhalten hat, ohne dass ihm dabei aus den Gründen des Artikels 1 die freie Verfügung über den Kaufpreis verweigert wurde, zusammen mit anderen Tatsachen in Betracht gezogen werden. Es sollen aber diese beiden Tatsachen, jede für sich allein oder beide zusammen, noch nicht zum Nachweis dafür ausreichen, dass das Rechtsgeschäft auch ohne die Herrschaft des Nationalsozialismus abgeschlossen worden wäre."* Dieser Regelung liegt wohl die Überlegung zugrunde, dass Geld als „Preis" zwar materiell einen vollen Ausgleich darstellen mag, nicht aber ideell, da die erzwungene Aufgabe eines Vermögensgegenstandes, insbesondere eines Kunstwerks, auch dann noch das Recht des Verfolgten verletzt, wenn sie ihm „bezahlt" wurde.[287] Als „andere Tatsachen" im Sinne des Art. 4 Abs. 2 USREG kommen bei der Veräußerung von Kunstwerken neben wirtschaftlichen Gründen wie der Lebensunfähigkeit des Unternehmens des Veräußerers schon vor dem 30. Januar 1933 vor allem familiäre Gründe in Betracht. So ist es zum Beispiel denkbar, dass die Veräußerung zum Zwecke einer Erbauseinandersetzung erfolgte.[288]

Mit dem Ausschlusstatbestand des Art. 4 Abs. 1 Buchst. b USREG will das Gesetz die über die bloße Bekundung einer anständigen Gesinnung noch hinausgehende aktive Unterstützung eines Verfolgten anerkennen.[289] Eine solche Wahrnehmung der Vermögensinteressen namentlich eines jüdischen Veräußerers kann außer durch die ausdrücklich genannte Mitwirkung bei einer Vermögensübertragung ins Ausland auch dadurch erfolgt sein, dass der Erwerber das Rechtsgeschäft in Kenntnis dessen mit einem Strohmann abschloss, um dadurch einen höheren als den sonst möglichen Kaufpreis an den Verfolgten zu bezahlen oder zu erreichen, dass dieser überhaupt in die Verfügungsmacht des Kaufpreises kam.[290]

Aus der Regelung des Art. 4 Abs. 3 USREG, wonach die beiden in Art. 4 Abs. 2 USREG aufgeführten Tatsachen ebenso wenig *„zum Nachweis dafür ausreichen [sollen], dass der Berechtigte sich durch die Anfechtung in unzulässiger Weise zu seinem oder seines Rechtsvorgängers früheren Verhalten in Widerspruch setzt"* er-

---

[286] *Von Godin*, USREG, Art. 4, Anm. 6; *Korth*, SJZ 1948, Sp. 379.

[287] *Arndt*, NJW 1947/48, S. 162.

[288] *Von Godin*, USREG, Art. 4, Anm. 7; *Korth*, SJZ 1948, Sp. 380.

[289] *Von Godin*, USREG, Art. 4, Anm. 8; *Korth*, SJZ 1948, Sp. 380.

[290] *Korth*, SJZ 1948, Sp. 380.

gibt sich, dass neben die beiden in Art. 4 Abs. 1 Buchst. a und b USREG geregelten Ausschlusstatbestände noch ein weiterer tritt, nämlich der allgemein anerkannte, aus § 242 BGB fließende Grundsatz, dass sich ein Gläubiger bei der Geltendmachung seines Anspruchs nicht in Widerspruch zu seinem eigenen früheren Verhalten setzen darf.[291] Damit ist es möglich, aber zugleich auch erforderlich, zusätzliche Momente nachzuweisen, die dafür sprechen, dass von dem jüdischen Veräußerer nach außen hin Fakten gesetzt worden sind, aus denen sein echtes Einverständnis mit dem abgeschlossenen Rechtsgeschäft geschlossen werden musste.[292] Dabei muss jedoch regelmäßig ein solches früheres Verhalten des Veräußerers unberücksichtigt bleiben, das von der Zwangslage beeinflusst sein kann, in der er sich aufgrund der nationalsozialistischen Verfolgungsmaßnahmen befunden hat.[293] Daher wird insoweit vor allem ein Verhalten des Veräußerers nach Abschluss des Rechtsgeschäfts in Frage kommen, durch das er seine Zufriedenheit damit bekundet hat, insbesondere, wenn dies vom Ausland aus geschah, wo er sich in keiner Zwangslage mehr befunden hat.[294]

## 4.2. Der Inhalt des Rückerstattungsanspruchs

Nach dem Grundsatz des Art. 1 Abs. 1 USREG ist ein einem Verfolgten entzogener feststellbarer Vermögensgegenstand diesem oder seinem Rechtsnachfolger zurückzuerstatten.[295] Was genau es unter „Rückerstattung" versteht, erwähnt das Gesetz jedoch an keiner Stelle. *Von Godin* sind der Ansicht, dass das Gesetz mit „Rückerstattung" in erster Linie die Wiederherstellung eines dem früheren Rechtszustand entsprechenden Rechts- und Besitzstandes an dem entzogenen Vermögensgegenstand meine. Es verstehe darunter aber wohl auch jeden weiteren aus dem Tatbestand der Entziehung folgenden, zusätzlich gewährten oder an die Stelle des Hauptanspruchs tretenden Anspruch.[296]

---

[291] *Von Godin*, USREG, Art. 4, Anm. 9; *Korth*, SJZ 1948, Sp. 381.

[292] *Korth*, SJZ 1948, Sp. 381.

[293] *Von Godin*, USREG, Art. 4, Anm. 9.

[294] *Von Godin*, USREG, Art. 4, Anm. 9.

[295] Der in Folge der Rückerstattung begründete Anspruch des Rückerstattungspflichtigen gegen den Berechtigten ist in Art. 44 Abs. 1 USREG geregelt: *„Der Berechtigte hat dem Rückerstattungspflichtigen gegen Rückerstattung des entzogenen Vermögensgegenstandes das erhaltene Entgelt, wenn möglich in Natur, herauszugeben."* Hierzu bestimmt Art. 44 Abs. 3 USREG einschränkend: *„Hat der Berechtigte bei der Entziehung ganz oder teilweise aus den Gründen des Artikels 1 nicht die freie Verfügung über die Gegenleistung des Erwerbers erlangt, so vermindert sich das Entgelt um diesen Betrag."*

[296] *Von Godin*, USREG, Art. 1, Anm. 2. Dabei handelt es sich insbesondere um die bereits erwähnten Ansprüche auf Schadensersatz und Herausgabe oder Vergütung gezogener Nutzungen nach Art. 30, 31 und 32 USREG, den Anspruch auf Nachzahlung des Differenzbetrages zwischen erlangtem und angemessenem Entgelt nach Art. 16 USREG, den Anspruch auf Beteiligung an dem Unternehmen, in dem das entzogene Unternehmen aufgegangen ist, nach Art. 22 und 23 USREG sowie den Ersatzanspruch nach Art. 29 USREG.

Während das Gesetz diese Ersatz- und Nebenansprüche ausdrücklich normiert, findet sich darin keine Vorschrift, welche die Wiederherstellung des früheren Rechts- und Besitzstandes besonders regelt. In der Bestimmung des Art. 15 Abs. 1 USREG stellt das Gesetz lediglich fest, dass *„eine dem Rückerstattungsanspruch stattgebende Entscheidung die Wirkung [hat], dass der Verlust des Vermögensgegenstandes als nicht eingetreten, und später erworbene Rechte Dritter als nicht erworben gelten*". Dabei kann diese Vorschrift nicht den Besitzstand, also die tatsächliche Verfügungsgewalt über den entzogenen Vermögensgegenstand betreffen. Denn die Tatsache, dass der Berechtigte diese während der Dauer der Entziehung nicht gehabt hat, kann keine Fiktion aus der Welt schaffen.[297] Die Vorschrift kann sich vielmehr nur auf die Wiederherstellung der dinglichen Rechtslage beziehen: Als nicht eingetreten gilt daher die durch die Entziehung herbeigeführte Rechtsänderung, gleich auf welcher Grundlage sie beruht.[298] Demnach erlangt der Verfolgte mit der rechtskräftigen Entscheidung, so die einhellige Auffassung in der Literatur, rückwirkend die Rechtsstellung wieder, die er im Zeitpunkt der Entziehung innehatte. War er Eigentümer, tritt er wieder in die Eigentümerposition ein, ohne dass eine Einigung über den Eigentumsübergang erforderlich wäre.[299]

Die mit der Rückerstattung ebenfalls bezweckte Wiederherstellung des ehemaligen Besitzstandes kann in der Regel nur dadurch erfolgen, dass der entzogene Vermögensgegenstand an den früheren Eigentümer zurückgegeben wird. Infolge der rekonstruierten dinglichen Rechtslage steht diesem jedenfalls der Herausgabeanspruch nach § 985 BGB zu. Ob daneben noch ein besonderer Herausgabeanspruch nach dem USREG begründet ist, ist zumindest zweifelhaft, da dieses einen solchen an keiner Stelle erwähnt.[300]

## 5. Das Verhältnis des Rückerstattungsrechts zum bürgerlichen Recht

Das von der amerikanischen Militärregierung erlassene Rückerstattungsgesetz besitzt eine Doppelnatur: Ihm wohnt der Charakter als Besatzungsrecht inne und zugleich ist es deutsches Recht und als solches seinem Wesen nach eine Spezialmaterie des bürgerlichen Rechts.[301] Es stellt sich daher die Frage, in welchem

---

297 *Von Godin*, USREG, Art. 15, Anm. 1.

298 *Von Godin*, USREG, Art. 15, Anm. 1; *Korth*, SJZ 1948, Sp. 383.

299 *Von Godin*, USREG, Art. 14, Anm. 1; Art. 1, Anm. 2; *Küster*, BB 1947, S. 363; *Werner*, NJW 1947/48, S. 540; *Korth*, SJZ 1948, Sp. 383 f.; *Schwarz*, Rückerstattung, S. 176; *Graf*, Rückgabe, S. 102.

300 *Von Godin*, USREG, Art. 14, Anm. 1 nehmen dies gleichwohl an; ebenso *Schwarz*, Rückerstattung, S. 176; *Graf*, Rückgabe, S. 102.

301 *Mosheim*, BB 1949, S. 695. Als Besatzungsrecht kann es diesem zufolge von deutschen Gerichten nicht auf seine Verfassungs- und Gesetzesmäßigkeit nachgeprüft werden. Da die

Verhältnis zueinander das Rückerstattungsrecht und das bürgerliche Recht stehen, wobei das Verhältnis der Ansprüche nach dem Rückerstattungsgesetz zu denen nach dem Bürgerlichen Gesetzbuch besonders interessiert. Für die vorliegende Arbeit lässt sich die Frage wie folgt zuspitzen: Verdrängt der auf Wiederherstellung des ehemaligen Rechtszustandes gerichtete Anspruch nach dem Rückerstattungsgesetz den dinglichen Herausgabeanspruch nach § 985 BGB? Dieser Frage kommt deshalb entscheidende Bedeutung zu, weil die Geltendmachung des Anspruchs nach dem Rückerstattungsgesetz mittlerweile ausgeschlossen ist. Denn Art. 56 Abs. 1 USREG sieht eine Anmeldefrist als Ausschlussfrist vor, das heißt, mit deren Ablauf am 31. Dezember 1948 endete das Recht, Rückerstattungsansprüche geltend zu machen.[302]

## 5.1. Die unterschiedlichen Sichtweisen im Schrifttum

In der Literatur der Nachkriegszeit ist das Verhältnis der Ansprüche nach dem bürgerlichen Recht zu denen nach den alliierten Rückerstattungsgesetzen umstritten. Die Auffassung, dass Erstgenannte gegenüber Letztgenannten zurücktreten, wird ebenso vertreten wie die Ansicht, dass die Ansprüche nach dem bürgerlichen Recht neben denen nach den Rückerstattungsgesetzen geltend gemacht werden können.

Zu den Vertretern der erstgenannten Auffassung scheint auf den ersten Blick auch *Korth* zu gehören, der für diejenigen Fälle, in denen das kausale und gegebenenfalls auch das abstrakte Rechtsgeschäft bereits nach den Vorschriften des bürgerlichen Rechts nichtig ist, zum Verhältnis des Anspruchs auf Rückgewähr nach dem bürgerlichen Recht und dem Rückerstattungsanspruch wie folgt Stellung genommen hat: *„Auch in diesen Fällen bleibt dann die Nichtigkeit des zwischen dem Verfolgten und dem Rückerstattungspflichtigen geschlossenen Vertrages grundsätzlich ohne Einfluss auf die sich nach dem Rückerstattungsverfahren ergebenden Rechtswirkungen. Unter dem Gesichtspunkt der lex specialis muss der sich aus der Nichtigkeit ergebende Herausgabe- oder Bereicherungsanspruch nach bürgerlichem Recht zugunsten des Rückerstattungsanspruchs zurücktreten."*[303]

---

Militärregierung es im Verfolg der von ihr mit der sogenannten „Berliner Erklärung" vom 5.6.1945 für ihre Zone übernommenen obersten Regierungsgewalt erlassen habe, sei es ein Ausfluss der treuhänderischen Ausübung deutscher Regierungsgewalt und somit deutsches Recht. Ähnlich: *Münch* in: FS für Schlochauer, S. 462.

[302] *Heuer*, NJW 1999, S. 2562. Ebenso wie das USREG in seinem Art. 56 Abs. 1 sahen auch die VO Nr. 120, das BrREG und die REAO Anmeldefristen von zwölf Monaten vor, die ebenfalls Ausschlussfristen waren.

[303] *Korth*, SJZ 1948, Sp. 383.
Dass die Rückerstattungsgesetze lex specialis gegenüber dem bürgerlichen Recht seien und für ihren Anwendungsbereich insbesondere die Anfechtung nach § 123 BGB wegen Drohung in Form einer Kollektivdrohung ausschließen, wird auch in der Kommentarliteratur zu § 123 BGB vertreten: Staudinger-*Coing*, 11. Auflage, § 123, Rn. 19 a; Soergel-*Hefermehl*,

Auch wenn er sich hierzu nicht ausdrücklich geäußert hat, steht aufgrund seiner Begründung zu vermuten, dass *Korth* eine Ausnahme von dieser Regel zuließe, wenn sie sich zuungunsten des Verfolgten auswirkte. Er meint nämlich, dass die Ansprüche nach dem bürgerlichen Recht deshalb zurücktreten müssten, weil sich andernfalls die Konsequenz ergäbe, dass *„in den Fällen der schweren Entziehung an Stelle der vom Gesetz postulierten verschärften Haftung eine im Vergleich zur einfachen Entziehung mildere Haftung Platz greifen würde“*.[304] Er will also statt des bürgerlichen Rechts das Rückerstattungsrecht anwenden, weil dieses wegen der strengeren Maßstäbe für eine Haftung des Rückerstattungspflichtigen für den Verfolgten günstiger ist.

Dabei geht *Korth* ganz selbstverständlich davon aus, dass der Verfolgte Ansprüche nach dem Rückerstattungsgesetz geltend gemacht hat oder jedenfalls geltend machen kann. Offen bleibt daher, wie er das Verhältnis der Ansprüche zueinander beurteilt hätte, wenn dem Verfolgten wegen des Ablaufs der Anmeldefrist die Geltendmachung von Ansprüchen nach dem Rückerstattungsgesetz versagt gewesen wäre. Da er aber wohl davon ausgeht, dass dieses Gesetz vordergründig den Interessen der Verfolgten dient, kann gemutmaßt werden, dass er in diesem Fall die Ansprüche nach dem bürgerlichen Recht nicht hätte zurücktreten lassen.

Mit diesem Gedanken, nämlich dass nicht anzunehmen sei, dass *„dieses dem Verfolgten so gewogene Gesetz die Rechtsstellung schmälern wollte, welche er nach bürgerlichem Recht innehat“*, argumentieren auch *von Godin* und sind zu dem Schluss gekommen, dass die sich durch Art. 57 USREG[305] aufdrängende Frage, ob neben den Ansprüchen nach dem amerikanischen Rückerstattungsgesetz auch Ansprüche nach dem bürgerlichen Recht geltend gemacht werden können, in jedem Einzelfall zugunsten des Berechtigten zu beantworten sei.[306] Allerdings relativieren sie dieses Ergebnis wieder, wenn sie weiter ausführen, dass *„die Frage, in welchem Verfahren der Anspruch zu verfolgen ist, ob nach den Vorschriften dieses Gesetzes oder nach den allgemeinen Verfahrensvorschriften, immer und zwar auch zuungunsten des Berechtigten im Sinne der Ausschließlichkeit des Verfahrens*

---

9. Auflage, § 123, Rn. 35; Palandt-*Danckelmann*, 9. Auflage, § 123, Anm. 1 d; Erman-*Westermann*, 1. Auflage, § 123, Anm. 9 – allerdings jeweils ohne nähere Begründung, weshalb hier auf diese Stimmen auch nicht weiter eingegangen werden soll.

304 *Korth*, SJZ 1948, Sp. 383. Mit dem Terminus „Fälle der schweren Entziehung“ meint er die Fälle, in denen das Rechtsgeschäft bereits nach den Vorschriften des bürgerlichen Rechts nichtig ist.

305 Art. 57 USREG lautet: *„Ansprüche, die unter dieses Gesetz fallen, können, soweit in diesem Gesetz nichts anderes bestimmt ist, nur im Verfahren nach diesem Gesetz und unter Einbehaltung seiner Fristen geltend gemacht werden. Ansprüche aus unerlaubter Handlung, die nicht unter die Bestimmungen dieses Gesetzes fallen, können jedoch im ordentlichen Rechtsweg geltend gemacht werden.“*

306 *Von Godin*, USREG, Art. 57, Anm. 1, 2.

*nach diesem Gesetz … zu beantworten [ist] … Sonach kann nicht etwa ohne Anmeldung oder wenn die Frist nach A. 56 versäumt ist, innerhalb der dreißigjährigen Verjährungsfrist des BGB bei unsittlichem Entziehungsgeschäft der entzogene Vermögensgegenstand auf Grund Eigentums oder ungerechtfertigter Bereicherung von dem Entzieher zurückgefordert werden …"*[307]

Diese Ausführungen erscheinen im Hinblick auf die zuvor gemachte Bemerkung zumindest widersprüchlich. Zudem darf bezweifelt werden, dass eine solche Auslegung der Vorschrift des Art. 57 USREG wirklich dem Zweck des Rückerstattungsgesetzes entspricht.

Auch *Mosheim* sah, dass wegen fehlender oder mehrdeutiger Vorschriften im amerikanischen Rückerstattungsgesetz Zweifel über dessen Regelungsgehalt auftauchen konnten. Er erkannte aber, dass das Gesetz selbst mit dem in Artikel 1 niedergelegten Grundsatz eine verbindliche Auslegungsregel aufstellt, die er mit seinen Worten wie folgt fasst: *„Wenn immer – einerlei aus welchem Grunde – Zweifel entstehen, dann genießt der Berechtigte Rechtsschutz ‚im größtmöglichen Umfang'"*.[308]

Wendet man dieses, wie *Mosheim* es nennt, „Meistbegünstigungs-Prinzip" bei der Beantwortung der durch Art. 57 USREG aufgeworfenen Frage an, ob die Restitution entzogener Vermögensgegenstände nur auf der Grundlage des durch Art. 1 USREG begründeten Anspruchs oder auch auf der Grundlage namentlich des § 985 BGB beansprucht werden kann, so kommt man zu dem Ergebnis, dass insbesondere dann, wenn die Geltendmachung des Anspruchs nach Art. 1 USREG wegen des Ablaufs der Anmeldefrist des Art. 56 USREG ausgeschlossen ist, noch der dingliche Herausgabeanspruch nach § 985 BGB geltend gemacht werden kann.

Diese Ansicht teilt *Dubro*, der ebenfalls auf den „ungeschriebenen Grundsatz allen Rückerstattungsrechts" abstellt, *„wonach die RE-Normen dem Berechtigten zwar die Möglichkeit bieten sollen, entzogene Gegenstände unter Berufung auf diese Normen wiederzuerlangen, nicht jedoch beabsichtigen, ihm außerhalb des RE-Rechts zur Verfügung stehende Rechte zu nehmen oder zu beschneiden."*[309] Aus

---

[307] *Von Godin*, USREG, Art. 57, Anm. 2.

[308] *Mosheim*, BB 1949, S. 27.

[309] *Dubro*, NJW 1953, S. 706, der in seiner Anmerkung eine Entscheidung des OLG Frankfurt kritisiert, das angenommen hat, dass Art. 79 USREG als Sondervorschrift zu § 2078 BGB eine rechtswirksame Anfechtung von Tatbeständen, wie sie in Art. 79 Abs. 1 Satz 1 USREG geregelt sind, nach dem 31.12.1948 ausschließe. Er leitet aus dem oben genannten Grundsatz folgendes ab: *„Auch die Fassung des Art. 79 REG (AmZ) hat nicht den Sinn, dem Berechtigten, dem möglicherweise der Anfechtungsgrund i.S. der §§ 2078/79 erst nach Ablauf des 31.12.1948 zur Kenntnis gelangt ist, schlechter zu stellen, als er ohne Vorhandensein des Rückerstattungsrechts nach bürgerlichem Recht stehen würde."*

diesem Grundsatz folgt, dass auch die Regelung des Art. 57 USREG nicht den Sinn hat, den Berechtigten schlechter zu stellen, als er ohne Vorhandensein des Rückerstattungsrechts nach bürgerlichem Recht stehen würde. Wenn ihm also nach bürgerlichem Recht ein Anspruch auf Herausgabe eines entzogenen Vermögensgegenstandes zusteht, darf ihm dessen Geltendmachung nach den allgemeinen Verfahrensregeln nicht deshalb versagt werden, weil er nicht bis zum 31. Dezember 1948 einen Rückerstattungsanspruch geltend gemacht hat.[310]

## 5.2. Der generelle Vorrang der Rückerstattungsgesetze in der Rechtsprechung des II. und IV. Zivilsenats des BGH

Der II. und der IV. Zivilsenat des BGH haben in ihren Urteilen vom 11.2.1953 und 8.10.1953 die Auffassung vertreten, dass die Ansprüche nach den alliierten Rückerstattungsgesetzen denen nach dem bürgerlichen Recht vorgingen.

### 5.2.1. Die Entscheidung des II. Zivilsenats

In dem Fall, der dem II. Zivilsenat zur Entscheidung vorlag, war das Vermögen der Klägerin, einer ausgewanderten Jüdin, nach § 3 Abs. 1 der 11. VO zum Reichsbürgergesetz dem Reich verfallen. Nach entsprechender Aufforderung durch den für die Verwertung des verfallenen Vermögens zuständigen Oberfinanzpräsidenten Berlin zahlte die Beklagte, eine schweizerische Versicherungsgesellschaft, bei der die Klägerin eine Lebensversicherung abgeschlossen hatte, den Rückkaufwert derselben an das Deutsche Reich. Mit der Klage begehrte die Klägerin die Zahlung der Versicherungssumme.[311]

In seinem Urteil hat der Senat zunächst überzeugend dargetan, dass die Vermögensentziehung nach § 3 Abs. 1 der 11. VO zum Reichsbürgergesetz *„wegen ihres*

---

[310] Im neueren Schrifttum, das sich unter der Überschrift „Der Kunstraub der Nationalsozialisten" auch mit der Frage der Rückgabe von entzogenem jüdischen Kunstbesitz befasst, wird das Problem der Anspruchskonkurrenz überwiegend nicht angesprochen. Vielmehr thematisieren die Autoren im Wesentlichen die Frage des gutgläubigen Erwerbs, der Ersitzung und der Verjährung nach deutschem Recht. So *Heuer*, NJW 1999, S. 2558 ff.; *Müller-Katzenburg*, NJW 1999, S. 2551 ff.; *dies.* in: Museen im Zwielicht, S. 211 ff.; *Messerschmidt*, VIZ 2001, S. 292. *Raue* in: Museen im Zwielicht, S. 287 spricht das Problem unter dem Stichwort „Präklusion" kurz an, lässt seine Lösung aber offen und meint lediglich, dass man in diesen Fällen wohl wird unterscheiden müssen, ob der Berechtigte *„an der Geltendmachung seiner Ansprüche gehindert war oder ob ein ‚Sich abfinden' der Berechtigten die Untätigkeit begründet hat"*. Allein *Hartung*, Kunstraub in Krieg und Verfolgung, S. 166 ff. widmet sich konkret dem „Verhältnis der Rückerstattungsgesetze gegenüber dem allgemeinen Zivilrecht" und kommt nach der Überlegung, dass es *„in der Tat ein faktischer Entzug der Anspruchsposition des vormaligen Eigentümers [wäre], wenn intertemporales Sonderrecht mit „Verfallsdatum", der materiellen Präklusion, an die Stelle des allgemeinen Zivilrechts tritt"*, zu folgendem Ergebnis: *„… besteht nach Ansicht des Verfassers keine verdrängende Anspruchskonkurrenz des Rückerstattungsrechts gegenüber den allgemeinen zivilrechtlichen Regelungen mehr"* (S. 169).

[311] BGH v. 11.2.1953, NJW 1953, S. 542 ff. [542, 543].

*materiellen Unrechtsgehalts nicht Rechtens"* gewesen sei. Bei der Frage, welche rechtlichen Folgen sich hieraus für die Beurteilung von Tatbeständen der vorliegenden Art ergeben, verbiete sich jede formalrechtliche Betrachtungsweise. Wenn Unrecht in die Form eines Gesetzes gekleidet ist, bedürfe es zur Versagung seiner Anerkennung nicht erst der formalrechtlichen Aufhebung. Der Anerkennung der nationalsozialistischen Gesetze als Recht stehe vielmehr schon *„der in die Rechtsüberzeugung aller Kulturnationen eingegangene, jetzt auch in Art. 3 und 1 Abs. 3 GG festgelegte fundamentale Grundsatz der Rechtsgleichheit, der die Diskriminierung einzelner Personengruppen durch das Gesetz verbietet, ein Grundsatz, der auch die deutsche Rechtsordnung beherrscht und durch die nationalsozialistischen Gesetze nicht wirksam aufgehoben werden konnte"*, entgegen. Der Senat fuhr fort: *„Deshalb hat auch die deutsche Rechtsprechung davon auszugehen, dass jene Gesetze niemals Recht, sondern von Anfang an das Gegenteil, nämlich krasses Unrecht waren."*[312]

Unmittelbar im Anschluss an diese Ausführungen hat der Senat zur Frage des Verhältnisses der Rückerstattungsgesetze zum bürgerlichen Recht wie folgt Stellung genommen: *„Hieraus kann aber entgegen der Auffassung des angeführten Urteils des Obergerichts Zürich v. 13.10.1950 nicht gefolgert werden, dass damit ohne weiteres auch die Tatbestände, die durch jene Gesetze ausgelöst werden, rechtlich nicht beachtlich seien. ... Die Entwirrung des durch jene Unrechtsakte geschaffenen Chaos konnte vielmehr nur durch eine besondere gesetzliche Regelung vorgenommen werden. Diese Regelung wurde dann auch durch die Rückerstattungs- und Entschädigungsgesetze getroffen. Es können deshalb die Ansprüche der Betroffenen, die aus der Unrechtmäßigkeit der nationalsozialistischen Akte von Vermögensentziehungen hergeleitet werden, nur noch nach Maßgabe dieser Gesetze und nur in den dort hierfür vorgesehenen Verfahren geltend gemacht werden."*[313]

Diese seine Auffassung hat der Senat mit folgenden, seiner Meinung nach zwingenden Erwägungen zum Schuldnerschutz begründet: Die Folgen der gegen den rechtmäßigen Gläubiger gerichteten unrechtmäßigen Vermögensentziehung dürften nicht von dem Gläubiger auf den Schuldner abgewälzt werden, da damit neues Unrecht an die Stelle des alten gesetzt würde.[314] Dementsprechend hat der

---

312 BGH, NJW 1953, S. 544.

313 BGH, NJW 1953, S. 544.

314 BGH, NJW 1953, S. 545.
Die gegenteilige Auffassung vertritt, wie vom Senat angesprochen, das Obergericht des Kantons Zürich in seinen Urteilen vom 13.10.1950 (Fall Gottstein) und 27.5.1952 (Fall Elkan). Es meint nicht nur, dass die durch die 11. VO zum Reichsbürgergesetz angeordnete Vermögensentziehung ein Eingriff war, der sich mit den fundamentalsten Rechtsgrundsätzen nicht verträgt, sondern zieht daraus auch den Schluss, dass dieses Gesetz weder unmittelbar noch mittelbar angewendet werden dürfe. Auch aufgrund dieses Gesetzes vollzogene Tatsachen dürften nicht berücksichtigt werden. Von dieser Prämisse ausgehend kommt das Gericht zu dem Ergebnis, dass der Auszahlung des Rückkaufwertes einer Lebensversicherung an das

Senat die schuldbefreiende Wirkung der Zahlung an das Reich anerkannt und die Klage abgewiesen.

### 5.2.2. Die Entscheidung des IV. Zivilsenats

Der IV. Zivilsenat hatte über eine Klage zu entscheiden, mit der die Klägerin den Anspruch auf Herausgabe zweier Eisenbahnkesselwagen verfolgt hat, die der ihr im Jahr 1939 bestellte Treuhänder dem Beklagten verkauft und übereignet hatte. Die Klägerin hielt das ganze Rechtsgeschäft wegen eines Verstoßes gegen die guten Sitten für nichtig und hat den Kaufvertrag angefochten, weil er nur unter Zwang und Drohung zustande gekommen sei.[315]

Unter Verweis auf die Ausführungen des II. Senats zur Unrechtmäßigkeit der 11. VO zum Reichsbürgergesetz hat der IV. Senat zunächst festgehalten, dass Rechtsgeschäfte, die von dem aufgrund der Einsatzverordnung zur Abwicklung eines jüdischen Gewerbebetriebes eingesetzten Treuhänder abgeschlossen worden sind, rechtswidrig seien. Anschließend hat er dem II. Senat darin beigepflichtet, dass Ansprüche, die aus der Unrechtmäßigkeit von Vermögensentziehungen hergeleitet werden, nur noch nach der Maßgabe der Rückerstattungs- und Entschädigungsgesetze geltend gemacht werden können, und zur Begründung dieser Auffassung weitere Argumente angeführt. Erstens werde sie durch die Entstehungsgeschichte der Rückerstattungsgesetze gerechtfertigt: Die Versuche der Rechtsprechung vor Erlass der Rückerstattungsgesetze hätten gezeigt, wie schwierig es sei, die Entziehungstatbestände mit dem bisher geltenden Recht voll zu erfassen und hierbei den berechtigten Belangen aller Beteiligten gerecht zu werden. Diese Schwierigkeiten wiederum hätten zu der weit verbreiteten Auffassung geführt, dass diese Fragen nur durch ein besonderes Gesetz zufriedenstellend gelöst werden könnten. Zweitens deute auch der Wortlaut der Rückerstattungsgesetze darauf hin, dass sie die Ansprüche für reine Entziehungsfälle hätten abschließend regeln wollen. So könnten nach Art. 49 Abs. 1 S. 1 BrREG[316] An-

---

Deutsche Reich durch die Rentenanstalt keine schuldbefreiende Wirkung zukäme, sondern dem rechtmäßigen Gläubiger nach wie vor ein Anspruch gegen die Rentenanstalt zustehe. Das Gericht übersah dabei nicht, dass die Verpflichtung zur nochmaligen Leistung für die Rentenanstalt eine Härte in sich barg. Allerdings müsse berücksichtigt werden, dass der verfolgte Jude vollkommen wehrlos gewesen sei, wohingegen die Rentenanstalt sich der Forderung des Reichs hätte energischer zur Wehr setzen können. Es sei deshalb keine unerträgliche Zumutung, wenn sie den entstanden Schaden zu tragen habe (dargestellt nach: *Lüchinger* in: UEK, Bd.19, S. 97 ff.). Sowohl im Fall Gottstein als auch im Fall Elkan äußerte das Gericht ausdrücklich, dass die Rückerstattungs- und Wiedergutmachungsgesetze an seiner Sichtweise nichts ändern könnten. Wenn der Anspruch des rechtmäßigen Gläubigers nicht erloschen sei, könne er nicht auf diese verwiesen werden, da diese gerade den Untergang des Anspruchs voraussetzten (vgl. *Lüchinger* in: UEK, Bd. 19, S. 98; *Dreifuss* in: UEK, Bd. 19, S. 273).

[315] BGH v. 8.10.1953, NJW 1953, S. 1909 f. [1909].

[316] Art. 49 Abs. 1 BrREG hat folgenden Wortlaut: *„Ansprüche, die unter dieses Gesetz fallen, können, soweit in ihm nichts anderes bestimmt ist, nur in dem in diesem Gesetz vorgeschriebe-*

sprüche, die unter dieses Gesetz fallen, nur in dem in diesem Gesetz vorgeschriebenen Verfahren und unter Einhaltung seiner Fristen verfolgt werden. Schließlich spreche drittens auch der Gesetzeszweck für diese Auffassung: Im *„Interesse einer baldigen Beruhigung des Wirtschaftslebens"* sollten die *„durch die Rückerstattung neuerdings veranlassten umfangreichen Vermögensverschiebungen innerhalb einer angemessenen Frist zum Abschluss"* gebracht werden. *„Mit diesem Gesetzeszweck wäre es unvereinbar, wenn der RE-Berechtigte auch außerhalb eines RE-Verfahrens Ansprüche nach allgemeinen Grundsätzen geltend machen könnte. Eine solche Möglichkeit würde für die RE-Pflichtigen einen Schwebezustand und damit eine starke Rechtsunsicherheit herbeiführen, die bei der Abwägung der beiderseitigen und auch allgemeinen Belange nicht gerechtfertigt wäre."*[317]

Damit war die Klage nach Ansicht des IV. Senats als unzulässig abzuweisen.

## 5.3. Die differenziertere Betrachtungsweise des Großen Senats des BGH

Dem Großen Senat für Zivilsachen wurde die Frage vorgelegt, ob ein Verfolgter einen von den Nationalsozialisten entzogenen Vermögensgegenstand herausverlangen kann, ohne ein Verfahren nach den Rückerstattungsgesetzen eingeleitet zu haben. Der vorlegende I. Zivilsenat hatte über eine Klage zu entscheiden, mit der die Herausgabe von in einem Depot befindlichen Wertpapieren geltend gemacht wurde. Die Klägerin, eine wegen ihrer jüdischen Abstammung Verfolgte des nationalsozialistischen Regimes, hinterließ bei ihrer Auswanderung im Jahre 1939 bei der beklagten Bank ein Depot mit Wertpapieren. Diese sind seinerzeit gemäß § 3 der 11. VO zum Reichsbürgergesetz dem Deutschen Reich verfallen. Rückerstattungsansprüche nach Maßgabe des amerikanischen Rückerstattungsgesetzes hat die Klägerin nicht angemeldet.[318]

Wie schon der II. Senat hat auch der Große Senat seine Ausführungen damit eingeleitet, dass er darlegt, dass § 3 der 11. VO zum Reichsbürgergesetz *„wegen seines den Grunderfordernissen jeder rechtsstaatlichen Ordnung widersprechenden Unrechtsgehalts als von vornherein nichtig anzusehen ist"* und somit auch während der Herrschaft der Nationalsozialisten keine Rechtswirkungen zu erzeugen vermocht habe. *„Sie konnte dem Verfolgten weder sein Eigentum noch sein Recht zum Besitz der von der Verfallerklärung betroffenen Vermögensgegenstände nehmen."*[319]

---

*nen Verfahren und unter Einhaltung seiner Fristen verfolgt werden. Ansprüche aus Gründen, die nicht unter dieses Gesetz fallen, können im ordentlichen Rechtsweg geltend gemacht werden."*

317 BGH, NJW 1953, S. 1910.

318 BGH v. 28.2.1955, NJW 1955, S. 905 ff. [905].

319 BGH, NJW 1955, S. 905. Da der Große Senat hier von einer „Verfallerklärung" spricht, soll an dieser Stelle noch einmal darauf hingewiesen werden, dass der Vermögensverfall nach § 3 der 11. VO zum Reichsbürgergesetz unmittelbar durch Gesetz eintrat; einer besonderen Erklärung bedurfte es nicht.

Im Gegensatz zum II. Senat, der aus der Unrechtmäßigkeit nationalsozialistischer Gesetze offenbar folgerte, dass bei durch diese ausgelösten Tatbeständen ohne Unterschied der Anwendungsbereich der Rückerstattungsgesetze eröffnet sei, meint der Große Senat, dass allein mit der Feststellung der Nichtigkeit des § 3 der 11. VO zum Reichsbürgergesetz die Frage, ob der Vermögensverfall einen Entziehungstatbestand im Sinne des amerikanischen Rückerstattungsgesetzes ausgelöst hat, noch nicht beantwortet sei. Es sei vielmehr zu prüfen, ob durch den an sich nichtigen Gesetzesbefehl in tatsächlicher Hinsicht ein Zustand eingetreten ist, der sich rechtlich als Entziehung im Sinne der Rückerstattungsgesetzgebung darstellt. Dies sei zwar bereits dann der Fall, wenn der Verfolgte in der Ausübung der Verfügungsgewalt über sein Vermögen tatsächlich behindert gewesen ist. Aber auch dies, so führt der Senat weiter aus, besage nicht, *„dass die Klägerin die uneingeschränkte tatsächliche Herrschaftsmacht über diese Wertpapiere nur durch Einleitung eines RE-Verfahrens nach Maßgabe der REG hätte zurückgewinnen können. Da das Eigentum und das Recht zum Besitz durch die rechtsunwirksame Verfallerklärung unberührt geblieben waren, bestand die Entziehung ausschließlich in der tatsächlichen Behinderung, diese Rechte auszuüben. Diese Behinderung war aber nicht etwa die Folge von rechtlichen oder tatsächlichen Einwirkungen auf das betroffene Vermögen selbst, sondern beruhte allein auf der Macht des nationalsozialistischen Regimes, die Beachtung der nichtigen Verfallerklärung zu erzwingen. Nachdem diese Macht zusammengebrochen war, und auch im Raume des rein Tatsächlichen wieder rechtsstaatliche Grundsätze herrschten, rückte bei solcher Fallgestaltung der Verfolgte ohne weiteres in die der materiellen Rechtslage entsprechende Verfügungsgewalt wieder ein.“*[320] Anders als der II. Senat meint der Große Senat, dass es bei einer solchen Sachlage der Richtigstellung einer durch die Unrechtsakte des nationalsozialistischen Regimes etwa geschaffenen verworrenen tatsächlichen Lage durch eine gesetzliche Regelung nicht bedurft hätte, und hält schließlich fest: *„Ein RE-Anspruch nach Maßgabe der REG konnte somit gar nicht zur Entstehung kommen, weil es im Zeitpunkt des Inkrafttretens der REG an einer zurückzugewährenden tatsächlichen oder rechtlichen Position des Verfolgten fehlte.“*[321]

Zur Begründung seiner Auffassung hat der Große Senat ebenso wie zuvor der IV. Senat auf Wortlaut und Zweck der Rückerstattungsgesetze verwiesen, nur versteht er diese anders als der IV. Senat: Sein Ergebnis, so der Große Senat, sei nicht nur mit dem Wortlaut der Rückerstattungsgesetze vereinbar, da diese sich mit bereits bereinigten Entziehungsfällen nicht befassten, sondern entspräche darüber hinaus allein dem Sinn und Zweck dieser Sondergesetzgebung. *„Denn nur von diesem Rechtsstandpunkt aus können Streitfälle der vorliegenden Art einer*

---

320 BGH, NJW 1955, S. 906.

321 BGH, NJW 1955, S. 906.

*Lösung zugeführt werden, die den Interessen der Verfolgten, deren Schutz die Rückerstattungsgesetze dienen wollen, gerecht wird."*[322]

Im Anschluss hieran hat der Große Senat dargelegt, dass den Verfolgten schwerwiegende Nachteile erwachsen könnten, würden unverändert erhalten gebliebene Vermögensgegenstände nur deshalb der RE-Gesetzgebung unterstellt, weil sie von einer Vermögensentziehung im Sinne der Rückerstattungsgesetze betroffen waren: Wenn nämlich der Verfolgte einen Rückerstattungsanspruch nicht rechtzeitig angemeldet hätte, so *„würde die nur tatsächliche Behinderung des Verfolgten in der Ausübung seiner Rechte während der nationalsozialistischen Herrschaft nachträglich zu einem Eigentumsverlust führen"*, da mit der Versäumung der Anmeldefrist ein endgültiger Rechtsverlust eingetreten wäre.[323]

Zu der Frage, ob die Ansprüche des Verfolgten nach dem bürgerlichen Recht innerhalb der dreißigjährigen Verjährungsfrist des BGB nach den allgemeinen Verfahrensregeln geltend gemacht werden können, hat der Große Senat konsequenter Weise nicht Stellung genommen. Dass dies der Fall ist, folgt denknotwendig aus seinen Ausführungen zur Anmeldefrist und den mit ihrem Versäumen verbundenen schwerwiegenden Nachteilen.

## 5.4. Stellungnahme

Der Ansicht des Großen Senats für Zivilsachen, wonach die Ansprüche nach dem bürgerlichen Recht nicht hinter denen nach den alliierten Rückerstattungsgesetzen zurücktreten, ist der Vorzug einzuräumen. Die gegenteilige Auffassung des II. und des IV. Zivilsenats vermag aus verschiedenen Gründen nicht zu überzeugen.

In den Ausführungen des II. und des IV. Zivilsenats liegt zumindest eine gewisse Widersprüchlichkeit. Ihr ausdrückliches Bekenntnis zu der Ansicht, dass die nationalsozialistischen Gesetze von Anfang an „krasses Unrecht" gewesen seien, wird dadurch in Frage gestellt, dass sie ihnen schließlich doch Geltungskraft zuerkennen, indem sie die durch diese Gesetze ausgelösten Tatbestände als beachtlich ansehen und somit die durch sie angeordneten Vermögensentziehungen perpetuieren.

Diese Diskrepanz hat bereits der Große Senat erkannt, der in seiner Bewertung noch einen Schritt weitergegangen ist und in seinem oben dargestellten Beschluss folgendes ausgeführt hat: *„Die vom IV. ZS vertretene Auffassung, wonach die Verfallerklärung, auch wenn sie nicht zu einer Vermögensentziehung geführt hat, dem Deutschen Reich über den Zusammenbruch hinaus eine Eigentümerstellung i.S.d. REG verschafft haben soll, die nur nach Maßgabe dieser Gesetze beseitigt werden*

---

322 BGH, NJW 1955, S. 906.

323 BGH, NJW 1955, S. 906.

*könne, ist unvereinbar mit der auch von dem IV. ZS gebilligten Rechtsansicht, dass die 11. VO z. Reichsbürgergesetz wegen ihres Unrechtsgehalts von Anfang an nichtig war.“*[324]

Auch ist es bedenklich, wenn der II. und der IV. Zivilsenat die Verfolgten auf Ansprüche nach den Rückerstattungs- und Entschädigungsgesetzen verweisen. Dieser Verweis geht nämlich ins Leere, da die Geltendmachung von Ansprüchen auf Rückgabe entzogener Vermögensgegenstände nach den alliierten Rückerstattungsgesetzen im Zeitpunkt der Entscheidungen wegen des Ablaufs der Anmeldefristen bereits ausgeschlossen war. Ansprüche auf Entschädigung nach dem Bundesrückerstattungsgesetz konnten hingegen noch nicht geltend gemacht werden, weil das Gesetz in diesem Zeitpunkt noch gar nicht in Kraft getreten war.

Der II. und der IV. Zivilsenat haben mit einer aus rechtlicher Sicht sicherlich vertretbaren Argumentation die Interessen des Schuldners bzw. Erwerbers eines entzogenen Vermögensgegenstandes über die Interessen des Verfolgten gestellt. Dies war aber keinesfalls zwingend; die gegenteilige, zum Beispiel vom Obergericht des Kantons Zürich vertretene Auffassung[325] ließ sich ebenso überzeugend begründen. Da klare Normen fehlten, kam bei der Beantwortung der Fragen, ob der Zahlung an das Deutsche Reich schuldbefreiende Wirkung zukam und ein Treuhänder Vermögensgegenstände wirksam übereignen konnte, dem richterlichen Ermessen dessen, was richtig und angemessen sei, erhebliche Bedeutung zu. Letztlich hat man es hier also mit moralischen Erwägungen zu tun, die man aus heutiger Sicht nicht so ohne weiteres in Kategorien wie richtig oder falsch einordnen kann.[326] Bei ihrer Bewertung darf man vielmehr den Kontext, in welchem sie gestanden haben, nicht ausblenden. Denn gerade die richterliche Abwägung der Interessen des Verfolgten und des Erwerbers eines diesem entzogenen Vermögensgegenstandes ist geprägt vom Wissen und der Bewertung der Judenverfolgung während des Nationalsozialismus durch den Richter und seiner Einstellung zur Wiedergutmachung dieses Unrechts, insbesondere zur Rück-

---

[324] BGH, NJW 1955, S. 906. Der Senat hat eingangs seines Beschlusses die hier besprochenen Urteile des II. und des IV. Zivilsenats erwähnt. Vermutlich hat er bei seinen soeben zitierten Ausführungen nicht die Auffassung des IV. Senats, sondern die des II. Senats gemeint, da nur diese die 11. VO zum Reichsbürgergesetz betrifft. Allerdings gelten seine Erwägungen ebenso für die Auffassung des IV. Senats zur Beachtung der schuldrechtlichen und dinglichen Wirkungen eines Rechtsgeschäfts, das ein nach der Einsatzverordnung eingesetzter Treuhänder abgeschlossen hat.

[325] Siehe oben Fn. 314.

[326] Vgl. *Dreifuss* in: UEK, Bd. 19, S. 291 f., der letztlich dem Standpunkt des Obergerichts des Kantons Zürich den Vorrang vor dem des Schweizer Bundesgerichts einräumt. Dieses hat in seinem Urteil vom 26.3.1953 (Fall Elkan), anders als das Obergericht, die schuldbefreiende Wirkung der Zahlung der Rentenanstalt an das Deutsche Reich bejaht (vgl. *Dreifuss* in: UEK, Bd. 19, S. 273 ff.).

erstattung jüdischen Vermögens. Seinen Standpunkt bildet der Richter aber nicht in einem von seiner Umwelt abgeschotteten Raum, sondern hört als Teil der Gesellschaft deren Meinung zu diesen Fragen und muss sich mit ihr auseinandersetzen.

Die deutsche Öffentlichkeit aber stand der Rückerstattung jüdischen Eigentums aus privater Hand in den 1950er Jahren nach wie vor großenteils ablehnend gegenüber.[327] Dieser Standpunkt resultierte nicht zuletzt daraus, dass Privatpersonen in erheblichem Maße von der wirtschaftlichen Existenzvernichtung der Juden während des Nationalsozialismus profitiert haben. Sie haben jüdisches Vermögen günstig erworben und es widersprach ihrem Interesse, sich Rückgabeansprüchen der früheren Eigentümer oder ihrer Rechtsnachfolger ausgesetzt zu sehen. Eine selbstkritische Auseinandersetzung der Profiteure mit der eigenen Beteiligung an der Entziehung jüdischen Vermögens stand nicht zur Debatte, vielmehr dominierte insgesamt ein Bild der Judenverfolgung, wonach die Verantwortung beim Staat gelegen habe, während der deutschen Gesellschaft lediglich eine passive Rolle zugesprochen wurde.[328] Es kam sogar vor, dass sich die Profiteure selbst zu Opfern der damaligen Verhältnisse stilisierten.[329] Die Rückerstattung jüdischen Vermögens wurde überdies hinter die aus der Sicht der deutschen Gesellschaft vordringlichen Ansprüche der deutschen Opfer des Krieges, der Flüchtlinge und Vertriebenen, Bombengeschädigten, Kriegswitwen etc. gestellt.[330] Sogar die wirtschaftspolitischen Ziele der Bundesrepublik Deutsch-

---

[327] Zu den verschiedenen Agitatoren gegen die Rückerstattung und ihren Forderungen vgl. *Goschler* in: Goschler, Lillteicher, S. 110 ff.

[328] Vgl. *Bajohr* in: Goschler, Lillteicher, S. 55; *Goschler* in: Goschler, Lillteicher, S. 112.

[329] Vgl. *Bajohr* in: Goschler, Lillteicher, S. 55; *Lillteicher* in: Goschler, Lillteicher, S. 127, 145, der am Beispiel der „arisierten" Rosenthal Porzellan AG darstellt, wie die Rückerstattungspflichtigen *„mit vehementer Abwehr, Ignoranz, demonstrativem Unwillen und völligem Unverständnis für die gegen sie erhobenen Vorwürfe"* reagierten und meinten, in keiner Weise gegen „gängige Geschäftspraktiken" verstoßen zu haben und dabei den Kontext ausblendeten, in dem ihr vermeintlich korrektes Verhalten gestanden hatte.

[330] *Bajohr* in: Goschler, Lillteicher, S. 55; *Goschler* in: Goschler, Lillteicher, S. 113 f. Verdeutlichen mag dies das Ergebnis zweier Umfragen in der deutschen Bevölkerung aus den Jahren 1949 und 1951: Laut *Goschler*, Wiedergutmachung, S. 211 ff. haben bei der im August 1949 vom Allensbacher Meinungsforschungsinstitut durchgeführten Umfrage auf die Frage: „Glauben Sie, dass Deutschland gegenüber den noch lebenden deutschen Juden die Pflicht zur Wiedergutmachung hat?" 54 Prozent mit „Ja", 31 Prozent mit „Nein" geantwortet und 15 Prozent sich unentschieden geäußert. Bei der im Oktober 1951 von der amerikanischen Hohen Kommission durchgeführten Umfrage sei – anders als bei der Allensbach-Umfrage – die Frage der Wiedergutmachung für die Juden nicht isoliert, sondern in verschiedenartigen Kontexten gestellt worden: Die Befragten sollten entscheiden, welche der vorgegebenen Geschädigten-Gruppen Hilfe durch die Bundesrepublik erhalten sollten. Dabei hätten sich zwar immerhin 68 Prozent für die Gewährung von Hilfe an die Juden ausgesprochen, 21 Prozent seien dagegen gewesen und elf Prozent hätten keine Meinung geäußert. Dieses Ergebnis werde allerdings durch die anderen Antworten relativiert: Für die Hilfe für Kriegswitwen

land wurden gegenüber der Rückerstattung entzogenen jüdischen Vermögens als vorrangig eingestuft.[331]

Diesem Zeitgeist tragen die Entscheidungen des II. und IV. Zivilsenats Rechnung, wenn sie die Interessen des Schuldners bzw. Erwerbers eines entzogenen Vermögensgegenstandes über die Interessen des verfolgten jüdischen Eigentümers stellen. Deutlich wird dies insbesondere an der Argumentation des IV. Zivilsenats, der ja ausdrücklich das „Interesse einer baldigen Beruhigung des Wirtschaftslebens" und das Interesse des Rückerstattungspflichtigen gefährdet sieht, könnte der frühere jüdische Eigentümer seine zivilrechtlichen Ansprüche innerhalb der Verjährungsfristen des bürgerlichen Rechts geltend machen. Die Interessen des früheren Eigentümers benennt der Senat noch nicht einmal, seinem Schicksal und seinen materiellen Verlusten begegnet er mit Ignoranz. Dass er sich bei der Begründung seines Abwägungsergebnisses auch noch auf den Zweck der Rückerstattungsgesetze beruft, zeigt, dass er, um ein bestimmtes Ergebnis zu erzielen, nämlich die Interessen des Erwerbers durchsetzen zu helfen, nicht einmal davor zurückschreckt, ein Gesetz, das den Interessen des Verfolgten diesen soll, in sein Gegenteil zu verkehren.[332]

Dass solche Erwägungen schon seinerzeit keine Zustimmung verdienten, zeigt die Entscheidung des Großen Senats, insbesondere seine konträren Ausführungen zum Zweck der Rückerstattungsgesetze. Aus heutiger Sicht kann der vom II. und IV. Zivilsenat eingenommene Standpunkt erst recht nicht geteilt werden. Zum einen, weil mit der nun vorhandenen zeitlichen und persönlichen Distanz die Beteiligung der deutschen Bevölkerung an der Verdrängung der Juden aus ihrer wirtschaftlichen und gesellschaftlichen Stellung, insbesondere an der Entziehung ihres Vermögens, anders zu bewerten ist, als vor fünfzig Jahren, nämlich als direkte und unmittelbare Beteiligung ganz bewusst zum eigenen Vorteil und nicht als bloße Hinnahme eines von Regierung und Partei veranlassten Geschehens. Dieses entsprechend der Wirklichkeit zurecht gerückte Bild von der Beteiligung der deutschen Bevölkerung muss sich in der Erkenntnis niederschlagen,

---

und -waisen hätten sich nämlich 96 Prozent ausgesprochen, für die Hilfe für Luftkriegsopfer 93 Prozent und für die Hilfe für Flüchtlinge und Vertriebene aus dem Osten 90 Prozent. Weiter befragt nach der Rangfolge der Ansprüche, hätten von denen, die eine Hilfe für die Juden befürworteten, gerade zwei Prozent gemeint, dass die Juden den ersten Anspruch haben sollten, 17 Prozent hätten sie dagegen auf den letzten Platz gesetzt.

[331] *Lillteicher* in: Goschler, Lillteicher, S. 145.

[332] Damit steht der IV. Zivilsenat nicht allein. Wie *Lillteicher* in: Goschler, Lillteicher, S. 132, 147 ff. herausgefunden hat, haben sich zahlreiche deutsche Richter geweigert, sich dem Leitgedanken der Rückerstattungsgesetze zu öffnen. Oftmals sei das Gesetz in einer Art und Weise interpretiert worden, die eher den Rückerstattungspflichtigen entgegen kam als den Verfolgten. *„Hinter der Fassade eines einfallsreichen, ausgetüftelten und scheinbar unangreifbaren Legalismus verbarg sich der Unwille und der Widerstand gegenüber den alliierten Rückerstattungsgesetzen"* (S. 156).

dass diejenigen, die einen Vermögensgegenstand entweder direkt von seinem Eigentümer oder, nachdem er diesem entzogen worden war, von einem Dritten erworben haben, weit weniger schützenswert sind, als damals angenommen, und dass ihnen die Rückerstattung dieser Vermögensgegenstände in weit stärkerem Maße hätte zugemutet werden können und müssen, als geschehen.

Der Standpunkt des II. und IV. Zivilsenats kann heute zum anderen deshalb nicht geteilt werden, weil nunmehr feststeht, welch weit reichende Folgen diese negative Einstellung der Bevölkerung im Allgemeinen und der Richter im Besonderen zur Rückerstattung hatte: Neuere Studien zur Geschichte der Rückerstattung zeigen, dass der Zweck der Rückerstattungsgesetze, die schnelle und möglichst umfangreiche Rückerstattung, nicht erreicht wurde. Vielmehr kam es zu erheblichen Verzögerungen, tiefen Konflikten und schwerwiegenden Unregelmäßigkeiten. Die deutlichen Zäsuren, die das Rückerstattungsrecht aufgrund des nationalsozialistischen Unrechts zu den bis dahin gekannten Rechtstraditionen gesetzt hatte, wurden missachtet, was sich im Resultat meist zugunsten der Rückerstattungspflichtigen auswirkte.[333]

Abgesehen davon hatten die früheren Eigentümer entzogener Kunstwerke größere Schwierigkeiten, ihre Rückerstattungsansprüche vor Ablauf der Anmeldefristen geltend zu machen, als etwa die Eigentümer entzogener Grundstücke.

Das zeigt sich schon an der Anzahl der rückerstatteten Kunstwerke im Vergleich zur Anzahl der rückerstatteten Grundstücke: Zum Stichtag 31.12.1973 waren in den Ländern der früheren amerikanischen Besatzungszone 4.128 Kunstwerke, einschließlich ritueller Gegenstände, mit einem Gesamtwert von rund 7.884 tausend DM rückerstattet worden. Demgegenüber belief sich die Zahl der rückerstatteten Grundstücke auf 17.186 mit einem Gesamtwert von etwa 388.958 tausend DM.[334] Ein Grund für diesen Unterschied liegt möglicherweise darin, dass zahlreiche Kunstwerke, solange dies möglich war, ins Ausland gebracht worden sind und dadurch, anders als Grundstücke, der Entziehung entgehen konnten. Dies allein kann aber den großen Unterschied der Anzahl der Rückerstattungen nicht erklären. Ein weiterer, ganz wesentlicher Grund hierfür ist darin zu sehen, dass es dem früheren Eigentümer eines entzogenen Kunstwerks in den meisten Fällen nicht gelungen sein wird, innerhalb der Zeit bis zum Ablauf der Anmeldefrist am 31. Dezember 1948 zu ermitteln, wer das Kunstwerk derzeit besitzt und somit als Rückerstattungspflichtiger in Anspruch genommen werden kann.

---

333 Vgl. *Lillteicher* in: Goschler, Lillteicher, S. 155, 156; *Spannuth* in: Goschler, Lillteicher, S. 258.

334 *Schwarz*, Rückerstattung, S. 171, 362, 390 (Tabelle 6). Ihm zufolge betrug die Gesamtsumme des rückerstatteten Vermögens 1.035.896 tausend DM; die Rückerstattung von Kunstwerken überstieg also kaum 0,5 % des Wertvolumens der individuellen Rückerstattung und hat somit „fast gar keine Rolle“ gespielt.

Dies war für ihn sehr viel schwieriger, als etwa für den früheren Eigentümer eines entzogenen Grundstücks, der, es sei denn, eine Umschreibung war nicht erfolgt oder es war vernichtet, mit Hilfe des Grundbuchs herausfinden konnte, wer sich des Eigentums an dem Grundstück berühmt. Über eine solche zuverlässige Informationsquelle verfügte der frühere Eigentümer eines Kunstwerks damals nicht. Er konnte nur die Personen befragen, die etwas über den Verbleib des Kunstwerks wissen konnten, also insbesondere den Kunstsammler oder Kunsthändler, dem er das Kunstwerk seinerzeit verkauft oder zur Versteigerung übergeben hat, und die Museen, denen das Deutsche Reich ihm verfallene Kunstwerke übertragen hat. Dazu musste ihm allerdings deren damaliger Aufenthaltsort bekannt gewesen sein. Das wird, was den Kunsthändler und den Kunstsammler anbelangt, insbesondere dann nicht immer der Fall gewesen sein, wenn sie den Ort, an dem sie zur Zeit des Geschäftsabschlusses ansässig waren, später etwa infolge der Kriegswirren verlassen haben. Ihren neuen Aufenthaltsort ausfindig zu machen, wird dem früheren Eigentümer zumeist nicht gelungen sein, denn auch insofern waren seine Mittel beschränkt: Er konnte sich bei der Meldebehörde des früheren Wohnorts und, waren ihm solche bekannt, bei früheren Nachbarn oder anderen Geschäftspartnern des Kunsthändlers oder Kunstsammlers nach dessen Verbleib erkundigen. Oftmals werden diese jedoch nicht auskunftsfähig oder auskunftsbereit gewesen sein, so dass entsprechende Bemühungen ohne Erfolg blieben.

Fehlende Auskunftsfähigkeit oder Auskunftsbereitschaft hätten vermutlich in der Regel auch die Befragung der Kunsthändler, Kunstsammler und Museen selbst erfolglos bleiben lassen. In der Gemäldegalerie Dresden zum Beispiel wurde im Jahr 1946 das gesamte Personal ausgetauscht, so dass es niemanden mehr gab, der aus eigener Anschauung Auskunft darüber hätte erteilen können, ob und welche Kunstwerke jüdischer Provenienz in der Zeit von 1933 bis 1945 in den Bestand der Galerie gelangt sind. Die neuen Mitarbeiter jedoch hätten eine entsprechende Anfrage des früheren Eigentümers nicht beantworten können, da sie insoweit auf keine Erkenntnisquellen zurückgreifen konnten. Es gab nämlich kein Verzeichnis, in dem die Erwerbungen dieser Jahre registriert waren; dem Katalog aus dem Jahr 1930 folgte erst in den 1970/80er Jahren ein neuer Bestandskatalog.[335]

Es kann davon ausgegangen werden, dass auch in anderen Museen keine Unterlagen existierten, die über die zwischen 1933 und 1945 getätigten Erwerbungen Auskunft gaben und denen insbesondere zu entnehmen war, ob ein in dieser Zeit erworbenes Kunstwerk aus einer jüdischen Sammlung stammt.[336] Denn nur so

[335] *Ursula Köhn* und *Dr. Gilbert Lupfer*, Staatliche Kunstsammlungen Dresden in einem Gespräch mit der Verfasserin am 24.3.2004.

[336] Auch ist zu bezweifeln, dass Erwerbungen aus jüdischem Kunstbesitz unter Angabe dieser Provenienz in einen Katalog aufgenommen worden wären. Diese Zweifel stützen sich insbe-

lässt sich erklären, dass die Erforschung der Provenienz der eigenen Bestände im Hinblick auf „NS-verfolgungsbedingt entzogenes Kulturgut, insbesondere aus jüdischem Besitz", zu der sich die öffentlichen Museen in der Gemeinsamen Erklärung selbstverpflichtet haben, wie ihre Erfahrungsberichte zeigen, zumeist nur mit Hilfe fremder Quellen möglich ist. In anderen Institutionen überlieferte Unterlagen sind jedoch vielfach erst in Umsetzung der Grundsätze der Washingtoner Konferenz zugänglich gemacht worden. Dazu gehören auch die Akten der Reichskulturkammer über die bei ihr angemeldeten Versteigerungen der verschiedenen Auktionshäuser, die nicht nur die einzelnen eingelieferten Objekte, sondern teilweise auch deren Käufer auflisten, und die deshalb so manchem früheren Eigentümer hilfreich gewesen wären.[337]

Konnte der frühere Eigentümer die genannten Hindernisse erst nach dem Ablauf der – vor diesem Hintergrund als viel zu kurz anzusehenden – Anmeldefristen überwinden, darf der durch den Fristablauf bewirkte Ausschluss der Geltendmachung der Ansprüche nach den alliierten Rückerstattungsgesetzen nicht verhindern, dass das Unrecht der Vermögensentziehung wiedergutgemacht wird, soweit dies im Rahmen des gesetzlich Zulässigen noch möglich ist. Wenn also dem Eigentümer oder seinem Rechtsnachfolger ein Anspruch auf Herausgabe des seinerzeit entzogenen Kunstwerks nach § 985 BGB zusteht, muss er diesen geltend machen können.

## B. Die Rückerstattung nach dem Gesetz zur Regelung offener Vermögensfragen

Die Wiedergutmachung des Unrechts am jüdischen Vermögen, das in dem Teil des Deutschen Reichs begangen worden ist, der später zu der sowjetischen Besatzungszone bzw. der DDR gehörte, sieht das Gesetz zur Regelung offener Vermögensfragen vor. Damit soll die Wiedergutmachung in Form der Rückgabe entzogener Vermögensgegenstände nach dem Vorbild der alliierten Rückerstattungsgesetze in den westlichen Besatzungszonen nachgeholt werden.

---

sondere auf das diesbezügliche Vorgehen der Städtischen Kunstsammlungen Görlitz: Deren Direktor Dr. Asche präsentierte im Jahr 1942 in der Zeitschrift Weltkunst die „Neuerwerbungen in den Kunstsammlungen Görlitz" als ganz normale Bestandserweiterungen. Der Name des jüdischen Sammlers Carl Sachs, aus dessen Kollektion das Museum im März 1940 viele Kunstwerke übernommen hat, ist dabei nicht erwähnt worden (vgl. *Hinz*, Raubkunst in Görlitz, S. 8).

337 Vgl. *Heuss* in: Frehner, S. 101.

## 1. Die Entstehung des Vermögensgesetzes

Anders als in den westlichen Besatzungszonen wurde das während der nationalsozialistischen Herrschaft am jüdischen Vermögen begangene Unrecht in der sowjetischen Besatzungszone nicht wiedergutgemacht. Es wurde insbesondere kein einheitliches, in allen Ländern der Zone geltendes Rückerstattungsgesetz erlassen.[338] Allein in Thüringen trat am 14. September 1945 ein Wiedergutmachungsgesetz in Kraft, das jedoch im Jahr 1952 wieder aufgehoben wurde.[339] Die Rückerstattung entzogener Vermögensgegenstände an ihre früheren Eigentümer war nicht gewollt, und zwar vor allem deshalb nicht, weil damit eine (Rück-)Bildung von Privateigentum, in vielen Fällen auch noch bei Bürgern des kapitalistischen Auslands, verbunden war, die nicht in das sozialistische Wirtschafts- und Gesellschaftskonzept der sowjetischen Besatzungsmacht und der DDR passte.[340]

Nach der politischen Wende in der DDR vereinbarten die Regierungschefs der beiden deutschen Staaten, eine deutsch-deutsche Kommission zur Klärung der offenen Vermögensfragen einzusetzen. Die Kommission nahm am 20. Februar 1990 ihre Arbeit auf und bereitete die Gemeinsame Erklärung der Regierungen der Bundesrepublik Deutschland und der Deutschen Demokratischen Republik zur Regelung offener Vermögensfragen vor, die am 15. Juni 1990 verabschiedet

---

338 Die Schaffung eines Wiedergutmachungsgesetzes wurde zwar diskutiert, ist aber, vor allem wegen der darin vorgesehenen materiellen Wiedergutmachung, letztlich an der Intervention der SMAD gescheitert. Warum aber nicht einmal der – inzwischen zu einem Torso zusammengestrichene – Teil zur Entschädigung verabschiedet wurde, kann nicht abschließend festgestellt werden. Ein Grund hierfür mag die prekäre wirtschaftliche Situation der mit hohen Reparationszahlungen an die Sowjetunion und Polen belasteten sowjetischen Besatzungszone gewesen sein. Überdies muß an der Ernsthaftigkeit der Bemühungen der Beteiligten um eine Wiedergutmachung zugunsten der Juden gezweifelt werden (vgl. *Kessler* in: Goschler, Lillteicher, S. 198 ff.). Das zeigt sich auch an der am 5. Oktober 1949 statt eines Wiedergutmachungsgesetzes erlassenen Wiedergutmachungsverordnung für die Opfer des Nationalsozialismus, die eine soziale Fürsorge in Form von Sonderrenten, medizinischer Hilfe, Bereitstellung von Wohnraum etc. vorsah (vgl. *Kessler* in: Goschler, Lillteicher, S. 207; *Spannuth* in: Goschler, Lillteicher, S. 246 f.). Darin wurden die Juden nur als „Opfer des Faschismus" und nicht, wie die Kommunisten, als „Kämpfer gegen den Faschismus" anerkannt. Diese Behandlung als Opfer zweiter Klasse hatte eine Benachteiligung zum Beispiel beim Bezug von Lebensmitteln zur Folge. Auch erhielten Juden nicht immer eine Rente (vgl. *Brenner*, Das Lied ist aus, S. 102 ff.). Außerhalb der sowjetischen Besatzungszone lebende Juden gingen von vornherein leer aus.

339 Vgl. *Spannuth* in: Goschler, Lillteicher, S. 250 ff.
In Sachsen und Brandenburg wurde im Juni bzw. August 1946 in Erwartung einer einheitlichen gesetzlichen Rückerstattungsregelung eine Verkaufssperre für Grundstücke aus ehemals jüdischem Besitz angeordnet, die dann in den 1950er Jahren wieder aufgehoben wurde (*Spannuth* in: Goschler, Lillteicher, S. 248).

340 Vgl. *Schwarz*, Rückerstattung, S. 325 ff.; *ders.*, JuS 1986, S. 434; *Graf*, Rückgabe, S. 54 ff.; *Kessler* in: Goschler, Lillteicher, S. 208, 213.

wurde.[341] In ihrer Präambel wird erläutert, welches die „offenen Vermögensfragen“ sind, die einer Lösung zugeführt werden sollen, nämlich die durch *„die Teilung Deutschlands, die damit verbundene Bevölkerungswanderung von Ost nach West und die unterschiedlichen Rechtsordnungen in beiden deutschen Staaten“* herbeigeführten *„zahlreichen vermögensrechtlichen Probleme“*. Dagegen ist von der Wiedergutmachung des nationalsozialistischen Unrechts, insbesondere der Rückerstattung entzogenen jüdischen Vermögens, weder in der Präambel noch in den sich daran anschließenden Eckwerten die Rede.

Erst auf das Drängen der Bundesregierung wurde schließlich folgende Regelung als Absatz 6 in den § 1 des ansonsten schon ausgearbeiteten Vermögensgesetzes aufgenommen: *„Dieses Gesetz ist entsprechend auf vermögensrechtliche Ansprüche von Bürgern und Vereinigungen anzuwenden, die in der Zeit vom 30. Januar 1933 bis zum 8. Mai 1945 aus rassischen, politischen oder weltanschaulichen Gründen verfolgt wurden und deshalb ihr Vermögen infolge von Zwangsverkäufen, Enteignungen oder auf andere Weise verloren haben“*.[342]

Entstehungsgeschichte und Wortlaut des § 1 Abs. 6 VermG, nämlich die Anordnung der „entsprechenden“ Anwendung, zeigen, dass die Rückübertragung des während der nationalsozialistischen Herrschaft entzogenen jüdischen Vermögens nur „Neben-Zweck“ des Vermögensgesetzes ist. Von seiner Grundkonzeption her zielt dieses vielmehr auf die Rückgängigmachung des unter dem SED-Staat begangenen vermögensrechtlichen Unrechts.[343] Dies ist bei der Anwendung des Vermögensgesetzes auf Ansprüche von Verfolgten des nationalsozialistischen Regimes in der Weise zu berücksichtigen, dass stets geprüft werden muss, ob und inwieweit eine Ähnlichkeit der Sachverhalte gegeben ist, welche die entsprechende Anwendung der jeweiligen Vorschrift rechtfertigt.[344]

---

341 Gemeinsame Erklärung der Regierungen der Bundesrepublik Deutschland und der Deutschen Demokratischen Republik zur Regelung offener Vermögensfragen vom 15. Juni 1990 als Anlage III zum Einigungsvertrag, BGBl. II, S. 889, 1237. Im Folgenden „Gemeinsame Erklärung“ genannt.

342 Ausführlich zur Entstehungsgeschichte des Vermögensgesetzes *Graf*, Rückgabe, S. 62 ff.; *Meyer-Seitz* in: Goschler, Lillteicher, S. 266.
Das Gesetz zur Regelung offener Vermögensfragen (Vermögensgesetz – VermG) in der Fassung der Bekanntmachung vom 21.12.1998 (BGBl. I, S. 4026), zuletzt geändert durch Gesetz vom 17.05.2002 (BGBl. I, S. 1580), trat am 29. September 1990 als Gesetz der DDR in Kraft und gilt gemäß dem Einigungsvertrag (Anl. II Kap. III Sachgebiet B Abschnitt I Nr. 2) seit dem 3. Oktober 1990 als partielles Bundesrecht im Gebiet der ehemaligen DDR fort.

343 *Graf*, Rückgabe, S. 70; *Düx*, VIZ 1992, S. 259.

344 Vgl. *Hintz*, VIZ 1991, S. 12.

## 2. Die wichtigsten Regelungen des Vermögensgesetzes

Die einzige Vorschrift des Vermögensgesetzes, in der ausdrücklich von Ansprüchen von Bürgern und Vereinigungen, *„die in der Zeit vom 30. Januar 1933 bis zum 8. Mai 1945 aus rassischen, politischen oder weltanschaulichen Gründen verfolgt wurden und deshalb ihr Vermögen infolge von Zwangsverkäufen, Enteignungen oder auf andere Weise verloren haben"*, die Rede ist, ist der bereits erwähnte § 1 Abs. 6 VermG. Die Vorschrift definiert den Kreis der Anspruchsberechtigten und ähnelt insofern Art. 1 USREG. Ansonsten bleibt sie einerseits hinter dem Regelungsgehalt dieser Vorschrift zurück, da sie sich weder für eine beschleunigte Rückerstattung im größtmöglichen Umfang ausspricht, noch die Regelungen des Bürgerlichen Gesetzbuchs zum Schutz des gutgläubigen Erwerbs außer Kraft setzt. Andererseits geht sie über ihn hinaus, indem sie zugleich bestimmt, in welchen Fällen eine Vermögensentziehung im Sinne des Gesetzes vorliegt.

### 2.1. Die Entziehungstatbestände des § 1 Abs. 6 VermG

Bei der Definition der Entziehungstatbestände bleibt die Vorschrift des § 1 Abs. 6 VermG, was die Detailliertheit der Beschreibung betrifft, hinter den Regelungen in den Art. 2, 3 und 4 USREG zurück. Da aber die verschiedenen Formen der Entziehung jüdischen Vermögens vom Vermögensgesetz in gleicher Weise erfasst werden sollen, wie von den alliierten Rückerstattungsgesetzen, hat sich die Auslegung des § 1 Abs. 6 S. 1 VermG insoweit an den Bestimmungen dieser Gesetze, also auch an den Art. 2, 3, und 4 USREG, und an der dazu ergangenen Rechtsprechung zu orientieren.[345] Deutlich wird dieser gesetzgeberische Wille insbesondere an dem Verweis auf die Vermutungsregelungen in Art. 3 und 4 REAO: Gemäß § 1 Abs. 6 S. 2 VermG wird zugunsten des Berechtigten ein verfolgungsbedingter Vermögensverlust nach Maßgabe des II. Abschnitts der Anordnung BK/O (49) 180 der Alliierten Kommandantur Berlin vom 26. Juli 1949 vermutet.[346] Die Regelungen in Art. 3 und 4 REAO entsprechen denen in Art. 3 und 4

---

[345] *Neuhaus* in: Fieberg/Reichenbach/Messerschmidt/Neuhaus, VermG, § 1, Rn. 132; *Graf*, Rückgabe, S. 127, 128, 284 ff.; *Meyer-Seitz* in: Goschler, Lillteicher, S. 270.

[346] Die Urfassung des Vermögensgesetzes sah eine solche Beweiserleichterung nicht vor. Die Vermutungsregelung aus Art. 3 und 4 REAO wurde erst durch das am 22. Juli 1992 in Kraft getretene Zweite Vermögensrechtsänderungsgesetz (BGBl. I, S. 1257) in das Vermögensgesetz übernommen (*Meyer-Seitz* in: Goschler, Lillteicher, S. 270 ff.). Zuvor hätte der Verfolgte also eigentlich nach den allgemeinen Beweislastregeln beweisen müssen, dass der eingetretene Vermögensverlust auf einem Zwangsverkauf oder einer sonstigen Maßnahme beruhte, wofür wiederum die Verfolgung ursächlich gewesen war. Allerdings meint das *BVerwG*, dass auch ohne Anwendung der Vermutungsregelungen der Art. 3 und 4 REAO bei im Jahr 1938 getätigten Rechtsgeschäften jüdischer Veräußerer von einem Anscheinsbeweis dafür ausgegangen werden könne, dass sie auf die allgemeine Diskriminierung und Verfolgung durch den nationalsozialistischen Staat zurückzuführen waren, wenn die Veräußerung in engem zeitlichen Zusammenhang mit einer nachfolgenden Auswanderung aus Deutschland stand (BVerwG v. 22.10.1996, VIZ 1997, S. 99 f.).

USREG: Die Vermutungen greifen insbesondere bei entgeltlichen rechtsgeschäftlichen Veräußerungen, wobei sich die einfache Vermutung des Art. 3 REAO auf Maßnahmen einer unmittelbaren, individuellen Verfolgung bezieht. Sie kann wie die Vermutung des Art. 3 USREG durch den Nachweis der Zahlung eines angemessenen Kaufpreises zur freien Verfügung des Veräußerers widerlegt werden. Die verschärfte Vermutung des Art. 4 REAO greift bei der Kollektivverfolgung in der Zeit vom 15. September 1935 bis zum 8. Mai 1945. Sie lässt sich ebenso wie die Fiktion des Art. 4 USREG nur durch den zusätzlichen Nachweis widerlegen, dass die Weggabe in gleicher Weise auch ohne die Verfolgung erfolgt wäre oder dass der Erwerber dem Verkäufer eine wesentliche finanzielle Hilfe geleistet hat.[347]

## 2.2. Der Inhalt des Rückübertragungsanspruchs

Anders als namentlich das USREG enthält das Vermögensgesetz mit seinem § 3 Abs. 1 eine Vorschrift, die ausdrücklich den durch das Gesetz gewährten Anspruch normiert: *„Vermögenswerte, die den Maßnahmen im Sinne des § 1 unterlagen und in Volkseigentum überführt oder an Dritte veräußert wurden, sind auf Antrag an die Berechtigten zurückzuübertragen, soweit dies nicht nach diesem Gesetz ausgeschlossen ist.“* Zwar erwähnt die Vorschrift ausdrücklich nur die Vermögenseinbuße infolge von Überführung in Volkseigentum und Veräußerung an Dritte und nicht infolge von Vermögensentziehung während der nationalsozialistischen Herrschaft. Indes darf man sich bei der Auslegung der Vorschrift nicht zu eng an ihrem Wortlaut orientieren, nach seinem Sinn und Zweck erfasst § 3 Abs. 1 VermG auch die verfolgungsbedingten Vermögensverluste.[348]

Anders als das USREG erkennt das Vermögensgesetz die heutige Eigentumslage an. Demzufolge ist der Rückübertragungsanspruch nach dem Vermögensgesetz nicht wie der Rückerstattungsanspruch nach dem USREG auf die rückwirkende

---

[347] Vgl. *Graf*, Rückgabe, S. 165, 166, 289 ff.; *Meyer-Seitz* in: Goschler, Lillteicher, S. 274.

Vor diesem Hintergrund vermag die Auffassung *Groegers*, VIZ 1995, S. 142 ff. nicht zu überzeugen, der § 1 Abs. 6 VermG für unanwendbar hält, wenn sich das entzogene jüdische Vermögen in der Hand von Privatpersonen befindet. Dies erschließt sich seiner Meinung nach daraus, dass Erwerbsvorgänge in der Zeit der nationalsozialistischen Herrschaft anders als staatliche „Enteignungen“ nicht Gegenstand der Gemeinsamen Erklärung und damit auch nicht des Vermögensgesetzes seien. Hier irrt *Groeger* gleich doppelt. Zum einen sind die Vermögensentziehungen während des Nationalsozialismus in der Gemeinsamen Erklärung gänzlich und unterschiedslos unberücksichtigt geblieben. Zum anderen ergibt sich aus dem Wortlaut des § 1 Abs. 6 VermG eindeutig, dass dieser auch vom Eigentümer selbst mit einem privaten Erwerber abgeschlossene Rechtsgeschäfte erfasst. Gerade der Verweis auf Art. 3 und 4 REAO deutet darauf hin, dass § 1 Abs. 6 VermG mit dem Begriff „Zwangsverkäufe“ nicht etwa solche nach der Einsatzverordnung und den zu ihr erlassenen Durchführungsverordnungen meint, sondern typischerweise mit einem privaten Erwerber abgeschlossene Rechtsgeschäfte.

[348] *Graf*, Rückgabe, S. 312.

Wiederherstellung der Rechtsverhältnisse, wie sie vor der enteignenden Maßnahme bestanden haben, gerichtet, sondern auf deren Wiederherstellung mit Wirkung ex nunc, nämlich vom Zeitpunkt der Unanfechtbarkeit der Entscheidung der Behörde an.[349] Deutlich wird das an dem unterschiedlichen Regelungsgehalt der entsprechenden Vorschriften des USREG und des Vermögensgesetzes: Während Art. 15 USREG ausdrücklich ausspricht, dass die dem Rückerstattungsanspruch stattgebende Entscheidung die Wirkung hat, dass der Verlust des Vermögensgegenstandes als nicht eingetreten gilt, bestimmt § 34 Abs. 1 VermG, dass die Rechte an dem zurückübertragenen Vermögenswert auf den Berechtigten übergehen, wenn die Entscheidung über die Rückübertragung unanfechtbar geworden ist. Dabei geht das Eigentum an dem zurückübertragenen Vermögensgegenstand kraft Gesetzes auf den Berechtigten über; es bedarf also auch hier keiner Einigung des Berechtigten und des Pflichtigen über den Eigentumsübergang. Als Eigentümer kann der Berechtigte dann den dinglichen Herausgabeanspruch nach § 985 BGB geltend machen. Damit wird zugleich die vor der Entziehung bestehende Besitzlage wiederhergestellt.

## 3. Das Verhältnis des Vermögensrechts zum bürgerlichen Recht

Ebenso wie beim alliierten Rückerstattungsrecht stellt sich beim Vermögensrecht die Frage nach dessen Verhältnis zum bürgerlichen Recht, wobei wiederum das Verhältnis des Rückübertragungsanspruchs nach dem Vermögensgesetz zu den Ansprüchen nach dem Bürgerlichen Gesetzbuch, insbesondere zu dem dinglichen Herausgabeanspruch nach § 985 BGB, von besonderem Interesse ist. Denn wie schon die alliierten Rückerstattungsgesetze normiert auch das Vermögensgesetz eine Anmeldefrist als materielle Ausschlussfrist: Nach seinem § 30a Abs. 1 können Rückübertragungsansprüche für unbewegliches und unternehmerisches Vermögen nach dem 31. Dezember 1992 und für bewegliche Sachen nach dem 30. Juni 1993 nicht mehr angemeldet werden. Das Versäumnis dieser Fristen hat wiederum zur Folge, dass Rückübertragungsansprüche nicht mehr geltend gemacht werden können.[350]

### 3.1. Der Vorrang des Restitutionstatbestandes des § 1 Abs. 6 VermG in der Rechtsprechung des Bundesverwaltungsgerichts und des Oberlandesgerichts Dresden

Das Bundesverwaltungsgericht und das OLG Dresden vertreten die Auffassung, dass die Vorschrift des § 1 Abs. 6 VermG erstmals Rückübertragungsansprüche für Verfolgte begründet, deren Vermögen während der nationalsozialistischen

---

[349] *Graf*, Rückgabe, S. 96 f., 189.

[350] *Messerschmidt*, VIZ 2001, S. 291.

Herrschaft in dem Gebiet der späteren sowjetischen Besatzungszone bzw. der DDR entzogen worden ist. Daraus folgt nach Ansicht des OLG Dresden, dass diese Ansprüche zivilrechtliche Ansprüche, die auf nationalsozialistische Unrechtsmaßnahmen gestützt werden, verdrängt.[351]

### 3.1.1. Die Auffassung des Bundesverwaltungsgerichts

Anders als später das OLG Dresden hatte das BVerwG in seinem Urteil vom 18.5.1995 nicht darüber zu entscheiden, ob dem Kläger ein zivilrechtlicher Anspruch zusteht, sondern darüber, ob er die Rückübertragung eines Grundstücks nach dem Vermögensgesetz beanspruchen kann. Dessen frühere Eigentümerin, die Rechtsvorgängerin des Klägers, hatte Deutschland 1940 verlassen, um den Verfolgungsmaßnahmen zu entgehen, denen sie als Jüdin ausgesetzt war. Das Grundstück wurde daraufhin 1942 von der Gestapo beschlagnahmt. Nach 1945 wurde es zunächst staatlich verwaltet, ehe es 1968 nach dem DDR-Aufbaugesetz in Anspruch genommen, in Volkseigentum überführt und zusammen mit benachbarten Grundstücksflächen mit mehreren Wohnhäusern bebaut wurde. Die Beklagte hat den Rückübertragungsantrag des Klägers deshalb abgelehnt, der dagegen eingewendet hat, dass die Ausschlusstatbestände der §§ 4 und 5 VermG für auf § 1 Abs. 6 VermG gestützte Ansprüche nicht gelten.[352]

Das BVerwG hingegen will die §§ 4 und 5 VermG auch auf die Rückübertragungsansprüche anwenden, die auf den Restitutionstatbestand des § 1 Abs. 6 VermG gestützt werden. In seinem Urteil hat es zunächst ausgeführt, dass der zu beurteilende Sachverhalt den Tatbestand des § 1 Abs. 6 VermG erfüllt. Dessen Anwendung stünde insbesondere nicht entgegen, dass der durch die 11. VO zum Reichsbürgergesetz angeordnete Vermögensverfall als unwirksam anzusehen ist und die Verfolgte *„deshalb seinerzeit das Eigentum an dem Grundstück zivilrechtlich nicht verloren hatte“*. Nach Ansicht des BVerwG wolle das Vermögensgesetz nämlich *„auch und gerade derartige Vermögensentziehungen des NS-Staates wiedergutmachen. Deshalb knüpft es an den Geltungsanspruch der jeweiligen Rechtsordnung an und erfasst auch solche Vermögenswerte, die dem Rechtsinhaber unge-*

---

351 Diese Auffassung vertritt auch der V. Zivilsenat des BGH zum Verhältnis der auf dem Restitutionstatbestand des § 1 Abs. 3 VermG beruhenden Ansprüche zu zivilrechtlichen Ansprüchen (BGH v. 3.4.1992, NJW 1992, S. 1757 ff.; BGH v. 7.7.1995, NJW 1995, S. 2707 ff.). Zur Begründung führt er im Wesentlichen an, dass das Vermögensgesetz so angewendet werden müsse, dass dem in der Gemeinsamen Erklärung niedergelegten Grundsatz der Sozialverträglichkeit der Rückübertragung Rechnung getragen wird. Da sich der geforderte Schutz des redlichen Erwerbers bei der Anwendung zivilrechtlicher Vorschriften nicht erreichen ließe, müssten diese eben zurücktreten (BGH, NJW 1992, S. 1757 f.). Auf den Restitutionstatbestand des § 1 Abs. 6 VermG können diese Gedanken nicht übertragen werden, da die Wiedergutmachung des nationalsozialistischen Unrechts in der Gemeinsamen Erklärung gerade nicht erwähnt wird.

352 BVerwG v. 18.5.1995, VIZ 1995, S. 522 ff. [522].

*achtet etwaiger Rechtsmängel zumindest faktisch entzogen worden sind."*[353] Dabei, so fährt das BVerwG fort, begründe § 1 Abs. 6 VermG erstmals Rückübertragungsansprüche für Vermögen, das in dem Gebiet der späteren sowjetischen Besatzungszone bzw. der DDR entzogen worden ist. Denn da es dort weder spezielle Wiedergutmachungsregelungen gegeben hätte, noch die alliierten Rückerstattungsgesetze zur Anwendung gekommen seien, seien den Verfolgten bei Inkrafttreten des Vermögensgesetzes keine durchsetzbaren vermögenswerten Rechtspositionen mehr verblieben. Dieses müsse nämlich gerade nicht respektieren, dass die Verfolgten aufgrund der Nichtigkeit der Entziehungen zivilrechtlich Eigentümer der entzogenen Vermögensgegenstände geblieben sind. Zur Begründung dieser These hat das BVerwG angeführt, dass sich schon die alliierten Rückerstattungsgesetze unabhängig von der Nichtigkeit der Entziehung ausschließliche Geltung zugemessen hätten, so dass auf die Unwirksamkeit der Vermögensentziehung gegründete zivilrechtliche Ansprüche ausgeschlossen gewesen seien.[354]

In diesem Zusammenhang hat das BVerwG auch die vom Großen Senat für Zivilsachen des BGH „von diesen Grundsätzen" zugelassene „Ausnahme" angesprochen und erklärt, dass die Situation, die der Große Senat vor Augen hatte, hier nicht gegeben sei: Der außerhalb des Gebiets der sowjetischen Besatzungszone bzw. der DDR lebende Verfolgte hätte nämlich gerade keine Möglichkeit gehabt, auf sein dort befindliches Vermögen „zuzugreifen", da dieses der Beschlagnahme durch den SMAD-Befehl Nr. 124 vom 30.10.1945 unterlegen hätte und später von den staatlichen Stellen der DDR wie Volkseigentum verwaltet worden sei.[355]

### 3.1.2. Die Auffassung des Oberlandesgerichts Dresden

Speziell zu dem Verhältnis des auf den Restitutionstatbestand des § 1 Abs. 6 VermG gestützten Rückübertragungsanspruchs zu zivilrechtlichen Ansprüchen hat das OLG Dresden in seinem Urteil vom 16.2.2000 Stellung genommen. Dieses hatte zu entscheiden, ob die Kläger von dem als Eigentümer im Grundbuch eingetragenen Beklagten die Zustimmung zur Berichtigung des Grundbuchs verlangen konnten. Eigentümerin des streitgegenständlichen Grundstücks war zunächst die Rechtsvorgängerin der Kläger, eine spätestens im Jahr 1941 nach Großbritannien ausgewanderte Jüdin. Auf der Grundlage der 11. VO zum Reichsbürgergesetz wurde dann das Deutsche Reich als Eigentümer in das Grundbuch eingetragen. Im Jahr 1959 wurde das Grundstück zusammen mit dem benachbarten Flurstück mit einem aus zwei fünfgeschossigen Gebäuden

---

[353] BVerwG, VIZ 1995, S. 522.

[354] BVerwG, VIZ 1995, S. 523.

[355] BVerwG, VIZ 1995, S. 523.

bestehenden Wohnblock bebaut, wobei es jedoch nicht nach dem Aufbaugesetz in Anspruch genommen und in Volkseigentum überführt worden ist. Nach 1990 erfolgte auf Grund Ersuchens nach § 3 Abs. 1 Vermögenszuordnungsgesetz die Eintragung zunächst der Stadt Leipzig und später des Beklagten. Die Kläger meinten, dass dieser dadurch nur eine Buchposition, nicht aber materiell rechtlich Eigentum an dem Grundstück erworben habe, und dass der infolgedessen begründete Anspruch auf Berichtigung des Grundbuchs nicht durch die Regelungen des Vermögensgesetzes verdrängt werde.[356]

Das OLG Dresden dagegen vertritt die Auffassung, dass das Vermögensgesetz zivilrechtliche Ansprüche jedenfalls dann verdränge, wenn der Restitutionstatbestand des § 1 Abs. 6 VermG erfüllt ist.[357] Das hat das Gericht im vorliegenden Fall bejaht; der Vermögensverfall nach § 3 der 11. VO zum Reichsbürgergesetz stelle zweifelsohne einen Vermögensverlust im Sinne des § 1 Abs. 6 VermG dar. Dieses durch nationalsozialistische Maßnahmen erlittene Vermögensunrecht ist nach der Überzeugung des Gerichts *„zivilrechtlich hinzunehmen ..., weil es nach Maßgabe des Vermögensgesetzes Ausgleich findet"*.[358] Allein diese Wertung stünde mit dem Sinn und Zweck des Vermögensgesetzes sowie dem historischen Hintergrund der Schaffung des § 1 Abs. 6 VermG in Einklang.

Nachfolgend schließt sich das Gericht zunächst der „überzeugenden Auffassung des BVerwG" an, wonach nicht nur § 3 der 11. VO zum Reichsbürgergesetz selbst, sondern auch der durch ihn erfolgte Vermögensverfall wegen des Widerspruchs zu den fundamentalen Grundsätzen der Gerechtigkeit von Anfang an nichtig war. Sodann zieht es unter Berufung auf den II. Zivilsenat des BGH denselben Schluss wie dieser: Jedoch *„kann den durch nationalsozialistische Gewaltmaßnahmen hervorgerufenen Tatbeständen deshalb ‚nicht ohne weiteres die rechtliche Beachtung versagt werden'"*. Dabei stützt es sich auf dessen These, dass die *„Entwirrung des durch jene Unrechtsakte geschaffenen Chaos [...] vielmehr nur durch eine besondere gesetzliche Regelung vorgenommen werden [konnte]."*[359] Entsprechende Wiedergutmachungsgesetze, so das OLG Dresden weiter, hätte es zwar in Westdeutschland gegeben, nicht aber im Gebiet der sowjetischen Besatzungszone bzw. der DDR. Hier sei eine entsprechende Regelung erst mit dem Vermögensgesetz geschaffen worden. Dabei hätte sich der Gesetzgeber bewusst dafür entschieden, *„die Opfer des Nationalsozialismus und des DDR-Regimes*

---

[356] OLG Dresden v. 16.2.2000, VIZ 2000, S. 413 ff. [413]. Der von den Klägern 1990 gestellte Restitutionsantrag wurde 1994 mit der Begründung zurückgewiesen, dass die erfolgte Bebauung einen Ausschlusstatbestand im Sinne der §§ 4, 5 VermG darstelle.

[357] OLG Dresden, VIZ 2000, S. 414.

[358] OLG Dresden, VIZ 2000, S. 415.

[359] OLG Dresden, VIZ 2000, S. 415.

*gleich zu behandeln"*. Dieses Konzept beruhe auf dem bereits die Entscheidung des II. Zivilsenats des BGH tragenden Gedanken, dass *„nach fast einem halben Jahrhundert, das nach dem Ende des Zweiten Weltkrieges bis zur Wiedervereinigung beider deutschen Staaten vergangen ist, auf dem Gebiet der früheren DDR rechtliche und soziale Strukturen gewachsen waren, denen im Einzelfall ein Bestandsschutz vor dem Restitutionsinteresse des Alteigentümers nicht versagt werden konnte"*.[360]

Vor diesem Hintergrund, so schlussfolgert das Gericht, sei mit dem BVerwG davon auszugehen, dass erst das Vermögensgesetz Rückübertragungsansprüche begründet habe und sich mithin, soweit sein Anwendungsbereich eröffnet ist, *„als alleinige Rechtsgrundlage für eine Rückübertragung des nationalsozialistischen Enteignungsmaßnahmen unterworfenen Vermögens im Bereich des Beitrittsgebiets"* darstelle.[361]

Im Anschluss an diese Feststellung ist das OLG Dresden noch auf den Beschluss des Großen Senats für Zivilsachen des BGH eingegangen und hat herausgestellt, dass die von diesem vertretene Einschränkung des Anwendungsbereichs der alliierten Rückerstattungsgesetze in seinem Fall nicht im Frage käme, da sich die zu beurteilenden Sachverhalte in einem wesentlichen Punkt voneinander unterschieden: Anders als die entzogenen Wertpapiere sei das entzogene Grundstück nicht unverändert erhalten geblieben, sondern habe *„in Folge flurstücksübergreifender Bebauung mit einem Objekt des komplexen Wohnungsbaus tatsächliche Veränderungen erheblichen Ausmaßes"* erfahren.[362]

## 3.2. Stellungnahme

Die Auffassung des BVerwG und des OLG Dresden, wonach die vermögensrechtlichen Ansprüche nach § 1 Abs. 6 VermG die in der Nichtigkeit der Entziehung begründet liegenden zivilrechtlichen Ansprüche verdrängt, vermag ebenso wenig zu überzeugen wie die Ansicht, die der II. und der IV. Zivilsenat des BGH zum Verhältnis der Ansprüche nach den alliierten Rückerstattungsgesetzen zu denen nach dem Bürgerlichen Gesetzbuch vertreten haben.

Auch das BVerwG und das OLG Dresden halten zwar insbesondere die 11. VO zum Reichsbürgergesetz und die darauf gestützten Entziehungen für nichtig, wollen diesen jedoch wegen ihrer faktischen Durchsetzung gleichwohl rechtliche Wirkung beimessen. In dieser Wertung findet sich dieselbe Widersprüchlichkeit wie in der vom II. und IV. Zivilsenat vertretenen Auffassung. Dabei haben sowohl das BVerwG als auch das OLG Dresden den Beschluss des Großen Senats

[360] OLG Dresden, VIZ 2000, S. 415.

[361] OLG Dresden, VIZ 2000, S. 415.

[362] OLG Dresden, VIZ 2000, S. 415.

für Zivilsachen des BGH studiert und mussten somit dessen Kritik an dieser Auffassung kennen. Wie bereits dargelegt, hat der Große Senat diese Auffassung gerade deshalb missbilligt, weil die Annahme, die Entziehung habe dem Deutschen Reich dauerhaft eine Eigentümerposition verschafft, nicht mit der Ansicht, die 11. VO zum Reichsbürgergesetz sei von Anfang an nichtig gewesen, zu vereinbaren ist. Mit diesem Einwand haben sich weder das BVerwG noch das OLG Dresden auseinander gesetzt. Beide haben vielmehr nahezu ausschließlich die vom II. und IV. Zivilsenat vorgebrachten Argumente aufgegriffen.

So begründet das BVerwG seine Auffassung, dass das Vermögensgesetz das Fortbestehen der zivilrechtlichen Eigentümerposition nicht respektieren müsse, damit, dass schon die alliierten Rückerstattungsgesetze sich ausschließliche Geltung für alle auf die unrechtmäßige Vermögensentziehung gestützten Ansprüche zugemessen hätten und verweist hierbei, wie schon der IV. Zivilsenat, auf den Wortlaut des Art. 57 USREG und des Art. 49 Abs. 1 BrREG. Ebenso wenig wie die Auffassung des IV. Zivilsenats kann dieses Wortlaut-Argument die Auffassung des BVerwG überzeugend begründen, zumal das Vermögensgesetz noch nicht einmal eine diesen Vorschriften vergleichbare Regelung enthält. Das BVerwG erachtet aber nicht nur die Gedanken des IV. Zivilsenats als auf das Vermögensgesetz übertragbar, sondern auch die des Großen Senats, die es als Ausnahme zum Grundsatz der ausschließlichen Anwendbarkeit der Rückerstattungsgesetze ansieht.[363] Dies hat zur Folge, dass er die Ansicht des Großen Senats ablehnen kann, ohne generell zu bewerten, ob dieser die Anwendbarkeit der Rückerstattungsgesetze für bestimmte Fallgestaltungen zu Recht verneint hat. Er kann sich vielmehr auf die Feststellung beschränken, dass der von ihm zu beurteilende Sachverhalt den Ausnahmetatbestand nicht erfüllt. Indem das BVerwG tatsächlich darauf abstellt, dass ein Verfolgter auf sein im Gebiet der sowjetischen Besatzungszone bzw. der DDR befindliches Vermögen infolge der Beschlagnahme und der staatlichen Verwaltung nicht hätte „zugreifen“ können,

---

[363] Dagegen meinen *Link/Minden/Roth*, ZOV 1993, S. 323 f., dass die Entscheidung des Großen Senats nicht auf „die heutigen Verhältnisse“ übertragbar sei. Dabei stellen sie darauf ab, dass die Überlegungen des Senats zum Schutz des Verfolgten heute nicht mehr zuträfen: Anders als unmittelbar nach dem Zusammenbruch des nationalsozialistischen Regimes könne heute ausgeschlossen werden, dass jüdische Verfolgte bzw. ihre Erben auftauchen, die im Vertrauen auf ihre Verfügungsmacht von einer Antragstellung nach dem Vermögensgesetz abgesehen haben. Diese Erwägung ist nicht so ohne weiteres von der Hand zu weisen. Jedoch verkürzt dieses Abstellen allein auf die Ausführungen zum Vertrauen in das Wiedereinrücken in die Eigentümerposition die Aussage des Großen Senats. Dieser geht nämlich davon aus, dass die Rückerstattungsgesetze dem Schutz der Verfolgten dienen und hat nur einen Fall herausgegriffen, in dem sie dieses Schutzes bedürfen. Das schließt aber andere Fälle von Schutzbedürftigkeit nicht aus, die auch heute noch vorliegen können. Im Übrigen kann man diesen Gedanken des Großen Senats insofern auf die heutigen Verhältnisse übertragen, als man annimmt, dass die Verfolgten darauf vertraut haben und vertrauen durften, dass sie nach dem Ende der DDR ihre aus dem mit dem Zusammenbruch des Dritten Reichs zurückgefallenen Eigentum folgenden Ansprüche ohne weiteres durchsetzen können.

lehnt er die vom Großen Senat herausgearbeitete Einschränkung des Anwendungsbereichs der Rückerstattungsgesetze für das Vermögensgesetz faktisch generell ab.

In dieser Allgemeinheit vermögen weder das Ergebnis noch seine Begründung zu überzeugen. Die These der generell fehlenden Zugriffsmöglichkeit ist schon deshalb fragwürdig, weil auf der Grundlage des vom BVerwG genannten SMAD-Befehls Nr. 124 vom 30. Oktober 1945[364] im Wesentlichen lediglich das Vermögen des Deutschen Reichs der „Sequestration und der zeitweilige Verwaltung“ durch die Sowjetische Militäradministration unterstellt worden ist. Das durch staatlichen Hoheitsakt entzogene jüdische Vermögen, das danach in die Hände von Privatpersonen oder Museen übergegangen ist, und das durch Rechtsgeschäft des jüdischen Eigentümers entzogene Vermögen war von diesen Maßnahmen gerade nicht betroffen.[365]

Aber auch im Hinblick auf jüdisches Vermögen, das im „Eigentum“ des Deutschen Reichs verblieben ist, ist die These des BVerwG anzuzweifeln. Mit dem Bestehen einer Zugriffsmöglichkeit verlangt das BVerwG etwas, was der Große Senat nicht für erforderlich hielt, nämlich, dass der Verfolgte mit dem Ende der nationalsozialistischen Herrschaft auch die tatsächliche Gewalt über den entzogenen Vermögensgegenstand ohne weiteres wiedererlangen, das heißt, die aus dem zurückgefallenen Eigentum folgenden Ansprüche ohne weiteres durchsetzen konnte. Dem Großen Senat genügte vielmehr die Wiederherstellung der „der materiellen Rechtslage entsprechenden Verfügungsgewalt“, womit er aber nicht die tatsächliche Gewalt gemeint haben kann, da die Verfolgte diese in seinem Fall gerade nicht innehatte, sondern mit der Herausgabeklage erst zu erlangen suchte. Das Eigentum des jüdischen Verfolgten aber wurde auch in der sowjetischen Besatzungszone und der DDR in der Regel nicht in Frage gestellt. Wie *von Trott* dargelegt hat, war man sich dort sehr wohl dessen bewusst, dass das Deutsche Reich auf der Grundlage des § 3 der 11. VO zum Reichsbürgergesetz nicht wirksam Eigentum erlangt hat, das in das Eigentum des Volkes hätte umgeschrieben werden können. Die Nichtanerkennung der Entziehungen auch durch die DDR werde insbesondere darin deutlich, dass als solches erkanntes jüdisches Vermögen von der Umschreibung in Volkseigentum ausgenommen und lediglich der staatlichen Verwaltung unterstellt wurde.[366]

---

[364] Rechtshandbuch Vermögen und Investitionen in der ehemaligen DDR, Band IV, Dokumente I 35.

[365] So auch: *Groeger*, VIZ 1995, S. 142.

[366] *Von Trott*, ZOV 1998, S. 164 f., dem zufolge es nur in Einzelfällen entweder in fehlerhafter Einschätzung der Rechtslage oder auf der Grundlage einer zum Beispiel auf das Aufbau- bzw. Baulandgesetz gestützten Enteignung zu einer Überführung von Grundstücken in das Eigentum des Volkes gekommen sei. Vgl. hierzu auch *Enderlein*, ZOV 2002, S. 264.

Bleibt also die Frage, ob es, wie das BVerwG offenbar meint, für die Anwendbarkeit des Vermögensgesetzes darauf ankommen kann, dass der Verfolgte die aus dem Eigentum folgenden Ansprüche in der DDR hätte erfolgreich durchsetzen können.[367] Die Antwort lautet: Nein. Denn für die Anwendung des Vermögensgesetzes kann es nicht allein auf den Zusammenbruch des Dritten Reichs und die damit verbundenen Folgen für die Rechtsverhältnisse an entzogenen Vermögensgegenständen ankommen, sondern müssen ebenfalls das Ende des SED-Staates und dessen Auswirkungen berücksichtigt werden. Ist ein jüdischer Verfolgter auch über die Zeit des Bestehens der DDR hinweg Eigentümer des entzogenen Vermögensgegenstandes geblieben, so konnte er jedenfalls mit deren Auflösung seine Eigentümerrechte geltend machen – und allein darauf kommt es an.[368]

Aus diesen Gründen kann der Standpunkt des BVerwG, dass dem Verfolgten bei Inkrafttreten des Vermögensgesetzes keine durchsetzbare vermögenswerte Rechtsposition mehr verblieben war, nicht geteilt werden.[369] Es ist vielmehr davon auszugehen, dass der jüdische Verfolgte wieder in seine frühere Rechtsposition eingerückt ist, so dass es der Durchführung eines förmlichen Rückübertragungsverfahrens nicht bedarf.[370] Dies dennoch zu verlangen, ist nach Ansicht *von Trotts* vor dem Hintergrund des Art. 14 GG problematisch, da damit materielle Einschränkungen der Ansprüche verbunden wären, die bei deren Durchsetzung ohne das Vermögensgesetz im Rahmen der allgemeinen Zivilrechtsordnung nicht bestünden.[371]

---

[367] Der Auffassung, dass den jüdischen Eigentümern die Herausgabe ihres Vermögens in der Regel verweigert worden ist, sind *Link/Minden/Roth*, ZOV 1993, S. 324 f.: Die DDR-Behörden hätten entsprechende Anträge grundsätzlich abgelehnt.

[368] So offenbar auch *von Trott*, ZOV 1998, S. 165, der folgendes ausgeführt hat: *„Für die Frage, ob den betroffenen Eigentümern bei Inkrafttreten des Vermögensgesetzes noch eine durchsetzbare vermögenswerte Rechtsposition gegeben war, kann es nicht auf die Frage ankommen, ob die Betroffenen gegenüber den enteignenden Stellen, d.h. gegenüber dem Deutschen Reich oder zu einem späteren Zeitpunkt in der SBZ und der DDR die Möglichkeit hatten, ihre Eigentums- bzw. Besitzrechte zur Geltung zu bringen. Entscheidend kann nur sein, wie die Rechtslage bei Inkrafttreten des Vermögensgesetzes war, das heißt ob sie an diesem Tage auch ohne das Vermögensgesetz im Rahmen der zu diesem Zeitpunkt gegebenen sonstigen Rechtsordnung die Möglichkeit hatten, ihre Eigentumsrechte bzw. ihr Recht zum Besitz gegenüber dem Bucheigentümer bzw. gegenüber dem augenblicklichen Besitzer durchzusetzen."*

[369] So auch: *Welge*, VIZ 1993, S. 420 f.; *von Trott*, ZOV 1998, S. 167; *Enderlein*, ZOV 2002, S. 263.

[370] So im Ergebnis auch *Müller-Magdeburg/Giese*, ZOV 1993, S. 139, die, ohne dies jedoch näher zu begründen, meinen, dass der Verfolgte nach dem Zusammenbruch des nationalsozialistischen Regimes wieder *„im Vollbesitz seiner Rechte, jedenfalls im Rahmen der Möglichkeiten der SBZ/DDR"* war. Ebenso für den Fall, dass der jüdische Alteigentümer, dessen Vermögen vor 1945 dem Deutschen Reich verfallen war, noch im Grundbuch steht: *Enderlein*, ZOV 2002, S. 263.

[371] *Von Trott*, ZOV 1998, S. 167. Dessen Ausführungen betreffen zwar die Tatbestände der §§ 4 und 5 VermG, bei deren Erfüllung die Rückübertragung ausgeschlossen ist. Seine Gedanken

Zusätzlich zu den bereits vom BVerwG angeführten Argumenten bringt das OLG Dresden zur Begründung seiner Auffassung, dass nationalsozialistisches Vermögensunrecht „zivilrechtlich hinzunehmen" sei, vor, dass dieses wegen der inzwischen gewachsenen „rechtlichen und sozialen Strukturen" nur durch spezielle Regelungen wiedergutgemacht werden könne. Sofern es sich dabei ausdrücklich auf die Gedanken des II. Zivilsenats stützt, sei daran erinnert, dass diesen bereits aus verschiedenen Gründen widersprochen wurde. Daneben weist das Gericht darauf hin, dass der Gesetzgeber des Vermögensgesetzes die Opfer des nationalsozialistischen Regimes und die des SED-Staates habe gleichbehandeln wollen; nur so könnten die Interessen des Erwerbers eines entzogenen Vermögensgegenstandes angemessen berücksichtigt werden. Damit will es wohl darauf hinaus, dass die Ansprüche der Erstgenannten ebenso wie die der Letztgenannten unter dem Vorbehalt der Sozialverträglichkeit der Rückübertragung stehen. Diese Annahme ist jedoch nicht zwingend. Anders als die übrigen Restitutionstatbestände der Vorschrift dient der des § 1 Abs. 6 VermG nicht der Umsetzung der Gemeinsamen Erklärung, in welcher der Grundsatz des sozialverträglichen Interessenausgleichs niedergelegt ist. Diese befasst sich ausschließlich mit den durch die Teilung Deutschlands entstandenen vermögensrechtlichen Problemen und nicht mit dem nationalsozialistischen Vermögensunrecht. Damit lässt sich ebenso gut vertreten, dass seine Wiedergutmachung nicht unter dem Vorbehalt der Sozialverträglichkeit steht.[372]

Die vom OLG Dresden befürwortete Gleichbehandlung der Opfer des nationalsozialistischen Regimes und der des SED-Staates verbietet sich schon deshalb, weil sich die Verfolgungsmaßnahmen, denen sie ausgesetzt waren, insbesondere was ihr Ausmaß und ihre Intensität betrifft, ganz grundlegend voneinander unterscheiden.[373] Nicht umsonst werden die nationalsozialistischen Gesetze und die darauf gestützten Vermögensentziehungen als Unrecht und von Anfang an nichtig angesehen, mit der Folge, dass dem früheren jüdischen Eigentümer bei Inkrafttreten des Vermögensgesetzes durchaus noch ein durchsetzbarer Restitutionsanspruch verblieben sein konnte. Demgegenüber beruhen die möglichen Ansprüche der Geschädigten des SED-Staates allein auf der Entscheidung des Gesetzgebers, die Wirtschafts- und Eigentumsordnung der DDR nicht (mehr) zu billigen und bestimmte, an sich wirksame, Maßnahmen rückgängig zu machen. Hierbei hatte der Gesetzgeber die Gestaltungsfreiheit, die Rückübertragung im

---

können jedoch ohne weiteres auf die Ausschlussfrist des § 30a VermG übertragen werden, da deren Folgen noch schwerwiegender sind als die der §§ 4 und 5 VermG. Während beim Eingreifen eines der Tatbestände der §§ 4 und 5 VermG immerhin noch die Zahlung einer Entschädigung verlangt werden kann, bewirkt das Versäumnis der Frist des § 30a VermG den vollständigen Ausschluss der durch das Vermögensgesetz gewährten Ansprüche.

372 Vgl. *Hintz*, VIZ 1992, S. 18.

373 *Hintz*, VIZ 1991, S. 13; *ders.* VIZ 1992, S. 18; *Rübsam*, VIZ 1992, S. 70; *Düx*, VIZ 1992, S. 259.

Interesse der Sozialverträglichkeit unter bestimmten Voraussetzungen auszuschließen.[374] Dagegen konnte der materielle Inhalt bestehender Ansprüche eines jüdischen Eigentümers nicht in das freie Ermessen des Gesetzgebers gestellt und durch das Vermögensgesetz beschränkt werden.[375] Hier muss der vom Vermögensgesetz angestrebte sozialverträgliche Interessenausgleich vielmehr hinter den Grundsatz einer möglichst umfangreichen und weitgehenden Beseitigung des nationalsozialistischen Unrechts zurücktreten.[376]

Bezogen auf das Verhältnis des Rückübertragungsanspruchs nach § 1 Abs. 6 VermG zu den zivilrechtlichen Ansprüchen heißt das, dass letztere nicht durch erstere verdrängt werden. Vor allem dann, wenn die Anmeldefrist des § 30a VermG abgelaufen und die Geltendmachung des Rückübertragungsanspruchs somit ausgeschlossen ist, ist der jüdische Eigentümer nicht gehindert, noch bestehende zivilrechtliche Ansprüche, wie etwa den dinglichen Herausgabeanspruch nach § 985 BGB, nach den allgemeinen Verfahrensregeln geltend zu machen.

---

374 *Düx*, VIZ 1992, S. 259.

375 *Von Trott*, ZOV 1998, S. 167.

376 *Hintz*, VIZ 1992, S. 19; *Düx*, VIZ 1992, S. 259.

# Teil 3: Die Restitution entzogener Kunstwerke auf der Grundlage des Herausgabeanspruchs nach § 985 BGB

Dieser Teil widmet sich der zentralen Frage der vorliegenden Arbeit, nämlich der Frage, ob ein jüdischer Kunstsammler oder seine Erben heute, mehr als ein halbes Jahrhundert nach den Wirren der nationalsozialistischen Herrschaft, ein seinerzeit entzogenes, bislang verschollen geglaubtes und nun wieder aufgetauchtes Kunstwerk erfolgreich auf der Grundlage des dinglichen Herausgabeanspruchs nach § 985 BGB von dem derzeitigen Besitzer zurückverlangen können.

## Kapitel 1: Fragen des Internationalen Sachenrechts

Wurde einem jüdischen Sammler während der nationalsozialistischen Herrschaft ein Kunstwerk in Deutschland entzogen und befindet es sich noch heute hier, ohne in der Zwischenzeit seinen Belegenheitsort gewechselt zu haben, handelt es sich um einen reinen Inlandssachverhalt, auf den das deutsche Recht anzuwenden ist.

Wie bereits geschildert, beschränkte sich die Entziehung jüdischen Kunstbesitzes jedoch nicht auf das Gebiet des Deutschen Reichs, sondern erstreckte sich darüber hinaus auf die besetzten Gebiete, insbesondere den besetzten Teil Frankreichs. Der Ort der Entziehung stellt einen Berührungspunkt des Sachverhalts mit dem Recht eines anderen Staates dar. Solche Berührungspunkte ergeben sich daneben daraus, dass die in Deutschland oder Frankreich entzogenen Kunstwerke oft in neutrale Länder wie die Schweiz gebracht und dort veräußert worden sind. Häufig werden sie nicht dort geblieben sein, sondern infolge Weiterveräußerung nicht nur ihren Besitzer, sondern auch ihren Belegenheitsort gewechselt haben. Der Auslandsbezug führt zu der Frage, ob auch auf diese Entziehungsfälle das deutsche Recht anwendbar ist.

Die in der vorliegenden Arbeit zu beantwortende Frage, ob ein jüdischer Sammler das Eigentum an einem ihm entzogenen Kunstwerk durch die Entziehung oder einen sich daran anschließenden Eigentumserwerb eines Dritten verloren hat oder nicht, und noch heute erfolgreich einen Herausgabeanspruch geltend machen kann, ist sachenrechtlicher Natur. Zur Bestimmung des anwendbaren Rechts sind daher die Anknüpfungsregeln des deutschen Internationalen Sachenrechts heranzuziehen.[377]

# I. Anknüpfung an den Ort der Belegenheit

Ebenso wie in den meisten anderen Staaten hat sich in Deutschland die regelmäßige Anknüpfung an den Ort der Belegenheit durchgesetzt. Die seit langem in Rechtsprechung und Lehre als gewohnheitsrechtlich anerkannte Situs-Regel wurde mit der Kodifikation des deutschen Internationalen Sachenrechts in Art. 43 Abs. 1 EGBGB ausdrücklich normiert.[378]

Die Situs-Regel gilt für unbewegliche und bewegliche Sachen gleichermaßen. Sie gilt damit auch für Kunstwerke.[379] Demzufolge entscheidet das Recht des Staates, in dem es sich zum Zeitpunkt der Erfüllung des jeweiligen Tatbestandes befindet, über sämtliche sachenrechtliche Verhältnisse an einem Kunstwerk, insbesondere darüber, ob das Eigentum daran, sei es durch Rechtsgeschäft, sei es durch Gesetz bestimmten Tatbestand, wirksam begründet, geändert oder übertragen wurde.[380] Nach der lex rei sitae bestimmt sich folglich auch die Möglichkeit des gutgläubigen Erwerbs vom Nichtberechtigten. Dabei regelt diese nicht nur, ob und unter welchen Voraussetzungen der Erwerb des Eigentums möglich ist, sondern befindet sogar über die Gut- oder Bösgläubigkeit des Erwerbers sowie die Frage, ob der Erwerbsgegenstand gestohlen wurde oder sonst abhanden gekommen ist.[381]

---

[377] Die Qualifikation, also die Einordnung der aufgeworfenen Rechtsfrage unter eine bestimmte Kollisionsnorm, wird nach herrschender Auffassung nach der lex fori vorgenommen. Mit diesem Begriff wird das Recht umschrieben, das am Ort des mit dem Rechtsfall befassten Gerichts gilt; die Qualifikation für den hiesigen Rechtskreis beurteilt sich also nach deutschem Recht (vgl. *Kegel/Schurig*, Internationales Privatrecht, S. 287 ff.).

[378] Vgl. Entwurf eines Gesetzes zum Internationalen Privatrecht für außervertragliche Schuldverhältnisse und für Sachen vom 1. Februar 1999, BT-Drucksache 14/343, S. 15 (Im Folgenden kurz „Gesetzentwurf" genannt.); *Spickhoff*, NJW 1999, S. 2214; *Pfeiffer*, IPRax 2000, S. 270.

[379] Der Gesetzgeber hat die Erforderlichkeit besonderer Regelungen für Kulturgüter bei der Kodifikation des Internationalen Sachenrechts ausdrücklich verneint (Gesetzentwurf, BT-Drucksache 14/343, S. 15). Vgl. auch Staudinger-*Stoll*, Internationales Sachenrecht, Rn. 256; MünchKomm-*Wendehorst*, Art. 43, Rn. 192; Palandt-*Heldrich*, BGB, Art. 43 EGBGB, Rn. 1; *Hanisch* in: FS für Müller-Freienfels, S. 209.

[380] Vgl. Palandt-*Heldrich*, BGB, Art. 43 EGBGB, Rn. 3; *Siehr*, Internationales Privatrecht, S. 270; *Kegel/Schurig*, Internationales Privatrecht, S. 663; *Kropholler*, Internationales Privatrecht, S. 520.

[381] Staudinger-*Stoll*, Internationales Sachenrecht, Rn. 300; MünchKomm-*Wendehorst*, Art. 43, Rn. 80; Palandt-*Heldrich*, BGB, Art. 43 EGBGB, Rn. 3; *Kropholler*, Internationales Privatrecht, S. 521.

Die in Betracht kommenden gesetzlichen Erwerbstatbestände sind ebenfalls der lex rei sitae zu entnehmen. Sie bestimmt zum Beispiel, ob ein Kunstwerk der Ersitzung zugänglich ist und wie lange die Ersitzungsfrist währt.[382]

Neben dem Erwerb des Eigentums regelt das Recht am Belegenheitsort auch den Inhalt und die Ausübung dieses dinglichen Rechts sowie die bei seiner Beeinträchtigung bestehenden Ansprüche. Es entscheidet also insbesondere darüber, ob und unter welchen Voraussetzungen der Eigentümer die Herausgabe eines gestohlenen oder sonst abhanden gekommenen Kunstwerks verlangen kann, sowie darüber, ob und innerhalb welcher Frist dieser Anspruch verjährt.[383]

## A. Statutenwechsel

Die Anknüpfung an den Belegenheitsort hat bei beweglichen Sachen wie Kunstwerken zur Folge, dass ihre Verbringung in einen anderen Staat zu einer Änderung der anwendbaren Rechtsordnung führt. Der Gebietswechsel allein bewirkt allerdings noch keine Änderung der dinglichen Rechte; das heißt, ein Bestohlener verliert sein Eigentum nicht schon dadurch, dass das gestohlene Kunstwerk in einen Staat gebracht wird, der, anders als der Herkunftsstaat, den gutgläubigen Erwerb gestohlener Sachen zulässt. Steht der Gebietswechsel aber im Zusammenhang mit der Verwirklichung von Tatsachen, die eine Rechtsänderung begründen, so stellt sich die Frage, ob noch das Recht des früheren oder schon das Recht des neuen Belegenheitsortes darüber entscheidet, ob ein dingliches Recht wirksam geändert wurde. Bei der Beantwortung dieser Frage ist zu unterscheiden, ob der Rechtsänderungstatbestand noch unter der Herrschaft des alten oder erst unter der Herrschaft des neuen Statuts vollständig verwirklicht wurde.

Ist der Gebietswechsel erst nach vollständiger Erfüllung des Tatbestandes erfolgt, beurteilt sich die Wirksamkeit der Rechtsänderung nach dem Recht des früheren Belegenheitsortes. Haben sich zum Beispiel der Veräußerer und der

---

Dagegen will *Hanisch* in: FS für Müller-Freienfels, S. 215 die Frage des Gestohlenseins oder Abhandenkommens gesondert nach der lex rei sitae im Zeitpunkt dieser Vorgänge bestimmen. Auch *Kunze*, Restitution „Entarteter Kunst“, S. 121 befürwortet jedenfalls für die Fälle der Beschlagnahme „entarteter Kunst“ eine selbstständige Beurteilung des Abhandenkommens. Auf Ablehnung stößt dieser Vorschlag insbesondere bei *Müller-Katzenburg*, Internationale Standards, S. 226, die einwendet, dass er keine Lösung für den Fall biete, dass das für den gutgläubigen Erwerb maßgebliche Recht nicht zwischen gestohlenen oder abhanden gekommenen und sonstigen Sachen unterscheidet, sondern, wie das italienische Recht, generell den gutgläubigen Erwerb vom Nichteigentümer gestattet.

[382] Staudinger-*Stoll*, Internationales Sachenrecht, Rn. 272.

[383] Staudinger-*Stoll*, Internationales Sachenrecht, Rn. 272; *Kegel/Schurig*, Internationales Privatrecht, S. 663. Ausführlicher zum Statut der Herausgabe- und Rückübertragungsansprüche *Henrich* in: FS für Heini, S. 202 ff.

Erwerber in Deutschland über den Eigentumsübergang geeinigt und wurde diesem das veräußerte Kunstwerk übergeben, bevor es in einen anderen Staat gebracht wurde, so bleibt das nach dem zur Entscheidung berufenen deutschen Recht entstandene Eigentum des Erwerbers auch unter der Herrschaft des neuen Statuts bestehen. Dieses entscheidet nunmehr allerdings über den Inhalt, die Wirkungen und die Ausübung des Eigentumsrechts.[384]

Hat dagegen der abgeschlossene Tatbestand nach dem alten Statut nicht zu einer Rechtsänderung geführt, etwa weil dem Veräußerer die Verfügungsbefugnis über die Sache fehlte, so tritt diese nicht dadurch ein, dass die Sache anschließend in einen anderen Staat gebracht wird, dessen Recht an den verwirklichten Tatbestand Rechtswirkungen knüpft und den Eigentumserwerb trotz fehlender Verfügungsbefugnis zulässt.[385]

Ist dagegen der Tatbestand nach dem Recht des bisherigen Belegenheitsortes noch nicht vollständig erfüllt, sondern vollendet er sich erst nach dem Gebietswechsel, so entscheidet das neue Statut über die Wirksamkeit der Rechtsänderung.[386] Wird beispielsweise ein Kunstwerk nach der Einigung der Vertragsparteien dem Erwerber in einem anderen Staat übergeben, so entscheidet dessen Recht darüber, ob der Erwerber Eigentümer des Kunstwerks geworden ist. Wurde ein Kunstwerk seinem Eigentümer gestohlen und hat es der Dieb anschließend in einen anderen Staat gebracht und dort einem Erwerber übergeben, so entscheidet

---

384 Staudinger-*Stoll*, Internationales Sachenrecht, Rn. 254; Palandt-*Heldrich*, BGB, Rn. 5; *Kegel/Schurig*, Internationales Privatrecht, S. 666; *Kropholler*, Internationales Privatrecht, S. 524 ff.; *Hanisch* in: FS für Müller-Freienfels, S. 210. Dass die an einer Sache begründeten Rechte nicht im Widerspruch zu der Rechtsordnung des Staates ausgeübt werden können, in den sie später gelangt, bestimmt nunmehr Art. 43 Abs. 2 EGBGB (vgl. hierzu *Stoll*, IPRax 2000, S. 262 f.).

385 Palandt-*Heldrich*, BGB, Rn. 6.

386 Dabei taucht bei einem gesetzlichen Eigentumserwerb durch Ersitzung und bei der Frage der Verjährung eines Anspruchs eine besondere Frage auf. Wechselt die Sache während der Ersitzungs- bzw. Verjährungsfrist den Belegenheitsort, ist zu klären, ob die unter der Herrschaft der alten Rechtsordnung abgelaufene Frist bei der nach der neuen Rechtsordnung maßgeblichen Ersitzungsfrist anzurechnen ist. *Stoll* (Staudinger-*Stoll*, Internationales Sachenrecht, Rn. 273) meint, diese Frage habe das neue Sachrecht zu klären; da die meisten Rechtsordnungen hierzu jedoch keine Regelungen enthielten, sei davon auszugehen, dass das neue Sachrecht die Ersitzung und Verjährung begünstigen will und deshalb die im Ausland verstrichene Ersitzungs- oder Verjährungszeit voll anrechnet. Ebenso: *Hanisch* in: FS für Müller-Freienfels, S. 220.
Im deutschen Internationalen Sachenrecht bestimmt nunmehr Art. 43 Abs. 3 EGBGB ausdrücklich, dass, ist ein Recht an einer Sache, die in das Inland gelangt, nicht schon vorher erworben, für einen solchen Erwerb im Inland Vorgänge in einem anderen Staat wie inländische zu berücksichtigen sind (vgl. hierzu *Stoll*, IPRax 2000, S. 263 f.). Ausführlich zu diesem Problemkreis auch *Kunze*, Restitution „Entarteter Kunst", S. 143 ff.; *Hartung*, Kunstraub in Krieg und Verfolgung, S. 353 ff.; *Kurpiers*, Die lex originis-Regel im internationalen Sachenrecht, S. 44 ff.

das Recht am neuen Belegenheitsort darüber, ob und unter welchen Voraussetzungen ein gutgläubiger Eigentumserwerb möglich ist.[387] Nach ihm bestimmt sich zudem, ob und innerhalb welcher Frist der bestohlene Eigentümer Ansprüche gegen den Erwerber geltend machen kann.

## B. Gezielt herbeigeführter Statutenwechsel

Die verschiedenen Rechtsordnungen haben für den mit dem gutgläubigen Erwerb vom Nichtberechtigten verbundenen Widerstreit der Interessen des bestohlenen Eigentümers und des gutgläubigen Erwerbers unterschiedliche Lösungen gefunden: Während der gutgläubige Erwerb gestohlener oder sonst abhanden gekommener Sachen nach dem deutschen Recht grundsätzlich ausgeschlossen ist (§ 935 Abs. 1 S. 1 BGB), ist er nach dem italienischen Recht uneingeschränkt zugelassen (Art. 1153 Codice civile). Nach dem deutschen Recht kann der Eigentümer vom Besitzer ohne zeitliche Beschränkung die Herausgabe der ihm gestohlenen oder abhanden gekommenen Sache verlangen (§ 985 BGB), wohingegen das schweizerische (Art. 934 ZGB) und das französische Recht (Art. 2279 Code civil) Ausschlussfristen vorsehen, nach deren Ablauf der Bestohlene vom gutgläubigen Besitzer keine Herausgabe mehr verlangen kann.[388]

Durch bedachte Wahl des Ortes, an dem er ein gestohlenes Kunstwerk absetzt, kann der Dieb somit die Anwendung einer „günstigen" Rechtsordnung herbeiführen, einer Rechtsordnung nämlich, die den gutgläubigen Erwerb gestohlener Sachen zulässt oder eine Ausschlussfrist vorsieht, und auf diese Weise das Risiko eines Rückgriffs seitens des Erwerbers minimieren. Die Möglichkeit einer solchen „Rechtswahl" lässt sich an der bereits vielfach besprochenen Entscheidung Winkworth v. Christie's, Manson & Woods Ltd. veranschaulichen: Dem Kläger waren in England japanische Kunstgegenstände gestohlen worden, die später in Italien wieder auftauchten. Dort hat sie ein nach italienischem Recht gutgläubiger Italiener erworben, der sie schließlich dem Auktionshaus Christie's in London zur Versteigerung übergab. Davon erfuhr der bestohlene Engländer und verklagte Christie's und den Italiener auf Herausgabe der Kunstwerke oder des erzielten Erlöses. Die Klage wurde abgewiesen. Unter Anwendung des Grundsatzes der lex rei sitae beurteilte der *High Court* den Eigentumserwerb des

---

[387] Palandt-*Heldrich*, BGB, Rn. 6; *Kropholler*, Internationales Privatrecht, S. 527, *Hanisch* in: FS für Müller-Freienfels, S. 213.

[388] Auf die Einzelheiten der Unterschiede in den einzelnen Rechtsordnungen – insbesondere auch im Hinblick auf die Ersitzungs- und Verjährungsfristen sowie das Lösungsrecht – soll hier nicht vertieft eingegangen werden; verwiesen wird insoweit auf die rechtsvergleichenden Studien von *Knott*, Der Anspruch auf Herausgabe, S. 56 ff.; *Jaeger*, Internationaler Kulturgüterschutz, S. 45 ff.; *Schmeinck*, Internationalprivatrechtliche Aspekte des Kulturgüterschutzes, S. 128 ff.; *Henrich* in: FS für Heini, S. 199 ff.

Italieners nach dem italienischen Recht, da sich die Kunstwerke zum Zeitpunkt der Übergabe in Italien befanden: Nach Art. 1153 Codice civile konnte der Italiener das Eigentum an den gestohlenen Kunstwerken erwerben.[389]

## C. Verhinderung der „Rechtswahl" durch gezielte Änderung des Belegenheitsortes

Die Entscheidung Winkworth v. Christie's, Manson & Woods Ltd. wurde im Schrifttum immer wieder zum Anlass genommen, die mit der starren Anknüpfung an den Belegenheitsort verbundenen Probleme aufzuzeigen und die in Betracht kommenden Lösungsmöglichkeiten zu diskutieren. Im Vordergrund steht dabei zumeist das Unbehagen, dass ein gestohlenes Kunstwerk hin- und hergeschoben werden kann, bis dessen anrüchige Herkunft nicht mehr feststellbar oder rechtlich unerheblich ist, und dadurch sowohl dem internationalen Handel mit gestohlenen Kunstwerken als auch dem Diebstahl selbst Vorschub geleistet wird.[390]

Während darüber, dass die Möglichkeit der „Rechtswahl" ausgeschlossen und der Schutz des bestohlenen Eigentümers verbessert werden soll, weitgehend Einigkeit besteht, ist umstritten, auf welche Weise dies geschehen soll: dadurch, dass das anzuwendende Recht anhand eines anderen Anknüpfungsmoments als des Belegenheitsortes bestimmt wird, oder dadurch, dass auf materiellrechtlicher Ebene strengere Anforderungen an den Eigentumserwerb gestellt werden.[391]

---

389 Winkworth v. Christie's, Manson & Woods Ltd., [1980] 2 W.L.R. 937 (High Court Chancery Division); hierzu *Siehr*, SJZ 1981, S. 194; *Reichelt*, IPRax 1986, S. 73; *Hanisch* in: FS für Müller-Freienfels, S. 217 f.; *Mansel*, IPRax 1988, S. 270; *Stoll* in: Dolzer, S. 55 f.; *Knott*, Der Anspruch auf Herausgabe, S. 82 f.; *Kunze*, Restitution „Entarteter Kunst", S. 123.

390 *Siehr*, SJZ 1981, S. 195; *Reichelt*, IPRax 1986, S. 74.
*Hanisch* in: FS für Müller-Freienfels, S. 214 zufolge hat sich der Diebstahl von Kunstwerken in den letzten Jahrzehnten um ein Vielfaches gesteigert. Vgl. auch die Zahlen bei *Chatelain*, Mittel zur Bekämpfung des Diebstahls von Kunstwerken, S. 14 ff.

391 Dagegen wird in der fraus legis zu Recht übereinstimmend keine geeignete Möglichkeit zur Lösung des Problems der „Rechtswahl" durch gezielte Veränderung des Belegenheitsortes eines gestohlenen oder sonst abhanden gekommenen Kunstwerks durch seinen bösgläubigen Besitzer gesehen (*Mansel*, IPRax 1988, S. 270 f.; *Hanisch* in: FS für Müller-Freienfels, S. 212; *Schmeinck*, Internationalprivatrechtliche Aspekte des Kulturgüterschutzes, S. 166). Der Begriff der fraus legis bedeutet im Sinne der allgemeinen Rechtslehre die Veränderung eines Sachverhalts mit dem Ziel, diesen dem an sich maßgebenden Rechtssatz und damit dessen missliebigen Rechtsfolgen zu entziehen und einem anderen Rechtssatz und damit dessen erwünschten Rechtsfolgen zu unterstellen (MünchKomm-*Sonnenberger*, Einl. IPR, Rn. 756). Im Bereich des Internationalen Privatrechts soll dies dadurch erreicht werden, dass in Folge der Veränderung des relevanten Anknüpfungsmoments die an sich anwendbare Rechtsordnung durch eine günstigere ersetzt wird (vgl. MünchKomm-*Sonnenberger*, Einl. IPR, Rn. 757; *Neuhaus*, Die Grundbegriffe des Internationalen Privatrechts, S. 194). Die kolli-

Der Streit entzündet sich vor allem an der Frage, ob es Sache des Internationalen Privatrechts oder nicht vielmehr Sache des jeweils anwendbaren materiellen Rechts ist, dem Rechtsmissbrauch zu wehren und das Eigentum an Kunstwerken zu schützen. Je nachdem, welche Ansicht sie diesbezüglich vertreten, befürworten die jeweiligen Autoren die eine oder die andere der beiden Lösungsmöglichkeiten.[392]

Die Auffassung, wonach der Schutz des Eigentums nicht Aufgabe des Internationalen Privatrechts sei, vermag in dieser Allgemeinheit nicht zu überzeugen. Wie das materielle Recht leistet auch das internationale Privatrecht einen Beitrag zur Verwirklichung der Gerechtigkeit.[393] Allerdings geht es hier nicht um den Inhalt des Rechts, sondern um die Anwendung einer bestimmten Rechtsordnung. Zu fragen ist also nicht danach, welches Recht seinem Inhalt nach die beste Lösung anbietet, sondern danach, welches Recht einem Sachverhalt durch sachliche oder persönliche Verbindung am nächsten steht und daher die Vermu-

---

sionsrechtliche fraus legis ist im deutschen Internationalen Privatrecht nicht geregelt, jedoch vom Grundsatz her allgemein anerkannt (*Schmeinck*, Internationalprivatrechtliche Aspekte des Kulturgüterschutzes, S. 165). Allerdings sind ihre Voraussetzungen und Grenzen unklar (*Schurig*, Kollisionsnorm und Sachrecht, S. 241; *von Bar/Mankowski*, Internationales Privatrecht, Band I, S. 631; *Mansel*, IPRax 1988, S. 270). Nach der überwiegenden Ansicht kann eine fraus legis nur dann angenommen werden, wenn den am Rechtsgeschäft beteiligten Personen eine Umgehungsabsicht nachgewiesen werden kann (MünchKomm-*Sonnenberger*, Einl. IPR, Rn. 767; *Neuhaus*, Die Grundbegriffe des Internationalen Privatrechts, S. 198; *Schurig*, Kollisionsnorm und Sachrecht, S. 246; *Schmeinck*, Internationalprivatrechtliche Aspekte des Kulturgüterschutzes, S. 166; a. A. *Römer*, Gesetzesumgehung im deutschen Internationalen Privatrecht, S. 78). Eine derartige Absicht wird der den Belegenheitsort eines gestohlenen oder sonst abhanden gekommenen Kunstwerks verändernde bösgläubige Besitzer regelmäßig besitzen, nicht aber der gutgläubige Erwerber eines solchen Kunstwerks. Überdies wird es oftmals nicht möglich sein, die Umgehungsabsicht zu beweisen (vgl. *Neuhaus*, Die Grundbegriffe des Internationalen Privatrechts, S. 198; *Schmeinck*, Internationalprivatrechtliche Aspekte des Kulturgüterschutzes, S. 166). Deshalb vermag die fraus legis das Problem der „Rechtswahl“ durch gezielte Veränderung des Belegenheitsortes eines gestohlenen oder abhanden gekommenen Kunstwerks durch seinen bösgläubigen Besitzer nicht zufriedenstellend zu lösen.

[392] Für eine Änderung des Anknüpfungsmoments: *Reichelt*, IPRax 1986, S. 74; *dies.* in: Dolzer, S. 141; *Mansel*, IPRax 1988, S. 270; *Jayme* in: Dolzer, S. 35 ff., *ders.*, „Entartete Kunst“ und internationales Privatrecht, S. 21 ff.; *Jayme/Kohler*, IPRax 1993, S. 360; *Jayme*, IPRax 1995, S. 260 f.; *Kunze*, Restitution „Entarteter Kunst“, S. 137; *Kienle/Weller*, IPRax 2004, S. 291; *Kurpiers*, Die lex originis-Regel im internationalen Sachenrecht, S. 215.
Dagegen: Staudinger-*Stoll*, Internationales Sachenrecht, Rn. 260; MünchKomm-*Wendehorst*, Art. 43, Rn. 192; *von Hoffmann*, Internationales Privatrecht, S. 480; *Hanisch* in: FS für Müller-Freienfels, S. 222; *Stoll* in: Dolzer, S. 53 ff.; *Knott*, Der Anspruch auf Herausgabe, S. 83 ff.; *Jaeger*, Internationaler Kulturgüterschutz, S. 68 f.; *Schmeinck*, Internationalprivatrechtliche Aspekte des Kulturgüterschutzes, S. 167 ff.; *Müller-Katzenburg*, Internationale Standards, S. 225 ff.; *Benecke*, ZVglRWiss 2002, S. 365.

[393] *Schwind*, Internationales Privatrecht, S. 23; *Kropholler*, Internationales Privatrecht, S. 24; *Kegel/Schurig*, Internationales Privatrecht, S. 114.

tung für sich hat, ihn am angemessensten zu regeln.[394] Dabei sind neben den subjektiven Interessen der Beteiligten an der Anwendung des einen oder des anderen Rechts auch objektive Interessen, wie etwa die Sicherheit und Bequemlichkeit des Geschäftsverkehrs und der äußere Entscheidungseinklang, zu berücksichtigen und zu bewerten.[395] Das bedeutet, dass die Situs-Regel, wie jede andere Anknüpfungsregel auch, eine Wertentscheidung trifft.[396] Dabei stellt sie das Verkehrsinteresse und damit verbunden den individuellen Vertrauensschutz des Erwerbers in den Vordergrund: Das anwendbare Recht soll sich leicht und verlässlich bestimmen lassen und die an einem sachenrechtlichen Vorgang beteiligten Personen darauf vertrauen dürfen, dass diejenige Rechtsordnung zur Anwendung kommt, mit der sie nach den Anschauungen des Verkehrs im Allgemeinen zu rechnen haben.[397]

Diese Bewertung kann sich jedoch in bestimmten Fällen, in denen weitere Interessen eine Rolle spielen, als unrichtig erweisen, so dass eine andere Lösung des Interessenkonflikts und somit eine Korrektur der Anknüpfung möglich sein muss. Das hat auch der Gesetzgeber erkannt und bei der Kodifikation des Inter-

---

[394] *Schwind*, Internationales Privatrecht, S. 23, 24; *Kropholler*, Internationales Privatrecht, S. 25; *Kegel/Schurig*, Internationales Privatrecht, S. 114 ff.

[395] Zu den verschiedenen Interessen vgl. *Kropholler*, Internationales Privatrecht, S. 31 f.; *Kegel/Schurig*, Internationales Privatrecht, S. 117 ff.
Der „äußere" oder internationale Entscheidungseinklang ist das Ideal des Internationalen Privatrechts. Dieses gilt in erster Linie, wenn derselbe Sachverhalt in verschiedenen Staaten zu beurteilen ist. Eine Entscheidungsgleichheit soll aber auch dann erreicht werden, wenn es sich um gleichartige Fälle handelt, damit die Parteien des einen Falles nicht anders behandelt werden als die des anderen (*Kropholler*, Internationales Privatrecht, S. 37). Das Ideal des Entscheidungseinklangs besagt also, dass internationale Rechtsverhältnisse möglichst überall nach dem gleichen Recht entschieden werden sollen (*Kropholler*, Internationales Privatrecht, S. 38). Dies lässt sich zum einen dadurch verwirklichen, das bei der Aufstellung nationaler Kollisionsnormen international gebräuchliche Anknüpfungen, wie namentlich die Beurteilung dinglicher Rechte nach der lex rei sitae, übernommen werden (vgl. *Kropholler*, Internationales Privatrecht, S. 39; *Kegel/Schurig*, Internationales Privatrecht, S. 123). Wobei es das Ideal des Entscheidungseinklangs nicht verbietet, neue, differenzierte Regeln, wie etwa Art. 46 EGBGB, aufzustellen (*Kropholler*, Internationales Privatrecht, S. 38). Das Ideal des Entscheidungseinklangs kann zum anderen dadurch erreicht werden, dass bei der Anwendung der Kollisionsnormen versucht wird, zu einheitlichen Ergebnissen zu gelangen (*Kropholler*, Internationales Privatrecht, S. 41).

[396] *Kropholler*, Internationales Privatrecht, S. 33; *Kegel/Schurig*, Internationales Privatrecht, S. 117; *Kunze*, Restitution „Entarteter Kunst", S. 140.

[397] Gesetzentwurf, BT-Drucksache 14/343, S. 15; *Stoll*, IPRax 2000, S. 269; Staudinger-*Stoll*, Internationales Sachenrecht, Rn. 126; MünchKomm-*Wendehorst*, Art. 43, Rn. 4.
Das Interesse des äußeren Entscheidungseinklangs in der Form, dass derselbe Sachverhalt in verschiedenen Staaten gleich behandelt wird, stellt eine besondere Ausprägung des Verkehrsinteresses dar, nämlich des Interesses, dass eine im Inland getroffene Entscheidung auch am ausländischen Belegenheitsort einer Sache durchsetzbar ist (vgl. *Kegel/Schurig*, Internationales Privatrecht, S. 121).

nationalen Sachenrechts berücksichtigt: Zwar hat er in Art. 43 Abs. 1 EGBGB die Situs-Regel zur grundsätzlich geltenden Anknüpfungsregel bestimmt. Jedoch hat er zugleich in Art. 46 EGBGB eine Ausweichklausel normiert. Die Schaffung dieser Vorschrift entspringt der Erkenntnis, dass in gewissen Fällen eine Korrektur der gesetzlich festgeschriebenen Anknüpfung notwendig werden könnte und dass dann die Abweichung von einer Kollisionsnorm im Einzelfall ebenso möglich sein muss, wie die Entwicklung von Sonderanknüpfungen.[398]

Es spricht deshalb nichts dagegen, in dem besonderen Fall des Diebstahls oder Abhandenkommens eines Kunstwerks von der Situs-Regel und der in ihr zum Ausdruck kommenden Interessenbewertung abzuweichen und nach einer Anknüpfungsregel zu suchen, die neben den im Allgemeinen berührten Interessen auch das besondere Interesse des bestohlenen Eigentümers am Schutz seines Rechts angemessen berücksichtigt.

## II. Bisher diskutierte Sonderanknüpfungen

Bisher werden im Wesentlichen zwei von der Situs-Regel abweichende Sonderanknüpfungen für die dinglichen Rechte an Kunstgegenständen im Allgemeinen und gestohlenen Kunstwerken im Besonderen vorgeschlagen. Diese sind auf ihre Praxistauglichkeit hin zu untersuchen, wobei insbesondere zu klären ist, ob sie geeignet sind, die Fälle der Entziehung jüdischen Kunstbesitzes während des Nationalsozialismus zufriedenstellend zu lösen.

### A. Anknüpfung an den Heimatort des Kunstwerks

Mit der Frage der Notwendigkeit einer speziellen Anknüpfungsregel für Kunstgegenstände ganz allgemein hat sich insbesondere *Jayme* intensiv beschäftigt: Er hat sie aus verschiedenen Perspektiven betrachtet und ist zu dem Ergebnis gekommen, dass die Anknüpfung an den Heimatort den besonderen Gegebenheiten bei Kunstgegenständen eher gerecht wird als die Anknüpfung an den Belegenheitsort.[399]

Ein Aspekt seiner Überlegungen sind die Entwicklungen im internationalen Kulturgüterschutz. Anders als im Internationalen Privatrecht werden dort Kulturgüter einem bestimmten Ort unveränderbar zugeordnet, und zwar durch ihre

---

[398] Gesetzentwurf, BT-Drucksache 14/343, S. 19; *Kurpiers*, Die lex originis-Regel im internationalen Sachenrecht, S. 59.

[399] *Jayme* in: Dolzer, S. 35 ff., *ders.*, „Entartete Kunst" und internationales Privatrecht, S. 21 ff.; *ders.* IPRax 1995, S. 260 f.

„Nationalisierung".[400] Diese erfolgt dadurch, dass die einzelnen Staaten ihr „national wertvolles Kulturgut" bestimmen, verzeichnen und durch besondere Maßnahmen namentlich vor unrechtmäßiger Ausfuhr schützen.[401] Dieses Auseinanderfallen der Anknüpfungen im Privatrecht und im öffentlichen Recht erachtet *Jayme* aus verschiedenen Gründen als misslich und spricht sich deshalb dafür aus, *„für die Kulturgüter eigene privatrechtliche Kollisionsnormen aufzustellen, die von den allgemeinen Regeln des Schuld- und Sachenrechts zu sondern sind"*.[402] Eine Möglichkeit sieht er darin, die Rechtsverhältnisse an Kulturgütern generell *„nicht dem Recht am jeweiligen Lageort, sondern einem ‚Heimatrecht' des Kunstwerks zu unterstellen"*.[403]

Dieser Ansatz wird gestützt durch die Resolution des Institut de Droit International über den internationalen Kauf von Kunstgegenständen unter dem Blickwinkel des Schutzes des kulturellen Erbes, die dieses auf seiner 65. Sitzung in Basel vom 26. August bis 3. September 1991 verabschiedet hat.[404] Ihr Art. 2 unterstellt die Übertragung des Eigentums an einem Kulturgut dem Recht des Staates, zu dessen kulturellem Erbe es gehört.[405] Als Herkunftsstaat ist gemäß

---

400 Zur „Ideengeschichte des nationalen Kunstwerks" vgl. *Jayme* in: Basedow, S. 282 ff. *Hanisch* in: Recht und Kunst, S. 21, 27 ff. dagegen betrachtet diese Entwicklung kritisch. Gegen jede Form von Kultur-Nationalismus hat sich auch *Siehr*, SJZ 1981, S. 210 ff. ausgesprochen; er plädiert für eine Abkehr von engherziger nationalistischer Reglementierung und Hinwendung zu einer übernationalen kosmopolitisch gesinnten Kooperation, um das Erbe der Menschheit gemeinsam zu wahren.

401 Vgl. insbesondere §§ 1 und 5 KultSchG (Gesetz zum Schutz deutschen Kulturgutes gegen Abwanderung vom 6. August 1955 (BGBl. I, S. 501) in der Fassung der Bekanntmachung vom 8. Juli 1999 (BGBl. I, S. 1754)).
Zu den Bestimmungen anderer Staaten vgl. Schmeinck, Internationalprivatrechtliche Aspekte des Kulturgüterschutzes, S. 73 ff.; *Weber*, Unveräußerliches Kulturgut im nationalen und internationalen Rechtsverkehr, S. 12 ff.; *Jayme*, ZVglRWiss 1996, S. 163 ff.

402 *Jayme* in: FS für Lalive, S. 723; *ders.* in: Dolzer, S. 42.

403 *Jayme* in: FS für Lalive, S. 723; *ders.* in: Dolzer, S. 42. Dieser Vorschlag findet die uneingeschränkte Zustimmung von *Kienle/Weller*, IPRax 2004, S. 291 ff. Dagegen befürwortet *Kurpiers*, Die lex originis-Regel im internationalen Sachenrecht, S. 184 ff. die Anwendung der lex originis nur dann, wenn es um die Frage des Eigentums an abhanden gekommenen oder unrechtmäßig ausgeführten Kulturgütern geht.

404 La vente internationale d'objets d'art sous l'angle de la protection du patrimoine culturel, AIDI 64 II (1992), S. 402 ff.; abgedruckt in: RabelsZ 56 (1992), S. 566 ff.

405 Art. 2 lautet: *„Le transfert de la propriéte des objets d'art appartenant au patrimoine culturel du pays d'origine du bien est soumis à la loi de ce pays."*
Die Beschränkung des Anwendungsbereichs der Resolution auf Kulturgüter, die zum Kulturerbe eines Staates gehören, folgt aus ihrem Art. 1 Abs. 1 Buchst. a. Eine weitere Beschränkung ergibt sich aus Art. 1 Abs. 2 und 3 der Resolution. Danach ist diese nur anwendbar auf Kulturgüter, die illegal exportiert worden sind (vgl. hierzu *Rigaux*, RabelsZ 56 (1992), S. 551; *Müller-Katzenburg*, Internationale Standards, S. 230 ff.; *Weber*, Unveräußerliches Kulturgut im nationalen und internationalen Rechtsverkehr, S. 405 ff.; *Kurpiers*, Die lex originis-Regel im internationalen Sachenrecht, S. 144 ff.).

Art. 1 Abs. 1 Buchst. b der Resolution derjenige Staat zu verstehen, mit dem der betreffende Gegenstand in kultureller Hinsicht am engsten verbunden ist.[406]

Einen weiteren Schritt in Richtung einer Anerkennung der lex originis enthält Art. 12 der Richtlinie 93/7/EWG über die Rückgabe von unrechtmäßig aus dem Hoheitsgebiet eines Mitgliedstaats verbrachten Kulturgütern vom 15. März 1993.[407] Danach bestimmt sich die Frage des Eigentums an dem Kulturgut nach erfolgter Rückgabe nach dem Recht des ersuchenden Mitgliedstaats, das heißt demjenigen Staat, aus dessen Hoheitsgebiet ein Kulturgut unrechtmäßig ausgeführt wurde.[408]

Trotz dieser aktuellen Entwicklungen bleibt der Ansatz der Anwendung der lex originis vage. Unklar ist nämlich, wie der Heimatort eines Kunstwerks bestimmt

---

[406] Art. 1 Abs. 1 Buchst. b hat folgenden Wortlaut: *„pays d'origine d'un objet d'art, celui auquel, du point de vue culturel, l'objet en question se trouve rattaché par le lien le plus étroit."*
Zur Konkretisierung des in der Resolution nicht definierten Begriffs der engsten kulturellen Verbindung vgl. *Rigaux*, RabelsZ 56 (1992), S. 551; *Kurpiers*, Die lex originis-Regel im internationalen Sachenrecht, S. 149 f.

[407] ABl. EG 1993, Nr. L 74, S. 74. Zu der Richtlinie allgemein vgl. *Siehr*, NJW 1993, S. 2206 ff.; *ders.*, ZVglRWiss 1996, S. 170 ff.
Die Umsetzung der Richtlinie erfolgte in Deutschland durch das Gesetz zur Umsetzung von Richtlinien der Europäischen Gemeinschaften über die Rückgabe von unrechtmäßig aus dem Hoheitsgebiet eines Mitgliedstaats verbrachten Kulturgütern und zur Änderung des Gesetzes zum Schutz deutschen Kulturgutes gegen Abwanderung (Kulturgutsicherungsgesetz – KultgutSiG) vom 15. Oktober 1998 (BGBl. I, S. 3162). Sein Art. 1 kodifiziert das Gesetz zur Umsetzung der Richtlinie 93/7/EWG des Rates über die Rückgabe von unrechtmäßig aus dem Hoheitsgebiet eines Mitgliedstaats verbrachten Kulturgütern (Kulturgüterrückgabegesetz – KultGüRückG). § 4 Abs. 1 dieses Gesetzes bestimmt, dass sich *„das Eigentum an Kulturgut, das nach den Bestimmungen dieses Gesetzes auf Verlangen in das Bundesgebiet zurückgegeben wird, [...] nach den deutschen Sachvorschriften [richtet]"*. Schließlich lautet es in § 8 KultGüRückG: *„Das Eigentum an Kulturgut bestimmt sich nach erfolgter Rückgabe nach den Sachvorschriften des ersuchenden Mitgliedstaats."* Vgl. hierzu MünchKomm-*Wendehorst*, Art. 43, Rn. 182 ff.; *Fuchs*, IPRax 2000, S. 282 f.; *Kurpiers*, Die lex originis-Regel im internationalen Sachenrecht, S. 91 ff.; *Jayme* in: FS für Mußgnug, S. 518 f.

[408] Vgl. hierzu *Jayme*, „Entartete Kunst" und internationales Privatrecht, S. 25; *Jayme/Kohler*, IPRax 1993, S. 360; *Jayme*, IPRax 1995, S. 260; *ders.*, ZVglRWiss 1996, S. 168; *Pfeiffer*, IPRax 2000, S. 280; *Kurpiers*, Die lex originis-Regel im internationalen Sachenrecht, S. 79 ff.
Mehr als ein Anhaltspunkt kann diese Regelung aber nicht sein, und zwar aus folgendem Grund: Diese Sonderkollisionsnorm ergänzt die Vorschriften über den in der Richtlinie geregelten Anspruch eines Mitgliedstaats auf Rückgabe von nationalem Kulturgut, der vom Eigentum unabhängig ist. Nach dessen Durchsetzung soll die privatrechtliche Rechtslage mit der öffentlich-rechtlichen in Einklang gebracht werden, und zwar nach Maßgabe der Vorschriften des Herkunftsstaats. Die Richtlinie bezweckt damit den Schutz staatlicher Interessen an nationalen Kulturgütern und nicht den Schutz der Rechte des Eigentümers. Eine analoge Anwendung des Art. 12 Kulturgüterrichtlinie auf Kunstwerke, die nicht Kulturgüter im Sinne der Richtlinie sind und nicht unter Verstoß gegen Ausfuhrverbote in einen anderen Staat verbracht wurden, kommt deshalb nicht in Betracht (vgl. MünchKomm-*Kreuzer*, Nach Art. 38 Anh. I, Rn. 195, 203; MünchKomm-*Wendehorst*, Art. 43, Rn. 184; *Stoll*, IPRax 2000, S. 269; *Fuchs*, IPRax 2000, S. 285; *Siehr*, RabelsZ 59 (1995), S. 464 f.).

werden soll. Hierzu bieten sich mehrere Kriterien an. Dies sei zum einen, so *Jayme*, die Nationalität des Künstlers, allerdings nur dann, wenn dieser für die Identität einer Nation eine besondere Rolle spielt.[409] Ist das nicht der Fall, so soll der „Sitz des Kulturguts", nämlich der Ort, für den das Kunstwerk bestimmt war, maßgeblich sein. Dabei sei nicht nur an Auftragswerke, die für einen bestimmten Ort geschaffen wurden, zu denken, sondern auch an den Platz, an dem sich das legal erworbene Kunstwerk nach dem Wunsch des letzten Eigentümers permanent befindet.[410] Für die dauernde Zuordnung eines Kunstwerks zu einer Rechtsordnung soll zum anderen der Zusammenhang, in dem dieses durch eine Nation rezipiert wurde, von Bedeutung sein.[411] Dabei räumt selbst *Jayme* ein, dass die Bestimmung des Heimatortes eines Kunstwerks anhand eines solchen Kriterienkataloges häufig auf Schwierigkeiten stoßen wird. Nicht selten würden die verschiedenen Kriterien auf unterschiedliche Nationen hinweisen und werde man daher viele Kunstwerke nicht eindeutig zuordnen können.[412] Da er jedoch davon überzeugt ist, dass die Situs-Regel für Kunstwerke insbesondere dann nicht passt, wenn sie von den Nationalsozialisten als „entartet" beschlagnahmt worden sind oder ganz allgemein „Kriegbeute" waren, nimmt er diese Schwierigkeiten in Kauf.[413]

Dagegen sehen sowohl die Gegner als auch die Befürworter einer generellen Sonderanknüpfung für Kunstgegenstände in diesen Schwierigkeiten einen so schwerwiegenden Nachteil, dass sie die Anknüpfung an den Heimatort als unge-

---

409 *Jayme*, Kunstwerk und Nation, S. 17, 28; *ders.* in: FS für Lalive, S. 726, 727; *ders.* in: Dolzer, S. 45, 48. Dabei verweist er auf Art. 4 Buchst. a der UNESCO-Konvention über Maßnahmen zum Verbot und zur Verhütung der unzulässigen Einfuhr, Ausfuhr und Übereignung von Kulturgut vom 14. November 1970 (deutsche Übersetzung des Übereinkommens abgedruckt in: BT-Drucksache VI/3511, S. 3 ff.). Vgl. hierzu auch *Kurpiers*, Die lex originis-Regel im internationalen Sachenrecht, S. 156 ff.

410 *Jayme*, Kunstwerk und Nation, S. 19, 28; *ders.* in: FS für Lalive, S. 728; *ders.* in: Dolzer, S. 48. Ebenso bestimmt *Kurpiers*, Die lex originis-Regel im internationalen Sachenrecht, S. 195 den Herkunftsort im Fall von abhanden gekommenen Kulturgütern.

411 *Jayme*, Kunstwerk und Nation, S. 30; *ders.* in: Basedow, S. 288; *ders.*, Die Rückführung von Kunstwerken zwischen Recht und Wirklichkeit, S. 7. Ähnlich nimmt *Kurpiers*, Die lex originis-Regel im internationalen Sachenrecht, S. 199 ff. die Zuordnung eines Kulturguts zu einem bestimmten Staat im Bereich des illegalen Exports vor. Seiner Meinung nach erhält ein Kulturgut seinen nationalen Charakter in diesem Fall durch die besondere Wertschätzung einer nationalen oder regionalen Kulturgemeinschaft. Daneben müsse aber auch ein objektiver Bezug des Kulturguts zu der Nation bestehen. Dabei sei darauf abzustellen, ob das Kulturgut die Kultur und Geschichte einer Nation im Unterschied zu anderen Nationen verkörpert bzw. ob es Ausdruck der Identität gerade dieser Nation und nicht einer anderen ist.

412 *Jayme*, Kunstwerk und Nation, S. 31; *ders.* in: Reichelt, S. 7 ff.; *ders.* in: Basedow, S. 288.

413 *Jayme*, „Entartete Kunst" und internationales Privatrecht, S. 21 ff.; *ders.*, IPRax 1995, S. 260; *ders.*, Die Rückführung von Kunstwerken zwischen Recht und Wirklichkeit, S. 7; *ders.* in: Basedow, S. 288.

eignet ablehnen.[414] Gerade im Falle eines Diebstahls, so der Einwand von *Hanisch*, werde dieser Nachteil auch nicht durch den Vorteil eines gegenüber der Anwendung der lex rei sitae verbesserten Eigentümerschutzes aufgewogen. Sei die lex originis zum Beispiel das italienische Recht, so bliebe nämlich trotz der Verbringung des gestohlenen Kunstwerks etwa nach Deutschland der gutgläubige Erwerb möglich.[415]

*Kunze* hält die Anknüpfung an den Heimatort sogar für undurchführbar. Seiner Meinung nach ist seine Bestimmung nicht nur schwierig, sondern unmöglich, da einem Kunstwerk regelmäßig der besondere Bezug, die enge Verbindung und die Zugehörigkeit zu einer Nation fehle; wenn sich der Staat oder die Nation nicht ausdrücklich über seine Bedeutung für die nationale Identität erklärt haben, sei eine Betonung der Herkunft des Künstlers ebenso unangemessen wie eine Betonung der Zugehörigkeit zu einer Sammlung.[416]

## B. Anknüpfung an den Ort des Abhandenkommens

*Mansel* hat die Entscheidung Winkworth v. Christie's, Manson & Woods Ltd. zum Anlass genommen, die Berechtigung der Situs-Regel im Falle des gutgläubigen Erwerbs und der Ersitzung gestohlener Sachen zu hinterfragen, insbesondere im Hinblick auf die in ihr enthaltene Interessenabwägung zuungunsten des bestohlenen Eigentümers. Seiner Meinung nach ist dieser nämlich jedenfalls insoweit kollisionsrechtlich schutzwürdig, als er auf die Geltung eines bestimmten Sachrechts vertrauen konnte, das heißt, soweit er die Belegenheit der Sache beeinflusst hat. Einen solchen Einfluss habe er, so *Mansel* weiter, aber nur bis zur Zeit eines Diebstahls, weshalb auf den gutgläubigen Erwerb und die Ersitzung gestohlener Sachen das Recht des Staates angewendet werden sollte, in dessen

---

414 *Jaeger*, Internationaler Kulturgüterschutz, S. 67 f.; *Schmeinck*, Internationalprivatrechtliche Aspekte des Kulturgüterschutzes, S. 171; *Müller-Katzenburg*, Internationale Standards, S. 231; *Fuchs*, IPRax 2000, S. 284; so wohl auch *Hanisch* in: Recht und Kunst, S. 34 f.
Dagegen spricht sich auch *Armbrüster*, NJW 2001, S. 3582 für eine eigenständige Anknüpfung der Rechte an Kulturgütern aus; den Heimatort, so wie von *Jayme* vorgeschlagen, hält er hierzu allerdings für ungeeignet. Er regt an, an den Ort anzuknüpfen, an dem sich das Kulturgut vor seinem verbotswidrigen Export befand. Ebenso: *Weber*, Unveräußerliches Kulturgut im nationalen und internationalen Rechtsverkehr, S. 410 f.
Da die von *Armbrüster* vorgeschlagene Anknüpfung voraussetzt, dass ein Kunstwerk als „nationales Kulturgut" deklariert wurde und somit einem Ausfuhrverbot unterliegt, hiervon jedoch nur wenige Kunstwerke betroffen sind, eignet sich die Anknüpfungsregel weder als generelle Sonderanknüpfung für Kunstwerke noch als Sonderanknüpfung für gestohlene oder sonst abhanden gekommene Kunstwerke.

415 *Hanisch* in: Recht und Kunst, S. 34, 35.

416 *Kunze*, Restitution „Entarteter Kunst", S. 133.

Gebiet die Sache zur Zeit des Diebstahls belegen war.[417] Seinen Vorschlag sieht *Mansel* dadurch gerechtfertigt, dass eine derartige Sonderanknüpfung keinen tiefgreifenden Eingriff in die Situs-Regel bedeuten würde, da dabei letztlich nur der Anknüpfungszeitpunkt geändert werde.[418] Zudem entspräche es einer internationalen Tendenz, die Rechte des Eigentümers stärker zu betonen.[419]

Die von *Mansel* vorgeschlagene Anknüpfung an den Ort des Diebstahls ist zwar überwiegend auf Ablehnung gestoßen, hat aber in jüngerer Zeit auch Zustimmung erfahren.[420] Dagegen wird zum einen vorgebracht, dass gerade das zu ihrer Begründung angeführte Argument der Eigentümerbegünstigung die Anknüpfung nicht trage. Wie der Fall Kunstsammlungen zu Weimar v. Elicofon[421] zeige,

---

417 *Mansel*, IPRax 1988, S. 271.

418 *Mansel*, IPRax 1988, S. 271.
*Kunze*, Restitution „Entarteter Kunst", S. 136 zufolge bedeutet dies eine Fixierung des Belegenheitsortes auf den Zeitpunkt, ab dem der Eigentümer seinen Einfluss auf ihn gegen seinen Willen verliert. In dieser Fixierung decke sich der Vorschlag mit dem Gedanken der lex originis, lediglich der Fixierungsgrund sei ein anderer.
Elemente der Anknüpfung an den Heimatort und der Anknüpfung an den Ort des Abhandenkommens vereint der Ansatz, der für die Anknüpfung der Rechte an einem Kunstwerk ihre Unbeweglichkeit fingiert: Waren Kunstwerke, wie zum Beispiel Fresken, einmal Bestandteil eines Grundstücks, soll die rechtliche Zuordnung des Kunstwerks zu dem Grundstück auch dann fortbestehen, wenn es widerrechtlich von ihm entfernt wurde. Damit wird zugleich die enge kulturelle Verbindung eines Kunstwerks zu seinem Herkunftsort betont und dem Ort des Abhandenkommens Bedeutung beigemessen. Vgl. hierzu am Beispiel französischer Rechtsprechung *Jayme*, „Entartete Kunst", S. 25 f.; *Stoll*, in: Dolzer, S. 56 f.; *Müller-Katzenburg*, Internationale Standards, S. 228 ff. Da diese Form der Anknüpfung bei den hier im Vordergrund stehenden Kunstwerken wie Gemälden, Aquarellen und Zeichnungen ohnehin nicht in Frage käme, soll auf sie nicht näher eingegangen werden.

419 *Mansel*, IPRax 1988, S. 271; so bereits *Siehr*, ZvglRWiss 1981, S. 281 ff. am Beispiel ausgewählter Rechtsordnungen.

420 Dagegen: *Stoll* in: Dolzer, S. 59 f.; *Knott*, Der Anspruch auf Herausgabe, S. 84; *Schmeinck*, Internationalprivatrechtliche Aspekte des Kulturgüterschutzes, S. 172; *Müller-Katzenburg*, Internationale Standards, S. 228; *Benecke*, ZVglRWiss 2002, S. 365; *Kurpiers*, Die lex originis-Regel im internationalen Sachenrecht, S. 139 ff.; so wohl auch *Hanisch* in: Recht und Kunst, S. 31.
Dafür: *Kunze*, Restitution „Entarteter Kunst", S. 136 ff., 148 f., der sich zudem dafür ausspricht, auch die Verjährung des Anspruchs auf Herausgabe eines gestohlenen oder abhanden gekommenen Kunstwerks an den Ort des Diebstahls bzw. Abhandenkommens anzuknüpfen (S. 149 ff.).

421 Kunstsammlungen zu Weimar v. Elicofon, 536 F. Supp. 813 (US D.Ct.E.D.N.Y. 1978), bestätigt durch 678 F.2d 1150 (2d Cir. 1982). In diesem Fall hatte der Beklagte im Jahre 1946 in New York von einem entlassenen amerikanischen Soldaten zwei Dürer-Gemälde erworben, die aus dem Museum in Weimar stammen. Während des Krieges waren sie auf die Schwarzburg bei Rudolstadt in Thüringen ausgelagert, wo sie vermutlich im Sommer 1945 entwendet worden waren. Die ursprüngliche Eigentümerin, die Kunstsammlungen zu Weimar, verlangte vom Beklagten die Herausgabe und obsiegte. Entsprechend der auch im Staate New York geltenden Situs-Regel wandte das Gericht für den Erwerbsvorgang das Sachenrecht von New York an, das günstiger war als das Recht am Ort der Entwendung,

könne es durchaus so sein, dass der Erwerber nach dem Recht am Ort des Diebstahls Eigentümer geworden wäre, während das Recht am Ort der Belegenheit im Zeitpunkt der Veräußerung den Gutglaubenserwerb ausschließt.[422] Zum anderen wird freilich eingewendet, dass die Anknüpfung an den Ort des Diebstahls die Verkehrssicherheit über Gebühr beeinträchtige. Wie jede Sonderanknüpfung des gutgläubigen Erwerbs führe sie, so namentlich *Stoll*, zu dem „schwer erträglichen" Ergebnis, dass die von den Parteien beabsichtigten Wirkungen eines Rechtsgeschäfts einer Rechtsordnung unterstellt werden, mit deren Anwendung sie nicht gerechnet haben und meist auch gar nicht rechnen konnten, da dem gutgläubigen Erwerber weder der Diebstahl noch der Tatort bekannt gewesen sein dürfte.[423]

Auf den letzteren Einwand hat *Mansel* erwidert, dass es zweifelhaft sei, ob der internationale Rechtsverkehr durch die von ihm vorgeschlagene Anknüpfung überhaupt spürbar beeinträchtigt werde, da viele Länder den Gutglaubenserwerb auf materiell rechtlicher Ebene ohnehin ablehnten. Im Übrigen sei doch gerade zu fragen, ob die eventuelle Beeinträchtigung des Rechtsverkehrs nicht hingenommen werden müsse, weil der Schutz des bestohlenen Eigentümers Vorrang haben sollte.[424] Hierin pflichtet ihm nunmehr *Kunze* bei, der sich in den Fällen des Erwerbs gestohlener oder sonst abhanden gekommener[425] Sachen ganz deutlich für den Vorrang des Eigentümerschutzes vor dem Interesse an der Sicherheit und Leichtigkeit des Rechtsverkehrs ausspricht und deshalb die von der Situs-Regel abweichende Anknüpfung an den Ort des Diebstahls oder Abhandenkommens vorzieht.[426]

---

nämlich das deutsche Recht, nach dem der Beklagte längst das Eigentum durch Ersitzung erlangt hätte. Vgl. auch die Besprechungen von *Drobnig*, IPRax 1984, S. 61 ff.; *Richardl/Junker*, Jura 1985, S. 415 ff.

422 *Stoll* in: Dolzer, S. 59; diesem beipflichtend: *Müller-Katzenburg*, Internationale Standards, S. 228; *Knott*, Der Anspruch auf Herausgabe, S. 84; *Benecke*, ZVglRWiss 2002, S. 365; so wohl auch *Hanisch* in: Recht und Kunst, S. 31.

423 *Stoll* in: Dolzer, S. 59; so auch *Knott*, Der Anspruch auf Herausgabe, S. 84; *Schmeinck*, Internationalprivatrechtliche Aspekte des Kulturgüterschutzes, S. 172; *Benecke*, ZVglRWiss 2002, S. 365.

424 *Mansel*, IPRax 1988, S. 271.

425 Bereits *Mansel*, IPRax 1988, S. 271 hat angedeutet, dass die vorgeschlagene Anknüpfung auch für die anderen Fälle des Abhandenkommens gelten sollte. *Kunze*, Restitution „Entarteter Kunst", S. 137 hat sich dieser Frage angenommen und herausgearbeitet, dass und warum dem so ist: Der Eigentümer erscheine im Falle des Abhandenkommens nicht weniger schutzwürdig als bei einem Diebstahl. Es mache nämlich keinen Unterschied, ob der Eigentümer den Besitz an der Sache ohne oder gegen seinen Willen verliert. In beiden Fällen habe er den Rechtsschein, den der nunmehrige Besitzer aus seinem Besitz ableitet, nicht zurechenbar veranlasst.

426 *Kunze*, Restitution „Entarteter Kunst", S. 139.

Entgegen *Stoll* meint er auch, dass hierdurch die Belange des Eigentümers sehr wohl angemessen gewahrt würden. Die Möglichkeit, dass das Recht am Ort des Diebstahls oder Abhandenkommens für ihn nachteiliger ist als das Recht am Ort der Veräußerung, müsse er nämlich hinnehmen, da sie ausschließlich seiner Risikosphäre zuzurechnen sei, weil es in seiner Hand läge, durch einen Wechsel des Belegenheitsortes den Umfang des ihm zugute kommenden Schutzes zu bestimmen.[427]

Nach Ansicht von *Kunze* findet die Anknüpfung an den Ort des Diebstahls oder Abhandenkommens nunmehr, das heißt, nach der Kodifikation des deutschen Internationalen Sachenrechts, eine Stütze in der Ausweichklausel des Art. 46 EGBGB. Seiner Meinung nach besteht nämlich gerade bei nicht ersetzbaren Unikaten wie Kunstwerken zum Ort des Diebstahls oder Abhandenkommens eine wesentlich engere Verbindung als zu demjenigen, an dem sich eine nachfolgende Rechtsänderung vollzieht.[428] Dagegen meint *Stoll*, dass die Anknüpfung nicht von der Ausweichklausel des Art. 46 EGBGB gedeckt sei. Diese bezwecke die verfeinerte Bestimmung des Schwerpunkts sachenrechtlicher Verhältnisse, decke aber nicht die Bevorzugung bestimmter Individualinteressen oder staatlicher Interessen, deren Berücksichtigung mit den Anschauungen des Verkehrs und den Erwartungen der Parteien nichts zu tun hat. *„Beispielsweise"*, erläutert *Stoll*, *„ist das Interesse einer bestohlenen Person, dass in jedem Staat bei Verfügungen über die Sache die sachenrechtlichen Schutzvorschriften des Herkunftsstaates berücksichtigt werden, verständlich und nicht ohne Gewicht. Eine solche Berücksichtigung widerspricht jedoch den Anschauungen des Verkehrs, wonach bei Verfügungen über eine Sache allein die sachenrechtlichen Vorschriften des Belegenheitsstaates Anwendung finden."*[429]

Wie zuvor bereits *Mansel* will auch *Kunze* diesen Einwand nicht gelten lassen und kritisiert, dass ihm eine Wertung zugunsten des Rechtsverkehrs voraus ginge, die gerade in Frage gestellt werden müsse. Es dürfe nicht unberücksichtigt bleiben, dass sich Kunstwerke wegen ihrer Einzigartigkeit von anderen Verbrauchsgütern unterscheiden. Gerade die auch den Beteiligten des Erwerbsgeschäfts bewusste Besonderheit des Gegenstands lasse den Verkehrsschutz zurücktreten und die Bevorzugung der Interessen des bestohlenen Eigentümers geboten erscheinen, zumal, wenn der Lageort des Kunstwerks zu seinen Lasten verändert wurde.[430]

---

[427] *Kunze,* Restitution „Entarteter Kunst", S. 139.

[428] *Kunze*, Restitution „Entarteter Kunst", S. 139.

[429] *Stoll*, IPRax 2000, S. 269; so auch *v. Hoffmann*, Internationales Privatrecht, § 12 Rn. 12, 22.

[430] *Kunze*, Restitution „Entarteter Kunst", S. 140; so auch: *Stoll* in Dolzer, S. 138, 143 (Diskussion); *Armbrüster*, NJW 2001, S. 3582.

Im Übrigen liege es auch und gerade im Interesse des Geschäftsverkehrs, den Handel mit gestohlenen oder sonst abhanden gekommenen Kunstwerken zu verringern, wozu die Anknüpfung an den Ort des Diebstahls oder Abhandenkommens einen nicht unerheblichen Beitrag leisten könne.[431]

## C. Stellungnahme

Es steht außer Frage, dass die Bemühungen *Jaymes* um eine Auflockerung der starren Situs-Regel bei der Anknüpfung der Rechte an Kunstgegenständen grundsätzlich zu begrüßen sind. Allerdings muss in Anbetracht der bei seiner Bestimmung auftretenden Schwierigkeiten bezweifelt werden, dass die von ihm vorgeschlagene Anknüpfung an den Heimatort das hierfür am besten geeignete Instrument ist. In den Fällen der Entziehung jüdischen Kunstbesitzes während der nationalsozialistischen Herrschaft ist das jedenfalls nicht der Fall.

Ihren Kritikern ist insbesondere darin beizupflichten, dass auch die Anknüpfung an den Heimatort zu mehr oder weniger zufälligen Ergebnissen führen kann. Denn die Frage, welches Land als Heimatland eines Kunstwerks anzusehen ist, kann nicht abstrakt, sondern nur einzelfallbezogen bestimmt werden, wobei häufig mehrere Kriterien als Bezugspunkte in Betracht kommen werden, die auf unterschiedliche Länder verweisen.[432] Dieses Problem taucht bei allen Kunstwerken auf, also auch bei denen, die ihrem jüdischen Sammler während des Nationalsozialismus entzogen worden sind.

Soll zum Beispiel die Heimat der Werke französischer Impressionisten aus der Sammlung des Breslauer Unternehmers Max Silberberg bestimmt werden, so kommen zumindest zwei Kriterien als Bezugspunkte in Betracht: zum einen die Nationalität des Künstlers und zum anderen der „Sitz" des Kunstwerks als der Ort, an dem es sich bestimmungsgemäß befindet. Als Heimat kann folglich sowohl Frankreich als auch Deutschland angesehen werden. Es muss also eine Entscheidung darüber getroffen werden, welchem Kriterium das größere Gewicht beigemessen und welchem Land somit der Vorzug gegeben wird. Da hierfür keine klaren Regeln existieren, führt die Anknüpfung an den Heimatort insbesondere im Hinblick auf den Schutz des Eigentümers zu mehr oder weniger zufälligen Ergebnissen: So wäre etwa die Frage, ob Silberberg das Eigentum an den im Jahr 1935 in Berlin versteigerten Impressionisten durch den späteren gutgläubigen Erwerb eines Dritten vom Versteigerungserwerber verloren hat, je nachdem, welchem der vorgenannten Kriterien die größere Bedeutung beige-

---

431 *Kunze*, Restitution „Entarteter Kunst", S. 140 f.; so bereits *Mansel*, IPRax 1988, S. 271.

432 Vgl. *Jaeger*, Internationaler Kulturgüterschutz, S. 67; *Müller-Katzenburg*, Internationale Standards, S. 230 f.

messen wird, entweder nach dem französischen oder nach dem deutschen Recht zu beurteilen. Zwar lassen beide Rechtsordnungen den gutgläubigen Erwerb gestohlener oder abhanden gekommener Sachen nicht ohne weiteres zu, jedoch wird er nach dem französischen Recht durch die dreijährige Ausschlussfrist des Art. 2279 Code civil erleichtert, nach deren Ablauf der bestohlene Eigentümer die Sache nicht mehr vom gutgläubigen Besitzer heraus verlangen kann.

Nach dem französischen Recht wäre der gutgläubige Zweiterwerber also nach drei Jahren Eigentümer des versteigerten Kunstwerks geworden. Dagegen wäre der Eigentumserwerb nach dem deutschen Recht, genauer: nach § 935 Abs. 1 BGB, grundsätzlich nicht eingetreten, da das Kunstwerk Silberberg entzogen worden und damit abhanden gekommen war. Silberberg wäre also, je nachdem, welches Recht zum Heimatrecht bestimmt wird, mehr oder weniger gut geschützt.

An diesem Beispiel lässt sich auch zeigen, dass die Anknüpfung an den Heimatort für den jüdischen Eigentümer nicht in jedem Falle einen Vorteil gegenüber der Anknüpfung an den Belegenheitsort bedeutet: Nach dem französischen Recht als Heimatrecht würde Silberberg sein Eigentum an dem entzogenen Kunstwerk durch den gutgläubigen Eigentumserwerb des Zweiterwerbers verlieren, während ein solcher, befand sich die Sache bei Einigung und Übergabe in Deutschland, nach dem deutschen Recht als dem Recht am Belegenheitsort nicht eingetreten wäre. Der in den Schwierigkeiten bei seiner Bestimmung liegende Nachteil der Anknüpfung an den Heimatort wird also auch nicht durch den Vorteil eines gegenüber der Anknüpfung an den Belegenheitsort verbesserten Eigentümerschutzes aufgewogen.

Die Anknüpfung an den Heimatort wird also nicht selten dazu führen, dass der Schutz des jüdischen Eigentümers nicht, wie bezweckt, verbessert, sondern stattdessen verschlechtert wird. Sie ist deshalb nicht geeignet, die Fälle der Entziehung jüdischen Kunstbesitzes während der nationalsozialistischen Herrschaft auf kollisionsrechtlicher Ebene angemessen zu lösen.

Auch die Vorschläge, in den Fällen des gewöhnlichen Kunstdiebstahls sowie in den Fällen der Einziehung „entarteter Kunst“ von der Situs-Regel und der ihr immanenten Interessenbewertung abzuweichen und die Interessen des Eigentümers, dem ein Kunstwerk abhanden gekommen ist, in den Vordergrund zu stellen, sind grundsätzlich zu befürworten. Indes ist fraglich, ob sich die beabsichtigte Verbesserung des Schutzes des bestohlenen Eigentümers generell dadurch erreichen lässt, dass in diesen Fällen, wie vorgeschlagen, das Recht am Ort des Diebstahls oder Abhandenkommens angewendet wird.

In den Fällen der Entziehung jüdischen Kunstbesitzes ist dies jedenfalls nicht der Fall. Die Anwendung des Rechts am Ort der Entziehung würde teilweise zwar tatsächlich zu einer Verbesserung des Schutzes des jüdischen Eigentümers führen. In einer nicht zu vernachlässigenden Anzahl von Fällen hätte sie jedoch im Gegenteil eine nicht gerechtfertigte Verschlechterung des Schutzes zur Folge.

Hätte etwa auf der Auktion im Jahr 1935 ein schweizerischer Händler ein Werk aus der Sammlung Silberbergs ersteigert und dieses, zurück in der Schweiz, weiterveräußert, so wäre bei einer Anknüpfung an den Ort der Entziehung das deutsche Recht anwendbar. Da nach § 935 Abs. 1 BGB der gutgläubige Eigentumserwerb grundsätzlich nicht eintritt, wenn die Sache dem Eigentümer abhanden gekommen war, wäre der Erwerber nicht Eigentümer des Kunstwerks geworden. Nach dem schweizerischen Recht als dem Recht am Belegenheitsort dagegen hätte der Erwerber das Eigentum nach dem Ablauf der fünfjährigen Ausschlussfrist des Art. 934 Abs. 1 ZGB erworben. In diesem Fall würde die Anwendung des Rechts am Ort der Entziehung also eine Verbesserung des Eigentümerschutzes bedeuten.

Anders in folgendem Fall: Wäre ein Kunstwerk des jüdischen Sammlers Paul Rosenberg, das von der Deutschen Botschaft im besetzten Paris beschlagnahmt worden war und anschließend nach Deutschland gelangt ist, dort veräußert oder weiterveräußert worden, so wäre, knüpfte man an den Ort der Entziehung an, die Frage des Eigentumserwerbs nach dem französischen Recht zu beurteilen. Nach diesem wäre der gutgläubige Erwerber nach Ablauf der dreijährigen Ausschlussfrist des Art. 2279 Code civil Eigentümer des Kunstwerks geworden. Nach dem deutschen Recht als dem Recht am Belegenheitsort dagegen wäre der Eigentumserwerb nicht eingetreten, da das Kunstwerk Rosenberg entzogen worden und damit abhanden gekommen im Sinne des § 935 Abs. 1 BGB war. In diesem Fall bewirkt die Anknüpfung an den Ort der Entziehung folglich das Gegenteil dessen, was sie eigentlich bezweckt, nämlich eine Verschlechterung des Schutzes des jüdischen Eigentümers.

Eine solche Verschlechterung des Eigentümerschutzes könnte nur dadurch verhindert werden, dass der gutgläubige Erwerb alternativ an den Ort des Diebstahls oder Abhandenkommens oder an den Ort der Belegenheit angeknüpft wird, je nachdem, welche Rechtsordnung den Eigentümer wirksamer schützt. Allerdings wäre, insoweit ist den Kritikern der Anknüpfung an den Ort des Diebstahls oder Abhandenkommens beizupflichten, die mit einer solchen Alternativlösung verbundene Rechtsunsicherheit in der Tat zu groß.[433]

Der Ansicht *Kunzes*, wonach der Eigentümer eine Verschlechterung des Schutzes seiner Rechtsposition hinnehmen müsse, weil es in seiner Hand läge, durch einen Wechsel des Belegenheitsortes den Umfang des ihm zugute kommenden Schutzes zu bestimmen, kann nicht gefolgt werden. *Kunze* verkennt, dass diese theore-

---

433 *Stoll* in: Dolzer, S. 59; *Müller-Katzenburg*, Internationale Standards, S. 233; so selbst *Kunze*, Restitution „Entarteter Kunst", S. 142.

tisch durchaus erwägenswerte Möglichkeit in der Wirklichkeit nicht umzusetzen ist: Die meisten privaten Sammler werden Kunstwerke in erster Linie aus Interesse und Leidenschaft erwerben und nicht, um ihr Vermögen anzulegen. Und weil sie sich an ihrem Kunstbesitz erfreuen wollen, werden sie damit – einmal abgesehen von besonders wertvollen Kunstwerken, die sie in sicheren Bankschließfächern aufbewahren werden – die Wände ihrer Häuser und Wohnungen schmücken. Sich räumlich von ihren Kollektionen zu trennen und sie in anderen Ländern unterzubringen oder gar ihren Wohnsitz zu verlegen, nur damit im Falle eines Diebstahls das ihr Eigentum am besten schützende Recht anwendbar wäre, kann man von den Sammlern ebenso wenig verlangen wie die Kenntnis der unterschiedlichen Rechtsordnungen der verschiedenen Staaten, die ja notwendig wäre, um entscheiden zu können, wohin die Sammlung gebracht werden sollte. Für die öffentlichen Sammlungen in Museen ist die von *Kunze* erwogene Möglichkeit noch fernliegender: Niemand wird ernsthaft verlangen wollen, dass etwa der Louvre seine Bestände nach Deutschland verlagert, weil das deutsche Recht ihm im Falle eines Diebstahls einen weitreichenderen Schutz bietet, als das französische Recht.

Gegen Kunzes Risikozuweisung spricht auch, dass sie vermutlich negative Auswirkungen auf den internationalen Leihverkehr haben würde: Die Annahme etwa, ein deutscher Sammler, der ein Kunstwerk einem Museum in Italien für eine Ausstellung zur Verfügung stellt, unterstelle sein Eigentum bewusst dem Schutz des italienischen Rechts, könnte bewirken, dass er eine entsprechende Anfrage in Zukunft ablehnen würde, weil er im Falle eines Diebstahls aus dem Museum sein Eigentum nicht nach dem dann anwendbaren italienischen Recht an einen gutgläubigen Erwerber verlieren will.

In den Fällen der Entziehung jüdischen Kunstbesitzes während der nationalsozialistischen Herrschaft kommt hinzu, dass die Verbringung von Kunstsammlungen in einen anderen Staat zu der Zeit, als ihre Entziehung durch staatlichen Hoheitsakt drohte, praktisch ausgeschlossen war. Seit Inkrafttreten der Einsatzverordnung vom 3. Dezember 1938 musste ein jüdischer Sammler damit rechnen, dass ihm seine Kollektion auf der Grundlage nationalsozialistischer Gesetze entzogen wird. Seit diesem Zeitpunkt war sein Eigentum durch das deutsche Recht nicht geschützt, sondern bedroht. Diese Bedrohung konnte er gerade nicht dadurch abwenden, dass er seine Sammlung in die Schweiz oder nach Frankreich brachte, deren Rechtsordnungen sein Eigentum unangetastet ließen, da die Verbringung jüdischen Kunstbesitzes ins Ausland durch die Vorschriften der §§ 57, 58 des Gesetzes über die Devisenbewirtschaftung vom 12. Dezember 1938 faktisch generell verboten war.

In den Fällen der Entziehung jüdischen Kunstbesitzes während des Nationalsozialismus ist die bei der Anknüpfung an den Ort der Entziehung eintretende Schlechterstellung derjenigen Eigentümer, deren Kunstwerke in Frankreich entzogen worden sind, auch deshalb nicht hinnehmbar, weil die rechtliche Bewertung der Vermögensentziehungen im Interesse der internationalprivatrechtlichen Gerechtigkeit gleich ausfallen sollte.

Mit diesem Argument hat *Kunze* die selbstständige Beurteilung des Abhandenkommens für die Fälle der Beschlagnahme „entarteter Kunst" befürwortet, bevor er erklärt hat, dass dies durch die von ihm empfohlene Sonderanknüpfung überflüssig werde.[434] Bei deren Begründung greift er das Argument der internationalprivatrechtlichen Gerechtigkeit indes nicht wieder auf. Vermutlich deshalb nicht, weil in den von ihm behandelten Fällen der Beschlagnahme „entarteter Kunst" eine unterschiedliche rechtliche Bewertung nicht zu befürchten ist. Da sich diese Maßnahme der Nationalsozialisten auf das Gebiet des Deutschen Reichs beschränkte, führt die von ihm vertretene Anknüpfung in diesen Fällen stets zur Anwendung des deutschen Rechts. Anders in den Fällen der Entziehung jüdischen Kunstbesitzes: Hier führt die Anknüpfung an den Ort der Entziehung, wie gezeigt, zur Anwendung verschiedener Rechtsordnungen mit der Folge, dass Sachverhalte, die gleich bewertet werden sollten, unterschiedlich bewertet werden.

## III. Bisher diskutierte Lösungen auf materiellrechtlicher Ebene

Die Stimmen im Schrifttum, die eine Lösung des durch die starre Anknüpfung an den Belegenheitsort hervorgerufenen Problems der gezielten Veränderung des Belegenheitsortes eines gestohlenen Kunstgegenstandes durch den Dieb auf kollisionsrechtlicher Ebene generell oder wegen der Ungeeignetheit der bisher vorgeschlagenen Sonderanknüpfungen ablehnen, wollen die auch in ihren Augen notwendige Verbesserung des Schutzes des bestohlenen Eigentümers auf der Ebene des materiellen Rechts verwirklichen. Während der eine Teil eine Vereinheitlichung des Rechts des gutgläubigen Erwerbs und der Herausgabe von abhanden gekommenen Kulturgütern und die Schaffung eines internationalen Schutzabkommens für erforderlich hält[435], meint der andere, dass sich ein angemessener Ausgleich der widerstreitenden Interessen des bestohlenen Eigentümers und des gutgläubigen Erwerbers im Rahmen der jeweils nach der lex rei sitae maßgeblichen Sachnormen finden ließe.[436]

---

[434] *Kunze*, Restitution „Entarteter Kunst", S. 121, 142.

[435] *Siehr*, SJZ 1981, S. 211; *Jaeger*, Internationaler Kulturgüterschutz, S. 69; *Schmeinck*, Internationalprivatrechtliche Aspekte des Kulturgüterschutzes, S. 146 ff.

[436] *Hanisch* in: FS für Müller-Freienfels, S. 222; *ders.* in: Recht und Kunst, S. 31, 36; *Siehr* in: Reichelt, Internationaler Kulturgüterschutz, S. 65 ff.; *Stoll* in: Dolzer, S. 64 mit der Be-

## A. Vereinheitlichung der Vorschriften für den gutgläubigen Erwerb und die Herausgabe abhanden gekommener Sachen

Die Autoren, die das Problem des gezielt herbeigeführten Statutenwechsels durch eine Rechtsvereinheitlichung und ein internationales Schutzabkommen lösen wollen, gehen davon aus, dass der Schutz von Kulturgütern vor Diebstahl und anschließender Übertragung dem Verkehrsinteresse vorginge und deren Sonderbehandlung somit gerechtfertigt sei.[437] Als konsensfähig wird eine Regelung angesehen, die den gutgläubigen Erwerb gestohlener oder abhanden gekommener Kunstgegenstände grundsätzlich zulässt, es sei denn, es handelt sich um weltweit bekannte Werke oder solche, die in einem internationalen Verlustregister als gestohlen aufgeführt sind.[438]

Mit der Verabschiedung der Unidroit-Konvention über gestohlene oder rechtswidrig ausgeführte Kulturgüter vom 24. Juni 1995[439] wurde zwar die Idee eines internationalen Schutzabkommens aufgegriffen, nicht jedoch der Vorschlag einer Vereinheitlichung des Sachenrechts für Kulturgüter.

Das Übereinkommen soll weltweit sicherstellen, dass Kulturgüter nach einem Diebstahl oder einem unerlaubten Export an ihre Eigentümer zurückgegeben bzw. in ihre Herkunftsstaaten zurückgeführt werden.[440] Hierzu wird das materielle Recht der Vertragsstaaten insoweit ersetzt, als das Übereinkommen vereinheitlichte Regelungen für die Rückgabe gestohlener und die Rückführung rechtswidrig ausgeführter Kulturgüter festschreibt. Der gutgläubige Erwerb vom

---

schränkung auf die Fälle, in denen es sich erkennbar um wertvolles Kulturgut ausländischer Provenienz handelt; *Müller-Katzenburg*, Internationale Standards, S. 233; *dies.*, NJW 1999, S. 2556.

[437] *Schmeinck*, Internationalprivatrechtliche Aspekte des Kulturgüterschutzes, S. 146 f.

[438] *Schmeinck*, Internationalprivatrechtliche Aspekte des Kulturgüterschutzes, S. 150, 152. Da die bisher existierenden Datenbanken ihrer Meinung nach unzureichend sind, müsste ein solches Register erst noch geschaffen werden; es müsste von einer internationalen Institution geführt werden, die weltweit Verlustmeldungen aufnimmt und diese für potentielle Käufer aus allen Ländern einsehbar macht.

[439] Die deutsche Übersetzung ist abgedruckt in: *Jayme/Hausmann*, Internationales Privat- und Verfahrensrecht, Nr. 111, S. 262 ff.
Zur Entstehung der Unidroit-Konvention vgl. *Jaeger*, Internationaler Kulturgüterschutz, S. 141 ff.; *Reichelt* in: Dolzer, S. 67 ff.; *Kurpiers*, Die lex originis-Regel im internationalen Sachenrecht, S. 101 ff.

[440] Als Kulturgut gilt gemäß Art. 2 der Unidroit-Konvention ein aus religiösen oder weltlichen Gründen für Archäologie, Vorgeschichte, Geschichte, Literatur, Kunst oder Wissenschaft bedeutungsvolles Gut, das einer der im Anhang aufgeführten Kategorien angehört. *„Bilder, Gemälde und Zeichnungen, die ausschließlich von Hand auf irgendeinem Träger und in irgendeinem Material angefertigt sind"* sind im Anhang unter Buchst. g genannt.

Nichtberechtigten wird dabei allerdings nicht besonders geregelt. Er wird vielmehr nur indirekt behandelt, indem seine „Rechtsfolgen" durch die Rückgabetatbestände eine besondere Regelung erfahren.[441] Nach Art. 3 Abs. 1 der Unidroit-Konvention hat der Besitzer eines gestohlenen Kulturguts dieses zurückzugeben, selbst wenn er nach dem anwendbaren Sachrecht gutgläubig Eigentum erworben hat. *„Sofern er"*, wie Art. 4 Abs. 1 der Unidroit-Konvention bestimmt, *„weder wusste, noch vernünftigerweise hätte wissen müssen, dass das Gut gestohlen war, und nachweisen kann, beim Erwerb des Gutes mit gebührender Sorgfalt gehandelt zu haben"*, kann er die Zahlung einer angemessenen Entschädigung verlangen.[442] Über die Rückgängigmachung des gutgläubigen Erwerbs sagt die Unidroit-Konvention dagegen nichts; sie regelt insbesondere nicht, ob der Besitzer dem Bestohlenen das Eigentum an der Sache zu verschaffen hat, und bleibt damit auf halbem Wege stehen.[443]

## B. Anwendung des berufenen Sachrechts: Anforderungen an die Gutgläubigkeit

Diejenigen, die das besondere Schutzinteresse des bestohlenen Eigentümers im Rahmen des jeweiligen Sachrechts berücksichtigen wollen, wollen dies durch eine fallgerechte, sensible Anwendung der Vorschriften über den gutgläubigen Erwerb vom Nichtberechtigten erreichen. Sie meinen, die entsprechenden, in den meisten Rechtsordnungen zur Verfügung stehenden Normen seien elastisch genug und erlaubten es, bei der Beurteilung der Gutgläubigkeit des Erwerbers strengere Maßstäbe anzulegen, insbesondere die Anforderungen an Erkundigungs- und Nachforschungspflichten hoch und streng anzusetzen.[444]

---

441 Vgl. *Siehr*, RabelsZ 59 (1995), S. 460 f.; *Reichelt* in: Dolzer, S. 73; *Kurpiers*, Die lex originis-Regel im internationalen Sachenrecht, S. 106.

442 Welche Anforderungen an die Sorgfalt des Besitzers zu stellen sind, regelt Art. 4 Abs. 4 der Unidroit-Konvention: *„Zur Prüfung der Frage, ob der Besitzer mit gebührender Sorgfalt gehandelt hat, werden alle für den Erwerb ursächlichen Umstände berücksichtigt, namentlich die Eigenschaften der Parteien und das gezahlte Entgelt sowie die Tatsache, ob der Besitzer in einem vernünftigerweise zugänglichen Verzeichnis gestohlener Kulturgüter nachgeschlagen hat, sowie sonstige diesbezügliche Auskünfte und Unterlagen, die er vernünftigerweise hätte erlangen können, und ob er Organisationen zu Rate gezogen hat, zu denen er Zugang haben konnte, und ob er jeden anderen Schritt unternommen hat, den eine vernünftige Person unter denselben Umständen unternommen hätte."* Diese Regelung greift also den Gedanken der Verschärfung der Anforderungen an die Sorgfalt des Erwerbers eines gestohlenen Kunstwerks auf und übernimmt die vorgeschlagenen Erkundigungs- und Nachforschungspflichten.

443 Vgl. *Siehr*, RabelsZ 59 (1995), S. 461 ff., der außerdem die damit verbundenen Komplikationen beleuchtet.

444 *Hanisch* in: FS für Müller-Freienfels, S. 222; *ders.* in: Recht und Kunst, S. 31, 36; *Siehr*, in: Reichelt, Internationaler Kulturgüterschutz, S. 65 ff.; *Müller-Katzenburg*, Internationale Standards, S. 233, 315; *dies.*, NJW 1999, S. 2556.

Besonders strenge Anforderungen seien dabei an die im Kunsthandel professionell tätigen Personen wie Kunsthändler, Auktionshäuser und Museen zu stellen, da sie über besondere Sachkenntnisse verfügten, die in diesem Umfang bei Privatsammlern nicht immer vorausgesetzt werden könnten. Bei den an diese zu stellenden Anforderungen müssten die zwischen ihnen bestehenden Unterschiede berücksichtigt werden: Je professioneller sich ein Privatsammler betätige, desto mehr näherten sich die Anforderungen, die an seine Gutgläubigkeit zu stellen sind, dem Maßstab an, der bei den echten „Profis" im Kunsthandel anzulegen ist.[445]

Der Erwerber solle sich stets nach der Herkunft des zu erwerbenden Kunstgegenstandes, den Eigentumsverhältnissen sowie der Person des Veräußerers und seiner Verfügungsbefugnis erkundigen. Tauchten hierbei Zweifel auf oder blieben Fragen ungeklärt, so seien die am Kunsthandel professionell Beteiligten gehalten, weitere Nachforschungen anzustellen. Dabei sollten sie alle zur Verfügung stehenden nationalen und internationalen Informationsquellen ausschöpfen und insbesondere die eigens hierfür errichteten Datenbanken wie das Art Loss Register als größte private Datenbank zur Aufklärung von Kunstdiebstahl weltweit[446] und die Lostart Internet Database der Koordinierungsstelle für Kulturgutverluste Magdeburg[447] nutzen. Ein weniger professioneller Privatsammler habe jedenfalls dann weitergehende Informationen einzuholen, wenn ungewöhnliche Umstände, wie etwa ein Missverhältnis zwischen Kaufpreis und Ware, die Ungewöhnlichkeit des Verkaufsortes oder die Unbekanntheit des Verkäufers, besondere Wachsamkeit nahe legen. Verletze der Erwerber die ihn treffenden Erkundigungs- und Nachforschungspflichten, sei er als bösgläubig zu betrachten.[448]

Die mit diesen strengen Anforderungen verbundene Einschränkung des Verkehrsschutzes ist nach Ansicht von *Müller-Katzenburg* zumutbar, da Kunsthändlern, Museen und Privatsammlern zahlreiche Informationsquellen zur Verfügung stünden, um mit relativ geringem Aufwand Erkundigungen einzuholen und Nachforschungen anzustellen. Außerdem rechtfertige die Verantwortung, die der Umgang mit einmaligem Kulturgut wegen seiner Unersetzlichkeit verlange, weitergehende Einschränkungen, als sie beim Handel mit Massenproduk-

---

[445] *Müller-Katzenburg*, Internationale Standards, S. 322 ff.

[446] Ausführlich hierzu *Seegers* in: Museen im Zwielicht, S. 203 ff.; *Franz*, Zivilrechtliche Probleme des Kulturgüterschutzes, S. 83 ff.

[447] Zu deren Inhalt und Benutzung vgl. *Franz* in: Museen im Zwielicht, S. 395 ff.

[448] Vgl. *Hanisch* in: FS für Müller-Freienfels, S. 222 ff.; *Siehr* in: Reichelt, Internationaler Kulturgüterschutz, S. 65 f.; *Müller-Katzenburg*, Internationale Standards, S. 315 ff.; *dies.*, NJW 1999, S. 2556; *dies.* in: Museen im Zwielicht, S. 232 ff. Diese Ansicht teilt *Jayme* in: Museen im Zwielicht, S. 251.

ten gerechtfertigt wären.[449] Zudem könne hierdurch das Ausmaß des illegalen Kulturgüterverkehrs eingedämmt werden, da auf diese Weise die Bereitschaft zum Erwerb von Gegenständen unbekannter Herkunft auf dem schwarzen Markt verringert und infolgedessen der Absatz gestohlener Kunstwerke erschwert würde.[450]

## C. Stellungnahme

Wie schon ihre Verwirklichung in Form der Unidroit-Konvention zeigt, kann der Idee einer Rechtsvereinheitlichung durch Schaffung eines internationalen Schutzabkommens nicht jegliche Bedeutung abgesprochen werden. Allerdings leidet sie – und auch das lässt sich anhand der Unidroit-Konvention belegen – an Mängeln, die an ihrer Geeignetheit zur Bewältigung des Problems des gezielt herbeigeführten Statutenwechsels nach Kunstdiebstählen im Allgemeinen und zur Lösung der Fälle der Entziehung jüdischen Kunstbesitzes während der nationalsozialistischen Herrschaft im Besonderen zweifeln lassen.

Eine Schwäche dieser Idee liegt darin, dass sie sich nicht vollständig in die Tat umsetzen lassen wird, weil nicht alle Staaten die beabsichtigten Regelungen, zumal, wenn sie von ihrem eigenen Recht abweichen, akzeptieren und ein entsprechendes Abkommen unterzeichnen werden. Dass die Befürchtung einer lückenhaften Umsetzung nicht von der Hand zu weisen ist, zeigt die Ratifikation der Unidroit-Konvention: Bis zum Ablauf der Unterzeichnungsfrist am 30. Juni 1996 ist sie zwar von 22 Staaten unterzeichnet, aber nur von 11 Staaten ratifiziert worden. Die Bundesrepublik Deutschland gehört weder zu den unterzeichnenden noch zu den ratifizierenden Staaten.[451]

Ein weiterer Nachteil ist darin zu sehen, dass von dem Schutz, den ein entsprechendes Abkommen gewährleisten kann, nicht alle gestohlenen oder sonst abhanden gekommenen Kunstwerke erfasst sein werden. Selbst wenn der sachliche Anwendungsbereich hinsichtlich des Kulturgutbegriffs weit gefasst wird, bestehen Einschränkungen, und zwar in zeitlicher Hinsicht: Ebenso wenig wie die Unidroit-Konvention wird ein anderes Schutzabkommen rückwirkend Geltung erlangen und bei Kulturgütern Anwendung finden, die vor seinem Inkraft-

---

[449] *Müller-Katzenburg*, Internationale Standards, S. 318; *dies.*, NJW 1999, S. 2556; *dies.* in: Museen im Zwielicht, S. 236; ähnlich *Siehr* in: Reichelt, Internationaler Kulturgüterschutz, S. 65.

[450] *Müller-Katzenburg*, Internationale Standards, S. 315; *dies.* in: Museen im Zwielicht, S. 235.

[451] *Heuer*, NJW 1999, S. 2562; Gesetzentwurf, BT-Drucksache 14/343, S. 15. Ratifiziert haben die Unidroit-Konvention Bolivien, Brasilien, China, Ecuador, Finnland, Italien, Litauen, Paraguay, Peru, Rumänien, Ungarn. Zu den Unterzeichnerstaaten gehören darüber hinaus etwa die Schweiz, Frankreich und Spanien.

treten gestohlen worden oder abhanden gekommen sind.[452] Aus diesem Grund fielen insbesondere die Kunstwerke, die während des Nationalsozialismus aus jüdischen Sammlungen entzogen worden sind, aus seinem Schutzbereich heraus, so dass es zur Lösung dieser Fälle nicht beitragen könnte.[453]

Der Lösungsansatz, im Rahmen der Anwendung der Vorschriften über den gutgläubigen Erwerb vom Nichtberechtigten die Anforderungen an die Gutgläubigkeit des Erwerbers zu verschärfen, ist grundsätzlich zu befürworten. Dies allein genügt allerdings nicht, um das damit verfolgte Ziel zu erreichen und den Schutz des bestohlenen Eigentümers zu verbessern. Ähnlich wie bei der Idee einer Rechtsvereinheitlichung ist bei dem Vorschlag einer Verschärfung der Anforderungen an die Gutgläubigkeit des Erwerbers zu befürchten, dass er sich in der Praxis nicht immer und unterschiedslos umsetzen lassen wird. Es ist keineswegs gesichert, dass er vom Schrifttum und von der Rechtsprechung angenommen und in die Rechtsanwendung eingehen wird. Mit *Müller-Katzenburg* hat dies auch einer seiner wichtigsten Befürworter erkannt. Sie hat zwar gezeigt, dass sich die Auffassung, wonach der Erwerber, der sich nicht ausreichend nach der Herkunft des zu erwerbenden Kulturgutes und der Stellung des Veräußerers erkundigt, seine Sorgfaltspflicht verletzt und infolgedessen nicht gutgläubig ist, in der Rechtsprechung anderer Länder durchzusetzen beginnt.[454] Sie hat aber zugleich darauf hingewiesen, dass die Rechtsprechung deutscher Gerichte in diesem Punkt nicht einheitlich ist und es auch Entscheidungen gibt, in denen sie sich „mit eher laxen Sorgfaltsanforderungen" begnügt und es ablehnt, beim Erwerb von wertvollen Kunstgegenständen generell eine Erkundigungs- oder Nachforschungspflicht anzunehmen.[455]

Aber selbst wenn es gelingen würde, die Verschärfung der Anforderungen an die Gutgläubigkeit des Erwerbers in der Rechtsanwendung durchzusetzen, wäre das Ziel einer Verbesserung des Schutzes des bestohlenen Eigentümers noch nicht erreicht. In Anbetracht der Unterschiede auch zwischen den Vorschriften über die Herausgabe gestohlener oder abhanden gekommener Sachen in den verschie-

---

[452] Art. 10 Abs. 2 Unidroit-Konvention. Vgl. auch *von Schorlemer*, GYIL 41 (1998), S. 322; *Kurpiers*, Die lex originis-Regel im internationalen Sachenrecht, S. 105; *Siehr* in: Renold/Gabus, S. 92.

[453] *Heuer*, NJW 1999, S. 2562 misst der Unidroit-Konvention in diesen Fällen dennoch Bedeutung zu. Seiner Meinung nach spielt sie wegen ihrer materiellen Regelungen zum Ausgleich der Interessen des bestohlenen Eigentümers und des gutgläubigen Erwerbers im Rahmen von Verhandlungen über die Rückgabe entzogener Kunstwerke eine erhebliche Rolle.

[454] Vgl. insbesondere *Müller-Katzenburg*, Internationale Standards, S. 316 f. Auch *Jayme* in: FS für Mußgnug, S. 520 sieht eine allgemeine Tendenz, die Anforderungen an den guten Glauben beim Erwerb von Kunstwerken zu verschärfen.

[455] *Müller-Katzenburg* in: Museen im Zwielicht, S. 234 unter Berufung auf unveröffentlichte Urteile des LG Schweinfurt und des LG Berlin. Ihr zufolge (S. 235) gibt es keine die Vorinstanzen bindende höchstrichterliche Rechtsprechung.

denen Rechtsordnungen kann die Erschwerung des gutgläubigen Erwerbs nur ein Schritt in die richtige Richtung sein. Denn solange der Erwerb des Eigentums an gestohlenen oder abhanden gekommenen Sachen in einigen Rechtsordnungen etwa durch Ausschlussfristen für die Geltendmachung eines Herausgabeanspruchs erleichtert wird, in anderen dagegen nicht, bleibt sowohl der Anreiz für den Dieb bestehen, das gestohlene Kunstwerk in einen Staat zu bringen, dessen Recht den Eigentumserwerb eines Dritten begünstigt, als auch die Bereitwilligkeit der Abnehmer, Gegenstände unbekannter oder zwielichtiger Herkunft zu erwerben.

Auf der materiellrechtlichen Ebene kann die stärkere Betonung des Schutzinteresses des bestohlenen Eigentümers gegenüber den Interessen des gutgläubigen Erwerbers und des internationalen Kunstmarkts demnach nur unzureichend verwirklicht werden. Dieses Ziel lässt sich weder allein durch eine kollisionsrechtliche Sonderanknüpfung noch allein durch eine fallgerechte Anwendung des zur Entscheidung berufenen materiellen Rechts erreichen. Vielmehr bilden Kollisionsrecht und materielles Recht *„erst den rechtlichen Gestaltungszusammenhang, zu dem sich im Fall mit Auslandsberührung die beiden Normenkomplexe als ein Ganzes vereinen“*.[456]

## IV. Anwendung des deutschen Rechts als dem Recht, zu dem eine wesentlich engere Verbindung besteht

Da die bisher diskutierten Sonderanknüpfungen nicht geeignet sind, die Fälle der Entziehung jüdischen Kunstbesitzes während der nationalsozialistischen Herrschaft einer Lösung zuzuführen, nach der die betroffenen Eigentümer denselben, möglichst weitreichenden Schutz genießen, stellt sich die Frage, ob nicht noch eine andere Anknüpfungsregel gefunden werden kann, mit der sich dieses Ergebnis erzielen lässt. In Betracht kommt, abweichend vom Recht des Belegenheitsortes generell das deutsche Recht anzuwenden. Eine solche Sonderanknüpfung ist nach Art. 46 EGBGB gerechtfertigt, wenn mit dem deutschen Recht eine wesentlich engere Verbindung besteht als mit dem Recht am Ort der Belegenheit.

Die Sinnhaftigkeit einer solchen Ausweichklausel wurde bereits vor der Schaffung des Art. 46 EGBGB diskutiert. Dagegen wurde vorgebracht, dass eine Ausweichklausel nicht von Nutzen sei, um das auf den Eigentumserwerb an gestohlenen Kunstwerken anwendbare Recht zu bestimmen, weil die Eigentumsüber-

---

[456] *Hanisch* in: FS für Müller-Freienfels, S. 224.

tragung stets mit dem Lageort am engsten verbunden sei.[457] Jedenfalls vor dem Hintergrund der Kodifikation des deutschen Internationalen Sachenrechts und der Schaffung des Art. 46 EGBGB kann dem nicht gefolgt werden. Dies anzunehmen hieße nämlich, der nunmehr in Art. 46 EGBGB normierten Ausweichklausel jeglichen Anwendungsbereich abzusprechen. Dass aber der Gesetzgeber eine Norm schaffen wollte, der keinerlei praktische Bedeutung zukommt, kann angesichts seiner Ausführungen zum Sinn und Zweck der Ausweichklausel in der Gesetzesbegründung nicht angenommen werden. Aber auch unabhängig von der Schaffung des Art. 46 EGBGB vermag diese Ansicht nicht zu überzeugen. Denn die ihr zugrunde liegende These, die Eigentumsübertragung habe stets mit dem Belegenheitsort die engste Verbindung, stellt nur eine Vermutung dar, die widerlegt werden kann, wenn die Umstände des Falles die Anknüpfung an den Lageort als zufällig und willkürlich erscheinen lassen.[458] Deshalb wurde sogar schon vor der Schaffung des Art. 46 EGBGB vorgeschlagen, im Bereich des internationalen Kulturgüterschutzes eine inhaltsleere lex rei sitae zu korrigieren, und zwar durch eine Rechtsordnung, auf die ein anderes, qualifiziertes Anknüpfungskriterium verweist und mit der auf Grund dessen eine engere Verbindung besteht.[459]

Für eine solche, nunmehr in Art. 46 EGBGB normierte, allgemeine Ausweichklausel spricht insbesondere, dass sie der Verwirklichung der internationalprivatrechtlichen Gerechtigkeit dient, da sie die Anwendung desjenigen Rechts ermöglicht, das einem Sachverhalt am nächsten steht und daher die Vermutung für sich hat, ihn am angemessensten zu regeln.[460]

Gegen die Berücksichtigung und Betonung anderer Anknüpfungskriterien als dem Belegenheitsort im Internationalen Sachenrecht im Allgemeinen und in den Fällen des illegalen Kunsthandels im Besonderen wurde schon vor der Schaffung des Art. 46 EGBGB weiterhin eingewendet, dass sie den Interessen der Verkehrssicherheit zuwiderlaufe und eine Gefahr für die Rechtssicherheit beinhalte, da es in einer Vielzahl von Fällen schwierig sein dürfte, zwischen den einzelnen Bezügen des Sachverhalts zu unterschiedlichen Rechtsordnungen eine Auswahl hinsichtlich des bedeutsamsten Anknüpfungspunktes zu treffen.[461]

---

[457] *Knott*, Der Anspruch auf Herausgabe, S. 87.

[458] *Jaeger*, Internationaler Kulturgüterschutz, S. 68.

[459] *Reichelt*, IPRax 1986, S. 74; *dies.* in: Reichelt, Internationaler Kulturgüterschutz, S. 24 f. Ebenso MünchKomm-*Kreuzer*, Nach Art. 38 Anh. I, Rn. 67, 202.

[460] *Kropholler*, Internationales Privatrecht, S. 25 f.

[461] *Schmeinck*, Internationalprivatrechtliche Aspekte des Kulturgüterschutzes, S. 169 f., 171 f., wobei jedoch in Anbetracht der Schaffung des Art. 46 EGBGB ihr Argument, dass mit der Anerkennung einer solchen Ausweichklausel dem vom Gesetzgeber mit der Angabe eines festen Anknüpfungspunktes verfolgten Ziel, einem von verschiedenen eine enge Beziehung begründenden Kriterien den Vorzug einzuräumen, keine Beachtung geschenkt würde, nicht mehr zu überzeugen vermag.

Diese Bedenken werden auch nach der Schaffung des Art. 46 EGBGB aufrecht erhalten. Nach Ansicht der Kritiker birgt der Terminus „engere Verbindung" als unbestimmter Rechtsbegriff die Gefahr in sich, dass die Situs-Regel im Übermaß korrigiert wird.[462] Ihrer Meinung nach ist es deshalb unerlässlich, die Ausweichklausel durch Anerkennung gewisser Grundgedanken und typischer Fallgruppen, bei welchen deren Anwendung angezeigt ist, zu konkretisieren.[463] In Anbetracht dessen, dass allein schon die Belegenheit der Sache in einem bestimmten Staat eine nicht unerhebliche Verbindung des Sachverhalts zu dem dort geltenden Recht begründe, vermögen nur „Umstände von besonderem Gewicht" eine wesentlich engere Verbindung zu dem Recht eines anderen Staates zu schaffen.[464]

In den Fällen der Entziehung jüdischen Kunstbesitzes während der nationalsozialistischen Herrschaft verweist die deutsche Herkunft der Entzieher auf das deutsche Recht. Die Person des Entziehers ist in diesen Fällen von grundsätzlicher Bedeutung und stellt einen „Umstand von besonderem Gewicht" dar, der eine wesentlich engere Verbindung zu dem deutschen Recht herstellt als der Belegenheitsort des entzogenen Kunstwerks zu dem dort geltenden Recht.

Mit der Deutschen Botschaft, dem Devisenschutzkommando und insbesondere dem ERR waren es im besetzten Frankreich ebenso wie im Reichsgebiet nahezu ausschließlich deutsche Stellen, die jüdischen Kunstbesitz entzogen haben. Haben jüdische Sammler ihre Kunstwerke selbst veräußert, bevor staatliche Stellen darauf zugreifen konnten, waren es nicht nur im Reichsgebiet, sondern auch im besetzten Frankreich zumeist deutsche Kunsthändler, Museen oder Privatsammler, die diese Kunstwerke erworben haben.

Die Herkunft der Entzieher vermittelt also für alle Entziehungsfälle, gleichgültig wo sie sich abgespielt haben, eine wesentlich engere Beziehung zu dem deutschen

---

462 *Spickhoff*, NJW 1999, S. 2210; *Stoll*, IPRax 2000, S. 269.

463 *Stoll*, IPRax 2000, S. 269.
Bisher haben sich im Wesentlichen folgende Fallgruppen herausgebildet: von den Parteien getroffene Rechtswahl, Verfügungen innerhalb einer Reisegruppe, Verfügungen über Gegenstände mit unbekanntem Lageort wie insbesondere die Übereignung durch den bestohlenen Eigentümer an den Versicherer und Geltung des Rechts des Bestimmungsortes für die sogenannten „res in transitu", also die Sachen, über die verfügt wird, während sie sich auf dem Transport vom Absende- zum Bestimmungsstaat befinden und dabei Drittstaaten passieren (vgl. Gesetzentwurf, BT-Drucksache 14/343, S. 14; MünchKomm-*Wendehorst*, Art. 46, Rn. 30 ff.; Palandt-*Heldrich*, BGB, Art. 46 EGBGB, Rn. 3; *Kropholler*, Internationales Privatrecht, S. 532; *Pfeiffer*, IPRax 2000, S. 275). Da diese Fallgruppen hier allesamt nicht einschlägig sind oder, wie im Fall der res in transitu, nur geringe praktische Relevanz besitzen (vgl. hierzu *Kurpiers*, Die lex originis-Regel im internationalen Sachenrecht, S. 77 f.), wird auf ihre eingehendere Darstellung verzichtet.

464 *Stoll*, IPRax 2000, S. 269. Auch MünchKomm-*Wendehorst*, Art. 46, Rn. 13 ff.; Palandt-*Heldrich*, BGB, Art. 46 EGBGB, Rn. 2; *Siehr*, Internationales Privatrecht, S. 272, 281 und *Kropholler*, Internationales Privatrecht, S. 532 sprechen sich für eine zurückhaltende Anwendung der Ausweichklausel aus.

Recht als zu dem Recht am Belegenheitsort des entzogenen Kunstwerks zur Zeit seines gutgläubigen Erwerbs. Dabei prägt die Person des Entziehers diese Fälle ganz entscheidend und unterscheidet sie insofern von den gewöhnlichen Fällen des Diebstahls, speziell des Kunstdiebstahls. Das gilt nicht nur in den Fällen, in denen staatliche Stellen jüdischen Kunstbesitz entzogen haben, sondern auch in den Fällen, in denen Kunsthändler, Museen oder Privatsammler Kunstwerke von ihrem jüdischen Eigentümer erworben haben. So oder so ist die Entziehung Teil eines Ganzen, eine von vielen Maßnahmen, die dem Zweck dienten, die jüdische Bevölkerung in wirtschaftlicher und sozialer Hinsicht aus der deutschen wie aus der französischen Gesellschaft zu verdrängen. Diejenigen, die durch den Erwerb von Kunstwerken aus der Zwangslage, in der sich der jüdische Veräußerer infolge dieser Maßnahmen befand, Nutzen gezogen haben, waren somit Instrument und insoweit Teil des nationalsozialistischen Regimes.

Eben dadurch, dass mit der Entziehung nicht nur das Ziel verfolgt wurde, sich den entzogenen jüdischen Kunstbesitz anzueignen, sondern darüber hinaus beabsichtigt war, die Juden aus der Gesellschaft zu verdrängen, unterscheiden sich die Entziehungsfälle ganz wesentlich von den normalen Diebstahlsfällen. Zwischen den Fällen der Entziehung durch staatlichen Hoheitsakt und den herkömmlichen Fällen des Kunstdiebstahls bestehen darüber hinaus weitere erhebliche Unterschiede, und zwar vor allem hinsichtlich der Art und Weise der Ausführung und des Umfangs der erlangten Beute. Schon die Suche nach geeigneten Objekten besaß in den Entziehungsfällen eine ganz andere „Qualität". Im Reichsgebiet bedienten sich die Nationalsozialisten hierzu ganz „legal" ihrer späteren Opfer. Durch die Anmeldeverordnung vom 26. April 1938 verpflichteten sie diese, ihr Vermögen einschließlich ihres Kunstbesitzes detailliert anzuzeigen und zu bewerten. Im besetzten Frankreich setzten sie hierzu mit dem ERR eine Organisation ein, die über personelle und technischer Ressourcen verfügte, auf die ein Dieb oder eine Diebesbande nie zurückgreifen konnte, kann und können wird. Erst recht hatte die Erlangung der Kunstwerke selbst in den Entziehungsfällen eine völlig andere Beschaffenheit. Im Reichsgebiet existierten Gesetze und Verordnungen, welche die Entziehung jüdischen Vermögens erlaubten. Anders als der gewöhnliche Dieb handelten die Entzieher also – jedenfalls aus damaliger Sicht – nicht gesetzeswidrig, sondern gesetzesgemäß. Sie hatten keine Bestrafung zu befürchten und demzufolge keine Veranlassung, alles zu tun, um unentdeckt zu bleiben. Und obwohl insoweit keine Erlaubnisnormen bestanden, gaben sich die Entzieher, insbesondere der ERR, auch im besetzten Frankreich keine Mühe, zurückhaltend zu agieren. Dies war schon deshalb nicht nötig, weil mit der Besetzung eine Zwangslage entstanden war, welche die jüdischen Eigentümer veranlasste, die Wegnahme ihres Kunstbesitzes zu dulden.

Nicht zuletzt wegen dieser besonderen „Qualität" des Handelns der Entzieher stellt die Zahl der entzogenen Kunstwerke die Zahl der in einem vergleichbaren Zeitraum durch gewöhnlichen Diebstahl erbeuteten Kunstwerke in den Schatten.

Dass in den Fällen der Entziehung jüdischen Kunstbesitzes aufgrund der deutschen Herkunft der Entzieher eine wesentlich engere Verbindung mit dem deutschen Recht besteht als mit dem Recht am jeweiligen Belegenheitsort des entzogenen Kunstwerks, folgt nicht zuletzt auch aus dem räumlichen Geltungsbereich der alliierten Rückerstattungsgesetze. Wie bereits dargelegt, fanden diese nach allgemeiner Auffassung immer dann Anwendung, wenn der entzogene Vermögensgegenstand zum Zeitpunkt der Entscheidung über den Rückerstattungsanspruch in der jeweiligen Besatzungszone belegen war. Damit hatten die Rückerstattungsgesetze über die Wirksamkeit der Entziehung sowie sämtlicher im Anschluss daran bis zur Entscheidung über den Rückerstattungsanspruch verwirklichter Rechtsänderungstatbestände zu entscheiden, und zwar ohne dass es darauf ankam, in welchem Staat der Vermögensgegenstand zum Zeitpunkt der Erfüllung des jeweiligen Tatbestandes belegen war. Vielmehr kamen stets die Rückerstattungsgesetze und somit deutsches Recht zur Anwendung.

In diesen Fällen deshalb von der Ausweichklausel des Art. 46 EGBGB Gebrauch zu machen und generell das deutsche Recht anzuwenden, führt dazu, dass alle von der Entziehung ihres Kunstbesitzes betroffenen jüdischen Eigentümer, wie angestrebt, den Schutz desselben Rechts genießen, und zwar eines Rechts, das im Vergleich zu dem Recht anderer Staaten, wie etwa dem Italiens, aber auch dem der Schweiz und Frankreichs, gerade im Hinblick auf den gutgläubigen Erwerb gestohlener oder sonst abhanden gekommener Sachen einen weitreichenden Schutz gewährt. Mit der generellen Anwendung des deutschen Rechts wird zugleich ein Beitrag zur Verwirklichung des äußeren Entscheidungseinklangs und somit der internationalprivatrechtlichen Gerechtigkeit geleistet, da damit gerade erreicht wird, dass in den gleichartigen Entziehungsfällen überall dasselbe Recht maßgeblich sein kann und die Entziehungen selbst ebenso wie die sich daran anschließenden Rechtsänderungen einer einheitlichen rechtlichen Bewertung zugeführt werden können. Denn im Kollisionsrecht anderer Staaten sind ebenfalls Ausweichklauseln enthalten, welche abweichend von der auch dort normierten oder gewohnheitsrechtlich anerkannten Geltung der lex rei sitae die generelle Anwendung des deutschen Rechts erlauben. Zu nennen sind hier insbesondere das Internationale Privatrecht der Schweiz und Österreichs, in das allgemeine, das heißt, für alle ordentlichen Kollisionsnormen geltende Ausweichklauseln Eingang gefunden haben. Nach Art. 15 Abs. 1 schweizerisches IPRG ist das Recht, auf das dieses Gesetz verweist, ausnahmsweise nicht anwendbar, wenn nach den gesamten Umständen offensichtlich ist, dass der Sachverhalt mit diesem Recht in nur geringem, mit einem anderen Recht jedoch in viel engerem Zusammenhang steht.[465] Die Vorschrift des § 1 Abs. 1 österreichisches IPRG bestimmt, dass Sachverhalte mit Auslandsberührung in privatrechtlicher Hinsicht

---

465 Schweizerisches Bundesgesetz über das internationale Privatrecht (IPRG) vom 18.12.1987, schweizerisches Bundesblatt 1988, S. 5.

nach der Rechtsordnung zu beurteilen sind, zu der die stärkste Beziehung besteht.[466] Obwohl ihr Wortlaut nicht so eindeutig ist wie der des Art. 15 Abs. 1 schweizerisches IPRG, wird auch diese Vorschrift von der überwiegenden Meinung als Ausweichklausel verstanden.[467]

Beide genannten Regelungen orientieren sich ebenso wie Art. 46 EGBGB an dem weltweit zur Herrschaft gelangten Anknüpfungsprinzip der engsten Beziehung.[468] Somit sind die Begriffe des „viel engeren Zusammenhangs" des Art. 15 Abs. 1 schweizerisches IPRG, der „stärksten Beziehung" des § 1 Abs. 1 österreichisches IPRG und der „wesentlich engeren Verbindung" des Art. 46 EGBGB inhaltlich identisch. Das bedeutet, dass die Fälle der Entziehung jüdischen Kunstbesitzes während der nationalsozialistischen Herrschaft auch nach Art. 15 Abs. 1 schweizerisches IPRG und § 1 Abs. 1 österreichisches IPR-Gesetz einen viel engeren Zusammenhang bzw. die stärkste Beziehung zum deutschen Recht aufweisen mit der Folge, dass dieses zur Anwendung kommt.

Festzuhalten bleibt also, dass in den Fällen der Entziehung jüdischen Kunstbesitzes während der nationalsozialistischen Herrschaft die deutsche Herkunft der Entzieher einen besonders gewichtigen Umstand darstellt, in dessen Folge zu dem deutschen Recht eine wesentlich engere Verbindung besteht, als zu dem Recht an dem Ort, an dem sich das entzogene Kunstwerk zum Zeitpunkt der Verwirklichung des jeweiligen Rechtsänderungstatbestandes befindet. In allen diesen Fällen ist daher nach Art. 46 EGBGB das deutsche Recht anzuwenden. Nach diesem beurteilt sich damit sowohl die Frage, ob der jüdische Sammler durch die Entziehung das Eigentum an dem entzogenen Kunstwerk verloren hat, als auch die Frage, ob ein Eigentumsverlust durch einen sich daran anschließenden Rechtserwerb eines Dritten eingetreten ist.

---

[466] Bundesgesetz vom 15. Juni 1978 über das internationale Privatrecht (IPRG), österreichisches Bundesgesetzblatt 1978, S. 109.

[467] Rummel-*Schwimann*, ABGB, § 1 IPRG, Rn. 5; *Schwimann*, Grundriss des Internationalen Privatrechts, S. 56, 57, demzufolge die gesetzlichen Anknüpfungen des IPRG in besonderen Ausnahmefällen und mit größter Vorsicht unter Berufung auf den Grundsatz der stärksten Beziehung korrigiert werden dürfen, wenn alle anderen Mittel zur Erzielung eines interessengerechten Ergebnisses im Einzelfall versagen. Ähnlich *Schwind*, Internationales Privatrecht, S. 62, 63. Vgl. auch *Kreuzer*, ZfRV 1992, S. 172 ff.

[468] *Kreuzer*, ZfRV 1992, S. 183.

# Kapitel 2: Das Bestehen des Herausgabeanspruchs nach § 985 BGB

Nach § 985 BGB kann der Eigentümer von dem unberechtigten Besitzer die Herausgabe einer ihm gehörenden Sache verlangen. Ein jüdischer Kunstsammler wäre also nur dann mit seinem Herausgabeverlangen erfolgreich, wenn er noch Eigentümer des ihm während der nationalsozialistischen Herrschaft entzogenen Kunstwerks ist. Dies wiederum wäre nur dann der Fall, wenn er das Eigentum daran weder durch die Entziehung selbst noch durch einen sich daran anschließenden Erwerb eines Dritten verloren hat.

## I. Eigentumsverlust durch die Entziehung

Wie bereits dargelegt, sind nicht nur im Reichsgebiet Kunstwerke aus jüdischen Sammlungen entzogen worden, sondern auch in den besetzten Gebieten, insbesondere in Frankreich. Viele davon konnten nach dem Zusammenbruch des Dritten Reichs aus ihrem Versteck geholt und an ihren Herkunftsstaat zurückgegeben werden. Etliche blieben jedoch verschollen. Es ist durchaus denkbar, dass sie sich nach wie vor in Deutschland befinden und hier eines Tages wieder auftauchen. Nach der hier vorgeschlagenen Anknüpfung ist dann für sie ebenso wie für die im Reichsgebiet entzogenen Kunstwerke nach dem deutschen Recht zu klären, ob der jeweilige jüdische Sammler, dem sie entzogen worden sind, das Eigentum an ihnen durch die Entziehung verloren hat.

### A. Eigentumsverlust durch Entziehung im Reichsgebiet

Im Gebiet des Deutschen Reichs erfolgte die Entziehung jüdischen Kunstbesitzes entweder durch Rechtsgeschäft des jüdischen Sammlers oder durch staatlichen Hoheitsakt. Beide Entziehungsformen unterscheiden sich ganz erheblich voneinander, was sich auf die rechtliche Bewertung auswirken muss. Die Frage, ob der jüdische Sammler das Eigentum an dem entzogenen Kunstwerk durch die Entziehung verloren hat, ist deshalb für jede Entziehungsform gesondert zu beantworten.

#### 1. Eigentumsverlust durch Entziehung durch Rechtsgeschäft

Bei einer Entziehung durch Rechtsgeschäft hätte der jüdische Sammler das Eigentum an dem veräußerten Kunstwerk dann nicht verloren, wenn das Rechtsgeschäft, insbesondere das dingliche Verfügungsgeschäft, nichtig wäre. Hier liegt die Frage nahe, ob das Rechtsgeschäft gegen die guten Sitten verstößt und somit nach § 138 BGB nichtig ist.[469] Bei der Beantwortung dieser Frage ist zu berücksichtigen, dass, wie sich aus dem Abstraktionsprinzip ergibt, die Sittenwidrigkeit des schuldrechtlichen Verpflichtungsgeschäfts nicht ohne weiteres auch das dingliche Verfügungsgeschäft erfasst. Vielmehr bedarf die Annahme der Sittenwidrigkeit des Verfügungsgeschäfts einer eigenständigen Begründung. Dieses ist insbesondere dann sittenwidrig, wenn der Verstoß gegen die guten Sitten gerade im Vollzug der Leistung liegt, oder wenn mit ihm ein sittenwidriger Zweck verfolgt wird.[470] Bei der Prüfung, ob ein von einem jüdischen Veräußerer in der Zeit vom 30. Januar 1933 bis zum 8. Mai 1945 abgeschlossenes Rechtsgeschäft in seiner Gesamtheit gegen die guten Sitten verstößt, wird entsprechend dem Verhältnis der beiden Tatbestände zueinander zunächst auf den Wuchertatbestand des § 138 Abs. 2 BGB eingegangen, bevor die Generalklausel des § 138 Abs. 1 BGB angewendet wird.

### 1.1. Sittenwidrigkeit nach § 138 Abs. 2 BGB

Der Wuchertatbestand des § 138 Abs. 2 BGB ist dann erfüllt, wenn bei einem auf einen Leistungsaustausch gerichteten Rechtsgeschäft der eine Vertragspartner unter Ausbeutung einer Notlage, des Leichtsinns oder der Unerfahrenheit des anderen Teils sich für seine Leistung Vermögensvorteile versprechen lässt, welche den Wert der Leistung dergestalt übersteigen, dass die Vermögensvorteile in einem auffälligen Missverhältnis zur Leistung stehen.[471]

Ein auffälliges Missverhältnis besteht in der Regel dann, wenn der Wert der vertraglich vereinbarten Leistung und deren marktüblicher Wert zur Zeit des Vertragsschlusses im Verhältnis von eins zu zwei und mehr stehen, wenn also der Wert der Leistung annähernd doppelt so hoch ist, wie derjenige der Gegenleistung.[472] Für die Frage, ob zwischen ihnen ein auffälliges Missverhältnis besteht, sind die Leistung und die Gegenleistung regelmäßig nach dem Wert ins Auge zu fassen, der ihnen zur Zeit der Vornahme des Rechtsgeschäfts zukommt.[473]

---

[469] Die Nichtigkeit des Rechtsgeschäfts wegen Sittenwidrigkeit ist nicht etwa, wie der IV. Zivilsenat des BGH in seinem Urteil vom 8.10.1953 (NJW 1953, S. 1910) und ihm folgend *Enneccerus/Nipperdey*, Lehrbuch des Bürgerlichen Rechts, Allgemeiner Teil, 15. Auflage, § 191, Fn. 2 annehmen, dadurch ausgeschlossen, dass es als Entziehung im Sinne der alliierten Rückerstattungsgesetze anzusehen ist. Wie bereits ausführlich dargelegt, ist die Auffassung, wonach die Regelungen des bürgerlichen Rechts hinter die der Rückerstattungsgesetze zurücktreten, unhaltbar.

[470] Staudinger-*Sack*, § 138, Rn. 140, 143; MünchKomm-*Mayer-Maly/Armbrüster*, § 138, Rn. 165; Palandt-*Heinrichs*, § 138, Rn. 20; *Westermann*, Sachenrecht, § 4 IV 1.

[471] MünchKomm-*Mayer-Maly/Armbrüster*, § 138, Rn. 143; Palandt-*Heinrichs*, § 138, Rn. 66, 69.

[472] Staudinger-*Sack*, § 138, Rn. 179 f.; MünchKomm-*Mayer-Maly/Armbrüster*, § 138, Rn. 144 f.; Palandt-*Heinrichs*, § 138, Rn. 67.

[473] Planck's Kommentar, § 138, Anm. III 1 a; Staudinger-*Coing*, 11. Auflage, § 138, Rn. 34; Staudinger-*Sack*, § 138, Rn. 180; MünchKomm-*Mayer-Maly/Armbrüster*, § 138, Rn. 145.

Ob zwischen dem Verkehrswert des von einem jüdischen Sammler während der Herrschaft des Nationalsozialismus veräußerten Kunstwerks und dem von dem Erwerber dafür bezahlten Kaufpreis ein auffälliges Missverhältnis besteht, kann demnach erst festgestellt werden, wenn geklärt ist, welchen Marktpreis das Werk zur Zeit des Geschäftsabschlusses hatte. Wie bereits dargelegt, ist die Ermittlung des Marktpreises eines Kunstwerks schon im Allgemeinen schwierig, weil dabei herausgefunden werden muss, ob für ähnliche Werke des Künstlers zur selben Zeit überhaupt ein Markt vorhanden gewesen ist. Im vorliegenden Fall ist sie jedoch besonders problematisch, weil hier außerdem berücksichtigt werden muss, dass der Marktpreis zu bestimmten Zeiten durch das Überangebot von Kunstwerken aus jüdischen Sammlungen nach unten gedrückt war und deshalb nicht als Vergleichsgrundlage herangezogen werden kann.[474] Die Entscheidung, ob zwischen dem Wert des veräußerten Kunstwerks und dem dafür gezahlten Kaufpreis ein auffälliges Missverhältnis besteht, lässt sich also letztlich nur in Würdigung der besonderen Umstände des Einzelfalles treffen.

Neben einem auffälligen Missverhältnis zwischen Leistung und Gegenleistung verlangt der Wuchertatbestand die Verwirklichung eines subjektiven Tatbestands, nämlich die Ausbeutung „der Notlage, des Leichtsinns oder der Unerfahrenheit“ des Vertragspartners, so der Wortlaut des § 138 Abs. 2 BGB vor seiner Neufassung durch Art. 3 des Ersten Gesetzes zur Bekämpfung der Wirtschaftskriminalität vom 29. Juli 1976.[475] Nach § 138 Abs. 2 BGB neue Fassung ist die Ausbeutung „der Zwanglage, der Unerfahrenheit, des Mangels an Urteilsvermögen oder der erheblichen Willensschwäche“ erforderlich. Dabei umfasst der Begriff der „Zwangslage“ den der „Notlage“, reicht aber noch über diesen hinaus.[476] Da die Schwäche des anderen Teils aber regelmäßig zur Zeit des Abschlusses des Rechtsgeschäfts bestanden haben muss, ist bei der Beurteilung eines von einem jüdischen Veräußerer in der Zeit vom 30. Januar 1933 bis zum 8. Mai 1945 vorgenommenen Rechtsgeschäfts der Begriff der „Notlage“ maßgebend.

Eine Notlage des anderen Teils besteht jedenfalls dann, wenn seine wirtschaftliche Existenz bedroht ist.[477] Dazu bedarf es weder dauernder noch absoluter Mittellosigkeit.[478] Vielmehr genügt eine augenblickliche Verlegenheit bzw. die Befürchtung, dass sich die derzeitige wirtschaftliche Lage verschlimmern wird.[479]

---

474 Siehe oben S. 81.

475 BGBl. I, S. 2034.

476 Staudinger-*Sack*, § 138, Rn. 195; MünchKomm-*Mayer-Maly/Armbrüster*, § 138, Rn. 140.

477 BGH v. 4.12.1953, BGH LM 1954, § 138 (Ba) BGB, Nr. 1; Planck's Kommentar, § 138, Anm. III 1 b; RGRK, 10. Auflage, § 138, Anm. 2.

478 Planck's Kommentar, § 138, Anm. III 1 b.

479 Planck's Kommentar, § 138, Anm. III 1 b; RGRK, 10. Auflage, § 138, Anm. 2.

Doch kann eine die Existenz gefährdende wirtschaftliche Bedrängnis zur Notlage im Sinne des § 138 Abs. 2 BGB erst dann werden, wenn sie sich für den Betroffenen als Zwang zum Abschluss des Geschäfts auswirkt.[480]

Einige Stimmen im Schrifttum vertreten demgegenüber die Ansicht, dass die Notlage nicht eine wirtschaftliche zu sein braucht, es genüge als Notlage auch eine solche, die eine Gefahr für Leben, Gesundheit oder Ehre mit sich bringt.[481] Dazu hat der BGH in seinem Urteil vom 4.12.1953 wie folgt Stellung genommen: *„Es mag zweifelhaft sein, ob die Vielgestaltigkeit der im Verfolg der politischen Ereignisse seit 1933 entstandenen Not nicht angezeigt erscheinen lassen könnte, von einem Standpunkt abzugehen, der nur eine wirtschaftliche Notlage für schutzwürdig hält."*[482] Der ihm vorliegende Fall zwang den BGH jedoch nicht zu einer Entscheidung dieser Frage, da dort feststand, dass die drohende Notlage, *„sich auch auf wirtschaftliche Gebiete habe auswirken müssen, und das reicht aus"*.[483]

Ein jüdischer Sammler, der während der Herrschaft des Nationalsozialismus Kunstwerke aus seiner Sammlung veräußert hat, wird sich regelmäßig in einer Notlage im Sinne des § 138 Abs. 2 BGB befunden haben. Denn er wird infolge des ihm erteilten Berufsverbots oder der Arisierung seines Unternehmens in seiner wirtschaftlichen Existenz aufs schwerste gefährdet und somit gezwungen gewesen sein, seine Kunstwerke zu veräußern, und zwar selbst dann, wenn er dafür keinen angemessenen Kaufpreis erhalten sollte.

Spätestens seit dem Pogrom vom 8. bis zum 10. November 1938 befanden sich sogar die an sich besser bemittelte Juden in einer Notlage. Insbesondere sie wurden während des Pogroms verhaftet, misshandelt und in Konzentrationslager

---

480 RGRK, 10. Auflage, § 138, Anm. 2; Staudinger-*Coing*, 11. Auflage, § 138, Rn. 35.

481 *Oertmann*, § 138, Anm. C 3 b, der als Beispiele eine „Lebensgefahr durch Feuer-, Wassernot, Krankheit" oder die ideelle „Gefahr der Anrüchigkeit gesellschaftlicher Bloßstellung" nennt. *Enneccerus/Nipperdey*, Lehrbuch des Bürgerlichen Rechts, Allgemeiner Teil, 14. Auflage, § 192, Fn. 4, denen zufolge Wucher zum Beispiel vorliegt, *„wenn ich dem Bedürftigen den rettenden Trunk, dem Ertrinkenden das rettende Tau nur zu einem nach den Umständen unverhältnismäßig hohen Preise reiche oder als der einzige rechtzeitig zu beschaffende Arzt ein übermäßiges Honorar für eine Operation ausbedinge"*. Staudinger-*Coing*, 11. Auflage, § 138, Rn. 35; Staudinger-*Sack*, § 138, Rn. 197. Letztgenannter vertritt die Ansicht, dass nicht nur gesundheitliche, sondern auch politische Gründe eine Notlage auslösen können. Unter Verweis auf das Urteil des BGH vom 29.9.1977 (BGH, NJW 1977, S. 2358 f.) betreffend die Nichtigkeit eines Vertrages, der darauf gerichtet ist, einem Einwohner der DDR zur Übersiedlung in die Bundesrepublik Deutschland zu verhelfen, führt er aus: *„Wer aus politischen Gründen fliehen muss und dafür finanzielle Hilfe benötigt, befindet sich in einer solchen Zwangslage"*. An einer Notlage fehlt es hingegen, wenn die Beweggründe für die Flucht aus der DDR in die Bundesrepublik Deutschland *„etwa allgemeine Unzufriedenheit mit den politischen und sonstigen Verhältnissen oder auch die Hoffnung auf einen höheren Lebensstandard"* sind (BGH, NJW 1977, S. 2358 f. [2358]; Staudinger-*Sack*, § 138, Rn. 198).

482 BGH LM 1954, § 138 (Ba) BGB, Nr. 1.

483 BGH LM 1954, § 138 (Ba) BGB, Nr. 1.

verbracht und dadurch wenigstens in ihrer Gesundheit, wenn nicht sogar in ihrem Leben gefährdet. Im Laufe einiger Wochen wurden dann die meisten von ihnen wieder entlassen – allerdings nur unter der Bedingung, Deutschland so schnell wie möglich zu verlassen und zuvor ihr Vermögen, namentlich Grundstücke, Fabriken und Geschäfte, zu veräußern.[484] Selbst wenn sie hierzu also nicht ausdrücklich verpflichtet worden sind, mussten die betroffenen Personen letztendlich auch ihren Kunstbesitz veräußern. Schließlich war die Mitnahme von Kunstwerken in das Ausland seit Dezember 1938 verboten.

Mit den Stimmen im Schrifttum ist anzunehmen, dass auch die Gefährdung der Gesundheit oder des Lebens eine Notlage im Sinne des § 138 Abs. 2 BGB begründet. Zu Recht wird darauf hingewiesen, dass die alleinige Anerkennung der Bedrohung der wirtschaftlichen Existenz als Notlage willkürlich und daher bedenklich ist.[485] Dies sticht gerade bei den hier zu beurteilenden Fällen ins Auge. Es ist kein vernünftiger Grund dafür erkennbar, diejenigen Juden, welche ein Unternehmen betrieben und somit in der Regel länger über eine Einnahmequelle und ein gewisses Vermögen verfügt haben und die erst im November 1938 ihre Person betreffende Verfolgungsmaßnahmen ausgesetzt waren, anders zu behandeln als diejenigen, welche einen freien Beruf wie den eines Rechtsanwalts ausgeübt haben und schon ab Oktober 1933 mit einem Berufsverbot belegt und infolge des Ausfalls ihres Einkommens zur Verwertung ihres Vermögens gezwungen waren.

Aber auch diejenigen der unternehmerisch tätigen und infolgedessen besser situierten Juden, die von einer Verhaftung und Verschleppung in ein Konzentrationslager und folglich einer Gefährdung ihrer Gesundheit oder sogar ihres Lebens verschont geblieben sind, waren nach dem Novemberpogrom regelmäßig in ihrer wirtschaftlichen Existenz bedroht. Denn durch § 1 Abs. 1 der „Verordnung zur Ausschaltung der Juden aus dem deutschen Wirtschaftsleben“ vom 12. November 1938, die bereits zwei Tage später in Kraft getreten ist, wurde den Juden der Betrieb von Einzelhandelsverkaufsstellen, Versandgeschäften und Bestellkontoren sowie der selbstständige Betrieb eines Handwerks untersagt. Schließlich wurde mit § 1 der Einsatzverordnung die Grundlage dafür geschaffen, den Inhabern eines jüdischen Gewerbebetriebs aufzugeben, diesen binnen einer bestimmten Frist zu veräußern oder abzuwickeln.[486]

---

484 Siehe oben S. 13; vgl. auch KG Berlin, SJZ 1947, Sp. 261.

485 *Oertmann*, § 138, Anm. C 3 b.

486 Recht allgemein stellt *Hartung*, Kunstraub in Krieg und Verfolgung, S. 274 zu § 138 Abs. 2 BGB fest, dass von dieser Vorschrift *„zunächst alle Fälle erfasst sind, in welchen unter Ausnutzung der ernsthaften Bedrängnis eines Juden Kulturgüter erstanden wurden, welche aufgrund der großen Eile der Ausreise nicht mehr mit der für solche Objekte notwendigen Ruhe und Gelassenheit verkauft werden konnten: In dieser für sie alternativlosen Lage war den jüdischen Eigentümern ein Verkauf weit unter dem Verkehrswert weitaus lieber als ihre Beschlagnahme durch die Nationalsozialisten“*. Unter der „ernsthaften Bedrängnis“ versteht *Hartung* offenbar die „unmittelbare Lebensgefahr“, in der die Juden „aufgrund der nationalsozialistischen Verfolgung“ schwebten. Eine solche bestand jedoch, wenn überhaupt, erst seit dem

Der subjektive Tatbestand des Wuchers erfordert weiterhin, dass der Wucherer die Notlage des anderen Teils ausbeutet. Dabei genügt das Bewusstsein, mit dem Geschäftsabschluss die besondere Lage des Gegners zur Erlangung übermäßiger Vorteile auszunutzen; einer hierauf gerichteten Absicht bedarf es nicht.[487] Ob der Geschäftspartner eines jüdischen Veräußerers Kenntnis von der Notlage hatte, in der sich dieser infolge eines Berufsverbots, der Arisierung seines Betriebes oder der Verpflichtung zur Auswanderung befunden hat, kann nur auf den jeweiligen Einzelfall bezogen festgestellt werden.[488]

Sind im Einzelfall alle Merkmale des Wuchertatbestandes des § 138 Abs. 2 BGB erfüllt, so ist nach allgemeiner Ansicht nicht nur das Verpflichtungsgeschäft, sondern ohne weiteres auch das Verfügungsgeschäft des jüdischen Veräußerers als des Bewucherten, also seine Einigung mit dem Erwerber darüber, dass das Eigentum an dem veräußerten Kunstwerk übergehen soll, sittenwidrig und somit nichtig.[489]

Kann hingegen der Marktpreis nicht bestimmt und infolgedessen nicht festgestellt werden, ob zwischen dem Wert des veräußerten Kunstwerks und dem bezahlten Kaufpreis ein auffälliges Missverhältnis besteht und somit der Wuchertatbestand des § 138 Abs. 2 BGB erfüllt ist, so ist weiter zu untersuchen, ob das Rechtsgeschäft gemäß § 138 Abs. 1 BGB sittenwidrig ist. Schließlich kann ein Rechtsgeschäft, das nicht alle Merkmale des Wuchertatbestandes erfüllt, gleichwohl den Tatbestand der Generalklausel erfüllen.[490]

---

Pogrom vom 8. bis zum 10. November 1938. Seitdem befanden sich möglicherweise zumindest diejenigen Juden in einer „unmittelbaren Lebensgefahr“, die anlässlich des Pogroms verhaftet und in Konzentrationslager verschleppt worden sind. Für die anderen bestand eine generelle „unmittelbare Lebensgefahr“ wohl erst seit Herbst 1941, als die „Endlösung der Judenfrage“ beschlossen war.

[487] *Oertmann*, § 138, Anm. C 3 a; Planck's Kommentar, § 138, Anm. III 1 b; RGRK, 10. Auflage, § 138, Anm. 2; Staudinger-*Coing*, 11. Auflage, § 138, Rn. 35; MünchKomm-*Mayer-Maly/Armbrüster*, § 138, Rn. 154.

[488] Wusste der Erwerber immerhin, dass der Veräußerer jüdischer Herkunft war, so sollte er auch darum wissen, dass sich dieser in einer Notlage befunden hat. Schließlich müsste ihm bekannt gewesen sein, dass die Juden von der Machtergreifung der Nationalsozialistischen an verschiedenen Verfolgungsmaßnahmen, insbesondere dem Boykott ihrer Geschäfte und dem Erlass von Berufsverboten, ausgesetzt waren. Indes genügt es für die Erfüllung des subjektiven Tatbestandes des § 138 Abs. 2 BGB nicht, wenn sich der Wucherer fahrlässig der Notlage des anderen Teils verschlossen hat. In diesem Fall kann jedoch ein Verstoß gegen § 138 Abs. 1 BGB gegeben sein (Staudinger-*Coing*, 11. Auflage, § 138, Rn. 35; MünchKomm-*Mayer-Maly/Armbrüster*, § 138, Rn. 154).

[489] RG v. 19.2.1904, RGZ 57, 95 ff. [97]; Planck's Kommentar, § 138, Anm. III 4 c; MünchKomm-*Mayer-Maly/Armbrüster*, § 138, Rn. 164; Palandt-*Heinrichs*, § 138, Rn. 20; *Westermann*, Sachenrecht, § 4 IV 1.

[490] *Oertmann*, § 138, Anm. C 2 c; RGRK, 10. Auflage, § 138, Anm. 2; Staudinger-*Sack*, § 138, Rn. 172; MünchKomm-*Mayer-Maly/Armbrüster*, § 138, Rn. 142; Palandt-*Heinrichs*, § 138, Rn. 65.

## 1.2. Sittenwidrigkeit nach § 138 Abs. 1 BGB

### 1.2.1. Beurteilungsmaßstab und Beurteilungsgegenstand

Nach der schon vom Reichsgericht gebrauchten und in der Rechtslehre anerkannten Formel ist ein Rechtsgeschäft sittenwidrig, wenn es gegen das Anstandsgefühl aller billig und gerecht Denkenden verstößt.[491] Diese Formel liefert allerdings keine konkreten Anhaltspunkte dafür, ob ein bestimmtes Verhalten mit den guten Sitten zu vereinbaren ist, oder nicht.[492] Mit ihr allein lässt sich der unbestimmte Rechtsbegriff der „guten Sitten" daher nicht konkretisieren. Dies gelingt vielmehr nur, wenn neben der außerrechtlichen Wertordnung, also den in einer Rechtsgemeinschaft anerkannten moralischen Anschauungen, auch die Rechtsordnung und die ihr immanenten rechtsethischen Wertungen berücksichtigt werden. Dabei kommt den einfach gesetzlichen Regelungen ebenso Bedeutung zu wie den Grundrechten.[493]

Dieser Besonderheit, dass sich der Wertmaßstab für die Beurteilung der Sittenwidrigkeit aus verschiedenen Kriterien zusammensetzt, trägt die Rechtsprechung dadurch Rechnung, dass sie auf der anderen Seite die zu würdigenden Elemente des Rechtsgeschäfts erweitert: Zu berücksichtigen seien nicht nur der objektive Inhalt des Geschäfts, sondern auch die Umstände, die zu seiner Vornahme geführt haben, und die von den Parteien verfolgten Absichten und Beweggründe.[494] Demnach ist ein Rechtsgeschäft sittenwidrig, wenn es nach seinem

---

491 RG v. 15.10.1912, RGZ 80, 219 [221]; RG v. 24.3.1930, RGZ 128, 92 [96]; MünchKomm-*Mayer-Maly/Armbrüster*, § 138, Rn. 14; Palandt-*Heinrichs*, § 138, Rn. 2; ausführlich hierzu *Sack*, NJW 1985, S. 761 ff.

492 *Sack*, NJW 1985, S. 764 f.; Staudinger-*Sack*, § 138, Rn. 15 ff.

493 Vgl. MünchKomm-*Mayer-Maly/Armbrüster*, § 138, Rn. 11 ff.; Staudinger-*Sack*, § 138, Rn. 18 ff., 39 ff.; Palandt-*Heinrichs*, § 138, Rn. 2 ff.
Für die Berücksichtigung der Grundrechte hat sich bereits das Reichsgericht ausgesprochen: *„Würde die Bestimmung in eines der in der Reichsverfassung gewährleisteten Grundrechte der Kläger eingreifen, so wäre wohl damit, wie das Berufungsgericht angenommen hat, gegen die guten Sitten verstoßen. Denn die maßgebende sittliche Anschauung aller Recht und Sitte achtenden Volksgenossen verlangt, dass diese Grundrechte im menschlichen Verkehr geachtet werden"* (RG v. 24.3.1930, RGZ 128, 92 [95]).
Bei der Konkretisierung der „guten Sitten" sind auch die von der Rechtsprechung entwickelten Grundsätze zu beachten. Hierzu hat das Schrifttum die einzelnen Entscheidungen in Fallgruppen zusammengefasst. Zu den ersten Ansätze vgl. *Coing*, NJW 1947/48, S. 213 ff. Zu deren Weiterentwicklung anhand der neueren Rechtsprechung vgl. Staudinger-*Sack*, § 138, Rn. 227 ff.; MünchKomm-*Mayer-Maly/Armbrüster*, § 138, Rn. 33 ff. Auf eine eingehendere Darstellung der verschiedenen Fallgruppen wird hier allerdings verzichtet, da die zu beurteilenden Fälle keiner davon zugeordnet werden können. Die „Rechtsgeschäfte, die von jüdischen Sammlern in der Zeit vom 30. Januar 1933 bis zum 8. Mai 1945 abgeschlossen worden sind" können vielmehr als eigenständige „neue" Fallgruppe angesehen werden.

494 BGH v. 29.3.1995, NJW 1995, S. 2284 ff. [2284]; BGH v. 10.10.1997, NJW-RR 1998, S. 590 ff. [591]; Soergel-*Hefermehl*, § 138, Rn. 13; Palandt-*Heinrichs*, § 138, Rn. 8.

aus der Zusammenfassung von Inhalt, Beweggrund und Zweck zu entnehmenden Gesamtcharakter den guten Sitten zuwiderläuft.[495]

Folgt der Sittenverstoß bereits aus dem objektiven Inhalt eines Rechtsgeschäfts, so ist dieses nichtig, ohne dass ein subjektiver Tatbestand verwirklicht sein müsste. Begründet dagegen erst der Gesamtcharakter des Rechtsgeschäfts seine Sittenwidrigkeit, so kommt es auch auf die Vorstellungen der handelnden Personen an. Dabei ist es allerdings nicht erforderlich, dass die Handelnden sich der Sittenwidrigkeit ihres Handelns bewusst sind. Es genügt vielmehr, wenn sie die Tatumstände kennen, aus denen sich die Sittenwidrigkeit ergibt. Dem steht es gleich, wenn sie sich bewusst oder grob fahrlässig der Kenntnis erheblicher Tatsachen verschließen.[496] Sofern ein subjektiver Tatbestand verwirklicht sein muss, besteht dieses Erfordernis in der Regel für alle Beteiligten. Etwas anderes gilt nur dann, wenn der Sittenverstoß gerade in dem Verhalten des einen Vertragsteils gegenüber dem anderen Vertragsteil besteht. In diesem Fall braucht die Kenntnis oder grob fahrlässige Unkenntnis nur bei dem sittenwidrig Handelnden gegeben zu sein.[497]

### 1.2.2. Die Wandelbarkeit der „guten Sitten"

Der Inhalt der in § 138 Abs. 1 BGB bezeichneten Grundsätze kann sich wandeln, da sich sowohl die in der Rechtsgemeinschaft anerkannten moralischen Anschauungen als auch die der Rechtsordnung immanenten rechtsethischen Wertungen im Laufe der Zeit ändern können.[498] Von der Rechtsprechung anzuerkennen und zu berücksichtigen sind allerdings nur echte Wandelungen, also solche, von denen angenommen werden muss, dass sie für längere Zeit maßgebend sein werden. Nur zeitbedingte Schwankungen, wie etwa gelockerte moralische Anschauungen in Kriegs- und Nachkriegszeiten, sind dagegen unbeachtlich.[499]

---

495 RGZ 80, 219 [221]; BGH v. 21.12.1960, NJW 1961, S. 822 f. [822]; BGH v. 8.12.1982, BGHZ 86, 82 [88]; BGH v. 28.2.1989, BGHZ 107, 92 [97]; BGH NJW-RR 1998, S. 591; Staudinger-*Sack*, § 138, Rn. 2, 3; Soergel-*Hefermehl*, § 138, Rn. 13; Palandt-*Heinrichs*, § 138, Rn. 8.

496 BGH v. 27.1.1988, NJW 1988, S. 1373 ff. [1374]; BGH v. 5.10.1993, NJW 1994, S. 187 f. [188]; BGH NJW-RR 1998, S. 591; Palandt-*Heinrichs*, § 138, Rn. 8.
A. A. Staudinger-*Sack*, § 138, Rn. 63 ff.; MünchKomm-*Mayer-Maly/Armbrüster*, § 138, Rn. 130; Soergel-*Hefermehl*, § 138, Rn. 37 ff. nach deren Ansicht ein Rechtsgeschäft grundsätzlich aufgrund der objektiven Umstände sittenwidrig sein kann, ohne dass ein subjektiver Tatbestand hinzukommen muss. Etwas anderes gelte nur, wenn die Sittenwidrigkeit gerade auf der Verwirklichung eines subjektiven Tatbestandes beruht, z. B. auf der mit einem Rechtsgeschäft verfolgten sittenwidrigen Zielsetzung.

497 BGH v. 5.4.1968, BGHZ 50, 63 [70]; MünchKomm-*Mayer-Maly/Armbrüster*, § 138, Rn. 131; Palandt-*Heinrichs*, § 138, Rn. 8.

498 Vgl. Staudinger-*Coing*, 11. Auflage, § 138, Rn. 6; Staudinger-*Dilcher*, 12. Auflage, § 138, Rn. 17; Staudinger-*Sack*, § 138, Rn. 77; MünchKomm-*Mayer-Maly/Armbrüster*, § 138, Rn. 133; Palandt-*Heinrichs*, § 138, Rn. 10.

499 Staudinger-*Coing*, 11. Auflage, § 138 BGB, Rn. 6.

Bei einer echten Wandelung der guten Sitten stellt sich die Frage, ob ein Rechtsgeschäft nach den zur Zeit seines Abschlusses anerkannten oder nach den zur Zeit seiner Prüfung geltenden moralischen Anschauungen und rechtsethischen Wertungen zu beurteilen ist. Diese Frage wird heute anders beantwortet als vor mehr als fünfzig Jahren. Nach der in der Literatur der Nachkriegszeit vertretenen Auffassung bestimmt sich die Sittenwidrigkeit nach den zur Zeit der Beurteilung geltenden Anschauungen. Das bedeutet, dass ein ursprünglich nicht gegen die guten Sitten verstoßendes Rechtsgeschäft später als sittenwidrig und somit nichtig angesehen werden kann.[500] In der jüngeren Zeit hat sich dagegen erneut die Ansicht durchgesetzt, dass bei der Feststellung der Sittenwidrigkeit die Wertanschauungen zugrunde zu legen sind, die zur Zeit der Vornahme des Rechtsgeschäfts galten. Demnach führt eine spätere Verschärfung der Maßstäbe nicht rückwirkend zur Nichtigkeit eines ursprünglich sittengemäßen Rechtsgeschäfts.[501] Diese Auffassung wurde bereits in den ersten Jahren nach dem Inkrafttreten des Bürgerlichen Gesetzbuchs vertreten. Allerdings wurde damals eine Ausnahme zugelassen: *„Unter Umständen werden die zur Zeit der Urteilsfindung herrschenden weiter geläuterten Anschauungen die maßgebenden sein müssen, wenn die zur Zeit des Geschäftsabschlusses herrschende Anschauungsweise … zu beanstanden ist."*[502]

---

500 *Roemer*, SJZ 1947, Sp. 263; RGRK, 10. Auflage, § 138, Anm. 1; Staudinger-*Coing*, 11. Auflage, § 138, Rn. 6 meint zwar, dass zunächst auf die Anschauungen zur Zeit des Abschlusses abgestellt werden müsse, erklärt aber anschließend, dass ein danach nicht zu beanstandendes Rechtsgeschäft trotzdem bei einem Wandel der Anschauungen „später als unsittlich angesehen" werden könne und „dann als nichtig zu beurteilen" sei.

501 Staudinger-*Sack*, § 138, Rn. 79 ff.; MünchKomm-*Mayer-Maly/Armbrüster*, § 138, Rn. 133; Palandt-*Heinrichs*, § 138, Rn. 9.
Insoweit wird jedoch folgende „Ausnahme" zugelassen: Wenn der Wandel der Wertanschauungen bei einem noch nicht erfüllten Rechtsgeschäft zur Folge hätte, dass die vom Schuldner noch zu erbringende Leistung im Zeitpunkt der Erfüllung gegen die guten Sitten verstößt, so soll dieser nach § 242 BGB berechtigt sein, die Erfüllung zu verweigern; das Bestehen auf der Erfüllung eines inzwischen als sittenwidrig zu bewertenden Rechtsgeschäfts wäre eine unzulässige Rechtsausübung (Staudinger-*Sack*, § 138, Rn. 83; MünchKomm-*Mayer-Maly/Armbrüster*, § 138, Rn. 138).

502 Planck's Kommentar, § 138, Anm. I 1 c.
Dagegen wurde in der Zeit vom 30. Januar 1933 bis zum 8. Mai 1945 bereits die Auffassung vertreten, dass sich die Frage, ob Sittenwidrigkeit anzunehmen ist, *„nach den zur Zeit der Beurteilung maßgebenden Anschauungen, heute also nach dem auf die nationalsozialistische Weltanschauung gegründeten gesunden Volksempfinden"* bestimmt (RGRK, 9. Auflage, § 138, S. 283). Das Reichsgericht band sich durch sein Urteil vom 13.3.1936 (RGZ 150, 1) offiziell an das „gesunde Volksempfinden" als Maßstab für die Konkretisierung der guten Sitten. Das Gericht *„erachtet ein Rechtsgeschäft, bei dem Leistung und Gegenleistung in auffälligem Missverhältnis zueinander stehen, die übrigen Merkmale des Wuchers aber nicht vorliegen, dann nach § 138 Abs. 1 BGB für nichtig, wenn außer dem Missverhältnis eine solche Gesinnung des die übermäßigen Vorteile beanspruchenden Teils festzustellen ist, dass das Rechtsgeschäft nach Inhalt, Beweggrund und Zweck gegen das gesunde Volksempfinden verstößt"* (RGZ 150, 1 [4]). Unter dem „gesunden Volksempfinden" verstand das Gericht die „nationalsozialis-

### 1.2.3. Die Sittenwidrigkeit der von jüdischen Sammlern während der nationalsozialistischen Herrschaft abgeschlossenen Rechtsgeschäfte

Anhand der soeben dargestellten Grundsätze ist zu untersuchen, ob die von jüdischen Sammlern während der nationalsozialistischen Herrschaft abgeschlossenen Rechtsgeschäfte gegen die guten Sitten verstoßen. Dabei ist zunächst der sich hier aufdrängenden Frage nachzugehen, ob sich die seinerzeit anerkannten moralischen Anschauungen und rechtsethischen Wertungen nach dem Zusammenbruch des Dritten Reichs geändert haben. Diese Frage wurde in der Literatur der Nachkriegszeit unterschiedlich beantwortet.

Nach der Ansicht von *Coing* kann bei dem Sturz des nationalsozialistischen Regimes nicht von einer Änderung „der Auffassungen im Volke" gesprochen werden. Bei den Sätzen der sogenannten „nationalsozialistischen Weltanschauung" habe es sich um ein aus politischen Gründen aufgestelltes Programm gehandelt, von dem man nicht sagen könne, dass es inhaltlich, etwa in der Rassenfrage, von der gesamten Bevölkerung geteilt wurde. Die Dinge seien hier vielmehr dahin zu kennzeichnen, dass mit dem Wegfall der Gewaltherrschaft die vorhandenen moralischen Anschauungen des deutschen Volkes sich wieder ausdrücken konnten.[503]

---

tische Weltanschauung" (RGZ 150, 1 [4]) und ging damit konform mit der in der Rechtslehre herrschenden Auffassung, wonach die guten Sitten im Lichte nationalsozialistischer Vorgaben zu interpretieren waren (vgl. HKK-*Haferkamp*, § 138, Rn. 23).

In dem Urteil des Reichsgerichts ging es um die Bekämpfung des „dem Ganzen nachteiligen Eigennutz des einzelnen Volksgenossen", also die Beachtung der „Belange der Volksgemeinschaft" (RGZ 150, 1 [6]). Freilich wurde § 138 BGB auch zur Ausgrenzung bestimmter Personengruppen, vornehmlich der Juden, benutzt (vgl. HKK-*Haferkamp*, § 138, Rn. 25). Rechtsgeschäfte mit Juden wurden – natürlich zugunsten des arischen Vertragspartners – als sittenwidrig angesehen: *„Der Rechtsverkehr mit Rassefremden, insbesondere mit Angehörigen der jüdischen Rasse, widerstreitet den Interessen der Volksgemeinschaft und kann auch dem einzelnen Volksgenossen deutschen Blutes nicht zugemutet werden. Daher wird namentlich das Verdecken oder auch nur Verschweigen der Zugehörigkeit zur jüdischen Rasse als sittenwidrig empfunden, und es kann nicht nur den Rassefremden verantwortlich, sondern auch das von ihm und mit ihm abgeschlossene Rechtsgeschäft sittenwidrig und nichtig machen"* (RGRK, 9. Auflage, § 138, S. 284).

503 Staudinger-*Coing*, § 138, Rn. 6. Vor dem Hintergrund der in der Zeit vom 30. Januar 1933 bis zum 8. Mai 1945 herrschenden tatsächlichen und rechtlichen Verhältnisse erscheint diese Auffassung eher lebensfremd.
Die späteren Bearbeiter des Kommentars nehmen zu dieser Problematik nicht mehr ausdrücklich oder gar nicht mehr Stellung: Während Staudinger-*Dilcher*, 12. Auflage, § 138, Rn. 17 noch – allerdings ohne ausdrückliche Bezugnahme auf die „nationalsozialistische Weltanschauung" – ausführt, dass die Wandelbarkeit der Sittlichkeitsnormen nicht besage, dass in Notzeiten einreißende Verletzungen der Rechtsmoral wegen ihrer allgemeinen Übung später als rechtsverbindlich anerkannt würden, schenkt Staudinger-*Sack* dieser Frage überhaupt keine Beachtung mehr.

Demgegenüber geht *Roemer* offenbar von einem Wandel der sittlichen Anschauungen aus. Denn er setzt sich ausdrücklich mit der Frage auseinander, ob der Feststellung, ob ein von einem jüdischen Veräußerer abgeschlossener Kaufvertrag gegen die guten Sitten verstößt, die zur Zeit des Vertragsschlusses herrschenden sittlichen Anschauungen oder diejenigen zur Zeit der Beurteilung zugrunde zu legen sind.[504] Seiner Meinung nach muss diese Frage unbedingt in letzterem Sinne entschieden werden, da andernfalls die Gefahr bestehe, dass *„die eine Schlechterstellung einzelner wegen ihrer Rasse zulassenden, ja sogar fordernden Anschauungen der durch die antisemitische Propaganda verhetzten Volksteile und der aus der Rechtlosigkeit der jüdischen Kreise Nutzen ziehenden Arisierungsgewinnler heute noch, wenn auch vielleicht in versteckter Form, bei der Feststellung der Sittenwidrigkeit fortwirken und die so notwendige entschlossene Reinigung vereiteln oder mindestens erschweren"*.[505]

Die Frage, ob mit dem Beginn bzw. Ende der nationalsozialistischen Herrschaft ein echter Wandel der anerkannten sittlichen Anschauungen eingetreten ist, kann letztlich offen bleiben, da bei der Feststellung der Sittenwidrigkeit von während dessen abgeschlossenen Rechtsgeschäften nach beiden Ansichten die nicht von der antisemitischen Propaganda beeinflusste Anschauung zugrunde zu legen ist. Nach Meinung von *Coing* ist dies die sowohl in der Zeit vom 30. Januar 1933 bis zum 8. Mai 1945 als auch danach unverändert geltende und damit stets maßgebende Anschauung. Nach Auffassung von *Roemer* handelt es sich dabei um die zur Zeit der Beurteilung als dem für die Feststellung der Sittenwidrigkeit maßgeblichen Zeitpunkt herrschende Anschauung. Insoweit, als das Rechtsgeschäft eines jüdischen Veräußerers nach den zur Zeit seiner Beurteilung herrschenden Anschauungen zu bewerten ist, gebührt der Auffassung von *Roemer* der Vorzug vor der heute herrschenden Ansicht.[506] Diese vermag jedenfalls in den hier zu beurteilenden Fällen nicht zu überzeugen, und zwar deshalb nicht, weil das zu ihrer Begründung angeführte Argument, dass das Abstellen auf die Zeit der Vornahme des Rechtsgeschäfts dem allgemeinen Rechtsgedanken, dass Schuldverhältnisse nach der Zeit ihrer Entstehung zu beurteilen sind, entspräche, in diesen nicht durchschlägt.[507] Es ist zu allgemein, als dass es die Überzeugungskraft der speziell auf diese Fälle zugeschnittenen Begründung *Roemers* erschüttern könnte. Hinter ihm steht letztendlich das Interesse, Rechtssicherheit

---

504 *Roemer*, SJZ 1947, Sp. 263.

505 *Roemer*, SJZ 1947, Sp. 263.

506 Demgegenüber teilt *Hartung*, Kunstraub in Krieg und Verfolgung, S. 268, Fn. 1109 offenbar die heute herrschende Ansicht. Er stellt insofern zwar fest, dass das Abstellen auf den Zeitpunkt der Vornahme des Rechtsgeschäfts *„zu der wenig befriedigenden Situation führen kann, dass der Rechtsanwender gezwungen ist, Rechtsgeschäfte, die im Dritten Reich abgeschlossen wurden, an dem damals geltenden Wertemaßstab zu messen"*, unterlässt es jedoch, einen Vorschlag zu unterbreiten, wie diese Situation bereinigt werden könnte.

507 MünchKomm-*Mayer-Maly/Armbrüster*, § 138, Rn. 133.

zu schaffen und das Vertrauen des Erwerbers in den Bestand des Rechtsgeschäfts zu schützen. Dieses Interesse muss in den Fällen, in denen das Rechtsgeschäft in der Zeit vom 30. Januar 1933 bis zum 8. Mai 1945 von einem jüdischen Veräußerer abgeschlossen wurde, der hierzu durch die nationalsozialistischen Verfolgungsmaßnahmen bestimmt worden ist, hinter dessen Interesse am Schutz seines Eigentums zurücktreten. Die Auffassung von *Roemer* ist auch aus dem Grund vorzugswürdig, weil sie letztlich in Einklang mit der früher in dieser Frage vertretenen Auffassung steht. Danach müssten nämlich in den vorliegenden Fällen ausnahmsweise die „zur Zeit der Urteilsfindung herrschenden weiter geläuterten Anschauungen" die maßgebenden sein, da die zur Zeit des Geschäftsabschlusses geltende, von der Ideologie der Nationalsozialisten namentlich in der Rassenfrage geprägte Anschauung zweifelsohne zu beanstanden ist.

Die für die Feststellung, ob das Rechtsgeschäft eines jüdischen Veräußerers gegen die guten Sitten verstößt, maßgebliche „nicht von der antisemitischen Propaganda geprägte Anschauung" hat *Roemer* wie folgt konkretisiert: *„Der Richter muss sich bei der Beurteilung dieser Frage auf den Standpunkt stellen, den schon in der Zeit der Judenverfolgung die damals leider zum Schweigen verurteilten anständigen Teile des deutschen Volkes im Gegensatz zur offiziellen Staats- und Parteimoral vertraten, nämlich, dass man sich von einem Erwerb aus jenen Zwangsverkäufen möglichst fernhalten müsse, soferne nicht ein Erwerb zu anständigem Preise zugleich eine Hilfeleistung für den unschuldig Verfolgten, etwa durch Ermöglichung der Auswanderung, bedeute oder dass man mindestens die Notlage des Verfolgten in keiner Weise ausnützen dürfe, vielmehr bei einem etwaigen Erwerb auch die berechtigten Interessen des Verkäufers, der häufig in einem Zustand besonderer Zwangslage und Rechtlosigkeit zur eigenen Interessenwahrung nicht ausreichend in der Lage war, von sich aus sorgfältig – mehr als in normalen Zeiten – mit berücksichtigen müsse"*.[508]

Die von *Roemer* in dieser Weise konkretisierten moralischen Anschauungen finden sich in den kurz darauf in Kraft getretenen Regelungen der alliierten Rückerstattungsgesetze wieder und haben sich somit zu rechtsethischen Wertungen verfestigt. So ist, wie bereits dargestellt, etwa in Art. 2 Abs. 1 Buchst. a USREG bestimmt, dass ein „gegen die guten Sitten verstoßendes Rechtsgeschäft" eine Entziehung im Sinne dieses Gesetzes darstellt. Als Entziehung im Sinne des Art. 2 USREG und damit als gegen die guten Sitten verstoßendes

---

[508] *Roemer*, SJZ 1947, Sp. 263. Dieser führt weiter aus: *„Mit dieser Forderung soll nicht an die Feststellung der Sittenwidrigkeit ein übermäßig strenger Maßstab entsprechend den Anschauungen eines kleinen Kreises sittlich besonders streng Denkender angelegt, sondern den Anschauungen derer zur offiziellen Anerkennung verholfen werden, die sich in jener Zeit sauber hielten, auf anrüchige Gewinne verzichteten und dem Unrecht Widerstand zu leisten bemüht waren. Zugleich soll damit die möglichste Wiedergutmachung eines rechtsgeschichtlich einmaligen Unrechts erstrebt werden."*

Rechtsgeschäft ist nach Art. 3 und 4 USREG jedes von einem jüdischen Veräußerer in der Zeit vom 30. Januar 1933 bis zum 8. Mai 1945 abgeschlossene Rechtsgeschäft anzusehen.[509] Dies gilt nach Art. 3 Abs. 2 und Art. 4 Abs. 1 USREG nur dann nicht, wenn dem Veräußerer ein angemessener Kaufpreis zu seiner freien Verfügung bezahlt worden ist oder, wenn das Rechtsgeschäft nach dem 15. September 1935 vorgenommen worden ist, der Erwerber die Vermögensinteressen des Veräußerers in besonderer Weise und mit wesentlichem Erfolg wahrgenommen hat oder das Rechtsgeschäft als solches und mit seinen wesentlichen Bestimmungen auch ohne die Herrschaft des Nationalsozialismus abgeschlossen worden wäre. Diese bis heute fortgeltenden Regelungen des USREG gehören zur deutschen Rechtsordnung und, da sie einen Ausgleich der Interessen des jüdischen Veräußerers und der des Erwerbers bezwecken, zu den Rechtsnormen, die ethischer Natur sind und deren Wertungen den Inhalt der guten Sitten ausmachen.[510]

Die von *Roemer* und den alliierten Rückerstattungsgesetzen vorgenommene Konkretisierung des Begriffs der guten Sitten berücksichtigt letztlich auch den dem übergesetzlichen Recht innewohnenden und früher in Art. 109 WRV, heute in Art. 3 GG festgelegten Grundsatz der Rechtsgleichheit, der das deutsche Recht beherrscht und durch die nationalsozialistischen Gesetze nicht wirksam aufgehoben werden konnte.[511] Dieser Grundsatz verbietet die willkürliche Ungleichbehandlung bestimmter Personengruppen und somit die Ungleichbehandlung der Juden allein aus Gründen der Rasse. Gegen dieses Verbot verstößt ein Rechtsgeschäft, das ein jüdischer Veräußerer in der Zeit vom 30. Januar 1933 bis zum 8. Mai 1945 abgeschlossen hat, wenn darin, wovon grundsätzlich auszugehen ist, die in den Verfolgungsmaßnahmen des nationalsozialistischen Staates liegende Diskriminierung der jüdischen Bevölkerung fortwirkt. Ein solches Fortwirken ist nur dann ausgeschlossen, wenn die in den Rückerstattungsgesetzen geregelten und von *Roemer* benannten Ausnahmen vorliegen, etwa das Rechtsgeschäft auch ohne die Herrschaft des Nationalsozialismus abgeschlossen worden wäre oder, so die stärker auf den Erwerber abstellende Formulierung *Roemers*, dass dabei die Notlage des Verfolgten in keiner Weise zum eigenen Vorteil ausgenutzt worden ist. Was die Gestalt des „eigenen Vorteils" anbelangt, dürfen keine zu hohen Anforderungen gestellt werden. Namentlich kann nicht, wie es das Kammergericht Berlin getan hat, verlangt werden, dass der Erwerber mit

---

509 Vgl. *Von Godin*, JR 1948, S. 33.

510 Vgl. Staudinger-*Sack*, § 138, Rn. 41; *Sack*, NJW 1985, S. 768.

511 Vgl. BGH, NJW 1953, S. 544.
Als Gesetz, dass die Weimarer Reichsverfassung und die darin normierten Grundrechte außer Kraft zu setzen bezweckt hat, ist die „Verordnung des Reichspräsidenten zum Schutz von Volk und Staat" vom 28. Februar 1933 (RGBl. I, S. 83) anzusehen, in deren § 1 bestimmt war, dass *„die Art. 114, 115, 117, 118, 123, 124 und 153 der Verfassung des Deutschen Reichs [...] bis auf weiteres außer Kraft gesetzt [werden]"*.

dem Abschluss des Rechtsgeschäfts einen über den Erwerb des veräußerten Gegenstandes hinausgehenden unsittlichen Zweck verfolgt. Nach seiner Auffassung hat ein Rechtsgeschäft nicht schon dadurch einen unsittlichen Charakter erhalten, dass der Erwerber die bedrängte Lage des jüdischen Veräußerers ausgenutzt hätte, *„um sich das Eigentum an einem Sachwert zu verschaffen, den er damals unter normalen Verhältnissen von nicht betroffenen Eigentümern nicht ohne weiteres erhalten hätte"*.[512] Diese Auffassung haben *Roemer* und *Pinner* zu Recht als unhaltbar abgelehnt und den gegenteiligen Standpunkt eingenommen.[513] Danach ist *„die Ausnutzung einer Notlage zur Beschaffung eines Sachwertes, der unter normalen Verhältnissen nicht zu beschaffen gewesen wäre, […] mit dem Anstandsgefühl aller billig und gerecht Denkenden unvereinbar, selbst wenn der Kaufpreis der damaligen Marktlage bzw. der behördlichen Regelung durch die Naziregierung entsprach. Wer sich durch die Notlage eines anderen beeinflussen lässt, einen Sachwert zu erwerben, der ohne Vorliegen der Notlage nicht zu erwerben gewesen wäre, handelt aus einem unsittlichen Beweggrund."*[514]

Dabei ist entsprechend der Regelung des Art. 3 Abs. 1 USREG grundsätzlich davon auszugehen, dass sich ein jüdischer Veräußerer seit dem 30. Januar 1933 bis zum 8. Mai 1945 in einer Notlage befunden hat.[515] Denn es waren vor allem die bereits unmittelbar nach der Machtergreifung der Nationalsozialisten getroffenen Maßnahmen wie die Verdrängung der Juden aus ihren Berufen und der damit verbundene Verlust der Einkommensquelle, welche die Betroffenen zur Veräußerung von Vermögensgegenständen zwangen.

Die Tatsache, dass der Erwerber die Notlage seines jüdischen Geschäftspartners bewusst ausgenutzt hat, ist nach Ansicht von *Roemer* zu vermuten. Nur in diesem Sinne können seine Ausführungen verstanden werden, dass, *„wer aus dem Raubfeldzug gegen die rassisch Verfolgten bewusst Nutzen gezogen hat, […] zur Rechtfertigung seines Verhaltens unbedingt nachweisen [muss], dass er auch den Interessen des in Not befindlichen anderen Teils gewissenhaft Rechnung getragen und nicht als Nutznießer von Gewalt und Unrecht ein nach dem wirklichen ‚gesunden Volksempfinden' unsauberes Geschäft gemacht hat."*[516] Diese „Ausnut-

---

512 KG Berlin v. 29.10.1946, SJZ 1947, Sp. 257 ff. [258].

513 *Roemer*, SJZ 1947, Sp. 264.

514 *Pinner*, JR 1948, S. 60.
So im Ergebnis auch das OLG Frankfurt a. M. v. 10.1.1952, RzW 1952, S. 131 für den Erwerb von Gegenständen aus dem Warenbestand eines zwangsweise liquidierten jüdischen Unternehmens: *„Wer trotz Kenntnis der Zusammenhänge und der Auswirkungen, welche der beabsichtigte Erwerb für die ausgeschalteten jüdischen Inhaber und Eigentümer haben musste, in der Absicht, daraus Vorteil und Gewinn für sich zu ziehen, zum Abschluss eines solchen Geschäftes sich entschließt, verstößt gegen das Anstandsgefühl jedes gerecht denkenden Menschen."*

515 *Pinner*, JR 1948, S. 61.

516 *Roemer*, SJZ 1947, Sp. 264.

zungsvermutung" entspricht inhaltlich der Entziehungsvermutung des Art. 3 Abs. 1 USREG und kann schon deshalb als gerechtfertigt angesehen werden.

Damit ist im Ergebnis festzuhalten, das ein Rechtsgeschäft, das ein jüdischer Veräußerer in der Zeit vom 30. Januar 1933 bis zum 8. Mai 1945 abgeschlossen hat, in der Regel gegen die guten Sitten verstößt und somit nach § 138 Abs. 1 BGB nichtig ist.[517] Dabei erstreckt sich die Sittenwidrigkeit auch auf das dingliche Verfügungsgeschäft, da der Verstoß gegen die guten Sitten gerade im Vollzug der Leistung liegt. Denn wenn der Erwerber mit dem Abschluss des Rechtsgeschäfts die „Beschaffung" eines Vermögensgegenstandes anstrebt, den er ohne die Notlage des jüdischen Veräußerers nicht hätte erlangen können, geht es ihm gerade darum, das Eigentum an diesem Gegenstand zu erwerben. Nur als Eigentümer kann er nach seinem Belieben damit verfahren. Folglich handelt der Erwerber auch und gerade bei der Übertragung des Eigentums aus einem unsittlichen Beweggrund, so dass insbesondere die sie begründende Einigung nichtig ist, die somit keinen Übergang des Eigentums auf ihn bewirken konnte.[518]

---

[517] Nach der Ansicht des KG Berlin bestand „seit dem November 1938" eine von dritter Seite, nämlich „der nationalsozialistischen Regierung und ihren mit der Durchführung terroristischer Maßnahmen beauftragten Handlangern", ausgesprochene Kollektivdrohung gegen die Juden, durch welche die Willensbestimmung jedes einzelnen Mitglieds dieser Personengruppe bei der Veräußerung von Vermögensgegenständen entscheidend beeinflusst war, so dass dieses gemäß § 123 BGB zur Anfechtung des von ihm abgeschlossenen Rechtsgeschäfts berechtigt ist. Mit Ausnahme des Zeitpunkts, ab dem eine im Sinne des § 123 BGB rechtlich relevante Kollektivdrohung vorgelegen hat, verdient diese Ansicht Zustimmung (siehe unten S. 231 f.). Damit stellt sich die Frage des Verhältnisses von § 138 BGB zu § 123 BGB. Nach der herrschenden Auffassung kann § 138 BGB neben § 123 BGB anwendbar sein, wenn zu der unzulässigen Willensbeeinflussung besondere Umstände hinzukommen, die das Rechtsgeschäft nach seinem Gesamtcharakter als sittenwidrig erscheinen lassen (BGH v. 7.6.1988, NJW 1988, S. 2599 ff. [2601]; MünchKomm-*Mayer-Maly/Armbrüster*, § 138, Rn. 5; Palandt-*Heinrichs*, § 138, Rn. 15). Dies soll zum Beispiel dann der Fall sein, wenn zur Täuschung ein grobes Missverhältnis der Leistungen hinzutritt oder wenn nicht die Drohung mit einem künftigen Übel, sondern die Ausnutzung einer gegenwärtigen Zwangslage im Vordergrund steht (MünchKomm-*Mayer-Maly/Armbrüster*, § 138, Rn. 5). Mit anderen Worten: wenn das mit den Mitteln der Täuschung oder Drohung zustande gebrachte Rechtsgeschäft zugleich auch inhaltlich gegen die guten Sitten verstößt (vgl. Staudinger-*Sack*, § 138, Rn. 152). In diesem Fall ist nämlich kein überzeugender Grund dafür ersichtlich, § 138 BGB nicht anzuwenden. Es wäre im Gegenteil nicht gerechtfertigt, die Rechte des Betroffenen zu verkürzen, indem man ihn – statt von dem nicht befristeten § 138 BGB Gebrauch zu machen – auf das der Frist des § 124 BGB unterliegende Anfechtungsrecht verweisen würde (vgl. Staudinger-*Sack*, § 138, Rn. 152). Dies gilt insbesondere in den hier zu beurteilenden Fällen, in denen die Jahresfrist des § 124 BGB längst abgelaufen ist. Das bedeutet, dass ein von einem jüdischen Veräußerer während der Herrschaft des Nationalsozialismus abgeschlossenes Rechtsgeschäft, das den Wuchertatbestand des § 138 Abs. 2 BGB erfüllt oder nach § 138 Abs. 1 BGB gegen die guten Sitten verstößt, selbst dann nichtig ist, wenn dieser bei seinem Abschluss unter dem Einfluss der gegen die Juden gerichteten Kollektivdrohung gehandelt hat.

[518] So im Ergebnis auch, wenngleich ohne Begründung, *Welge*, VIZ 1993, S. 421; *Messerschmidt*, VIZ 2001, S. 292.

Diese Wertung erscheint nicht zuletzt im Interesse der Einheit der Rechtsordnung geboten: Wenn den die Juden wegen ihrer Rasse benachteiligenden nationalsozialistischen Gesetzen der Rechtscharakter abgesprochen und sie als nichtig angesehen werden, muss den durch sie veranlassten Rechtsgeschäften ebenfalls jegliche Entfaltung von Rechtswirkungen versagt werden. Es würde nicht einleuchten, die Verfolgten, die ihr Vermögen unter dem Druck der Verfolgungsmaßnahmen veräußert haben, anders zu behandeln als diejenigen, denen es später aufgrund oder durch Gesetz weggenommen worden ist. Diese Überzeugung wird durch die Regelungen der alliierten Rückerstattungsgesetze bekräftigt, welche die beiden Formen der Vermögenseinbuße gleichermaßen als Vermögensentziehung ansehen, die wiedergutgemacht werden soll.

## 2. Eigentumsverlust durch Entziehung durch staatlichen Hoheitsakt

Die Entziehung jüdischen Kunstbesitzes durch staatlichen Hoheitsakt, die in der Regel zugleich zur Übertragung des Eigentums an das Deutsche Reich führte, erfolgte aufgrund oder durch Gesetz, nämlich aufgrund der Einsatzverordnung samt der zu ihrer Durchführung erlassenen Verordnungen, des „Gesetzes über die Einziehung volks- und staatsfeindlichen Vermögens“ und des „Gesetzes über den Widerruf von Einbürgerungen und die Aberkennung der deutschen Staatsangehörigkeit“ sowie durch die 11. VO zum Reichsbürgergesetz. Ein Eigentumsverlust wäre demnach nur dann nicht eingetreten, wenn die genannten Gesetze und Verordnungen bereits zur Zeit der Entziehung nichtig waren.

### 2.1. Aufhebung nationalsozialistischer Gesetze

Durch Art. 1 Nr. 1 Kontrollratsgesetz Nr. 1 über die Aufhebung von Nazi-Gesetzen vom 20. September 1945[519] und Art. 1 Nr. 1 Militärregierungsgesetz Nr. 1 über die Aufhebung des Nationalsozialistischen Rechts vom 30. August 1945[520] sind einige ausgewählte Gesetze einschließlich aller Durchführungsbestimmungen, Verordnungen und Erlasse aufgehoben und ihrer Wirksamkeit verlustig erklärt worden. Dazu gehört zwar gemäß Art. 1 Nr. 1 Buchst. l KRG Nr. 1 und Art. 1 Nr. 1 Buchst. (i) MRG Nr. 1 i. V. m. Buchst. G (xi) Teil I der Bestimmungen zu MRG Nr. 1 die 11. VO zum Reichsbürgergesetz, nicht aber die Einsatzverordnung, das „Gesetz über die Einziehung volks- und staatsfeindlichen Vermögens“

---

[519] Abgedruckt in: *Anders*, Die Proklamationen, Gesetze und Verordnungen, Abschnitt C 1/1. Neben dem KRG Nr. 1 existierten weitere „Aufhebungsgesetze“, wie zum Beispiel das KRG Nr. 11 zum Strafrecht oder das KRG Nr. 16 zum Recht der Ehe; ausführlich hierzu *Etzel*, Die Aufhebung von nationalsozialistischen Gesetzen durch den Alliierten Kontrollrat, S. 83 ff.

[520] Abgedruckt in: *Anders*, Die Proklamationen, Gesetze und Verordnungen, Abschnitt D 1/1.

und das „Gesetz über den Widerruf von Einbürgerungen und die Aberkennung der deutschen Staatsangehörigkeit".

Allerdings erfolgte die Aufhebung der Gesetze mit Wirkung ex nunc, also nur für die Zukunft und nicht auch für die Vergangenheit.[521] Damit ist mit der Aufhebung noch nichts darüber gesagt, wie die Rechtsakte zu behandeln sind, die seinerzeit aufgrund dieser damals geltenden Gesetze vorgenommen wurden.[522] Es ist daher zu untersuchen, ob die Gesetze, auf welche die Entziehung jüdischen Kunstbesitzes gestützt worden ist, bereits zu diesem Zeitpunkt nichtig waren.

## 2.2. Nichtigkeit nationalsozialistischer Gesetze

### 2.2.1. Die Entscheidung des Amtsgerichts Wiesbaden

In seinem Urteil vom 13.11.1945 hat das Amtsgericht Wiesbaden folgende Überlegungen angestellt: *„Nach naturrechtlicher Lehre gibt es Rechte des Menschen, die auch der Staat durch seine Gesetzgebung nicht aufheben kann. Es sind dies Rechte, die mit der Natur und dem Wesen des Menschen so im Innersten verbunden sind, dass mit ihrer Aufhebung die geistig sittliche Natur des Menschen zerstört würde. Zu diesen Rechten gehört das Recht des Menschen auf persönliches Eigentum. Der Staat kann zwar Teile des Privateigentums für Zwecke der Gemeinschaft in Anspruch nehmen […], aber niemals das Privateigentum von Menschen oder bestimmten Gruppen von Menschen, die sich nichts haben zu Schulden kommen lassen, überhaupt aufheben. Die Gesetze, die das Eigentum der Juden dem Staat für verfallen erklärten, stehen daher mit dem Naturrecht in Widerspruch und waren schon zur Zeit ihres Erlasses nichtig".*[523]

### 2.2.2. Die Radbruchsche Formel

Diese Entscheidung des Amtsgerichts Wiesbaden trug seiner eigenen Erklärung nach dazu bei, dass sich *Radbruch* mit dem Geltungsanspruch des dem positivistischen Rechtsdenken entspringenden Grundsatzes „Gesetz ist Gesetz" auseinander gesetzt hat.[524]

---

[521] Vgl. *Etzel*, Die Aufhebung von nationalsozialistischen Gesetzen durch den Alliierten Kontrollrat, S. 50 f., der dies anhand der Entstehungsgeschichte des KRG Nr. 1 darlegt. A. A. *Laage*, KJ 1989, S. 416.

[522] Vgl. AG Wiesbaden v. 13.11.1945, SJZ 1946, S. 36.

[523] AG Wiesbaden, SJZ 1946, S. 36. Mit dieser Begründung kam das Gericht zu dem Ergebnis, dass der seinerzeit veräußernde Staat den Beklagten mangels der Berechtigung, über jüdisches Eigentum zu verfügen, kein Eigentum verschaffen konnte, und gab der Klage einer jüdischen Erbin statt, die von den Beklagten die Herausgabe von Mobiliar verlangte, das zum Vermögen ihrer Eltern gehörte, das nach deren Deportation im Jahr 1942 eingezogen und anschließend veräußert worden ist.

[524] *Radbruch*, SJZ 1946, S. 105.

Seine Überlegungen führten *Radbruch* zu der Erkenntnis, dass dem positiven Recht nur dann Geltung zukommt, wenn es dem übergesetzlichen Recht entspricht[525]: *„Der Konflikt zwischen der Gerechtigkeit und der Rechtssicherheit dürfte dahin zu lösen sein, dass das positive, durch Satzung und Macht gesicherte Recht auch dann den Vorrang hat, wenn es inhaltlich ungerecht und unzweckmäßig ist, es sei denn, dass der Widerspruch des positiven Gesetzes zur Gerechtigkeit ein so unerträgliches Maß erreicht, dass das Gesetz als ‚unrichtiges Recht' der Gerechtigkeit zu weichen hat."*[526] Diese sogenannte „Unerträglichkeitsthese" ergänzt *Radbruch* durch die sogenannte „Verleugnungsthese", eine Formel zur Abgrenzung von Recht und „Nichtrecht"[527]: *„Wo Gerechtigkeit nicht einmal erstrebt wird, wo die Gleichheit, die den Kern der Gerechtigkeit ausmacht, bei Setzung positiven Rechts bewusst verleugnet wurde, da ist das Gesetz nicht etwa nur ‚unrichtiges Recht', vielmehr entbehrt es überhaupt der Rechtsnatur."*[528] Da Hitler jeder Wahrheitssinn und Rechtssinn gefehlt hätte, war, so *Radbruch*, von vornherein ausgesprochen, dass nationalsozialistisches „Recht" sich der wesensbestimmenden Anforderung der Gerechtigkeit, der gleichen Behandlung des Gleichen, zu entziehen gewillt war. Infolgedessen entbehre es insoweit überhaupt der Rechtsnatur, ist nicht etwa unrichtiges Recht, sondern überhaupt kein Recht. Dies gelte insbesondere für alle jenen Gesetze, *„die Menschen als Untermenschen behandelten und ihnen die Menschenrechte versagten"*.[529]

### 2.2.3. Die Umsetzung der Radbruchschen Formel in der Rechtsprechung

Da von den Alliierten nur einige der nationalsozialistischen Gesetze und nur mit Wirkung ex nunc aufgehoben worden waren, stellte sich seinerzeit die Frage, ob die deutschen Gerichte die Radbruchsche Formel umsetzen und weiteren Gesetzen ihre Anwendbarkeit und zwar auch für die Vergangenheit absprechen durften.

Im Schrifttum der Nachkriegszeit wurde diese Frage unterschiedlich beantwortet. Nach der einen Ansicht sollte nicht jeder einzelne Richter auf eigene Faust Gesetze verwerfen dürfen. Diese Aufgabe sollte vielmehr einem höheren Gericht oder der Gesetzgebung vorbehalten bleiben.[530] Überzeugender, weil die tatsäch-

---

[525] Ähnlich *Roemer*, SJZ 1946, S. 9; *ders.*, SJZ 1947, Sp. 266, der erklärt hat, dass einem Gesetz seine Geltung dort verweigert werden müsse, wo es *„gegen fundamentale, auch heute noch allgemein anerkannte Grundsätze der Moral verstieß und ein Abgrund zwischen beiden offenbar wurde"*.

[526] *Radbruch*, SJZ 1946, S. 107.

[527] Vgl. *Laage*, KJ 1989, S. 410 f.

[528] *Radbruch*, SJZ 1946, S. 107.

[529] *Radbruch*, SJZ 1946, S. 107.

[530] *Kleine*, SJZ 1946, S. 36 (Anmerkung zum Urteil des AG Wiesbaden); *Radbruch*, SJZ 1946, S. 107.

lichen Gegebenheiten berücksichtigend, ist jedoch die andere Ansicht, wonach das Prüfungsrecht aller Gerichte hinsichtlich der formell bestehen gebliebenen nationalsozialistischen Gesetze und Verordnungen solange und soweit anzuerkennen sei, als nicht eine Prüfung eines einzelnen dieser Gesetze durch den neuen Gesetzgeber ausdrücklich erfolgt oder das Prüfungsrecht einem bestimmten höheren Gericht übertragen ist.[531]

Das Prüfungsrecht der Gerichte wurde auch von diesen selbst befürwortet. Neben dem Amtsgericht Wiesbaden fand das Kammergericht Berlin klare Worte zur Nichtigkeit nationalsozialistischer Gesetze und zum Prüfungsrecht der Gerichte. Seiner Meinung nach ist die Einsatzverordnung als unwirksam anzusehen, *„weil sie ihrem Inhalt nach den allgemein anerkannten Grundsätzen jeglichen Rechts widerspricht und daher als so unsittlich zu betrachten ist, dass ihr Verbindlichkeit nicht zukommen kann."* Das Gericht hält *„die deutschen Gerichte selbst für berechtigt und verpflichtet, die nationalsozialistische Gesetzgebung von dem dargelegten Gesichtspunkt aus einer Nachprüfung zu unterziehen, gleichgültig, ob das einzelne infrage kommende Gesetz von dem alliierten Kontrollrat oder einer der alliierten Militärregierungen aufgehoben worden ist."*[532]

Obwohl dieser hierzu nicht ausdrücklich Stellung genommen hat, kann angenommen werden, dass auch der BGH das Prüfungsrecht der Gerichte bejaht. Denn er hat in mehreren Entscheidungen seine Auffassung kundgetan, dass die deutsche Rechtsprechung davon auszugehen habe, dass die nationalsozialistischen Gesetze, welche die Juden diskriminieren, niemals Recht, sondern von Anfang an Unrecht gewesen seien.[533] So hat etwa der Große Senat die Vorschrift des § 3 der 11. VO zum Reichsbürgergesetz wie folgt bewertet: *„Diese Bestimmung, die letztlich darauf abzielte, solche Verfolgten, die unter dem Druck rechtswidriger Verfolgungsmaßnahmen ihre Heimat verlassen hatten, auch noch ihres Vermögens zu berauben, verstieß in gröbster Weise gegen den übergesetzlichen Gleichheitssatz wie auch gegen den durch Art. 153 WeimVerf. gewährleisteten Eigentumsschutz und gegen die übergesetzliche Eigentumsgarantie. Die Verletzung des Gleichheitssatzes, der geradezu das Fundament einer jeden Rechtsordnung darstellt und wegen seines übergesetzlichen Ranges auch für den Verfassungsgeber schlechthin undurchbrechbar ist, ergibt sich eindeutig daraus, dass der Vermögensverfall […] nur über eine allein nach rassischen Gesichtspunkten abgegrenzte Personengruppe verhängt wurde."* Hiernach sei davon auszugehen, *„das § 3 der 11. DVO z. RBürgerG wegen seines den Grunderfordernissen jeder rechtsstaatlichen*

---

[531] *Roemer*, SJZ 1947, Sp. 266.

[532] KG Berlin, SJZ 1947, Sp. 257 ff. [262].

[533] So etwa BGH, NJW 1953, S. 544 (siehe oben S. 89 f.); BGH, NJW 1953, S. 1910; BGH NJW 1955, S. 905 (siehe oben S. 92).

*Ordnung widersprechenden Unrechtsgehalts als von vornherein nichtig anzusehen ist.“*[534]

Auch das Bundesverfassungsgericht hat sich schon in seinen ersten Entscheidungen mit der Frage der Geltung nationalsozialistischer Gesetze auseinandergesetzt und in Anlehnung an die Gedanken Radbruchs folgende Formel entwickelt[535]: *„Recht und Gerechtigkeit stehen nicht zur Disposition des Gesetzgebers. Die Vorstellung, dass ein Verfassungsgeber alles nach seinem Willen ordnen kann, würde einen Rückfall in die Geisteshaltung eines wertungsfreien Gesetzespositivismus bedeuten, wie sie in der juristischen Wissenschaft und Praxis seit längerem überwunden ist. Gerade die Zeit des nationalsozialistischen Regimes hat gelehrt, dass auch der Gesetzgeber Unrecht setzen kann. ... Daher hat das Bundesverfassungsgericht die Möglichkeit bejaht, nationalsozialistischen ‚Rechts‘-Vorschriften die Geltung als Recht abzuerkennen, weil sie fundamentalen Prinzipien der Gerechtigkeit so evident widersprechen, dass der Richter, der sie anwenden oder ihre Rechtsfolgen anerkennen wollte, Unrecht statt Recht sprechen würde.“*[536] Nach der Ansicht des Bundesverfassungsgerichts hat der Versuch, nach „rassischen“ Kriterien bestimmte Teile der eigenen Bevölkerung physisch und materiell zu vernichten, mit Recht und Gerechtigkeit nichts gemein, so dass namentlich die 11. VO zum Reichsbürgergesetz gegen diese fundamentalen Prinzipien verstößt. In ihr habe der Widerspruch zur Gerechtigkeit ein so unerträgliches Maß erreicht, dass sie als von Anfang an nichtig erachtet werden muss.[537]

Damit bleibt im Ergebnis festzuhalten, dass alle die Juden wegen ihrer Rasse benachteiligenden nationalsozialistischen Gesetze wegen ihres unerträglichen Widerspruchs zur Gerechtigkeit bereits von Anfang an nichtig waren und somit keinerlei Rechtswirkungen entfalten konnten. Nichtig und ohne rechtliche Wirkung waren demnach auch alle die Entziehung jüdischen Vermögens betreffenden Gesetze und Verordnungen, also insbesondere die Einsatzverordnung, das „Gesetz über die Einziehung volks- und staatsfeindlichen Vermögens“, das „Gesetz über den Widerruf von Einbürgerungen und die Aberkennung der deutschen Staatsangehörigkeit“ und die 11. VO zum Reichsbürgergesetz.

---

[534] BGH, NJW 1955, S. 905.

[535] So etwa BVerfG v. 17.12.1953, BVerfGE 3, 58 [119]; BVerfG v. 18.12.1953, BVerfGE 3, 225 [232]; BVerfG v. 19.2.1957, BVerfGE 6, 132 [198]; BVerfG v. 14.2.1968, BVerfGE 23, 98 [106].

[536] BVerfGE 23, 98 [106].

[537] BVerfGE 23, 98 [106].

## 2.3. Bedeutung der Nichtigkeit des jeweiligen Gesetzes für die Wirksamkeit der darauf gestützten Entziehung

Die Annahme der Nichtigkeit der nationalsozialistischen Gesetze mit Wirkung ex tunc wirft die Frage auf, ob damit auch die darauf gestützten Entziehungen ohne rechtliche Wirkungen geblieben sind. Diese Frage wurde in der Rechtsprechung der Nachkriegsjahre unterschiedlich beantwortet.

In den frühen Nachkriegsjahren wurde sie mehrheitlich bejaht. So etwa vom Amtsgericht Wiesbaden, das, nachdem es die Nichtigkeit der Gesetze begründet hatte, dargelegt hat, dass die Finanzämter, die dem Reich verfallenes Vermögen veräußerten, *„trotz des Bestehens dieser Gesetze nicht befugt [waren], über jüdisches Vermögen zu verfügen.“* Sie seien vielmehr wie ein Nichteigentümer zu behandeln, der ohne Zustimmung des Eigentümers über dessen Eigentum verfügt.[538] Diese Ausführungen machen deutlich, dass das Gericht davon ausgeht, dass der Vermögensverfall nichtig war und somit keinen Übergang des Eigentums an den verfallenen Vermögensgegenständen auf das Deutsche Reich bewirkt hat. Diese Auffassung wurde offenbar vom Landgericht Berlin geteilt, das ausgeführt hat, dass die Inbesitznahme jüdischen Eigentums durch das Naziregime unter Verletzung aller Rechtsgrundsätze erfolgt sei, so dass die damaligen Behörden keine Verfügungsberechtigung über dieses jüdische Eigentum erhalten hätten.[539]

Seit dem Jahr 1948 befand sich allerdings die Auffassung im Vordringen, dass aus der anfänglichen Nichtigkeit nationalsozialistischer Gesetze nicht gefolgert werden könne, dass auch die darauf gestützten Maßnahmen nichtig und somit rechtlich unbeachtlich seien.[540] Beispielhaft sind insoweit die bereits besprochenen Entscheidungen des II. und IV. Zivilsenats des BGH aus dem Jahr 1953, in denen diese mit eben dieser Begründung zu dem Ergebnis gekommen sind, dass der Entzieher, sei es das Deutsche Reich, sei es eine Privatperson, das Eigentum an dem einem Juden entzogenen Vermögensgegenstand erwerben konnte.[541]

Letztlich konnte sich diese Auffassung aber nicht durchsetzen. Das zeigt der bereits dargestellte Beschluss des Großen Senats für Zivilsachen des BGH vom 28.2.1955, in dem dieser nicht nur die Nichtigkeit der 11. VO zum Reichsbürgergesetz für die Vergangenheit bejaht, sondern auch klargestellt hat, dass der unwirksame Vermögensverfall dem Deutschen Reich kein Eigentum verschafft,

---

[538] AG Wiesbaden, SJZ 1946, S. 36.

[539] LG Berlin v. 12.8.1947, JR 1948, S. 52.

[540] Vgl. *Laage*, KJ 1989, S. 416 ff., die den Grund hierfür in der Übernahme von NS-Juristen in den Justizapparat der Bundesrepublik Deutschland sieht. Von dieser Justiz sei die Aufhebung weiterer nationalsozialistischer Gesetze nicht zu erwarten gewesen, da dies immer das Verdikt implizierte, damals selbst Unrechts-Gesetze angewandt zu haben.

[541] BGH, NJW 1953, S. 544; BGH, NJW 1953, S. 1910 (siehe oben S. 89 ff.).

sondern vielmehr das Eigentum des betroffenen jüdischen Rechtsinhabers unberührt gelassen hat.[542]

Auch das Bundesverfassungsgericht hat seiner Feststellung, dass die 11. VO zum Reichsbürgergesetz von Anfang an nichtig war, die Erklärung folgen lassen, dass die Verfolgten, die ihren gewöhnlichen Aufenthalt im Ausland genommen hatten, durch die Ausbürgerung *„niemals ihre deutsche Staatsangehörigkeit verloren"* haben.[543] Diese Schlussfolgerung ist aber nur möglich, wenn die Nichtigkeit der Verordnung automatisch die Nichtigkeit der Verlustigerklärung nach sich zieht. Da kein sachlich einleuchtender Grund dafür besteht, den Verlust der Staatsangehörigkeit und den daran geknüpften Verfall des Vermögens der Verfolgten an das Deutsche Reich unterschiedlich zu bewerten, kann davon ausgegangen werden, dass das Bundesverfassungsgericht auch den Vermögensverfall nach § 3 der 11. VO zum Reichsbürgergesetz als nichtig angesehen hätte.

Als nichtig muss aber nicht nur ein unmittelbar durch den § 3 der 11. VO zum Reichsbürgergesetz bewirkter Vermögensverfall angesehen werden, sondern gleichfalls ein aufgrund des „Gesetzes über die Einziehung volks- und staatsfeindlichen Vermögens" oder des „Gesetzes über den Widerruf von Einbürgerungen und die Aberkennung der deutschen Staatsangehörigkeit" angeordneter Vermögensverfall sowie ein aufgrund § 4 Abs. 1 Nr. 2 bis 4 der 5. DVO zur Einsatzverordnung angeordneter Zwangsverkauf. Diese Auffassung hat bereits der VII. Zivilsenat des BGH vertreten und erklärt, dass die Aberkennung der Staatsangehörigkeit nach § 2 des Gesetzes über den Widerruf von Einbürgerungen und die Aberkennung der deutschen Staatsangehörigkeit und die damit verbundene Enteignung nichtig waren und Rechtswirkungen nie haben entfalten können. Die Erörterungen des Großen Senats in seinem Beschluss vom 28.2.1955 würden *„auch für die unter Berufung auf § 2 des Gesetzes über den Widerruf von Einbürgerungen usw. vom 14. Juli 1933 angeordneten Verfallerklärungen [gelten], soweit es sich, wie hier, um nichts anderes als rassische Verfolgungsmaßnahmen handelte"*.[544]

Diese Gleichbehandlung der Entziehungen unmittelbar durch und aufgrund eines nichtigen Gesetzes im Hinblick auf ihre Rechtswirksamkeit ist wegen ihres

---

542 BGH, NJW 1955, 905 ff. (siehe oben S. 93).

543 BVerfGE 23, 98 [108]. Wie das BVerfG erläutert, spricht dagegen auch nicht die Regelung des Art. 116 Abs. 2 Satz 1 GG, wonach frühere deutsche Staatsangehörige, denen zwischen dem 30. Januar 1933 und dem 8. Mai 1945 die Staatsangehörigkeit aus politischen, rassischen oder religiösen Gründen entzogen worden ist, und ihre Abkömmlinge auf Antrag wieder einzubürgern sind. Vielmehr sei auch der Verfassungsgeber davon ausgegangen, dass die 11. VO zum Reichsbürgergesetz von Anfang an nichtig und die darauf gestützten Ausbürgerungen unwirksam waren. Er habe allerdings die Möglichkeit einer automatischen Wiedereinbürgerung deshalb verworfen, weil der Wille der Verfolgten, die keinen Wert auf ihre deutsche Staatsangehörigkeit legten, respektiert werden sollte. Dem trägt die Vorschrift des § 116 Abs. 2 GG Rechnung.

544 BGH v. 25.11.1957, BGHZ 26, 91 [93].

gemeinsamen Zwecks, die jüdische Bevölkerung auszurauben und zu vernichten, geboten. Der Unterschied in der Art und Weise des Vorgehens, der allein der Stabilität der nationalsozialistischen Herrschaft geschuldet war, wirkt insoweit äußerst gering.[545]

Will man dem übergesetzlichen Recht Geltung verschaffen und den jüdischen Verfolgten Gerechtigkeit zuteil werden lassen, so kann man nicht nur die Gesetze, welche die Entziehung jüdischen Vermögens regelten, sondern muss auch die Entziehungen selbst als nichtig ansehen. Denn die Nichtigkeit allein der Gesetze zeitigt noch keine Folgen im Hinblick auf den mit der Entziehung bezweckten Übergang des Eigentums an dem entzogenen Vermögensgegenstand auf das Deutsche Reich und kann somit das in der Entziehung liegende Unrecht nicht wiedergutmachen. Erst die Nichtigkeit auch der Entziehung bewirkt, dass der Eigentumsübergang nicht wirksam erfolgt ist, so dass der betreffende Verfolgte das Eigentum an dem entzogenen Gegenstand nicht verloren hat.

Als Ergebnis ist also festzuhalten, dass auch die auf die genannten Gesetze und Verordnungen gestützten Entziehungen nichtig sind, mit der Folge, dass sie keinen Übergang des Eigentums an den entzogenen Kunstwerken auf das Deutsche Reich bewirken konnten. Damit haben die betreffenden jüdischen Eigentümer ihr Eigentum nicht durch die Entziehung durch staatlichen Hoheitsakt verloren.[546]

## B. Eigentumsverlust durch Entziehung im besetzten Frankreich

Die Entziehung jüdischen Kunstbesitzes im während des Zweiten Weltkriegs besetzten Frankreich erfolgte in erster Linie durch Beschlagnahmen der Deutschen Botschaft, des Devisenschutzkommandos und insbesondere des ERR.

---

545 Gegen die Ansicht, dass die aufgrund eines nichtigen Gesetzes angeordneten Entziehungen ebenfalls nichtig sind, spricht insbesondere nicht die Vorschrift des § 79 Abs. 2 BVerfGG, wonach nicht mehr anfechtbare Entscheidungen, die auf einer gemäß § 78 BVerfGG für nichtig erklärten Norm beruhen, unberührt bleiben. Insoweit kann auf die Ausführungen von *Kunze*, „Entarteter Kunst", S. 88, verwiesen werden, der dargelegt hat, dass diese Bestimmung zum einen auf das Normenkontrollverfahren beschränkt und nur begrenzt analogiefähig ist und zum anderen die Argumente, die für eine Bestandskraft sprechen, für die Fälle der Einziehung „entarteter Kunst" nicht greifen. Seine Ausführungen diesbezüglich lassen sich auf die Fälle der Entziehung jüdischen Vermögens übertragen. Auch hier hatten die Betroffenen seinerzeit gar nicht die Möglichkeit, gegen die Entziehungsanordnungen gerichtlich vorzugehen. Sie im Interesse des Rechtsfriedens und der Rechtssicherheit auf die gesetzlich vorgesehenen Rechtsmittel zu verweisen, ist daher nicht zumutbar.

546 So im Ergebnis auch *Müller-Katzenburg*, NJW 1999, S. 2552 f.; *Heuer*, NJW 1999, S. 2561; *Kunze*, Restitution „Entarteter Kunst", S. 89 für die Einziehung der bereits beschlagnahmten Werke „entarteter Kunst" durch das Einziehungsgesetz; *Hartung*, Kunstraub in Krieg und Verfolgung, S. 141.

Demgegenüber spielte die Entziehung durch Rechtsgeschäft des jüdischen Sammlers eine eher untergeordnete Rolle. Dem wird an dieser Stelle dadurch Rechnung getragen, dass zunächst die Frage des Eigentumsverlusts durch Beschlagnahme erörtert wird, bevor sodann untersucht wird, ob ein jüdischer Sammler das Eigentum an einem von ihm veräußerten Kunstwerk in Erfüllung dieses Rechtsgeschäfts verloren hat.

## 1. Eigentumsverlust durch Beschlagnahme

Bei den Beschlagnahmen der verschiedenen deutschen Dienststellen im besetzten Frankreich stellt sich die Frage, ob sie das damals anerkannte Völkerrecht verletzt haben und aus diesem Grunde nichtig waren, so dass das Deutsche Reich daraus keine Eigentumsrechte herleiten konnte. Als Beurteilungsmaßstab kommen dabei insbesondere die Bestimmungen der Art. 42 bis 56 der Haager Landkriegsordnung (HLKO) in Betracht, in denen das Recht der kriegerischen Besetzung geregelt ist.[547] Die HLKO ist als Anlage dem Haager „Abkommen, betreffend die Gesetze und Gebräuche des Landkriegs" vom 18. Oktober 1907 beigefügt, das auch vom Deutschen Reich unterzeichnet und ratifiziert worden ist.[548]

### 1.1. Geltung der HLKO für die Beschlagnahmen

#### 1.1.1. Geltung der HLKO für das Deutsche Reich

Nach der sogenannten „Allbeteiligungsklausel" des Art. 2 des Haager Abkommens von 1907 finden die Bestimmungen der HLKO nur zwischen den Vertragsmächten und nur dann Anwendung, wenn alle an einem Krieg beteiligten Mächte das Abkommen ratifiziert haben. Da dies im Zweiten Weltkrieg nicht der Fall war, war das Deutsche Reich nicht vertragsrechtlich an die Bestimmungen der HLKO gebunden.[549]

---

547 Diese Bestimmungen der HLKO werden nunmehr, wie dessen Art. 154 ausdrücklich vermerkt, durch das „IV. Genfer Abkommen zum Schutze von Zivilpersonen in Kriegszeiten" vom 12. August 1949 (BGBl. II 1954, S. 917; 1956, S. 1586) ergänzt. Da dieses in dem hier maßgeblichen Zeitraum jedoch noch nicht in Kraft war und somit nicht unmittelbarer Prüfungsmaßstab sein kann, wird auf eine eingehendere Darstellung verzichtet.

548 RGBl. I 1910, S. 107. Im folgenden „Haager Abkommen von 1907" genannt.
Vgl. *Laun*, Die Haager Landkriegsordnung, S. 7; *Buhse*, Der Schutz von Kulturgut im Krieg, S. 4, Fn. 18; *Engstler*, Die territoriale Bindung, S. 206, Fn. 661. Bei Letzterem findet sich eine Aufzählung derjenigen Staaten, die das Haager Abkommen von 1907 ratifiziert haben.

549 Vgl. OGH BrZ v. 13.10.1949, OGHZ 2, 360 [364].
Nicht ratifiziert worden war das Haager Abkommen von 1907 etwa von Italien. Auch die Sowjetunion war nicht vertragsrechtlich an die HLKO gebunden. Zwar war das Haager Abkommen von 1907 von Russland ratifiziert worden, jedoch wollte die Sowjetunion nicht mit dem zaristischen Russland identisch und an dessen Rechtsakte gebunden sein. So musste die formelle Bindung der Sowjetunion an die HLKO ausdrücklich bestätigt werden, was erst im

Es war allerdings schon zur Zeit ihrer Entstehung und auch zur Zeit des Zweiten Weltkriegs anerkannt, dass die HLKO nicht neues Völkerrecht schafft, sondern lediglich bestehendes Völkerrecht festschreibt.[550] Da dieses niemals allgemein aufgehoben worden ist, war und ist jeder Staat, selbst wenn er das Haager Abkommen von 1907 nicht ratifiziert hat oder wenn die Voraussetzungen der Allbeteiligungsklausel nicht erfüllt sind, an ein der HLKO entsprechendes Recht gebunden.[551]

Folglich galten die Bestimmungen der HLKO als allgemeines Völkergewohnheitsrecht auch während des Zweiten Weltkriegs und waren als solches für das Deutsche Reich bindend.[552]

### 1.1.2. Geltung der HLKO für die beschlagnahmenden deutschen Dienststellen

Die Geltung der HLKO für die Deutsche Botschaft und den ERR ist deshalb fraglich, weil es sich bei diesen Dienststellen, anders als bei dem Devisenschutzkommando, nicht um Militärbehörden, sondern um Zivilbehörden handelte.[553]

Selbst wenn dies nicht ausdrücklich geregelt ist, ist davon auszugehen, dass die HLKO in erster Linie für das Heer einer kriegsführenden Macht gilt. Dies ergibt sich zum einen aus der Bestimmung des Art. 1 des Haager Abkommens von 1907, in dem sich die Vertragsmächte verpflichten, ihren „Landheeren" Verhaltensmaßregeln zu geben, welche der dem Abkommen beigefügten Ordnung entsprechen. Dafür spricht weiterhin die Regelung des Art. 1 Abs. 1 HLKO, wonach die Gesetze, die Rechte und die Pflichten des Krieges „nicht nur für das Heer", sondern unter bestimmten Voraussetzungen „auch" für die Milizen und Freiwilligenkorps gelten.

Aus diesen Regelungen, insbesondere aus der des Art. 1 Abs. 1 HLKO, folgt aber nicht, dass die Bestimmungen der HLKO ausschließlich für das Heer sowie die

---

Jahr 1955 erfolgt ist (vgl. *Berzl*, Völkerrechtliche Beurteilung der Bodenkonfiskationen, S. 35 f.; Gutachten, BB 1947, S. 160, Fn. 13).

550 Vgl. *Laun*, Die Haager Landkriegsordnung, S. 16 ff.; *Fiedler* in: FS für Doehring, S. 207 f.; OGHZ 2, 360 [364].

551 *Laun*, Die Haager Landkriegsordnung, S. 20; *Schweisfurth*, SBZ-Konfiskationen, S. 20 ff. m. w. Nachw.

552 *Berber*, Lehrbuch des Völkerrechts II, § 25 I, S. 124; Gutachten, BB 1947, S. 160; OGHZ 2, 360 [364]; so wohl auch *Walter*, Rückführung von Kulturgut im internationalen Recht, S. 80; *von Schorlemer*, Internationaler Kulturgüterschutz, S. 275.
Für die Anwendbarkeit der HLKO im Zweiten Weltkrieg sprechen sich auch *Strebel*, ZaöRV 1955/56, S. 44; *Buhse*, Der Schutz von Kulturgut im Krieg, S. 35 und *Fiedler* in: Frehner, S. 88 aus, allerdings ohne auf die Allbeteiligungsklausel einzugehen.

553 Vgl. Der Prozess, Band VII Verhandlungsniederschriften 5. Februar 1946 bis 19. Februar 1946, S. 65.

Milizen und Freiwilligenkorps gelten. Es besteht nämlich kein Grund zu der Annahme, dass die in Art. 1 Abs. 1 HLKO enthaltene Aufzählung der Stellen, die neben dem Heer an die Bestimmungen dieser Ordnung gebunden sind, für die gesamte HLKO abschließend ist. Aus seiner systematischen Stellung im ersten Abschnitt „Kriegsführende“ folgt vielmehr, dass Art. 1 Abs. 1 HLKO, der diesen Begriff definiert, nur insoweit eine abschließende Regelung enthält.

Die Adressaten der das Recht der kriegerischen Besetzung regelnden Bestimmungen der Art. 42 bis 56 im dritten Abschnitt der HLKO sind daher gesondert zu bestimmen. Anzusetzen ist dabei am Wortlaut der einzelnen Bestimmungen. Die Vorschriften, in denen ein Normadressat überhaupt benannt und nicht nur ganz allgemein von „l'occupant“ (dem Besetzenden, Art. 48 HLKO) die Rede ist, sprechen entweder von „l'armée qui occupe un territoire“ (dem ein Gebiet besetzenden Heer, Art. 53 Abs. 1 HLKO) oder von „l'état occupant“ (dem besetzenden Staat, Art. 55 HLKO). Ihr Wortlaut lässt also sowohl die Annahme zu, dass die Vorschriften ausschließlich für das besetzende Heer gelten, als auch die, dass sie ebenfalls auf das Handeln aller anderen, im besetzten Gebiet tätigen staatlichen Stellen Anwendung finden, gleichgültig, ob es sich dabei um militärische oder zivile Dienststellen handelt.

Den Vorzug verdient diejenige Annahme, die dem Ziel und Zweck der Art. 42 bis 56 HLKO, die Bevölkerung des besetzten Gebietes vor Übergriffen der Besetzungsmacht zu schützen, am besten gerecht wird. Dieser Zweck ließe sich aber gerade dann nicht erreichen, wenn der besetzende Staat Handlungen, die seinem Heer verboten sind, in erlaubter Weise von seinen Zivilbehörden vornehmen lassen könnte. Damit verlangen Ziel und Zweck der Art. 42 bis 56 HLKO, dass sie nicht allein für das Heer und die Militärbehörden des besetzenden Staates gelten, sondern auch für seine zivilen Behörden.

Diese Auslegung entspricht auch der späteren Übung bei der Anwendung der Bestimmungen. In diesem Zusammenhang ist insbesondere die Londoner Erklärung vom 5. Januar 1943 von Bedeutung. Mit ihren Regelungen zum Schutz des Eigentums an Gegenständen, die während des Zweiten Weltkriegs durch Gewalt oder Zwang aus einem von Deutschland oder seinen Verbündeten besetzten Gebiet entfernt worden sind, konkretisiert sie die Bestimmung des Art. 46 Abs. 2 HLKO zum Schutz des Privateigentums in einem besetzten Gebiet.[554] In der

---

[554] So wohl bereits der OGH BrZ, der in seinem Urteil vom 13.10.1949 ausgeführt hat, dass die Londoner Erklärung keine Änderung des bestehenden Völkerrechts beabsichtige, sondern *„bestätigt, was ohnehin … Vorschrift der Haager Landkriegsordnung ist“* (OGHZ 2, 360 [366]). Ähnlich hat sich *Arndt*, SJZ 1948, Sp. 324 geäußert, demzufolge die Londoner Erklärung das Völkerrecht einseitig weder abändern konnte noch wollte, sondern eine neue Auslegung des völkerrechtlichen Begriffs des „Zwangs“ bezweckte.
*Fiedler* in: Basedow, S. 207 hat die Ansicht vertreten, dass für die Frage, welche Handlungen im Hinblick auf die handelnden Personen und die Art und Weise des Handelns die Vor-

Londoner Erklärung warnten die alliierten Mächte die in Frage kommenden Personen, dass sie mit allen Mitteln danach streben werden, die Enteignungsmethoden zu vereiteln, die *„von den Regierungen, mit denen sie in Feindseligkeiten begriffen sind, den schimpflich angegriffenen und beraubten Nationen und Völkern gegenüber gebraucht werden."* Damit reagierten sie auf die ihnen bekannt gewordenen Beschlagnahmen jüdischen Eigentums, insbesondere Kunstbesitzes, in den von Deutschland besetzten Gebieten. Auch wenn ihnen das Neben- und Nacheinander der verschiedenen deutschen Dienststellen nicht im Detail bekannt gewesen sein dürfte, werden sie doch zumindest gewusst haben, dass die Militärverwaltung nicht oder jedenfalls nicht allein verantwortlich war, sondern auch andere, nämlich zivile Dienststellen Beschlagnahmen durchgeführt haben.[555] Es kann deshalb davon ausgegangen werden, dass die Alliierten in ihrer Erklärung ganz bewusst die Formulierung „methods of dispossession by the governments" verwendet haben, um sämtliche Handlungen des Deutschen Reichs zu erfassen, die zu einer entschädigungslosen Enteignung führen sollten, gleichgültig, ob sie von einer militärischen oder zivilen Dienststelle vorgenommen worden sind.[556] Da die Erklärung das bestehende Völkerrecht nicht abändern konnte und wollte, kann weiter davon ausgegangen werden, dass ihr die Auffassung zugrunde liegt, dass die Bestimmungen der Art. 42 bis 56 HLKO nicht nur für das Heer, sondern auch für alle anderen, in einem besetzten Gebiet agierenden militärischen und zivilen Dienststellen des besetzenden Staates gelten.

Noch deutlicher wird dies, betrachtet man die Regelung des Title 19 Par. b der Military Government Regulations, welche die in der Londoner Erklärung enthal-

---

schrift des Art. 46 HLKO verletzen, in der Londoner Erklärung „bedenkenswerte Ansätze für dessen Neu-Auslegung" lägen.

In der deutschen Literatur der Nachkriegszeit wurde die Londoner Erklärung zunächst nur unter dem Gesichtspunkt ihrer Tauglichkeit als Restitutionstatbestand betrachtet. *Grewe*, Ein Besatzungsstatut für Deutschland, S. 175 wies darauf hin, dass die völkerrechtlichen Wirkungen der Erklärung „noch eingehender Prüfung bedürften", fügte aber an, dass die vorbehaltene Nichtigkeitserklärung nie ausgesprochen worden sei, und zeigt so seine Zweifel an der Bedeutung der Erklärung für die Restitutionen. *Kaufmann*, Deutschlands Rechtslage unter der Besatzung, S. 64, *ders.*, AöR 75 (1949), S. 2 dagegen bezeichnete sie trotzdem als „Ausgangspunkt" der Restitutionen. Auch *Engstler*, Die territoriale Bindung, S. 139 f. nennt sie eine Grundlage der Restitutionen.

Später wurde die Londoner Erklärung, ohne dass dies näher begründet wurde, als während des Zweiten Weltkriegs geltendes Völkerrecht angesehen, das die Verschleppung und den Erwerb aus besetzten Gebieten verschleppten Gutes jeder Art verbietet (*Strebel*, ZaöRV 1955/56, S. 44; *von Schorlemer*, Internationaler Kulturgüterschutz, S. 273).

555 Zwar mag im Ausland zunächst der Eindruck entstanden sein, dass für die Beschlagnahmen die Militärverwaltung verantwortlich ist (*Kurz*, Kunstraub in Europa, S. 143). Jedoch wird dieser Eindruck nicht zuletzt durch deren öffentliche Bekundungen, dass dem nicht so sei (*Günther-Hornig*, Kunstschutz, S. 39), zumindest insoweit revidiert worden sein, als später angenommen wurde, dass für die Beschlagnahmen die Militärverwaltung nicht allein verantwortlich ist.

556 Zitiert nach dem Originaltext bei: *Fiedler* in: Basedow, S. 198.

tene Warnung realisiert. Danach ist ein Gegenstand zu restituieren, wenn er mit Gewalt, nämlich durch Plünderung, Diebstahl, Raub oder eine andere Form der Enteignung, gleichgültig, *„ob sie auf Befehl von deutschen Behörden oder Beamten der Militär- oder Zivilverwaltung, oder auch ohne dass ein Befehl vorlag, oder von Individuen ausgeführt worden sind"*, aus einem besetzten Gebiet entfernt worden ist.[557]

Dafür, dass der Londoner Erklärung die Auffassung zugrunde liegt, dass die Bestimmungen der Art. 42 bis 56 HLKO nicht nur für das Heer und die Militärbehörden des besetzenden Staates, sondern auch für seine zivilen Behörden gelten, spricht ferner die Regelung des Art. 1 des schweizerischen Raubgutbeschlusses, der auf Druck der Alliierten verabschiedet worden ist.[558] Danach kann *„wer in einem kriegsbesetzten Gebiet in völkerrechtswidriger Weise beraubt oder durch Gewalt, Beschlagnahme, Requisition oder andere ähnliche Handlungen seitens der militärischen oder zivilen Organe oder der bewaffneten Streitkräfte einer Besetzungsmacht um Besitz oder Eigentum von beweglichen Sachen oder Wertpapieren gebracht worden ist, … vom gegenwärtigen gut- oder bösgläubigen Besitzer deren Rückgabe … verlangen."*

Für die Geltung der Art. 42 bis 56 HLKO sowohl für militärische als auch für zivile Behörden des besetzenden Staates spricht des Weiteren die Behandlung der Beschlagnahmen jüdischen Kunstbesitzes durch den ERR durch den Internationalen Militärgerichtshof in Nürnberg. In seinem Urteil vom 1.10.1946 hat der Gerichtshof die Beschlagnahmen als „Plünderung öffentlichen oder privaten Eigentums" qualifiziert, die nach Art. 6 b des Statuts für den Internationalen Militärgerichtshof[559] eine Verletzung „der Kriegsgesetze und -gebräuche" und somit ein Kriegsverbrechen darstellt.[560] Da der Gerichtshof nur das bestehende Völkerrecht anwenden sollte und wollte, ist davon auszugehen, dass Art. 6 b des Statuts keinen neuen Plünderungstatbestand enthält, sondern sich auf die Bestimmungen der HLKO stützt.[561] Wie sich aus der Urteilsbegründung ergibt, ist der Plünderungstatbestand des Art. 6 b des Statuts jedoch nicht identisch mit

---

557 Zitiert nach: *Kaufmann*, AöR 75 (1949), S. 5.

558 „Beschluss betreffend Klagen auf Rückgabe in kriegsbesetzten Gebieten weggenommener Vermögenswerte" vom 10. Dezember 1945. Abgedruckt in: *Siehr* in: UEK, Bd. 19, S. 163. Vgl. hiezu auch *Weiß*, SJZ 1946, S. 266; *Hartung*, Kunstraub in Krieg und Verfolgung, S. 48; *Siehr* in: Renold/Gabus, S. 75 ff.

559 Abgedruckt in: Der Prozess, Band I Einführungsband, S. 10 ff.

560 Der Prozess, a. a. O., S. 268 (allgemeine Urteilsbegründung).
Für das „System organisierter Plünderung öffentlichen und privaten Eigentums in allen überfallenen Ländern Europas" wurde Rosenberg verantwortlich erklärt und als Hauptkriegsverbrecher verurteilt (Der Prozess, a. a. O., S. 332 f.).

561 *Günther-Hornig*, Kunstschutz, S. 123; *Schweisfurth*, SBZ-Konfiskationen, S. 31; *Berzl*, Völkerrechtliche Beurteilung der Bodenkonfiskationen, S. 63.

dem des Art. 47 HLKO.[562] Er stützt sich vielmehr auf die Art. 46, 50, 52 und 56 HLKO und umfasst somit alle Handlungen, die durch diese Bestimmungen verboten sind.[563] Folglich konnte der Gerichtshof die Beschlagnahmen des ERR nur dann als Plünderung nach Art. 6 b des Statuts ansehen, wenn sie zu den Handlungen gehören würden, die durch die Art. 46, 50, 52 und 56 HLKO untersagt sind. Dies wiederum wäre nur dann der Fall, wenn diese Bestimmungen auch auf Handlungen ziviler Dienststellen des besetzenden Staates Anwendung fänden. Davon ist der Gerichtshof offenbar stillschweigend ausgegangen.

Nach alldem steht fest, dass die Bestimmungen der Art. 42 bis 56 HLKO für militärische und zivile Dienststellen des besetzenden Staates gleichermaßen gelten. Somit müssen sich die Beschlagnahmen der Deutschen Botschaft und des ERR ebenso daran messen lassen, wie die des Devisenschutzkommandos.[564]

### 1.2. Beurteilung der Beschlagnahmen am Maßstab des der HLKO entsprechenden Völkergewohnheitsrechts

#### 1.2.1. Die kriegerische Besetzung nach Art. 42 HLKO

Nach Art. 42 HLKO liegt eine kriegerische Besetzung (occupatio bellica) vor, wenn sich das Gebiet eines Staates oder Teile davon während eines Krieges „tatsächlich in der Gewalt des feindlichen Heeres" befinden (Abs. 1). Die Besetzung erstreckt sich nur auf die Gebiete, wo diese Gewalt hergestellt ist und ausgeübt werden kann (Abs. 2). Die kriegerische Besetzung beginnt also mit der Herstellung der tatsächlichen Gewalt und endet dementsprechend mit deren Aufhebung, gleichgültig, ob das feindliche Heer das Gebiet freiwillig räumt oder

---

[562] Nach Art. 47 HLKO ist die Plünderung ausdrücklich untersagt. Der Plünderungsbegriff dieser Vorschrift bezieht sich auf den ganz konkreten Tatbestand der gewaltsamen Wegnahme von Eigentum zum Zwecke der persönlichen Bereicherung des Wegnehmenden. Damit sind Eigentumsdelikte einzelner Soldaten gemeint (*Günther-Hornig*, Kunstschutz, S. 123; *Turner* in: Fiedler, S. 29).
Da sie formell ordnungsgemäß erfolgte und die Mitglieder des ERR sich auch nicht persönlich bereicherten, stellt die Beschlagnahme jüdischen Kunstbesitzes keine Plünderung gemäß Art. 47 HLKO dar (vgl. *Günther-Hornig*, Kunstschutz, S. 123). Auch *Münch* in: FS für Schlochauer, S. 471 stellt in Frage, dass im Fall Menzel v. List die Entziehung eines Gemäldes durch „die Nazis" als Plünderung im Sinne der HLKO qualifiziert worden ist. Seiner Meinung nach umging das Gericht so die Notwendigkeit, sie als Beschlagnahme einer staatlichen Stelle, die sie doch gewiss gewesen sei, auf ihre Rechtmäßigkeit zu überprüfen.

[563] Vgl. *Günther-Hornig*, Kunstschutz, S. 121 f.; *von Schorlemer*, Internationaler Kulturgüterschutz, S. 275.

[564] Davon gehen stillschweigend auch *Günther-Hornig*, Kunstschutz, S. 118 ff.; *Buhse*, Der Schutz von Kulturgut im Krieg, S. 41 f.; *Engstler*, Die territoriale Bindung, S. 134 ff.; *Kurz*, Kunstraub in Europa, S. 134; *von Schorlemer*, Internationaler Kulturgüterschutz, S. 274 f.; *Heuer*, NJW 1999, S. 2562; *Siehr* in: UEK, Band 19, S. 153 f. aus. Ausdrücklich so im Ergebnis auch *Hartung*, Kunstraub in Krieg und Verfolgung, S. 213.

vom Gegner dazu gezwungen wird. Sie endet aber auch dann, wenn der Kriegszustand beendet wird.[565]

Die kriegerische Besetzung ist aber keineswegs nur eine auf einem rein tatsächlichen Vorgang beruhende rein tatsächliche Herrschaft, sondern vielmehr zugleich ein auf dem Völkerrecht beruhendes Rechtsverhältnis.[566] In seinem Rahmen ist die Ausübung der Hoheitsgewalt durch den besetzenden Staat auch und gerade zum Schutz der Einwohner des besetzten Gebietes durch die Regeln des Kriegsvölkerrechts inhaltlich begrenzt.[567] Danach hat der besetzende Staat zwar gewisse Eingriffsrechte, er ist aber zugleich verpflichtet, bestimmte Maßnahmen zu unterlassen.[568]

Zur Zeit der Vornahme der Beschlagnahmen jüdischen Kunstbesitzes durch die verschiedenen deutschen Dienststellen in Paris und Umgebung standen die Stadt und der gesamte nördliche Teil Frankreichs unter deutscher Militärverwaltung und befanden sich somit im Zustand der kriegerischen Besetzung. Demzufolge hat die rechtliche Beurteilung der Beschlagnahmen am Maßstab der Bestimmungen der Art. 42 bis 56 HLKO zu erfolgen.

### 1.2.2. Der Schutz des Privateigentums

Der Schutz des Privateigentums im Landkrieg hatte sich schon im frühen 19. Jahrhundert durchgesetzt und entsprach bereits der allgemeinen Rechtsüberzeugung, als er schließlich durch die Regelung des Art. 46 HLKO abgesichert wurde.[569] Er geht zurück auf den Wandel des Kriegsbegriffs, der sich im 18. Jahrhundert vollzogen hatte. Gestützt auf die aus dem Contrat Social stammenden Ideen Rousseaus wurde der Krieg nicht mehr als Krieg gegen Völker und Personen, sondern als Krieg allein gegen den feindlichen Staat verstanden. Damit wurde das Privateigentum seitdem nicht mehr als erlaubte Kriegsbeute angesehen.[570]

---

[565] *Kunz*, Kriegsrecht und Neutralitätsrecht, S. 90 f.; *Berber*, Lehrbuch des Völkerrechts II, § 25 I, S. 124 f.

[566] *Kunz*, Kriegsrecht und Neutralitätsrecht, S. 90; *Berber*, Lehrbuch des Völkerrechts II, § 25 IV, S. 129; *Schweisfurth*, SBZ-Konfiskationen, S. 18.

[567] Vgl. *Strupp*, Grundzüge des positiven Völkerrechts, S. 245; *Laun*, Die Haager Landkriegsordnung, S. 16; *Berber*, Lehrbuch des Völkerrechts II, § 25 IV, S. 129; *Schweisfurth*, SBZ-Konfiskationen, S. 18.

[568] Vgl. *Wengler*, Völkerrecht II, S. 1415 ff.; *Kunz*, Kriegsrecht und Neutralitätsrecht, S. 92 ff.; *Berber*, Lehrbuch des Völkerrechts II, § 25 V, S. 130 ff.; *Wolff*, Kriegserklärung, S. 129 ff.; *Ipsen*, Völkerrecht, § 69 III, S. 1098 f. mit einem Überblick über die einzelnen Rechte und Pflichten.

[569] Vgl. *Strupp*, Grundzüge des positiven Völkerrechts, S. 247; *Weiß*, SJZ 1946, S. 266 f.; *Laun*, Die Haager Landkriegsordnung, S. 17; *Fiedler* in: FS für Doehring, S. 208.

[570] Vgl. *Laun*, Die Haager Landkriegsordnung, S. 16; *Günther-Hornig*, Kunstschutz, S. 2 f.; *Fiedler* in: FS für Doehring, S. 206 ff.; *Turner* in: Fiedler, S. 59.

Nach Art. 46 Abs. 1 HLKO sollen *„die Ehre und die Rechte der Familie, das Leben der Bürger und das Privateigentum sowie die religiösen Überzeugungen und gottesdienstlichen Handlungen geachtet werden"*. Eine besondere Regelung allein für das Privateigentum enthält Art. 46 Abs. 2 HLKO: *„Das Privateigentum darf nicht eingezogen werden"*. Diese Vorschrift stipuliert einen zeitlich, räumlich und sachlich uneingeschränkten Schutz des Eigentums.[571] Sie verbietet entschädigungslose Enteignungen ebenso wie dauernde Beschlagnahmen.[572]

Dies ergibt sich aus den Regelungen der Art. 52 und 53 Abs. 2 HLKO. Art. 52 Abs. 1 HLKO gestattet zwar die Requisition von Naturalleistungen für die Bedürfnisse des Besetzungsheers von den Einwohnern des besetzten Gebietes. Diese sind jedoch nach Art. 52 Abs. 3 HLKO „so viel wie möglich bar zu bezahlen". Und Art. 53 Abs. 2 HLKO erlaubt die Beschlagnahme von Waffen und sonstigem Kriegsmaterial, „selbst wenn sie Privatpersonen gehören", nur unter gleichzeitiger Normierung der Pflicht, dieses beim Friedensschlusse zurückzugeben.[573]

Kunstwerken allerdings gewährt der Art. 46 Abs. 2 HLKO faktisch einen weitergehenden Schutz. Sie dürfen noch nicht einmal requiriert oder vorübergehend in Beschlag genommen werden. Denn Kunstwerke sind regelmäßig nicht geeignet und erforderlich, die Bedürfnisse des Heeres zu befriedigen oder der Kriegsführung unmittelbar zu dienen.[574]

## 1.2.3. Der Schutz von Kulturgütern

Der Kulturgüterschutz hat sich parallel zum Schutz des Privateigentums entwickelt.[575] Mit der Kodifikation des Landkriegsrechts in der HLKO erfuhr auch der Kulturgüterschutz eine ausdrückliche Regelung.[576]

---

[571] *Dolzer*, Eigentum, Enteignung und Entschädigung im geltenden Völkerrecht, S. 17; *Schweisfurth*, SBZ-Konfiskationen, S. 25.

[572] Vgl. *Kunz*, Kriegsrecht und Neutralitätsrecht, S. 99; *Seidl-Hohenveldern*, Internationales Konfiskations- und Enteignungsrecht, S. 31; *Wengler*, Völkerrecht II, S. 1426; *Schweisfurth*, SBZ-Konfiskationen, S. 26; *Berzl*, Völkerrechtliche Beurteilung der Bodenkonfiskationen, S. 53.

[573] Vgl. im Einzelnen: *Strupp*, Grundzüge des positiven Völkerrechts, S. 247 f.; *Kunz*, Kriegsrecht und Neutralitätsrecht, S. 99 ff.; *Wengler*, Völkerrecht II, S. 1426 f.

[574] Vgl. *Buhse*, Der Schutz von Kulturgut im Krieg, S. 7; *Fiedler* in: FS für Doehring, S. 212.

[575] Zur Entwicklung des Kulturgüterschutzes im Krieg: *Günther-Hornig*, Kunstschutz, S. 1 ff.; *Strebel*, ZaöRV 1955/56, S. 35 ff.; *Buhse*, Der Schutz von Kulturgut im Krieg, S. 1 ff.; *Lattmann*, Schutz der Kulturgüter bei bewaffneten Konflikten, S. 37 ff.; *Kilian*, NZWehrR 1983, S. 41 ff.; *Fiedler* in: FS für Doehring, S. 199, 203 ff.; *ders.* in: Reichelt, S. 70 ff.; *Turner* in: Fiedler, S. 48 ff.; *von Schorlemer*, Internationaler Kulturgüterschutz, S. 258 ff.

[576] Wie insbesondere die beispielslosen Zerstörungen von Kunstwerken und deren Raub im Zweiten Weltkrieg deutlich gemacht haben, ist der durch die HLKO gewährte Schutz jedoch unzureichend. Zu einer Verbesserung führte in der Folge die Haager Konvention zum Schutz

Kunstwerke im Privateigentum sind als solches schon durch Art. 46 Abs. 2 HLKO geschützt. Der durch Art. 46 Abs. 2 HLKO gewährte Schutz wird aber gleichfalls gewissen Kulturgütern im öffentlichen Eigentum zuteil. Insoweit bestimmt Art. 56 Abs. 1 HLKO, dass das Eigentum der Gemeinden und der dem Gottesdienste, der Wohltätigkeit, dem Unterrichte, der Kunst und der Wissenschaft gewidmeten Anstalten, auch wenn diese dem Staate gehören, als Privateigentum zu behandeln ist.[577] Eine besondere Regelung für Kunstwerke, gleichgültig, ob sie im privaten oder im öffentlichen Eigentum stehen, enthält Art. 56 Abs. 2 HLKO. Danach ist „jede Beschlagnahme" von derartigen Anlagen, von geschichtlichen Denkmälern oder von Werken der Kunst und Wissenschaft untersagt. Das bedeutet, dass insbesondere die Art. 52 und 53 Abs. 2 HLKO auf Kunstwerke keine Anwendung finden.[578] Da Kunstwerke aber, wie dargelegt, ohnehin nicht Gegenstand von Requisitionen und vorübergehenden Beschlagnahmen sein können, gewährt Art. 56 Abs. 2 HLKO insoweit letztlich keinen über den allgemeinen Schutz des Privateigentums hinausgehenden Schutz.

Allerdings gibt es von den Beschlagnahmeverboten der Art. 46 Abs. 2 und 56 Abs. 2 HLKO eine allgemein anerkannte Ausnahme. Erlaubt sind Beschlagnahmen dann, wenn sie lediglich vorübergehend und zu dem Zweck erfolgen, die betroffenen Kulturgüter vor Zerstörung und Beschädigung zu schützen.[579] Begründet wird diese Ausnahme mit dem Sinn und Zweck der Vorschriften. Diese verbieten nämlich nur kulturgutfeindliche, nicht aber kulturgutfreundliche Handlungen.[580]

---

von Kulturgut bei bewaffneten Konflikten vom 14. Mai 1954 (BGBl. II 1967, S. 1233), auf die hier jedoch nicht weiter einzugehen ist, da sie nicht Prüfungsmaßstab sein kann. Vgl. hierzu etwa *Baufeld*, Kulturgutbeschlagnahmen, S. 53 ff.

[577] Vgl. *Günther-Hornig*, Kunstschutz, S. 6; *Buhse*, Der Schutz von Kulturgut im Krieg, S. 8; *Fiedler* in: FS für Doehring, S. 210 f.; *Turner* in: Fiedler, S. 59; *von Schorlemer*, Internationaler Kulturgüterschutz, S. 265.

[578] *Günther-Hornig*, Kunstschutz, S. 6; *Baufeld*, Kulturgutbeschlagnahmen, S. 30.

[579] *Günther-Hornig*, Kunstschutz, S. 12 f., 124; *Engstler*, Die territoriale Bindung, S. 134; *Turner* in: Fiedler, S. 59; *Baufeld*, Kulturgutbeschlagnahmen, S. 33.
Mit der Frage der Völkerrechtsmäßigkeit der Beschlagnahme von Kunstgegenständen zu ihrem Schutz und ihrer Erhaltung hatte sich auch der Internationale Militärgerichtshof auseinander zu setzen. Seine Ausführungen betreffen allerdings allein die Frage, ob die Beschlagnahmen insbesondere des ERR tatsächlich eine Schutzmaßnahme darstellten (Der Prozess, Band I Einführungsband, S. 271 f.). Dies lässt den Schluss zu, dass auch der Gerichtshof diese Ausnahme vom Beschlagnahmeverbot des Art. 56 Abs. 2 HLKO, an den er ausdrücklich anknüpft (Der Prozess, a. a. O., S. 267), anerkennt.

[580] *Günther-Hornig*, Kunstschutz, S. 124; *Baufeld*, Kulturgutbeschlagnahmen, S. 33.

### 1.2.4. Beurteilung der Beschlagnahmen der deutschen Dienststellen

Die rechtliche Beurteilung der Beschlagnahmen jüdischen Kunstbesitzes durch die Deutsche Botschaft, das Devisenschutzkommando und den ERR wird dadurch erschwert, dass die ihnen zugrunde liegende Motivation nicht so ohne weiteres zutage tritt. Die insoweit ergangenen Führerbefehle vom 30. Juni 1940 und 17. September 1940 ordneten an, dass die im jüdischen Besitz befindlichen Kulturgüter in Deutschland „sichergestellt" werden sollten. In dem Befehl vom 30. Juni 1940 wurde sogar ausdrücklich erklärt, dass damit zunächst keine Enteignung verbunden sein sollte.[581] In seinem Befehl vom 17. September 1940 hatte sich Hitler die Entscheidung über die weitere Verwendung der „sichergestellten" Kulturgüter vorbehalten. Eine solche ist jedoch nie ergangen, so dass zumindest offiziell nie gesagt wurde, was letztlich mit ihnen geschehen sollte.[582]

Die Beurteilung hat daher an dem mit den Beschlagnahmen erklärtermaßen verfolgten Zweck der „Sicherstellung" anzusetzen. Der Begriff der „Sicherstellung" lässt zwei unterschiedliche Deutungen zu. Darunter kann sowohl eine erlaubte vorübergehende Sicherungsmaßnahme zum Schutz der Kunstwerke vor Zerstörung, Beschädigung oder anderen Kriegsgefahren als auch eine verbotene dauerhafte Entziehung für deutsche Interessen verstanden werden.[583]

Es gilt also herauszufinden, welcher Zweck mit den Beschlagnahmen tatsächlich verfolgt worden ist. Ein Kunstraub-Sachverständiger in dem Prozess vor dem Internationalen Militärgerichtshof vertrat dort die Auffassung, dass es sich bei den Beschlagnahmen jüdischen Kunstbesitzes deshalb nicht um „eine durch äußere Umstände notwendig gewordene Sicherheitsmaßnahme" gehandelt habe, weil die französische Domänenverwaltung durchaus selbst in der Lage gewesen sei, alle insoweit notwendigen Maßnahmen zu ergreifen.[584]

Nach Ansicht von *Günther-Hornig* kann zwar davon ausgegangen werden, dass die Beschlagnahme der jüdischen Sammlungen in Paris und ihre Verwahrung zunächst im Jeu de Paume und später in Deutschland effektiv eine Sicherung der Kunstwerke bedeutete.[585] Die von den aus Paris geflohenen Juden in ihren Häusern zurückgelassenen Kunstwerke seien so dem Zugriff der zurückgebliebenen Einwohner entzogen worden, die geglaubt hätten, dass die Wegnahme jüdischen Vermögens unter dem nationalsozialistischen Regime nicht geahndet würde.[586]

---

581 Siehe oben S. 51, 52.

582 *Günther-Hornig*, Kunstschutz, S. 31.

583 *Buhse*, Der Schutz von Kulturgut im Krieg, S. 41; *Engstler*, Die territoriale Bindung, S. 135.

584 Der Prozess, Band VII Verhandlungsniederschriften 5. Februar 1946 bis 19. Februar 1946, S. 84.

585 *Günther-Hornig*, Kunstschutz, S. 124 f.

586 *Günther-Hornig*, Kunstschutz, S. 22.

Gegen die Annahme, dass es sich bei der Beschlagnahme und insbesondere der Verbringung nach Deutschland tatsächlich um Schutzmaßnahmen gehandelt hat, spricht ihrer Meinung nach jedoch die Geheimhaltung der Aktion. Im Falle einer Bergung im Sinne des Völkerrechts wäre vielmehr, schon um der Vermutung des Kunstraubs vorzubeugen, eine Bekanntgabe angebracht gewesen.[587]

Dagegen, dass die Beschlagnahmen der Deutschen Botschaft, des Devisenschutzkommandos und des ERR sowie die Verbringung der beschlagnahmten Kunstwerke nach Deutschland Schutzmaßnahmen dargestellt haben, spricht zudem, dass diese Stellen hierfür nicht originär zuständig waren. Der Schutz beweglicher Kulturgüter im öffentlichen und privaten Eigentum vor direkter und indirekter Kriegsgefahr war vielmehr die Aufgabe des Kunstschutzes der Militärverwaltung.[588] Dieser jedoch versuchte, die Beschlagnahmen und den Abtransport der Kunstwerke zu verhindern. Unter Verweis auf ein Dekret der Wehrmacht und Art. 46 HLKO machte er geltend, dass diese Maßnahmen gegen das Völkerrecht verstießen.[589] Vermutlich stützte er sich dabei auf ein Gutachten der Abteilung Justiz der Militärverwaltung, das von den obersten Militärbehörden in Paris zu dem Führerbefehl vom 30. Juni 1940 in Auftrag gegeben worden war.[590] Darin heißt es: *„Die Erfassung des jüdischen Kunstbesitzes ist weder als Beschlagnahme kriegswichtigen Eigentums noch als polizeiliche Maßnahme im Interesse einer einheitlichen Bewirtschaftung des besetzten Gebietes zu betrachten. Deshalb kann nach der Haager Landkriegsordnung das Deutsche Reich als besetzender Staat jüdischen Kunstbesitz weder enteignen noch in einem französischen Enteignungsverfahren an die Stelle des französischen Staates treten.“*[591]

Die Militärverwaltung ging offenbar schon seinerzeit davon aus, dass die Beschlagnahmen jüdischen Kunstbesitzes entgegen der im Führerbefehl vom 30. Juni 1940 erklärten Absicht dauerhaft sein und eine entschädigungslose Enteignung bewirken sollten.

Ein weiterer Anhaltspunkt dafür, dass das Deutsche Reich nicht den Schutz, sondern von Anfang an die Enteignung der Kunstwerke beabsichtigt hat, ist der Aufbau des Führermuseums Linz, der zur Zeit der Beschlagnahmen in vollem Gange war. Tatsächlich wurden ja bereits einige der beschlagnahmten Kunstwerke für das Museum ausgewählt und in den Führerbau nach München verbracht, wo die dafür vorgesehenen Kunstwerke gelagert wurden.[592] Auf die von

---

[587] *Günther-Hornig*, Kunstschutz, S. 126.

[588] *Günther-Hornig*, Kunstschutz, S. 37.

[589] *Günther-Hornig*, Kunstschutz, S. 39 f.; *Nicholas*, Der Raub der Europa, S. 170.

[590] *Kurz*, Kunstraub in Europa, S. 135.

[591] Zitiert nach: *Kurz*, Kunstraub in Europa, S. 135.

[592] Vgl. *Engstler*, Die territoriale Bindung, S. 135.

Anfang an bestehende Absicht des Deutschen Reichs, sich die beschlagnahmten Kunstwerke unter Verdrängung deren jüdischer Eigentümer anzueignen, deutet zudem die Tatsache hin, dass ein Teil der Kunstwerke veräußert oder als Tauschobjekt eingesetzt worden ist.[593]

Schließlich spricht schon die Tatsache an sich, dass es sich um jüdisches Eigentum gehandelt hat, dafür, dass die Beschlagnahme der Kunstwerke nicht zu deren Schutz erfolgt ist, sondern eine entschädigungslose Enteignung bewirken sollte.[594] Vor dem Hintergrund, dass sie auch die Juden in den besetzten Gebieten verfolgt haben, liegt nichts ferner als die Annahme, dass die Nationalsozialisten die beschlagnahmten Kunstwerke im Interesse der geflüchteten Eigentümer vor einer Wegnahme durch die Pariser Bevölkerung oder einer Beschädigung schützen wollten. Dass vielmehr eine entschädigungslose Enteignung beabsichtigt war, zeigt vor allem die Stellungnahme des ERR, die dieser im November 1941 gegenüber dem Oberkommando der Wehrmacht abgegeben hat.[595] Darin heißt es: *„Die deutschen Vergeltungsmaßnahmen gegen die Juden sind auch völkerrechtlich begründet. Es gibt im Völkerrecht den Grundsatz, dass im Kriege mit den gleichen Mitteln und Anschauungen operiert und Vergeltung geübt werden darf, die der Gegner zuerst benutzt hat. Die Juden haben aber seit jeher in ihrem jüdischen Recht … den Grundsatz durchgeführt, dass alle Nichtjuden … rechtlos sind, dass das Eigentum der Nichtjuden „wie etwas, das preisgegeben wurde“ – also als herrenlos – zu behandeln sei.“*[596] Das Abstellen auf die Herrenlosigkeit des beschlagnahmten jüdischen Kunstbesitzes kann nur als Verweis auf das Aneignungsrecht des § 958 Abs. 1 BGB verstanden werden, wonach derjenige, der eine herrenlose bewegliche Sache in Eigenbesitz nimmt, das Eigentum daran erwirbt. Dieser Verweis wiederum bringt die Aneignungsabsicht des Deutschen Reichs zum Ausdruck.[597]

---

[593] Der Prozess, a. a. O., S. 75; *Günther-Hornig*, Kunstschutz, S. 126; *Engstler*, Die territoriale Bindung, S. 136.

[594] Vgl. *Hornig*, Kunstschutz, S. 127; *Buhse*, Der Schutz von Kulturgut im Krieg, S. 42; *Engstler*, Die territoriale Bindung, S. 136.

[595] Diese Stellungnahme war vom OKW zur Vorbereitung der Beantwortung einer Note des damaligen französischen Regierungschefs angefordert worden, der sich über die Beschlagnahmen jüdischen Kunstbesitzes beschwert hatte. Das OKW hat die Stellungnahme jedoch nie weitergeleitet; sie ist ein Internum geblieben (*Günther-Hornig*, Kunstschutz, S. 40 ff.).

[596] Zitiert nach: Der Prozess, a. a. O., S. 76.

[597] Ein genaueres Eingehen auf die vom ERR vertretene Rechtsauffassung erscheint überflüssig. Es dürfte allgemeine Ansicht sein, dass die vom ERR vorgebrachte Argumentation, die sich nicht auf rechtliche, sondern allein auf ideologische Überlegungen stützt, jeglicher Überzeugungskraft entbehrt (vgl. etwa Der Prozess, a. a. O., S. 76, 84). Infolgedessen vermag sie weder zu begründen, dass die beschlagnahmten Kunstwerke herrenlos sind und somit der Aneignung nach § 958 Abs. 1 BGB unterliegen, noch, dass sie nicht unter die Schutzbestimmungen der Art. 46 Abs. 2 und Art. 56 Abs. 2 HLKO fallen. Auch *Günther-Hornig*, Kunstschutz, S. 119 setzt sich mit dem Argument der Herrenlosigkeit auseinander. Allerdings geht sie davon aus, dass die Kunstwerke vom ERR mit der Begründung, dass ihre Eigentümer

Dafür, dass die Beschlagnahme der Kunstwerke eine Enteignung bewirken sollte, spricht nicht zuletzt die Behandlung der vom ERR beschlagnahmten Wohnungseinrichtungen der aus Paris geflüchteten Juden.[598] Hier wurde die in Wahrheit verfolgte Absicht nicht verschleiert. In der diesbezüglich ergangenen Anweisung vom 7. April 1942 heißt es ausdrücklich: *„Die beschlagnahmten Gegenstände werden Reichseigentum"*.[599] Es ist unwahrscheinlich, dass die beschlagnahmten Kunstwerke insoweit anders behandelt werden sollten, als das beschlagnahmte Mobiliar.

Die Tatsachen sprechen also dagegen, dass die Beschlagnahmen jüdischen Kunstbesitzes durch die verschiedenen deutschen Dienststellen, wie von den Nationalsozialisten behauptet, lediglich eine erlaubte vorübergehende Sicherungsmaßnahme zum Schutz der Kunstwerke vor Zerstörung, Beschädigung, Wegnahme oder anderen direkten oder indirekten Kriegsgefahren dargestellt haben. Sie sprechen im Gegenteil eindeutig dafür, dass die Beschlagnahmen die entschädigungslose Enteignung der jüdischen Eigentümer bewirken sollten.[600] Damit verstießen die Beschlagnahmen gegen Art. 46 Abs. 2 und Art. 56 Abs. 2 HLKO und sind daher völkerrechtswidrig.

## 1.3. Die Wirkungen der völkerrechtswidrigen Beschlagnahmen

Art. 46 Abs. 2 und Art. 56 Abs. 2 HLKO stellen Verbote auf, ohne jedoch die Folgen eines Verstoßes dagegen eindeutig zu regeln. Es ist daher durch Auslegung zu ermitteln, welche Wirkungen Maßnahmen haben, die gegen diese Vorschriften verstoßen.

Die sprachliche Auslegung hat am authentischen französischen Text anzusetzen, der anders als die deutsche Übersetzung, nicht die normative, sondern die fakti-

---

außer Landes geflüchtet waren, als herrenlos bezeichnet wurden. Dem hält sie entgegen, dass, wenn ein Flüchtling seine Habe zurücklassen muss, im Allgemeinen eine Eigentumsaufgabe nicht anzunehmen sei. Das Argument der Herrenlosigkeit sei daher nicht angetan, die Beschlagnahme zu rechtfertigen.

598 Das beschlagnahmte Mobiliar sollte ursprünglich zur Einrichtung der Parteidienststellen in den Ostgebieten verwendet werden. Ein Großteil der Gegenstände wurde dann aber den Bombengeschädigten im Reich zur Verfügung gestellt (vgl. Der Prozess, a. a. O., S. 70 f., 77 f.; *Kurz*, Kunstraub in Europa, S. 221 ff.).

599 Der Prozess, a. a. O., S. 71; *Kurz*, Kunstraub in Europa, S. 222.

600 So im Ergebnis auch *Buhse*, Der Schutz von Kulturgut im Krieg, S. 42; *Engstler*, Die territoriale Bindung, S. 136; *Kurz*, Kunstraub in Europa, S. 134; *von Schorlemer*, Internationaler Kulturgüterschutz, S. 275; *Röhling*, Restitution jüdischer Kulturgüter, S. 70. A. A.: *Günther-Hornig*, Kunstschutz, S. 127, die meint, dass das Bestehen der Aneignungsabsicht offen bleibt.
Auch *Heuer*, NJW 1999, S. 2562 und *Siehr* in: UEK, Band 19, S. 154 sehen in den Beschlagnahmen einen Verstoß gegen Art. 46 Abs. 2 und Art. 56 Abs. 2 HLKO, allerdings ohne auf die Problematik der Abgrenzung zu einer erlaubten Schutzmaßnahme einzugehen.

sche Ebene bezeichnet.[601] „La propriété privée ne peut pas être confisquée“, das Privateigentum kann, nicht: darf, nicht eingezogen werden, bestimmt Art. 46 Abs. 2 HLKO und meint damit, dass die Konfiskation privaten Eigentums rechtlich unmöglich ist. Das bedeutet, dass die Wegnahme privaten Eigentums in Konfiskationsabsicht nicht zu dem gewünschten Erfolg führen kann.[602] Der authentische französische Wortlaut des Art. 46 Abs. 2 HLKO deutet also darauf hin, dass gegen ihn verstoßende Maßnahmen keine Rechtswirkungen entfalten und somit kein Eigentum des Wegnehmenden begründen können.

Demgegenüber ist insoweit auch der authentische französische Wortlaut des Art. 56 Abs. 2 HLKO nicht eindeutiger als die deutsche Übersetzung: Jede Beschlagnahme „est interdite“, ist untersagt. Da Art. 56 Abs. 2 HLKO seinem Regelungsgehalt nach einen weitergehenden Schutz gewährt als Art. 46 Abs. 2 HLKO, kann jedoch davon ausgegangen werden, dass auch er das mit der verbotenen Beschlagnahme verfolgte Ziel des Übergangs des Eigentums an dem beschlagnahmten Kunstwerk unerreichbar machen will. Dies aber kann nur erreicht werden, indem der Beschlagnahme insoweit die rechtlichen Wirkungen abgesprochen werden und sie als nichtig angesehen wird.

Allein diese Bedeutung entspricht auch dem Ziel und Zweck der Art. 46 Abs. 2 und Art. 56 Abs. 2 HLKO, Kunstwerken im privaten wie im öffentlichen Eigentum einen absoluten Schutz zu gewähren. Dieser Zweck kann nämlich nur dann erreicht werden, wenn ein Verstoß gegen die Bestimmungen dadurch sanktioniert wird, dass die den Verstoß begründenden Maßnahmen insofern folgenlos bleiben, als sie keine Änderung der Eigentumsrechte herbeiführen können.[603]

Was die spätere Übung bei der Anwendung der Art. 46 Abs. 2 und Art. 56 Abs. 2 HLKO anbelangt, ist vor allem wieder die Londoner Erklärung von Bedeutung. Entsprechend ihrer Warnung, die vom Deutschen Reich in den besetzten Gebieten praktizierten Enteignungsmethoden zunichte zu machen, haben sich die Alliierten darin ausdrücklich das Recht vorbehalten, jede Übertragung und Veräußerung von Eigentum, Guthaben, Rechten und Anrechten, welcher Natur sie auch seien, „für nichtig zu erklären“. Zwar ordnet die Londoner Erklärung nicht schon selbst die Nichtigkeit der fraglichen Transaktionen an und ist die vorbehaltene Nichtigerklärung niemals ausdrücklich erfolgt.[604] Dies bedeutet jedoch

---

601 *Laun*, Die Haager Landkriegsordnung, S. 8; *Schweisfurth*, SBZ-Konfiskationen, S. 29. Der authentische französische Text ist neben der deutschen Übersetzung im RGBl. I 1910, S. 107, 132 kundgemacht worden.

602 *Schweisfurth*, SBZ-Konfiskationen, S. 30.

603 Vgl. *Schweisfurth*, SBZ-Konfiskationen, S. 30.

604 *Grewe*, Ein Besatzungsstatut für Deutschland, S. 175; *Kaufmann*, Deutschlands Rechtslage unter der Besatzung, S. 70; *ders.*, AöR 75 (1949), S. 21; *Engstler*, Die territoriale Bindung, S. 139.

nicht, dass die Alliierten die gegen Art. 46 Abs. 2 und Art. 56 Abs. 2 HLKO verstoßenden Maßnahmen zunächst als wirksam angesehen hätten. Dies ergibt sich aus dem Regelungsgehalt des Vorbehalts der Nichtigerklärung. Dadurch sollte die spätere Verpflichtung Deutschlands zur Restitution aller in der genannten Weise aus den besetzten Gebieten entfernten Gegenstände angekündigt werden. Der Terminus „für nichtig zu erklären" bezieht sich damit in erster Linie auf die Restitutionspflicht und nicht darauf, den Beschlagnahmen der verschiedenen deutschen Dienststellen die rechtlichen Wirkungen abzusprechen. Davon, dass diese gegen Art. 46 Abs. 2 und Art. 56 Abs. 2 HLKO verstoßen und dieser Verstoß unmittelbar zu ihrer Nichtigkeit führt, sind die Alliierten bei der Abgabe ihrer Erklärung vielmehr ausgegangen. Dies ergibt sich aus Folgendem: Der Grund der Restitutionen ist gerade darin zu sehen, dass die zu restituierenden Gegenstände als weiter im Eigentum der Personen stehend angesehen werden, denen sie durch völkerrechtswidrige Maßnahmen entzogen worden sind. Die Restitution ist demnach nichts anderes als die Erfüllung des durch die Einschaltung der beiderseits beteiligten Staaten völkerrechtlich verlängerten privatrechtlichen Herausgabeanspruchs des Eigentümers.[605] Diese Auffassung, die bereits den Restitutionen nach dem Ersten Weltkrieg zugrunde lag, wurde auch nach dem Zweiten Weltkrieg von der deutschen Literatur zur Begründung der Rechtmäßigkeit der von den Alliierten durchgeführten Restitutionen herangezogen.[606] Die Ansicht, dass diejenigen, denen Gegenstände durch völkerrechtswidrige Handlungen entzogen worden sind, das Eigentum daran nicht verloren haben, setzt ihrerseits aber gerade die Überzeugung voraus, dass diese Handlungen ohne rechtliche Wirkungen geblieben sind, also von Anfang an nichtig waren. Dass die Alliierten ebenfalls dieser Ansicht waren, zeigt ihre Restitutionspraxis: Sie haben die von ihnen sichergestellten Gegenstände, die in den besetzten Gebieten beschlagnahmt und nach Deutschland verbracht worden sind, an ihre Herkunftsstaaten zurückgegeben, ohne die Beschlagnahmen zuvor ausdrücklich für nichtig zu erklären.[607]

---

605 *Kaufmann*, AöR 75 (1949), S. 16; *Engstler*, Die territoriale Bindung, S. 124.

606 *Kaufmann*, AöR 75 (1949), S. 21; *Engstler*, Die territoriale Bindung, S. 140. Grundlage der Restitutionen nach dem Ersten Weltkrieg war Art. 238 des Versailler Vertrages vom 28. Juni 1919 (RGBl. 1919, S. 687). Danach hatte Deutschland unter anderem *„die Rücklieferung der weggeführten, beschlagnahmten oder sequestrierten Tiere, Gegenstände aller Art und Wertpapiere"* zu bewirken; darunter fielen auch Kunstwerke (vgl. hierzu *Kaufmann*, AöR 75 (1949), S. 15 ff.; *Engstler*, Die territoriale Bindung, S. 124 f.).

607 Auch in den Restitutionsregelungen der Friedensverträge der Vereinten Nationen mit Italien (Art. 75), Ungarn (Art. 24), Bulgarien (Art. 22) und Rumänien (Art. 23) erfolgte keine Nichtigerklärung der Maßnahmen, mittels derer ein Gegenstand aus dem Gebiet eines Mitgliedstaats der Vereinten Nationen in eines der ehemaligen Feindesländer verbracht worden ist. Auch dies spricht dafür, dass es allgemein anerkannte Auffassung war, dass gegen die Art. 46 Abs. 2 und Art. 56 Abs. 2 HLKO verstoßende Maßnahmen von Anfang an und ohne weiteres keine rechtlichen Wirkungen entfalten und somit zu keiner Änderung der Eigentumsverhältnisse führen konnten.

Demnach ergibt sich nicht nur aus dem Wortlaut der Art. 46 Abs. 2 und Art. 56 Abs. 2 HLKO sowie aus der Auslegung nach ihrem Ziel und Zweck, sondern auch aus der späteren Übung bei ihrer Anwendung, dass die gegen sie verstoßenden Beschlagnahmen jüdischen Kunstbesitzes durch die verschiedenen deutschen Dienststellen im besetzten Frankreich nichtig sind und somit keinen Übergang des Eigentums an den entzogenen Kunstwerken auf das Deutsche Reich bewirken konnten.[608] Folglich haben die jüdischen Sammler das Eigentum an den ihnen durch die Beschlagnahmen entzogenen Kunstwerken nicht durch diese verloren.[609]

## 2. Eigentumsverlust durch Entziehung durch Rechtsgeschäft

Bei den Rechtsgeschäften, die jüdische Sammler im besetzten Frankreich mit dem Deutschen Reich oder deutschen Kunsthändlern, Museen oder Privatsammlern abgeschlossen haben, drängt sich die Frage auf, ob sie gegen die Art. 46 Abs. 2 und Art. 56 Abs. 2 HLKO als gesetzliche Verbote im Sinne des § 134 BGB verstoßen und somit nach dieser Vorschrift nichtig sind.[610] Bei ihrer Beantwortung ist zu berücksichtigen, dass, wie aus dem Abstraktionsprinzip folgt, die Nichtigkeit des Verpflichtungsgeschäfts nicht ohne weiteres zugleich das zu seiner Erfüllung erforderliche Rechtsgeschäft, nämlich die Einigung über

---

608 Diese Auffassung herrscht auch in der völkerrechtswissenschaftlichen Literatur vor. Für die Entziehungen in den von Deutschland während des Zweiten Weltkriegs besetzten Gebieten so neben *Kaufmann*, AöR 75 (1949), S. 21; *Engstler*, Die territoriale Bindung, S. 124 auch *Weiß*, SJZ 1946, S. 267; *Siehr* in: UEK, Band 19, S. 154. Für die Bodenkonfiskationen in der sowjetischen Besatzungszone ebenso *Schweisfurth*, SBZ-Konfiskationen, S. 35; a. A. insoweit, allerdings ohne bzw. ohne überzeugende Begründung, *Schmidt-Jortzig* in: Ipsen, S. 211 und *Berzl*, Völkerrechtliche Beurteilung der Bodenkonfiskationen, S. 102. Für Konfiskationen in besetzten Gebieten allgemein so auch *Seidl-Hohenveldern*, Internationales Konfiskations- und Enteignungsrecht, S. 33. Für völkerrechtswidrige Enteignungen allgemein so auch *Mann*, NJW 1961, S. 709. Für die Beschlagnahme von „entarteter Kunst", soweit hiervon Werke ausländischer Staatsangehöriger betroffen waren, ebenso *Kunze*, Restitution „Entarteter Kunst", S. 97.
Der BGH teilt diese Auffassung für die Entziehungen in den von Deutschland während des Zweiten Weltkriegs besetzten Gebieten: BGH v. 16.2.1951, FONTES IURIS GENTIUM Series A. Sectio II. Tomus 4, Rechtsprechung der höchsten Gerichte der Bundesrepublik Deutschland in völkerrechtlichen Fragen 1949-1960 (1970), Nr. 52, S. 437.

609 So im Ergebnis auch: *Müller-Katzenburg*, NJW 1999, S. 2552 f.; *Heuer*, NJW 1999, S. 2561; *Hartung*, Kunstraub in Krieg und Verfolgung, S. 408.

610 Wie in den Fällen der Veräußerung von Kunstwerken im Reichsgebiet liegt es zwar auch hier nahe, dass die Rechtsgeschäfte gegen die guten Sitten verstoßen und somit nach § 138 Abs. 1 BGB nichtig sind. Da aber § 134 BGB als speziellere Norm gegenüber § 138 Abs. 1 BGB vorrangig und ein Rechtsgeschäft, das sowohl gegen ein Verbotsgesetz als auch gegen die guten Sitten verstößt, nach § 134 BGB zu behandeln ist, ist der Sittenverstoß hier nicht zu thematisieren (vgl. MünchKomm-*Mayer-Maly/Armbrüster*, § 134, Rn. 4).

den Eigentumsübergang, ergreift. Dies ist jedoch dann der Fall, wenn das Verbot gerade den von beiden Geschäften erstrebten Erfolg vereiteln soll.[611]

## 2.1. Art. 46 Abs. 2 und Art. 56 Abs. 2 HLKO als Verbotsgesetze im Sinne des § 134 BGB

Gesetzliche Verbote im Sinne des § 134 BGB können sich nicht nur aus Gesetzen im formellen Sinn ergeben, sondern auch aus Gewohnheitsrecht, wenn dieses ein Rechtsgeschäft unmissverständlich verwirft.[612] Ebenso können die anerkannten allgemeinen Regeln des Völkerrechts Verbotsgesetze im Sinne des § 134 BGB darstellen.[613] Demnach kommen insbesondere die Art. 46 Abs. 2 und Art. 56 Abs. 2 HLKO als Verbotsgesetze im Sinne des § 134 BGB in Betracht. Als solche waren sie auch in der Zeit der Besetzung Frankreichs durch die deutschen Truppen vom 17. Mai 1940 bis zum 8. Mai 1945 gültig.[614]

Die Art. 46 Abs. 2 und Art. 56 Abs. 2 HLKO verbieten die Enteignung von Privateigentum im Allgemeinen und von Kunstwerken im Besonderen. Der völkerrechtliche Begriff der Enteignung umfasst nach der Londoner Erklärung, die den Art. 46 Abs. 2 HLKO konkretisiert, nicht nur die Enteignung durch Plünderung, Raub oder Diebstahl, sondern auch die Enteignung durch ein unter Zwang getätigtes Rechtsgeschäft, gleichgültig, ob es von einer deutschen Behörde oder einer deutschen Privatperson vorgenommen worden ist. Die von den Alliierten in der Londoner Erklärung ausgesprochene Warnung, Enteignungen dadurch vereiteln zu wollen, dass diese für nichtig erklärt werden, gilt nämlich ausdrücklich auch für solche Übertragungen oder Veräußerungen, die in der Form *„scheinbar gesetzmäßiger Geschäfte vorgenommen worden sind, und selbst, falls es angegeben wird, dass die besagten Übertragungen oder Veräußerungen ohne jeden Zwang getätigt worden sind"*.

Während die Londoner Erklärung ganz unmissverständlich sagt, dass unter Zwang getätigte Rechtsgeschäfte als Enteignungen anzusehen sind, geht aus ihr nicht eindeutig hervor, ob dies nur für Rechtsgeschäfte des Deutschen Reichs gilt oder ebenso für solche, die von deutschen Privatpersonen abgeschlossen worden sind. Dafür, dass dies der Fall ist, spricht immerhin, dass sich die darin ausgesprochene Warnung ausdrücklich an *„sämtliche in Frage kommenden Personen und insbesondere diejenigen, die in neutralen Ländern wohnhaft sind"*, mithin auch an Privatpersonen, richtet. Klarheit schafft insoweit die Regelung des Title 19

---

611 MünchKomm-*Mayer-Maly/Armbrüster*, § 134, Rn. 8; Palandt-*Heinrichs*, § 134, Rn. 13.

612 MünchKomm-*Mayer-Maly/Armbrüster*, § 134, Rn. 30, 32; Palandt-*Heinrichs*, § 134, Rn. 2.

613 Vgl. MünchKomm-*Mayer-Maly/Armbrüster*, § 134, Rn. 39; Palandt-*Heinrichs*, § 134, Rn. 3.

614 Der 17. Mai 1940 ist in Art. 5 Abs. 1 des fünften Teils des Überleitungsvertrages als der Zeitpunkt festgelegt, ab dem die Bestimmungen dieses Teils Anwendung finden, das heißt, ab dem Frankreich von den deutschen Truppen besetzt war.

Par. b der Military Government Regulations, welche die in der Londoner Erklärung enthaltene Warnung realisiert. Danach spielt es für das Bestehen der Restitutionspflicht keine Rolle, ob die Enteignung *„auf Befehl von deutschen Behörden oder Beamten der Militär- oder Zivilverwaltung, oder auch ohne dass ein Befehl vorlag, oder von Individuen ausgeführt worden"* ist. Mit dem Wort „Individuen" können nur Personen des Privatrechts, und zwar natürliche ebenso wie juristische, gemeint sein.

Die Auslegung der Art. 46 Abs. 2 und Art. 56 Abs. 2 HLKO im Sinne der Londoner Erklärung ergibt außerdem, dass sie gerade den Übergang des Eigentums an der veräußerten Sache auf den Erwerber verbieten. Der in der Londoner Erklärung ausgesprochene Vorbehalt der Nichtigerklärung bezieht sich nämlich ausdrücklich auf die „Übertragung und Veräußerung von Eigentum".

Damit steht fest, dass die Art. 46 Abs. 2 und Art. 56 Abs. 2 HLKO Verbotsgesetze im Sinne des § 134 BGB darstellen, die es dem Deutschen Reich ebenso wie deutschen Privatpersonen verbieten, mit den Einwohnern eines besetzten Gebietes Rechtsgeschäfte abzuschließen, zu denen diese durch die Anwendung von Zwang bestimmt worden sind.[615] Dabei wollen diese Vorschriften gerade den mit diesen Rechtsgeschäften angestrebten Erfolg, nämlich den Übergang des Eigentums an dem veräußerten Vermögensgegenstand auf den Erwerber vereiteln.

## 2.2. Verstoß der Rechtsgeschäfte jüdischer Sammler gegen die Art. 46 Abs. 2 und Art. 56 Abs. 2 HLKO

Ein Rechtsgeschäft, das von einem jüdischen Veräußerer während der Besetzung Frankreichs vorgenommen worden ist, verstößt gegen die Art. 46 Abs. 2 und Art. 56 Abs. 2 HLKO, wenn er hierzu durch die Anwendung von Zwang bestimmt worden ist. Ähnlich wie der Begriff der Drohung nach § 123 BGB umfasst der völkerrechtliche Begriff des Zwangs nicht nur einen von dem Erwerber auf den Veräußerer ausgeübten Zwang, sondern auch den von dritter Seite, nämlich dem besetzenden Staat, ausgehenden Zwang. Dabei ist es wiederum nicht vonnöten, dass der Veräußerer durch einen gegen ihn gerichteten individuellen Akt bedroht worden ist. Es ist vielmehr ausreichend, wenn ein Kollektivzwang vorgelegen hat. Ein solcher rechtlich erheblicher Kollektivzwang wird allerdings nicht bereits durch die mit jeder kriegerischen Besetzung verbundene Tatsache der Ausübung der Hoheitsgewalt durch den besetzenden Staat begrün-

---

[615] A. A. *Hartung*, Kunstraub in Krieg und Verfolgung, S. 268 für die Frage, ob das Verbot der Plünderung der Art. 47 und Art. 56 HLKO als Verbotsnorm im Sinne des § 134 BGB gelten kann, welche die „weitere rechtsgeschäftliche Verwertung geplünderter Gegenstände" untersagt. Diese Frage muss tatsächlich verneint werden, da weder die Art. 47 und Art. 56 Abs. 2 HLKO noch der Art. 46 Abs. 2 HLKO es verbieten, völkerrechtswidrig enteignete Kulturgüter weiterzuveräußern.

det. Ein Kollektivzwang besteht vielmehr erst dann, wenn die Besetzungsmacht besondere Verfolgungsmaßnahmen gegen eine besondere Personengruppen ergriffen hat.[616] Unter einem Kollektivzwang haben folglich nicht alle Einwohner eines während des Zweiten Weltkriegs von Deutschland besetzten Gebietes gestanden, sondern nur diejenigen, die einer Personengesamtheit angehört haben, die vom Deutschen Reich wegen ihrer Rasse oder Nationalität verfolgt wurde. Dies trifft unzweifelhaft für die Juden zu, die, wie die Führerbefehle vom 30. Juni 1940 und 17. September 1940 sowie die darauf gestützten Beschlagnahmen jüdischen Kunstbesitzes zeigen, insbesondere in vermögensrechtlicher Hinsicht der Verfolgung durch das Deutsche Reich ausgesetzt waren.

Demnach sind die Rechtsgeschäfte, die jüdische Veräußerer abgeschlossen haben, um der Beschlagnahme ihrer Kunstwerke durch die damit befassten deutschen Dienststellen zuvorzukommen oder um mit dem Erlös den Lebensunterhalt ihrer Familien zu bestreiten oder die Flucht ins Ausland zu finanzieren, unter Zwang getätigt worden. Dass solche Rechtsgeschäfte unter dem Druck der Verfolgung zustande gekommen sind, ist nämlich zu vermuten, sofern nicht der deutsche Erwerber das Gegenteil beweisen kann.

Auf eine solche Vermutung deutet bereits der Wortlaut der Londoner Erklärung hin. Danach sind „scheinbar gesetzmäßige Geschäfte“ selbst dann als Enteignungen anzusehen, „falls es angegeben wird“, dass sie „ohne jeden Zwang getätigt worden sind“.[617] Dementsprechend haben die Alliierten nach dem Zusammenbruch des Dritten Reichs jeden aus einem besetzten Gebiet stammenden Gegenstand an seinen Herkunftsstaat restituiert, es sei denn, der Erwerber hat bewiesen, dass er ihn nicht unter Zwang, sondern aufgrund normaler Handelsbeziehungen erworben hat.[618]

Diese von den Alliierten praktizierte generelle Beweislastumkehr für jedes in einem besetzten Gebiet abgeschlossene Rechtsgeschäft des Deutschen Reichs oder einer Privatperson stieß in der deutschen Literatur konsequenterweise auf Ablehnung. Da diese, anders als die Alliierten, das Vorliegen eines Kollektivzwangs für alle Einwohner eines besetzten Gebietes verneint hat, fehlte ihrer Ansicht nach die Grundlage für eine solche weitgehende Beweislastumkehr. Dagegen wurde eine Beweislastumkehr für Rechtsgeschäfte mit Angehörigen einer wegen ihrer Rasse oder Nationalität verfolgten Personengruppe entsprechend der Anerkennung des Kollektivzwangs in diesem Fall auch von der deutschen Literatur befürwortet.[619] Dabei ging man offenbar davon aus, dass die Ver-

---

616 Vgl. OGHZ 2, 360 [365]; *Arndt*, SJZ 1948, Sp. 324.

617 Vgl. *Fiedler* in: Basedow, S. 210.

618 Vgl. *Dabelstein*, BB 1949, S. 22; *Engstler*, Die territoriale Bindung, S. 124; *Fiedler* in: Basedow, S. 210.

619 Vgl. *Fiedler* in: Basedow, S. 212 f. m. w. Nachw.

mutung, dass Rechtsgeschäfte insbesondere jüdischer Veräußerer unter Zwang zustande gekommen sind, ebenso wie die Restitution der durch diese Rechtsgeschäfte erworbenen und nach Deutschland verbrachten Vermögensgegenstände einen allgemein anerkannten Grundsatz des Völkerrechts darstellt.[620]

Damit ist im Ergebnis festzuhalten, dass die Rechtsgeschäfte, die jüdische Sammler während der deutschen Besetzung Frankreichs mit dem Deutschen Reich oder deutschen Kunsthändlern, Museen oder Privatsammlern abgeschlossen haben, regelmäßig unter Zwang getätigt worden sind. Sie verstoßen damit gegen die Art. 46 Abs. 2 und Art. 56 Abs. 2 HLKO, die als gesetzliche Verbote im Sinne des § 134 BGB gerade den mit den Rechtsgeschäften erstrebten Erfolg, nämlich den Übergang des Eigentums an dem veräußerten Kunstwerk auf den Erwerber, vereiteln wollen. Deshalb ist sowohl das Verpflichtungsgeschäft als auch das zu seiner Erfüllung erforderliche Verfügungsgeschäft nach § 134 BGB nichtig, so dass das Eigentum an den veräußerten Kunstwerken nicht auf den Erwerber übergegangen ist.[621]

## II. Eigentumsverlust durch Rechtserwerb Dritter im Anschluss an die Entziehung

Wie bereits dargelegt, hat das Deutsche Reich den größten Teil der von ihm im Reichsgebiet und im besetzten Frankreich aus jüdischen Sammlungen entzogenen Kunstwerke verwertet, indem es sie unentgeltlich an Museen übertragen, als Tauschobjekte eingesetzt oder, zumeist im Wege der Versteigerung, veräußert hat.[622] Auch die Kunsthändler und Privatsammler, die Kunstwerke aus jüdischen

---

620 Für diese Annahme sprechen insbesondere die Restitutionsregelungen in den Friedensverträgen der Vereinten Nationen mit Italien (Art. 75), Ungarn (Art. 24), Bulgarien (Art. 22) und Rumänien (Art. 23). Danach ist die Beweislast so verteilt, dass der rückfordernde Staat das Eigentumsrecht nachweisen muss, während der ehemalige Feindstaat den Gegenbeweis dahin erbringen kann, dass die Gegenstände nicht durch Zwang oder Gewalt entfernt wurden (*Menzel* in: Cornides/Menzel, Quellen für Politik und Völkerrecht, Band 1: Die Friedensverträge mit Italien, Ungarn, Bulgarien, Rumänien und Finnland, S. 49). Damit haben die Friedensverträge nicht nur die allgemeine Geltung des völkerrechtlichen Restitutionstatbestandes bekräftigt, sondern auch die Geltung insbesondere der Vermutung, dass Rechtsgeschäfte von Angehörigen einer wegen ihrer Rasse oder Nationalität verfolgten Personengruppe unter Zwang zustande gekommen ist.

621 So auch: *Günther-Hornig*, Kunstschutz, S. 129.

622 Bei sämtlichen vom Deutschen Reich im Rahmen der Verwertung der entzogenen Kunstwerke getätigten Rechtsgeschäften handelt es sich um solche, die nach dem bürgerlichen Recht zu beurteilen sind. Ein Handeln in Form von Verwaltungsakten, auf die das öffentliche Recht anzuwenden ist, scheidet deshalb aus, weil durch Verwaltungsakt allein Eigentum nur dann übertragen werden kann, wenn dies gesetzlich zugelassen und geregelt ist (vgl. *Hattemer*, NJW 1947/48, S. 547 für die „Zuweisung“ oder „Zuteilung“ von vermeintlichen

Sammlungen von ihren Eigentümern, im Reichsgebiet namentlich in den sogenannten „Judenauktionen", erworben haben, haben diese häufig weiterveräußert. Dabei ist die Veräußerung vermutlich ebenfalls größtenteils im Wege der Versteigerung erfolgt, da bei dieser Verkaufsart, der sich der Kunsthandel schon seit vielen Jahrzehnten bedient, eine besonders gute Gewinnerzielungsmöglichkeit besteht.[623]

Trotz des individuellen Schicksals jedes einzelnen entzogenen Kunstwerks ist es durchführbar, die rechtlichen Möglichkeiten des Eigentumsverlusts durch Rechtserwerb Dritter allgemein zu erfassen. Denn eines haben sie alle gemeinsam: Da jedwede Entziehung nichtig ist und keinen Eigentumsübergang bewirkt hat, konnten weder das Deutsche Reich noch die Kunsthändler und Privatsammler als Berechtigte über sie verfügen. Dritte konnten daher das Eigentum an ihnen nur durch gutgläubigen Erwerb, namentlich im Wege öffentlicher Versteigerung, oder durch Ersitzung erwerben.

## A. Gutgläubiger Erwerb vom Nichtberechtigten

Das Recht des gutgläubigen Erwerbs soll den Konflikt zwischen dem allgemeinen Interesse am Schutz des Rechtsverkehrs und dem Erwerbsinteresse derjenigen Personen, die eine Sache nicht von deren Eigentümer erwerben, auf der einen und dem Interesse der Eigentümer am Schutz ihrer Rechtsposition auf der anderen Seite lösen.[624] Dass es hierfür nicht nur eine „richtige" Möglichkeit gibt, zeigen die unterschiedlichen Regelungen des Rechts des gutgläubigen Erwerbs in

---

Beutekraftfahrzeugen; OLG Frankfurt a. M. v. 30.9.1948, NJW 1949, S. 430 f. [430]; Wedesweiler, NJW 1949, S. 414 zur Inanspruchnahme nach § 15 Reichsleistungsgesetz (RLG)). Die nationalsozialistischen Gesetze, welche die Entziehung jüdischen Vermögens regelten, bestimmten als Begünstigten allein das Deutsche Reich und nicht einen Dritten. Wollte das Deutsche Reich die seinem Vermögen auf diese Weise zugewachsenen Gegenstände gewinneinbringend veräußern und in Vollzug dieses Geschäfts dem Erwerber das Eigentum daran übertragen, so konnte es dies nur in den Formen des Privatrechts tun (vgl. *Maurer*, Allgemeines Verwaltungsrecht, § 3 Rn. 8 allgemein für die erwerbswirtschaftliche Betätigung der Verwaltung; *Kunze*, Restitution „Entarteter Kunst", S. 101 für die Verwertung von eingezogenen Werken „entarteter Kunst"; OGH BrZ v. 14.10.1948, NJW 1947/48, S. 689 f. [689]; RGRK, § 932, Rn. 2 für die „Veräußerung" eines vermeintlichen Beutekraftfahrzeuges). Dies gilt auch dann, wenn, wie im Fall der Sammlungen Victor von Klemperer, die Übertragung des Eigentums an den entzogenen Kunstwerken aufgrund einer Verfügung der zuständigen staatlichen Stelle erfolgt ist. Zwar stellt die Verfügung einen Verwaltungsakt dar. Durch diesen allein konnte aber noch kein Eigentum übertragen werden. Dies konnte vielmehr nur in der gesetzlichen Form des § 929 BGB, also durch Einigung und Übergabe, erreicht werden.

623 Zur Bedeutung der Versteigerungen für den Kunsthandel vgl. *Franz*, Zivilrechtliche Probleme des Kulturgüteraustausches, S. 95 ff.

624 *Westermann*, Sachenrecht, § 45 VI.

den verschiedenen Rechtsordnungen.[625] Die Abwägung zwischen den Interessen des Erwerbers und denen des Eigentümers erfordert letztlich eine rechtspolitische Grundsatzentscheidung des jeweiligen nationalen Gesetzgebers.[626]

Der deutsche Gesetzgeber hat im Interesse des Rechtsverkehrs dem Interesse der Erwerber den Vorrang vor dem Interesse der Eigentümer eingeräumt und den gutgläubigen Erwerb vom Nichtberechtigten zugelassen. Die gesetzliche Regelung des Eigentumserwerbs beweglicher Sachen vom Nichteigentümer in den §§ 932 bis 935 BGB hatte kurz nach ihrem Inkrafttreten heftige Kritik hervorgerufen. In Zweifel gezogen wurde vor allem die zentrale Prämisse, dass Rechtsgrund für einen gutgläubigen Erwerb nach den §§ 932 bis 934 BGB immer der auf dem Besitz beruhende Rechtsschein ist, auf den sich der Erwerber verlassen durfte.[627]

Auch wenn die Regelung im Grundsatz heute weitestgehend Zustimmung findet, wird die Notwendigkeit von Korrekturen auch außerhalb des Anwendungsbereichs des § 935 BGB in bestimmten Fällen nicht verleugnet. Darüber, wie diese aussehen sollen, herrscht jedoch keine Einigkeit. Teilweise wird vorgeschlagen, den hierfür als ungeeignet erachteten Besitz durch andere, differenziertere Rechtsscheinpositionen zu ersetzen. Dieser Ansatz stößt jedoch nicht nur wegen seiner mangelnden Praktikabilität auf Ablehnung, sondern auch, weil er die Grenze des de lege lata Möglichen überschreitet.[628] Als richtiger Ort für notwendige Korrekturen wird vielmehr zu Recht das viel flexiblere Kriterium des „guten Glaubens“ angesehen.[629]

## 1. Die allgemeinen Voraussetzungen des gutgläubigen Erwerbs

Auch der gutgläubige Erwerb vom Nichtberechtigten nach den §§ 932 bis 934 BGB setzt eine wirksame Einigung zwischen dem Veräußerer und dem Erwerber über den Übergang des Eigentums im Sinne des § 929 BGB voraus.[630] Da der gute Glaube lediglich das fehlende Eigentum des Veräußerers zu ersetzen vermag, müssen seine und des Erwerbers Geschäftsfähigkeit ebenso tatsächlich vorliegen wie die Vertretungsmacht eines für den einen oder anderen handelnden Vertreters. Weiterhin muss die Einigung frei von Willensmängeln sein und darf nicht gegen die guten Sitten oder ein gesetzliches Verbot verstoßen.[631]

---

625 Vgl. *Siehr*, ZVglRWiss 80, S. 274.

626 Vgl. *Wiegand*, JuS 1974, S. 209.

627 *Wiegand*, JuS 1974, S. 202; *Westermann*, Sachenrecht, § 45 III 4 – beide unter Hinweis auf die Streitschrift von *Binding*, Die Ungerechtigkeit des Eigentumserwerbs vom Nichteigentümer nach BGB § 932 und § 935 und ihre Reduktion auf das kleinstmögliche Maß, 1908.

628 Vgl. *Wiegand*, JuS 1974, S. 206; *Westermann*, Sachenrecht, § 45 III 4.

629 *Wiegand*, JuS 1974, S. 206; *Westermann*, Sachenrecht, § 46 1.

630 Staudinger-*Wiegand*, § 932, Rn. 9; *Zeranski*, JuS 2002, S. 344.

631 Staudinger-*Wiegand*, § 932, Rn. 10 ff.; *Zeranski*, JuS 2002, S. 344.

Der Rechtsgrund für einen gutgläubigen Erwerb nach den §§ 932 bis 934 BGB ist immer ein auf dem Besitz beruhender Rechtsschein, auf den sich der Erwerber verlassen durfte.[632] Dieser basiert jedoch nicht auf dem allgemeinen, in § 1006 BGB gesetzlich verankerten Schluss vom Besitz auf das Eigentum, sondern knüpft an bestimmte, diese generelle Vermutung konkretisierende Vorgänge an. Erforderlich, aber auch ausreichend, ist die Herstellung neuer Besitzverhältnisse: Der Erwerber muss den Besitz an der Sache auf Veranlassung des Veräußerers erlangen, der bisherige Besitzer muss diesen endgültig und vollständig verlieren. Die Besitzverschaffung ist auf die in den §§ 932 bis 934 BGB aufgeführten Weisen möglich.[633]

## 2. Der gute Glaube

Bei der Frage, ob die Erwerber eines während der Herrschaft des Nationalsozialismus aus einer jüdischen Sammlung entzogenen Kunstwerks das Eigentum daran im Wege des gutgläubigen Erwerbs vom Nichtberechtigten erwerben konnten, kommt dem Erfordernis des guten Glaubens besondere Bedeutung zu. Darauf ist deshalb vertieft einzugehen. Dabei bedarf es insbesondere der Untersuchung, welche Anforderungen insoweit an den Erwerber eines Kunstwerks zu stellen sind, und ob sich für den Erwerb von entzogenen Kunstwerken Besonderheiten ergeben.

### 2.1. Die Funktion des guten Glaubens

Wie bei allen Formen des auf einen Rechtsschein gegründeten Vertrauensschutzes steht beim gutgläubigen Erwerb vom Nichtberechtigten der objektiven Rechtsscheinposition ein subjektives Element gegenüber. In den §§ 932 bis 934 BGB korrespondiert mit dem vom Besitz ausgehenden Rechtsschein das Erfordernis des guten Glaubens des Erwerbers. Zwischen beiden Elementen besteht eine wechselseitige Abhängigkeit, die sich auch auf die Rechtsanwendung auswirkt: Je schwächer die Rechtsscheinwirkung des Besitzes in einer bestimmten Erwerbssituation ist, desto höher sind die an die Gutgläubigkeit des Erwerbers zu stellenden Anforderungen.[634]

---

632 *Wiegand*, JuS 1974, S. 202; Staudinger-*Wiegand*, § 932, Rn. 14; *Westermann*, Sachenrecht, § 45 III 1 a; *Zeranski*, JuS 2002, S. 342.

633 Vgl. Staudinger-*Wiegand*, § 932, Rn. 20; *Westermann*, Sachenrecht, § 45 III 1 a. Ausführlich zu den verschiedenen Möglichkeiten der Besitzverschaffung und der Einschaltung von Hilfspersonen, nämlich eines Besitzdieners, eines Besitzmittlers oder einer Geheißperson *Wiegand*, JuS 1974, S. 202 ff.; *Zeranski*, JuS 2002, S. 345 ff.

634 Vgl. *Wiegand*, JuS 1974, S. 206; Staudinger-*Wiegand*, § 932, Rn. 37; *Westermann*, Sachenrecht, § 46 1.

Dem guten Glauben, insbesondere der Regelung des § 932 Abs. 2 BGB, kommt deshalb besondere Bedeutung zu. Indem sie eine Anpassung der subjektiven Voraussetzungen an die jeweilige Erwerbssituation erlaubt, ermöglicht sie eine differenzierte Verteilung der mit dem Erwerb verbundenen Risiken auf den gutgläubigen Erwerber und den Eigentümer und somit eine feingesteuerte Abwägung der beiderseits bestehenden Interessen.[635]

## 2.2. Der Begriff des guten Glaubens

Die Legaldefinition des § 932 Abs. 2 BGB formuliert das subjektive Merkmal des guten Glaubens nicht positiv, sondern negativ: „*Der Erwerber ist nicht in gutem Glauben, wenn ihm bekannt oder infolge grober Fahrlässigkeit unbekannt ist, dass die Sache nicht dem Veräußerer gehört*“. Daran wird deutlich, dass das Gesetz nicht den guten Glauben zur Voraussetzung für den Eigentumserwerb erhoben hat, sondern umgekehrt den bösen Glauben zum Ausschlussgrund, an dem der Eigentumserwerb scheitert.[636]

Auswirkungen hat diese Ausgestaltung vor allem auf die prozessuale Situation: Bei einem Streit über das Eigentum muss damit derjenige, der den gutgläubigen Erwerb bestreitet, behaupten und beweisen, dass dem Erwerber bekannt oder infolge grober Fahrlässigkeit unbekannt war, dass der Veräußerer nicht der Eigentümer der Sache ist.[637]

## 2.3. Kenntnis und grob fahrlässige Unkenntnis fehlenden Eigentums

Ausgehend von § 932 Abs. 2 BGB ist nicht in gutem Glauben, wer das fehlende Eigentum des Veräußerers kennt oder grob fahrlässig nicht kennt, oder positiv formuliert: ist in gutem Glauben, wer ohne grobe Fahrlässigkeit an das Eigentum des Veräußerers glaubt.[638] Kenntnis hat der Erwerber, wenn er positiv weiß, dass der Veräußerer nicht Eigentümer ist. Fehlt ihm diese Vorstellung, obschon ihm alle das Eigentum ausschließenden Umstände bekannt sind, so ist dieses Tatbestandsmerkmal nicht erfüllt. Denn das Wissen um die Umstände für sich allein vermag keine Kenntnis im Sinne des § 932 Abs. 2 BGB zu begründen. Beruht die falsche Annahme, dass der Veräußerer Eigentümer sei, jedoch auf

---

[635] Vgl. Staudinger-*Wiegand*, § 932, Rn. 40; *Westermann*, Sachenrecht, § 46 1.

[636] Staudinger-*Wiegand*, § 932, Rn. 36; MünchKomm-*Quack*, § 932, Rn. 20; *Westermann*, Sachenrecht, § 46 2.

[637] Staudinger-*Wiegand*, § 932, Rn. 38, 40; MünchKomm-*Quack*, § 932, Rn. 70; *Westermann*, Sachenrecht, § 46 2.

[638] Auch wenn das Gesetz nicht den guten Glauben als Voraussetzung, sondern den bösen Glauben als Ausschlussgrund ansieht, hat es sich eingebürgert, vom „gutgläubigen Erwerb“ zu sprechen und diesen auch positiv zu umschreiben (vgl. *Wiegand*, JuS 1974, S. 206; Staudinger-*Wiegand*, § 932, Rn. 38).

grober Fahrlässigkeit, so kann diese ihrerseits den guten Glauben des Erwerbers ausschließen.[639]

Zum Begriff der „groben Fahrlässigkeit“ im Sinne des § 932 Abs. 2 BGB ist zunächst festzuhalten, dass dieser hier untechnisch, das heißt, nicht im Sinne einer Form des Verschuldens verwendet wird. Sich vor Abschluss eines Kaufvertrages oder vor dessen Erfüllung darüber zu vergewissern, ob der Veräußerer Eigentümer des veräußerten Gegenstandes ist, stellt rechtstechnisch gesehen nämlich keine Rechtspflicht, sondern eine Obliegenheit des Erwerbers dar, deren Nichtbeachtung den Eigentumserwerb ausschließt.[640]

Was genau „grobe Fahrlässigkeit“ ist, sagt § 932 Abs. 2 BGB nicht. Die Rechtsprechung versteht darunter im Allgemeinen ein Handeln, bei dem die erforderliche Sorgfalt nach den gesamten Umständen in ungewöhnlich hohem Maße verletzt worden ist und bei dem dasjenige unbeachtet geblieben ist, was im gegebenen Falle jedem hätte einleuchten müssen.[641] Bereits diese Formel macht deutlich, dass der Begriff der „groben Fahrlässigkeit“ nicht allgemeinverbindlich, sondern nur bezogen auf den Einzelfall bestimmt werden kann, wobei sämtliche diesen prägende Umstände zu berücksichtigen sind.[642]

Bei der Konkretisierung des Begriffs der „groben Fahrlässigkeit“ im Einzelfall ist in zwei Schritten vorzugehen: Auszugehen ist von einem durchschnittlichen Maßstab im Sinne eines objektivierten Fahrlässigkeitsbegriffs, der sodann auf den konkreten Fall bezogen und individualisiert werden muss.

Der durchschnittliche Maßstab wird anhand objektiver Kriterien bestimmt, wobei auch die Personengruppe zu berücksichtigen ist, welcher der Erwerber angehört.[643] Während also die geschäftliche Unerfahrenheit oder ein ungewöhnliches Maß an persönlicher Arglosigkeit, Harmlosigkeit oder Dummheit des Erwerbers nicht zu dessen Gunsten berücksichtigt werden dürfen, verschärfen berufsspezifische oder gruppenspezifische Fähigkeiten die an die Sorgfalt des Erwerbers zu stellenden Anforderungen.[644] Für den Erwerb von Kunstwerken bedeutet dies Folgendes: Von Kunsthändlern und Museen kann ein Maß an

---

639 BGH v. 21.12.1960, NJW 1961, S. 777 ff. [777, 778]; Staudinger-*Wiegand*, § 932, Rn. 41; MünchKomm-*Quack*, § 932, Rn. 23; *Westermann*, Sachenrecht, § 46 2 b.

640 Staudinger-*Wiegand*, § 932, Rn. 43; MünchKomm-*Quack*, § 932, Rn. 41.

641 BGH v. 11.5.1953, BGHZ 10, 14 [16]; BGH v. 21.5.1953, BGHZ 10, 69 [74]; BGH v. 8.10.1991, NJW 1992, S. 316 f. [317].

642 Vgl. BGHZ 10, 14 [17]; Staudinger-*Wiegand*, § 932, Rn. 44; MünchKomm-*Quack*, § 932, Rn. 29; *Westermann*, Sachenrecht, § 46 2 c.

643 Staudinger-*Wiegand*, § 932, Rn. 49; *Westermann*, Sachenrecht, § 46 2 c. MünchKomm-*Quack*, § 932, Rn. 28 dagegen lehnt die Berücksichtigung der Personengruppe, welcher der Erwerber angehört, ab.

644 Staudinger-*Wiegand*, § 932, Rn. 49; *Westermann*, Sachenrecht, § 46 2 c.

Sorgfalt verlangt werden, das über dem liegt, das in vergleichbarer Situation von einem Privatsammler erwartet werden kann. Denn zum einen gehören sie einer Berufsgruppe an, die über die besonderen Risiken des Kunstkaufs informiert ist und sein muss. Und zum anderen haben sie sich selbst Verhaltensregeln für den Erwerb von Kunstwerken auferlegt, die, weltweit verbreitet und anerkannt, nicht nur ihre Wertvorstellungen und Handelsgewohnheiten, sondern auch und gerade ihre berufsspezifischen Sorgfaltsmaßstäbe verdeutlichen.[645] Von Privatsammlern wiederum kann ein Maß an Sorgfalt gefordert werden, welches über das hinausgeht, das von einem durchschnittlich aufmerksamen Erwerber eines gewöhnlichen Verbrauchsgutes verlangt werden kann. Denn der Erwerb von Kunstwerken ist mit einer erhöhten Gefahrentendenz belastet, die zu größerer Aufmerksamkeit verpflichtet.[646]

In einem zweiten Schritt muss sodann der objektiviert, typisierte Fahrlässigkeitsbegriff auf die konkrete Erwerbssituation bezogen und dieser erforderlichenfalls angepasst werden. Sind dem Erwerber, ohne dass hierfür eine besonders hohe Aufmerksamkeit erforderlich war, Umstände erkennbar gewesen, die dafür sprechen, dass der Veräußerer nicht der Eigentümer war, verschärfen sich die an ihn zu stellenden Sorgfaltsanforderungen: Er muss Erkundigungen einziehen und Nachforschungen anstellen, um die bestehenden Zweifel am Eigentum des Veräußerers auszuräumen.[647] Erfüllt der Erwerber diese Obliegenheiten und kann er alle ihm bekannten Verdachtsmomente beseitigen, so muss die Bösgläubigkeit verneint werden. Unterlässt er dagegen die geeigneten Nachforschungen und besteht die Verdachtssituation fort, so begründet gerade dies seine Bösgläubigkeit. Da es allein darauf ankommt, dass der Erwerber seine Zweifel ausräumt, es dagegen keine Rolle spielt, ob die Nachforschungen zur Erkenntnis der wirklichen Rechtslage geführt hätten, kann die Bösgläubigkeit nicht mit dem Argument verneint werden, dass selbst geeignete Nachforschungen nicht hätten aufklären können, ob der Veräußerer der Eigentümer der Sache ist.[648]

## 2.4. Nachforschungsobliegenheiten beim Erwerb von Kunstwerken

Ebenso wie bei jedem anderen Erwerbsgeschäft können sich beim Erwerb von Kunstwerken aus besonderen Umständen Anhaltspunkte für die Nichtberechtigung des Veräußerers ergeben, die Nachforschungsobliegenheiten des Erwerbers

---

[645] *Siehr*, SJZ 1981, S. 209; *Müller-Katzenburg*, Internationale Standards, S. 316 f.; *Kunze*, Restitution „Entarteter Kunst", S. 180 f.; *Hartung*, Kunstraub in Krieg und Verfolgung, S. 284.

[646] Vgl. *Franz*, Zivilrechtliche Probleme des Kulturgüteraustausches, S. 72; *Kunze*, Restitution „Entarteter Kunst", S. 179.

[647] Vgl. Staudinger-*Wiegand*, § 932, Rn. 53, 54; MünchKomm-*Quack*, § 932, Rn. 31; *Westermann*, Sachenrecht, § 46 2 c.

[648] Vgl. Staudinger-*Wiegand*, § 932, Rn. 82, 83; MünchKomm-*Quack*, § 932, Rn. 43, 44; *Westermann*, Sachenrecht, § 46 2 c; *Kunze*, Restitution „Entarteter Kunst", S. 172.

begründen. Wegen der Besonderheit des veräußerten Gegenstandes und den besonderen Gefahren, die mit einem Kunstkauf verbunden sind, stellt sich hier allerdings die Frage, ob nicht selbst dann, wenn keine besonderen Anhaltspunkte hierfür vorliegen, Zweifel an der Berechtigung des Veräußerers angebracht sind, die durch Nachforschungen ausgeräumt werden müssen.

### 2.4.1. Nachforschungsobliegenheiten beim Fehlen von Verdachtsmomenten

Die Rechtsprechung hat sich bislang noch nicht ausdrücklich mit der Frage beschäftigt, ob beim Erwerb von Kunstwerken eine generelle Nachforschungsobliegenheit besteht.[649] In den Fällen, in denen sie zu beurteilen hatte, ob der Erwerber eines Kunstgegenstandes hinsichtlich der Berechtigung des Veräußerers in gutem Glauben war, unterscheidet sie nicht hinreichend, ob die von ihr aufgestellten Prüfungspflichten aufgrund einer konkreten Verdachtssituation oder sogar unabhängig davon bestehen.[650]

In den vorliegenden Entscheidungen zum gutgläubigen Erwerb im Allgemeinen erkennt *Wiegand* jedoch den Grundsatz, dass der Erwerber bei Umsatzgeschäften, zu denen der Erwerb von Kunstwerken gehört, ohne konkrete Verdachtsmomente keine Nachforschungen anstellen muss. Eine Ausnahme von diesem Grundsatz würde nur beim Erwerb von Vorbehaltsware zugelassen: Nach einem eventuellen Eigentumsvorbehalt müsse sich der Erwerber prinzipiell erkundigen.[651] Dieser von der Rechtsprechung praktizierte Grundsatz verdient nach Ansicht von *Wiegand* deshalb Zustimmung, weil eine generelle Nachforschungsobliegenheit bei Umsatzgeschäften nicht mit der Konzeption des Gesetzes und der Interessenlage zu vereinbaren wäre.[652] Die zugelassene Ausnahme dagegen ist seiner Meinung nach in dieser Pauschalität abzulehnen. Wie bei einem gewöhnlichen Erwerb gäbe es nämlich auch bei einem Erwerb von Vorbehaltsware keine plausiblen Gründe dafür, den Eigentümer durch die Annahme einer generellen Nachforschungsobliegenheit von dem Risiko zu entlasten, das sich aus dem

---

[649] Anders etwa die schweizerische Rechtsprechung: *Siehr* in: UEK, Bd. 19, S. 139 ff. hat diese ebenso wie die Literatur zu dieser Frage analysiert und ist dabei zu dem Ergebnis gekommen, dass sich sowohl in der höchstrichterlichen Rechtsprechung als auch in der Literatur seit den 1950er Jahren die Auffassung durchgesetzt habe, dass beim Erwerb von Kunstwerken erhöhte Anforderungen an die Sorgfalt des Erwerbers zu stellen sind. Dabei lässt die Bemerkung, dass „deren Verletzung dazu führt, dass ein gutgläubiger Erwerb verneint wird" (S. 151), den Schluss zu, dass damit sogenannte „echte", das heißt, von speziellen Anhaltspunkten unabhängige, Erkundigungs- und Nachforschungspflichten gemeint sind, da nur bei diesen erst die Verletzung der Pflicht zur Zerstörung des Rechtsscheins führt und die Bösgläubigkeit begründet (vgl. hierzu MünchKomm-*Quack*, § 932, Rn. 47).

[650] MünchKomm-*Quack*, § 932, Rn. 46.

[651] Staudinger-*Wiegand*, § 932, Rn. 64, 66, 73.

[652] Staudinger-*Wiegand*, § 932, Rn. 74.

Auseinanderfallen von Eigentum und Besitz ergibt.[653] Eine generelle Nachforschungsobliegenheit sei allerdings dann zu bejahen, wenn der Erwerb zu Sicherungszwecken erfolgt. Anders als bei einem gewöhnlichen Erwerb stünde hier nämlich nicht das allgemeine Interesse an seiner reibungslosen Abwicklung im Vordergrund, sondern ein sehr spezifisches Eigeninteresse des Erwerbers, weshalb er den Verkehrsschutz nicht verdiene. Das Interesse des Erwerbers an der Sicherung etwa eines Darlehens aber stünde dem Interesse des Eigentümers gleich, der dem Veräußerer die Sache unter Eigentumsvorbehalt oder zur Sicherheit überlassen hat. Der Ausgleich der beiderseitigen Interessen habe in der Weise zu erfolgen, dass eine generelle Nachforschungsobliegenheit des Erwerbers in Bezug auf Sicherungsrechte Dritter angenommen wird.[654]

Da Kunstwerke in der Regel nicht unter Eigentumsvorbehalt oder zu Sicherungszwecken erworben werden, ist weder die von der Rechtsprechung praktizierte noch die von *Wiegand* herausgebildete Ausnahme einschlägig. Dies bedeutet jedoch nicht, dass beim Erwerb von Kunstwerken keine generelle Nachforschungsobliegenheit besteht. Denn bei den beiden bisher anerkannten Ausnahmen handelt es sich, da der Ausgleich der Interessen des Erwerbers und des Eigentümers fallbezogen vorgenommen werden muss, nur um Beispielsfälle. Für den Fall des Erwerbs von Kunstwerken ist deshalb eine eigenständige Analyse und Bewertung der bestehenden Interessen notwendig.

In der Literatur zum Kulturgüterschutz herrscht zu Recht die Auffassung vor, dass sich Kunstwerke wegen ihrer Einzigartigkeit von gewöhnlichen Verbrauchsgütern unterscheiden und es deshalb gerechtfertigt sei, den Interessen des bestohlenen Eigentümers den Vorrang vor denen des Erwerbers als Einzelfall des allgemeinen Verkehrsinteresses einzuräumen. Hinzu käme, dass auf diese Weise zugleich der blühende Handel mit gestohlenen oder sonst abhanden gekommenen Kunstwerken eingedämmt werden könne, was auch und gerade im Interesse des Rechtsverkehrs läge.[655] Nach teilweise vertretener Ansicht soll der als notwendig erachtete Schutz des bestohlenen Eigentümers durch die Annahme einer generellen Nachforschungsobliegenheit professioneller Erwerber erreicht werden. Kunsthändler und Museen sowie professionelle Privatsammler müssten sich generell nach der Herkunft des zu erwerbenden Kunstwerks sowie der Person des Veräußerers und seiner Berechtigung erkundigen und, tauchen dabei Zweifel auf, weitere Nachforschungen anstellen.[656]

---

653 Staudinger-*Wiegand*, § 932, Rn. 76 f.

654 Staudinger-*Wiegand*, § 932, Rn. 78, 81.

655 Vgl. *Schmeinck*, Internationalprivatrechtliche Aspekte des Kulturgüterschutzes, S. 146 f.; *Müller-Katzenburg*, Internationale Standards, S. 315, 318; *dies.*, NJW 1999, S. 2556; *dies.* in: Museen im Zwielicht, S. 235 f.; *Kunze*, Restitution „Entarteter Kunst", S. 140.

656 Vgl. *Müller-Katzenburg*, Internationale Standards, S. 322, 324.
Diese Auffassung verdient an sich Zustimmung. Bedenklich erscheint sie allerdings insoweit, als sie professionelle Privatsammler Kunsthändlern und Museen gleichstellt. Es ist nämlich

Vermutlich war es die Erkenntnis, dass solche Objekte oft Gegenstand illegaler Transaktionen sind, die teilweise auch in der Literatur zum gutgläubigen Erwerb zu der Annahme geführt hat, dass der Erwerb „besonders wertvoller Gegenstände, vor allem von Kunstgegenständen jeder Art" zu den verkehrstypischen Gefahrensituationen gehört, bei denen Erkundigungs- und Nachforschungsobliegenheiten ausnahmsweise sogar ohne einen konkreten Verdacht der Nichtberechtigung des Veräußerers gerechtfertigt sind.[657]

Was ihre Anwendbarkeit in der Praxis angeht, ist zunächst zu berücksichtigen, dass sich die Auffassung, dass einem Erwerber von Kunstwerken generell die Obliegenheit auferlegt werden müsse, sich nach der Herkunft des zu erwerbenden Kunstwerks sowie der Person des Veräußerers und seiner Berechtigung zu erkundigen und, tauchen dabei Zweifel auf, weitere Nachforschungen anzustellen, erst seit Mitte der 1990er Jahre herauszubilden beginnt. Damit wären allenfalls Erwerbsvorgänge, die seitdem stattgefunden haben, nach diesem Maßstab zu beurteilen. An frühere Erwerbsvorgänge kann er hingegen nicht angelegt werden.[658]

Weiterhin ist zu beachten, dass sich diese Auffassung bislang weder in der Literatur noch in der Rechtsprechung durchsetzen konnte. Deshalb müssen sich nicht nur frühere, sondern auch Erwerbsvorgänge, die seit Mitte der 1990er Jahre

---

zweifelhaft, ob sich die notwendige Qualifizierung eines Privatsammlers als „professioneller Privatsammler" in der Praxis umsetzen lässt. Dies deshalb, weil es für die Feststellung, ob das Tätigsein eines Privatsammlers einen Grad an Professionalität erreicht hat, der dem des Handelns von Kunsthändlern und Museen entspricht und die Auferlegung einer generellen Nachforschungsobliegenheit rechtfertigt, keine klaren Regeln gibt. Die Anhaltspunkte, wie etwa der Umfang und der Wert der Sammlung sowie die Dauer der Sammlertätigkeit, die nach Ansicht von *Müller-Katzenburg* für die Professionalität eines Privatsammlers sprechen (vgl. *Müller-Katzenburg*, Internationale Standards, S. 322), lassen nur die Feststellung einer Tendenz, nicht aber eines bestimmten Grades an Professionalität zu. Je nachdem, welches Gewicht den jeweils vorliegenden Anhaltspunkten beigemessen wird, kann die Professionalität des Privatsammlers und damit das Bestehen einer generellen Nachforschungsobliegenheit im Ergebnis entweder bejaht oder verneint werden. Dies führt zu mehr oder weniger zufälligen Ergebnissen, was einem angemessenen Ausgleich der Interessen des Eigentümers und der des Erwerbers nicht dienlich ist.

[657] MünchKomm-*Quack*, § 932, Rn. 45 ff., insbesondere Rn. 48. Zustimmend: *von Plehwe*, KUR 2001, S. 53.
Unklar ist, was *Westermann*, Sachenrecht, § 46 2 c meint, wenn er anmerkt, dass beim Erwerb sehr wertvoller Kunstwerke die Nachforschungsobliegenheiten „besonders weit" gingen. Will er damit sagen, dass Nachforschungsobliegenheiten generell bestehen, oder meint er, dass beim Vorliegen spezieller Anhaltspunkte an Art und Umfang der Nachforschungen besonders hohe Anforderungen zu stellen sind?
Demgegenüber geht Staudinger-*Wiegand*, § 932, Rn. 74 ff. bei seinen Ausführungen zu der Frage, ob bei gewissen Geschäftstypen eine generelle Nachforschungspflicht besteht, auf den Geschäftstyp „Erwerb von Kunstwerken" überhaupt nicht ein.

[658] Vgl. *Siehr* in: UEK, Bd. 19, S. 148.

stattgefunden haben, an dem zu dieser Zeit anerkannten Sorgfaltsmaßstab messen lassen, wonach der Erwerber nur dann Nachforschungen anstellen muss, wenn besondere Verdachtsmomente hierzu Anlass geben.

## 2.4.2. Nachforschungsobliegenheiten beim Vorliegen von Verdachtsmomenten

### (1) Verdachtsmomente beim Erwerb von Kunstwerken im Allgemeinen

Anhaltspunkte für die Nichtberechtigung des Veräußerers können sich beim Erwerb von Kunstwerken zum einen aus der jeweiligen Veräußerungssituation ergeben. Da Kunstwerke häufig unter Vorlage von Expertisen veräußert werden, kommt zum anderen der Frage nach deren Bedeutung im Hinblick auf das Bestehen von Verdachtsmomenten einiges Gewicht zu.

#### a) Die Veräußerungssituation

Als Umstände, aus denen sich Verdachtsmomente ergeben können, werden beim Erwerb von Kunstwerken insbesondere ein außergewöhnlich niedriger Kaufpreis, ein ungewöhnlicher Veräußerungsort und die Person des Veräußerers angesehen.[659]

Von Bedeutung ist insoweit die Entscheidung des VIII. Zivilsenats des BGH vom 10.1.1973, in der dieser sich mit der Frage des gutgläubigen Erwerbs eines Kykladenidols zu befassen hatte.[660] Der Senat hat darin folgendes ausgeführt: *„Das Berufungsgericht ist mit Recht der Auffassung, dass an die Nachforschungspflicht des Beklagten hohe Anforderungen zu stellen sind, weil eine Sache von bedeutendem Wert unter ungewöhnlichen Umständen übergeben wurde. Nach seiner Meinung musste schon das grobe Missverhältnis zwischen dem Wert des Idols und dem dafür verlangten Betrag das Misstrauen des Beklagten erwecken und Anlass zu Nachforschungen geben.“*[661] Zudem habe das Berufungsgericht zutreffend berücksichtigt, *„dass derart wertvolle Kunstwerke nur im Fachhandel, auf Versteigerungen oder von privaten Sammlern verkauft werden“*, es sich bei dem Veräußerer hier aber um einen dem Beklagten bis dahin völlig unbekannten jungen griechi-

---

[659] Vgl. *Franz*, Zivilrechtliche Probleme des Kulturgüteraustausches, S. 70 ff.; *Kunze*, Restitution „Entarteter Kunst“, S. 172 ff.

[660] BGH v. 10.1.1973, WarnR 1973 Nr. 3, S. 9 ff. Das Kykladenidol, eine weiblichen Figur aus dem 3. Jahrtausend vor Christus, mit einem Wert von 70.000 bis 80.000 DM war von dem späteren Kläger einem Kunsthändler zum Verkauf überlassen worden. Dieser übergab es in Gegenwart eines griechischen Studenten, den er als den Eigentümer ausgab, dem Beklagten, um es ihm zu Eigentum zu übertragen. Der Beklagte zahlte dafür 7.000 DM an den Studenten, die dieser dem Händler aushändigte. Der Senat bestätigte die Instanzgerichte, die der Klage auf Herausgabe stattgegeben hatten.

[661] BGH, WarnR 1973 Nr. 3, S. 9 [10].

schen Studenten gehandelt habe. Dieser Umstand *„habe den Beklagten zumindest zu einer Frage nach der Herkunft des Idols veranlassen müssen."*[662] Diese Feststellungen des Gerichts lassen durchscheinen, dass zur Begründung eines Verdachtsmoments und einer Nachforschungsobliegenheit bereits einer der beiden vorliegenden ungewöhnlichen Umstände ausreicht.[663]

Diese Kriterien sind von der obergerichtlichen Rechtsprechung übernommen worden. So hat etwa das Oberlandesgericht München in seinem Urteil vom 12.12.2002 in der Veräußerung einer wertvollen Geige deutlich unter ihrem Verkehrswert und außerhalb eines üblichen Geschäftsbetriebes, nämlich in oder vor einem Lokal in der Nähe des Münchener Hauptbahnhofs durch eine arbeitslose Laborantin, Umstände gesehen, die Zweifel an deren Berechtigung begründen und Anlass zu Nachforschungen geben mussten. Ein weiteres Verdachtsmoment lag nach Ansicht des Gerichts in diesem Fall darin, dass der Veräußerer das Originalzertifikat für die Geige nicht vorgelegt hat.[664]

### b) Die Bedeutung von Expertisen

Von *Hanisch* stammt die Anregung, für jeden Kunstgegenstand von Bedeutung einen „Kunstobjekt-Brief" einzuführen, auf dem die ursprüngliche Herkunft und alle weiteren Erwerbsvorgänge authentisch bezeugt sind. Wer sich beim Erwerb diesen Brief nicht vorlegen und übergeben lasse, handele grob fahrlässig im Sinne des § 932 Abs. 2 BGB.[665] Dieser Gedanke findet sich in der Praxis in abgewandelter Form umgesetzt: Nach *Kunzes* Erkenntnis werden im seriösen Kunsthandel Werke mit einem gewissen Wert nur unter Beifügung von Expertisen veräußert.[666] Je nach Renommee des Hauses werden diese entweder von dem jeweiligen Kunsthändler oder Auktionshaus selbst erstellt oder in Auftrag gegeben. Die Expertisen beträfen zwar vorwiegend den Nachweis der Echtheit und der künstlerischen Herkunft des Werkes, beinhalteten aber vermehrt darüber hinaus Angaben zu den Vorbesitzern, soweit sich diese zurückverfolgen lassen.[667] Auch wenn Expertisen, anders als etwa Kraftfahrzeugbriefe, keine zum Beweis des Eigentums dienende Urkunden im Sinne des § 444 BGB darstellen, kommt

---

[662] BGH, WarnR 1973 Nr. 3, S. 9 [10].

[663] Vgl. *Franz*, Zivilrechtliche Probleme des Kulturgüteraustausches, S. 77; *Kunze*, Restitution „Entarteter Kunst", S. 173.

[664] OLG München v. 12.12.2002, NJW 2003, S. 673. Nachdem ein Dritter die streitgegenständliche Geige an die beklagte Eigentümerin zurückgegeben hatte, machte der Kläger, der Bruder des Erwerbers, aus abgetretenem Recht Schadensersatzansprüche geltend. Die darauf gerichtete Klage wurde in erster wie in zweiter Instanz abgewiesen.

[665] *Hanisch* in: FS für Müller-Freienfels, S. 223.

[666] *Kunze,* Restitution „Entarteter Kunst", S. 174.

[667] Vgl. *Kunze,* Restitution „Entarteter Kunst", S. 175.

ihnen im Hinblick auf das Bestehen von Verdachtsmomenten Bedeutung zu.[668] In ihrer Nichtvorlage bzw. in ihrem Inhalt können nämlich Anhaltspunkte für die Nichtberechtigung des Veräußerers zu sehen sein.

Die Nichtvorlage einer Expertise kann nur dann ein Verdachtsmoment darstellen, wenn hierin eine Abweichung von der gängigen Praxis zu sehen ist. Ausgehend von der Feststellung *Kunzes* ist dies nur dann der Fall, wenn das zu erwerbende Kunstwerk einen „gewissen Wert" besitzt. Eine genauere Bestimmung des Wertes, von dem an ein Kunstwerk nicht ohne Expertise veräußert wird, nimmt *Kunze* nicht vor. Angesichts der Schwankungen, denen der Kunstmarkt unterworfen ist, dürfte dies auch kaum möglich sein.[669] Vor diesem Hintergrund erscheint es zumindest fragwürdig, ob von einem Erwerber, insbesondere, wenn es sich hierbei um eine wenig kunsterfahrene Person handelt, zu verlangen ist, dass er aufgrund des Wertes des zu erwerbenden Kunstwerks, geht man davon aus, dass dieser dem zu bezahlenden Kaufpreis entspricht, zu der Einsicht gelangt, dass die Vorlage einer Expertise üblich wäre und die Nichtvorlage demzufolge auf die Nichtberechtigung des Veräußerers hindeutet.

Wird eine Expertise vorgelegt, so stützt sie den Rechtsschein des Besitzes, wenn sich aus ihr die Besitzverhältnisse vom Veräußerer bis zum Künstler zurückverfolgen lassen. Auf der anderen Seite müssen sich daraus, dass die Angaben zu den Vorbesitzern Lücken aufweisen, noch keine Verdachtsmomente für die Nichtberechtigung des Veräußerers ergeben.[670] Ob eine Lücke Zweifel an der Berechtigung des Veräußerers wecken muss, ist vielmehr unter Berücksichtigung aller Umstände des Einzelfalles festzustellen. Abzustellen ist dabei insbesondere auf die Person des Erstellers der Expertise, seine Reputation und seine Fachkenntnis. Handelt es sich bei dem Ersteller um einen Mitarbeiter eines Auktionshauses, sind außerdem dessen Größe, Tradition und Renommee zu beachten. Weiter kann entscheidend sein, wie lange die Lücke zurückliegt und wie lange die sich anschließenden Besitzzeiten gewährt haben. Der Umstand, dass die Lücke einen Zeitraum betrifft, der noch nicht so lange zurückliegt und durch Unterlagen oder Zeitzeugen erhellt werden kann, und der Umstand, dass die sich anschließenden Besitzzeiten auffällig kurz sind, können dafür sprechen, dass das veräußerte Kunstwerk nicht legal auf den Markt gekommen und sein Veräußerer nicht sein Eigentümer ist.[671]

---

[668] Vgl. *Kunze,* Restitution „Entarteter Kunst", S. 174 f.

[669] Vgl. *Franz,* Zivilrechtliche Probleme des Kulturgüteraustausches, S. 71.

[670] Vgl. *Kunze,* Restitution „Entarteter Kunst", S. 175.

[671] Vgl. *Kunze,* Restitution „Entarteter Kunst", S. 175, 176.

### (2) Verdachtsmomente beim Erwerb von entzogenen Kunstwerken

Beim Erwerb von während der nationalsozialistischen Herrschaft aus jüdischen Sammlungen entzogenen Kunstwerken können nicht nur die allgemeinen, sondern auch spezielle, in ihrem besonderen Schicksal begründet liegende Verdachtsmomente für die Nichtberechtigung des Veräußerers sprechen. Ein solches Verdachtsmoment kann sich vornehmlich daraus ergeben, dass das zu erwerbende Kunstwerk ursprünglich einem jüdischen Sammler gehört hat, dem es in der Zeit vom 30. Januar 1933 bis zum 8. Mai 1945 in rechtswidriger Weise entzogen worden ist. Anhaltspunkte hierfür wiederum können sich aus den nachfolgend dargestellten Umständen ergeben. Bei der Beantwortung der Frage, ob diese dem Erwerber ohne besondere Aufmerksamkeit erkennbar gewesen sind, ist zu berücksichtigen, dass dieser in bestimmten Umständen nur dann einen Anhaltspunkt für die jüdische Provenienz des Kunstwerks sowie seine Entziehung und deren Nichtigkeit sehen konnte, wenn er über ein bestimmtes Wissen über die nationalsozialistische Judenverfolgung im Allgemeinen und die Entziehung jüdischen Vermögens einschließlich Kunstbesitzes im Besonderen verfügt hat. Da sich dieses Wissen jedoch mit dem Ablauf der seitdem vergangenen Zeit verändert hat, sind bei der nachfolgenden Untersuchung drei Zeitabschnitte zu unterscheiden: Erstens die Zeit während des Nationalsozialismus bis Ende der 1960er Jahre, in der als Erwerber Personen aufgetreten sind, welche die Zeit des Nationalsozialismus bewusst erlebt und somit über eigene Kenntnisse verfügt haben. Zweitens die Zeit von Anfang der 1970er Jahre bis 1998, in der die Erwerber zumeist der Nachkriegsgeneration angehört haben, die mangels eigener Kenntnis auf fremde Erkenntnisquellen angewiesen war, die in dieser Zeit jedoch nur in sehr beschränktem Maße vorhanden bzw. zugänglich gewesen sind.[672] Und drittens die Zeit nach 1998, in der den Erwerbern mit der nunmehr veröffentlichten Literatur auch und gerade zum Thema Entziehung jüdischen Kunstbesitzes einschlägige und aktuelle Informationsquellen zur Verfügung stehen.

#### a) Verdachtsmomente beim Erwerb von im Reichsgebiet entzogenen Kunstwerken

#### aa) Jüdische Provenienz des zu erwerbenden Kunstwerks

Insbesondere wenn der Erwerb eines bekannten Kunstwerks in Frage steht, ist es durchaus denkbar, dass dessen jüdische Provenienz dem Erwerber positiv bekannt gewesen ist. In der Mehrzahl der Fälle wird dies jedoch nicht der Fall

---

672 Freilich ist es denkbar, dass auch in dieser Zeit noch Kunsthändler, Museumsmitarbeiter und Privatsammler aktiv waren, die sich bereits in der Zeit während des Nationalsozialismus bis Ende der 1960er Jahre am Kunsthandel beteiligt haben. Beim Erwerb entzogener Kunstwerke durch sie gilt dann natürlich uneingeschränkt das für diesen früheren Zeitraum maßgebliche Anforderungsprofil.

gewesen sein, so dass es entscheidend darauf ankommt, ob dem Erwerber die jüdische Provenienz des zu erwerbenden Kunstwerks ohne besondere Aufmerksamkeit erkennbar gewesen ist.

### (a) Namensangabe auf dem Kunstwerk

Die jüdische Provenienz des zu erwerbenden Kunstwerks ist etwa daran erkennbar, dass auf seiner Rückseite der Name des früheren Eigentümers und dabei eine Jahreszahl oder eine andere Angabe, die auf eine Besitzzeit zwischen 1933 und 1945 hindeutet, angebracht sind.

Mit seinem Namen oder einem Ausstellungsvermerk, der wiederum seinen Namen enthält, sind zum Beispiel einige Kunstwerke aus der Sammlung des Berliner Bankiers Max Steinthal versehen.[673]

Einen Anhaltspunkt für die jüdische Provenienz des Kunstwerks bieten diese Daten allerdings nur dann, wenn dem Erwerber außerdem bekannt oder erkennbar gewesen ist, dass der frühere Eigentümer jüdischer Abstammung war. Letzteres war und ist zumindest dann der Fall, wenn, wie bei einigen Kunstwerken aus dem Besitz von Max Steinthal, besondere Anzeichen vorhanden sind, die darauf hindeuten. So sind etwa die Angaben „Max Steinthal, Uhlandstr. 191" auf der Gouache „Die Badenden" von Camille Pissarro in ein Etikett mit dem Titel „Kunstsammlung der jüdischen Gemeinde Berlin" eingetragen, mit dem diese anlässlich der Ausstellung „Hundert Jahre jüdische Kunst aus Berliner Besitz", die von Dezember 1937 bis Januar 1938 im Jüdischen Museum stattgefunden hat, versehen worden ist.[674] Aufgrund dieses Etiketts konnten die Gouache und mit ihr weitere 59 Gemälde, Zeichnungen und Lithographien aus dem Kunstbesitz von Max Steinthal im Jahr 2002 von den Staatlichen Kunstsammlungen Dresden, wo sie sich seit 1953 als „Verwahrgut Konsul Vollmann" befanden, als „jüdischer Fremdbesitz" identifiziert und an die Erben von Max Steinthal zurückgegeben werden.[675]

---

[673] Abbildungen sind abgedruckt bei: *Köhn/Lupfer*, Dresdener Kunstblätter 06/2003, S. 355; *Tatzkow/Frost* in: Max Steinthal. Ein Bankier und seine Bilder, S. 29, 32.

[674] *Dr. Monika Tatzkow* in einem Gespräch mit der Verfasserin am 26.5.2005. Vgl. auch die Abbildung bei *Tatzkow/Frost* in: Max Steinthal. Ein Bankier und seine Bilder, S. 32.

[675] Die Kunstwerke sind nach dem Tod von Max Steinthal und seiner Ehefrau Fanny von deren nichtjüdischem Schwiegersohn und Testamentvollstrecker Richard Vollmann zum Schutz vor Zerstörung infolge der Bombenangriffe auf Berlin in seine Villa in Dresden verlagert worden. Dort sind sie nach der Flucht Richard Vollmanns aus der DDR im Jahr 1950 beschlagnahmt und in den Depots der Dresdner Museen eingelagert worden und so jahrzehntelang im Verborgenen geblieben (vgl. *Köhn/Lupfer*, Dresdener Kunstblätter 06/2003, S. 355; *Tatzkow/Frost* in: Max Steinthal. Ein Bankier und seine Bilder, S. 40, 41; *Rudolph*, Die drei Segel der Sammlung Steinthal. Eine Restitutionsgeschichte mit Auktionen bei Sotheby's, NZZ v. 30./31.10.2004, S. 37). Der Verbringung nach Dresden ist es zu verdanken, dass diese Kunstwerke, anders als diejenigen, die in Berlin verblieben sind, nicht vom Deutschen

Gibt es keine besonderen Anzeichen für die jüdische Abstammung des früheren Eigentümers, so ist wie folgt zu differenzieren:

In der Zeit während des Nationalsozialismus bis Ende der 1960er Jahre war die jüdische Abstammung des früheren Eigentümers zumindest Kunsthändlern und Museen[676] immerhin dann erkennbar, wenn es sich bei dem Eigentümer um einen bekannten Sammler gehandelt hat. Von Kunsthändlern und Museen war generell ein größeres Maß an Sorgfalt zu fordern als von Privatsammlern. Anders als von Letzteren konnte von ihnen deshalb verlangt werden, dass sie sich über diejenigen Privatsammlungen informieren, die in der Zeit ihrer beruflichen Tätigkeit bestehen und eine gewisse Bedeutung besitzen. Dabei ließ sich in der Regel auch in Erfahrung bringen, ob ihr Eigentümer jüdischer Herkunft war. In den ersten Jahren der Herrschaft des Nationalsozialismus ist dies insbesondere dadurch offenbar geworden, dass die Sammlung oder ein Teil davon im Wege der Versteigerung veräußert worden ist. In dieser Zeit fanden nämlich vermehrt sogenannte „Judenauktionen" statt, in denen jüdische Sammler ihre Kunstwerke veräußerten, um mit dem Erlös ihren Lebensunterhalt oder ihre Auswanderung zu finanzieren. Dies war allgemein bekannt. Nach 1938 hat sich die jüdische Herkunft des Sammlers etwa darin gezeigt, dass Kunstwerke aus seiner Kollektion vom zuständigen Finanzamt oder einem von diesem beauftragten Auktionshaus versteigert worden sind.

In der Zeit von Anfang der 1970er Jahre bis 1998 war die jüdische Abstammung des früheren Eigentümers nicht nur Privatsammlern, sondern auch Kunsthändlern und Museen nicht erkennbar. Da damit das zu fordernde erhöhte Maß an Sorgfalt überschritten worden wäre, konnte von ihnen nicht verlangt werden, dass sie sich ohne besonderen Anlass auch über die Privatsammlungen erkundigen, die in der Zeit bestanden haben, als sie ihren Beruf noch nicht ausgeübt haben. Ein besonderer Anlass hierfür bestand insbesondere deshalb nicht, weil das Thema Entziehung jüdischen Vermögens einschließlich Kunstbesitzes in die-

---

Reich, dem sie nach der Auswanderung auch des letzten Kindes von Max und Fanny Steinthal verfallen waren, in Besitz genommen und verwertet worden sind. Auf welche Weise die Verwertung erfolgte, konnte bislang nicht ermittelt werden (*Dr. Monika Tatzkow* in einem Gespräch mit der Verfasserin am 26.5.2005). Da dies die gängige Praxis war, steht jedoch zu vermuten, dass sie versteigert worden sind. Deshalb ist es durchaus möglich, dass ein Kunstwerk aus dem Besitz von Max Steinthal in der heutigen Zeit auf dem Kunstmarkt auftaucht. Handelte es sich dabei etwa um die Gemälde „Boulevard" und „Hafen von Dieppe" von Camille Pissarro, die ebenfalls in der Ausstellung 1937/38 im Jüdischen Museum zu sehen waren und vermutlich ebenfalls mit dessen Ausstellungsvermerk versehen sind, wäre die jüdische Abstammung ihres früheren Eigentümers dem Erwerber erkennbar.

[676] Bei juristischen Personen kommt es dabei auf die Kenntnis oder das Kennenmüssen der mit dem Erwerb des Kunstwerks befassten Person an, das ihnen entsprechend § 166 Abs. 1 BGB zuzurechnen ist (BGH, NJW 1992, S. 317; MünchKomm-*Quack*, § 932, Rn. 21). Dies ist gemeint, wenn hier der Einfachheit halber teilweise von dem Museum als derjenigen Person, die Kenntnis hatte oder hätte haben müssen, gesprochen wird.

ser Zeit, anders als noch im vorhergehenden und wieder im folgenden Zeitabschnitt, nicht Gegenstand der öffentlichen Diskussion war, die Kunsthändler, Museen und Privatsammler als potenzielle Erwerber von entzogenen Kunstwerken dazu veranlassen musste, sich intensiver damit zu befassen.

Seit 1999, genauer: seit Februar 2001, ist die jüdische Abstammung des früheren Eigentümers sowohl Kunsthändlern und Museen als auch Privatsammlern jedenfalls dann erkennbar, wenn dieser in der Auflistung jüdischer Sammler, die der sogenannten „Handreichung" zur Umsetzung der Gemeinsamen Erklärung[677] beigefügt ist, genannt ist oder sein Schicksal in einem der seit 1998 veröffentlichten Bücher oder Aufsätze geschildert wird. Von ihnen, selbst von Privatsammlern, kann ein erhöhtes Maß an Sorgfalt und damit verlangt werden, dass sie sich über die vorhandene Literatur über die Entziehung jüdischen Kunstbesitzes informieren und sich die dadurch vermittelten Kenntnisse aneignen. Damit wird selbst das von Privatsammlern wegen der besonderen Gefahren beim Erwerb von Kunstwerken zu fordernde erhöhte Maß an Sorgfalt nicht überschritten. Das Thema Entziehung jüdischen Kunstbesitzes war und ist seit der Washingtoner Konferenz im Dezember 1998 nicht nur Gegenstand von Büchern und Aufsätzen, sondern verstärkt auch von Artikeln in Tageszeitungen.[678] Diese mussten insbesondere Privatsammler als potenzielle Erwerber von entzogenen Kunstwerken für dieses Thema sensibilisieren und dazu veranlassen, sich über weiterführende Literatur zu informieren und die bisher gewonnenen Kenntnisse durch deren Lektüre zu vertiefen. Dabei ist zu berücksichtigen, dass die Literaturrecherche heutzutage, da hierfür das Internet nutzbar ist, keinen großen Aufwand erfordert. Ein Verzeichnis der einschlägigen Literatur ist zum Beispiel auf den Internetseiten der Koordinierungsstelle für Kulturgutverluste zu finden.[679] Viele der dort aufgeführten Bücher können in Bibliotheken ausgeliehen und somit ohne finanziellen Aufwand beschafft werden.

Ist der frühere Eigentümer nicht in der Auflistung der Handreichung bzw. anderen Quellen erwähnt, so ist seine jüdische Abstammung ausschließlich Museen erkennbar. Anders als von Kunsthändlern und Privatsammlern kann von ihnen nämlich nunmehr auch verlangt werden, dass sie sich über diejenigen Privat-

---

[677] „Handreichung zur Umsetzung der Erklärung der Bundesregierung, der Länder und der kommunalen Spitzenverbände zur Auffindung und Rückgabe NS-verfolgungsbedingt entzogenen Kulturgutes, insbesondere aus jüdischem Besitz", Anlage II h, S. 39 f. Im Internet abrufbar auf http://www.lostart.de/stelle/handreichung.
Zu Entstehung, Zweck und wesentlichem Inhalt der Handreichung vgl. *Beaucamp*, Erst klauen, dann maulen. Lang erwartet: „Handreichung" für die Rückgabe von Beutekunst, FAZ v. 8.5.2001, S. 47; *Kuhn* in: Museen im Zwielicht, S. 304 ff.

[678] Eine Zusammenstellung seit 1998 erschienener Artikel liefert *Reemtsma* in: Museen im Zwielicht, S. 462 ff.

[679] Im Internet abrufbar auf http://www.lostart.de/publikationen/index.

sammlungen informieren, die während des Nationalsozialismus bestanden haben. Dies gehört zu ihrer mit der Gemeinsamen Erklärung übernommenen oder bekräftigten Aufgabe, ihre Bestände darauf zu überprüfen, ob sie aus jüdischen Sammlungen entzogene Kunstwerke enthalten.[680] Diese können aber nur dann als solche identifiziert werden, wenn bekannt ist, welche Sammlungen seinerzeit existiert haben. Diese Kenntnis müssen sich die Museen dadurch verschaffen, dass sie erforschen, welche Sammlungen es am Ort ihres Sitzes gab, und sich bei Einrichtungen andernorts erkundigen, welche Sammlungen dort vorhanden waren.

### (b) Zurschaustellung des Kunstwerks in einer Ausstellung

Die jüdische Provenienz des zu erwerbenden Kunstwerks ist weiterhin daran erkennbar, dass es kurze Zeit vor oder während des Nationalsozialismus in einer Ausstellung gezeigt worden ist und der Ausstellungskatalog seinen Eigentümer namentlich bezeichnet.

Dies ist nicht nur bei den erwähnten Kunstwerken aus dem Besitz von Max Steinthal der Fall, sondern auch bei einigen Werken aus der Sammlung des Dresdner Rechtsanwalts Dr. Fritz Salo Glaser. In der III. Jubiläumsausstellung des Sächsischen Kunstvereins zu Dresden mit dem Titel „Neuere Kunstwerke aus Dresdner Privatbesitz", die vom 11. April bis Mitte Mai 1929 stattgefunden hat, wurden 27 Kunstwerke aus dieser Sammlung gezeigt. Diese sind in dem Ausstellungskatalog unter den Nummern 145 bis 171 als Besitz des „Rechtsanwalts Dr. jur. Fritz Glaser" verzeichnet.[681] Mit der „Gelben Begleitung" von Wassily Kandinsky sowie zwei Gemälden von Paul Klee, dreien von Oskar Kokoschka und einem von Emil Nolde befanden sich darunter auch Kunstwerke, die Dr. Fritz Salo Glaser später veräußern musste, um die ihm auferlegte Judenvermögensabgabe begleichen zu können.[682]

Der Umstand der Ausstellung und der Name des damaligen Eigentümers des Kunstwerks sind dem Erwerber, gleichgültig, ob es sich bei diesem um einen Kunsthändler, ein Museum oder einen Privatsammler gehandelt hat, bekannt oder jedenfalls erkennbar gewesen, wenn er die jeweilige Ausstellung besucht oder den dazugehörigen Katalog studiert und das Kunstwerk dabei wahrgenommen hat. Ist das nicht der Fall, so ist wie folgt zu differenzieren:

---

680 In Ziffer II der Gemeinsamen Erklärung werden die Museen dazu aufgefordert, ihre bisherigen Bemühungen zur Auffindung von „NS-verfolgungsbedingt entzogenem Kulturgut", zu denen auch die „eigene Suche im Rahmen der Wahrnehmung der Aufgaben der jeweiligen Einrichtung" (Nr. 3) gehört, fortzuführen.

681 Sächsischer Kunstverein zu Dresden, Neuere Kunstwerke aus Dresdner Privatbesitz, III. Jubiläumsausstellung 11. April bis Mitte Mai 1929, S. 22, 23.

682 Siehe oben S. 29 ff.

In der Zeit während des Nationalsozialismus bis Ende der 1960er Jahre waren diese Umstände ausschließlich Kunsthändlern und Museen erkennbar. Wie bereits dargelegt, konnte von ihnen, anders als von Privatsammlern, verlangt werden, dass sie sich über die zur Zeit ihrer Berufsausübung bestehenden Privatsammlungen von gewisser Bedeutung informieren. Da die Bedeutung einer Sammlung gerade darin zum Ausdruck kommt, dass Kunstwerke daraus als Leihgaben für Ausstellungen erbeten werden, konnte von Kunsthändlern und Museen gefordert werden, dass sie die Kataloge der in dieser Zeit veranstalteten Ausstellungen studieren, um in Erfahrung zu bringen, welche Kunstwerke zu welcher Sammlung gehören.

In der Zeit von Anfang der 1970er Jahre bis 1998 waren diese Momente auch Kunsthändlern und Museen nicht erkennbar. Da von ihnen nicht verlangt werden konnte, dass sie sich über die Privatsammlungen informieren, die in der Zeit vor ihrer Berufsaufnahme bestanden haben, konnte von ihnen auch nicht gefordert werden, dass sie die Kataloge der in dieser Zeit veranstalteten Ausstellungen durchsehen.

Seit 1999 sind diese Umstände zumindest Museen wieder erkennbar. Zu ihrer Aufgabe der Bestandsprüfung gehört nicht nur, dass sie sich darüber informieren, welche Sammlungen vor bzw. während des Nationalsozialismus bestanden haben, sondern auch, welche Kunstwerke zu der jeweiligen Sammlung gehört haben. Denn auch dieses Wissen ist erforderlich, um aus jüdischen Sammlungen entzogene Kunstwerke als solche identifizieren zu können. Darüber, welche Kunstwerke Bestandteil welcher Sammlung waren, geben insbesondere die Kataloge der Ausstellungen Auskunft, die kurz vor und in der Zeit des Nationalsozialismus ausgerichtet worden sind. Deshalb kann von den Museen verlangt werden, dass sie diese studieren.

Einen Anhaltspunkt für die jüdische Provenienz des Kunstwerks liefern die Ausstellung des Kunstwerks und der Name seines damaligen Eigentümers jedoch nur, wenn dem Erwerber zudem bekannt oder erkennbar gewesen ist, dass dieser jüdischer Abstammung war. Was dies angeht, gilt das zur Namensangabe auf dem Kunstwerk Gesagte.

Tauchen in der heutigen Zeit Gemälde aus der Sammlung von Dr. Fritz Salo Glaser, die in der III. Jubiläumsausstellung des Sächsischen Kunstvereins zu Dresden zu sehen waren, etwa auf dem Kunstmarkt auf, so ist die jüdische Abstammung ihres früheren Eigentümers jedenfalls Museen erkennbar. Bei ihren Recherchen sind namentlich die Staatlichen Kunstsammlungen Dresden in Person ihrer Mitarbeiterin Heike Biedermann auf einen Nachfahren von Dr. Fritz Salo Glaser und den Film „Tragödie einer Familie", der auch und insbesondere das Schicksal Glasers während des Nationalsozialismus schildert, gestoßen. Aus diesen Quellen haben sie erfahren, dass Glaser jüdischer Herkunft war.[683] Da sich andernorts ansässige Museen bei den Staatlichen Kunstsammlungen Dresden danach erkundigen müssen, welche jüdischen Sammlungen hier vor und in der Zeit der Herrschaft des Nationalsozialismus bestanden haben, ist die jüdische Abstammung Dr. Fritz Salo Glasers auch ihnen erkennbar.

### (c) Versteigerung in einer Judenauktion

Die jüdische Provenienz des zu erwerbenden Kunstwerks ist des Weiteren daran erkennbar, dass es während der nationalsozialistischen Herrschaft in einer Judenauktion versteigert worden ist. Die Versteigerer hatten seinerzeit, so bestimmte es § 51 Abs. 1 Nr. 2 und Abs. 2 der „Verordnung zur Durchführung des Gesetzes über das Versteigerergewerbe" vom 30. Oktober 1934[684], in ihren Auktionskatalogen die zu versteigernden Sachen ihrem Besitzer zuzuordnen; auf Verlangen der Auftraggeber konnten sie statt deren Namens „ein Deckwort oder einen Buchstaben" angeben. Kunstwerke aus jüdischem Besitz haben die Versteigerer zusätzlich – zunächst freiwillig, später dann durch § 2 der „Verordnung gegen die Unterstützung der Tarnung jüdischer Gewerbebetriebe" vom 22. April 1938[685] hierzu angehalten – durch einen Asterix (*) oder ein „J" gekennzeichnet.[686]

Der Umstand der Versteigerung des Kunstwerks in einer Judenauktion ist einem späteren Erwerber allerdings nur dann erkennbar gewesen, wenn er gewusst hat, dass es in der Zeit vom 30. Januar 1933 bis zum 3. Dezember 1938 in einer Versteigerung zum Beispiel der Auktionshäuser Paul Graupe, Hans W. Lange oder Rudolf Lepke veräußert worden ist, und ihm zudem bekannt oder erkennbar gewesen ist, dass diese Auktionshäuser in jener Zeit vermehrt Judenauktionen durchgeführt haben.[687] Was dies angeht, ist wie folgt zu differenzieren:

---

683 Als weitere Quellen kommen die Folgenden in Betracht: der Artikel von *Händler*, Der Direktor kaufte für den Sammler ein, art 1999, S. 124 f. über die Geschichte des Gemäldes „Bildnis Rechtsanwalt Dr. Fritz Glaser" von Otto Dix, in dem auch erwähnt wird, dass Glaser Jude war, die Ausstellung „Anwalt ohne Recht – Schicksale jüdischer Rechtsanwälte in Deutschland 1933", die vom 4. März bis zum 15. April 2005 in Dresden gezeigt und in deren Rahmen auch an das Schicksal Glasers erinnert wurde, sowie die Beiträge von *Biedermann* in: Von Monet bis Mondrian, S. 113 ff.; *Rudolph* in: Von Monet bis Mondrian, S. 139 ff., *dies.*, KUR 2006, S. 141 ff.

684 RGBl. I, S. 1091.

685 RGBl. I, S. 404. Die sogenannte „Tarnverordnung" normierte zwar keine Kennzeichnungspflicht, stellte aber bestimmte Verhaltensweisen unter Strafe. Nach § 2 der Tarnverordnung wurde bestraft, *„wer für einen Juden ein Rechtsgeschäft schließt und dabei unter Irreführung des anderen Teils die Tatsache, dass er für einen Juden tätig ist, verschweigt"*, und zwar mit Zuchthaus, in weniger schweren Fällen mit Gefängnis, jedoch nicht unter einem Jahr, und mit Geldstrafe.

686 *Heuss* in: Frehner, S. 98; *dies.*, Sediment 1998, Heft 3, S. 50.

687 Der Umstand der Versteigerung des Kunstwerks in der Zeit vom 30. Januar 1933 bis zum

In der Zeit während des Nationalsozialismus bis Ende der 1960er Jahre war der Umstand der Spezialisierung der genannten Auktionshäuser auf Judenauktionen sowohl Kunsthändlern und Museen als auch Privatsammlern erkennbar. Die meisten von ihnen nahmen seinerzeit selbst an solchen Auktionen teil und ersteigerten das eine oder andere Kunstwerk. Sie kannten somit die dazugehörigen Kataloge und die darin enthaltenen Hinweise auf die jüdische Herkunft des Einlieferers und der zu versteigernden Kunstwerke. Anhand dieser Kataloge konnten sie feststellen, dass die Auktionen, in denen Kunstwerke aus jüdischem Besitz versteigert wurden, einen erheblichen Teil der von dem jeweiligen Auktionshaus durchgeführten Versteigerungen ausmachten.

Anders als in dem ersten Zeitabschnitt haben die in der Zeit von Anfang der 1970er Jahre bis 1998 am Kunstmarkt beteiligten Kunsthändler, Museumsmitarbeiter und Privatsammler die Zeit des Nationalsozialismus zumeist nicht bewusst erlebt und hatten deshalb von der Durchführung von Judenauktionen ebenso wenig aus eigener Anschauung Kenntnis wie davon, welche Auktionshäuser solche Auktionen in verstärktem Maße durchgeführt haben. Diese Kenntnis konnten sie sich vielmehr nur durch das Studium einschlägiger Literatur aneignen. Da seinerzeit jedoch keine Bücher oder Aufsätze zu diesem Thema publiziert wurden, standen ihnen keine allgemein zugänglichen Informationsquellen zur Verfügung.[688] Damit war der Umstand der Spezialisierung bestimmter Auktionshäuser auf Judenauktionen jedenfalls den Kunsthändlern und Museumsmitarbeitern sowie Privatsammlern nicht erkennbar, die in einer erst nach dem 8. Mai 1945 gegründeten Einrichtung tätig waren oder erst Anfang der 1970er Jahre mit dem Aufbau ihrer Kollektion begonnen haben. Etwas anders kann für die Kunsthändler gelten, die in einer Galerie oder in einem Auktionshaus beschäftigt waren, welches bereits während des Nationalsozialismus bestanden hat,

---

3. Dezember 1938 etwa durch die Auktionshäuser Paul Graupe, Hans W. Lange oder Rudolf Lepke konnte dem Erwerber in der Zeit während des Nationalsozialismus bis Ende der 1960er Jahre insbesondere dadurch bekannt geworden sein, dass er in der jeweiligen Versteigerung selbst ein Kunstwerk erworben oder zumindest den dazugehörigen Auktionskatalog studiert hat. In der Zeit von Anfang der 1970er Jahre bis 1998 und nach 1998 konnte er dem Erwerber ebenfalls durch die Lektüre des einschlägigen Auktionskatalogs, aber auch dadurch bekannt geworden sein, dass der Veräußerer, eine Expertise oder das Werkverzeichnis des jeweiligen Künstlers darüber Auskunft gegeben haben.

[688] Die seit dem Jahr 1947 veröffentlichten Urteile und Aufsätze über die Restitution entzogenen jüdischen Vermögens betreffen in erster Linie entzogene Grundstücke. Soweit sie sich vereinzelt einmal mit entzogenen Kunstwerken befassen, handelt es sich, soweit ersichtlich, ausschließlich um Fälle der Entziehung durch Vermögensverfall zugunsten des Deutschen Reichs nach § 3 der 11. VO zum Reichsbürgergesetz. Aber selbst wenn die Urteile und Aufsätze auch über die Judenauktionen und die sie durchführenden Auktionshäuser Auskunft geben würden, hätte weder von Kunsthändlern und Museen noch von Privatsammlern verlangt werden können, dass sie diese heraussuchen und studieren. Denn da das Thema der Entziehung jüdischen Kunstbesitzes nicht in der Öffentlichkeit diskutiert wurde, hatten sie auch als potenzielle Erwerber keinen Anlass, sich darüber zu informieren.

oder die ihr eigenes Geschäft von einem Verwandten übernommen haben.[689] Dies trifft ebenso für die Mitarbeiter eines schon vor 1945 existenten Museums sowie die Privatsammler zu, die zumindest einen Teil der in ihrem Besitz befindlichen Kunstwerke im Wege der Erbfolge von ihren Vorfahren erlangt haben.[690] Sie dürften nämlich immerhin über die Kataloge der Auktionen verfügt haben, an denen ihre Vorgänger teilgenommen haben.[691] Ob dies tatsächlich der Fall ist, muss freilich ebenso den Feststellungen des Einzelfalles überlassen bleiben, wie die Beantwortung der Frage, ob sie diese Kataloge und deren Inhalt wirklich gekannt haben.[692] Denn ebenso wenig, wie von ihnen verlangt werden konnte, dass sie sich über die vor ihrer Zeit bestehenden Privatsammlungen und veranstalteten Ausstellungen erkundigen, konnte von ihnen gefordert werden, dass sie sich über die in der Zeit des Nationalsozialismus praktizierten Verfahren der Veräußerung von Kunstwerken aus jüdischem Besitz und die daran beteiligten Personen informieren. Kann jedoch festgestellt werden, dass sie die Kataloge vor allem der Auktionshäuser Paul Graupe, Hans W. Lange oder Rudolf Lepke aus der Zeit vom 30. Januar 1933 bis zum 3. Dezember 1938 durchgesehen haben, so war ihnen sehr wohl erkennbar, dass diese damals in erster Linie Judenauktionen durchgeführt haben.

Seit 1999 ist die Spezialisierung der genannten Auktionshäuser auf Judenauktionen unterschiedslos wieder allen Kunsthändlern, Museen und Privatsammlern erkennbar. Anders als in dem letzten Zeitabschnitt ist nunmehr nämlich Literatur zu dem Thema der Entziehung jüdischen Kunstbesitzes erschienen

---

[689] In die Galerien ihrer Väter eingetreten sind zum Beispiel die Kunsthändler Walter Feilchenfeld (Berlin, Amsterdam, Zürich) und Peter Nathan (München, St. Gallen, Zürich), der inzwischen selbst verstorben ist; seit seinem Tod wird die Galerie Nathan von der dritten Generation geführt. Zur Tätigkeit von Fritz Nathan in dem Zeitraum von 1933 bis 1945 vgl. *Francini/Heuss/Kreis* in: UEK, Bd. 1, S. 108 ff. Auch das Auktionshaus Lempertz (Köln) wurde schon im Jahr 1845 gegründet und ist seitdem ununterbrochen am Kunstmarkt beteiligt; es wird noch heute von einem Nachfahren eines der Gründer geleitet.

[690] Mit den heutigen Staatlichen Kunstsammlungen Dresden, den Staatlichen Museen zu Berlin, der Hamburger Kunsthalle, dem Museum Folkwang Essen, dem Wilhelm Lehmbruck Museum Duisburg, dem Wallraf-Richartz-Museum Köln, dem Städelschen Kunstinstitut Frankfurt, der Staatlichen Kunsthalle Karlsruhe, der Staatsgalerie Stuttgart und der Bayrischen Staatsgemäldesammlung München haben freilich alle bedeutsamen öffentlichen Museen der Bundesrepublik Deutschland bereits zur Zeit des Nationalsozialismus bestanden.

[691] So sind etwa in der kunsthistorischen Bibliothek der Staatlichen Kunsthalle Karlsruhe „auch die Kataloge weit zurückliegender Auktionen“, unter anderem der Katalog der von Paul Graupe am 26./27. April 1935 durchgeführten Versteigerung, überliefert (vgl. *Schrenk* in: Beiträge öffentlicher Einrichtungen, S. 152).

[692] Nach den Angaben von *Francini/Heuss/Kreis* in: UEK, Bd. 1, S. 108, Fn. 276 behaupten zum Beispiel die Kunsthändler Walter Feilchenfeld und Peter Nathan keine Archive mehr zu haben. Jedoch bestünde Anlass, diese Aussagen in Zweifel zu ziehen.

und kann von Kunsthändlern und Museen ebenso wie von Privatsammlern verlangt werden, dass sie sich über diese Publikationen informieren und sich die dadurch vermittelten Kenntnisse aneignen. Dies gilt insbesondere für die Handreichung und die ihr beigefügte Auflistung derjenigen Auktionshäuser, die auf Zwangsversteigerungen von Kunstwerken aus jüdischem Besitz spezialisiert waren und in der auch die genannten Auktionshäuser aufgeführt sind.[693]

### (d) Versteigerung durch ein Finanzamt oder ein beauftragtes Auktionshaus

Die jüdische Provenienz des zu erwerbenden Kunstwerks ist überdies daran erkennbar, dass es während der Herrschaft des Nationalsozialismus in einer Versteigerung eines Finanzamtes oder eines von einem solchen beauftragten Auktionshauses veräußert worden ist.

Auf diese Weise sind seinerzeit viele Kunstwerke verwertet worden, die von ihren jüdischen Eigentümern bei ihrer Auswanderung oder Deportation zurückgelassen werden mussten und in der Folge dem Deutschen Reich verfallen sind. Diesen Weg ging zum Beispiel ein Teil der Kunstwerke aus der Sammlung des Berliner Bankiers Jakob Goldschmidt.[694] Zur Sicherung seiner einer Bank gegenüber bestehenden Verpflichtungen übereignete Jakob Goldschmidt dieser im Dezember 1931 die in seiner Villa in Neubabelsberg befindlichen Kunstwerke.[695] Nachdem er Deutschland bereits im April 1933 verlassen hatte, wurde Jakob Goldschmidt am 16. Februar 1940 aufgrund des § 2 des „Gesetzes über den Widerruf von Einbürgerungen und die Aberkennung der deutschen Staatsangehörigkeit“ vom 14. Juli 1933 der deutschen Staatsangehörigkeit verlustig erklärt. Gestützt auf dieses Gesetz wurde ein Jahr später, am 18. Februar 1941, sein Vermögen, darunter die der Bank sicherungsübereigneten Kunstwerke, als dem Deutschen Reich verfallen erklärt.[696] Das zuständige Finanzamt Berlin Moabit-West ging davon aus, dass die Kunstwerke der Bank lediglich verpfändet seien und nicht in ihrem Eigentum stünden, und ließ sie am 25. September 1941 durch das Auktionshaus Hans W. Lange versteigern.[697]

---

[693] Handreichung, Anlage II f, S. 37.

[694] Zu der Person und dem Bankier Jakob Goldschmidt sowie seiner Rolle in der Bankenkrise und beim Zusammenbruch der Danatbank im Jahr 1931 vgl. *Schmidt*, RzW 1978, S. 81 f.

[695] Vgl. *Schmidt*, RzW 1978, S. 83.

[696] Vgl. *Schmidt*, RzW 1978, S. 83.

[697] Vgl. *Schmidt*, RzW 1978, S. 83 ff. Zum Sachverhalt insgesamt vgl. auch Appellationshof des Kantons Bern, Entscheid v. 31.3.1967 – 366/II/64 (unveröffentlicht), S. 4 ff. und Schweizerisches Bundesgericht v. 13.12.1968, BGE 94 II 297 ff. [299]. Die Gerichte hatten über die Klage der Erben Jakob Goldschmidts zu entscheiden, mit der diese die Herausgabe zweier Bilder verlangt haben, die der Vater der Beklagten, der Schweizer Jakob Koerfer, in der Versteigerung vom 25. September 1941 erworben hat. Im Jahr 1942 schenkte dieser die Bilder

Die Tatsache der Versteigerung des zu erwerbenden Kunstwerks durch ein Finanzamt oder ein von einem solchen beauftragten Auktionshaus ist dem Erwerber jedoch nur dann erkennbar gewesen, wenn er gewusst hat, dass es in der Zeit vom 4. Dezember 1938 bis zum 8. Mai 1945 durch ein Finanzamt oder namentlich das Auktionshaus Hans W. Lange veräußert worden ist.[698] Ist Letzteres der Fall gewesen, muss ihm zudem bekannt oder erkennbar gewesen sein, dass dieses dabei im Auftrag eines Finanzamtes gehandelt bzw. dass es damals generell überwiegend Kunstwerke aus jüdischem Besitz versteigert hat. Diesbezüglich ist wie folgt zu differenzieren:

In der Zeit während des Nationalsozialismus bis Ende der 1960er Jahre war die Durchführung einer Versteigerung im Auftrag eines Finanzamtes bzw. die Spezialisierung des Auktionshauses Hans W. Lange auf die Versteigerung jüdischen Kunstbesitzes Kunsthändlern, Museen und Privatsammlern gleichermaßen erkennbar. Dies zeigt die Versteigerung der Kunstwerke aus der Sammlung Jakob Goldschmidt: Der dazugehörige Auktionskatalog trägt zwar den Titel „Gemälde und Kunstgewerbe aus der ehemaligen Sammlung J. G./Berlin – Verschiedener Kunstbesitz", benennt als Auftraggeber jedoch nicht Jakob Goldschmidt oder die Bank, der er die zu versteigernden Kunstwerke sicherungsübereignet hat, sondern das „F. Berlin". Dass es sich dabei um das Finanzamt Berlin Moabit-West handelt, war damals jedermann bekannt.[699] Aber selbst dann, wenn es keinen direkten Hinweis darauf gab, war jedem Erwerber erkennbar, dass das Auktionshaus Hans W. Lange die meisten seiner Versteigerungen in den Jahren 1939 bis 1945 im Auftrag von Finanzbehörden durchgeführt hat. Dies war seinerzeit ebenso offenkundig wie seine Spezialisierung auf Judenauktionen in den Jahren zuvor.

---

seiner in der Schweiz lebenden Frau und verbrachte sie 1944 dorthin. Nach deren Tod noch im selben Jahr fielen sie zusammen mit dem übrigen Nachlass an die Beklagten. Da die Gerichte annahmen, dass die Versteigerung nichtig und folglich nicht geeignet war, Jakob Koerfer zum Eigentümer der streitigen Bilder zu machen, hatten sie zu klären, ob die Beklagten das Eigentum an den Bildern durch Ersitzung gemäß Art. 728 ZGB erworben haben. Zu diesem Klageverfahren und den von Jakob Goldschmidt in Deutschland geführten Rückerstattungsverfahren vgl. zudem *Schmidt*, RzW 1978, S. 85 f., der meint, dass dieser seine Erfolge nur einer „Kombination von Verschweigen wesentlicher rechtlicher Umstände, Dreistigkeit und Drohung" zu verdanken habe.

698 Der Umstand der Versteigerung des Kunstwerks durch das Auktionshaus Hans W. Lange war dem Erwerber natürlich bekannt, wenn er das Kunstwerk selbst in einer von diesem durchgeführten Versteigerung erworben hat. Bei einem sich an die Versteigerung anschließenden Erwerb konnte dieser Umstand dem Erwerber in der Zeit während des Nationalsozialismus bis Ende der 1960er Jahre etwa dadurch bekannt geworden sein, dass er in der jeweiligen Versteigerung selbst ein anderes Kunstwerk erworben oder zumindest den dazugehörigen Katalog studiert hat. In der Zeit von Anfang der 1970er Jahre bis 1998 und in der Zeit danach konnte er dem Erwerber nicht nur durch die Durchsicht überlieferter Auktionskataloge, sondern auch dadurch bekannt geworden sein, dass der Veräußerer, eine Expertise oder das Werkverzeichnis des jeweiligen Künstlers darüber Auskunft gegeben haben.

699 *Dr. Ute M. Babick-Krüger* in einem Gespräch mit der Verfasserin am 5.4.2004.

Für den zweiten Zeitabschnitt ist wiederum zu unterscheiden: Kunsthändlern, Museumsmitarbeitern und Privatsammlern, die in einer erst nach dem 8. Mai 1945 eröffneten Institution tätig waren oder erst in dieser Zeit mit dem Kunstsammeln begonnen hatten, war der Umstand, dass insbesondere das Auktionshaus Hans W. Lange ab Dezember 1938 in verstärktem Maße im Auftrag von Finanzbehörden jüdischen Kunstbesitz versteigert hat, mangels einschlägiger Literatur nicht erkennbar. Demgegenüber konnten die Kunsthändler, Museumsmitarbeiter und Privatsammler, die Vorgänger hatten, welche bereits in der Zeit des Nationalsozialismus am Kunsthandel teilgenommen haben, hiervon immerhin dann Kenntnis haben, wenn sie über die Kataloge des Auktionshauses aus der fraglichen Zeit verfügt und diese auch studiert haben.

Seit 1999 ist dieser Umstand wieder jedem Erwerber erkennbar. Wie bereits dargelegt, kann sowohl von Kunsthändlern und Museen als auch von Privatsammlern verlangt werden, dass sie den Inhalt der Handreichung einschließlich der dieser beigefügten Auflistung der auf die Versteigerung von jüdischem Kunstbesitz spezialisierten Auktionshäuser, in der auch das Auktionshaus Hans W. Lange genannt ist, kennen. Vor allem von Kunsthändlern kann zudem gefordert werden, dass sie den in Sediment, Mitteilungen zur Geschichte des Kunsthandels veröffentlichten Aufsatz von *Heuss* gelesen haben, in dem diese unter anderem die Zusammenarbeit zwischen dem Auktionshaus Hans W. Lange und den Finanzbehörden schildert.[700]

Einen Anhaltspunkt für die jüdische Provenienz des zu erwerbenden Kunstwerks liefert seine Versteigerung durch ein Finanzamt oder das Auktionshaus Hans W. Lange indes nur dann, wenn dem Erwerber außerdem bekannt oder erkennbar gewesen ist, dass auf diese Weise Kunstwerke verwertet worden sind, die von ihren jüdischen Eigentümern bei ihrer Auswanderung oder Deportation in Deutschland zurückgelassen werden mussten und infolge dessen dem Deutschen Reich verfallen sind. Auch was dies angeht, ist zwischen den verschiedenen Zeitabschnitten zu unterscheiden:

In der Zeit während des Nationalsozialismus bis Ende der 1960er Jahre war es, das entspricht der Erfahrung aufgrund vielfältiger Vorgänge aus dieser Zeit, allgemein bekannt, dass für die Verwertung des dem Deutschen Reich verfallenen jüdischen Kunstbesitzes die Finanzämter, in vielen Fällen das Finanzamt Berlin Moabit-West, zuständig waren.[701] Das bedeutet, dass die jüdische Provenienz der versteigerten Kunstwerke aus der Sammlung Jakob Goldschmidt jedem Erwerber daran erkennbar war, dass sie im Auftrag des Finanzamtes Berlin Moabit-West durch das Auktionshaus Hans W. Lange versteigert worden sind. Sie war außerdem schon an dem Titel des Auktionskataloges „Gemälde und Kunst-

---

[700] *Heuss*, Sediment 1998, Heft 3, S. 52.

[701] *Dr. Ute M. Babick-Krüger* in einem Gespräch mit der Verfasserin am 5.4.2004.

gewerbe aus der ehemaligen Sammlung J. G./Berlin – Verschiedener Kunstbesitz" zu erkennen. Als „Kunstfreunde" haben Kunsthändler und Museen ebenso wie Privatsammler gewusst, dass sich hinter den Initialen J. G. der jüdische Sammler Jakob Goldschmidt verbirgt.[702]

In der Zeit von Anfang der 1970er Jahre bis 1998 war die Tatsache, dass im Wege der Versteigerung durch Finanzämter oder von ihnen beauftragte Auktionshäuser vornehmlich dem Deutschen Reich verfallene Kunstwerke aus jüdischem Besitz verwertet worden sind, allenfalls den Kunsthändlern, Museumsmitarbeitern und Privatsammlern erkennbar, die in Galerien und Kunstsammlungen tätig waren, die bereits in den 1930er und frühen 1940er Jahren bestanden haben, oder deren Vorfahren ihre Kollektionen schon während dieser Jahre zusammengetragen haben. Denn nur sie waren möglicherweise im Besitz von Unterlagen, die darüber Auskunft geben. Hier sind in erster Linie wieder die Kataloge der damals aktiven Auktionshäuser, namentlich des Auktionshauses Hans W. Lange, zu nennen. Diesen konnte stets entnommen werden, wer die Versteigerung in Auftrag gegeben hat und dass dies häufig eine Finanzbehörde, vor allem das Finanzamt Berlin Moabit-West, gewesen ist. Aus ihnen dürfte sich in vielen Fällen auch ergeben haben, aus wessen Besitz die versteigerten Kunstwerke eigentlich stammen und dass es sich bei den Besitzern zumeist um jüdische Sammler gehandelt hat. Es liegt nämlich nahe, dass die Besucher der Auktionen dies in ihren Exemplaren des jeweiligen Katalogs vermerkt haben. Sicher weniger in Museen, wo Vorgänger und Nachfolger einander vielfach nicht persönlich gekannt haben, dafür um so mehr in Kunsthandlungen und Privatsammlungen, die in der Regel von Familienmitgliedern übernommen worden sind, kommen als Informationsquelle zudem schriftliche oder mündliche Berichte der in der Zeit des Nationalsozialismus agierenden Personen über die damaligen Geschehnisse in Betracht. Aber selbst dann, wenn weder Auktionskataloge noch Aufzeichnungen oder Erzählungen von Zeitzeugen hierüber Auskunft gegeben haben, mussten sich die betreffenden Kunsthändler, Museumsmitarbeiter und Privatsammler darüber klar werden, dass die seinerzeit zur Versteigerung gelangten Objekte wahrscheinlich aus jüdischen Sammlungen kamen. Zwar konnten sie nicht wissen, wer sich hinter eventuell angegebenen Initialen verbarg. Schließlich konnte von ihnen nicht verlangt werden, dass sie sich darüber informieren, welche jüdischen Sammlungen vor und noch in der Zeit des Nationalsozialismus bestanden haben. Jedoch war auch in dem hier betrachteten Zeitabschnitt allgemein bekannt, dass die Juden im nationalsozialistischen Deutschland zahlreichen Verfolgungsmaßnahmen ausgesetzt waren und die meisten von ihnen entweder das Land verlassen haben oder, ist ihnen dies nicht gelungen, deportiert worden sind – beides zumindest seit dem Pogrom vom 8. bis zum 10. November 1938 fast immer unter Zurücklassung ihres Hab und Guts. Dies legt den Schluss nahe, dass es sich bei

---

702 BGE 94 II 297 ff. [310].

den versteigerten Kunstwerken um solche zurückgelassenen Güter handelt, die anschließend von dem Deutschen Reich beschlagnahmt und auf diese Weise verwertet worden sind.

Seit 1999 ist diese Tatsache wieder jedem Erwerber erkennbar. Schließlich stehen jetzt zahlreiche Sachbücher und Aufsätze zur Verfügung, durch deren Studium sich Kunsthändler, Museen und Privatsammler nicht nur über die Entziehung von jüdischem Kunstbesitz, sondern auch über seine Verwertung informieren müssen. Darüber, dass im Wege der Versteigerung insbesondere durch das von Finanzbehörden beauftragte Auktionshaus Hans W. Lange dem Deutschen Reich verfallene Kunstwerke aus jüdischem Besitz verwertet worden sind, berichtet nicht nur *Heuss* in ihrem bereits erwähnten Aufsatz, sondern auch *König* in seinem Beitrag in den Veröffentlichungen der Koordinierungsstelle für Kulturgutverluste, in dem er die Entziehung von Kunstwerken aus der Sammlung des Berliner Warenhausunternehmers Martin Tietz schildert. Zusammen mit dem übrigen Umzugsgut der im April 1939 in das Fürstentum Lichtenstein und von dort aus weiter nach Kuba emigrierten Eheleute Tietz seien auch etliche Kunstwerke in einer Speditionsfirma eingelagert gewesen. Dort seien sie, inzwischen dem Deutschen Reich verfallen, von den zuständigen Dienstellen in Besitz genommen und dem Auktionshaus Hans W. Lange übergeben worden, das sie in seiner Versteigerung am 16./17. April 1943 veräußert habe.[703]

### bb) Entziehung des zu erwerbenden Kunstwerks

Der Umstand, dass das zu erwerbende Kunstwerk seinem jüdischen Eigentümer während der nationalsozialistischen Herrschaft entzogen worden ist, ist daran erkennbar, dass dieser wegen seiner Rasse verschiedenen Verfolgungsmaßnahmen ausgesetzt war. Dass auch die Zeitumstände zu den Momenten gehören, in denen Anhaltspunkte für die Nichtberechtigung des Veräußerers zu sehen sein können, ist für die Weltwirtschaftskrise und die Nachkriegszeit anerkannt.[704] Da kein vernünftiger Grund dafür besteht, die nationalsozialistische Judenverfolgung anders zu behandeln, muss für sie dasselbe gelten. Was die Erkennbarkeit dieses Umstandes anbelangt, ist wiederum zwischen den verschiedenen Zeitabschnitten zu unterscheiden:

In der Zeit während des Nationalsozialismus bis Ende der 1960er Jahre war die Entziehung des Kunstwerks, gleichgültig, ob sie durch Rechtsgeschäft oder

703 *König* in: Beiträge öffentlicher Einrichtungen, S. 19 ff.

704 Vgl. Staudinger-*Wiegand*, § 932, Rn. 58 zur Berücksichtigung der Wirtschaftskrise; Staudinger-*Wiegand*, § 932, Rn. 62; *Wiegand*, JuS 1974, S. 207 f. mit dem Hinweis, dass die Rechtsprechung der durch die Nachkriegswirren entstandenen Unsicherheit dadurch Rechnung getragen habe, dass sie beim gutgläubigen Erwerb von Wertpapieren die schärfsten Anforderungen an den guten Glauben stellte und sogar soweit gegangen sei, für die damalige Zeit eine tatsächliche Vermutung der Bösgläubigkeit des Erwerbers anzunehmen.

staatlichen Hoheitsakt erfolgt ist, sowohl Kunsthändlern und Museen als auch Privatsammlern erkennbar. Namentlich durch den Boykott jüdischer Geschäfte, Ärzte und Rechtsanwälte am 1. April 1933 und die darauf folgenden gesetzlichen Berufsverbote war seinerzeit von Anfang an offenbar, dass jüdische Sammler ihre Kunstwerke, sei es freihändig, sei es in Judenauktionen, zumeist nur deshalb veräußert haben, weil sie den Erlös zur Finanzierung ihres Lebensunterhalts oder ihrer Emigration benötigten. Wie bereits dargelegt, war später ebenso augenscheinlich, dass es jüdischen Sammlern nun verboten war, ihre Kunstwerke mit ins Ausland zu nehmen, und dass die in Deutschland zurückgebliebenen Objekte dem Deutschen Reich verfielen und zumeist durch Finanzämter oder namentlich das Auktionshaus Hans W. Lange versteigert wurden. Somit war damals insbesondere erkennbar, dass die im Auftrag des Finanzamtes Berlin Moabit-West durch das Auktionshaus Hans W. Lange versteigerten Kunstwerke aus der Sammlung Jakob Goldschmidt diesem entzogen worden waren. Es war in jener Zeit allgemein bekannt, dass Goldschmidt Deutschland im April 1933 mit dem Auto und ohne größeres Gepäck verlassen hat.[705] Durch die Veröffentlichung im Reichsanzeiger Nr. 40 vom 16.2.1940, zu dessen Lektüre alle Einwohner des Deutschen Reichs verpflichtet waren, war auch bekannt, dass er der deutschen Staatsangehörigkeit für verlustig und sein in Deutschland verbliebenes Vermögen als dem Deutschen Reich verfallen erklärt worden ist.[706] Wenn das Schweizerische Bundesgericht vor diesem Hintergrund erklärt, dass der zu dieser Zeit in Berlin lebende und daher mit den damaligen Verhältnissen dort vertraute Ersteigerer zweier Bilder habe seinerzeit *„in guten Treuen annehmen können, die Versteigerung der ‚ehemaligen Sammlung J. G.' hänge mit der damals allgemein bekannten Überschuldung Goldschmidts zusammen"*[707], lässt es die anderen allge-

---

[705] *Dr. Ute M. Babick-Krüger* in einem Gespräch mit der Verfasserin am 5.4.2004.

[706] *Dr. Ute M. Babick-Krüger* in einem Gespräch mit der Verfasserin am 5.4.2004.

[707] BGE 94 II 297 [310]. Insoweit ist das Bundesgericht der Vorinstanz, dem Appellationshof des Kantons Bern, gefolgt. Abweichend beantwortete es indes die Frage, ob der Erwerber Jakob Koerfer seinen guten Glauben später infolge der Mitteilung Jakob Goldschmidts vom 1.9.1948, dass er sich für den rechtmäßigen Eigentümer der Bilder halte und deren Herausgabe verlange, verloren hat. Während der Appellationshof annimmt, dass Koerfer nach dem Erhalt dieser Mitteilung sowie zweier weiterer Schreiben vom 4.11.1948 und 27.1.1949, in denen Goldschmidt bzw. sein Anwalt ihre Auffassung näher begründeten, nicht mehr gutgläubig sein konnte (Entscheid v. 31.3.1967 – 366/II/64, S. 18), meint das Bundesgericht, dass diese Mitteilungen für sich allein nicht geeignet waren, Koerfer für die Zukunft bösgläubig zu machen. Die bloße Behauptung des Gegenteils habe ihn nicht gezwungen, die bis dahin in guten Treuen gehegte Überzeugung, die Versteigerung der Bilder sei normale, rechtmäßige Folge der Überschuldung Goldschmidts, kurzerhand preiszugeben, sondern zunächst nur verpflichtet, deren Begründetheit zu überprüfen. Dieser Pflicht sei er nachgekommen, so das Bundesgericht weiter, indem er auf das erste Schreiben Goldschmidts hin von diesem nähere Auskunft verlangt und sich in der Folge mit dessen Vorbringen ernsthaft auseinander gesetzt hat. Seine Erhebungen hätten bestätigt, dass Goldschmidt die Bilder schon 1931 zur Sicherstellung seiner Schulden gegenüber der Bank hatte verwenden müssen und dass der Verstei-

mein bekannten Tatsachen außer Betracht und stellt zu geringe Anforderungen an die Kenntnis und die Sorgfalt des Erwerbers. Ähnlich hat auch *Jayme* den Standpunkt des Bundesgerichts in dieser Frage kritisiert und erklärt, dass dieses, wenn es den guten Glauben des Erwerbers so weit fasse, die Augen vor der Judenverfolgung verschließe.[708]

In dem zweiten Zeitabschnitt ist wiederum zu differenzieren: Mitarbeitern von erst nach dem 8. Mai 1945 gegründeten Kunsthandlungen und Museen sowie Privatsammlern, die erst nach diesem Tag mit dem Aufbau ihrer Kollektionen begonnen haben, war die Entziehung des zu erwerbenden Kunstwerks regelmäßig nicht erkennbar, weil ihnen mangels verfügbarer Literatur die hierfür erforderliche Kenntnis der Art und Weise der Auflösung jüdischer Kunstsammlungen in der Zeit des Nationalsozialismus fehlte. Anders stellt sich die Situation wiederum dann dar, wenn der Erwerber für eine Kunsthandlung oder ein Museum tätig gewesen ist, das bereits in der Zeit des Nationalsozialismus bestanden hat, oder wenn es sich bei ihm um den Eigentümer einer privaten Sammlung gehandelt hat, die bereits seit dieser Zeit zusammengetragen wird. Denn in diesen Fällen konnte ihm, was, wie gesagt, im Einzelfall festgestellt werden muss, aufgrund von überlieferten Auktionskatalogen oder Zeitzeugenberichten erkennbar gewesen sein, dass in den frühen 1930er Jahren zahlreiche jüdische Sammler nicht nur einzelne Kunstwerke, sondern ihre gesamte Sammlung oder zumindest einen großen Teil davon in Versteigerungen gegeben haben. Damit konnte ihm auch erkennbar gewesen sein, dass die Ursache hierfür die wirtschaftlichen Schwierigkeiten, in denen sie sich infolge der Be- oder Verhinderung der Ausübung ihres Berufs befunden haben, oder der Entschluss, vor den Verfolgungsmaßnahmen im Ausland Zuflucht zu nehmen, waren. Schließlich war auch in der Zeit von Anfang der 1970er Jahre bis 1998 allgemein bekannt, dass die Juden schon in den ersten Jahren der nationalsozialistischen Herrschaft in

gerungserlös der Bank zur Tilgung ihrer Forderung überlassen worden war, so dass er bei der Überzeugung habe bleiben dürfen, dass die Bilder zur Deckung der Schulden Goldschmidts gegenüber der Bank verwertet worden seien und er sie daher rechtmäßig erworben habe (BGE 94 II 297 [310 f.]).

Die Ansicht des Bundesgerichts kann nicht geteilt werden. Bei lebensnaher Betrachtung ergibt sich, dass Jakob Koerfer hätte wissen müssen, dass die Versteigerung nicht mit der Überschuldung Jakob Goldschmidts zusammenhing: Wenn Koerfer, wie das Gericht festgestellt hat, nunmehr aufgrund seiner Nachforschungen wusste, dass das Finanzamt Berlin Moabit-West einen Teil des Versteigerungserlöses an die Bank ausgezahlt hat, musste er annehmen, dass nicht die Bank, sondern das Finanzamt die Verwertung der Kunstsammlung betrieben hat. Er konnte also gerade nicht davon ausgehen, dass die Versteigerung, wie sein Anwalt formuliert hat, „im ordentlichen Pfandverwertungsverfahren" erfolgte (BGE 94 II 297 [300]), sondern musste vielmehr erkennen, dass die Versteigerung eine Verwertungshandlung des Finanzamtes darstellte, die im Zusammenhang mit einer zuvor erfolgten Entziehung des Kunstbesitzes von Jakob Goldschmidt steht.

[708] *Jayme*, „Entartete Kunst" und internationales Privatrecht, S. 30.

vielfältiger Weise diskriminiert worden sind, und zwar mit dem Ziel, ihre wirtschaftliche Existenz zu vernichten und sie zur Auswanderung zu bewegen. Ähnliches wie für die Entziehung durch Rechtsgeschäft gilt für die Entziehung durch staatlichen Hoheitsakt: Dem Erwerber konnte aufgrund ihm zur Verfügung stehender Informationsquellen erkennbar gewesen sein, dass seit Ende 1938 vermehrt Kunstwerke aus jüdischen Sammlungen durch die Finanzbehörden des Deutschen Reichs in Versteigerungen eingeliefert worden sind. Dann musste er sich aber zugleich darüber klar werden, dass dieses sich zuvor durch Wegnahme in den Besitz dieser Kunstwerke gebracht haben muss. Denn auch in diesem Zeitabschnitt war allgemein bekannt, dass sich die Judenverfolgung seit dem Novemberpogrom ganz erheblich verschärft und das Deutsche Reich seitdem ungehemmt auf jüdische Besitztümer zugegriffen hat.

Seit 1999 ist dieser Umstand unterschiedslos wieder jedem Kunsthändler, Museum und Privatsammler erkennbar. Schließlich kann von ihnen allen verlangt werden, dass sie sich die durch die inzwischen publizierten Bücher und Aufsätze vermittelten Kenntnisse aneignen. Und diese informieren nicht nur über die Veräußerung von jüdischem Kunstbesitz – zunächst in von den Eigentümern selbst in Auftrag gegebenen Judenauktionen, später in Versteigerungen der Finanzämter oder der von diesen beauftragten Auktionshäuser –, sondern auch darüber, wie es dazu kam. Anzusprechen sind insofern neben den bereits erwähnten Aufsätzen von *Heuss* und *König* die Beiträge von *Kathmann* und *Zimmermann* über die Entziehung von Kunstwerken aus der Sammlung des Breslauer Kaufmanns Max Silberberg in den Veröffentlichungen der Koordinierungsstelle für Kulturgutverluste.[709] Darin benennen die Autoren den erzwungenen Verkauf seiner Villa und die durch die Benachteiligung jüdischer Betriebe verursachten wirtschaftlichen Schwierigkeiten seiner Firma als Gründe dafür, dass Max Silberberg einen großen Teil seiner Sammlung im April und Dezember 1935 durch das Auktionshaus Paul Graupe versteigern ließ, und qualifizieren die auf diesem Wege erfolgte Veräußerung der Kunstwerke als „Zwangsverkauf".[710]

### cc) Nichtigkeit der Entziehung des zu erwerbenden Kunstwerks

Der Umstand, dass die Entziehung des zu erwerbenden Kunstwerks nichtig war und somit das Eigentum daran nicht auf den Entzieher und späteren Veräußerer übergegangen ist, ist ebenfalls allein schon an der Tatsache der nationalsozialistischen Judenverfolgung erkennbar. Auch diesbezüglich ist zwischen den verschiedenen Zeitabschnitten zu unterscheiden.

---

[709] Siehe oben S. 28.

[710] *Kathmann* in: Beiträge öffentlicher Einrichtungen, S. 30 ff.; *Zimmermann* in: Museen im Zwielicht, S. 319 ff.

In dem ersten Zeitabschnitt war die Nichtigkeit der Entziehung Kunsthändlern, Museen und Privatsammlern gleichermaßen erkennbar. Dies gilt bereits für die Zeit vom 30. Januar 1933 bis zum 8. Mai 1945 und erst recht für die Zeit danach. Der Boykott am 1. April 1933 und die wenige Tage später in Kraft getretenen Gesetze zur Ausschaltung der jüdischen Beamten und Rechtsanwälte haben sichtbar gemacht, dass die Nationalsozialisten von Beginn ihrer Herrschaft an das Ziel verfolgt haben, die jüdische von der übrigen Bevölkerung Deutschlands abzusondern und in rechtlicher, wirtschaftlicher und gesellschaftlicher Hinsicht schlechter zu stellen. Selbst in den Jahren 1933 bis 1945 konnte dies nicht als gegen die Nichtigkeit der Entziehungen sprechend gedeutet werden. Es wäre zu kurz gegriffen gewesen, allein darauf abzustellen, dass die Judenverfolgung offizielle Staatspolitik war und der Erwerb von Kunstwerken aus jüdischen Sammlungen durch Kunsthändler, Museen und Privatsammler ebenso wie deren Verfall an das Deutsche Reich diese Politik unterstützt haben. Berücksichtigt werden mussten vielmehr auch das übergesetzliche Recht und die überkommenen moralischen Anschauungen, die nicht durch diejenigen des nationalsozialistischen Staates ersetzt worden sind. Die eine Schlechterstellung der Juden fordernden Anschauungen des Staates haben sich nämlich nicht im gesamten deutschen Volk durchsetzen können. Der nicht von der antisemitischen Propaganda verhetzte Teil der deutschen Bevölkerung hat sich vielmehr weiterhin an den hergebrachten moralischen Anschauungen orientiert und die Ansicht vertreten, dass Kunstwerke, die von ihren jüdischen Eigentümern ohne die Notlage, in der sie sich aufgrund der Verfolgungsmaßnahmen befunden haben, nicht veräußert worden wären, nicht erworben werden sollten, wenn damit nicht zugleich in besonderer Weise und mit wesentlichem Erfolg die Interessen der Veräußerer wahrgenommen würden. Kunsthändlern, Museen und Privatsammlern war daher erkennbar, dass der Erwerb eines Kunstwerks aus einer jüdischen Sammlung in der Regel gegen die guten Sitten verstößt und somit nach § 138 Abs. 1 BGB nichtig ist. Gleichermaßen war seinerzeit offenbar, dass die Gesetze, welche die Einziehung oder den Verfall jüdischen Kunstbesitzes an das Deutsche Reich regelten, namentlich die 11. VO zum Reichsbürgergesetz, zumeist an die Verlegung des gewöhnlichen Aufenthaltes ins Ausland anknüpften und damit auf die Lebenssituation der jüdischen Bevölkerung zugeschnitten waren und demzufolge ausschließlich deren Vermögen betrafen. Dass die Gesetze, welche die Juden allein wegen ihrer Rasse anders behandelten als die übrige Bevölkerung, den übergesetzlichen Gleichheitssatz verleugnen und in einem solche Maße ungerecht sind, dass sie als von Anfang an nichtig angesehen werden müssen, war damit jedem Erwerber erkennbar. Ihm war damit auch erkennbar, dass die auf diese Gesetze gestützten Einziehungen und der Verfall von Kunstwerken aus jüdischem Besitz an das Deutsche Reich nichtig ist.[711]

---

711 A. A. *Kunze,* Restitution „Entarteter Kunst", S. 182 für die Fälle der Einziehung „entarteter Kunst" aufgrund des Einziehungsgesetzes. Darauf abstellend, dass mit der Aufhebung oder

Nach dem Zusammenbruch des Dritten Reichs war die Nichtigkeit der Entziehung noch deutlicher erkennbar, da nunmehr nicht nur die Judenverfolgung an sich, sondern auch ihre Bewertung durch die deutsche Rechtsprechung und Literatur sowie die alliierten Gesetzgeber dafür sprachen. Nach der in Rechtsprechung und Literatur der Nachkriegszeit vertretenen Ansicht ist die Entziehung jüdischen Vermögens, sei es durch Rechtsgeschäft, sei es durch staatlichen Hoheitsakt, nichtig und konnte somit keinen Übergang des Eigentums an den entzogenen Vermögensgegenständen auf den jeweiligen Erwerber oder das Deutsche Reich bewirken. Die von den westlichen Alliierten in Kraft gesetzten Rückerstattungsgesetze begründen einen Anspruch auf Restitution von entzogenen Vermögensgegenständen und zeigen damit, dass sie die Entziehungen als nichtig und keine rechtlichen Wirkungen entfaltend ansehen. Diese rechtliche Bewertung der Entziehung jüdischen Vermögens war Kunsthändlern, Museen und Privatsammlern erkennbar. Dabei kann dahingestellt bleiben, ob von ihnen verlangt werden konnte, dass sie die einschlägigen Urteile, Aufsätze und Gesetze studieren. Denn diese Bewertung war insbesondere in Gestalt der Regelungen der alliierten Rückerstattungsgesetze lange Zeit Gegenstand der öffentlichen Diskussion und musste daher auch und gerade von Kunsthändlern, Museen und Privatsammlern als möglichen Erwerbern von aus jüdischen Sammlungen entzogenen Kunstwerken wahrgenommen werden.[712]

In der Zeit von Anfang der 1970er Jahre bis 1998 war die Nichtigkeit der Entziehung ebenso wie der Umstand, dass das zu erwerbende Kunstwerk seinem jüdischen Eigentümer infolge zwangsweisen Verkaufs oder Vermögensverfalls zugunsten des Deutschen Reichs verloren gegangen ist, in der Regel nur den Kunsthändlern, Museumsmitarbeitern und Privatsammlern erkennbar, die in

---

Nichtigerklärung dieses Gesetzes nicht zu rechnen gewesen sei, meint er, dass die Rechtswirksamkeit der darauf gestützten Einziehungen weder während noch nach der Zeit der nationalsozialistischen Herrschaft hätte ernsthaft in Zweifel gezogen werden können. Da in diesen Fällen keine weiteren Umstände erkennbar sind, die für das Gegenteil sprechen, erscheint diese Auffassung dort vertretbar. Anders als die Entziehung jüdischen Vermögens erfolgte die Einziehung „entarteter Kunst" nämlich allein aufgrund der Besonderheit des Gegenstandes und unabhängig davon, ob dessen Eigentümer jüdisch oder arisch war. Vermutlich ist darin auch der Grund dafür zu sehen, dass nach dem Zusammenbruch des Dritten Reichs weder der Gesetzgeber das Einziehungsgesetz aufgehoben noch die Rechtsprechung die Nichtigkeit der darauf gestützten Einziehungen festgestellt hat (vgl. *Kunze*, Restitution „Entarteter Kunst", S. 182).

712 Was die Erkennbarkeit der Nichtigkeit der Entziehungen aufgrund oder durch Gesetz anbelangt, so im Ergebnis auch *Reich/Fischer*, NJW 1993, S. 1420, die insoweit für die Fälle der Einziehung „entarteter Kunst" wie folgt Stellung genommen haben: *„Jedwede Erwerberin bzw. jeder Erwerber wird sich bei derartigen Konstellationen zunächst mit dem Brustton der Überzeugung darauf berufen haben, dass er auf die Rechtmäßigkeit staatlichen Handelns vertrauen durfte. Folgt man allerdings der Radbruchschen Formel von der evidenten Nichtigkeit des „Entziehungsgesetzes" muss man von der durchgehenden Bösgläubigkeit jedes Erwerbers in der Kette ausgehen."*

einer bereits während des Nationalsozialismus bestehenden Einrichtung tätig waren oder die eine bereits in dieser Zeit angelegte Sammlung übernommen haben. Denn nur sie haben möglicherweise über Quellen verfügt, die über die Art und Weise der Auflösung jüdischer Kunstsammlungen informieren. War ihnen aufgrund von Auktionskatalogen oder Zeitzeugenberichten sowie ihrer Kenntnis von der Judenverfolgung erkennbar, dass jüdische Sammler ihre Kunstwerke damals allein deshalb veräußert haben, weil sie sich infolge der gegen sie ergriffenen Maßnahmen in einer Notlage befunden haben, so war ihnen gleichzeitig erkennbar, dass diese Veräußerungsgeschäfte keine rechtlichen Wirkungen entfalten konnten. Schließlich mussten sie, wie schon die Generation vor ihnen, aus moralischen Erwägungen zu der Überzeugung gelangen, dass diese Geschäfte gegen die guten Sitten verstoßen und deshalb nichtig sind. Ebenso war ihnen erkennbar, dass es nicht rechtens sein kann, wenn das Deutsche Reich geflüchtete oder deportierte Juden ihres Besitzes beraubt, und dass auch diese Maßnahmen sowie die sich daran anschließenden Verwertungshandlungen folgenlos bleiben müssen, und zwar selbst dann, wenn sie durch ein nationalsozialistisches Gesetz gedeckt gewesen sein sollten.

Seit 1999 ist die Nichtigkeit der Entziehung Kunsthändlern, Museen und Privatsammlern erneut erkennbar, da die von ihnen zu studierenden neueren Bücher und Aufsätze auch eine mehr oder weniger deutliche Bewertung der von ihnen dargestellten Entziehungen enthalten. So ergibt sich etwa aus den bereits erwähnten Beiträgen von *Kathmann* und *Zimmermann*, in denen sie darlegen und begründen, dass und warum die Stiftung Preußischer Kulturbesitz die Zeichnung „L'Olivette" von Vincent van Gogh, die im April 1935 von dem damaligen Verein der Freunde der Nationalgalerie in der Versteigerung des Auktionshauses Paul Graupe ersteigert und der Nationalgalerie geschenkt worden ist, an die einzige überlebende Angehörige Max Silberbergs zurückgegeben hat, dass sie deren „Zwangsverkauf" als nichtig ansehen.[713]

Auch insoweit ist wiederum der Aufsatz von *König* über die Entziehung von Kunstwerken aus der Sammlung Martin Tietz auf der Grundlage des „Gesetzes über die Einziehung volks- und staatsfeindlichen Vermögens" anzusprechen. Darin führt er aus: *„Gegen rassisch Verfolgte gerichtete Vermögensentziehungen nach diesem Gesetz sind Enteignungen, welche selbst eine Verfolgungsmaßnahme beinhalten. Es handelte sich damit auch in diesem Falle um einen verfolgungsbedingten Vermögensverlust im Sinne des Rückerstattungsrechts, der nach Maßgabe der Erklärung von Washington sowie der Erklärung der Bundesregierung, der Länder und der kommunalen Spitzenverbände eine Rückgabe des Gemäldes an die Erben des Geschädigten gebietet."*[714] Zudem erwähnt er die hier bereits bespro-

---

[713] *Kathmann* in: Beiträge öffentlicher Einrichtungen, S. 30 ff.; *Zimmermann* in: Museen im Zwielicht, S. 319 ff.

[714] *König* in: Beiträge öffentlicher Einrichtungen, S. 23.

chene Entscheidung des Bundesverfassungsgerichts vom 14.2.1968, in dem dieses festgestellt hat, dass in der 11. VO zum Reichsbürgergesetz der Widerspruch zur Gerechtigkeit ein so unerträgliches Maß erreicht habe, dass sie als von Anfang an nichtig erachtet werden muss.[715]

Eine allgemeine Bewertung jedenfalls der Entziehungen, die auf ein Gesetz gestützt worden sind, findet sich auch in dem ebenfalls in den Veröffentlichungen der Koordinierungsstelle für Kulturgutverluste erschienenen Beitrag von *Müller-Katzenburg*. Sie legt dar, dass nicht nur vom Bundesverfassungsgericht, sondern auch vom Bundesgerichtshof wiederholt erklärt worden sei, dass die während der nationalsozialistischen Herrschaft in Deutschland erlassenen einschlägigen Gesetze zur Einziehung jüdischen Vermögens niemals Recht, sondern schon zur Zeit ihrer formalen Geltung Unrecht waren.[716]

### b) Verdachtsmomente beim Erwerb von im besetzten Frankreich entzogenen Kunstwerken

#### aa) Jüdische Provenienz des zu erwerbenden Kunstwerks

Beim Erwerb eines im besetzten Frankreich entzogenen Kunstwerks ist es ebenfalls denkbar, dass es sich um ein berühmtes Werk aus einer namhaften jüdischen Sammlung handelt und seine jüdische Provenienz dem Erwerber deshalb positiv bekannt gewesen ist. Ebenso wie beim Erwerb von im Reichsgebiet entzogenen Kunstwerken wird dies jedoch zumeist nicht der Fall gewesen sein, so dass auch hier der Frage, ob die jüdische Provenienz des zu erwerbenden Kunstwerks dem Erwerber ohne besondere Aufmerksamkeit erkennbar gewesen ist, besondere Bedeutung zukommt. Da die im besetzten Frankreich entzogenen Kunstwerke in anderer Art und Weise entzogen worden sind, deuten auf ihre jüdische Provenienz jedoch andere Anhaltspunkte hin, als auf die jüdische Provenienz der im Reichsgebiet entzogenen Kunstwerke.[717]

---

715 *König* in: Beiträge öffentlicher Einrichtungen, S. 22; BVerfGE 23, 98 [106, 108]; siehe oben S. 166, 168.

716 *Müller-Katzenburg* in: Museen im Zwielicht, S. 224 unter Verweis auf die hier bereits besprochene Entscheidung des IV. Zivilsenats des BGH vom 8.10.1953, NJW 1953, S. 1909 f. (siehe oben S. 91 f). Vgl. insoweit auch die Entscheidungen des II. Zivilsenats des BGH vom 11.2.1953, NJW 1953, S. 542 ff. (siehe oben S. 89 ff.) und des Großen Senats für Zivilsachen des BGH vom 28.2.1955, NJW 1955, S. 905 ff. (siehe oben S. 92 ff.)

717 Als Anhaltspunkte kommen freilich auch hier eine Namensangabe auf dem Kunstwerk und seine Zurschaustellung in einer Ausstellung in Betracht. Allerdings konnte und kann von deutschen Kunsthändlern und Museen ebenso wenig wie von deutschen Privatsammlern verlangt werden, dass sie sich sogar über namhafte Privatsammlungen im Ausland informieren.

### (a) Veräußerung durch einen in den Handel mit im besetzten Frankreich entzogenen Kunstwerken involvierten Kunsthändler

Die jüdische Provenienz des zu erwerbenden Kunstwerks ist zum einen daran erkennbar, dass es während der Besetzung Frankreichs von einem Kunsthändler veräußert worden ist, der sich seine Ware vom ERR, der sich eines Teils der von ihm beschlagnahmten Kunstwerke durch Verkauf oder Tausch entäußert hat, bzw. unmittelbar oder durch französische Händler von jüdischen Sammlern beschafft hat.

Dieser Umstand ist dem Erwerber jedoch nur dann erkennbar gewesen, wenn er gewusst hat, dass das Kunstwerk in der Zeit vom 17. Mai 1940, dem Tag des Einmarsches deutscher Truppen in Frankreich, bis zum 8. Mai 1945 etwa von den Kunsthändlern Karl Haberstock, Maria Almas Dietrich, Hans Wendland, Gustav Rochlitz, Walter Bornheim oder Hildebrand Gurlitt verkauft worden ist, und ihm zudem bekannt oder erkennbar gewesen ist, dass diese seinerzeit überwiegend mit Kunstwerken aus dem Besitz jüdischer Sammler aus Frankreich gehandelt haben.[718] Was dies angeht, ist wiederum zwischen den drei verschiedenen Zeitabschnitten zu unterscheiden:

In der Zeit während des Nationalsozialismus bis Ende der 1960er Jahre war die Beteiligung der genannten Kunsthändler am Handel mit entzogenem jüdischen Kunstbesitz aus Frankreich sowohl ihren Kollegen als auch Museen und Privatsammlern erkennbar. Dabei hat es sich nämlich um eine Tatsache gehandelt, die namentlich dadurch, dass zahlreiche weitere Kunsthändler ebenso wie viele Museumsleute und Privatsammler selbst nach Frankreich gereist sind, um Erwerbungen zu tätigen, und nach ihrer Rückkehr nach Deutschland darüber berichtet haben, allgemein bekannt geworden ist.

In der Zeit von Anfang der 1970er Jahre bis 1998 ist auch an dieser Stelle zu unterscheiden zwischen denjenigen Kunsthändlern, Museumsmitarbeitern und Privatsammlern, die in einer erst nach dem 8. Mai 1945 gegründeten Einrichtung tätig waren oder selbst erst in dieser Zeit mit dem Aufbau ihrer Sammlung begonnen haben, und denjenigen, die in Galerien beschäftigt waren oder solche oder Sammlungen übernommen haben, die bereits in der Zeit des Nationalsozialismus bestanden haben. Während die erste Gruppe in der Regel mangels einschlägiger Unterlagen keine Kenntnis vom Kunstraub im besetzten Frankreich und den daran beteiligten staatlichen Stellen und Kunsthändlern hatte,

---

[718] Der Umstand der Veräußerung des Kunstwerks durch einen der genannten Kunsthändler war dem Erwerber natürlich bekannt, wenn er es selbst unmittelbar von einem dieser Händler erworben hat. Bei einem Nacherwerb ist dieser Umstand dem Erwerber nur dann erkennbar gewesen, wenn der Veräußerer, der es von einem der genannten Kunsthändler erworben hat, eine Expertise oder das Werkverzeichnis des jeweiligen Künstlers darüber Auskunft gegeben haben.

konnte die zweite Gruppe möglicherweise auf entsprechende Dokumentationen zugreifen und diese Kenntnis besitzen. Zu denken ist hier zum einem an Erwerbsunterlagen. Viele der damals aktiven Kunsthändler, Museumsmitarbeiter und Privatsammler haben in der fraglichen Zeit selbst in nicht unerheblichem Umfang Geschäfte mit den eingangs genannten Händlern abgewickelt, was durch Verträge, Rechnungen oder sonstige Papiere belegt wird.[719] Dass der jeweilige Händler damals in erster Linie mit Kunstwerken gehandelt hat, die aus dem Besitz jüdischer Sammler im besetzten Frankreich stammen, ist diesen Unterlagen jedoch nur dann zu entnehmen, wenn sie selbst oder etwa gesonderte Bestandskataloge oder Inventarbücher Hinweise auf diese Provenienz erhalten. Ob dies der Fall ist, muss freilich wieder den Feststellungen des Einzelfalles überlassen bleiben. Als Informationsquelle kommen zum anderen auch insofern schriftliche oder mündliche Berichte der damals agierenden Personen in Betracht. Wie bereits erwähnt, haben sich viele von ihnen selbst auf dem französischen Kunstmarkt getummelt. Dabei wird ihnen nicht verborgen geblieben sein, wer dort außer ihnen Erwerbungen getätigt hat. Darüber werden sie sicher zumindest ihrem näheren Umfeld berichtet haben. Aber auch von denjenigen Kunsthändlern, Museumsmitarbeitern und Privatsammlern, die nicht persönlich nach Frankreich gereist sind, kann angenommen werden, dass sie den Markt beobachtet und registriert haben, dass seit der Besetzung Frankreichs vermehrt Kunstwerke aus dort beheimateten Sammlungen in Deutschland abgesetzt worden sind. Es liegt nahe, dass sie dies auch in irgendeiner Form dokumentiert haben und ihre Geschäftsunterlagen hierüber Auskunft geben.

Seit 1999 ist die Beteiligung der eingangs genannten Kunsthändler am Kauf und Verkauf von Kunstwerken aus den Sammlungen französischer Juden erneut jedem Kunsthändler, Museum und Privatsammler erkennbar. Von ihnen kann nämlich verlangt werden, dass sie die mittlerweile erschienenen Bücher und Aufsätze über den Kunstraub im besetzten Frankreich lesen und sich die dadurch vermittelten Kenntnisse aneignen. Die nunmehr vorliegende Literatur informiert gerade auch darüber, welche Kunsthändler mit jüdischem Kunstbesitz aus Frankreich gehandelt haben. Neben den Büchern insbesondere von *Haase*, *Feliciano* und *Heuss* ist hier wiederum die Handreichung zu nennen, der eine Auflistung von in den Handel mit entzogenen Kunstwerken involvierten Kunsthändlern beigefügt ist. Darin sind unter anderem die eingangs Genannten aufgeführt.[720]

---

[719] Vgl. etwa für die Ankäufe des Wallraf-Richartz-Museums *Terlau* in: Museen im Zwielicht, S. 30 ff.

[720] Handreichung, Anlage II e, S. 35 f.

### (b) Vom ERR angebrachte Signatur

Die jüdische Provenienz des zu erwerbenden Kunstwerks ist zum anderen daran erkennbar, dass auf ihm die Signatur „AR“ und „LR“ oder etwa „LB“, „D-W“ oder „KA“ angebracht ist. Mit diesen Signaturen hat der ERR Kunstwerke versehen, die er aus jüdischen Sammlungen im besetzten Frankreich beschlagnahmt hat. Die Signaturen „AR“ und „LR“ erhielten oftmals diejenigen Kunstwerke, die für das Führermuseum Linz bestimmt waren.[721] Die Signaturen „LB“, „D-W“ und „KA“ dagegen kennzeichnen Kunstwerke, die aus den Sammlungen Levy de Benzion, David David-Weill und Alphonse Kann stammen.[722]

Einen Anhaltspunkt für die jüdische Provenienz des Kunstwerks liefern diese Signaturen freilich nur, wenn dem Erwerber ihre Bedeutung bekannt oder erkennbar war. Diesbezüglich ist erneut wie folgt zu differenzieren:

In der Zeit während des Nationalsozialismus bis Ende der 1960er Jahre war die Bedeutung der Signaturen dem Erwerber, gleichgültig, ob es sich bei diesem um einen Kunsthändler, ein Museum oder einen Privatsammlern gehandelt hat, in der Regel nicht erkennbar. Denn die Tatsachen, dass und mit welchen Signaturen der ERR die von ihm im besetzten Frankreich beschlagnahmten Kunstwerke versehen hat, dürfte weder in der Zeit des Nationalsozialismus noch in der Zeit danach allgemein bekannt gewesen sein. Es muss wohl im Gegenteil davon ausgegangen werden, dass der ERR die vom ihm verwendeten Signaturen und ihre Bedeutung während der Dauer seiner Tätigkeit geheim halten konnte. Später mögen sie zwar von der MFA & A bei der Untersuchung der in den verschiedenen Collecting Points sichergestellten Kunstwerke daraufhin, ob sie in den besetzten Gebieten beschlagnahmt oder unter Zwang erworben worden sind, entdeckt und entschlüsselt worden sein. Jedoch wird die MFA & A die Signaturen und ihre Bedeutung nicht öffentlich bekannt gemacht haben, so dass potentielle Erwerber von im besetzten Frankreich entzogenen Kunstwerken wie vor allem Kunsthändler, Museen und Privatsammler hierüber nicht informiert sein konnten.

Auch in der Zeit von Anfang der 1970er Jahre bis 1998 waren die vom ERR verwendeten Signaturen und ihre Bedeutung keinem Kunsthändler, Museumsmitarbeiter und Privatsammler erkennbar. Dabei spielt es keine Rolle, ob dieser in einer Einrichtung beschäftigt war oder eine Kollektion besessen hat, die bereits in den 1930er und frühen 1940er Jahren existiert hat, oder ob er in einer Galerie

---

[721] Handreichung, S. 12.

[722] Vgl. Handreichung, S. 12, Anlage II h, S. 39 f. In dieser Auflistung der jüdischen Sammler, denen während der Herrschaft des Nationalsozialismus Kunstwerke entzogen worden sind, ist bei denjenigen, die in Frankreich gelebt haben, soweit bekannt, hinter dem Namen die Signatur angegeben, mit welcher der ERR die Kunstwerke aus ihren Sammlungen versehen hat.

oder einem Museum gearbeitet oder eine Sammlung sein eigen genannt hat, die erst nach dem 8. Mai 1945 entstanden ist. Denn die Signaturen und ihre Bedeutung waren auch in diesem Zeitabschnitt weder allgemein bekannt, noch konnten sie einem Erwerber von seinem Vorgänger übermittelt worden sein.

Erst seit 1999, genauer: seit Februar 2001, sind die Signaturen des ERR und ihre Bedeutung jedem Erwerber erkennbar. Denn seit dem gibt die bereits mehrfach genannte Handreichung, deren Inhalt sowohl Kunsthändler und Museen als auch Privatsammler kennen müssen, darüber Auskunft. Ihnen ist somit erkennbar, welche Signaturen ein Kunstwerk als vom ERR beschlagnahmt ausweisen.

### bb) Entziehung des zu erwerbenden Kunstwerks

Der Umstand seiner Entziehung ist bei einem im besetzten Frankreich entzogenen Kunstwerk ebenso wie bei einem im Reichsgebiet Entzogenen schon daran erkennbar, dass sein jüdischer Eigentümer wegen seiner Rasse verschiedenen Verfolgungsmaßnahmen ausgesetzt war. Was dies angeht, ist wiederum zwischen den drei verschiedenen Zeitabschnitten zu unterscheiden:

In der Zeit während des Nationalsozialismus bis Ende der 1960er Jahre war die Entziehung des Kunstwerks, gleichgültig, ob sie durch Beschlagnahme durch deutsche Dienststellen oder Veräußerung durch den jüdischen Eigentümer erfolgt ist, sowohl Kunsthändlern und Museen als auch Privatsammlern erkennbar. Es war seinerzeit allgemein bekannt, dass die jüdische Bevölkerung im besetzten Frankreich ebenfalls verschiedenen Verfolgungsmaßnahmen der deutschen Nationalsozialisten ausgesetzt war und dass dazu insbesondere die Beschlagnahme namentlich der Kunstwerke gehörte, die von ihren jüdischen Eigentümern bei deren Flucht in den unbesetzten Süden des Landes oder ins Ausland im besetzten Norden zurückgelassen werden mussten. Ebenso war offenkundig, dass jüdische Eigentümer ihre Kunstwerke nur deshalb veräußert haben, weil sie damit der drohenden Beschlagnahme zuvorkommen bzw. sich die nötigen Geldmittel zur Finanzierung ihres Lebensunterhalts und ihrer Auswanderung beschaffen wollten.

In dem zweiten Zeitabschnitt gilt wiederum: Kunsthändlern und Museumsmitarbeitern, die in einer erst nach dem 8. Mai 1945 gegründeten Einrichtung tätig waren, sowie Privatsammlern, die ihre Kollektion erst nach dem Krieg zusammengetragen haben, war der Umstand der Entziehung des zu erwerbenden Kunstwerks in der Regel nicht erkennbar. Wie bereits dargetan, hatten sie mangels ihnen zugänglicher Informationsquellen keine Kenntnis vom Kunstraub im besetzten Frankreich und den daran beteiligten Personen. Ihnen war folglich nicht erkennbar, dass ein Kunstwerk aus der Sammlung eines in Frankreich lebenden Juden, das in der Zeit vom 14. Juni 1940 bis zum 8. Mai 1945 seinen Besitzer gewechselt hat, höchstwahrscheinlich entweder von einer deutschen Dienststelle beschlagnahmt oder von seinem Eigentümer nur unter dem Eindruck der Zwangslage, in der er sich infolge der unmittelbar nach dem Einmarsch der deutschen Truppen einsetzenden Verfolgungsmaßnahmen befunden hat, veräußert worden ist. Dagegen konnten diese Tatsachen den Inhabern und Mitarbeitern von Kunsthandlungen und Museen sowie den Eigentümern von Privatsammlungen, die bereits in den frühen 1940er Jahren bestanden haben, erkennbar gewesen sein. Es wurde bereits dargelegt, dass sie möglicherweise über Erwerbsunterlagen bzw. Zeitzeugenberichte verfügt haben, aus denen vermutlich hervorgeht, dass seit Mitte des Jahres 1940 vermehrt Kunstwerke aus dem Besitz von vor allem in Paris ansässigen jüdischen Sammlern auf dem Kunstmarkt aufgetaucht sind. War dies der Fall, so musste sich ihnen erschließen, dass dies mit der Besetzung der Stadt und der unmittelbar danach einsetzenden Verfolgung ihrer jüdischen Bevölkerung zusammenhängt. Denn dass die in den besetzten Gebieten lebenden Juden nach dem Einmarsch der deutschen Truppen in das jeweilige Land ebenso verfolgt und vernichtet worden sind wie die deutschen Juden, war auch in der Zeit von Anfang der 1970er Jahre bis 1998 jedermann bekannt.

Seit 1999 ist die Tatsache, dass das zu erwerbende Kunstwerk seinem jüdischen Eigentümer entzogen worden ist, wieder jedem Erwerber erkennbar. Wie bereits dargelegt, kann von allen heute tätigen Kunsthändlern, Museumsmitarbeitern und Privatsammlern verlangt werden, dass sie die inzwischen veröffentlichte Literatur studiert haben, die über die Beschlagnahme und den zwangsweisen Verkauf von jüdischem Kunstbesitz im besetzten Frankreich Auskunft gibt. Dies gilt nicht nur für die bereits erwähnten Bücher von *Haase*, *Feliciano* und *Heuss*, sondern beispielsweise auch für die Beiträge von *Zimmermann* und *Terlau* in den Veröffentlichungen der Koordinierungsstelle für Kulturgutverluste, in denen sie über den Zwangsverkauf von Kunstwerken aus der Sammlung des italienischen Geschäftsmannes Federico Gentili di Giuseppe berichten. Nachdem dieser im April 1940 in Paris verstorben und seinen im Juni 1940 aus Angst vor der drohenden Verfolgung aus der Stadt geflüchteten Kindern die Rückkehr dorthin verboten worden war, seien für seinen Nachlass, zu dem vor allem ein großer Teil seiner Kunstsammlung gehörte, ein Verwalter sowie ein öffentlicher Versteigerer bestellt worden. Auf deren Veranlassung seien die Kunstwerke aus seiner Sammlung in der Versteigerung des Auktionshauses Hotel Drouot vom 23./24. April 1941 veräußert worden.[723]

### cc) Nichtigkeit der Entziehung des zu erwerbenden Kunstwerks

Der Umstand, dass die Entziehung des zu erwerbenden Kunstwerks nichtig war und somit keinen Eigentumsübergang auf den Entzieher und späteren Veräußerer bewirken konnte, ist gleichfalls allein schon an der Tatsache der Verfolgung

---

[723] *Terlau* in: Beiträge öffentlicher Einrichtungen, S. 187 ff.; *Zimmermann* in: Museen im Zwielicht, S. 323 ff.

der Juden im besetzten Frankreich erkennbar. Erneut ist wie folgt zu differenzieren:

In dem ersten Zeitabschnitt war die Nichtigkeit der Entziehung Kunsthändlern, Museen und Privatsammlern gleichermaßen erkennbar, und zwar bereits während der Besetzung und erst recht nach ihrer Beendigung und dem Zusammenbruch des Dritten Reichs. Von ihnen konnte zwar nicht verlangt werden, dass sie das Völkerrecht, namentlich das Recht der kriegerischen Besetzung, kennen. Wie bereits dargelegt, konnte von ihnen jedoch auch schon während der Herrschaft der Nationalsozialisten gefordert werden, dass sie sich nicht an deren rechtlichen und moralischen Ansichten, sondern an dem übergesetzlichen Recht und den überkommenen moralischen Anschauungen orientieren. Ihnen war damit erkennbar, dass es dem Deutschen Reich ebenso wie ihm angehörigen Privatpersonen verboten war, Kunstwerke im Eigentum von Juden als einer wegen ihrer Rasse besonderen Verfolgungsmaßnahmen ausgesetzten Gruppe von Einwohnern eines während des Krieges besetzten Gebietes zu beschlagnahmen bzw. zu erwerben. Ihnen war zudem erkennbar, dass solche verbotswidrigen Beschlagnahmen und unter Zwang getätigten Erwerbungen nichtig sind.

Nach dem 8. Mai 1945 war die Nichtigkeit der Beschlagnahmen und unter Zwang getätigten Erwerbungen von Kunstwerken aus jüdischem Besitz noch deutlicher erkennbar, da hierfür nunmehr außerdem die von den Alliierten sowie der deutschen Rechtsprechung und Literatur in dieser Frage vertretene Auffassung sprach. Die Ansicht der Alliierten kam bereits in ihrer Londoner Erklärung vom 5. Januar 1943 zum Ausdruck. In dieser haben sie sich nämlich das Recht vorbehalten, die in den von Deutschland besetzten Gebieten erfolgten Enteignungen, wozu auch unter Zwang getätigte Erwerbungen gehören, „für nichtig zu erklären". Unter dem Gesichtspunkt ihrer Tauglichkeit als Rechtsgrundlage für die von den Alliierten durchgeführte äußere Restitution ist die mittlerweile selbst in Deutschland veröffentlichte Londoner Erklärung auch von der deutschen Rechtsprechung und Literatur besprochen worden, die ebenfalls zu der Ansicht gelangt sind, dass die Beschlagnahmen und die unter Zwang getätigten Erwerbungen in den besetzten Gebieten nichtig seien und die auf diese Weise daraus entfernten Gegenstände an ihre Herkunftsstaaten zurückgegeben werden müssten. Da ein erheblicher Teil der deutschen Bevölkerung insofern von der äußeren Restitution betroffen war, als er restitutionspflichtige Gegenstände besaß, fand dieses Thema überdies Eingang in die öffentliche Diskussion. Deshalb mussten gerade Kunsthändler, Museen und Privatsammler als potentielle Erwerber von in den besetzten Gebieten, vor allem im besetzten Frankreich, entzogenen Kunstwerken, über den Inhalt der Londoner Erklärung und die von der Rechtsprechung und Literatur vertretene Auffassung informiert sein.

In der Zeit von Anfang der 1970er Jahre bis 1998 war die Nichtigkeit der Entziehung ebenso wie die Tatsache, dass eine solche stattgefunden hat, allenfalls den Kunsthändlern, Museumsleuten und Privatsammlern erkennbar, die in einer

Institution beschäftigt waren, die bereits in den frühen 1940er Jahren bestanden hat, oder die eine in dieser Zeit angelegte Sammlung geerbt haben. Denn nur ihnen standen eventuell Dokumente zur Verfügung, die ihnen die hierfür erforderlichen Kenntnisse vermittelt haben. War ihnen etwa aufgrund von Erwerbsunterlagen oder sonstigen Geschäftspapieren sowie ihrem allgemeinen Wissen über die Judenverfolgung erkennbar, dass während der Besetzung Frankreichs unzählbare Kunstwerke aus jüdischem Besitz von deutschen Dienststellen weggenommen oder von ihren Eigentümern zwangsweise veräußert worden sind, so musste sich ihnen unter Zugrundelegung der damals maßgeblichen moralischen Anschauungen auch erschließen, dass sowohl die Beschlagnahmen als auch die unter Ausnutzung der Zwangslage des Veräußerers getätigten Erwerbungen verboten waren und somit keine Wirkungen im Hinblick auf das Eigentumsrecht an solchen Kunstwerken haben konnten.

Seit 1999 ist die Nichtigkeit der Entziehung erneut jedem Kunsthändler, Museumsmitarbeiter und Privatsammler erkennbar. Schließlich berichten die von ihm zu studierenden neueren Publikationen in der Regel auch über die Restitutionen, welche die Alliierten durchgeführt haben, und lassen dadurch erkennen, dass diese den Beschlagnahmen und unter Zwang getätigten Erwerbungen keine Rechtswirkungen beigemessen haben. Eine deutliche Bewertung der darin geschilderten zwangsweisen Versteigerung der Kunstwerke aus der Sammlung von Federico Gentili di Giuseppe enthalten die bereits angesprochenen Beiträge von *Zimmermann* und *Terlau*. In ihnen wird ausgeführt, dass sich das Berufungsgericht von Paris auf Antrag der Erben mit der Frage der Rechtmäßigkeit der Versteigerung vom 23./24. April 1941 auseinander gesetzt und schließlich in seiner Entscheidung vom 2.6.1999 festgestellt habe, dass diese nichtig sei.[724]

## 3. Ausschluss des gutgläubigen Erwerbs vom Nichtberechtigten

In den Fällen, in denen dem Erwerber eines entzogenen Kunstwerks keine Verdachtsmomente für die Nichtberechtigung des Veräußerers bekannt gewesen sind oder er alle ihm bekannten Verdachtsmomente durch die gebotenen Nachforschungen hat beseitigen können, stellt sich die Frage, ob der gutgläubige Erwerb des Eigentums an dem Kunstwerk an § 935 Abs. 1 BGB scheitert. Danach tritt der gutgläubige Eigentumserwerb vom Nichtberechtigten nicht ein, wenn die Sache dem Eigentümer gestohlen wurde, verlorengegangen oder sonst abhanden gekommen ist.[725] Abhanden gekommen sind solche Sachen, die dem

---

[724] Cour d'Appel Paris, 1ère Chambre A, 2 Juin 1999, abgedruckt in: Palmer im Appendix V. *Terlau* in: Beiträge öffentlicher Einrichtungen, S. 189; *Zimmermann* in: Museen im Zwielicht, S. 324 f.

[725] Damit begrenzt die Vorschrift das den §§ 932 bis 934 BGB zugrunde liegende Rechtsscheinprinzip zugunsten des Eigentümers, wenn dieser die Verfügung des Nichtberechtigten nicht

Eigentümer ohne seinen Willen aus dem Besitz gekommen sind. Nach dieser Definition tritt neben den tatsächlichen Verlust des unmittelbaren Besitzes das voluntative Element der Unfreiwilligkeit eben dieses Besitzverlustes.[726]

## 3.1. Abhandenkommen infolge Entziehung durch Rechtsgeschäft

Der Wille zur Besitzaufgabe ist rein tatsächlicher, nicht rechtsgeschäftlicher Natur. Demnach ändern weder die Nichtigkeit des Rechtsgeschäfts, zu dessen Erfüllung der Eigentümer die Sache dem Erwerber übergeben hat, noch die Nichtigkeit der Eigentumsübertragung etwas daran, dass er seinen Besitz freiwillig aufgegeben hat.[727]

Ein Kunstwerk, das seinem jüdischen Eigentümer während der nationalsozialistischen Herrschaft durch Rechtsgeschäft entzogen worden ist, kann also nicht schon deshalb als abhanden gekommen im Sinne des § 935 Abs. 1 S. 1 BGB angesehen werden, weil die Einigung über den Übergang des Eigentums daran ebenso wie das ihr zugrunde liegende Rechtsgeschäft wegen Sittenwidrigkeit gemäß § 138 Abs. 1 BGB oder wegen Verstoßes gegen ein Verbotsgesetz gemäß § 134 BGB nichtig ist.

Trotz seiner Mitwirkung an der Besitzübertragung und des darin zum Ausdruck kommenden Einverständnisses damit sind jedoch immerhin dann Zweifel an der Freiwilligkeit des Besitzverlusts angebracht, wenn Anhaltspunkte dafür vorliegen, dass in rechtswidriger Weise auf den Willen des Eigentümers eingewirkt worden ist. Dabei genügt es allerdings nicht, dass der Besitzübertragungswille durch einen Irrtum oder eine Täuschung hervorgerufen worden ist. Denn da sich der irrende oder getäuschte Eigentümer seines Willensmangels nicht bewusst ist, entspricht die Besitzübertragung nach seiner Vorstellung seinem freien Willen.[728] Anders stellt sich die Rechtslage dar, wenn der Besitzübertragungswille durch eine Drohung beeinflusst worden ist. Denn hier ist sich der Eigentümer seiner Zwangslage bewusst, so dass seine Besitzübertragung nicht das Ergebnis eines innerlich freien Willensentschlusses ist. Das ist nicht nur dann der Fall, wenn dem Eigentümer durch unwiderstehliche physische Gewalt oder einen gleichen physischen Zwang die Möglichkeit genommen wird, seinen Willen überhaupt zu

---

selbst dadurch ermöglicht hat, dass er den Besitz einem Dritten überlassen hat (vgl. Staudinger-*Wiegand*, § 935, Rn. 1; *Wiegand*, JuS 1974, S. 205; MünchKomm-*Quack*, § 935, Rn. 1; *Westermann*, Sachenrecht, § 45 III 2).

[726] Vgl. Staudinger-*Wiegand*, § 935, Rn. 4; *Wiegand*, JuS 1974, S. 205; MünchKomm-*Quack*, § 932, Rn. 5; *Westermann*, Sachenrecht, § 49 I 1.

[727] Vgl. Staudinger-*Wiegand*, § 935, Rn. 12; OLG Frankfurt a. M. v. 2.9.1948, NJW 1949, S. 429 f. [430].

[728] Vgl. Staudinger-*Wiegand*, § 935, Rn. 11; MünchKomm-*Quack*, § 932, Rn. 8; *Tiedtke*, Gutgläubiger Erwerb, S. 41.

betätigen[729], sondern auch dann, wenn er sich unter dem Eindruck der bestehenden Zwangslage für die Besitzübertragung als das in seinen Augen geringere Übel entscheidet.[730] Die Besitzübertragung erfolgt dann ohne den Willen des Eigentümers, so dass die übergebene Sache als abhanden gekommen im Sinne des § 935 Abs. 1 BGB anzusehen ist.

Es ist daher zu untersuchen, ob ein jüdischer Veräußerer, der dem Erwerber den Besitz an dem veräußerten Kunstwerk übertragen hat, hierzu durch eine Drohung bestimmt worden ist. Ob dabei von dem Erwerber selbst Zwang auf den Veräußerer ausgeübt worden ist, muss den Feststellungen des Einzelfalles überlassen bleiben. Im Vordergrund steht hier vielmehr die Frage, ob eine Bedrohung von dritter Seite, nämlich dem nationalsozialistischen Regime, ausgegangen ist. Hierzu hat das Kammergericht Berlin in seinem bereits angesprochenen Urteil vom 29.10.1946 Stellung genommen.[731] Seiner Ansicht nach lag jedenfalls seit dem Pogrom vom 8. bis zum 10. November 1938 eine rechtlich relevante Kollektivdrohung gegen die jüdische Bevölkerung vor. Seit diesem Zeitpunkt habe eine vom nationalsozialistischen Regime *„ausgesprochene Androhung schwerster Übel gegen die betroffenen Kreise"* bestanden, durch die deren Willensentschließungen auf den infrage kommenden wirtschaftlichen Gebieten, insbesondere bei der Veräußerung von Vermögensgegenständen, entscheidend beeinflusst waren. Es müsse daher vermutet werden, dass *„die Angehörigen dieser Personengruppe bei der Veräußerung von Vermögensstücken ... unter dem Einfluss des gegen sie eingeleiteten Zwanges gehandelt haben"*.[732]

In der einschlägigen zeitgenössischen Literatur hat die Auffassung des Kammergerichts mit Ausnahme des Stichtages für den Beginn der Zwangslage Zustimmung erfahren.[733] Gegen die Annahme des Kammergerichts, eine Kollektivdrohung sei erst seit dem Novemberpogrom gegeben, wurde vor allem eingewandt, dass sie in keiner Weise den Tatsachen, wie sie sich ereignet haben, gerecht werde. Die Verfolgung und Bedrohung der jüdischen Bevölkerung habe nicht erst mit dem Novemberpogrom eingesetzt, sondern, wie der Boykott vom 1. April 1933 zeige, bereits unmittelbar nach der Machtergreifung der Nationalsozialisten. Die Juden hätten daher vielmehr bereits seit dem 30. Januar 1933 unter einem rechts-

---

729 BGH v. 15.11.1951, BGHZ 4, 10 [39]; BGH v. 11.6.1953, NJW 1953, S. 1506 ff. [1507].

730 Staudinger-*Wiegand*, § 935, Rn. 11; MünchKomm-*Quack*, § 932, Rn. 9; Palandt-*Bassenge*, § 935, Rn. 5; *Westermann*, Sachenrecht, § 49 I 3; *Tiedtke*, Gutgläubiger Erwerb, S. 42 und wohl auch bereits *Hoche*, NJW 1953, S. 1506, der zu dem Urteil des BGH vom 11.6.1953 angemerkt hat, dass man bei der Annahme einer Zwangslage nicht „zu engherzig" sein dürfte, wollte man nicht zu einem unbefriedigenden Ergebnis kommen.

731 Siehe oben Fn. 278.

732 KG Berlin, SJZ 1947, Sp. 262.

733 *Roemer*, SJZ 1947, Sp. 264; *Pinner*, JR 1948, S. 60.

erheblichen Kollektivzwang gestanden.[734] Diese Ansicht findet sich in der Regelung des Art. 3 Abs. 1 USREG bestätigt, wonach die Entziehungsvermutung für alle Rechtsgeschäfte gilt, die in der Zeit vom 30. Januar 1933 bis zum 8. Mai 1945 abgeschlossen worden sind, und verdient schon aus diesem Grunde Zustimmung.

Demnach steht bei sämtlichen Rechtsgeschäften, die ein jüdischer Veräußerer in der Zeit vom 30. Januar 1933 bis zum 8. Mai 1945 abgeschlossen hat, zu vermuten, dass er hierbei unter dem Eindruck des durch die nationalsozialistischen Verfolgungsmaßnahmen begründeten Zwangs gestanden hat. Dabei hat die Zwangslage nicht nur seinen Willen zum Abschluss des Rechtsgeschäfts beeinflusst, sondern auch und gerade seinen Willen, das veräußerte Kunstwerk dem Erwerber zu übergeben und damit seinen Besitz vollständig aufzugeben. Es ist deshalb davon auszugehen, dass die Besitzaufgabe ohne den Willen des jüdischen Eigentümers erfolgt ist, so dass das veräußerte Kunstwerk als abhanden gekommen im Sinne des § 935 Abs. 1 S. 1 BGB anzusehen ist.[735]

---

[734] *Pinner*, JR 1948, S. 61.
Nicht ganz klar ist, welche Auffassung *Roemer*, SJZ 1947, Sp. 264 in dieser Frage vertritt: Einerseits pflichtet er dem Kammergericht ausdrücklich darin bei, dass jedenfalls seit November 1938 eine generelle Vermutung für das Vorliegen des Kollektivzwangs anzunehmen sei. Andererseits weist er darauf hin, dass der Entwurf eines Rückerstattungsgesetzes weit über den Standpunkt des Gerichts hinausgeht und eine solche Vermutung bereits vom Beginn der nationalsozialistischen Herrschaft an vorsieht.

[735] So im Ergebnis wohl auch *Küster*, BB 1947, S. 362, der im Zusammenhang mit der Darstellung der Grundgedanken des USREG zu dieser Frage wie folgt Stellung nimmt: *„Der gute Glaube im Rechtssinn stand erst da in Frage, wo der erste Erwerber weiterveräußert hat. Der Nacherwerber eines ursprünglich unter Drohung veräußerten Objekts … erwirbt nach gewöhnlichem bürgerlichen Recht bei gutgläubiger Unkenntnis der mangelhaften Rechtsstellung seines Vormannes seinerseits rechtsmangelfrei. Aber das gilt nicht für bewegliche Sachen, die geradezu weggenommen wurden … Es bestand Einigkeit darüber, dass also in den allermeisten Arisierungsfällen schon nach bürgerlichem Recht der gute Glaube eines Nacherwerbers außer Betracht bleiben müsse …“*
In diesem Sinne, nämlich dass durch Rechtsgeschäft des jüdischen Sammlers entzogene Kunstwerke als abhanden gekommen im Sinne des § 935 Abs. 1 BGB anzusehen sind, sind wohl auch die Ausführungen von *Arndt*, NJW 1947/48, S. 163 zu verstehen. Er erklärt, ohne hierbei allerdings zwischen durch Rechtsgeschäft oder durch staatlichen Hoheitsakt entzogenem Vermögen zu unterscheiden, dass entzogenes Vermögen nicht anders als geraubtes behandelt werden könne, und weist anschließend darauf hin, dass das deutsche Recht die Gutgläubigkeit nicht ausnahmslos als rechtsbegründende Tatsache anerkennen würde: *„Die Vermutung eines gültigen Erwerbs kann stets nur stichhaltig sein und der dem Recht eigenen ideellen Wirklichkeit entsprechen, wenn der an sich sonst Berechtigte sich „verschwiegen“ hat. Dieses Verwirkungsprinzip kann unmöglich gegenüber den Verfolgten durchgreifen, da es eben die Unfreiwilligkeit, der individuelle oder kollektive Terror war, der das Wesen der ihnen widerfahrenen Verfolgung ausmachte, und niemand darauf vertrauen, sich darauf verlassen durfte, dass unter Hitlers Gewaltherrschaft überhaupt noch Recht für jedermann in Deutschland herrschte …“*
Wie hier im Ergebnis auch *Müller-Katzenburg* in: Museen im Zwielicht, S. 224, allerdings ohne Begründung.

Dasselbe gilt für Kunstwerke aus jüdischem Besitz im besetzten Frankreich, die von ihren Eigentümern nach dem Einmarsch der deutschen Truppen veräußert worden sind. Seit der Besetzung des Landes war auch die jüdische Bevölkerung Frankreichs nationalsozialistischen Verfolgungsmaßnahmen ausgesetzt und stand somit ebenfalls unter einem rechtserheblichen kollektiven Zwang. Es ist deshalb zu vermuten, dass ein jüdischer Eigentümer, der in der Zeit vom 17. Mai 1940 bis zum 8. Mai 1945 ein Kunstwerk veräußert hat, hierzu, insbesondere zur Aufgabe seines Besitzes, durch diesen Zwang bestimmt worden ist, so dass von einem willentlichen Besitzverlust nicht gesprochen werden kann. Vielmehr ist davon auszugehen, dass er den Besitz ohne seinen Willen verloren hat, so dass das veräußerte Kunstwerk als abhanden gekommen im Sinne des § 935 Abs. 1 S. 1 BGB anzusehen ist.

### 3.2. Abhandenkommen infolge Entziehung durch staatlichen Hoheitsakt

Ein Abhandenkommen liegt grundsätzlich nicht vor, wenn der Besitzverlust aufgrund eines Hoheitsaktes erfolgt ist. Zwar ist im Falle einer Beschlagnahme die Möglichkeit einer freien Willensentschließung des Eigentümers ausgeschlossen, da dieser hier nach seiner Vorstellung seinen Besitz in jedem Falle, entweder durch eigene Übergabe oder durch Duldung der zwangsweisen Wegnahme durch den Beschlagnahmebefugten, verliert.[736] Der fehlende Wille des Eigentümers wird hier jedoch durch die Beschlagnahmebefugnis ersetzt. Nach einhelliger Auffassung gilt dies nicht nur für rechtmäßige, sondern auch für rechtswidrige Hoheitsakte.[737] Streitig ist dagegen, ob dies auch dann gilt, wenn die Beschlagnahme nichtig ist. Insoweit hat der III. Zivilsenat des BGH in seinem Urteil vom 15.11.1951 ausgeführt, dass es bei der Frage des Abhandenkommens nicht darauf ankommen könne, *„ob die behördliche Beschlagnahme wirksam, anfechtbar oder nichtig war, falls überhaupt nur eine die Besitzübertragung enthaltende Handlung des Besitzers vorliegt“*.[738] Demgegenüber hat das Landgericht Ansbach in seinem Urteil vom 5.10.1951 die Auffassung geäußert, dass bei einem Besitzverlust aufgrund einer nichtigen Beschlagnahme die Sache ihrem Eigentümer in rechtlich nicht wirksamer Weise entzogen worden und somit abhanden gekommen im Sinne des § 935 Abs. 1 BGB sei.[739] Im Schrifttum wird überwiegend die

---

[736] Vgl. LG Ansbach v. 5.10.1951, NJW 1952, S. 592.

[737] Vgl. Staudinger-*Wiegand*, § 935, Rn. 17; MünchKomm-*Quack*, § 932, Rn. 13; *Westermann*, Sachenrecht, § 49 I 4; *Tiedtke*, Gutgläubiger Erwerb, S. 42.

[738] BGH v. 15.11.1951, BGHZ 4, 10 [37] zum Abhandenkommen eines auf der Grundlage des § 15 Reichsleistungsgesetz (RLG) vom 1. September 1939 (RGBl. I, S. 1645) entzogenen Kraftfahrzeugs. Wie der BGH wohl auch *Wedesweiler*, NJW 1949, S. 416.

[739] LG Ansbach, NJW 1952, S. 592 ebenfalls zum Abhandenkommen eines aufgrund § 15 RLG entzogenen Kraftfahrzeugs. So bereits zuvor: Württ.-Bad. VGH Stuttgart v. 25.4.1947, SJZ 1948, Sp. 152 f. [153]; ders. v. 5.8.1947, SJZ 1948, Sp. 153 ff. [155].

Auffassung des Landgerichts Ansbach geteilt.[740] In Abgrenzung zu dem Standpunkt des III. Zivilsenats des BGH wird teilweise noch ausdrücklich darauf hingewiesen, dass ein unfreiwilliger Besitzverlust sogar dann zu bejahen sei, wenn der Eigentümer selbst die Sache an den Beschlagnahmebefugten herausgegeben hat.[741]

Der Auffassung des Landgerichts Ansbach und des überwiegenden Teils des Schrifttums ist der Vorzug vor der des III. Zivilsenats des BGH einzuräumen. Diese vermag deshalb nicht zu überzeugen, weil die ihr zugrunde liegende Prämisse, wonach eine wie auch immer geartete Mitwirkung des Eigentümers an der Besitzübertragung seinem freien Willen entspreche, bei lebensnaher Betrachtung nicht haltbar ist. War der Eigentümer der Überzeugung, ihm bliebe nichts anderes übrig, als die Sache dem in seinen Augen Befugten zu übergeben, weil dieser sie ihm andernfalls mit Gewalt wegnehmen würde, so kann von einer freiwilligen Besitzübertragung keine Rede sein.[742] Ist die Beschlagnahme nichtig, so kann der fehlende Besitzübertragungswille auch nicht durch eine entsprechende Befugnis ersetzt werden.[743] Es bleibt vielmehr dabei, dass der Besitzverlust ohne den Willen des Eigentümers erfolgt ist, so dass die übertragene Sache als abhanden gekommen im Sinne des § 935 Abs. 1 BGB zu betrachten ist.

Dies gilt umso mehr, wenn einem jüdischen Eigentümer während der nationalsozialistischen Herrschaft ein Kunstwerk durch staatlichen Hoheitsakt, insbesondere durch Vermögensverfall zugunsten des Deutschen Reichs, entzogen worden ist. Zu der Zeit, zu der Kunstwerke aus jüdischen Sammlungen vornehmlich in dieser Weise entzogen wurden, nämlich seit Inkrafttreten der 11. VO zum Reichsbürgergesetz, hatte die Verfolgung der Juden ein Ausmaß und eine Intensität erreicht, die diesen vor Augen führen mussten, dass sie nicht nur wirtschaftlich, sondern auch physisch vernichtet werden sollten. Bestimmt etwa durch die Furcht davor, dass seine bevorstehende Auswanderung noch verhindert und er in ein Konzentrationslager verschleppt und dort umgebracht werden könnte, hätte ein jüdischer Eigentümer gar keine andere Wahl gehabt, als einer Beschlagnahmeverfügung Folge zu leisten und seine Kunstwerke an das Deutsche Reich herauszugeben. In den meisten Fällen wird jedoch noch nicht einmal eine die Besitzübertragung enthaltende Handlung des jüdischen Eigentümers vorliegen. Emigrierte er erst im Dezember 1938 oder sogar noch später, hatte er

---

[740] So etwa Staudinger-*Wiegand*, § 935, Rn. 17; Palandt-*Bassenge*, § 935, Rn. 6; *Tiedtke*, Gutgläubiger Erwerb, S. 43; *Kunze*, Restitution „Entarteter Kunst“, S. 187. A. A. MünchKomm-*Quack*, § 932, Rn. 14, demzufolge ein Abhandenkommen nur bei „Nichtakten“, wie beispielsweise in Fällen der Amtsanmaßung, zu bejahen sei.

[741] *Hübner*, Der Rechtsverlust im Mobiliarsachenrecht, S. 119; *Westermann*, Sachenrecht, § 49 I 4.

[742] Vgl. LG Ansbach, NJW 1952, S. 592; *Westermann*, Sachenrecht, § 49 I 4.

[743] Vgl. Staudinger-*Wiegand*, § 935, Rn. 17.

wegen des seitdem bestehenden Mitnahmeverbots gar keine andere Möglichkeit, als seine Kunstwerke in Deutschland zurückzulassen und sie somit dem Zugriff des Deutschen Reichs auszusetzen. Es konnte ihm nicht entgangen sein, dass ein Verstoß gegen das Verbot höchstwahrscheinlich seine Deportation und damit seinen Tod bedeutet hätte. Er hatte also auch gar keine andere Möglichkeit, als es zu dulden, dass das Deutsche Reich die zurückgelassenen Kunstwerke in Besitz nimmt. Erst recht ohne alternative Handlungsmöglichkeit war ein jüdischer Eigentümer, der Deutschland nicht rechtzeitig verlassen hat und in ein Konzentrationslager gebracht worden ist. Ihm blieb ebenfalls nichts anderes übrig, als seine Kunstwerke zurückzulassen und die Inbesitznahme durch das Deutsche Reich zu dulden.

Es kann nicht ernsthaft bezweifelt werden, dass für einen jüdischen Sammler in einer dieser ausweglosen Situationen die Möglichkeit einer freien Willensentschließung nicht bestanden hat. Vielmehr muss angenommen werden, dass er den Besitz an den entzogenen Kunstwerken ohne seinen Willen verloren hat.[744] Da jede Entziehung durch staatlichen Hoheitsakt nichtig ist, kann der fehlende Besitzübertragungswille des jüdischen Sammlers auch nicht durch eine entsprechende öffentlich-rechtliche Befugnis ersetzt werden. Demnach sind durch staatlichen Hoheitsakt entzogene Kunstwerke als abhanden gekommen im Sinne des § 935 Abs. 1 BGB anzusehen.[745]

---

[744] Das Justizministerium für Nordwürttemberg und Baden, NJW 1947/48, S. 138 f. [139] hat einen vergleichbaren Sachverhalt im Ergebnis ebenso bewertet: *„Auch die von einem privaten Eigentümer – ohne Verzicht auf das Eigentum – im Stiche gelassenen Fahrzeuge werden häufig als abhanden gekommen anzusehen sein, und zwar insbesondere dann, wenn der Besitzverlust – wie vor allem in den letzten Kriegsmonaten – unter dem Einfluss höherer Gewalt erfolgt ist.“*

[745] So im Ergebnis auch AG Wiesbaden, SJZ 1946, Sp. 36, das im Hinblick auf durch § 3 der 11. VO zum Reichsbürgergesetz dem Reich verfallenes jüdisches Vermögen insoweit folgendes ausgeführt hat: *„Hier erlangt der Erwerber, auch wenn er gutgläubig ist, d. h. auch wenn er nicht weiß, dass die verkaufte Sache jüdisches Vermögen ist und dem veräußernden Staat nicht gehört, kein Eigentum an der Sache, da der Gegenstand dem jüdischen Eigentümer gestohlen bzw. abhanden gekommen ist, § 935 Abs. 1 BGB. Denn der jüdische Eigentümer hat ohne seinen Willen und ohne sein Zutun den Besitz an der Sache verloren. Der Staat hat ihn gewaltsam seines Besitzes entsetzt.“*

Ähnlich hat sich auch das LG Berlin, JR 1948, S. 52 geäußert: *„Unter Verletzung aller in einem Rechtsstaat geltenden Grundsätze hat das Naziregime das Eigentum der jüdischen Mitbürger in Besitz genommen und nach seinem Belieben darüber verfügt. Diese Inbesitznahme ist aber unter Verletzung aller Rechtsgrundsätze erfolgt, so dass die damaligen Behörden keine Verfügungsberechtigung über dieses jüdische Eigentum erhielten. Infolgedessen konnte auch in analoger Anwendung des § 935 BGB ein selbst gutgläubiger Dritter an derartigen Gegenständen kein Eigentum erwerben, da hier die Sachen dem jüdischen Eigentümer als abhanden gekommen angesehen werden müssen.“*

So im Ergebnis in jüngerer Zeit auch LG Bonn v. 25.6.2002, NJW 2003, S. 673 ff. [675]; *Heuer*, NJW 1999, S. 2563; *Müller-Katzenburg*, NJW 1999, S. 2552; *dies.* in: Museen im Zwielicht, S. 224; *Hartung*, Kunstraub in Krieg und Verfolgung, S. 279.

Ebenso für als „entartet“ beschlagnahmte Kunstwerke: *Reich/Fischer*, NJW 1993, S. 1420;

Dasselbe gilt für im besetzten Frankreich durch Beschlagnahme durch deutsche Dienststellen, namentlich den ERR, entzogene Kunstwerke. Denn seit der Besetzung des Landes befanden sich die französischen Juden ebenfalls in einer Zwangslage, die eine freie Willensentschließung unmöglich gemacht hat: Entweder sie verließen den besetzten Teil des Landes oder sie setzten sich den nationalsozialistischen Verfolgungsmaßnahmen und damit auch der Gefahr der Deportation und des Todes aus. Gelang einem jüdischen Sammler die Flucht in das unbesetzte Frankreich oder ins Ausland nur unter Zurücklassung seiner Kunstwerke, die er damit dem Zugriff insbesondere des ERR ausgesetzt hat, kann von einer willentlichen Duldung ihrer Wegnahme durch diesen und von einem willentlichen Besitzverlust nicht die Rede sein.[746] Da die Beschlagnahmen jüdischen Kunstbesitzes durch die verschiedenen deutschen Behörden im besetzten Frankreich nichtig sind, kann der fehlende Besitzaufgabewille der betroffenen Sammler auch nicht durch eine hoheitliche Befugnis ersetzt werden. Folglich sind die durch Beschlagnahme entzogenen Kunstwerke als abhanden gekommen im Sinne des § 935 Abs. 1 BGB anzusehen.

Das Abhandenkommen im Sinne des § 935 Abs. 1 BGB schließt den gutgläubigen Erwerb vom Nichtberechtigten nach den §§ 932 bis 934 BGB dauerhaft, das heißt für alle ihm nachfolgenden Veräußerungen, aus.[747] Damit ist der gutgläubige rechtsgeschäftliche Erwerb von Kunstwerken, die ihren jüdischen Eigentümern während der nationalsozialistischen Herrschaft entzogen worden sind, grundsätzlich bleibend ausgeschlossen.

## B. Gutgläubiger Erwerb im Wege öffentlicher Versteigerung

Von dem Grundsatz, dass an abhanden gekommenen Sachen selbst gutgläubig kein Eigentum erworben werden kann, gibt es eine gerade für den Erwerb von Kunstwerken bedeutsame Ausnahme: Nach § 935 Abs. 2 BGB gilt der Ausschluss des gutgläubigen Erwerbs nämlich dann nicht, wenn eine Sache im Wege öffentlicher Versteigerung veräußert wird.[748]

---

*Kunze,* Restitution „Entarteter Kunst“, S. 187 f.; *Müller-Katzenburg* in: Museen im Zwielicht, S. 225.

[746] So auch *Krille,* NJW 1949, S. 212, der in dem vergleichbaren Fall, dass Eigentümer auf der Flucht vor den alliierten Truppen ihre Fahrzeuge zurückließen, die dann von den vorrückenden Einheiten in Besitz genommen worden sind, zu der Auffassung gelangt ist, dass der Verlust der Fahrzeuge nicht mehr als willentlich bezeichnet werden könne, dass bei einer völkerrechtswidrigen Wegnahme, nämlich einer Wegnahme zu Eigentum der Besatzungsmacht, vielmehr ein Abhandenkommen im Sinne des § 935 Abs. 1 BGB angenommen werden müsse.

[747] Vgl. Staudinger-*Wiegand,* § 935, Rn. 21; MünchKomm-*Quack,* § 935, Rn. 18; *Westermann,* Sachenrecht, § 49 II.

[748] Damit kehrt das Gesetz zu dem Grundkonzept des gutgläubigen Erwerbs zurück, wonach

Dabei lässt eine öffentliche Versteigerung allerdings nur die Anwendbarkeit des § 935 Abs. 1 BGB entfallen. Die übrigen Erwerbsvoraussetzungen der §§ 932 bis 934 BGB, insbesondere der Umstand, dass der Erwerber nicht bösgläubig sein darf, bleiben dagegen unberührt.[749]

## 1. Der Begriff der öffentlichen Versteigerung

Nach der Definition von *Franz* ist unter einer Versteigerung *„der Verkauf eines Gegenstandes oder Rechts zum höchstmöglichen, durch Wettbewerb unter den Kaufinteressenten mit der Möglichkeit des Überbietens, erzielbaren Preis zu verstehen"*.[750]

Als „öffentliche Versteigerung" gilt eine Versteigerung dann, wenn die Voraussetzungen des § 383 Abs. 3 BGB erfüllt sind.[751] Danach muss die Versteigerung von einem für den Versteigerungsort bestellten Gerichtsvollzieher, einem zu Versteigerungen befugten anderen Beamten oder einem gemäß § 34 b Abs. 5 GewO öffentlich bestellten Versteigerer durchgeführt werden. Außerdem muss sie „öffentlich" sein. Dies wiederum setzt zum einen voraus, dass, wie von § 383 Abs. 3 S. 2 BGB gefordert, Zeit und Ort der Versteigerung unter allgemeiner Bezeichnung der Sache öffentlich bekannt gemacht worden sind. In seiner Entscheidung zum Versteigerungserwerb eines Hamburger Stadtsiegels hat der IX. Zivilsenat des BGH dieses Erfordernis als dadurch erfüllt angesehen, dass der Auktionskatalog zahlreichen Museen sowie dem Bundeskriminalamt vor der Auktion zugeleitet und auf diese in den überregionalen Tageszeitungen, wie zum Beispiel der Frankfurter Allgemeinen Zeitung, der Süddeutschen Zeitung und

---

die Interessen des Erwerbers als Ausprägung des allgemeinen Verkehrsinteresses den Vorrang vor den Interessen des Eigentümers genießen (vgl. Staudinger-*Wiegand*, § 935, Rn. 23). Zur Berechtigung der Privilegierung des Erwerbs in öffentlicher Versteigerung allgemein vgl. *Dünkel*, Öffentliche Versteigerung und gutgläubiger Erwerb, S. 56. Zur Berechtigung dieser Privilegierung in dem Fall, dass es sich bei dem Versteigerungsobjekt um ein einzigartiges und unersetzbares Kunstwerk handelt vgl. *Franz*, Zivilrechtliche Probleme des Kulturgüteraustausches, S. 107 ff.; *Armbrüster*, NJW 2001, S. 3585. Hierauf sowie auf den Vorschlag von *Jaeger*, Internationaler Kulturgüterschutz, S. 112, abhanden gekommene Kunstwerke aus dem Besitz öffentlicher Museen von § 935 Abs. 2 BGB auszunehmen, braucht hier nicht weiter eingegangen zu werden, da der gutgläubige Erwerb im Wege öffentlicher Versteigerung bei entzogenen Kunstwerken, wie sogleich gezeigt wird, ohnehin ausgeschlossen ist.

[749] Vgl. Staudinger-*Wiegand*, § 935, Rn. 27; MünchKomm-*Quack*, § 935, Rn. 19; *Westermann*, Sachenrecht, § 49 III 2; *Dünkel*, Öffentliche Versteigerung und gutgläubiger Erwerb, S. 51; *Franz*, Zivilrechtliche Probleme des Kulturgüteraustausches, S. 106; *Kunze*, Restitution „Entarteter Kunst", S. 210.

[750] *Franz*, Zivilrechtliche Probleme des Kulturgüteraustausches, S. 102.

[751] Vgl. Staudinger-*Wiegand*, § 935, Rn. 27; MünchKomm-*Quack*, § 935, Rn. 19; *Westermann*, Sachenrecht, § 49 III 2; *Dünkel*, Öffentliche Versteigerung und gutgläubiger Erwerb, S. 51; *Franz*, Zivilrechtliche Probleme des Kulturgüteraustausches, S. 102.

der Welt, hingewiesen worden ist.[752] Der Versendung des Auktionskatalogs steht die Bereitstellung eines Onlinekatalogs auf den Internetseiten des jeweiligen Auktionshauses gleich, die in der heutigen Zeit immer häufiger anzutreffen ist. Die Öffentlichkeit setzt zum anderen voraus, dass die Versteigerung für jedermann zugänglich ist.[753] Dies beinhaltet, dass sich jeder am Bieten beteiligen und damit rechnen kann, den Zuschlag zu erhalten.[754]

Als „öffentliche Versteigerung" im Sinne des § 935 Abs. 2 BGB sind nicht nur die gesetzlich geregelten Versteigerungen, wie etwa der Selbsthilfeverkauf nach § 383 Abs. 1 BGB, anzusehen, sondern auch die sogenannten „freiwilligen" Versteigerungen.[755]

## 2. Beurteilung der Versteigerungen der Finanzämter und der von ihnen beauftragten Auktionshäuser in der Zeit vom 4. Dezember 1938 bis zum 8. Mai 1945

Bei den von den Finanzämtern oder von ihnen beauftragten Auktionshäusern abgehaltenen Versteigerungen, in denen eingezogene oder dem Deutschen Reich verfallene Kunstwerke aus jüdischen Sammlungen veräußert worden sind, handelt es sich um freiwillige Versteigerungen und nicht etwa um Versteigerungen in einem Zwangsvollstreckungsverfahren.[756] Zur Zeit der Versteigerung war das Deutsche Reich aus seiner Sicht der Eigentümer der versteigerten Kunstwerke, hat also eigene und nicht etwa gepfändete Sachen im Eigentum eines Schuldners verwertet.[757]

---

752 BGH v. 5.10.1989, NJW 1990, S. 899 ff. [899].

753 Vgl. BGH, NJW 1990, S. 900; Staudinger-*Olzen*, § 383, Rn. 12; MünchKomm-*Wenzel*, § 383, Rn. 6; *Dünkel*, Öffentliche Versteigerung und gutgläubiger Erwerb, S. 51; *Franz*, Zivilrechtliche Probleme des Kulturgüteraustausches, S. 102; *Kunze*, Restitution „Entarteter Kunst", S. 208.

754 *Dünkel*, Öffentliche Versteigerung und gutgläubiger Erwerb, S. 52; *Kunze*, Restitution „Entarteter Kunst", S. 208.

755 Vgl. BGH, NJW 1990, S. 900; Staudinger-*Wiegand*, § 935, Rn. 27; *Franz*, Zivilrechtliche Probleme des Kulturgüteraustausches, S. 103; *Kunze*, Restitution „Entarteter Kunst", S. 210; *Müller-Katzenburg* in: Museen im Zwielicht, S. 226.

756 Auf die in der Zeit vom 30. Januar 1933 bis zum 3. Dezember 1938 durchgeführten Judenauktionen ist hier deshalb nicht einzugehen, weil diese die Entziehung durch Rechtsgeschäft des jüdischen Eigentümers darstellen und nicht einen in diesem Abschnitt behandelten sich daran anschließenden Rechtserwerb eines Dritten.

757 Etwas anderes gilt freilich in den Fällen, in denen der ausgewanderte jüdische Eigentümer die von ihm zu entrichtende Reichsfluchtsteuer noch nicht bezahlt hat. Dann ist davon auszugehen, dass das Deutsche Reich wegen dieser Steuerschuld die Zwangsvollstreckung in die von ihrem Eigentümer zurückgelassenen Kunstwerke betrieben hat und diese nach ihrer Pfändung im Wege öffentlicher Versteigerung durch den Gerichtsvollzieher nach § 814 ZPO verwertet worden sind.

Öffentliche Versteigerungen im Sinne des § 935 Abs. 2 BGB stellen diese Versteigerungen dann dar, wenn die Voraussetzungen des § 383 Abs. 3 BGB erfüllt sind. Dies wird, was die Erfordernisse der öffentlichen Bekanntmachung und des allgemeinen Zugangs angeht, sowohl bei den Versteigerungen der Finanzämter als auch bei denen der beauftragten Auktionshäuser stets der Fall sein. Hinsichtlich ihrer Durchführung durch eine in § 383 Abs. 3 BGB genannte Person ist wie folgt zu differenzieren: Die Versteigerungen der Finanzämter sind vermutlich regelmäßig von dem für den jeweiligen Versteigerungsort bestellten Gerichtsvollzieher durchgeführt worden. Bei den Versteigerungen der beauftragten Auktionshäuser war diese Möglichkeit hingegen ausgeschlossen. Denn nach § 58 Abs. 1 der „Verordnung zur Durchführung des Gesetzes über das Versteigerergewerbe" hatten die Versteigerer *„die Versteigerung persönlich zu leiten"*. Nur aus besonderen Gründen konnte die Aufsichtsbehörde auf Antrag des Versteigerers genehmigen, dass *„ein Angestellter oder ein anderer Versteigerer die Versteigerung leitet"*. Die Versteigerungen der beauftragten Auktionshäuser sind also nur dann öffentlich erfolgt, wenn ihr Inhaber nach § 7 des „Gesetzes über das Versteigerergewerbe" vom 16. Oktober 1934[758] als Versteigerer öffentlich bestellt und vereidigt worden war. Ob dies der Fall ist, muss den Feststellungen des Einzelfalles überlassen bleiben.[759]

## 3. Beurteilung der Versteigerungen von Auktionshäusern nach dem Zusammenbruch des Dritten Reichs

Auch die Kunstauktionen, die von Sotheby's, Christie's, der Villa Grisebach oder anderen Auktionshäusern in Deutschland veranstaltet werden, stellen öffentliche Versteigerungen dar, wenn sie, was spätestens seit der angesprochenen Entscheidung des IX. Zivilsenats des BGH in der Regel der Fall ist, durch einen öffentlich bestellten Versteigerer durchgeführt werden und jedermann zugänglich sind.[760] Damit genießen die Kunstauktionen regelmäßig den Schutz des § 935 Abs. 2 BGB.

---

[758] RGBl. I, S. 974.

[759] Nach § 19 Abs. 1 der „Verordnung zur Durchführung des Gesetzes über das Versteigerergewerbe" dürfen sich solche „vereidigter und öffentlich bestellter Versteigerer" nennen. Der Versteigerer Hans W. Lange hat dies, soweit ersichtlich, zumindest in seinen Auktionskatalogen nicht getan. Darin könnte ein Indiz dafür zu sehen sein, dass er nicht öffentlich bestellt und vereidigt worden ist.

[760] Vgl. *Müller-Katzenburg* in: Museen im Zwielicht, S. 227.

## 4. Ausschluss des gutgläubigen Erwerbs im Wege öffentlicher Versteigerung

Beim Erwerb aus jüdischen Sammlungen entzogener Kunstwerke ist zu untersuchen, ob nicht sogar der gutgläubige Erwerb im Wege öffentlicher Versteigerung ausgeschlossen ist. Hier stellt sich nämlich die Frage, ob das Rückerstattungsrecht spezielle Regelungen enthält, die den gutgläubigen Erwerb entzogener Vermögensgegenstände vollumfänglich untersagen und insoweit über die Regelung des § 935 Abs. 1 BGB hinausgehen, als sie auch den gutgläubigen Erwerb im Wege öffentlicher Versteigerung ausschließen.

### 4.1. Ausschluss des gutgläubigen Erwerbs durch die durch die Londoner Erklärung konkretisierte völkerrechtliche Restitutionspflicht

#### 4.1.1. Regelung des Ausschlusses des gutgläubigen Erwerbs

Wie bereits dargelegt, haben sich die Alliierten in der Londoner Erklärung entsprechend ihrer Warnung, die vom Deutschen Reich in den besetzten Gebieten praktizierten Enteignungen zunichte zu machen, ausdrücklich das Recht vorbehalten *„jede Übertragung und Veräußerung von Eigentum, Guthaben, Rechten und Anrechten, welcher Natur sie auch seien, für nichtig zu erklären."* Die Verwendung des Wortes „jede" lässt darauf schließen, dass der Vorbehalt der Nichtigerklärung auch den gutgläubigen Erwerb von Eigentum betrifft.[761]

Während der Wortlaut der Londoner Erklärung also darauf hindeutet, dass sie im Hinblick auf den gutgläubigen Erwerb von in den besetzten Gebieten entzogenen Vermögensgegenständen Bedeutung erlangt, lässt er nicht erkennen, welche Bedeutung konkret ihr zukommt: Ob sie lediglich den guten Glauben des Erwerbers eines entzogenen Gegenstandes zerstört, indem sie offenbar macht, dass das Deutsche Reich, das diesen beschlagnahmt hat, oder die deutsche Privatperson, die ihn unter Zwang erworben hat, als Nichteigentümer darüber verfügen. Oder ob sie einen in ihrem Sinne entzogenen Gegenstand einer im Sinne des § 935 Abs. 1 BGB abhanden gekommenen Sache gleichstellt mit der Folge, dass der gutgläubige Erwerb des Eigentums daran nach § 935 Abs. 2 BGB nur dann möglich ist, wenn er im Wege öffentlicher Versteigerung erfolgt ist. Oder ob sie sogar den gutgläubigen Erwerb nach den §§ 932 bis 935 BGB insgesamt, also auch den gutgläubigen Versteigerungserwerb nach § 935 Abs. 2 BGB, ausschließt.

Der Frage, ob ein gutgläubiger Erwerb des Eigentums an Gegenständen, die in den besetzten Gebieten entzogen worden sind, möglich ist, wurde in der Litera-

[761] Vgl. *Engstler*, Die territoriale Bindung, S. 139; *Fiedler* in: Basedow, S. 205.

tur der Nachkriegszeit kaum Beachtung geschenkt. Dies lag vermutlich daran, dass sie seinerzeit in der Praxis zumindest keine vordergründige Rolle gespielt hat. Im Mittelpunkt der Diskussion stand damals vielmehr die Frage, ob die von den Alliierten durchgeführten Restitutionen von Gegenständen, die mit Gewalt oder Zwang aus einem besetzten Gebiet entfernt worden sind, rechtmäßig sind. Diese Frage wurde bejaht und erklärt, dass sich die Restitutionen auf den allgemeinen völkerrechtlich anerkannten Restitutionstatbestand stützen ließen. Danach erfolgt die Restitution aber gerade unabhängig davon, ob der derzeitige Besitzer des restitutionspflichtigen Gegenstandes diesen gutgläubig erworben hat oder nicht. Praktische Bedeutung kam damit allein der Frage zu, ob der Erwerber, der den erworbenen Gegenstand zum Zwecke der Restitution an die Alliierten herausgeben musste, wegen dieses „Rechtsmangels“ Ansprüche gegen den Veräußerer hat.[762]

In diesem Zusammenhang hat sich das OLG Hamburg in seinem Urteil vom 3.2.1948 jedoch auch mit dem Problem des gutgläubigen Erwerbs eines Kunstwerks befasst, das während der deutschen Besetzung in den Niederlanden von seinem nichtjüdischen Eigentümer unter dem Druck der absinkenden Kaufkraft des Guldens veräußert und im Jahr 1945 von den Alliierten an die niederländische Regierung restituiert worden ist.[763] Im Mittelpunkt stand dabei die Frage, ob das veräußerte Gemälde aus völkerrechtlichen Gründen einer abhanden gekommenen Sache gleichgestellt werden kann, so dass der gutgläubige Erwerb des Eigentums daran durch § 935 Abs. 1 BGB ausgeschlossen ist. Diese Frage hat das Gericht letztlich deshalb verneint, weil der Ersterwerb des Bildes in den besetzten Niederlanden nicht gegen die HLKO verstieß.[764]

Diese Entscheidung des OLG Hamburg veranlasste *Arndt*, zur Problematik des gutgläubigen Erwerbs von in den besetzten Gebieten entzogenen Vermögensgegenständen Stellung zu nehmen. Anders als das Gericht hielt er insoweit allerdings die Frage für bedeutsam, ob *„eine völkerrechtliche Restitutionspflicht dem Eigentumserwerb – auch trotz guten Glaubens – entgegensteht“*.[765] Diese Frage beantwortete er wie folgt: *„Die völkerrechtliche Verpflichtung zur Restitution ist keine Sachgefahr, sondern ein Mangel im Recht, die der Möglichkeit eines Eigentumserwerbs jeder Art entgegensteht.“*[766] Es ist davon auszugehen, dass die Formulierung „jeder Art“ gerade auch den gutgläubigen Erwerb nach den §§ 932 bis 935 BGB einschließen soll, und zwar vollumfänglich, das heißt selbst den gutgläubigen Erwerb im Wege öffentlicher Versteigerung nach § 935 Abs. 2 BGB.

---

[762] Vgl. *Leipzig*, BB 1948, S. 97; *Dabelstein*, BB 1949, S. 22 f.; *Witz*, NJW 1949, S. 658 f.

[763] OLG Hamburg v. 3.2.1948, SJZ 1948, Sp. 320 ff.

[764] OLG Hamburg, SJZ 1948, Sp. 322 f.

[765] *Arndt*, SJZ 1948, Sp. 323.

[766] *Arndt*, SJZ 1948, Sp. 325.

Diese Auffassung *Arndts* verdient Zustimmung. Insoweit ist nämlich zu berücksichtigen, dass die allgemeine völkerrechtliche Verpflichtung zur Restitution von Vermögensgegenständen, die mit Gewalt oder Zwang aus einem besetzten Gebiet entfernt worden sind, hinsichtlich der relevanten Enteignungstatbestände durch die Londoner Erklärung konkretisiert wird, in der deklariert wird, *„jede Übertragung und Veräußerung von Eigentum für nichtig zu erklären"*. Die damit angekündigte umfassende Restitution und die darin liegende Verwirklichung des den Eigentümern durch die Art. 46 Abs. 2 und Art. 56 Abs. 2 HLKO gewährten Schutzes lässt sich aber nur dann erreichen, wenn der gutgläubige Erwerb von im Sinne der Londoner Erklärung entzogenen Vermögensgegenständen nach den §§ 932 bis 935 BGB vollumfänglich ausgeschlossen ist.[767]

### 4.1.2. Zeitliche Geltung des Ausschlusses des gutgläubigen Erwerbs

Zu klären bleibt nun noch, ob dieser Ausschluss des gutgläubigen Erwerbs ohne zeitliche Begrenzung jeden Erwerb eines im Sinne der Londoner Erklärung entzogenen Gegenstandes betrifft. Dabei stellt sich zum einen die Frage, ob der gutgläubige Erwerb selbst dann gehindert ist, wenn die fragliche Verfügung vor Bekanntgabe der Londoner Erklärung am 5. Januar 1943 erfolgt ist. Dies ist zu bejahen. Auch wenn der Londoner Erklärung im Hinblick darauf, dass sie deutlich macht, dass restitutionspflichtig sogar solche Gegenstände sind, die in Form von „scheinbar gesetzmäßigen Geschäften" übertragen worden sind, maßgebliche Bedeutung zukommt, wird die den gutgläubigen Erwerb ausschließende Restitutionspflicht doch nicht durch sie, sondern durch den allgemeinen völkerrechtlich anerkannten Restitutionstatbestand begründet. Danach ist die Restitutionspflicht bereits im Zeitpunkt der völkerrechtswidrigen Entziehung entstanden, so dass der gutgläubige Erwerb bereits seitdem ausgeschlossen ist.

Als schwieriger erweist sich die zweite Frage, ob die völkerrechtliche Restitutionspflicht den gutgläubigen Erwerb von im Sinne der Londoner Erklärung entzogenen Gegenständen auch für die Zukunft zeitlich unbefristet ausschließt.

---

[767] Dieses Ergebnis wird bestätigt durch die Regelung des Art. 1 des schweizerischen Raubgutbeschlusses (siehe oben S. 174). Danach kann derjenige, dem ein Vermögensgegenstand in einem besetzten Gebiet in völkerrechtswidriger Weise entzogen worden ist, von dem gegenwärtigen Besitzer, gleichgültig, ob dieser gut- oder bösgläubig ist, seine Rückgabe verlangen. Nach der in der schweizerischen Literatur vertretenen Auffassung hat diese Regelung den gutgläubigen Erwerb, wie er im schweizerischen Zivilgesetzbuch verankert ist, ausgeschlossen (*Weiß*, SJZ 1946, S. 268; *Siehr* in: UEK, Bd. 19, S. 164). Dieser Ausschluss betrifft namentlich den Erwerb abhanden gekommener Sachen nach § 934 Abs. 1 und 2 ZGB. Demzufolge tritt der gutgläubige Erwerb des Eigentums an entzogenen Gegenständen selbst dann nicht ein, wenn die fünfjährige Verwirkungsfrist des § 934 Abs. 1 ZGB abgelaufen ist. Es entfällt insbesondere auch die Privilegierung des Erwerbs durch öffentliche Versteigerung nach § 934 Abs. 2 ZGB, wonach der gutgläubige Erwerber vor Ablauf der Verwirkungsfrist die Sache nur gegen Erstattung des von ihm gezahlten Preises an den Eigentümer herauszugeben braucht (*Siehr* in: UEK, Bd. 19, S. 164).

Zweifelhaft erscheint dies deshalb, weil die Art. 2 Abs. 2 und Art. 3 Abs. 2 des fünften Teils des Überleitungsvertrages Ausschlussfristen normierten, mit deren Ablauf am 8. Mai 1956 das Recht endete, Ansprüche auf Restitution namentlich entzogener Kulturgüter nach den Art. 2 Abs. 1 und Art. 3 Abs. 1 des fünften Teils des Überleitungsvertrages geltend zu machen. Hätten diese Ausschlussfristen die Wirkung, dass die Restitutionspflicht seit ihrem Ablauf nicht mehr besteht, dann wäre nämlich, so die logische Folge, auch der gutgläubige Erwerb seitdem nicht mehr ausgeschlossen. Eine derart weitreichende Wirkung kommt den Ausschlussfristen jedoch nicht zu. Dagegen spricht schon der Wortlaut der Vorschriften. Nach Art. 2 Abs. 2 des fünften Teils des Überleitungsvertrages *„kann ein neuer Restitutionsantrag nach dem 8. Mai 1956 nicht mehr gestellt werden"*. Nach Art. 3 Abs. 2 des fünften Teils des Überleitungsvertrages kann der Restitutionsanspruch bis zum 8. Mai 1956 *„geltend gemacht werden"*. Ihrem Sinn nach betreffen diese Formulierungen also die Verfolgung der Restitutionsansprüche, nicht ihre Existenz. Diese Bedeutung ist ihnen auch von den alliierten Vertragspartnern beigemessen worden. Dies wird am Wortlaut des Art. 3 Abs. 1 des fünften Teils des Überleitungsvertrages deutlich. Mit der Formulierung *„der Anspruch besteht nicht"* wurde dort nämlich eine solche verwendet, die sich eindeutig auf das Bestehen des Restitutionsanspruchs bezieht.

Dagegen, dass die Ausschlussfristen das Erlöschen der Restitutionsansprüche bewirkt haben, spricht weiterhin ihr vorläufiger Charakter. Die Normen des Überleitungsvertrages sollten nur bis zur Wiedervereinigung der beiden Teile Deutschlands gelten, anlässlich derer endgültige Regelungen geschaffen werden sollten.[768] Dies ist mit dem Abschluss der Vereinbarung vom 27./28. September 1990 geschehen. Wie bereits dargetan, bestimmt deren Ziffer 2, dass der Überleitungsvertrag mit dem Inkrafttreten des Vertrages über die abschließende Regelung in Bezug auf Deutschland, unterzeichnet in Moskau am 12. September 1990, außer Kraft tritt. In Ziffer 4 Buchst. c Abs. 1 der Vereinbarung bestätigt die Regierung der Bundesrepublik Deutschland allerdings, dass die Streichung des fünften Teils des Überleitungsvertrages die Fortgeltung der darin festgelegten Grundsätze in bezug auf die äußere Restitution nicht beeinträchtigt. Mit dem Begriff „Grundsätze" sind unter anderem die Regelungen des Art. 1 Abs. 1 des fünften Teils des Überleitungsvertrages gemeint, durch die der allgemeine völkerrechtlich anerkannte Restitutionstatbestand in Bezug auf Kulturgüter in der Gestalt, die er durch die Londoner Erklärung erfahren hat, abgesichert wurde. Die Fortgeltung dieser Regelungen kann nur bedeuten, dass die völkerrechtliche Restitutionspflicht insoweit nach wie vor besteht. Das Fortbestehen der Restitutionspflicht ist auch nicht deshalb sinnentleert, weil die Restitutionsansprüche nach den Art. 2 Abs. 1 und Art. 3 Abs. 1 des fünften Teils des Überleitungsvertrages nicht mehr geltend gemacht werden können. Die Rückgabe entzogener

---

[768] Vgl. *Bötsch*, Nachbefolgung, S. 54 ff.

Kulturgüter kann nämlich statt dessen auf der Grundlage des privatrechtlichen Herausgabeanspruchs nach § 985 BGB beansprucht werden. Damit kommt der Restitutionspflicht gerade im Hinblick auf den Ausschluss des gutgläubigen Erwerbs entzogener Kulturgüter noch immer Bedeutung zu. Dass die Restitutionspflicht den gutgläubigen Erwerb selbst dann ausschließt, wenn der Anspruch auf Rückgabe auf § 985 BGB gestützt wird, folgt aus Art. 25 GG. Danach ist der völkerrechtliche Grundsatz, wonach die Pflicht, in einem besetzten Gebiet entzogene Gegenstände zu restituieren, den gutgläubigen Erwerb des Eigentums an ihnen ausschließt, ein bindender Bestandteil des deutschen Rechts, der den Regelungen der deutschen Gesetze vorgeht.[769]

Im Ergebnis bleibt demnach festzuhalten, dass das Eigentum an Kunstwerken aus ehemals jüdischem Besitz, die in der Zeit vom 17. Mai 1940 bis zum 8. Mai 1945 im besetzten Frankreich durch Beschlagnahme deutscher Dienststellen oder Zwangsverkauf ihres Eigentümers entzogen worden sind, nicht im Wege des gutgläubigen Erwerbs nach den §§ 932 bis 935 BGB erworben werden kann, da dieser durch die völkerrechtliche Restitutionspflicht vollumfänglich und zeitlich unbefristet ausgeschlossen ist.

## 4.2. Ausschluss des gutgläubigen Erwerbs durch das Gesetz Nr. 52 über die Sperre und Kontrolle von Vermögen

### 4.2.1. Regelung des Ausschlusses des gutgläubigen Erwerbs

Das Gesetz Nr. 52 der alliierten Militärregierungen, das der Sicherung sowohl der äußeren als auch der inneren Restitution diente, enthielt mit Art. 5 eine Regelung, durch die ebenfalls der in der Londoner Erklärung enthaltene Vorbehalt der Nichtigerklärung realisiert wurde. Nach Art. 5 des Gesetzes Nr. 52 ist jedes verbotene Geschäft, das ohne ordnungsgemäße Genehmigung oder Ermächtigung der Militärregierung abgeschlossen wird, nichtig und unwirksam. Mit dem Terminus „verbotenes Geschäft" sind insbesondere die durch Art. 2 des Gesetzes Nr. 52 verbotenen Handlungen gemeint.[770] Dazu gehört namentlich jeder Erwerb und jede Übertragung von Vermögen, das unter Zwang oder Drohung übertragen oder rechtswidrig entzogen worden ist (Buchst. a, Art. 1 Nr. 2). Nich-

---

[769] Insoweit nicht eindeutig sind die Ausführungen von *Engstler*, Die territoriale Bindung, S. 139, der erklärt, dass durch die in der Londoner Erklärung enthaltene Warnung und den Vorbehalt der Nichtigerklärung *„ein Eigentumserwerb kraft guten Glaubens, insbesondere durch Angehörige neutraler Länder, verhindert werden [soll]"*.
Ebenso wenig lassen die Darlegungen von *Fiedler* in: Basedow, S. 215 klar erkennen, ob er die Auffassung *Arndts* zum Ausschluss des gutgläubigen Erwerbs durch die völkerrechtliche Restitutionspflicht teilt. Die sich daran anschließende Fragestellung, „ob gleiches auch für Herausgabeansprüche nach dem internationalen Privatrecht gilt", lässt dies aber vermuten. Die letztere Frage lässt *Fiedler* allerdings im Ergebnis ausdrücklich offen.

[770] *Dölle/Zweigert*, Art. 5, Rn. 229.

tig und unwirksam ist nach Art. 5 des Gesetzes Nr. 52 ferner *„jede Übertragung, jeder Vertrag und jede Vereinbarung, gleichgültig, ob diese Geschäfte vor oder nach dem Inkrafttreten dieses Gesetzes vorgenommen wurden, vorausgesetzt, dass die Absicht bestand, die Befugnisse oder Aufgaben der Militärregierung oder die Rückgabe von Vermögen an den berechtigten Eigentümer zu vereiteln oder zu umgehen"*.

Nach der einhelligen Auffassung in der deutschen Literatur schließt die absolute Nichtigkeit, die Art. 5 des Gesetzes Nr. 52 für Verfügungsgeschäfte anordnet, den gutgläubigen Erwerb von verbotswidrig übertragenen Vermögensgegenständen aus.[771] Dieser Ausschluss betrifft den gutgläubigen Erwerb nach den §§ 932 bis 935 BGB insgesamt, also auch den gutgläubigen Erwerb im Wege öffentlicher Versteigerung nach § 935 Abs. 2 BGB. Dies ist aus dem Sinn und Zweck des Gesetzes abzuleiten. Wenn nämlich die äußere und innere Restitution entzogener Vermögensgegenstände im größtmöglichen Umfang bewirkt werden soll, so muss die Sicherung der Restitution durch das Gesetz Nr. 52 zumindest in demselben Umfang erfolgen. Eine umfassende Restitution aber ist wiederum nur dann möglich, wenn der gutgläubige Erwerb des Eigentums an den entzogenen Gegenständen nach dem bürgerlichen Recht vollumfänglich ausgeschlossen ist.

### 4.2.2. Zeitliche Geltung des Ausschlusses des gutgläubigen Erwerbs

Ebenso wie beim Ausschluss des gutgläubigen Erwerbs durch die völkerrechtliche Restitutionspflicht stellt sich beim Ausschluss des gutgläubigen Erwerbs durch Art. 5 des Gesetzes Nr. 52 die Frage nach seiner zeitlichen Geltung. Auf die Teilfrage, ob der Ausschluss auch einen Erwerb betrifft, der vor seinem Inkrafttreten erfolgt ist, gibt bereits das Gesetz selbst mehr oder weniger deutlich eine Antwort. Aus dem Wortlaut des Art. 5 des Gesetzes Nr. 52 folgt eindeutig, dass von der Nichtigkeit sogar diejenigen in böser Absicht vorgenommenen Übertragungen, Verträge und Vereinbarungen betroffen sind, die vor dem Inkrafttreten des Gesetzes getätigt wurden.[772] Seine Stellung im Satz deutet allerdings darauf hin, dass sich der einschlägige Passus „gleichgültig, ob diese Geschäfte vor oder nach dem Inkrafttreten dieses Gesetzes getätigt wurden" allein auf die in böser Absicht vorgenommenen Akte bezieht und sich nicht darüber hinaus auf die verbotenen Geschäfte, die ohne ordnungsgemäße Genehmigung oder Ermächtigung der Militärregierung abgeschlossen werden, erstreckt. Daraus, dass für solche eine ausdrückliche, die Rückwirkung des Gesetzes anordnende Regelung fehlt, ergibt sich, dass diejenigen Geschäfte, die vor dem Inkrafttreten des Gesetzes getätigt wurden, nicht der Nichtigkeit unterworfen sind. Auf den Ausschluss des gutgläubigen Erwerbs durch Art. 5 des Gesetzes Nr. 52 übertra-

---

[771] *Dölle/Zweigert*, Art. 5, Rn. 242; *Drobnig*, IPRax 1984, S. 64; *Richard/Junker*, Jura 1985, S. 422.

[772] Vgl. *Dölle/Zweigert*, Art. 5, Rn. 234.

gen heißt das, dass dieser nur dann auch für einen vor dem Inkrafttreten des Gesetzes erfolgten Erwerb gilt, wenn der zu erwerbende Gegenstand dem Veräußerer in der Absicht übertragen worden war, die Befugnisse oder Aufgaben der Militärregierung oder die Rückgabe von Vermögen an den berechtigten Eigentümer zu vereiteln oder zu umgehen. Da diese Absicht bei Übertragungen vor der Besetzung Deutschlands jedoch kaum vorgelegen haben wird, wird ein sich daran anschließender, noch vor dem Inkrafttreten des Gesetzes erfolgter gutgläubiger Erwerb regelmäßig nicht durch Art. 5 des Gesetzes Nr. 52 ausgeschlossen sein.

Was die Frage der Geltung des Ausschlusses des gutgläubigen Erwerbs verbotswidrig oder in böser Absicht übertragener Gegenstände durch Art. 5 des Gesetzes Nr. 52 für die Zukunft angeht, ist festzustellen, dass das Gesetz selbst keine einschränkenden Regelungen enthält. Das bedeutet, dass der gutgläubige Erwerb so lange ausgeschlossen ist, so lange das Gesetz Nr. 52 Geltung beansprucht. Dies betreffend kommt zum einen der Regelung des Art. 3 Abs. 1 des dritten Teils des Überleitungsvertrages Bedeutung zu, wonach die in Artikel 1 dieses Teils bezeichneten Rechtsvorschriften, zu denen auch das Gesetz Nr. 52 gehört (Art. 1 Buchst. c), aufrechterhalten bleiben, bis alle Verfahren über Ansprüche auf Grund dieser Vorschriften vollständig erledigt sind. Damit galt das Gesetz Nr. 52 vorläufig fort. Als Besatzungsrecht, das jedenfalls über Art. 59 Abs. 2 GG und Art. 25 GG in die deutsche Rechtsordnung einfloss, ging es dabei den Vorschriften des bürgerlichen Rechts, namentlich denen der §§ 932 bis 935 BGB vor.[773] Hinsichtlich der Fortgeltung des Gesetzes Nr. 52 ist zum anderen die Vereinbarung vom 27./28. September 1990 relevant, deren Regelungen, wie bereits dargelegt, die des Überleitungsvertrages ablösen. In Ziffer 4 Buchst. c Abs. 1 der Vereinbarung bestätigt die Regierung der Bundesrepublik Deutschland allerdings, dass die Streichung des dritten Teils des Überleitungsvertrages die Fortgeltung der darin festgelegten Grundsätze in bezug auf die äußere und innere Rückerstattung nicht beeinträchtigt. Zu diesen Grundsätzen gehört die Regelung des Art. 5 des Gesetzes Nr. 52 jedenfalls insoweit, als sie die Nichtigkeit von Übertragungen, Verträgen und Vereinbarungen anordnet, die in der Absicht getätigt wurden, die Rückgabe von Vermögen an den berechtigten Eigentümer zu vereiteln. Ob sie auch insoweit dazu gehört, als sie verbotene Geschäfte und Akte, die in der Absicht vorgenommen wurden, die Befugnisse oder Aufgaben der Militärregierung zu vereiteln oder zu umgehen, der Nichtigkeit unterwirft, erscheint vor dem Hintergrund der Beendigung des Besatzungsregimes und des Übergangs nur bestimmter Aufgaben der Militärregierungen auf die Bundesrepublik Deutschland zweifelhaft. Diese Frage kann jedoch letztlich offen bleiben, da der gutgläubige Erwerb entzogener Gegenstände nach dem

---

[773] Vgl. *Bötsch*, Nachbefolgung, S. 66.

Abschluss der Vereinbarung vom 27./28. September 1990, wie bereits dargelegt, durch die völkerrechtliche Restitutionspflicht oder, was sogleich darzustellen ist, durch die alliierten Rückerstattungsgesetze ausgeschlossen wird.

### 4.3. Der Ausschluss des gutgläubigen Erwerbs durch die alliierten Rückerstattungsgesetze

Die alliierten Rückerstattungsgesetze enthalten Regelungen, die den Schutz des gutgläubigen Erwerbers eines seinem jüdischen Eigentümer während der nationalsozialistischen Herrschaft entzogenen Vermögensgegenstandes einschränken. Es ist daher zu untersuchen, ob diese Regelungen den gutgläubigen Erwerb nach den §§ 932 bis 935 BGB ausschließen und dabei insoweit über die Regelung des § 935 Abs. 1 BGB hinausgehen, als sie auch die Möglichkeit des gutgläubigen Erwerbs im Wege öffentlichen Versteigerung nach § 935 Abs. 2 BGB versperren.

#### 4.3.1. Die Regelung des Ausschlusses des gutgläubigen Erwerbs

Anders als die anderen Rückerstattungsgesetze enthält die VO Nr. 120 der französischen Militärregierung keine ausdrückliche, den Schutz des gutgläubigen Erwerbers einschränkende Regelung. Allerdings kann nach Ansicht von *Hachenburg* aus der Bestimmung des Art. 6 Abs. 1 VO Nr. 120 herausgelesen werden, dass der Schutz des guten Glaubens dann aufgehoben wird, wenn die Entziehung des Vermögensgegenstandes ohne die Zustimmung des Eigentümers durch eine Maßnahme des Staates oder der Partei erfolgt ist. Damit ergäbe sich für die französische Zone eine Anlehnung an das System des deutschen Zivilrechts, da es auch dort *„eine Verfolgung in dritte Hand nur bei den dem Eigentümer ohne seinen Willen abhanden gekommenen Sachen (§ 935 BGB)“* gibt.[774] Dies bedeute, so *Hachenburg* weiter, dass es bei einer vom Eigentümer selbst vorgenommenen Veräußerung bei dem rechtsgültigen Erwerb des gutgläubigen jetzigen Inhabers bliebe.[775] Dass dem jedoch nicht so ist, sondern auch durch Rechtsgeschäft ihres jüdischen Eigentümers entzogene Kunstwerke als abhanden gekommen im Sinne des § 935 Abs. 1 BGB anzusehen sind, wurde bereits dargelegt. Schon deshalb ist im Ergebnis der Ansicht von *Becker* zuzustimmen, die meint, dass die VO Nr. 120 ebenso den gutgläubigen Erwerb einer durch Rechtsgeschäft des Eigentümers entzogenen Sache ausschließe. Dies folgt ihrer Meinung nach daraus, dass die Regelung des Art. 7 VO Nr. 120 voraussetze, dass der erste Erwerber die Sache herausgeben muss, selbst wenn er gutgläubig gewesen ist, das heißt von dem Beraubungscharakter der anfänglichen Verfügung keine Kenntnis haben konnte. Dann aber müsse auch der gute Glaube weiterer Erwerber, selbst im Hinblick auf ihre größere Entfernung von der Entziehung, irrelevant sein.[776]

---

[774] *Hachenburg*, NJW 1947/48, S. 322.

[775] *Hachenburg*, NJW 1947/48, S. 322.

[776] *Becker*, DRZ 1949, S. 354. Ihr insoweit zustimmend wohl auch *Hübner*, Der Rechtsverlust

Anders als Hachenburg hat sich *Becker* außerdem zu der durch § 935 Abs. 2 BGB eröffneten Möglichkeit des gutgläubigen Versteigerungserwerbs geäußert und dargelegt, dass die VO Nr. 120 den guten Glauben des Erwerbers selbst dann nicht schütze, wenn er den entzogenen Vermögensgegenstand im Wege der öffentlichen Versteigerung erworben hat. Dies gelte auch bei einer freiwilligen öffentlichen Versteigerung, wie zum Beispiel der Versteigerung eines dem Deutschen Reich verfallenen Vermögensgegenstandes zum Zwecke seiner Verwertung. Die Vorschrift des § 935 Abs. 2 BGB erweitere den Verkehrsschutz nur für gestohlene und abhanden gekommene Sachen, und zwar bei Gutgläubigkeit. Konstitutiv sei nicht der Versteigerungsakt, sondern der gute Glaube, den die VO Nr. 120 aber gerade nicht schütze. Vielmehr gehe das Interesse des Verfolgten dem des gutgläubigen Verkehrs stets vor.[777]

Auch insoweit verdient die Auffassung *Beckers* Zustimmung. Dagegen kann insbesondere nicht eingewandt werden, dass sie die Regelungen der VO Nr. 120 zugunsten der Verfolgten überdehne. Selbst wenn dies vor dem Hintergrund, dass durch die Verordnung, um mit den Worten *Hachenburgs* zu sprechen, „ein Zug von geringer Zuneigung" zu den Verfolgten des Nationalsozialismus geht[778], auf den ersten Blick vielleicht so scheinen mag, bestätigt sich dies bei genauerer Betrachtung nicht. Wenn die Verordnung den gutgläubigen Erwerber zur Rückerstattung des entzogenen Vermögensgegenstandes verpflichtet, so liegt darin denknotwendig zugleich die Aufhebung des Schutzes des guten Glaubens. Da der Schutz des guten Glaubens aber wenn, dann auch umfassend aufgehoben werden muss, kann nicht nur der gutgläubige Erwerb nach den §§ 932 bis 924 BGB, sondern muss zudem der gutgläubige Erwerb im Wege öffentlicher Versteigerung nach § 935 Abs. 2 BGB ausgeschlossen sein.

Das Gesetz Nr. 59 der amerikanischen Militärregierung, das Gesetz Nr. 59 der britischen Militärregierung und die Anordnung BK/O (49) 180 der Alliierten Kommandantur Berlin stellen in ihrem ersten Artikel zunächst den Grundsatz auf, dass entzogene Vermögensgegenstände selbst dann zurückzuerstatten sind, wenn die Rechte anderer Personen, die von dem begangenen Unrecht keine Kenntnis hatten, zurücktreten müssen. Zufolge dieses Grundsatzes stellen sie sodann die Rechtsnorm auf, dass *„der Rückerstattung entgegenstehende Vorschriften zum Schutze gutgläubiger Erwerber außer Betracht bleiben, soweit nicht in die-*

---

im Mobiliarsachenrecht, S. 122, wenn er, ohne nach der Art und Weise der Entziehung zu differenzieren, ausführt, dass die VO Nr. 120 von „der Nichterwerbsfähigkeit entzogener Gegenstände" ausginge.

777 *Becker*, DRZ 1949, S. 354 f.

778 *Hachenburg*, NJW 1947/48, S. 321. Diese fehlende Sympathie erkennt *Hachenburg* unter anderem gerade darin, dass die VO Nr. 120, anders als die anderen Rückerstattungsgesetze, nicht ausdrücklich regelt, dass der Rückerstattung entgegenstehende Vorschriften zum Schutz des gutgläubigen Erwerbers grundsätzlich außer Betracht bleiben (S. 322).

*sen Gesetzen etwas anderes bestimmt ist".*[779] Darin wird im Schrifttum ein Grundsatz des Rückerstattungsrechts gesehen, der zumeist als „Ausschluss des guten Glaubens" oder auch als „Ausschluss des gutgläubigen Erwerbs" bezeichnet wird.[780] Ob diese Regelung tatsächlich in dem Sinne zu verstehen ist, dass bei entzogenen Vermögensgegenständen der Erwerb des Eigentums trotz der Gutgläubigkeit des Erwerbers nicht eintritt, und zwar selbst dann nicht, wenn sie im Wege öffentlicher Versteigerung veräußert worden sind, bedarf genauerer Untersuchung.

Anhand des Wortlauts der Art. 1 Abs. 2 USREG, Art. 1 Abs. 3 BrREG und Art. 1 Abs. 3 REAO lässt sich deren Regelungsgehalt nicht eindeutig bestimmen. Dieser scheint darauf hinzudeuten, dass sich die Aufhebung des Schutzes des guten Glaubens des Erwerbers auf die Rückerstattungspflicht bezieht; sein guter Glaube den Erwerber also nicht in dem Sinne schützt, dass er von der Rückerstattungspflicht ausgenommen wäre.[781] Es sind deshalb auch die übrigen Bestimmungen des jeweiligen Gesetzes zu berücksichtigen, was hier am Beispiel des USREG geschehen soll. Nach Art. 1 Abs. 1 USREG sind entzogene Vermögensgegenstände im größtmöglichen Umfang und beschleunigt zurückzuerstatten. Eine nicht anzuerkennende Entziehung kann nach den Art. 2 bis 4 USREG nur in dem ersten Zugriffsakt auf den jeweiligen Vermögensgegenstand, nämlich dem vom jüdischen Eigentümer selbst abgeschlossenen Rechtsgeschäft oder dem staatlichen Hoheitsakt, liegen, nicht dagegen in der sich daran anschließenden Veräußerung. Folglich gilt nur die durch den ersten Akt entstandene Rechtsänderung nach Art. 15 USREG als nicht eingetreten. Aufgrund der Rückwirkung dieser Fiktion auf den Zeitpunkt der Entziehung ist der Entzieher von Anfang an als Nichtberechtigter anzusehen, von dem der entzogene Gegenstand, wären die §§ 932 bis 935 BGB anwendbar, unter den dort bestimmten Voraussetzungen hätte gutgläubig zu Eigentum erworben werden können. Die Möglichkeit des gutgläubigen Erwerbs, namentlich des Erwerbs im Wege öffentlicher Versteigerung, wäre jedoch dem Zweck des Gesetzes, der möglichst umfassenden Rückerstattung entzogener Vermögensgegenstände zuwidergelaufen. In diesem Zusammenhang wird deutlich, dass sich der Ausschluss des gutgläubigen Er-

---

[779] Zitiert nach Art. 1 Abs. 2 USREG, so auch Art. 1 Abs. 3 BrREG und Art. 1 Abs. 3 REAO.

[780] Zum Rückerstattungsrecht: *Küster*, BB 1947, S. 362; *Arndt*, NJW 1947/48, S. 163; *Hübner*, Der Rechtsverlust im Mobiliarsachenrecht, S. 123; *Schwarz*, Rückerstattung, S. 168.
Zum gutgläubigen Erwerb nach den §§ 932 ff. BGB: *Westermann*, Sachenrecht, 1. Auflage, § 45 III 2, der in den Art. 1 Abs. 2 USREG, Art. 1 Abs. 3 BrREG und Art. 1 Abs. 3 REAO eine „besondere Regelung des gutgläubigen Erwerbs" sieht, die den Zweiterwerber nur schützt, wenn die Veräußerung im ordentlichen, üblichen Geschäftsverkehr erfolgt, und meint, dass „der Ausschluss des gutgläubigen Erwerbs für andere Geschäfte" Ausfluss der Vorstellung sei, dass die Sache dem Verfolgten abgezwungen ist. Staudinger-*Berg*, 11. Auflage, § 932, Rn. 17, demzufolge die §§ 932 ff. BGB bei Ansprüchen aufgrund der Rückerstattungsgesetze „unanwendbar" sind.

[781] Vgl. *Küster*, BB 1947, S. 362; *Arndt*, NJW 1947/48, S. 163.

werbs nach Art. 1 Abs. 2 USREG zwar im Ergebnis auf die Rückerstattungspflicht, zugleich aber auch auf den Eigentumserwerb als solchen bezieht: Der Erwerber eines entzogenen Vermögensgegenstandes soll das Eigentum daran trotz seines guten Glaubens nicht erwerben. Für diese Intention des Art. 1 Abs. 2 USREG spricht zudem der Wortlaut des Art. 14 USREG. Dort bezeichnet das Gesetz den Rückerstattungspflichtigen als den „Inhaber der Eigentümerstellung“ und nicht etwa als den „Eigentümer“. Diese Formulierung spiegelt den Regelungsgehalt des Art. 1 Abs. 2 USREG wider: Wenn der gutgläubige Erwerb von entzogenen Vermögensgegenständen ausgeschlossen ist, ist der gutgläubige Erwerber nur Inhaber der Eigentümerstellung, nicht jedoch Eigentümer geworden.[782]

Die Regelung des Art. 1 Abs. 2 USREG und die ihr entsprechenden Regelungen des Art. 1 Abs. 3 BrREG und des Art. 1 Abs. 3 REAO sind demnach in dem Sinne zu interpretieren, dass sie die Möglichkeit des gutgläubigen Erwerbs nach den §§ 932 bis 935 BGB für ihren jüdischen Eigentümern während des Nationalsozialismus entzogene Vermögensgegenstände ausschließen. Dieser Ausschluss umfasst auch den gutgläubigen Erwerb im Wege öffentlicher Versteigerung nach § 935 Abs. 2 BGB.[783]

### 4.3.2. Zeitliche Geltung des Ausschlusses des gutgläubigen Erwerbs

Auch beim Ausschluss des gutgläubigen Erwerbs durch die genannten Regelungen der Rückerstattungsgesetze taucht das Problem der zeitlichen Beschränkung auf. Dabei stellt sich zunächst die Frage, ob der Ausschluss sogar einen Erwerb betrifft, der vor dem Inkrafttreten des jeweils anwendbaren Gesetzes erfolgt ist. Diese Frage, der hinsichtlich des Erwerbs von Vermögensgegenständen, die dem Deutschen Reich verfallen und von diesem im Wege der Versteigerung verwertet worden sind, maßgebliche Bedeutung zukommt, ist zu bejahen. Dass die genannten Regelungen den gutgläubigen Erwerb auch rückwirkend für die Zeit von der Entziehung bis zu ihrem Inkrafttreten ausschließen, ergibt sich aus ihrem und

---

782 Vgl. *von Godin*, USREG, Art. 14, Anm. 1.

783 Die Art. 19, 20 und 21 USREG regeln Ausnahmen von dem in Art. 1 Abs. 2 USREG normierten Ausschluss des gutgläubigen Erwerbs: Der Art. 19 S. 1 USREG bestimmt, dass bewegliche Sachen, die der Eigentümer oder sein Rechtsvorgänger im Wege des ordnungsgemäßen üblichen Geschäftsverkehrs aus einem einschlägigen Unternehmen erworben hat, nicht der Rückerstattung unterliegen. Nach Art. 19 S. 2 USREG gilt das jedoch nicht für Gegenstände von besonderem künstlerischem oder wissenschaftlichem Wert oder besonderem persönlichen Erinnerungswert, sofern sie aus Privatbesitz stammten oder im Wege der Versteigerung oder von einem Unternehmen erworben wurden, das sich in erheblichem Umfange mit der Verwertung entzogener Vermögensgegenstände befasste. Für aus jüdischen Sammlungen entzogene Kunstwerke bleibt es also bei dem Ausschluss des gutgläubigen Erwerbs. Die Art. 20 und 21 USREG enthalten Sonderregelungen für Geld und Inhaberpapiere, auf die hier nicht weiter eingegangen werden muss.

der Gesetze Sinn und Zweck. Dies soll wiederum am Beispiel des USREG erläutert werden. Die den Ausschluss des gutgläubigen Erwerbs regelnde Vorschrift des Art. 1 Abs. 2 USREG bestimmt, dass *„der Rückerstattung entgegenstehende Vorschriften zum Schutze gutgläubiger Erwerber außer Betracht bleiben“*. Bei der Ermittlung des Sinngehalts dieser Formulierung im Hinblick auf die zeitliche Geltung des Ausschlusses des gutgläubigen Erwerbs ist der in Art. 1 Abs. 1 USREG normierte Zweck des Gesetzes, die Rückerstattung „im größtmöglichen Umfang“ zu bewirken, zu berücksichtigen. Dieser Zweck lässt sich aber nur dann erreichen, wenn auch diejenigen entzogenen Vermögensgegenstände zurückerstattet werden, die bereits unmittelbar im Anschluss an ihre Entziehung von ihren Entziehern als Nichtberechtigten veräußert worden sind. Dies ist nämlich in einer erheblichen Anzahl von Fällen geschehen, namentlich dort, wo die Entziehung durch Vermögensverfall zugunsten des Deutschen Reichs erfolgt ist. Für die Regelung des Art. 1 Abs. 2 USREG bedeutet dies, dass gerade der gutgläubige Erwerb der Rückerstattung „entgegensteht“, der in der Zeit von der Entziehung bis zum Inkrafttreten des Gesetzes stattgefunden hat. Folglich schließt die Regelung des Art. 1 Abs. 2 USREG den gutgläubigen Erwerb entzogener Vermögensgegenstände sogar rückwirkend für die Zeit von der Entziehung bis zum Inkrafttreten des Gesetzes aus. Dasselbe gilt für die den gutgläubigen Erwerb ausschließenden Regelungen der Art. 1 Abs. 3 BrREG und Art. 1 Abs. 3 REAO sowie Art. 6 Abs. 1 und Art. 7 VO Nr. 120.

Des Weiteren stellt sich die Frage, ob die genannten Regelungen der Rückerstattungsgesetze den gutgläubigen Erwerb entzogener Gegenstände ohne zeitliche Befristung bis in die heutige Zeit hinein ausschließen. Eine zeitliche Befristung ergibt sich dabei allerdings nicht schon aus den in den Gesetzen normierten Anmeldefristen, wie etwa der des Art. 56 Abs. 1 USREG, wonach Rückerstattungsansprüche nach diesem Gesetz bis spätestens 31. Dezember 1948 anzumelden waren. Auch dies ist aus den Regelungen der Art. 1 Abs. 2 USREG und Art. 1 Abs. 1 USREG abzuleiten. Beide Regelungen meinen, wenn sie von der „Rückerstattung“ sprechen, die Erfüllung des Rückerstattungsanspruchs, nämlich die Wiederherstellung des ursprünglichen Rechts- und Besitzstandes, also die Herausgabe des entzogenen Gegenstandes nach § 985 BGB. Von der Anmeldung bis zur Erfüllung des Anspruchs wird aber in der Regel eine gewisse Zeit vergangen sein, in welcher derjenige, der den entzogenen Gegenstand zur Zeit der Anmeldung als Eigentum innehatte, rein tatsächlich, wenn auch unter Verstoß gegen Art. 2 des Gesetzes Nr. 52, als Nichtberechtigter darüber verfügen konnte. Wäre in dieser Zeit ein gutgläubiger Erwerb des Eigentums an dem Gegenstand möglich, so würde dieser der Rückerstattung „entgegenstehen“. Diese Verhinderung der Rückerstattung liefe jedoch dem Zweck des Gesetzes, die Rückerstattung „im größtmöglichen Umfang“ zu bewirken, zuwider. Daher ist anzunehmen, dass Art. 1 Abs. 2 USREG den gutgläubigen Erwerb über den Ablauf der Ausschlussfrist des Art. 56 Abs. 1 USREG hinaus bis zum Zeitpunkt der Herausgabe des entzogenen Gegenstandes ausschließt.[784] Dies gilt ebenso für die entsprechenden Regelungen der anderen Rückerstattungsgesetze.

Dieses Verständnis der genannten, den gutgläubigen Erwerb ausschließenden Regelungen der Rückerstattungsgesetze findet sich durch die Regelung des Art. 3 Abs. 1 des dritten Teils des Überleitungsvertrages bestätigt. Danach blieben das USREG, das BrREG und die VO Nr. 120 (Art. 1 Buchst. a) *„aufrechterhalten, bis alle Verfahren über Ansprüche auf Grund dieser Vorschriften vollständig erledigt sind"*. Damit galten diese Gesetze, insbesondere die in ihnen enthaltenen Regelungen zum Ausschluss des gutgläubigen Erwerbs, vorläufig fort. Als Besatzungsrecht, das jedenfalls über Art. 59 Abs. 2 GG und Art. 25 GG Bestandteil der deutschen Rechtsordnung wurde, gingen sie dabei den Regelungen der §§ 932 bis 935 BGB vor.[785]

Wie bereits dargetan, sind die vorläufigen Regelungen des Überleitungsvertrages inzwischen durch die endgültigen Regelungen der Vereinbarung vom 27./28. September 1990 abgelöst worden, in deren Ziffer 4 Buchst. c Abs. 1 die Regierung der Bundesrepublik Deutschland bestätigt, dass die Streichung des dritten Teils des Überleitungsvertrages die Fortgeltung der darin festgelegten Grundsätze in bezug auf die innere Rückerstattung nicht beeinträchtigt. Zu den fortgeltenden Grundsätzen gehört auch der vollumfängliche Ausschluss des gutgläubigen Erwerbs entzogener Vermögensgegenstände.[786] Demnach schließen die Regelungen der Art. 1 Abs. 2 USREG, Art. 1 Abs. 3 BrREG sowie Art. 6 Abs. 1 und Art. 7 VO Nr. 120 den gutgläubigen Erwerb entzogener Vermögensgegenstände weiterhin aus, nunmehr sogar ohne zeitliche Befristung.

Die vereinbarte Fortgeltung dieser Regelungen macht zugleich deutlich, dass der Ausschluss des gutgläubigen Erwerbs durch sie nicht nur für diejenigen entzogenen Gegenstände gilt, hinsichtlich derer Ansprüche nach den Rückerstattungsgesetzen geltend gemacht worden sind, sondern auch und gerade für diejenigen, deren Herausgabe auf der Grundlage des § 985 BGB verlangt wird. Andernfalls würde die Regelung der Ziffer 4 Buchst. c Abs. 1 der Vereinbarung vom 27./28. September 1990 nämlich ins Leere laufen, da zum Zeitpunkt ihrer Entstehung Ansprüche nach den Rückerstattungsgesetzen nicht mehr geltend gemacht werden konnten und Verfahren darüber erledigt waren. Und dass die Parteien eine Regelung haben schaffen wollen, die keinen Anwendungsbereich besitzt, kann nicht angenommen werden.

---

[784] Vgl. hierzu *Graf*, Rückgabe, S. 168. Seiner Meinung nach galt der Ausschluss des gutgläubigen Erwerbs nach Art. 1 Abs. 2 S. 1 USREG *„auch nach dem Zusammenbruch Deutschlands. Der Ausschluß endete jedoch mit der Rechtskraft der Rückerstattungsanordnung, so daß danach der Schutz des gutgläubigen Erwerbers nicht mehr ausgeschlossen war."*

[785] Vgl. *Bötsch*, Nachbefolgung, S. 66; *Hintz*, VIZ 1992, S. 18.

[786] Vgl. *Hintz*, VIZ 1992, S. 19.

Abschließend ist also festzuhalten, dass das Eigentum an während der nationalsozialistischen Herrschaft aus jüdischen Sammlungen entzogenen Kunstwerken, hinsichtlich derer der Anwendungsbereich der Rückerstattungsgesetze eröffnet ist, nicht im Wege des gutgläubigen Erwerbs nach den §§ 932 bis 935 BGB erworben werden kann, da dieser durch die Regelungen der Art. 1 Abs. 2 USREG, Art. 1 Abs. 3 BrREG sowie Art. 6 Abs. 1 und Art. 7 VO Nr. 120 vollumfänglich und zeitlich unbefristet ausgeschlossen ist.[787]

## 4.4. Der Ausschluss des gutgläubigen Erwerbs im Geltungsbereich des Vermögensgesetzes

Im Gegensatz zu den alliierten Rückerstattungsgesetzen enthält das Vermögensgesetz keine Regelung, die den gutgläubigen Erwerb des Eigentums an während der nationalsozialistischen Herrschaft entzogenen Vermögensgegenständen nach den §§ 932 bis 935 BGB ausschließt. Mit § 4 Abs. 2 VermG existiert vielmehr eine Bestimmung, die den Eigentumserwerb von Vermögenswerten, die ihr ehemaliger Eigentümer durch eine Maßnahme im Sinne des § 1 VermG unfreiwillig verloren hat, zulässt, wenn er „in redlicher Weise“ erfolgt ist. Dabei ist der redliche Erwerb allerdings auf solche Erwerbsvorgänge beschränkt, in denen als Erwerber natürliche Personen, Religionsgemeinschaften oder gemeinnützige Stiftungen aufgetreten sind und die zwischen dem 8. Mai 1945 und dem 29. September 1990 stattgefunden haben.[788] Die Regelung des § 4 Abs. 2 VermG knüpft zwar an die Gedanken des gutgläubigen Erwerbs nach den §§ 932 bis 935 BGB an, geht aber, was den Umfang des Schutzes des Erwerbers anbelangt, darüber hinaus. Die Rechtsfigur des gutgläubigen Erwerbs würde nämlich gerade in etlichen der Fälle „versagen“, in denen ein sozial verträglicher Ausgleich des Restitutionsinteresses des ursprünglichen Eigentümers und des Bestandsinteresses des Erwerbers in der Form angestrebt wird, dass dieser das Eigentum an dem betreffenden Vermögenswert behält.[789] Dabei handelt es sich namentlich um die

---

787 Für einen umfänglichen Ausschluss des gutgläubigen Erwerbs des Eigentums namentlich an solchen Kunstwerken, die ihren jüdischen Eigentümern während des Nationalsozialismus entzogen worden sind, spricht sich auch *Siehr* aus. Seiner Meinung nach müssten Kunstwerke, die ihre Eigentümer aufgrund staatlicher Verfolgung und Enteignung verloren haben, bei einer Klage auf Herausgabe anders behandelt werden, als solche, die durch gewöhnlichen Diebstahl abhanden gekommen sind. *„Gegen solche Räubereien kann sich der Eigentümer kaum wehren, und ein gutgläubiger Erwerb geraubter Gegenstände sollte deshalb ausgeschlossen sein“* (*Siehr* in: FS für Welser, S. 1013). Entzogene Kunstwerke sollten daher immer an den Verfolgten oder seine Erben zurückgegeben werden, und zwar gegen Erstattung des Kaufpreises, den der gutgläubige Besitzer für den Erwerb des jeweiligen Gegenstandes gezahlt hat. Schließlich müsse dieser nicht über seinen Vertrauensschaden hinaus geschützt werden (*Siehr* in: FS für Welser, S. 1012; *ders.* in: FS für Boguslavskij, S. 514; *ders.* in: Renold/Gabus, S. 94).

788 Vgl. hierzu im Einzelnen *Graf*, Rückgabe, S. 174 ff.

789 Nach Ziffer 3 Buchst. b der Gemeinsamen Erklärung vom 15. Juni 1990, auf den die Regelung des § 4 Abs. 2 VermG zurückgeht, ist, sofern Bürger der Deutschen Demokratischen

Fälle, wie beispielsweise den der Ausreise in die Bundesrepublik, in denen der Rechtsträger des volkseigenen Vermögenswertes, der nach § 19 ZGB Inhaber der Eigentümerbefugnisse war, oder der staatliche Verwalter als Veräußerer aufgetreten sind. In diesen Fällen war nämlich regelmäßig bekannt, auf welche Art und Weise Vermögenswerte des Ausreisenden in Volkseigentum oder staatliche Verwaltung überführt worden sind. Der Erwerber hätte demnach wissen müssen, dass der Veräußerer über fremdes Eigentum verfügt, so dass ein gutgläubiger Erwerb nach den §§ 932 bis 935 BGB ausgeschlossen gewesen wäre.[790] Um den angestrebten sozialverträglichen Interessenausgleich zu erreichen, ist deshalb der Begriff der Redlichkeit eingeführt und in § 4 Abs. 3 VermG von der Negativseite her legaldefiniert worden. Danach begründet die Kenntnis oder die grob fahrlässige Unkenntnis vom fehlenden Eigentum des Veräußerers für sich allein genommen noch keine Unredlichkeit des Erwerbers.[791] Dieser hat folglich das Eigentum an dem betreffenden Vermögenswert in redlicher Weise erworben. Die Regelung des § 4 Abs. 2 VermG schließt den gutgläubigen Erwerb nach den §§ 932 bis 935 BGB also nicht aus, sondern lässt ihn im Gegenteil selbst dann zu, wenn die Voraussetzungen des § 932 Abs. 2 BGB nicht erfüllt sind. Gegenüber den alliierten Rückerstattungsgesetzen brächte das Vermögensgesetz somit eine Verschlechterung des Schutzes des Eigentümers, dem während der Herrschaft des Nationalsozialismus Vermögensgegenstände entzogen worden sind. Dies führt zu der Frage, ob aus der in § 1 Abs. 6 S. 1 VermG angeordneten „entsprechenden" Anwendung des Vermögensgesetzes folgt, dass die Regelung des § 4 Abs. 2 VermG in den Fällen verfolgungsbedingten Vermögensverlusts nicht gilt.

In der Rechtsprechung und Literatur zum Vermögensrecht wird diese Frage hinsichtlich der Geltung der Vorschriften der §§ 4 und 5 VermG allgemein unterschiedlich beantwortet.

### 4.4.1. Die Ansicht der Rechtsprechung und eines großen Teils des Schrifttums

Nach der überwiegend vertretenen Ansicht gelten die Vorschriften der §§ 4 und 5 VermG auch für vermögensrechtliche Ansprüche nach § 1 Abs. 6 VermG.[792]

---

Republik an zurückzuübereignenden Immobilien Eigentum oder dingliche Nutzungsrechte in redlicher Weise erworben haben, *„ein sozial verträglicher Ausgleich an die ehemaligen Eigentümer durch Austausch von Grundstücken mit vergleichbarem Wert oder durch Entschädigung herzustellen"*.

790 *Schmidt* in: Kimme, Offene Vermögensfragen, § 4 VermG, Rn. 26; *Holst/Liedtke* in: Fieberg/Reichenbach/Messerschmidt/Neuhaus, VermG, § 4, Rn. 148; *Graf*, Rückgabe, S. 180.

791 *Schmidt* in: Kimme, Offene Vermögensfragen, § 4 VermG, Rn. 26; *Holst/Liedtke* in: Fieberg/Reichenbach/Messerschmidt/Neuhaus, VermG, § 4, Rn. 148; *Graf*, Rückgabe, S. 180.

792 VG Berlin v. 22.11.1993, VIZ 1994, S. 353 ff. [354 f.]; BVerwG, VIZ 1995, S. 523; *Säcker/Busche*, § 1 VermG, Rn. 134; *Schmidt* in: Kimme, Offene Vermögensfragen, § 4 VermG, Rn. 49; *Koch* in: Rädler/Raupach/Bezzenberger, Vermögen in der ehemaligen DDR, Teil 3,

Dabei geht diese davon aus, dass § 1 Abs. 6 VermG erstmals Rückübertragungsansprüche für diejenigen Verfolgten begründet, denen durch die nationalsozialistischen Verfolgungsmaßnahmen Vermögenswerte in dem Gebiet der späteren DDR entzogen worden sind.[793] Zu diesem Ergebnis ist etwa das BVerwG in seinem Urteil vom 18.5.1995 aufgrund folgender Überlegungen gelangt: Zweck des Vermögensgesetzes sei, soweit es um Vermögensverluste in der Zeit vom 30. Januar 1933 bis zum 8. Mai 1945 geht, die Wiedergutmachung von Unrechtsmaßnahmen des NS-Staates. Damit werde der Tatsache Rechnung getragen, dass es in der sowjetischen Besatzungszone sowie im sowjetischen Sektor Berlins und in der DDR bis zum Erlass des Vermögensgesetzes keine Wiedergutmachungsgesetze gegeben habe, die den in den westlichen Besatzungszonen und Sektoren Berlins und später in der Bundesrepublik Deutschland geltenden Gesetzen gleichwertig gewesen wären. Insbesondere habe es keine generelle Rückerstattung noch vorhandener Vermögenswerte gegeben. Deshalb habe das am 29. September 1990 als Gesetz der DDR in Kraft getretene Vermögensgesetz mit seinem § 1 Abs. 6 nicht an bereits bestehende Rückübertragungsansprüche anknüpfen können, sondern solche erst konstitutiv begründet.[794] Mit der Übernahme des Vermögensgesetzes in die gesamtdeutsche Rechtsordnung habe sich an dieser Rechtslage nichts geändert. Durch Art. 8 des Einigungsvertrages[795] sei nämlich nur das sekundäre und nicht auch das primäre, Rückerstattungsansprüche begründende, Wiedergutmachungsrecht auf das Gebiet der ehemaligen DDR ausgedehnt worden. Da die alliierten Rückerstattungsgesetze nach Maßgabe des Überleitungsvertrages nur für den Bereich der jeweiligen früheren Besatzungszone fortgegolten hätten, würden sie partikulares Bundesrecht darstellen, das von der Überleitungsvorschrift des Art. 8 des Einigungsvertrages nicht erfasst sei.[796] Etwas anderes ergäbe sich, so die Vertreter dieser Ansicht, auch nicht aus der Vereinbarung vom 27./28. September 1990, da sich die in deren Ziffer 4 Buchst. c Abs. 1 geregelte Fortgeltung der im dritten Teil des Überleitungsvertrages festgelegten Grundsätze ausschließlich auf das Gebiet der alten Bundesrepublik beziehe.[797] Dies erweise sich „im Gegenschluss“ zu Ziffer 4 Buchst. c

---

§ 4 VermG, Rn. 2; *Fieberg/Reichenbach*, NJW 1991, S. 327; *Wasmuth*, VIZ 1992, S. 83; *Graf*, Rückgabe, S. 309.

793 VG Berlin, VIZ 1994, S. 355; BVerwG, VIZ 1995, S. 522.

794 BVerwG, VIZ 1995, S. 522 f.

795 Vertrag zwischen der Bundesrepublik Deutschland und der Deutschen Demokratischen Republik über die Herstellung der Einheit Deutschlands – Einigungsvertrag – vom 31. August 1990 (BGBl. II, S. 889). Der Bundestag stimmte dem Einigungsvertrag durch Art. 1 des Einigungsvertragsgesetzes vom 23. September 1990 (BGBl. II, S. 885) zu.

796 BVerwG, VIZ 1995, S. 523. So auch *Säcker/Busche*, § 1 VermG, Rn. 133; *Wasmuth*, VIZ 1992, S. 82; *Wesel*, VIZ 1992, S. 341; *Uechtritz*, VIZ 1992, S. 378.

797 BVerwG, VIZ 1995, S. 524; *Säcker/Busche*, § 1 VermG, Rn. 131; *Wasmuth*, VIZ 1992, S. 82; *Wesel*, VIZ 1992, S. 341; *Uechtritz*, VIZ 1992, S. 378.

Abs. 3 der Vereinbarung.[798] Darin habe die Regierung der Bundesrepublik Deutschland die Absicht erklärt, das Bundesrückerstattungsgesetz sowie das Bundesentschädigungsgesetz auf das Gebiet der gegenwärtigen DDR zu erstrecken. Die alliierten Rückerstattungsgesetze seien hier dagegen nicht aufgeführt, und zwar offenbar deshalb nicht, weil zum Zeitpunkt des Vertragsschlusses das Inkrafttreten des Vermögensgesetzes mit der in § 1 Abs. 6 enthaltenen Regelung unmittelbar bevorstand.[799] Eine andere Beurteilung ergäbe sich, so die Vertreter dieser Ansicht weiter, selbst dann nicht, wenn man der Regelung in Ziffer 4 Buchst. c Abs. 1 der Vereinbarung eine Verpflichtung zur Erstreckung der alliierten Rückerstattungsgesetze oder zumindest deren wesentlicher Grundsätze auf das Gebiet der ehemaligen DDR entnehmen wollte. Denn zum einen trage deren Absatz 3 Satz 2 mit seinem Hinweis darauf, dass bei der Erstreckung auf das Gebiet der ehemaligen DDR weitere Bestimmungen erforderlich seien, „die den dortigen Gegebenheiten Rechnung tragen“, der Erkenntnis Rechnung, dass die in mehr als vier Jahrzehnten erfolgten politischen, rechtlichen, wirtschaftlichen und sozialen Veränderungen eine uneingeschränkte Übertragung der 40 Jahre alten alliierten Rückerstattungsregelungen nicht zulassen.[800] Und zum anderen hätte der Verstoß gegen Ziffer 4 Buchst. c Abs. 1 der Vereinbarung, der darin läge, dass die Restitution von während der nationalsozialistischen Herrschaft in dem Gebiet der späteren DDR entzogenen Vermögenswerten nicht nach Maßgabe der alliierten Rückerstattungsgesetze, sondern nach Maßgabe des Vermögensgesetzes einschließlich seiner Ausschlusstatbestände erfolgt, keine rechtliche Bedeutung für die Gültigkeit des Art. 8 des Einigungsvertrages und namentlich der §§ 4 und 5 VermG, weil die Vereinbarung weder eine allgemeine Regel des Völkerrechts im Sinne des Art. 25 GG ist noch gemäß Art. 59 Abs. 2 GG in das nationale Recht transformiert wurde.[801]

Dieses Verständnis des Vermögensgesetzes, wonach es mit seinem § 1 Abs. 6 die Aufgabe der Rückerstattung im Gebiet der ehemaligen DDR übernommen habe, wird nach Auffassung des BVerwG dadurch bestätigt, dass der Gesetzgeber besondere Regelungen geschaffen habe, soweit er Besonderheiten der angestrebten Wiedergutmachung des nationalsozialistischen Unrechts berücksichtigt wissen wollte. Fehle es an Spezialregelungen für Ansprüche von Verfolgten des Nationalsozialismus, gelten also die allgemeinen Bestimmungen des Vermögensgesetzes. Die in § 1 Abs. 6 VermG vorgeschriebene „entsprechende“ Anwendung bedeute demnach lediglich, dass wegen der Ausrichtung des Vermögensgesetzes

---

[798] *Uechtritz*, VIZ 1992, S. 378.

[799] BVerwG, VIZ 1995, S. 524.

[800] BVerwG, VIZ 1995, S. 524. Ähnlich *Säcker/Busche*, § 1 VermG, Rn. 134, *Uechtritz*, VIZ 1992, S. 378.

[801] BVerwG, VIZ 1995, S. 524. Ähnlich VG Berlin, VIZ 1994, S. 355; *Uechtritz*, VIZ 1992, S. 378.

auf die für die DDR kennzeichnenden Entziehungstatbestände keine zu enge Anlehnung an den Text der einzelnen Bestimmungen erfolgen solle, wenn diese die Besonderheiten der verfolgungsbedingten Vermögensverluste nicht berücksichtigen. Dagegen könnten über eine entsprechende Anwendung nicht die grundlegenden Strukturen des Vermögensgesetzes in Frage gestellt werden, indem für jede Vorschrift gesondert geprüft wird, ob sie überhaupt Geltung beanspruchen kann oder nicht. Solche auch für Ansprüche nach § 1 Abs. 6 VermG uneingeschränkt anzuwendende Vorschriften seien §§ 4 und 5 VermG.[802]

### 4.4.2. Die Ansicht eines kleinen Teils des Schrifttums

Einige Autoren vertreten demgegenüber die Ansicht, dass die Ausschlussregelungen der §§ 4 und 5 VermG für vermögensrechtliche Ansprüche nach § 1 Abs. 6 VermG nicht gelten.[803] Diese Ansicht beruht auf einer anderen Prämisse als die vorherrschende Ansicht. Anders als diese geht sie davon aus, dass Ansprüche auf Rückerstattung von Vermögensgegenständen, die während der nationalsozialistischen Herrschaft in dem Gebiet der späteren DDR entzogen worden sind, bereits durch die alliierten Rückerstattungsgesetze begründet gewesen seien, als sie durch § 1 Abs. 6 in das Vermögensgesetz eingebracht wurden.[804] Nach Meinung der Vertreter dieser Ansicht gelten die alliierten Rückerstattungsgesetze nämlich auch im Gebiet der ehemaligen DDR.[805] Denn die Erstreckung des zum sekundären Wiedergutmachungsrecht gehörenden Bundesrückerstattungsgesetzes auf das Gebiet der ehemaligen DDR durch Art. 8 des Einigungsvertrages habe die alliierten Rückerstattungsgesetze eingeschlossen. Dies folge daraus, dass das Bundesrückerstattungsgesetz mit seinen §§ 1 und 2 die in seinem § 11 Ziffer 1 Buchst. a bis d bezeichneten alliierten Rückerstattungsgesetze als gültiges Recht für seine eigene Anwendung zwingend voraussetze.[806] Die Fortgeltung des gesamten Wiedergutmachungsrechts einschließlich der alliierten Rückerstattungsgesetze auch im Gebiet der ehemaligen DDR sei zudem in Ziffer 4 Buchst. c Abs. 1 der Vereinbarung vom 27./28. September 1990 geregelt.[807]

---

802 BVerwG, VIZ 1995, S. 523.

803 *Hintz*, VIZ 1991, S. 13; *ders.* VIZ 1992, S. 19; *Rübsam*, VIZ 1992, S. 69; *Düx*, VIZ 1992, S. 260.

804 *Hintz*, VIZ 1991, S. 13; *Düx*, VIZ 1992, S. 259.

805 *Hintz*, VIZ 1992, S. 19; *Rübsam*, VIZ 1992, S. 69; *Düx*, VIZ 1992, S. 258.
Diese Auffassung wird sogar von Vertretern der Bundesregierung geteilt. Insoweit hat sich *Kuhn* in: Museen im Zwielicht, S. 299 als Mitarbeiterin des Beauftragten der Bundesregierung für Angelegenheiten der Kultur und der Medien wie folgt geäußert: *„Die Grundsätze des alliierten Wiedergutmachungsrechts gelten in den alten und den neuen Bundesländern, ungeachtet des Ablaufs von Anspruchsanmeldefristen, unverändert fort."* Dabei hat sie auf die Vereinbarung vom 27./28. September 1990 verwiesen.

806 *Düx*, VIZ 1992, S. 258.

807 *Hintz*, VIZ 1992, S. 19; *Rübsam*, VIZ 1992, S. 69; *Düx*, VIZ 1992, S. 258.

Daraus, dass die alliierten Rückerstattungsgesetze in dem Gebiet der ehemaligen DDR gelten und damit auch denjenigen Verfolgten einen Rückerstattungsanspruch einräumen, denen dort Vermögensgegenstände entzogen worden sind, folgt nach Auffassung der Vertreter dieser Ansicht, dass das Vermögensgesetz in Ansehung der Ansprüche der nach § 1 Abs. 6 VermG Berechtigten nur in Übereinstimmung mit den alliierten Rückerstattungsgesetzen angewendet werden könne. Dabei sei insbesondere zu beachten, dass diese den Zweck verfolgen, eine möglichst umfangreiche und weitgehende Beseitigung des nationalsozialistischen Unrechts herbeizuführen. Angesichts der gravierenden Unterschiede in Ausmaß und Intensität der Verfolgungsmaßnahmen des nationalsozialistischen Regimes und des SED-Staates müsse dieses Prinzip Vorrang vor dem Grundsatz des sozialverträglichen Interessenausgleichs gemäß der Präambel und Nr. 3 Buchst. a und b der Gemeinsamen Erklärung haben. Eine Anwendung der §§ 4 und 5 VermG auf Rückübertragungsansprüche von Verfolgten nach § 1 Abs. 6 VermG sei daher weitgehend ausgeschlossen.[808]

### 4.4.3. Stellungnahme

Der Ansicht des kleinen Teils des Schrifttums ist im Ergebnis zuzustimmen, und zwar ungeachtet dessen, dass die ihr zugrunde liegende Prämisse unzutreffend ist. Spezialgesetzlich geregelte Restitutionsansprüche der Verfolgten, deren Vermögen in dem Gebiet der späteren DDR entzogen worden ist, sind nämlich nicht bereits durch die alliierten Rückerstattungsgesetze, sondern erst, insoweit ist der herrschenden Ansicht zu folgen, durch das Vermögensgesetz begründet worden.[809] Dies folgt daraus, dass nicht die Rückerstattungsgesetze selbst, sondern nur die darin normierten Grundsätze auf das Gebiet der ehemaligen DDR ausgedehnt worden sind. Die Rückerstattungsgesetze selbst sind weder direkt noch indirekt durch den Einigungsvertrag auf das Gebiet der ehemaligen DDR erstreckt worden. Eine Erstreckung direkt durch § 8 des Einigungsvertrages ist, auch insoweit verdient die herrschende Ansicht Zustimmung, deshalb nicht erfolgt, weil ihr Geltungsbereich, daran hat Art. 3 Abs. 1 des dritten Teils des Überleitungsvertrages, in dem ihre Aufrechterhaltung vereinbart wurde, nichts geändert, auf bestimmte Landesteile der Bundesrepublik beschränkt war. Hinzu kommt, dass der Überleitungsvertrag nach Art. 11, Anlage I, Kapitel I, Abschnitt I, Ziffer 2 des Einigungsvertrages nicht auf das Gebiet der ehemaligen

808 *Hintz*, VIZ 1992, S. 19; *Rübsam*, VIZ 1992, S. 69; *Düx*, VIZ 1992, S. 259 f.

809 Nicht zuzustimmen ist der vorherrschenden Ansicht dagegen insoweit, als sie meint, dass bei Inkrafttreten des Vermögensgesetzes gar keine durchsetzbare vermögenswerte Rechtsposition, insbesondere auch kein dinglicher Herausgabeanspruch nach § 985 BGB, mehr bestanden hätte. Dies ist gerade dann nicht zutreffend, wenn der Verfolgte, dem ein Vermögensgegenstand entzogen worden ist, das Eigentum daran weder durch die Entziehung noch durch eine sich daran anschließende Verfügungen verloren hat.

DDR ausgedehnt worden ist. Eine Erstreckung indirekt durch § 8 des Einigungsvertrages, nämlich als „Bestandteil“ des Bundesrückerstattungsgesetzes, scheidet ebenso aus. Zwar ist es zutreffend, dass dieses Gesetz die Geltung der alliierten Rückerstattungsgesetze voraussetzt. Daraus kann jedoch nicht gefolgert werden, dass seine Erstreckung auf das Gebiet der ehemaligen DDR die Rückerstattungsgesetze eingeschlossen habe. Dies ergibt sich aus dem Charakter des Bundesrückerstattungsgesetzes als ein die Vollstreckung betreffendes Ergänzungsgesetz zu den Rückerstattungsgesetzen. Nach seinem § 1 Abs. 1 findet das Bundesrückerstattungsgesetz auf rückerstattungsrechtliche Ansprüche gegen das Deutsche Reich Anwendung. Rückerstattungsrechtliche Ansprüche in diesem Sinne sind nach § 2 i. V. m. § 11 Nr. 1 Buchst. a bis d BRüG insbesondere Ansprüche, die den Berechtigten oder ihren Rechtsnachfolgern nach den alliierten Rückerstattungsgesetzen zustehen und auf einen Geldbetrag oder auf Schadensersatz gerichtet sind. Das Bundesrückerstattungsgesetz regelt somit lediglich die Befriedigung bereits bestehender Ansprüche. Seine Erstreckung auf das Gebiet der ehemaligen DDR kann daher für sich genommen nicht bewirken, dass Ansprüche auf Schadensersatz nunmehr auch für diejenigen Verfolgten begründet sind, deren Vermögen in dem Gebiet der späteren DDR entzogen worden ist. Da dies auch nicht bezweckt war, kann nicht unterstellt werden, dass mit dem Bundesrückerstattungsgesetz zugleich die alliierten Rückerstattungsgesetze auf das Gebiet der ehemaligen DDR ausgedehnt worden sind. Da der Einigungsvertrag insofern keine besondere Regelung enthält, ist in diesem Zusammenhang außerdem die Regelung in Ziffer 4 Buchst. c Abs. 3 der Vereinbarung vom 27./28. September 1990 zu berücksichtigen. Darin ist, wie bereits erwähnt, ausdrücklich festgeschrieben, dass das Bundesrückerstattungsgesetz auf das Gebiet der früheren DDR erstreckt wird, wofür *„weitere Bestimmungen erforderlich [sind], die den dortigen Gegebenheiten Rechnung tragen“*. Vor dem Hintergrund, dass der Bundestag dem Einigungsvertrag bereits zugestimmt hatte, als die Vereinbarung vom 27./28. September 1990 in Kraft getreten ist, liegt es nahe, dass sich diese Formulierung gerade darauf bezieht, dass die alliierten Rückerstattungsgesetze an sich nicht auf das Gebiet der ehemaligen DDR erstreckt worden sind und damit die für die Anwendung des Bundesrückerstattungsgesetzes notwendigen, den Anspruch auf Schadensersatz begründenden Rechtsvorschriften fehlen. Diesem Umstand ist insbesondere durch den Erlass des NS-Verfolgtenentschädigungsgesetzes[810] Rechnung getragen worden.[811] Mit seinem § 1 Abs. 1 begründet dieses Entschädigungsansprüche vor allem für die

---

[810] NS-Verfolgtenentschädigungsgesetz (NS-VEntschG) als Art. 3 des Gesetzes über die Entschädigung nach dem Gesetz zur Regelung offener Vermögensfragen und über staatliche Ausgleichsleistungen für Enteignungen auf besatzungsrechtlicher oder besatzungshoheitlicher Grundlage (Entschädigungs- und Ausgleichsleistungsgesetz – EALG) vom 27. September 1994 (BGBl. I, S. 2624, 2632).

[811] Vgl. BVerwG, VIZ 1995, S. 524; *Graf*, Rückgabe, S. 305.

Fälle des § 1 Abs. 6 VermG, in denen die Rückübertragung ausgeschlossen ist. Was die Höhe der Entschädigung angeht, verweist § 2 S. 1 NS-VEntschG auf die Vorschriften der §§ 16 bis 26 BRüG.

Die alliierten Rückerstattungsgesetze sind auch nicht unmittelbar durch die Vereinbarung vom 27./28. September 1990 auf das Gebiet der ehemaligen DDR erstreckt worden. Eine Erstreckung ist nicht durch Ziffer 4 Buchst. a der Vereinbarung erfolgt, da Art. 3 Abs. 1 des dritten Teils des Überleitungsvertrages, in dem ihre Aufrechterhaltung vereinbart ist, nicht zu den nach Ziffer 3 weiterhin gültigen Bestimmungen gehört. Eine Erstreckung ist ebenfalls nicht durch Ziffer 4 Buchst. c Abs. 1 der Vereinbarung erfolgt. Denn diese Regelung betrifft ihrem Wortlaut nach lediglich die im dritten Teil des Überleitungsvertrages, mithin die in den alliierten Rückerstattungsgesetzen festgelegten Grundsätze und damit nicht diese Gesetze als solche.

Die in den Rückerstattungsgesetzen normierten Grundsätze aber, insbesondere der Grundsatz der Rückerstattung im größtmöglichen Umfang sowie der Grundsatz des Ausschlusses des gutgläubigen Erwerbs, sind durch Ziffer 4 Buchst. c Abs. 1 der Vereinbarung vom 27./28. September 1990 auf das Gebiet der ehemaligen DDR erstreckt worden. Anders als von der herrschenden Ansicht angenommen, bezieht sich die dort festgeschriebene Fortgeltung der in den alliierten Rückerstattungsgesetzen normierten Grundsätze nämlich auch auf das Gebiet der ehemaligen DDR. Dies ergibt die systematische Auslegung der Ziffer 4 Buchst. c Abs. 1 der Vereinbarung. Dabei ist auch Ziffer 4 Buchst. a der Vereinbarung zu berücksichtigen, worin die Bundesrepublik Deutschland erklärt, dass sie sämtliche angemessenen Maßnahmen ergreifen wird, um sicherzustellen, dass die weiterhin gültigen Bestimmungen des Überleitungsvertrages auf dem Gebiet der ehemaligen DDR nicht umgangen werden. Da eine „Nicht-Umgehung" einer Anwendung gleichkommt, wurden diese Bestimmungen damit de facto auf das Gebiet der ehemaligen DDR erstreckt.[812] Ziffer 4 Buchst. a der Vereinbarung ist seiner Stellung in der Bestimmung nach als allgemeine Regelung zu verstehen, die, soweit dort nicht ausdrücklich etwas anderes bestimmt ist, auch für die ihr nachfolgenden Regelungen gilt. Das bedeutet, dass die nach Ziffer 4 Buchst. c Abs. 1 der Vereinbarung fortgeltenden, in den Rückerstattungsgesetzen normierten Grundsätze damit zugleich auf das Gebiet der früheren DDR erstreckt wurden. Etwas anderes ergibt sich auch nicht aus Ziffer 4 Buchst. c Abs. 3 der Vereinbarung. Der von der herrschenden Ansicht gezogene „Gegenschluss" vermag in zweifacher Hinsicht nicht zu überzeugen. Zum einen kann daraus, dass die Rückerstattungsgesetze dort nicht aufgeführt sind, nicht gefolgert werden, dass sie sowie die in ihnen normierten Grundsätze nicht auf das Gebiet der früheren DDR erstreckt werden sollten. Für die alliierten Rückerstat-

---

812 *Blumenwitz*, Staatennachfolge, S. 69; *Bötsch*, Nachbefolgung, S. 127.

tungsgesetze erübrigt sich nämlich eine Regelung, wie sie in Ziffer 4 Buchst. c Abs. 3 der Vereinbarung für das Bundesrückerstattungsgesetz getroffen worden ist. Dies deshalb, weil Art. 3 Abs. 1 des dritten Teils des Überleitungsvertrages nicht in Kraft und diese Gesetze somit nicht aufrechterhalten geblieben sind. Zum anderen kann daraus, dass Ziffer 4 Buchst. c Abs. 3 der Vereinbarung eine besondere Regelung für das Gebiet der ehemaligen DDR trifft, nicht geschlossen werden, dass sich die Regelung in Ziffer 4 Buchst. c Abs. 1 der Vereinbarung ausschließlich auf das Gebiet der alten Bundesrepublik bezieht. Die Systematik der Vorschrift der Ziffer 4 Buchst. c der Vereinbarung legt vielmehr nahe, dass es sich bei ihrem ersten Absatz um eine allgemeine Regelung handelt. Allgemein sowohl im Hinblick auf das fortgeltende Wiedergutmachungsrecht, nämlich die im dritten, vierten und fünften Teil des Überleitungsvertrages festgelegten Grundsätze, als auch hinsichtlich des Bereichs, in dem dieses Recht fortgilt. Demgegenüber ist der dritte Absatz nur insoweit spezieller, als er die Fortgeltung des Bundesrückerstattungsgesetzes regelt. Deshalb kann er den ersten Absatz auch nur insoweit verdrängen.

Entgegen der Auffassung der herrschenden Ansicht ist die Vereinbarung vom 27./28. September 1990, bei der es sich um einen selbstständigen völkerrechtlichen Vertrag handelt, auch innerstaatlich wirksam.[813] Dabei kann letztlich dahingestellt bleiben, ob sie in der Form eines nicht der legislativen Zustimmung bedürfenden Verwaltungsabkommens im Sinne des Art. 59 Abs. 2 S. 2 GG geschlossen worden ist[814] oder eine gesetzesinhaltliche Regelung im Sinne des Art. 59 Abs. 2 S. 1 GG darstellt, die der Zustimmung der Legislative bedurfte.[815] Denn auch die Vertreter der zweiten Ansicht folgern daraus, dass die aus ihrer Sicht notwendige Zustimmung fehlt, keineswegs die Unwirksamkeit der Vereinbarung. Vor dem Hintergrund, dass die Vereinbarung trotz des Verstoßes gegen den Art. 59 Abs. 2 S. 1 GG völkerrechtlich gültig ist, gestalten sie vielmehr die Rechtslage innerstaatlich in der Weise um, dass sie die Vereinbarung verfassungskonform als bloße administrative Regelung mit reiner Ordnungsfunktion auslegen.[816] Diese verfassungskonforme Auslegung hat nach Meinung der Vertreter dieser Ansicht aber nicht nur zur Folge, dass die Vereinbarung auch ohne die Zustimmung der Legislative wirksam ist, sondern auch, dass diese die darin getroffenen Regelungen jederzeit wieder abändern und aufheben kann.[817]

---

[813] Dass es sich bei der Vereinbarung völkerrechtlich weder um einen Bestandteil des Zwei-plus-Vier-Vertrages noch um ein Auslegungsinstrument im Sinne des Art. 31 § 2 Buchst. a der Wiener Vertragsrechtskonvention (WVRK), sondern um einen selbstständigen völkerrechtlichen Vertrag im Sinne des Art. 2 § 1 Buchst. a WVRK handelt, ist allgemeine Auffassung. Vgl. etwa OLG Köln v. 9.7.1996, VIZ 1998, S. 213 ff. [214]; *Blumenwitz*, Staatennachfolge, S. 66 f.; *Bötsch*, Nachbefolgung, S. 115 f.

[814] So OLG Köln, VIZ 1998, S. 214; BVerfG v. 28.1.1998, VIZ 1998, S. 202 f. [202].

[815] *Blumenwitz*, Staatennachfolge, S. 68 f.; *Bötsch*, Nachbefolgung, S. 133.

[816] *Blumenwitz*, Staatennachfolge, S. 69; *Bötsch*, Nachbefolgung, S. 135.

[817] *Blumenwitz*, Staatennachfolge, S. 69.

Zu einer derartigen Änderung oder Aufhebung ist es bislang nicht gekommen. Eine solche ist insbesondere auch nicht durch die Übernahme des Vermögensgesetzes in die gesamtdeutsche Rechtsordnung nach Art. 9 Abs. 2 und 4, Anlage II, Kapitel III, Sachgebiet B, Abschnitt I, Ziffer 5 des Einigungsvertrages herbeigeführt worden. Dies deshalb nicht, weil der Bundestag dem Einigungsvertrag bereits zugestimmt hatte, als die Vereinbarung am 28. September 1990 in Kraft getreten ist. Somit ist insbesondere die Regelung in Ziffer 4 Buchst. c Abs. 1 der Vereinbarung nicht in der Weise geändert worden, dass die danach auch im Gebiet der ehemaligen DDR fortgeltenden, in den alliierten Rückerstattungsgesetzen normierten Grundsätze, nämlich der Rückerstattung im größtmöglichen Umfang und des Ausschlusses des gutgläubigen Erwerbs, durch den in § 4 Abs. 2 VermG geregelten Grundsatz des sozialverträglichen Interessenausgleichs in Form der Zulassung des redlichen Erwerbs ersetzt werden.

Eine vorrangige Geltung des Grundsatzes des sozialverträglichen Ausgleichs wird auch nicht durch die Regelung in Ziffer 4 Buchst. c Abs. 3 S. 2 der Vereinbarung vom 27./28. September 1990 ermöglicht. Die Annahme der herrschenden Ansicht, diese Regelung trage der Erkenntnis Rechnung, dass die seit dem Zusammenbruch des nationalsozialistischen Regimes auf dem Gebiet der früheren DDR gewachsenen rechtlichen und sozialen Strukturen eine uneingeschränkte Übertragung der alliierten Rückerstattungsregelungen nicht zuließen, überdehnt deren Sinn und Zweck. Wie ihr erstes Wort „hierfür" nahe legt, bezieht sich diese Regelung auf diejenige in Ziffer 4 Buchst. c Abs. 3 S. 1 der Vereinbarung. Diese wiederum betrifft jedoch, wie bereits dargelegt, allein die Geltung des Bundesrückerstattungsgesetzes. Daher kann der Regelung der Ziffer 4 Buchst. c Abs. 3 S. 2 der Vereinbarung nicht entnommen werden, dass die in den alliierten Rückerstattungsgesetzen normierten Grundsätze im Gebiet der ehemaligen DDR von dem im Vermögensgesetz geregelten Grundsatz des sozial verträglichen Interessenausgleichs verdrängt werden.

Da die in den alliierten Rückerstattungsgesetzen normierten Grundsätze demnach auch im Gebiet der ehemaligen DDR gelten, kann die in § 1 Abs. 6 S. 1 VermG enthaltene Anordnung, das Vermögensgesetz „entsprechend" anzuwenden also nur so verstanden werden, dass für jede Vorschrift des Gesetzes einzeln geprüft werden muss, ob sie Geltung beanspruchen kann oder nicht. Diese Ansicht vertritt nunmehr auch das BVerwG, das damit zugleich den von ihm bisher eingenommenen Standpunkt aufgegeben hat.[818] In seinem Urteil vom 24.6.2004, in dem es sich unter anderem mit der Frage befasst, ob die mit dem Zweiten Vermögensrechtsänderungsgesetz vom 14. Juli 1992[819] in § 4 Abs. 2 S. 1 VermG eingefügte zeitliche Beschränkung verfassungsgemäß ist, hat es folgen-

---

[818] BVerwG v. 24.7.2003, ZOV 2003, S. 405 ff. [406]; BVerwG v. 24.6.2004, ZOV 2004, S. 262 ff. [263].

[819] 2. VermRÄndG, BGBl. I, S. 1257.

des ausgeführt: „*Zwar galt und gilt das Vermögensgesetz nach § 1 Abs. 6 VermG entsprechend für verfolgungsbedingte Vermögensverluste in der Zeit vom 30. Januar 1933 bis 8. Mai 1945. Fraglich war jedoch vor der Einfügung der zeitlichen Beschränkung in § 4 Abs. 2 S. 1 VermG, ob die entsprechende Anwendbarkeit, die bei jeder Norm des Gesetzes gesondert zu prüfen ist (...), auch die Vorschriften des redlichen Erwerbs erfasste. Dies ließ sich für Erwerbsgeschäfte aus der Zeit des Nationalsozialismus in Zweifel ziehen, weil die Gemeinsame Erklärung zur Regelung offener Vermögensfragen vom 15. Juni 1990, die den Regelungen des Vermögensgesetzes über den sozialverträglichen Ausgleich zugrunde liegt, die Erwerbsvorgänge aus jener Zeit nicht im Auge hatte. Deshalb stellen auch die bereits in der Ursprungsfassung des Vermögensgesetzes enthaltenen Regelbeispiele des § 4 Abs. 3 VermG ersichtlich auf die in der DDR bestehenden Verhältnisse ab. Eine entsprechende Anwendung dieser Bestimmungen auf die Verhältnisse in der Zeit des Nationalsozialismus und das besondere Problem der Zwangsverkäufe wäre ohne zusätzliche Regelungen mehr als problematisch gewesen. Hinzu kommt, dass bei der Schaffung des § 1 Abs. 6 VermG die unterlassene Rückerstattung im Beitrittsgebiet nachgeholt werden sollte. Es lag daher nicht fern, bei der entsprechenden Anwendung des Vermögensgesetzes zu berücksichtigen, dass das Rückerstattungsrecht einen redlichen Erwerb von Immobilien nicht kannte.*“[820]

Das BVerwG räumt also zwar ein, dass auch für die Vorschrift des § 4 Abs. 2 S. 1 VermG gesondert zu prüfen ist, ob sie für Rückübertragungsansprüche nach § 1 Abs. 6 VermG gilt, bleibt jedoch im Ergebnis bei seiner Auffassung, dass dies der Fall sei. Dies schließt es allein aus der in § 4 Abs. 2 S. 1 VermG aufgenommenen Beschränkung des redlichen Erwerbs auf die Zeit „nach dem 8. Mai 1945“, durch die es offenbar alle seine Zweifel an der Geltung der Vorschrift für Ansprüche nach § 1 Abs. 6 VermG ausgeräumt sieht. Diese Auffassung vermag jedoch nicht zu überzeugen. Bei der zeitlichen Beschränkung des redlichen Erwerbs handelt es sich lediglich um eine klarstellende und nicht etwa um eine neue inhaltliche Regelung.[821] Durch sie erfolgt daher auch keine Änderung der Regelung in Ziffer 4 Buchst. c Abs. 1 der Vereinbarung vom 27./28. September 1990. Es bleibt also insbesondere dabei, dass die in den alliierten Rückerstattungsgesetzen normierten Grundsätze, nämlich vor allem der Rückerstattung im größtmöglichen Umfang und des Ausschlusses des gutgläubigen Erwerbs, im

---

[820] BVerwG, ZOV 2004, S. 263. In dem vom BVerwG zu entscheidenden Fall konnte es seiner Meinung nach jedoch „*im Ergebnis dahingestellt bleiben, wie vor Inkrafttreten des Zweiten Vermögensrechtsänderungsgesetzes § 1 Abs. 6 VermG im Hinblick auf den sozialverträglichen Ausgleich auszulegen war*“.

[821] Vgl. *Graf*, Rückgabe, S. 313. Dafür spricht insbesondere der Umstand, dass weder der Gesetzesentwurf der Fraktionen der CDU/CSU und FDP, BT-Drucksache 12/2480, S. 36 noch die Beschlussempfehlung und der Bericht des Rechtsausschusses, BT-Drucksache 12/2944 die Aufnahme der zeitlichen Beschränkung in § 4 Abs. 2 S. 1 VermG und die Geltung der Vorschrift für Ansprüche nach § 1 Abs. 6 VermG problematisieren. Diskutiert wird allein die Änderung der Stichtagsregelung des § 4 Abs. 2 S. 2 VermG.

Gebiet der ehemaligen DDR gelten. In Konkurrenz dazu tritt das in § 4 Abs. 2 S. 1 VermG geregelte Prinzip des sozialverträglichen Interessenausgleichs in der Form der Zulassung des redlichen Erwerbs nach dem 8. Mai 1945. Da er damit dem Bestandsinteresse des Erwerbers den Vorrang vor dem Restitutionsinteresse des früheren Eigentümers einräumt, wird § 4 Abs. 2 S. 1 VermG der Situation der Verfolgten des Nationalsozialismus nicht gerecht. Diese Vorschrift ist auf den Erwerb von Vermögenswerten zugeschnitten, die ihr Eigentümer in der Zeit von der Gründung der DDR am 7. Oktober 1949 bis zum 29. September 1990 durch Maßnahmen im Sinne des § 1 Abs. 1 bis 3 VermG verloren hat. Die Maßnahmen des SED-Staates unterscheiden sich, was ihren Unrechtsgehalt angeht, ganz erheblich von den einen Vermögensverlust bewirkenden Verfolgungsmaßnahmen des nationalsozialistischen Regimes. Dies kommt insbesondere darin zum Ausdruck, dass sie, anders als diese, nicht in Konsequenz der Anwendung der Radbruchschen Formel als von Anfang an nichtig angesehen, sondern vielmehr erst durch das Vermögensgesetz aufgehoben werden. Da erst dieses Gesetz einen Anspruch der früheren Eigentümer auf Rückübertragung der verlorenen Vermögenswerte begründet hätte, konnte es diese auch insbesondere dadurch ausschließen, dass es den redlichen Erwerb der betroffenen Vermögenswerte zulässt. Diese Möglichkeit bestand bei durch Maßnahmen des nationalsozialistischen Regimes entzogenen Vermögensgegenständen nicht. Denn sie hätte, legt man die überwiegend vertretene Ansicht zugrunde, wonach es selbst dann der Durchführung eines Verfahrens nach §§ 30 ff. VermG bedürfe, den Verlust des privatrechtlichen Herausgabeanspruchs nach § 985 BGB zur Folge, was im Hinblick auf Art. 14 GG überaus problematisch wäre. Demzufolge ist § 4 Abs. 2 S. 1 VermG auf den Erwerb von Vermögensgegenständen, die in der Zeit vom 30. Januar 1933 bis zum 8. Mai 1945 durch Maßnahmen im Sinne des § 1 Abs. 6 VermG entzogen worden sind, nicht anzuwenden.

In den Fällen des Erwerbs von während der nationalsozialistischen Herrschaft entzogenen Kunstwerken spricht für die Nichtanwendbarkeit des § 4 Abs. 2 S. 1 VermG zudem folgende Überlegung: Diese Vorschrift setzt die Regelung in Ziffer 3 der Gemeinsamen Erklärung vom 15. Juni 1990 um, wonach dann, wenn *„Bürger der Deutschen Demokratischen Republik an zurückzuübereignenden Immobilien Eigentum oder dingliche Nutzungsrechte in redlicher Weise erworben haben, […] ein sozial verträglicher Ausgleich an die ehemaligen Eigentümer durch Austausch von Grundstücken mit vergleichbarem Wert oder durch Entschädigung herzustellen [ist]"*. Dies berücksichtigt, ist die Regelung des § 4 Abs. 2 S. 1 VermG, wonach „in redlicher Weise an dem Vermögenswert Eigentum oder dingliche Nutzungsrechte erworben" werden können, einschränkend dahingehend auszulegen, dass sie ausschließlich den redlichen Erwerb von Grundstücken, nicht dagegen den von beweglichen Sachen zulässt.

Im Ergebnis ist festzuhalten, dass die Vorschrift des § 4 Abs. 2 S. 1 VermG zurücktritt hinter den durch den seit dem 28. September 1990 auch im Gebiet der ehemaligen DDR geltenden Grundsatz der alliierten Rückerstattungsgesetze, wonach der gutgläubige Erwerb von in der Zeit vom 30. Januar 1933 bis zum 8. Mai 1945 entzogenen Vermögensgegenständen vollumfänglich ausgeschlossen ist. Damit kann seit diesem Zeitpunkt das Eigentum an Kunstwerken, die während der nationalsozialistischen Herrschaft im Gebiet der späteren DDR aus jüdischen Sammlungen entzogen worden sind, nicht im Wege des gutgläubigen Erwerbs vom Nichtberechtigten nach den §§ 932 bis 935 BGB erworben werden.

## C. Erwerb durch Ersitzung

Nach § 937 Abs. 1 BGB hat der zehnjährige Eigenbesitz an einer beweglichen Sache zur Folge, dass das Eigentum kraft Gesetzes vom bisherigen Eigentümer auf den Besitzer übergeht.[822]

Die Ersitzung hat den Zweck, ein dauerhaftes Auseinanderfallen von Besitz und Eigentum zu verhindern und dadurch die Rechtslage zu vereinfachen und zu beruhigen.[823] Die Bedeutung, die ihr insoweit im früheren Recht zukam, ist allerdings durch die Zulassung des gutgläubigen Erwerbs vom Nichtberechtigten erheblich eingeschränkt worden.[824] Nach geltendem Recht bleibt der Anwendungsbereich der Ersitzung auf Fälle fehlgeschlagenen rechtsgeschäftlichen Eigentumserwerbs und Fälle, in denen der Besitzerwerb ohne Veräußerungsgeschäft erfolgt ist, beschränkt. Zu der ersten Kategorie gehören vor allem die Fälle, in denen der gutgläubige Erwerb nach § 935 Abs. 1 BGB ausgeschlossen ist. Zu der zweiten Gruppe zählen insbesondere die Fälle, in denen der Erbe eine im Nachlass befindliche Sache in Besitz nimmt, die nicht im Eigentum des Erblassers stand.[825]

Damit kommt der Ersitzung in den Fällen des Erwerbs während der nationalsozialistischen Herrschaft aus jüdischen Sammlungen entzogener Kunstwerke, die als abhanden gekommen im Sinne des § 935 Abs. 1 BGB anzusehen sind und bei denen selbst ein gutgläubiger Erwerb in einer öffentlichen Versteigerung nach § 935 Abs. 2 BGB ausgeschlossen ist, wesentliche Bedeutung zu.[826]

---

822 Vgl. Staudinger-*Wiegand*, § 937, Rn. 16 f.; MünchKomm-*Baldus*, § 937, Rn. 31; *Westermann*, Sachenrecht, § 51 III 1.

823 Vgl. Staudinger-*Wiegand*, Vorbem. zu §§ 937 ff., Rn. 3; MünchKomm-*Baldus*, § 937, Rn. 2; *Westermann*, Sachenrecht, § 51 I 2.

824 Vgl. Staudinger-*Wiegand*, Vorbem. zu §§ 937 ff., Rn. 4; MünchKomm-*Baldus*, § 937, Rn. 2; *Westermann*, Sachenrecht, § 51 I 1; *Baur/Stürner*, Sachenrecht, § 53 H I 1.

825 Vgl. Staudinger-*Wiegand*, Vorbem. zu §§ 937 ff., Rn. 4; MünchKomm-*Baldus*, § 937, Rn. 5; *Westermann*, Sachenrecht, § 51 I 1; *Baur/Stürner*, Sachenrecht, § 53 H I 1.

826 Ebenso wie § 935 Abs. 1 BGB schließen auch die verschiedenen Regelungen des Rückerstattungsrechts nur den rechtsgeschäftlichen gutgläubigen Erwerb aus. Den Erwerb durch Ersit-

## I. Der gute Glaube bei der Ersitzung

Ebenso wie beim rechtsgeschäftlichen gutgläubigen Erwerb ist der gute Glaube bei der Ersitzung keine Voraussetzung, sondern umgekehrt der böse Glaube ein Ausschlussgrund für den Eigentumserwerb. Dies macht schon der Wortlaut des § 937 Abs. 2 BGB deutlich. Nach dieser Vorschrift ist die Ersitzung *„ausgeschlossen, wenn der Erwerber bei dem Erwerb des Eigenbesitzes nicht in gutem Glauben ist oder wenn er später erfährt, dass ihm das Eigentum nicht zusteht"*. Dabei bezieht sich der gute Glaube hier allerdings nicht auf das Eigentum des Veräußerers, sondern auf das eigene Recht des Ersitzenden.[827]

Wie ebenfalls bereits dem Wortlaut des § 937 Abs. 2 BGB zu entnehmen ist, ändern sich die Anforderungen an den guten Glauben im Laufe der Ersitzungszeit. Während der gute Glaube im Zeitpunkt des Erwerbs des Besitzes an der Sache auch dann entfällt, wenn dem Ersitzenden infolge grober Fahrlässigkeit unbekannt ist, dass er das Eigentum nicht erwirbt, schadet im Verlauf der Ersitzungszeit nur positive Kenntnis der eigenen Nichtberechtigung.[828]

Der Begriff der grob fahrlässigen Unkenntnis ist hier im Wesentlichen derselbe wie in § 932 Abs. 2 BGB.[829] Denn die Ersitzung ist dem rechtsgeschäftlichen

---

zung dagegen hindern sie nicht. Beim Ausschluss des gutgläubigen Erwerbs durch die durch die Londoner Erklärung konkretisierte völkerrechtliche Restitutionspflicht und durch Art. 5 i. V. m. Art. 2 Buchst. a i. V. m. Art. 1 Nr. 2 des Gesetzes Nr. 52 folgt dies bereits eindeutig aus ihrem Wortlaut, wonach *„jede Übertragung und Veräußerung von Eigentum"* für nichtig zu erklären ist bzw. es verboten ist, entzogenes Vermögen zu *„erwerben, ..., übertragen, ... oder sonst wie zu verfügen"* (zu Art. 5 Gesetz Nr. 52 vgl. *Dölle/Zweigert*, Art. 5, Rn. 227). Beim Ausschluss des gutgläubigen Erwerbs durch die alliierten Rückerstattungsgesetze ist der Wortlaut nicht so klar. So lässt die Formulierung etwa in Art. 1 Abs. 2 USREG: *„der Rückerstattung entgegenstehende Vorschriften zum Schutze gutgläubiger Erwerber bleiben außer Betracht"* durchaus auch die Deutung zu, dass nicht nur der gutgläubige Erwerb nach den §§ 932 bis 935 BGB, sondern auch die Ersitzung nach § 937 BGB ausgeschlossen ist. Zu berücksichtigen ist insoweit allerdings die Vorschrift des Art. 90 USREG, in der es heißt: *„Soweit Ansprüchen, die unter dieses Gesetz fallen, Verjährung, Ersitzung oder Ablauf von Ausschlußfristen nach den Vorschriften des bürgerlichen Rechts entgegenstehen würden, gilt die Verjährungs-, Ersitzungs- oder Ausschlußfrist als nicht vor dem Ende von sechs Monaten abgelaufen, gerechnet von dem Zeitpunkt, in welchem ein Klageanspruch auf Grund dieses Gesetzes zur Entstehung gelangt ist, keinesfalls jedoch vor dem 30. Juni 1949."* Sie lässt erkennen, dass der Erwerb durch Ersitzung nicht an Art. 1 Abs. 2 USREG scheitert (vgl. Staudinger-*Berg*, 11. Auflage, Vorbem. zu § 937, Rn. 8, der darauf hinweist, dass für Sachen, die der Rückerstattung nach dem Rückerstattungsgesetz unterliegen, der Fristablauf durch Art. 76 BrREG, Art. 90 USREG und Art. 78 REAO besonders geregelt ist).

[827] Vgl. Staudinger-*Wiegand*, § 937, Rn. 7; MünchKomm-*Baldus*, § 937, Rn. 24; *Westermann*, Sachenrecht, § 51 II 2; *Baur/Stürner*, Sachenrecht, § 53 H II 1.

[828] Vgl. Staudinger-*Wiegand*, § 937, Rn. 8 f.; MünchKomm-*Baldus*, § 937, Rn. 25 f.; *Westermann*, Sachenrecht, § 51 II 2; *Baur/Stürner*, Sachenrecht, § 53 H II 1.

[829] Vgl. Staudinger-*Wiegand*, § 937, Rn. 7 unter Verweis auf Staudinger-*Gursky*, § 990, Rn. 17; MünchKomm-*Baldus*, § 937, Rn. 25; *Kunze*, Restitution „Entarteter Kunst", S. 225.

Erwerb nachgeordnet und muss daher in Übereinstimmung mit dessen Prinzipien angewandt werden.[830] Hinsichtlich des Vorwurfs der groben Fahrlässigkeit kann somit auf das bereits Gesagte verwiesen werden.[831]

Auch der Begriff der positiven Kenntnis des § 937 Abs. 2 BGB entspricht demjenigen des § 932 Abs. 2 BGB. Damit ist es hier ebenso wie dort erforderlich, dass sich der Ersitzende seines fehlenden Eigentumsrechts bewusst wird. Ein derartiges Bewusstwerden kann ihm hier jedoch bereits dann unterstellt werden, wenn er Umstände kennt, denen zufolge jeder Unbefangene seine Nichtberechtigung annehmen würde. Dies gilt selbst dann, wenn er sich der Kenntnisnahme solcher Umstände bewusst entzieht.[832]

### 1.1. Der gute Glaube beim Erwerb des Besitzes an entzogenen Kunstwerken

Die Ersitzung eines entzogenen Kunstwerks ist also zum einen dann ausgeschlossen, wenn dem Erwerber bereits zur Zeit des Besitzerwerbs bekannt oder infolge grober Fahrlässigkeit unbekannt gewesen ist, dass er das Eigentum daran nicht erwerben kann. Dafür genügt es allerdings nicht, dass ihm bekannt oder ohne besondere Aufmerksamkeit erkennbar gewesen ist, dass das zu erwerbende Kunstwerk früher einem jüdischen Sammler gehört hat, dem es in der Zeit vom 30. Januar 1933 bis zum 8. Mai 1945 in rechtswidriger Weise entzogen worden ist, und über das der Veräußerer folglich nicht als Eigentümer verfügen konnte. Ihm muss vielmehr zudem bekannt oder erkennbar gewesen sein, dass die Möglichkeit des gutgläubigen Eigentumserwerbs durch § 935 Abs. 1 BGB und die Regelungen des Rückerstattungsrechts ausgeschlossen ist. Was dies anbelangt, ist ebenso wie bei der Frage der Erkennbarkeit der jüdischen Provenienz des Kunstwerks, seiner Entziehung und deren Nichtigkeit zwischen den drei verschiedenen Zeitabschnitten zu unterscheiden:

In der Zeit während des Nationalsozialismus bis Ende der 1960er Jahre war, wie bereits festgestellt, jedem Erwerber, gleichgültig, ob es sich bei diesem um einen

---

[830] MünchKomm-*Baldus*, § 937, Rn. 25.

[831] Siehe oben S. 193 ff.

[832] Vgl. Staudinger-*Wiegand*, § 937, Rn. 9; MünchKomm-*Baldus*, § 937, Rn. 26; *Franz*, Zivilrechtliche Probleme des Kulturgüteraustausches, S. 122.
Dies soll etwa dann der Fall sein, wenn der Ersitzende den Besitz an einem aus einer öffentlichen Sammlung gestohlenen Gemälde erlangt hat und in der Folgezeit in „eigennütziger Blindheit" entsprechende Pressemeldungen bzw. Suchanzeigen ignoriert (*Franz*, Zivilrechtliche Probleme des Kulturgüteraustausches, S. 122). Die praktische Relevanz dieses Beispielsfalls ist jedoch fraglich. Meldungen über einen Kunstdiebstahl werden regelmäßig nur wenige Stunden später veröffentlicht. Dass sich das gestohlene Kunstwerk zu diesem Zeitpunkt bereits im Besitz einer Person befunden hat, die bei seinem Erwerb noch in gutem Glauben war, ist zu bezweifeln. Näher liegt vielmehr die Annahme, dass der Erwerber den Besitz erst nach der Veröffentlichung der Pressemitteilungen erlangt hat und ihm bereits zu diesem Zeitpunkt zumindest infolge grober Fahrlässigkeit unbekannt war, dass er das Eigentum an dem Kunstwerk nicht erwerben kann.

Kunsthändler, ein Museum oder einen Privatsammler gehandelt hat, erkennbar, dass die jüdische Bevölkerung in Deutschland ebenso wie im besetzten Frankreich von Beginn der nationalsozialistischen Herrschaft an allein wegen ihrer Rasse verschiedenen Verfolgungsmaßnahmen ausgesetzt war und dass jüdische Sammler, die in dieser Zeit Kunstwerke veräußert haben, hierbei unter dem Eindruck des dadurch begründeten kollektiven Zwangs gestanden haben. Ihnen war somit zugleich erkennbar, dass die jüdischen Sammler ihren Besitz an den veräußerten Kunstwerken nicht freiwillig aufgegeben haben. Desgleichen war ihnen erkennbar, dass jüdische Sammler, denen Kunstwerke durch staatlichen Hoheitsakt entzogen worden sind, den Besitz daran ohne ihren Willen verloren haben und dass der fehlende Wille infolge der Nichtigkeit sowohl der Einziehung und des Vermögensverfalls im Reichsgebiet als auch der Beschlagnahmen im besetzten Frankreich nicht durch eine entsprechende öffentlich-rechtliche Befugnis ersetzt werden konnte. Kunsthändlern, Museen und Privatsammlern war somit also erkennbar, dass entzogene Kunstwerke abhanden gekommen sind und der gutgläubige Erwerb des Eigentums daran durch § 935 Abs. 1 BGB und die Regelungen des Rückerstattungsrechts ausgeschlossen ist. Zwar konnte von ihnen nicht erwartet werden, dass sie Kenntnis von den einschlägigen gesetzlichen Regelungen haben. Von ihnen konnte jedoch allezeit, nämlich bereits in der Zeit während des Nationalsozialismus und erst recht in der Zeit danach, verlangt werden, dass sie erfassen, welches Unrecht in den Entziehungen liegt und dass dieses durch die Möglichkeit des gutgläubigen Erwerbs nicht noch verfestigt werden darf. Dass diese insbesondere durch die Regelungen der Rückerstattungsgesetze ausgeschlossen ist, war nach deren Inkrafttreten deutlich erkennbar. Wie bereits dargelegt, musste gerade Kunsthändlern, Museen und Privatsammlern als potentiell Betroffenen aufgrund der darüber in der Öffentlichkeit geführten Diskussion bekannt sein, dass sowohl die innere als auch die äußere Restitution entzogener Vermögensgegenstände unabhängig davon erfolgt, ob ein Dritter gutgläubig das Eigentum daran erworben hat. Denn es war insbesondere der darin normierte Ausschluss des gutgläubigen Erwerbs, der den alliierten Rückerstattungsgesetzen soviel öffentliche Kritik eingebracht hat.

In der Zeit von Anfang der 1970er Jahre bis 1998 war der Ausschluss des gutgläubigen Erwerbs des Eigentums an entzogenen Kunstwerken zumindest den Kunsthändlern, Museumsmitarbeitern und Privatsammlern nicht erkennbar, die in erst nach dem 8. Mai 1945 gegründeten Kunsthandlungen und Museen tätig waren oder die erst nach diesem Tag mit dem Aufbau ihrer Kollektionen begonnen haben. Da ihnen mangels ausreichender Kenntnis der Art und Weise der Auflösung jüdischer Kunstsammlungen schon nicht erkennbar war, dass sowohl der rechtsgeschäftliche Erwerb als auch der Vermögensfall und die Beschlagnahme von Kunstwerken aus den Kollektionen deutscher und französischer jüdischer Sammler als nichtige Entziehungen anzusehen sind, konnten sie auch nicht zu der Einschätzung kommen, dass ein gutgläubiger Erwerb des Eigentums an diesen

Kunstwerken nicht möglich ist. Etwas anderes kann wiederum gelten, wenn es sich bei dem Erwerber um einen Kunsthändler, einen Museumsmitarbeiter oder einen Privatsammler gehandelt hat, der in einer Einrichtung beschäftigt war, die bereits in der Zeit vom 30. Januar 1933 bis zum 8. Mai 1945 bestanden hat, oder der eine bereits in dieser Zeit angelegte Kollektion übernommen hat. Denn in diesen Fällen hat er möglicherweise über Informationsquellen verfügt, die ihm die erforderlichen Kenntnisse von der Entziehung jüdischen Kunstbesitzes vermittelt haben, so dass ihm erkennbar war, dass Rechtsgeschäfte jüdischer Sammler ebenso wie der Vermögensverfall und die Beschlagnahmen zugunsten des Deutschen Reichs nichtig waren. Dann war ihm aber auch erkennbar, dass die jüdischen Sammler den Besitz an den entzogenen Kunstwerken nicht freiwillig aufgegeben haben, mit der Folge, dass ein Dritter das Eigentum an ihnen selbst dann nicht erwerben kann, wenn er ihre Geschichte nicht kennt. Denn ebenso wie in dem vorangehenden Zeitabschnitt konnte von ihm zumindest erwartet werden, dass er erkennt, dass das Unrecht, das den jüdischen Sammlern durch die Entziehung ihrer Kunstwerke zugefügt worden ist, durch die Möglichkeit, diese gutgläubig zu erwerben, nicht noch verfestigt werden darf.

Seit 1998 ist zumindest der Ausschluss des gutgläubigen Erwerbs durch § 935 Abs. 1 BGB wieder allen Kunsthändlern, Museen und Privatsammlern erkennbar. Aufgrund des Studiums der nunmehr veröffentlichten Bücher und Aufsätze mussten sie nicht nur über die verschiedenen Formen der Entziehung jüdischen Kunstbesitzes im Reichsgebiet und im besetzten Frankreich und ihre rechtliche Bewertung informiert sein, sondern auch über die Rechtslage im Hinblick auf die Möglichkeit des gutgläubigen Erwerbs des Eigentums an den entzogenen Kunstwerken. Denn die neueren Bücher und Aufsätze enthalten auch dazu mehr oder weniger deutliche Ausführungen. So wird etwa aus den bereits angesprochenen Beiträgen von *König*, *Kathmann*, *Zimmermann* und *Terlau* über die Entziehung und in jüngerer Zeit erfolgte Rückgabe von Kunstwerken aus den Sammlungen Martin Tietz, Max Silberberg und Federico Gentili di Giuseppe, in denen ein solcher gar nicht erst in Erwägung gezogen wird, deutlich, dass ein gutgläubiger Erwerb des Eigentums an diesen Kunstwerken nicht in Frage kommt.[833] Ausdrückliche Ausführungen zu der insoweit bestehenden Rechtslage finden sich in dem gleichfalls bereits erwähnten Aufsatz von *Müller-Katzenburg*. Darin legt diese dar, dass *„die im Zuge der gegen die Juden gerichteten Verfolgungsmaßnahmen des Dritten Reichs entzogenen Kunstwerke im Sinne von § 935 BGB „abhanden gekommen" sind, und zwar unabhängig davon, ob die Berechtigten den Besitz an ihren Sachen durch Beschlagnahme, Enteignung oder gegebenenfalls auch Zwangsverkauf verloren haben. Denn eines ist allen diesen Fällen gemein: Die Berechtigten haben den Besitz an ihren Sachen gewiss nicht freiwillig aus der Hand gegeben. Konsequenterweise ist*

---

[833] *König* in: Beiträge öffentlicher Einrichtungen, S. 19 ff.; *Kathmann* in: Beiträge öffentlicher Einrichtungen, S. 30 ff.; *Terlau* in: Beiträge öffentlicher Einrichtungen, S. 187 ff.; *Zimmermann* in: Museen im Zwielicht, S. 319 ff.

*daher auch anzunehmen, dass gemäß § 935 Absatz 1 BGB ein gutgläubiger Erwerb an NS-verfolgungsbedingt entzogenen Kunstwerken generell ausgeschlossen ist“.*[834]

### 1.2. Der gute Glaube nach Erwerb des Besitzes an entzogenen Kunstwerken

Die Ersitzung eines entzogenen Kunstwerks ist zum anderen dann ausgeschlossen, wenn dem Erwerber nach dem Besitzerwerb bekannt geworden ist, dass er das Eigentum an dem Kunstwerk nicht erworben hat, das heißt, wenn er im Laufe der Ersitzungsfrist davon Kenntnis erlangt hat, dass das Kunstwerk seinem damaligen jüdischen Eigentümer während der nationalsozialistischen Herrschaft in rechtswidriger Weise entzogen worden ist und er das Eigentum daran auch nicht gutgläubig erwerben konnte. Ob dies der Fall ist, muss den Feststellungen des Einzelfalles überlassen bleiben. Allgemein soll immerhin noch angemerkt werden, dass eine solche Kenntniserlangung etwa in der Weise erfolgen kann, dass der Erwerber eine das Kunstwerk betreffende Suchmeldung seines früheren Eigentümers oder seiner Erben in der Lostart Internet Database der Koordinierungsstelle für Kulturgutverluste entdeckt.

## 2. Zehnjähriger fortgesetzter Eigenbesitz

### 2.1. Eigenbesitz

Die Grundlage der Ersitzung bildet der zehnjährige fortgesetzte Eigenbesitz an der Sache. Der Ersitzende muss diese also, so die Definition des § 872 BGB, als ihm gehörend besitzen.[835] Dabei kann der Eigenbesitz, wie sich aus § 939 BGB ergibt, sowohl unmittelbar als auch mittelbar sein. Demzufolge kann auch derjenige, welcher ein abhanden gekommenes Kunstwerk, nachdem er es vom Nichtberechtigten erworben hat, einem Museum als ständige Leihgabe überlassen hat, das Eigentum daran durch Ersitzung erwerben.[836]

### 2.2. Fristablauf

Neben dem Eigenbesitz erfordert die Ersitzung den Ablauf einer zehnjährigen Ersitzungsfrist, die mit dem Erwerb des Eigenbesitzes beginnt. Dieser muss die

---

[834] *Müller-Katzenburg* in: Museen im Zwielicht, S. 224. Ausführungen zum Ausschluss des gutgläubigen Erwerbs im Wege öffentlicher Versteigerung nach § 935 Abs. 2 BGB durch die Regelungen des Rückerstattungsrechts finden sich dort freilich nicht.
Die einschlägigen Bestimmungen der alliierten Rückerstattungsgesetze werden nunmehr überdies im Schrifttum zur Rückübertragung von entzogenem jüdischen Vermögen nach § 1 Abs. 6 VermG angesprochen (vgl. *Hintz*, VIZ 1992, S. 19; *Düx*, VIZ 1992, S. 259; *Uechtritz*, VIZ 1992, S. 377). Dass sie auch diese Aufsätze kennen, wird von Kunsthändlern, Museen und Privatsammlern allerdings nicht verlangt werden können.

[835] Vgl. Staudinger-*Wiegand*, § 937, Rn. 2; MünchKomm-*Baldus*, § 937, Rn. 23; *Westermann*, Sachenrecht, § 51 II 1.

[836] Vgl. Staudinger-*Wiegand*, § 937, Rn. 3; *Baur/Stürner*, Sachenrecht, § 53 H II 1; *Franz*, Zivilrechtliche Probleme des Kulturgüteraustausches, S. 126.

gesamte Ersitzungszeit über bestanden haben. Den Beweis dessen erleichtert § 938 BGB. Kann der Ersitzende nachweisen, dass er am Anfang und am Ende der Ersitzungszeit Eigenbesitz gehabt hat, so wird – allerdings widerleglich – vermutet, dass sein Eigenbesitz auch in der Zwischenzeit bestanden hat.[837]

Während der Ersitzungszeit können Ereignisse eintreten, die sich auf deren Ablauf auswirken können. Dabei handelt es sich vornehmlich um den Erwerb des Besitzes durch einen Dritten und die Verhinderung der Geltendmachung des Herausgabeanspruchs durch den Eigentümer.

### 2.2.1. Anrechnung der Ersitzungszeit des Rechtsvorgängers

Das Gesetz kennt keine Rechtsnachfolge in den Besitz in dem Sinne, dass der neue Besitzer in die Ersitzungslage, also die sich aus § 937 BGB ergebende Erwerbsaussicht seines Rechtsvorgängers eintritt.[838] Vielmehr beginnt er für sich eine neue Ersitzung.[839] Dabei kann er sich allerdings unter den Voraussetzungen des § 943 BGB die bei seinem Rechtsvorgänger verstrichene Ersitzungszeit auf seine eigene anrechnen.

Danach ist zum einen eine „Rechtsnachfolge in den Eigenbesitz" vonnöten. Eine solche ist namentlich dann gegeben, wenn der bisherige Eigenbesitzer seinen Besitz an der Sache einem Dritten übertragen hat, an den er diese weiterveräußert hat, ohne dass dieser das Eigentum daran gutgläubig erwerben konnte. Eine Rechtsnachfolge in den Eigenbesitz liegt außerdem dann vor, wenn der Besitz mit dem Tode des bisherigen Eigenbesitzers nach den §§ 857, 1922 Abs. 1 BGB kraft Gesetzes auf seinen Erben übergegangen ist. Die Vorschrift des § 943 BGB umfasst nämlich nicht nur die Einzelrechtsnachfolge, sondern auch die Gesamtrechtsnachfolge.[840]

Erforderlich ist zum anderen, dass beide, also sowohl der Rechtsvorgänger als auch der Rechtsnachfolger, in gutem Glauben sind.[841] Was die Gutgläubigkeit

---

837 Vgl. Staudinger-*Wiegand*, § 938, Rn. 2; MünchKomm-*Baldus*, § 938, Rn. 1 f.; *Westermann*, Sachenrecht, § 51 II 3; *Baur/Stürner*, Sachenrecht, § 53 H II 2.

838 Vgl. *Westermann*, Sachenrecht, § 51 II 3; *Franz*, Zivilrechtliche Probleme des Kulturgüteraustausches, S. 126.

839 Vgl. Staudinger-*Wiegand*, § 943, Rn. 4.

840 Herrschende Meinung: Staudinger-*Wiegand*, § 943, Rn. 1; MünchKomm-*Baldus*, § 943, Rn. 6; *Westermann*, Sachenrecht, § 51 II 3; *Baur/Stürner*, Sachenrecht, § 53 H II 2; *Finkenauer*, NJW 1998, S. 962; *Kunze*, Restitution „Entarteter Kunst", S. 226. A. A. *Knütel* in: FS für Lange, S. 916, dessen auf die Entstehungsgeschichte gestützte Argumentation von *Finkenauer*, NJW 1998, S. 961 f. in überzeugender Weise entkräftet wird.

841 Vgl. Staudinger-*Wiegand*, § 943, Rn. 4; MünchKomm-*Baldus*, § 943, Rn. 6; *Westermann*, Sachenrecht, § 51 II 3; *Baur/Stürner*, Sachenrecht, § 53 H II 2.
War sein Vorgänger nicht in gutem Glauben, so kann der Rechtsnachfolger bei eigener Gutgläubigkeit eine selbstständige Ersitzung beginnen. Dies gilt nach herrschender Meinung auch im Falle der Gesamtrechtsnachfolge nach den §§ 857, 1922 BGB (vgl. Staudinger-*Wiegand*, § 943, Rn. 5; MünchKomm-*Baldus*, § 943, Rn. 10; Erman-*Hefermehl*, § 943, Rn. 2; *Wester-*

des Letztgenannten angeht, ist zu unterscheiden, ob dieser den Besitz durch Einzel- oder Gesamtrechtsnachfolge erlangt hat. Während im ersten Fall keine Besonderheiten auftreten, könnten sich solche im zweiten Fall aus den §§ 857, 1922 Abs. 1 BGB ergeben. Als maßgeblicher Zeitpunkt für den Beginn der Ersitzung und somit für das Vorliegen des guten Glaubens kommt hier nämlich außer dem Zeitpunkt der tatsächlichen Besitzergreifung durch den Erben auch der Zeitpunkt des Todes des Erblassers in Betracht. Denn der Erbe erlangt den Besitz regelmäßig zunächst nach §§ 857, 1922 Abs. 1 BGB, bevor er ihn nach § 854 BGB erwirbt.[842] Auf welchen der beiden Zeitpunkte es ankommt, ist streitig. Nach teilweise vertretener Ansicht ist der Zeitpunkt des Erbfalles maßgeblich.[843] Der Zeitpunkt der tatsächlichen Besitzergreifung könne schon deshalb nicht entscheidend sein, weil darin keine Neubegründung, sondern lediglich eine Ausübung des bereits nach § 857 BGB erlangten Besitzes zu sehen ist.[844] Diese Ansicht beruht jedoch auf einer falschen Prämisse und ist deshalb im Ergebnis abzulehnen. Sie geht davon aus, dass nach § 857 BGB nicht nur der Besitz, sondern überdies der damit verbundene Kenntnisstand des Erblassers auf den Erben übergeht, was auch bei § 937 Abs. 2 BGB Platz greifen müsse.[845] Diese Annahme entbehrt jedoch, wie *Finkenauer* überzeugend dargelegt hat, einer sicheren Grundlage im Wortlaut oder in den Gesetzesmaterialien zu § 857 BGB.[846] Der Verweis auf § 166 Abs. 1 BGB und § 858 Abs. 2 S. 2 BGB vermag diese Annahme ebenfalls nicht zu stützen.[847] Der sich aus § 166 Abs. 1 BGB ergebende allgemeine Rechtsgedanke, wonach derjenige, der einen anderen mit der eigenverantwortlichen Erledigung bestimmter Angelegenheiten betraut, sich die von diesem dabei erlangte Kenntnis zurechnen lassen muss, kann bei der Vererbung des Besitzes schon deshalb keine Anwendung finden, weil diese nicht vom Erben veranlasst wird, sondern kraft Gesetzes erfolgt. Der Verweis auf § 858 Abs. 2 S. 2 BGB geht genauso ins Leere. Diese Vorschrift betrifft nämlich nicht die Zurechnung von Kenntnis, sondern die Zurechnung der Fehlerhaftigkeit des

*mann*, Sachenrecht, § 51 II 3; *Finkenauer*, NJW 1998, S. 962). Nach a. A. besteht diese Möglichkeit dagegen nur, wenn dem Erben nach dem Erbfall Umstände bekannt werden, die auch dem Erblasser, wären sie ihm zur Kenntnis gelangt, nachträglich zum guten Glauben verholfen hätten (*Knütel* in: FS für Lange, S. 932 ff.).

842 Vgl. MünchKomm-*Baldus*, § 943, Rn. 10.

843 *Knütel* in: FS für Lange, S. 930; *Krämer*, NJW 1997, S. 2581. So im Ergebnis wohl auch Staudinger-*Wiegand*, § 943, Rn. 5, der meint, dass es dem Sinn und Zweck des § 857 BGB entspräche, wenn die Ersitzungszeit vom Eintritt des Erbfalles an weiterläuft und der gute Glaube nur dann zerstört wird, wenn der Erbe danach positive Kenntnis von seiner Nichtberechtigung erlangt.

844 *Krämer*, NJW 1997, S. 2581.

845 *Knütel* in: FS für Lange, S. 930; *Krämer*, NJW 1997, S. 2580.

846 *Finkenauer*, NJW 1998, S. 961 unter Verweis auf die Protokolle der 2. BGB-Kommission bei *Mugdan*, Die gesamten Materialien zum Bürgerlichen Gesetzbuch für das Deutsche Reich, Bd. V, S. 423.

847 *Knütel* in: FS für Lange, S. 930; *Krämer*, NJW 1997, S. 2580.

Besitzes, die allein aus objektiven Tatsachen und nicht aus subjektiven Momenten resultiert.[848] Da durch § 857 BGB neben dem Besitz nicht auch die Gut- oder Bösgläubigkeit des Erblassers vererbt wird, kommt es für den guten Glauben des Erben ausschließlich auf seine eigene Kenntnis von der Rechtslage an. Über eine solche wird er jedoch regelmäßig nicht schon im Zeitpunkt des Erbfalles verfügen. Zu dieser Zeit wird er nämlich oft noch gar nicht wissen, dass er Erbe ist und welche Sachen zum Nachlass gehören. Folglich wird er auch den für § 937 Abs. 2 BGB unerlässlichen Willen, jede im Nachlass befindliche Sache als ihm gehörend zu besitzen, noch nicht ausgebildet haben.[849] Anlass und Möglichkeit, den Inhalt des Nachlasses und die hinsichtlich der dazu gehörenden Sachen bestehende Rechtslage zu prüfen, hat er vielmehr erst dann, wenn er die Sachen tatsächlich in Besitz nimmt.[850] Zustimmung verdient deshalb die herrschende Ansicht, nach der es für das Vorliegen des guten Glaubens des Erben grundsätzlich auf den Zeitpunkt der tatsächlichen Besitzergreifung ankommt.[851] Hat der Erbe tatsächlich einmal vor diesem Zeitpunkt zuverlässige Kenntnis von dem Erbfall und der Zugehörigkeit einer Sache zum Nachlass erhalten, so ist ausnahmsweise dieser frühere Zeitpunkt maßgeblich.[852] Damit schadet ihm nicht nur positive Kenntnis, sondern bereits grob fahrlässige Unkenntnis von der fehlenden Berechtigung des Erblassers und damit seiner eigenen Nichtberechtigung.[853]

### 2.2.2. Hemmung der Ersitzungsfrist

Während der nationalsozialistischen Herrschaft war die jüdische Bevölkerung insbesondere des Rechts auf Eigentum beraubt. Nach deren Zusammenbruch, als sie ihre bürgerlichen Rechte wiedererlangt hatten und die von ihnen in jener Zeit abgeschlossenen Rechtsgeschäfte ebenso wie die Einziehungen und der Vermögensverfall kraft Gesetzes als nichtig angesehen wurden und somit die Geltendmachung des Herausgabeanspruchs nach § 985 BGB Erfolg versprechend war, lebten die meisten der jüdischen Sammler, die auf die eine oder andere Weise Kunstwerke verloren haben, schon seit etlichen Jahren im Ausland. Deshalb und weil Informationsquellen lange Zeit nicht zur Verfügung gestanden haben, war es ihnen nahezu unmöglich herauszufinden, was mit den Kunstwerken geschehen ist und wo sich diese mittlerweile befinden, um von deren Besitzer die Herausgabe zu verlangen. Die Situation hat sich seit 1998, seitdem im Zuge der Washingtoner Konferenz vermehrt Unterlagen aus der Zeit des Nationalsozia-

---

848 Vgl. *Finkenauer*, NJW 1998, S. 962; *Kunze,* Restitution „Entarteter Kunst", S. 227.

849 Vgl. MünchKomm-*Baldus*, § 943, Rn. 11; *Kunze,* Restitution „Entarteter Kunst", S. 227.

850 Vgl. MünchKomm-*Baldus*, § 943, Rn. 13.

851 MünchKomm-*Baldus*, § 943, Rn. 13; Soergel-*Mühl*, § 943, Rn. 5; *Westermann*, Sachenrecht, § 51 II 3; *Baur/Stürner*, Sachenrecht, § 53 H II 2; *Kunze,* Restitution „Entarteter Kunst", S. 227. A. A. Staudinger-*Wiegand*, § 943, Rn. 5 (siehe oben Fn. 843).

852 *Westermann*, Sachenrecht, § 51 II 3.

853 Vgl. MünchKomm-*Baldus*, § 943, Rn. 13; *Westermann*, Sachenrecht, § 51 II 3.

lismus zugänglich gemacht werden, nur unwesentlich verbessert. Die jüdischen Sammler oder nunmehr ihre Erben stoßen noch immer insbesondere dann auf fast unüberwindbare Hindernisse, wenn sich die Kunstwerke in Privatbesitz befinden. In diesem Falle ist es, anders als bei Kunstwerken in Museumsbesitz, die mittlerweile häufig Aufnahme in den Bestandskatalog der jeweiligen Einrichtung gefunden haben dürften, auch heutzutage fast unmöglich, ihren Besitzer zu ermitteln und den Herausgabeanspruch geltend zu machen.

Es entspricht der Billigkeit, dem Eigentümer, der aus gewissen tatsächlichen oder rechtlichen Gründen sein Recht nicht durchsetzen kann, daraus keinen Nachteil erwachsen zu lassen.[854] Dieser Gedanke liegt auch der Vorschrift des § 939 BGB zugrunde. Danach ist die Ersitzung nicht nur dann gehemmt, wenn der Herausgabeanspruch in einer nach den §§ 203 und 204 BGB zur Hemmung der Verjährung geeigneten Weise geltend gemacht wird (Abs. 1), sondern auch, solange die Verjährung des Herausgabeanspruchs nach den §§ 205 bis 207 BGB oder ihr Ablauf nach den §§ 210 und 211 BGB gehemmt ist (Abs. 2). Von Bedeutung ist hier vor allem die Vorschrift des § 206 BGB, wonach die Verjährung gehemmt ist, solange der Gläubiger innerhalb der letzten sechs Monate der Verjährungsfrist durch höhere Gewalt an der Rechtsverfolgung gehindert ist.[855]

Das Erfordernis, dass das Hindernis innerhalb der letzten sechs Monate der Verjährungsfrist aufgetreten sein muss, führt zu der Frage, welche Frist insoweit bei der Ersitzung maßgeblich ist. In Betracht kommt nämlich nicht nur die zehnjährige Ersitzungsfrist, sondern auch die dreißigjährige Verjährungsfrist des Herausgabeanspruchs. Dafür, dass es auf diese ankommt, scheint der Wortlaut des § 939 Abs. 2 BGB zu sprechen. Dagegen spricht jedoch, dass der Vorschrift in diesem Falle keine praktische Bedeutung zukäme. Denn zu dem Zeitpunkt, zu dem eine Hemmung des Herausgabeanspruchs eintreten könnte, nämlich nach 29 $^{1}/_{2}$ Jahren, wäre die Ersitzungsfrist in der Regel längst abgelaufen. Schließlich wird der Beginn beider Fristen regelmäßig zusammenfallen, da in beiden Fällen die Besitzerlangung das hierfür maßgebliche Moment darstellt.[856] Da nicht angenommen werden kann, dass der Gesetzgeber eine Regelung schaffen wollte, die

---

[854] Vgl. Staudinger-*Wiegand*, § 939, Rn. 1; MünchKomm-*Baldus*, § 939, Rn. 1.

[855] Diese Vorschrift wurde mit der Neufassung des Verjährungsrechts durch Art. 1 Abs. 1 Nr. 3 des Gesetzes zur Modernisierung des Schuldrechts vom 26. November 2001 (BGBl. I, S. 3138), das nach seinem Art. 9 Abs. 1 am 1. Januar 2002 in Kraft getreten ist, eingeführt. Sie übernimmt inhaltlich unverändert den bisherigen § 203 Abs. 2 BGB. Insofern heißt es in dem Entwurf eines Gesetzes zur Modernisierung des Schuldrechts vom 14. Mai 2001, BT-Drucksache 14/6040, S. 119: *„Der geltende § 203 soll daher der Sache nach beibehalten, aber aus sprachlichen Gründen in einem Absatz zusammengefasst werden. Der in Absatz 1 des bisherigen § 203 geregelte Stillstand der Rechtspflege lässt sich zwanglos als Unterfall der höheren Gewalt auffassen."* Daher kann auch die Auslegung zu dem bisherigen § 203 BGB unverändert übernommen werden.

[856] Vgl. *Kunze,* Restitution „Entarteter Kunst", S. 229, der gleichwohl meint, dass es auf die Verjährungsfrist des Herausgabeanspruchs ankomme.

keinen Anwendungsbereich besitzt, ist also vielmehr davon auszugehen, dass das Hindernis innerhalb der letzten sechs Monate der Ersitzungsfrist vorgelegen haben muss.[857]

### (1) Hemmung der Ersitzungsfrist während und unmittelbar nach dem Zusammenbruch des Dritten Reichs

In der Zeit der nationalsozialistischen Herrschaft kommt eine Hemmung der Ersitzung von entzogenen Kunstwerken nach § 206 BGB in Betracht. Einen Unterfall der höheren Gewalt im Sinne dieser Vorschrift stellt der „Stillstand der Rechtspflege" dar. Ein solcher ist nicht nur dann gegeben, wenn die Gerichte ihre Tätigkeit etwa infolge von Kriegsereignissen oder Naturkatastrophen eingestellt haben, sondern auch dann, wenn gerichtliche Hilfe in der praktischen Lebenswirklichkeit wegen konkreter politischer Zwänge vom Betroffenen nicht in Anspruch genommen werden konnte.[858] In der Zeit der nationalsozialistischen Herrschaft war dies zweifelsohne jedenfalls dann der Fall, als die 11. VO zum Reichsbürgergesetz vom 25. November 1941 mit ihrer Verkündung im Reichgesetzblatt einen Tag später in Kraft getreten war. Durch diese wurde den Juden das Recht auf Eigentum endgültig vollständig aberkannt, mit der Folge, dass eine Geltendmachung von aus dem Eigentum fließenden Ansprüchen wie namentlich dem Herausgabeanspruch nach § 985 BGB in einem gerichtlichen Verfahren undenkbar war. Damit waren jüdische Sammler in der Zeit vom 26. November 1941 bis zum 8. Mai 1945 durch den Stillstand der Rechtspflege an der Verfolgung ihrer Rechte in Bezug auf ihnen entzogene Kunstwerke gehindert. Dadurch wird die Ersitzungsfrist gehemmt, allerdings nur „solange" der Berechtigte „innerhalb der letzten sechs Monate" der Frist an der Rechtsverfolgung gehindert war, also längstens für sechs Monate.[859] Folge der Hemmung ist, so bestimmt es § 205 BGB, dass der Zeitraum, während dessen die Ersitzung gehemmt war, nicht in die Ersitzungsfrist eingerechnet wird. Damit verlängert sich diese ab Wegfall des Hindernisses um diesen Zeitraum.[860] Das bedeutet, dass die Ersitzungsfrist bei entzogenen Kunstwerken, die in der Zeit vom 30. Januar 1933 bis zum 8. November 1935 in den Besitz eines Dritten gelangt sind, spätestens am 9. November 1945 abläuft.

Nach dem Zusammenbruch der nationalsozialistischen Herrschaft erfolgte die Hemmung der Ersitzung von entzogenen Kunstwerken aufgrund der besonderen Regelungen, die aus Anlass des Zweiten Weltkriegs und seiner Folgen ergangen

---

[857] So auch MünchKomm-*Quack*, 3. Auflage, § 939, Rn. 2.

[858] Vgl. Staudinger-*Peters*, § 203, Rn. 3, 9; MünchKomm-*Grothe*, § 203, Rn. 2 für die politischen Verhältnisse in der ehemaligen DDR.

[859] Vgl. BGH v. 29.6.1989, NJW 1990, S. 176 ff. [178]; BGH v. 9.1.1991, NJW-RR 1991, S. 573 f. [574]; Staudinger-*Peters*, § 203, Rn. 2.

[860] BGH, NJW 1990, S. 178; MünchKomm-*Grothe*, § 205.

sind. Dabei handelt es sich zum einen um den § 32 der Zweiten Kriegsmaßnahmeverordnung vom 27. September 1944[861], der nunmehr nicht nur theoretisch, sondern auch praktisch ebenfalls für jüdische Anspruchsberechtigte galt. Danach waren alle Verjährungsfristen und ähnliche Fristen für und gegen alle Personen vom 15. Oktober 1944 bis zum 31. Dezember 1945 gehemmt. Solche besonderen Regelungen sind zum anderen die verschiedenen in den einzelnen Ländern erlassenen Vorschriften, welche die Hemmung dieser Fristen darüber hinaus zumeist bis zum 31. Dezember 1948 angeordnet haben.[862] Demnach war die Ersitzung von entzogenen Kunstwerken ununterbrochen vom 8. Mai 1945 bis zum 31. Dezember 1948 gehemmt. Und schließlich gehören zu den Spezialvorschriften auch noch die §§ 1 und 4 Abs. 1 Nr. 2 des sogenannten „Kriegsverjährungsschlussgesetzes".[863] Danach liefen die Ersitzungsfristen, die durch deutsche Kriegs- oder Nachkriegsvorschriften gehemmt und beim Inkrafttreten dieses Gesetzes noch nicht abgelaufen waren, bereits in dem Zeitpunkt ab, in dem sie ohne diese Hemmung abgelaufen wären, frühesten jedoch mit dem Ablauf des 31. März 1951.[864]

Nach den somit allein geltenden Vorschriften des bürgerlichen Rechts wäre die Ersitzungsfrist selbst bei denjenigen entzogenen Kunstwerken, bei denen die Ersitzung wegen Stillstands der Rechtspflege nach § 206 BGB gehemmt war, vor dem 31. März 1951 abgelaufen, so dass die Ersitzungsfrist in diesen Fällen ebenso wie in denen, in denen die Hemmung ausschließlich nach den genannten Spezialvorschriften erfolgte, am 31. März 1951 abgelaufen ist.[865]

### (2) Hemmung der Ersitzungsfrist nach dem 1. April 1951

Nach dem 1. April 1951 wäre die Ersitzungsfrist nur dann gehemmt, wenn die mangels Informationsquellen fehlende Kenntnis der Person des derzeitigen

---

861 RGBl. I, S. 229.

862 Zu den einzelnen Vorschriften vgl. Palandt-*Danckelmann*, 19. Auflage, Anhang zu § 202.

863 „Gesetz über den Ablauf der durch Kriegs- oder Nachkriegsvorschriften gehemmten Fristen" vom 28. Dezember 1950, BGBl. I, S. 821.

864 Etwas anderes gilt nach den §§ 2 und 4 Abs. 1 Nr. 2 des Kriegsverjährungsschlussgesetzes dann, wenn sich der Eigentümer oder der potentiell Ersitzende infolge von Kriegsereignissen unfreiwillig außerhalb des Gebietes deutscher Gerichtsbarkeit, also außerhalb der Bundesrepublik und der DDR, aufhielt. In diesem Falle war die Ersitzungsfrist bis zu seiner Rückkehr oder Rückkehrmöglichkeit oder seinem Tod gehemmt (vgl. Palandt-*Danckelmann*, 19. Auflage, Anhang II zu § 202, § 2, Anm. 1; *Kunze,* Restitution „Entarteter Kunst", S. 229). Vom Anwendungsbereich dieser Vorschrift sind jedoch nur Kriegsgefangene, Internierte und Zwangsarbeiter erfasst. Für Evakuierte und Heimatvertriebene und damit auch für ausgewanderte jüdische Eigentümer soll sie dagegen nicht gelten, da diese inzwischen irgendwo sesshaft geworden seien und somit ohne Schwierigkeiten verklagt werden könnten und selbst auch wieder in der Lage seien, ihre Rechte zu verfolgen (vgl. Palandt-*Danckelmann*, 19. Auflage, Anhang II zu § 202, § 2, Anm. 1; *Kunze,* Restitution „Entarteter Kunst", S. 229).

865 Demgegenüber ist die Vorschrift des Art. 90 USREG bedeutungslos, da sie eine Hemmung der Ersitzungsfrist lediglich bis zum 30. Juni 1949 anordnet (siehe oben Fn. 826).

Besitzers des entzogenen Kunstwerks, die nunmehr allein die Geltendmachung des Herausgabeanspruchs verhindert, einen Fall höherer Gewalt im Sinne des § 206 BGB darstellen würde.[866] „Höhere Gewalt" in diesem Sinne liegt dann vor, wenn das bestehende Hindernis auf einem Ereignis beruht, das selbst durch äußerste Sorgfalt nicht vorausgesehen und vermieden werden konnte. In Betracht kommen dabei nicht nur äußere Ereignisse, sondern auch solche, die den Anspruchsberechtigten selbst betreffen, wie etwa eine unverschuldete Inhaftierung oder eine schwere Krankheit.[867] Dagegen stellt die fehlende Kenntnis vom Verbleib der Sache bzw. ihrem derzeitigen Besitzer als Unterfall der fehlenden Kenntnis vom Bestehen des Anspruchs nach allgemeiner Ansicht keinen Fall höherer Gewalt dar.[868] Die Anwendung des § 206 BGB dürfe nämlich nicht dazu führen, dass die Entscheidung des Gesetzgebers für einen kenntnisunabhängigen Beginn und Ablauf der Verjährung korrigiert werde.[869]

---

[866] Nach Ansicht von *Schoen*, Der rechtliche Status von Beutekunst, S. 188 f.; *dies.*, NJW 2001, S. 543 ist die Verjährung des Herausgabeanspruchs nach § 985 BGB in Beutekunstfällen nach § 206 BGB gehemmt. Insofern läge ein Fall höherer Gewalt vor. Es bedürfe keiner näheren Erläuterung, dass privatrechtliche Herausgabeansprüche hinsichtlich kriegsbedingt verbrachter Kulturgüter gegenüber der kommunistischen Sowjetunion nicht durchgesetzt werden konnten und somit eine Rechtsverfolgung im Ausland objektiv unmöglich war. Ähnliches gelte auch nach dem politischen Wandel in Russland zu einer Demokratie. Zwar befände sich die Herausbildung von rechtsstaatlichen Strukturen im Aufbau, jedoch führten die Enteignungen durch das sogenannte „Beutekunstgesetz" letztlich dazu, dass Herausgabeansprüche vor russischen Gerichten kaum erfolgreich durchzusetzen sind. Aus jüdischen Sammlungen entzogene Kunstwerke dürften jedoch nur in wenigen Fällen von den Trophäenkommissionen in die frühere Sowjetunion verbracht worden sein, weshalb auf diesen Hemmungsgrund hier nicht eigens eingegangen werden soll. Kritisch zu der Auffassung *Schoens*: *Hartung*, Kunstraub in Krieg und Verfolgung, S. 321 f.

[867] Vgl. Staudinger-*Peters*, § 203, Rn. 10, 15 f.; MünchKomm-*Grothe*, § 203, Rn. 3, 6.

[868] Vgl. BGH v. 10.4.1968, NJW 1968, S. 1381 f. [1382]; BGH v. 7.5.1997, NJW 1997, S. 3164 ff. [3165]; MünchKomm-*Grothe*, § 203, Rn. 8; Palandt-*Heinrichs*, § 206, Rn. 6; *Schoen*, NJW 2001, S. 543; *von Plehwe*, KUR 2001, S. 51.
A. A. *Reich/Fischer*, NJW 1993, S. 1420, die für die Fälle der Einziehung „entarteter Kunst" eine Hemmung der Verjährungsfrist nach § 206 BGB annehmen, was sie mit dem Hinweis begründen, dass den früheren enteigneten Eigentümer nicht die geringste Schuld an der Beschlagnahme und dem nachfolgenden Verschwinden des Kunstwerks träfe. Dies vermag jedoch nicht zu überzeugen, da die Frage des Verschuldens bei der Entstehung des Anspruchs für seine Verjährung unerheblich ist (vgl. *Heuer*, NJW 1999, S. 2563).

[869] Vgl. BGH, NJW 1968, S. 1382; BGH, NJW 1997, S. 3165; MünchKomm-*Grothe*, § 203, Rn. 8; Palandt-*Heinrichs*, § 206, Rn. 6.
Insoweit heißt es in den Motiven zum BGB: *„Soll die wohlthätige Wirkung der Verjährung nicht für zahlreiche Fälle versagen, so muß in der Berücksichtigung thatsächlicher Hindernisse der Geltendmachung thunlichst Maß gehalten werden. Insbes. darf der Unkenntniß des Berechtigten in Betreff der Zuständigkeit des Anspruches oder der Person des Verpflichteten Einfluß auf den Beginn oder Lauf der Verjährung der Regel nach nicht eingeräumt werden. ... Die Berücksichtigung des Nichtwissens oder des Irrthumes macht die Erreichung des festzuhaltenden Zieles, den Beginn der Verjährung in einer Zweifel möglichst ausschließenden Weise festzusetzen, unmöglich. Sie führt ferner im Ergebnisse dazu, daß ein Anspruch je nach der Kenntniß*

Dieses Argument dürfte immer noch durchschlagend sein, da der moderne Gesetzgeber die Entscheidung des historischen Gesetzgebers nur teilweise revidiert hat. Nach dem durch das Schuldrechtsmodernisierungsgesetz neugefassten Verjährungsrecht ist die Kenntnis des Berechtigten von bestimmten Tatsachen zwar zu berücksichtigen. Jedoch beschränkt sich die Berücksichtigung auf den Beginn der regelmäßigen Verjährungsfrist des § 195 BGB, der nach § 199 Abs. 1 Nr. 2 BGB die Kenntnis „von den den Anspruch begründenden Umständen und der Person des Schuldners" voraussetzt. Beim Beginn der dreißigjährigen Verjährungsfrist des § 197 BGB und bei der Hemmung der Verjährung bei höherer Gewalt nach § 206 BGB ist die Kenntnis oder Unkenntnis vom Bestehen des Anspruchs dagegen nach wie vor unbeachtlich.

Demnach werden sich die Eigentümer von entzogenen Kunstwerken seit dem 1. April 1951 in der Regel nicht mit Erfolg auf eine Hemmung der Ersitzungsfrist berufen können.

---

*oder Unkenntniß des Berechtigten zu einem verjährbaren oder unverjährbaren wird. Die Strenge, welche in der Nichtberücksichtigung der Unkenntniß liegt, trifft auch den Berechtigten nicht so schwer, als es vielleicht scheinen mag. Bei der ordentlichen Verjährung wird es nur selten vorkommen, daß der Berechtigte während der ganzen Verjährungsfrist ohne die erforderliche Kenntniß bleibt"* (*Mugdan*, Die gesamten Materialien zum Bürgerlichen Gesetzbuch für das Deutsche Reich, Bd. I, S. 526).

# Kapitel 3: Die Durchsetzbarkeit des Herausgabeanspruchs nach § 985 BGB

Wegen der seitdem verstrichenen Zeit von mehr als einem halben Jahrhundert liegt es nahe, dass der jetzige Besitzer eines während der nationalsozialistischen Herrschaft aus einer jüdischen Sammlung entzogenen Kunstwerks von dem durch § 214 BGB gewährten Recht Gebrauch machen und dessen Herausgabe an den Eigentümer unter Berufung auf den Eintritt der Verjährung verweigern wird. Die Erhebung der Einrede der Verjährung hat zur Folge, dass eine Klage als unbegründet abzuweisen wäre; der Herausgabeanspruch nach § 985 BGB kann damit nicht mehr durchgesetzt werden.

## I. Verjährung des Herausgabeanspruchs nach § 985 BGB vor der Neuregelung des Verjährungsrechts

Vor der Neuregelung des Verjährungsrechts durch das Schuldrechtsmodernisierungsgesetz existierte mit § 195 BGB eine Vorschrift, die recht allgemein besagte: „*Die regelmäßige Verjährungsfrist beträgt dreißig Jahre.*" Ob § 195 BGB auch für den Herausgabeanspruch nach § 985 BGB galt, war streitig. Die ganz herrschende Meinung hat diese Frage mit dem kurzen Hinweis bejaht, dass auch der Herausgabeanspruch ein Anspruch, nämlich ein Recht, von einem anderen ein Tun oder Unterlassen zu verlangen, im Sinne des § 194 BGB sei und deshalb der Verjährung unterliege.[870] Nur wenige Autoren haben diese Frage verneint und die Ansicht vertreten, dass die Unverjährbarkeit der dinglichen Rechtsposition Eigentum zwingend dazu führen müsse, dass auch der Herausgabeanspruch nicht verjährt.[871] Die herrschende Meinung konnte sich darauf berufen, dass sich der Gesetzgeber trotz der damit verbundenen Probleme, die nunmehr von der Mindermeinung dagegen ins Feld geführt wurden, für die Verjährbarkeit des Herausgabeanspruchs entschieden hat. Es wurde schon bei den Beratungen zur Schaffung der §§ 194, 195 BGB (§§ 154, 155 des BGB-Entwurfs) beanstandet, dass die Verjährung des Herausgabeanspruchs zu der dem Recht und dem Zweck der Verjährung widersprechenden Halbheit führe, dass der Eigentümer wohl sein Recht behalte, aber des notwendigen Schutzes desselben gegen den anmaßenden

---

870 Vgl. statt vieler *Siehr* in: Carl, Güttler, Siehr, S. 58; *Remien*, AcP 201 (2001), S. 737 jeweils m. w. Nachw.

871 *Müller*, Sachenrecht, Rn. 455; *Kim*, Die Verjährung des Anspruchs aus dem Eigentum, S. 163.

Besitzer ermangele, und dass umgekehrt der Letztere in seiner Anmaßung sich behaupten könne, ohne einen Rechtstitel erlangt zu haben, folglich nach keiner Seite hin ein gesicherter Rechtszustand herbeigeführt werde.[872] Während die Entstehung eines sogenannten „dominium sine re" an sich letztlich hingenommen wurde, wurde für den Fall, dass sich die Sache in der Hand des Diebes oder eines sonstigen bewusst widerrechtlichen Besitzers oder deren bösgläubigen Rechtsnachfolgern befindet, immerhin erwogen, diese Möglichkeit auszuschließen. Anders als die Anträge, die §§ 154, 155 des BGB-Entwurfs zu ändern und den Herausgabeanspruch ausdrücklich von der Verjährung auszunehmen, wurde der Antrag, in einem § 942 a BGB zu bestimmen, dass der Herausgabeanspruch dann nicht der Verjährung unterliegt, *„wenn derjenige, gegen welchen sich der Anspruch richtet, die Sache durch Diebstahl oder widerrechtliche Gewalt ... oder in Kenntnis solchen Erwerbes des Rechtsvorgängers erworben hat"*, nämlich nicht abgelehnt, sondern die endgültige Entscheidung darüber auf die Beratung des Sachenrechts vertagt.[873] Zu einer solchen ist es dann jedoch nicht gekommen; aus irgendwelchen Gründen ist auf die Frage der Verjährung nicht noch einmal eingegangen worden.[874] Gleichwohl ließ sich damit argumentieren, dass namentlich der Anspruch auf Herausgabe eines Kunstwerks, das im Zusammenhang mit dem Zweiten Weltkrieg oder der Verfolgung durch die Nationalsozialisten abhanden gekommen und erst in jüngerer Zeit auf dem Kunstmarkt aufgetaucht ist, nicht verjährt.[875]

## II. Verjährung des Herausgabeanspruchs nach § 985 BGB nach der Neuregelung des Verjährungsrechts

Die Frage der Verjährbarkeit des Herausgabeanspruchs nach § 985 BGB ist auch von *Peters* und *Zimmermann* aufgegriffen worden, die in ihrem Verjährungsgutachten vorgeschlagen haben, nur Forderungen aus Schuldverhältnissen, nicht aber Ansprüche, welche der Verwirklichung absoluter Rechtspositionen dienen, der Verjährung zu unterwerfen.[876] Diesem Vorschlag ist der vom Bundesministe-

---

[872] *Mugdan*, Die gesamten Materialien zum Bürgerlichen Gesetzbuch für das Deutsche Reich, Bd. I, S. 513. Vgl. hierzu auch *Siehr* in: Carl, Güttler, Siehr, S. 59 f.; *Müller-Katzenburg*, NJW 1999, S. 2558; *dies.*, KUR 2001, S. 126; *Hartung*, Kunstraub in Krieg und Verfolgung, S. 319.

[873] *Mugdan*, Die gesamten Materialien zum Bürgerlichen Gesetzbuch für das Deutsche Reich, Bd. I, S. 770, 772.

[874] *Siehr* in: Carl, Güttler, Siehr, S. 60; *Müller-Katzenburg*, NJW 1999, S. 2558; *dies.*, KUR 2001, S. 126; *Hartung*, Kunstraub in Krieg und Verfolgung, S. 319.

[875] *Müller-Katzenburg*, KUR 2001, S. 127.

[876] *Peters/Zimmermann*, Verjährungsfristen, S. 186, 287.

rium der Justiz erarbeitete Diskussionsentwurf eines Schuldrechtsmodernisierungsgesetzes, Stand: 4. August 2000 ausnahmslos nicht gefolgt.[877] Sein § 197 Abs. 1 Nr. 1 BGB bestimmt vielmehr, dass *„Herausgabeansprüche aus Eigentum und anderen dinglichen Rechten"* in 30 Jahren verjähren.[878] Zur Begründung dieser Regelung wird lediglich angeführt, dass *„derartige Ansprüche auf die Verwirklichung eines absoluten Rechts ab[zielen]. Die Verjährung dieser Ansprüche in kurzen Fristen würde die Verwirklichung des Stammrechts in Frage stellen. Dem trägt der Entwurf dadurch Rechnung, dass die bisherige Verjährungsfrist von 30 Jahren für diese aus dem absoluten Recht fließenden Herausgabeansprüche erhalten bleiben soll"*.[879] Auf die sich aus der Verjährung des Herausgabeanspruchs ergebenden Probleme, namentlich die befremdliche Situation, dass diese letztlich nur den Dieb und seinen bösgläubigen Rechtsnachfolger schützt, wofür jedoch kein Bedürfnis besteht, geht der Entwurf also nicht ein.[880] Angesichts der Entscheidung des Londoner High Court vom 9.9.1998 in dem Rechtsstreit der Stadt Gotha und der Bundesrepublik Deutschland gegen Sotheby's und Cobert Finance S.A. muss dies verwundern.[881] Darin ging es um die Herausgabe des Gemäldes „Die Heilige Familie" von Joachim Wtewael, das am Ende des Zweiten Weltkriegs aus der Sammlung in der Galerie der herzoglichen Familie von Sachsen-Coburg und Gotha in der Stadt Gotha verschwand. Mitte der 1980er Jahre wurde es von einer Diplomatengattin aus der Sowjetunion nach Westberlin geschmuggelt, die es dort nicht ihrem Auftraggeber, sondern einem Kunsthändler übergeben hat. Von diesem gelangte es schließlich an die panamaische Finanzgesellschaft Cobert Finance S.A., die es im Jahr 1988 beim Auktionshaus Sotheby's einlieferte, das es im Jahr 1992 zum Verkauf angeboten hat.[882]

Der High Court hatte zu entscheiden, ob der Herausgabeanspruch der Bundesrepublik Deutschland nach dem anwendbaren deutschen Recht verjährt war. Maßgeblich war dabei zwar die Frage, ob der Cobert Finance S.A. kraft § 198 BGB die vor der Unterschlagung durch die Diplomatengattin verstrichene Verjährungszeit zugute kommt, was der High Court verneint hat, mit der Folge, dass

---

877 Der Diskussionsentwurf ist im Internet abrufbar auf: http://www.ipr.uni-koeln.de/schrref/DiskE.pdf.

878 Diskussionsentwurf, S. 5.

879 Diskussionsentwurf, S. 237.

880 Vgl. *Siehr* in: Carl, Güttler, Siehr, S. 61; *ders.*, ZRP 2001, S. 347; *Mansel* in: Ernst/Zimmermann, S. 369; *Armbrüster*, NJW 2001, S. 3586.

881 City of Gotha and Federal Republic of Germany v. Sotheby's and Cobert Finance S.A., Case No. 1993 C and 1997 G; im Internet abrufbar auf: http://www.iecl.iuscomp.org/gla/download/gotha-d.doc.; abgedruckt in: Carl, Güttler, Siehr, S. 78 ff. Vgl. auch die Besprechungen von *Schoen*, Der rechtliche Status von Beutekunst, S. 194 ff.; *Hartung*, Kunstraub in Krieg und Verfolgung, S. 79 ff.

882 Sachverhalt des Urteils, S. 5 ff.

der Anspruch der Bundesrepublik nicht an der Verjährung gescheitert ist.[883] Gleichwohl ist der High Court abschließend noch auf den Einwand der Bundesrepublik, dass, falls die deutsche Verjährungsfrist abgelaufen sein sollte, diese nicht angewendet werden dürfe, weil sie gegen den englischen ordre public verstieße, eingegangen und nach eingehender Prüfung zu folgendem Ergebnis gekommen: *„Wird die Anwendung des deutschen Verjährungsrechts nicht ausgeschlossen, führt dies dazu, dass ein Käufer begünstigt wird, der kein Eigentumsrecht an dem Gemälde hat und der noch nicht einmal behauptet, er oder seine Vorgänger hätten das Gemälde in gutem Glauben gekauft. Einer Partei, die zugibt, nicht in gutem Glauben gehandelt zu haben, zu gestatten, sich das Verstreichen der Frist anzurechnen, während die Kläger keine Kenntnis über den Verbleib des Gemäldes und keine Möglichkeit hatten, es wiederzuerlangen, verstößt meines Erachtens gegen den ordre public …"*.[884]

Die widersprüchliche Position der Bundesregierung in dieser Frage ist auch im Schrifttum auf Kritik gestoßen.[885] Unter Hinweis darauf, dass dies insbesondere bei abhanden gekommenen Kunstwerken von erheblicher Bedeutung sei, ist von dort die Forderung laut geworden, den § 197 Abs. 1 Nr. 1 BGB zu streichen und stattdessen generell oder wenigstens für die Fälle, in denen es sich bei dem Besitzer um den Dieb der Sache oder seinen bösgläubigen Rechtsnachfolger handelt, die Unverjährbarkeit des Herausgabeanspruchs zu statuieren.[886] Dessen ungeachtet ist nicht nur die Vorschrift selbst, sondern auch die Begründung dazu unverändert in den Regierungsentwurf eines Gesetzes zur Modernisierung des Schuldrechts vom 31. August 2001[887] übernommen worden.[888] Mit der Ver-

---

883 Urteilsbegründung, S. 75 ff. [79].

884 Urteilsbegründung, S. 87.

885 *Mansel* in: Ernst/Zimmermann, S. 369; *Müller-Katzenburg*, NJW 1999, S. 2557; *dies.*, KUR 2001, S. 129; *von Plehwe*, KUR 2001, S. 55; *Zimmermann/Leenen/Mansel/Ernst*, JZ 2001, S. 693; *Remien*, AcP 201 (2001), S. 752.

886 Für eine generelle Unverjährbarkeit: *Siehr*, ZRP 2001, S. 347; *Remien*, AcP 201 (2001), S. 756. Für eine beschränkte Unverjährbarkeit: *Mansel* in: Ernst/Zimmermann, S. 368. Eine gänzlich andere Lösung hat *von Plehwe*, KUR 2001, S. 60 vorgeschlagen; er bevorzugt folgende Regelung: *„Für die Verjährung des Anspruchs auf Herausgabe der Sache nach § 985 finden die Vorschriften des § 935 entsprechende Anwendung; im Falle abhanden gekommener Sachen beträgt die Verjährungsfrist 3 Jahre von dem Zeitpunkt an, in welchem der Eigentümer vom Ort der Belegenheit der Sache und der Person des Besitzers Kenntnis erlangt, ohne Rücksicht auf diese Kenntnis 75 Jahre."* Vgl. hierzu auch: *Hartung*, Kunstraub in Krieg und Verfolgung, S. 329 f.
Die Forderung, den Herausgabeanspruch de lege ferenda von der Verjährung auszunehmen, ist von *Armbrüster*, NJW 2001, S. 3586 auch nach dem Inkrafttreten des § 197 Abs. 1 Nr. 1 BGB aufrechterhalten worden.

887 Regierungsentwurf, BT-Drucksache 14/6857, Anlage 1, S. 5, wonach der Text dieses Gesetzentwurfs und der Begründung gleichlautend ist mit dem Text auf den Seiten 3 bis 286 des Gesetzentwurfs der Fraktionen der Koalition, BT-Drucksache 14/6040. Beschlossen worden ist der Fraktionsentwurf; der Regierungsentwurf ist für erledigt erklärt worden.

888 Fraktionsentwurf, BT-Drucksache 14/6040, S. 3, 105.

jährungsfrage hat sich erst der Rechtsausschuss befasst und hierzu wie folgt Stellung genommen: *„Tatsächlich schützt die Verjährung des Herausgabeanspruchs auch den gutgläubigen Erwerber. Dieser erwirbt zwar rein rechtlich gesehen wirksam das Eigentum durch Ersitzung oder durch Ersteigerung. Dies enthebt ihn aber nicht der Sorge, dass ihm böser Glaube entgegengehalten wird. Erst nach Ablauf der Verjährung kann auch der gutgläubige Erwerber sicher sein, dass ihm niemand mehr seine Rechte streitig macht. Dies gilt auch und gerade bei Kunstwerken. Gerade bei wertvollen Kunstwerken ist auch der gutgläubige Erwerber der Gefahr ausgesetzt, dass ihm böser Glaube vorgehalten und sein (wirksamer) Erwerb streitig gemacht wird.“*[889]

Mit dieser Argumentation kann zwar die Forderung nach genereller Unverjährbarkeit zurückgewiesen werden, nicht aber die Forderung nach Unverjährbarkeit des gegen einen bösgläubigen Besitzer gerichteten Herausgabeanspruchs. Dem Rechtsausschuss ist darin zuzustimmen, dass der durch die Verjährung gewährte Schutz auch dem Gutgläubigen, der bereits das Eigentum erworben hat, zugute kommt. Der Schwerpunkt der Verjährung liegt nämlich darin, dass dem in Anspruch genommenen Gegner ein Schutzmittel gegeben wird, sich gegen voraussichtlich unberechtigte Ansprüche *„ohne ein Eingehen auf die Sache“* zu verteidigen.[890] Damit soll nach dem Willen des Gesetzgebers verhindert werden, dass *„lange verschwiegene, in der Vergangenheit vielleicht weit zurückliegende Thatsachen zur Quelle von Anforderungen in einem Zeitpunkte gemacht werden, in welchem der in Anspruch genommene Gegner in Folge der verdunkelnden Macht der Zeit entweder nicht mehr oder doch nur schwer noch in der Lage ist, die ihm zur Seite stehenden entlastenden Umstände mit Erfolg zu verwerthen.“*[891] Aus dem Zweck der Verjährung ergibt sich aber nicht nur, dass der gutgläubige Besitzer einer abhanden gekommenen Sache des durch sie gewährten Schutzes bedarf, sondern auch, dass andererseits der bösgläubige Besitzer nicht schutzbedürftig ist. Der Grund dafür, dass den Interessen des Besitzers der Vorrang vor denen des Eigentümers eingeräumt wird, ist erklärtermaßen dessen beharrliche Nichtbetätigung des Anspruchs und das daraus abzuleitende geringe Interesse an dem Inhalt desselben.[892] Diese Wertung ist indes nur dann gerechtfertigt, wenn der Eigentümer in der Lage war, seinen Anspruch geltend zu machen. Dies ist jedoch insbesondere dann nicht der Fall, wenn die Sache und ihr Besitzer über mehrere

---

[889] Beschlussempfehlung und Bericht des Rechtsausschusses zu dem Fraktionsentwurf, BT-Drucksache 14/7052, S. 179.

[890] *Mugdan*, Die gesamten Materialien zum Bürgerlichen Gesetzbuch für das Deutsche Reich, Bd. I, S. 512.

[891] *Mugdan*, Die gesamten Materialien zum Bürgerlichen Gesetzbuch für das Deutsche Reich, Bd. I, S. 512.

[892] *Mugdan*, Die gesamten Materialien zum Bürgerlichen Gesetzbuch für das Deutsche Reich, Bd. I, S. 512.

Jahrzehnte im Verborgenen geblieben sind. Gerade wertvolle Kunstwerke, die im Auftrag eines „Kommittenten" gestohlen worden sind, werden regelmäßig verborgen und einer „cooling off period" unterworfen, die durchaus mehrere Jahrzehnte andauern kann.[893] Gleiches ist für Kunstwerke zu vermuten, die während der nationalsozialistischen Herrschaft aus jüdischen Sammlungen entzogen worden oder infolge der Kriegsereignisse verloren gegangen sind.

Zu der Einsicht, dass die Verjährbarkeit des Herausgabeanspruchs den Fällen entzogener und kriegsbedingt verlagerter Kunstwerke nicht gerecht wird, ist immerhin der Bundesrat gelangt. Allerdings hat auch er es nicht für erforderlich gehalten, den § 197 Abs. 1 Nr. 1 BGB zu streichen und stattdessen zu bestimmen, dass der Herausgabeanspruch nicht der Verjährung unterliegt.[894] Vielmehr ist er der Ansicht, dass namentlich die Eigentümer von zu „NS-Zeiten verfolgungsbedingt entzogenem Kulturgut" bereits nach dem geltenden Recht ausreichend geschützt gewesen seien und die Neuregelung hieran nichts ändere.[895] In einer Entschließung bekräftigt er die Gemeinsame Erklärung und insbesondere den Willen, Kulturgüter, die als NS-verfolgungsbedingt entzogen identifiziert werden können, nach individueller Prüfung den legitimierten früheren Eigentümern bzw. deren Erben zurückzugeben. Er appelliert insofern auch an alle privatrechtlich organisierten Einrichtungen und Privatpersonen, diese Haltung der öffentlichen Hand als Vorbild und Maßstab anzuerkennen.[896]

Mit dem inzwischen unverändert in Kraft getretenen § 197 Abs. 1 Nr. 1 BGB existiert jetzt also eine Regelung, die ausdrücklich normiert, dass der Herausgabeanspruch nach § 985 BGB der Verjährung unterliegt. Damit wird es einem Gericht nunmehr nicht mehr möglich sein, für diesen Anspruch etwas anderes anzunehmen, als dass er nach dreißig Jahren verjährt ist. Anders als bisher bei § 195 BGB haben die Gerichte nunmehr bei § 197 Abs. 1 Nr. 1 BGB keinen Auslegungsspielraum. Sie dürfen sich nämlich nicht über den ausdrücklichen Wortlaut einer gesetzlichen Regelung hinwegsetzen. Dies verbietet das Gewaltenteilungsprinzip.[897]

---

893 Vgl. *von Plehwe*, KUR 2001, S. 54 f.

894 Plenarprotokoll der 769. Sitzung des Bundesrats am 9. November 2001, S. 599. Der entsprechende Antrag Thüringens hat die erforderliche Mehrheit nur knapp verfehlt. Für den Antrag haben die unionsgeführten Länder gestimmt, die seinerzeit jedoch nur über 31 Stimmen im Bundesrat verfügt haben; für eine Mehrheit wären 35 der insgesamt 69 Stimmen erforderlich gewesen (Pressemitteilung des Bundesrats Nr. 255/2001 vom 9.11.2001).

895 Plenarprotokoll 769, S. 597.

896 Plenarprotokoll 769, S. 597; Pressemitteilung des Bundesrats Nr. 255/2001 vom 9.11.2001.

897 *Müller-Katzenburg*, KUR 2001, S. 127 f.; *dies.* in: Museen im Zwielicht, S. 224.

## III. Anrechnung der Besitzzeit des Rechtsvorgängers

Nach der Vorstellung des modernen Gesetzgebers wird durch den § 197 Abs. 1 Nr. 1 BGB die bisherige Rechtslage beibehalten.[898] Demnach bleibt es auch dabei, dass die Verjährung eines Herausgabeanspruchs nach § 985 BGB, der gegen jeden Besitzer neu entsteht, mit jedem Besitzwechsel neu beginnt.[899] Hiervon macht § 198 BGB eine Ausnahme: *„Gelangt eine Sache, hinsichtlich derer ein dinglicher Anspruch besteht, durch Rechtsnachfolge in den Besitz eines Dritten, so kommt die während des Besitzes des Rechtsvorgängers verstrichene Verjährungszeit dem Rechtsnachfolger zugute."*[900]

Der Begriff der Rechtsnachfolge in § 198 BGB bezieht sich auf den Besitz als tatsächliches Verhältnis. Eine Rechtsnachfolge in diesem Sinne liegt daher nicht nur bei einem Übergang des Besitzes nach § 857 BGB kraft Gesetzes vor, sondern auch und vor allem dann, wenn der Besitz mit Willen des bisherigen Besitzers auf den neuen Besitzer übergeht.[901] Anders als bei der Rechtsnachfolge im Sinne des § 943 BGB ist hier nicht vonnöten, dass Rechtsvorgänger und Rechtsnachfolger dabei in gutem Glauben sind.[902]

Demgegenüber stellt ein originärer Besitzerwerb etwa durch Fund keine Rechtsnachfolge im Sinne des § 198 BGB dar. Dasselbe gilt für einen Besitzerwerb durch verbotene Eigenmacht gemäß § 858 BGB, insbesondere durch einen Diebstahl.[903]

Streitig ist, ob eine Rechtsnachfolge auch dann vorliegt, wenn sich der unmittelbare Fremdbesitzer nach dem Besitzerwerb zum Eigenbesitzer aufschwingt, etwa indem er die ihm übergebene Sache unterschlägt oder sich sonst im Wege einer unerlaubten Handlung aneignet. Die eine Ansicht bejaht diese Frage und begründet das mit der Schwierigkeit, den Zeitpunkt der Unterschlagung festzustellen, und der fehlenden Rechtfertigung, die Verjährung schon mit dem Zeitpunkt des willentlichen Besitzübergangs neu beginnen zu lassen.[904] Von der anderen,

---

[898] Fraktionsentwurf, BT-Drucksache 14/6040, S. 105.

[899] Vgl. Staudinger-*Peters*, § 221, Rn. 2; MünchKomm-*Grothe*, § 221, Rn. 1; *Kunze*, Restitution „Entarteter Kunst", S. 236, *von Plehwe*, KUR 2001, S. 52; *Remien*, AcP 201 (2001), S. 740.

[900] Der § 198 BGB entspricht inhaltlich dem bisherigen § 221 BGB (vgl. Fraktionsentwurf, BT-Drucksache 14/6040, S. 107), so dass die Auslegung zu dieser Vorschrift unverändert übernommen werden kann.

[901] Vgl. Staudinger-*Peters*, § 221, Rn. 4 f.; MünchKomm-*Grothe*, § 221, Rn. 2; *Siehr* in: Carl, Güttler, Siehr, S. 66.

[902] Vgl. Staudinger-*Peters*, § 221, Rn. 5.

[903] Vgl. Staudinger-*Peters*, § 221, Rn. 6; *Siehr* in: Carl, Güttler, Siehr, S. 66; *von Plehwe*, KUR 2001, S. 52; *Remien*, AcP 201 (2001), S. 740.

[904] Staudinger-*Peters*, § 221, Rn. 7; MünchKomm-*Grothe*, § 221, Rn. 3; Palandt-*Heinrichs*, § 198, Rn. 2; *Finkenauer*, JZ 2000, S. 245.

sich seit der Entscheidung des High Court im Vordringen befindenden Ansicht wird diese Frage unter Hinweis auf den Sinn und Zweck des Gesetzes verneint.[905] Dies zu Recht. Es ist kein vernünftiger Grund dafür ersichtlich, die nachträgliche einwilligungslose Aneignung im Wege der Umwandlung des Fremdbesitzes in Eigenbesitz anders zu bewerten als die von vornherein gegen den Willen des bisherigen Besitzers erfolgte Aneignung etwa im Wege des Diebstahls. Ob verbotene Eigenmacht oder eine Verletzung des Besitzmittlungsverhältnisses vorliegt, macht gegenüber dem wahren Eigentümer keinen Unterschied.[906]

Zwar werden Kunstwerke häufig aus Sammelleidenschaft oder als Kapitalanlage und damit zum langfristigen, Jahrzehnte überdauernden Besitz erworben.[907] Genauso oft werden sie aber auch in kürzeren Abständen mehrfach ihren Besitzer wechseln, insbesondere dann, wenn ihre Provenienz Lücken aufweist oder Namen und Daten beinhaltet, die darauf hindeuten, dass das Kunstwerk einem seiner früheren Eigentümer abhanden gekommen ist.[908] In solchen Fällen stellt sich die Frage, ob sich der jetzige Besitzer nach § 198 BGB neben den Besitzzeiten seines unmittelbaren Rechtsvorgängers sogar die seiner mittelbaren Rechtsvorgänger zurechnen lassen kann. Von der herrschenden Ansicht wird dies bejaht.[909] Begründet wird dies mit „praktischen Bedürfnissen“. Es müsse verhindert werden, dass der Neubeginn der Verjährung mit jedem Besitzwechsel faktisch die Unverjährbarkeit des Herausgabeanspruchs bewirkt.[910]

Nur zwei Autoren verneinen diese Frage.[911] Sie begründen dies ebenfalls vornehmlich mit praktischen Erwägungen. Diese gehen allerdings gerade in die entgegengesetzte Richtung. Da der abgeleitete Besitz in der Praxis die Regel bilde, würde die Anwendung des § 198 BGB auch auf die Besitzzeiten entfernterer

---

905 Staudinger-*Coing*, 11. Auflage, § 221, Rn. 5; Soergel-*Walter*, § 221, Rn. 3; *Siehr* in dem Rechtsstreit City of Gotha and Federal Republic of Germany v. Sotheby's and Cobert Finance S.A., Case No. 1993 C and 1997 G, Urteilsbegründung, S. 75; *ders.* in: Carl, Güttler, Siehr, S. 68; diesen folgend: *High Court*, Urteilsbegründung, S. 79; zustimmend: *Mansel* in: Ernst/Zimmermann, S. 368; *von Plehwe*, KUR 2001, S. 52 f.; *Remien*, AcP 201 (2001), S. 741; *Müller-Katzenburg*, NJW 1999, S. 2557; so auch Erman-*Schmidt-Räntsch*, § 198, Rn. 6.

906 *Von Plehwe*, KUR 2001, S. 52 f.; *Remien*, AcP 201 (2001), S. 741.

907 Vgl. *von Plehwe*, KUR 2001, S. 54 f.

908 Vgl. allgemein *von Plehwe*, KUR 2001, S. 54 f.; am Beispiel des Gemäldes „Sumpflegende“ von Paul Klee *Kunze*, Restitution „Entarteter Kunst“, S. 1 ff.

909 Staudinger-*Coing*, 11. Auflage, § 221, Rn. 4; Staudinger-*Peters*, § 221, Rn. 5; MünchKomm-*Grothe*, § 221, Rn. 2; RGRK, § 221, Rn. 5; Soergel-*Walter*, § 221, Rn. 1; Erman-*Schmidt-Räntsch*, § 198, Rn. 7; Palandt-*Heinrichs*, § 198, Rn. 2; *Kunze*, Restitution „Entarteter Kunst“, S. 236; *Finkenauer*, JZ 2000, S. 243.

910 Staudinger-*Coing*, 11. Auflage, § 221, Rn. 4; Palandt-*Heinrichs*, § 198, Rn. 2; *Finkenauer*, JZ 2000, S. 243.

911 *Ordemann*, JR 1961, S. 94 und im Anschluss an diesen Rosenthal-*Bohnenberg*, § 221, Rn. 1.

Rechtsvorgänger dazu führen, dass eine Verjährung regelmäßig in Betracht kommt. Damit würden sich die Fälle mehren, in denen das Eigentumsrecht seines sachlichen Inhalts beraubt ist, was nicht gerechtfertigt sei.[912] Dass dieser schon damals vorgebrachte Einwand vom Gesetzgeber nicht gelten gelassen und der § 221 BGB alte Fassung trotzdem geschaffen wurde, nimmt ihm nach Ansicht der Autoren nicht seine Überzeugungskraft gegen die ausdehnende Anwendung dieser Vorschrift.[913] Eine solche habe damals nämlich gar nicht zur Debatte gestanden. Wäre beabsichtigt gewesen, den Rechtsgrundsatz, dass dingliche Ansprüche mit dem Besitzwechsel neu entstehen und damit eine neue Verjährungsfrist zu laufen beginnt, so weitreichend zu durchbrechen und aufzulockern, so wäre in dieser Vorschrift sicherlich statt von dem Rechtsvorgänger von der Mehrzahl die Rede gewesen.[914]

Obwohl der Wortlaut des § 198 BGB insoweit nicht eindeutig ist und selbst die Motive hierzu keine Aussage treffen, lässt sich wohl nicht argumentieren, dass die Vorschrift einschränkend dahin auszulegen sei, dass sie ausschließlich die Anrechnung der Besitzzeit des unmittelbaren Rechtsvorgängers erlaubt. Denn der Gesetzgeber hat mit dieser Vorschrift anscheinend wirklich verhindern wollen, dass eine Verjährung des Herausgabeanspruchs für unbegrenzte Zeit ausgeschlossen bleibt. Darauf deuten folgende Ausführungen in den Motiven hin: *„Allein auch wenn ein neuer Anspruch gegenüber dem Dritten vorliegt, muß doch, nachdem einmal die Verjährbarkeit des dinglichen Anspruches anerkannt worden ist, die Einrechnung aus denselben Gründen zugelassen werden, die dazu nöthigen, dem Besitznachfolger zu gestatten, auf die zur Zeit seines Erwerbes bereits vollendete Verjährung sich zu berufen.“*[915]

Diese Entscheidung des Gesetzgebers stößt jedoch tatsächlich auf die genannten Bedenken. Letztlich stellt sie eine Abwägung der Interessen des Eigentümers und der des gegenwärtigen Besitzers zugunsten des Letzteren dar. Eine solche Bevorzugung der Interessen des Besitzers ist jedoch dann nicht gerechtfertigt, wenn es um die Herausgabe einer Sache geht, die ihrem Eigentümer abhanden gekommen ist und sich nunmehr im Besitz des bösgläubigen Rechtsnachfolgers des Diebes befindet. Hier gibt es kein schutzwürdiges Vertrauen des Besitzers, das seinem Bestandsinteresse und der Rechtssicherheit Vorrang vor der materiellen Gerechtigkeit einräumt.[916]

---

[912] *Ordemann*, JR 1961, S. 94.

[913] Vgl. *Mugdan*, Die gesamten Materialien zum Bürgerlichen Gesetzbuch für das Deutsche Reich, Bd. I, S. 540.

[914] *Ordemann*, JR 1961, S. 94.

[915] *Mugdan*, Die gesamten Materialien zum Bürgerlichen Gesetzbuch für das Deutsche Reich, Bd. I, S. 540.

[916] Vgl. für die Verjährung allgemein in diesen Fällen *Heuer*, NJW 1999, S. 2564; *Armbrüster*, NJW 2001, S. 3586; für die Rechtsnachfolge bei Unterschlagung *Siehr* in: Carl, Güttler,

Dieser Gedanke muss hier ebenso gelten, wie bei der Ersitzung. Durch das Erfordernis, dass sowohl der bisherige als auch der neue Besitzer bei Übergang des Besitzes in gutem Glauben sind, wird dort nämlich nur der Gutgläubige durch die Anrechnung der Ersitzungszeit seines Rechtsvorgängers nach § 943 BGB geschützt.

Im Ergebnis bleibt festzuhalten, dass die Vorschrift des § 198 BGB auch die Anrechnung der Besitzzeiten der mittelbaren Rechtsvorgänger des jetzigen Besitzers zulässt, mit der Folge, dass die Verjährungsfrist des § 197 Abs. 1 Nr. 1 BGB in vielen Fällen der Herausgabe von während der nationalsozialistischen Herrschaft entzogenen Kunstwerken abgelaufen sein wird, so dass der jetzige Besitzer grundsätzlich die Einrede der Verjährung erheben kann.[917]

## IV. Einwand der unzulässigen Rechtsausübung

Zwar ist die Möglichkeit, die Einrede der Verjährung zu erheben, in § 214 BGB gesetzlich vorgesehen. Jedoch kann sie unter bestimmten Voraussetzungen durch den Gegeneinwand der unzulässigen Rechtsausübung nach § 242 BGB entkräftet werden. Nämlich dann, wenn der Verpflichtete durch sein Verhalten, sei es auch unabsichtlich, bei dem Berechtigten den Eindruck erweckt hat, den Anspruch ohne Prozess befriedigen oder doch nur mit sachlichen Einwendungen bekämpfen zu wollen, und diesen dadurch von der rechtzeitigen Erhebung der Klage abgehalten hat.[918]

Ob diese Voraussetzungen schon dann erfüllt sind, wenn der Besitzer ein Kunstwerk, von dem er weiß, dass es seinem Eigentümer abhanden gekommen ist, versteckt und diesem damit faktisch die Möglichkeit zur Geltendmachung seines

---

Siehr, S. 68, der aus Anlass der Begründung derjenigen Ansicht, die auch in diesen Fällen eine Rechtsnachfolge im Sinne des § 198 BGB annimmt, feststellt, dass *„jede faktische Schwierigkeit und jedes rechtliche Hindernis zugunsten des Schuldners überwunden"* wird, ohne dass dies begründet wird. *„Die allgemeine Floskel über Rechtssicherheit und den Rechtsfrieden klingen sarkastisch, wenn dem Dieb nach 30jährigem Verbergen des Diebesgutes auf Kosten des Bestohlenen eine vermögensrechtliche „Resozialisierung" ermöglicht wird und er von der grausamen Unsicherheit befreit wird, ob er das Diebesgut zurückgeben muß oder nicht. Er soll auf fremde Kosten Frieden haben und der Eigentümer sogar rechtsmißbräuchlich handeln, wenn er sich die eigene Sache vom Dieb wiederbeschafft."*

[917] Die Vorschriften der §§ 943 und 198 BGB übersehen *Reich/Fischer*, NJW 1993, S. 1421, wenn sie ausführen, dass der Besitz an einem als „entartet" eingezogenen Kunstwerk in der Regel häufiger unterbrochen worden sein dürfte, mit der Folge, dass Fristen im Zweifel neu begonnen haben und *„Ersitzung und Verjährung des Eigentumsanspruchs daher wenig wahrscheinliche Hindernisse einer Herausgabeklage [sind]"*.

[918] Vgl. etwa BGH v. 3.2.1953, NJW 1953, S. 541 f. [542]; BGH v. 4.11.1997, NJW 1998, S. 902 ff. [903]; Staudinger-*Peters*, § 222, Rn. 21; MünchKomm-*Grothe*, § 194, Rn. 13.

Herausgabeanspruchs nimmt, erscheint fraglich.[919] Durch bloßes Nichtstun wird sich der jetzige Besitzer in der Regel deshalb nicht dem Einwand der unzulässigen Rechtsausübung aussetzen, weil es an der Pflicht zur ungefragten Offenbarung fehlt. Diese Wertung korreliert mit der Feststellung, dass allein die Unkenntnis des Eigentümers von dem gegenwärtigen Belegenheitsort und dem Besitzer der Sache nicht die Verjährung hemmt. Wollte man die bloße Nichtoffenbarung des Besitzes als unzulässige Rechtsausübung begreifen, so würde die Gesetzeslage wesentlich verändert.[920]

Eine solche Pflicht besteht auch nicht für öffentliche Museen, die sich in der Gemeinsamen Erklärung bereit erklärt haben, die Suche nach während der nationalsozialistischen Herrschaft entzogenen Kunstwerken in ihren Beständen fortzusetzen und deren Ergebnis offen zu legen. Denn die Gemeinsame Erklärung besitzt keine rechtliche Verbindlichkeit, sondern stellt nur eine „politische Willenserklärung im Sinne einer moralischen Selbstverpflichtung“ dar.[921]

Unter einem anderen Gesichtspunkt erlangt die Gemeinsame Erklärung gleichwohl Bedeutung. Es ist anerkannt, dass die Einrede der Verjährung namentlich dann rechtsmissbräuchlich ist, wenn der Verpflichtete darauf verzichtet hat, der Verzicht jedoch nicht rechtswirksam ist.[922] Einem unwirksamen Verzicht ist ein rechtlich unverbindlicher Verzicht gleichzustellen, da auch ein solcher bei dem Berechtigten ein schützenswertes Interesse darauf erzeugt, dass der Verpflichtete sich nicht auf die Verjährung berufen werde. Einen insofern beachtlichen Verzicht auf die Einrede der Verjährung enthält die Gemeinsame Erklärung. Dies ist zwar nicht ausdrücklich gesagt, ergibt sich aber aus der Willensbekundung, dass *„Kulturgüter, die als NS-verfolgungsbedingt entzogen identifiziert und bestimmten Geschädigten zugeordnet werden können, nach individueller Prüfung den legitimierten früheren Eigentümern bzw. deren Erben zurückgegeben werden“* sollen.[923] Da zu dem Zeitpunkt ihrer Äußerung bereits in zahlreichen Fällen die Verjährung des Herausgabeanspruchs eingetreten war, eine Rückgabe somit verwei-

---

[919] So aber noch *Müller-Katzenburg*, NJW 1999, S. 2558, die inzwischen ihre Meinung geändert hat (vgl. *dies.*, KUR 2001, S. 128). So wohl auch *Raue* in: Museen im Zwielicht, S. 286.

[920] *Von Plehwe*, KUR 2001, S. 54.

[921] Vgl. *Kuhn* in: Museen im Zwielicht, S. 301.

[922] Vgl. BGH, NJW 1998, S. 903; Staudinger-*Peters*, § 222, Rn. 19 f.; MünchKomm-*Grothe*, § 194, Rn. 17.

[923] Insoweit geht die Gemeinsame Erklärung über die Grundsätze der Washingtoner Konferenz, deren Umsetzung in der Bundesrepublik Deutschland sie dient, hinaus. Dort wird in Ziffer 8 „lediglich“ erklärt, dass, *„wenn die Vorkriegseigentümer von Kunstwerken, die durch die Nationalsozialisten beschlagnahmt und in der Folge nicht zurückgegeben wurden, oder ihre Erben ausfindig gemacht werden können, rasch die nötigen Schritte unternommen werden [sollten], um eine gerechte und faire Lösung zu finden, wobei diese je nach den Gegebenheiten und Umständen des spezifischen Falls unterschiedlich ausfallen kann.“* Aus diesem Grund wird hier allein auf die Gemeinsame Erklärung abgestellt.

gert werden konnte, beinhaltet sie zugleich den Verzicht auf die Einrede der Verjährung.[924]

Die Ansicht, dass die in der Gemeinsamen Erklärung niedergelegten Grundsätze sogenannte „narrative Normen" darstellen, die zwar selbst keine verbindliche Kraft besitzen und keine Rechtsfolgenanordnung enthalten, die jedoch Wertungen beschreiben, die namentlich über die Generalklausel des § 242 BGB in das Recht hineinwirken und somit bei der Lösung von Rechtsfällen beachtet werden müssen, vertritt offenbar sogar der Bundesrat.[925] Darauf deutet die bereits erwähnte, in der Sitzung vom 9. November 2001 auf Antrag von Sachsen-Anhalt gefasste Entschließung hin. Es ist davon auszugehen, dass sich der Bundesrat mit seiner Zustimmung zu dem Antrag auch die Begründung der Vertreterin Sachsen-Anhalts hierzu zu Eigen gemacht hat. Diese hat insofern zunächst dargetan, dass *„soweit Eigentum bösgläubig erworben wurde, sich der Besitzer gegenüber dem ursprünglichen Eigentümer bisher nicht mit Erfolg auf die Einrede der Verjährung berufen [konnte], und es auch nach dem vorgelegten Gesetz nicht tun [kann]. Hier ändert sich die Rechtslage nicht. Wer das behauptet, verkennt den zivilrechtlichen Grundsatz von Treu und Glauben … Die im Jahre 1999 von der Bundesregierung, den Ländern und den kommunalen Spitzenverbänden abgegebene ‚Erklärung zur Auffindung und zur Rückgabe NS-verfolgungsbedingt entzogenen Kulturgutes' ist auf dem Boden des geltenden Rechts abgegeben worden und gilt nach neuem Recht fort."*[926] Dem folgt die Erläuterung, dass in der Entschließung die Bundesregierung und die Länder, aber auch die privatrechtlich organisierten

---

[924] Etwas deutlicher sind insofern der Stiftungsratsbeschluss der Stiftung Preußischer Kulturbesitz vom 4. Juni 1999, der in der Gemeinsamen Erklärung ausdrücklich begrüßt wird, und der ihm zugrunde liegende Vorschlag des Präsidenten der Stiftung. In dem Beschluss wird der Präsident ermächtigt, im Verhandlungsweg mit den Berechtigten nach einvernehmlichen Lösungen zu suchen, wobei *„auch eine Herausgabe unabhängig davon, ob dies zwingende Folge einer gesetzlichen Regelung ist"* akzeptiert werde (zitiert nach Zimmermann in: Museen im Zwielicht, S. 313). In dem Beschlussvorschlag heißt es insofern: *„Entscheidend … bleibt dabei die Frage, ob solche Kulturgüter, zwischen 1933 und 1945 während der Herrschaft des Nationalsozialismus von deutschen staatlichen Stellen oder auf deren Betreiben den jüdischen Eigentümern systematisch entzogen, heute in deutschen staatlichen Museen sollen verbleiben dürfen, und zwar auch dann, wenn die deutsche Rechtslage dieses Ergebnis vorsieht, weil – ausschließlich aus Gründen des Zeitablaufs – durchsetzbare Rechtsansprüche von Betroffenen, deren Erben oder anderen gesetzlich Anspruchsberechtigten nicht mehr gegeben sind"* (zitiert nach Zimmermann in: Museen im Zwielicht, S. 318).

[925] Der Begriff der narrativen Normen und seine Definition stammt von *Jayme*, der solche namentlich in den Grundsätzen der Washingtoner Konferenz sieht (vgl. *Jayme*, Narrative Normen im Internationalen Privat- und Verfahrensrecht, S. 16 f.; *ders.*, in: FS für Rehbinder, S. 542 f.; *ders.*, in: Museen im Zwielicht, S. 248 f., 251 ff.). Schon daraus, dass die Gemeinsame Erklärung die Grundsätze der Washingtoner Konferenz in der Bundesrepublik Deutschland umsetzt, folgt, dass auch die in ihr niedergelegten Prinzipien als narrative Normen zu qualifizieren sind. Dies ergibt sich freilich ebenso aus ihrer Intention selbst.

[926] Plenarprotokoll 769, S. 597.

Einrichtungen und Privatleute schlechthin aufgefordert werden, sich an diese Vereinbarung zu halten. „*Wir sehen dies als eine Möglichkeit an, den früheren Eigentümern zu ihrem Recht zu verhelfen.*“[927] Diese Aussagen können nur so verstanden werden, dass die Ministerin der Rechtsauffassung ist, dass die Erhebung der an sich möglichen Einrede der Verjährung durch öffentliche Museen in einem solchen Maße gegen Treu und Glauben verstößt, dass ihr unter dem Gesichtspunkt der unzulässigen Rechtsausübung die Wirksamkeit zu versagen ist.

Im Ergebnis ist damit festzuhalten, dass jedenfalls öffentliche Museen auf die Einrede der Verjährung verzichtet haben und folglich rechtsmissbräuchlich handeln, wenn sie die Herausgabe von in ihrem Besitz befindlichen entzogenen Kunstwerken trotzdem unter Berufung auf den Eintritt der Verjährung verweigern. In diesem Falle kann der Eigentümer die Einrede der Verjährung durch den Gegeneinwand der unzulässigen Rechtsausübung entkräften und seinen Herausgabeanspruch erfolgreich durchsetzen.

Demgegenüber liegt ein Verzicht auf die Einrede der Verjährung durch privatrechtlich organisierte Museen und Privatsammler nur vor, wenn sie einen solchen selbst erklärt oder sich den in der Gemeinsamen Erklärung niedergelegten Grundsätzen und Verfahrensweisen ausdrücklich oder durch schlüssiges Verhalten angeschlossen haben. Ob dies der Fall ist, muss den Feststellungen des Einzelfalles überlassen bleiben. Allerdings ist dies zumindest bei Privatsammlern höchst zweifelhaft. Bei ihnen muss wohl im Gegenteil davon ausgegangen werden, dass sie auf die Einrede der Verjährung nicht verzichtet haben und deren Geltendmachung somit nicht generell unzulässig ist.

---

[927] Plenarprotokoll 769, S. 597.

# Teil 4: Zusammenfassung und Ausblick

In dem historischen Teil der Arbeit wurde aufgezeigt, dass die Nationalsozialisten von Beginn ihrer Machtergreifung an das Ziel verfolgt haben, die jüdische Bevölkerung, zunächst in Deutschland, später auch in den von den deutschen Truppen besetzten Gebieten, in persönlicher, wirtschaftlicher und rechtlicher Hinsicht aus der Gesellschaft zu verdrängen. Ein Mittel, dieses Ziel zu erreichen, war die Entziehung jüdischen Vermögens allgemein und speziell jüdischen Kunstbesitzes. Diese vollzog sich im Wesentlichen in zwei verschiedenen Weisen, nämlich einerseits durch Rechtsgeschäft des jüdischen Sammlers und andererseits durch staatlichen Hoheitsakt des Deutschen Reichs. Als Ursache für die alsbald nach der Machtergreifung beginnende Veräußerung von jüdischem Kunstbesitz konnten am Beispiel jüdischer Rechtsanwälte und Notare vor allem der seit dem 1. April 1933 anhaltende Boykott sowie die nachfolgend ergangenen Berufsverbote und die daraus resultierenden wirtschaftlichen Schwierigkeiten ausgemacht werden. Auch wenn insoweit noch keine Klarheit besteht, ist anzunehmen, dass die Veräußerung bis zu ihrem Verbot durch die Einsatzverordnung vom 3. Dezember 1938 zumeist im Wege der Versteigerung in sogenannten „Judenauktionen" erfolgt ist. Im Hinblick auf die Entziehungen durch staatlichen Hoheitsakt konnte festgestellt werden, dass diese stets auf der Grundlage eines nationalsozialistischen Gesetzes oder eines Führererlasses vorgenommen worden sind, womit ihnen der Anschein der Legitimität verliehen wurde. Ein erhebliches Ausmaß erreichte die Entziehung jüdischen Kunstbesitzes nach dem Inkrafttreten der 11. VO zum Reichsbürgergesetz vom 25. November 1941, wonach der Verfall jüdischen Vermögens zugunsten des Deutschen Reichs bereits kraft Gesetztes eintrat. Da die meisten der verfallenen Kunstwerke weder für die gewöhnlichen Museen noch für das Führermuseum Linz in Frage kamen, hat das Deutsche Reich sie im Wege der Versteigerung verwertet.

Im zweiten Teil der Arbeit wurde festgestellt, dass die von den westlichen Alliierten nach der Beendigung des Zweiten Weltkriegs eingeleitete Restitution der während der nationalsozialistischen Herrschaft entzogenen Kunstwerke an ihre Herkunftsstaaten oder früheren Eigentümer nur teilweise erfolgreich gewesen ist. Nicht nur die äußere, sondern auch und vor allem die innere Restitution scheiterte in den meisten Fällen daran, dass der damalige Belegenheitsort und Besitzer des entzogenen Kunstwerks nicht ermittelt werden konnten. Zwar ist es für einen entsprechenden Befund für die Rückgabe von entzogenen Kunstwerken auf der Grundlage des Anspruchs nach § 1 Abs. 6 VermG im Gebiet der ehemaligen DDR noch zu früh. Jedoch kann immerhin befürchtet werden, dass ein solcher ebenso negativ ausfallen wird, da die Schwierigkeiten bei der Ermittlung des Verbleibs eines entzogenen Kunstwerks im Zeitpunkt des Ablaufs der Frist für die Anmeldung dieses Anspruchs am 30. Juni 1993 fortbestanden haben. Die daraus resultierende Frage, ob die Rückgabe der bisher nicht restituierten entzogenen Kunstwerke in der heutigen Zeit, in der die Ansprüche nach den alliierten Rückerstattungsgesetzen und dem Vermögensgesetz nicht mehr geltend gemacht werden können, auf der Grundlage des dinglichen Herausgabeanspruchs nach § 985 BGB verlangt werden kann, wurde bejaht. Zu diesem Ergebnis führte die Auslegung jener Gesetze nach ihrem Sinn und Zweck. Wie in ihrem ersten Artikel festgeschrieben ist, dienen die alliierten Rückerstattungsgesetze der im größtmöglichen Umfang und beschleunigt zu bewirkenden Rückerstattung entzogener Vermögensgegenstände. Ihr ganzer Zweck ist auf die Erleichterung, nicht auf die Behinderung der Rückgabe gerichtet. Er zwingt folglich zu dem Schluss, dass sie dem früheren Eigentümer nach dem bürgerlichen Recht zustehende Ansprüche, insbesondere den dinglichen Herausgabeanspruch nach § 985 BGB, nicht ausschließen. Das Vermögensgesetz will mit seinem § 1 Abs. 6 die in der ehemaligen sowjetischen Besatzungszone und späteren DDR unterbliebene Wiedergutmachung der während der nationalsozialistischen Herrschaft erfolgten Vermögensentziehungen nachholen. Gleichzeitig strebt es einen sozialverträglichen Ausgleich der Interessen des früheren Eigentümers und des Erwerbers an und setzt sich damit in Widerspruch zu dem auch im Gebiet der ehemaligen DDR fortgeltenden Grundsatz der Rückerstattung im größtmöglichen Umfang der alliierten Rückerstattungsgesetze. Nimmt man den Gedanken der Wiedergutmachung ernst, so kann dieser Zielkonflikt nur dadurch gelöst werden, dass der Grundsatz des sozialverträglichen Interessenausgleichs hier hinter dem Grundsatz der Rückerstattung im größtmöglichen Umfang zurücktritt. Insbesondere im Hinblick auf die Rückübertragung entzogener Kunstwerke ist dies ohne weiteres gerechtfertigt, da die Gemeinsame Erklärung vom 15. Juni 1990, die durch das Vermögensgesetz umgesetzt wird, den sozialverträglichen Interessenausgleich ausschließlich für die Rückübertragung von „Grundvermögen" anmahnt. Zumindest was entzogene Kunstwerke angeht, verfolgt also auch das Vermögensgesetz einzig und allein den Zweck, ihre Rückgabe zu ermöglichen. Deshalb kann nicht angenommen werden, dass der Anspruch nach § 1 Abs. 6 VermG den Herausgabeanspruch nach § 985 BGB verdrängt.

Im ersten Kapitel des dritten Teils der Arbeit wurde dargetan, dass nach der im Internationalen Sachenrecht üblichen und nunmehr in Art. 43 Abs. 1 EGBGB normierten Anknüpfungsregel grundsätzlich das Recht am Ort der Belegenheit über alle das Eigentum an einer Sache betreffenden Fragen entscheidet. Weiterhin wurde erläutert, dass die Situs-Regel in bestimmten Fällen zu unsachgerechten Ergebnissen führen kann, namentlich dann, wenn über den gutgläubigen Erwerb des Eigentums an einem gestohlenen oder sonst abhanden gekommenen Kunstwerk zu befinden ist. Hier eröffnet die Situs-Regel die Möglichkeit, durch Verbringung des Kunstwerks in einen anderen Staat die Anwendbarkeit eines Rechts herbeizuführen, das den gutgläubigen Erwerb gestohlener Sachen sofort oder nach Ablauf einer Ausschlussfrist für die Geltendmachung des Herausgabeanspruchs durch den Eigentümer zulässt. In solchen Fällen erlaubt Art. 46 EGBGB die Anwendung des Rechts, mit dem eine wesentlich engere Verbindung besteht als mit dem Recht am Ort der Belegenheit.

Eine Verhinderung der „Rechtswahl" durch Veränderung des Belegenheitsortes und eine Verbesserung des Schutzes des Eigentümers eines Kunstwerks kann sowohl auf kollisionsrechtlicher als auch auf materiellrechtlicher Ebene erfolgen. Auf Ersterer wurden bislang zwei Sonderanknüpfungen diskutiert, nämlich für Kunstwerke allgemein die Anknüpfung an ihren Heimatort und für gestohlene oder sonst abhanden gekommene Kunstwerke die Anknüpfung an den Ort des Diebstahls bzw. Abhandenkommens. Für während des Nationalsozialismus aus jüdischen Sammlungen entzogene Kunstwerke sind diese Anknüpfungsregeln allerdings nicht geeignet, da sie dazu führen können, dass der Schutz des früheren Eigentümers nicht, wie bezweckt verbessert, sondern verschlechtert wird. Auch auf materiellrechtlicher Ebene gibt es zwei verschiedene Lösungsansätze. Dies ist zum einem die durch die Unidroit-Konvention verwirklichte Idee der Vereinheitlichung des Rechts des gutgläubigen Erwerbs gestohlener oder sonst abhanden gekommener Kunstwerke durch die Schaffung eines internationalen Schutzabkommens. Da ein solches, wie die Unidroit-Konvention zeigt, jedoch keine Rückwirkung entfaltet, kann dadurch der Schutz des Eigentümers eines entzogenen Kunstwerks nicht verbessert werden. Dieses Ziel kann jedenfalls theoretisch allerdings dadurch erreicht werden, dass, so der andere Vorschlag, bei der Anwendung des zur Entscheidung berufenen Rechts des gutgläubigen Erwerbs vom Nichtberechtigten die Anforderungen an die Sorgfalt des Erwerbers verschärft werden. Ob dies aber auch praktisch möglich ist, ist in Anbetracht der teils erheblichen Unterschiede zwischen den verschiedenen Rechtsordnungen zumindest zweifelhaft.

Vor diesem Hintergrund erscheint es am Geeignetsten, das materielle Recht und das Kollisionsrecht zu verknüpfen: Die einheitliche Umsetzung der zu befürwortenden Verschärfung der Anforderungen an den guten Glauben des Erwerbers eines entzogenen Kunstwerks sollte dadurch erleichtert werden, dass die Anwendung einer bestimmten Rechtsordnung herbeigeführt wird. Insofern vertritt die Verfasserin die Auffassung, dass über den Erwerb und Verlust des Eigentums an entzogenen Kunstwerken stets das deutsche Recht entscheiden sollte. Dies wird durch Art. 46 EGBGB erlaubt, da durch die Herkunft des Entziehers in allen Fällen der Entziehung, gleichgültig, wo diese erfolgt ist, eine wesentlich engere Verbindung zu dem deutschen Recht als zu dem Recht am Ort der Belegenheit hergestellt wird.

Im zweiten Kapitel des dritten Teils wurde untersucht, ob die entscheidende Voraussetzung für das Bestehen des Herausgabeanspruchs erfüllt und der jüdische Sammler nach wie vor Eigentümer des ihm entzogenen Kunstwerks ist. Dabei wurde zunächst festgestellt, dass dieser das Eigentum nicht durch die Entziehung verloren hat, da diese, gleichgültig, ob sie durch Rechtsgeschäft oder durch staatlichen Hoheitsakt erfolgt ist, nichtig ist und deshalb keinen Übergang des Eigentums an dem entzogenen Kunstwerk auf den Entzieher bewirken konnte. Ein Rechtsgeschäft, das ein jüdischer Sammler im Reichsgebiet in der Zeit vom 30. Januar 1933 bis zum 8. Mai 1945 abgeschlossen hat, verstößt in der Regel gegen die guten Sitten und ist deshalb, so bestimmt es § 138 Abs. 1 BGB, nichtig. Bei der Beurteilung der Sittenwidrigkeit eines solchen Rechtsgeschäft sind nicht die in der Politik des nationalsozialistischen Staates zum Ausdruck kommenden Anschauungen in der sogenannten „Judenfrage" maßgeblich. Ihr sind vielmehr die überkommenen moralischen Anschauungen zugrunde zu legen, die nicht durch diejenigen des nationalsozialistischen Staates verdrängt worden sind. Der nicht von der antisemitischen Propaganda verhetzte Teil der deutschen Bevölkerung aber hat die Auffassung vertreten, dass Kunstwerke, die von ihren jüdischen Eigentümern ohne die Notlage, in der sie sich aufgrund der Verfolgungsmaßnahmen befunden haben, nicht veräußert worden wären, nicht erworben werden sollten, sofern nicht ein angemessener Kaufpreis gezahlt und, bei einem Erwerb nach dem 15. September 1935, damit nicht zugleich in besonderer Weise und mit wesentlichem Erfolg die Interessen des Veräußerers wahrgenommen werden.

Die Entziehung durch staatlichen Hoheitsakt im Reichsgebiet erfolgte zumeist im Wege des Vermögensverfalls zugunsten des Deutschen Reichs, der seine Grundlage vornehmlich in dem „Gesetz über den Widerruf von Einbürgerungen und die Aberkennung der deutschen Staatsangehörigkeit" vom 14. Juli 1933 und der 11. VO zum Reichbürgergesetz vom 25. November 1941 hatte. Allerdings haben diese Gesetze die Entziehungen tatsächlich nicht legitimieren können. Entsprechend der von Gustav Radbruch entwickelten und von der deutschen Rechtsprechung umgesetzten Formel sind sie als von Anfang an nichtig anzusehen. Die Gesetze zielten darauf ab, sich das Vermögen der Juden anzueignen, die sich durch die verschiedenen Verfolgungsmaßnahmen haben zur Auswanderung bewegen lassen oder zwangsweise deportiert wurden. Dies ist bei der 11. VO zum Reichsbürgergesetz ganz deutlich, da sie schon ihrem Wortlaut nach nur für Juden galt. Obwohl dieses keine derartige Beschränkung seines persönlichen Anwendungsbereichs enthielt, zeigt sich auch bei dem „Gesetz über den Widerruf von Einbürgerungen und die Aberkennung der deutschen Staatsangehörigkeit", dass es diesem Zweck diente. Indem es für den Vermögensverfall an den Aufenthalt im Ausland anknüpfte, war es auf die Lebenssituation zugeschnitten, in der sich vor allem die Juden in den darauf folgenden Jahren befinden sollten. Damit verstießen diese Gesetze in einem so unerträglichem Maß gegen den übergesetzlichen Gleichheitssatz sowie die übergesetzliche Eigentumsgarantie als fundamentalen Prinzipien der Gerechtigkeit, dass ihnen ihre Geltung als Recht abzuerkennen ist. Ihre Nichtigkeit zieht die Nichtigkeit der auf sie gestützten Entziehungen nach sich.

Auch der Entziehung des jüdischen Kunstbesitzes im besetzten Frankreich in der Form der Beschlagnahme durch deutsche Dienststellen, insbesondere den ERR, wurde der Anschein der Legitimität verliehen. Dies geschah dadurch, dass in dem ihr zugrunde liegenden Führerbefehl vom 30. Juni 1940 erklärt wurde, dass „auch die in privatem, vornehmlich jüdischem Besitz" befindlichen Kunstwerke zum Zweck ihres Schutzes sichergestellt werden sollten und nicht, um sie zu enteignen. Dass diese Erklärung nicht den wahren Absichten der deutschen Besetzungsmacht entsprach und die Beschlagnahme der Kunstwerke sehr wohl ihre Enteignung bewirken sollte, konnte anhand verschiedener Tatsachen nachgewiesen werden. Die Beschlagnahmen verstoßen damit gegen die Art. 46 Abs. 2 und Art. 56 Abs. 2 HLKO, die die dauernde Beschlagnahme des Privateigentums der Einwohner eines während eines Krieges besetzten Gebietes und der dort befindlichen Kulturgüter verbieten. Der Verstoß gegen diese Bestimmungen hat, wie sich aus ihrem Sinn und Zweck ergibt, die Nichtigkeit der Beschlagnahme zur Folge.

Wegen Verstoßes gegen die Art. 46 Abs. 2 und Art. 56 Abs. 2 HLKO ist regelmäßig auch ein Rechtsgeschäft nichtig, das ein jüdischer Sammler im besetzten Frankreich mit dem Deutschen Reich oder einem deutschen Kunsthändler, Museum oder Privatsammler abgeschlossen hat. Bei diesen Bestimmungen handelt es sich um gesetzliche Verbote im Sinne des § 134 Abs. 2 BGB, die als solche nicht nur für das Deutsche Reich, sondern auch für die juristischen und natürlichen Personen des Privatrechts bindend waren. Daraus, dass die Art. 46 Abs. 2 und Art. 56 Abs. 2 HLKO einen umfassenden Schutz des Privateigentums statuieren, folgt, dass sie auch solche Rechtsgeschäfte verbieten, zu deren Abschluss der Veräußerer durch den Zwang bestimmt worden ist, den die Besetzungsmacht gegen ihn persönlich oder als Angehörigen einer verfolgten Personengruppe angewandt hat, wie dies im besetzten Frankreich bei den Juden der Fall war.

Die Feststellung, dass die Entziehung keinen Eigentumsverlust zur Folge hatte, führte weiter zu der Frage, ob ein solcher durch einen nachfolgenden gutgläubigen Erwerb eines Dritten, an den der hierzu nichtberechtigte Entzieher das entzogene Kunstwerk veräußert hat, eingetreten ist. Dafür gibt es drei Möglichkeiten: erstens den gewöhnlichen rechtsgeschäftlichen Erwerb nach den §§ 932 bis 934 BGB, zweitens den rechtsgeschäftlichen Erwerb in einer öffentlichen Versteigerungen nach § 935 Abs. 2 BGB und drittens die Ersitzung nach § 937 BGB.

Ein gutgläubiger Erwerb des Eigentums an entzogenen Kunstwerken nach den §§ 932 bis 934 BGB scheitert jedoch an § 935 Abs. 1 BGB, da diese als abhanden gekommen im Sinne dieser Vorschrift anzusehen sind. Sowohl bei einer Entziehung durch Rechtsgeschäft als auch bei einer Entziehung durch staatlichen Hoheitsakt haben die jüdischen Eigentümer ihren Besitz an dem entzogenen Kunstwerk ohne ihren Willen verloren. Im ersten Fall haben sie sich nur unter dem Eindruck der Zwangslage, in der sie sich aufgrund der Verfolgungsmaßnahmen befunden haben, dazu entschlossen, ihre Kunstwerke zu veräußern und den

Besitz daran dem jeweiligen Erwerber zu übertragen. Im zweiten Fall hatten sie, inzwischen ausgewandert oder deportiert, gar keine andere Möglichkeit, als ihre Kunstwerke in Deutschland zurückzulassen und ihre Wegnahme durch Dienststellen des Deutschen Reichs zu dulden. Da die Entziehungen nichtig waren, konnte der fehlende Besitzübertragungswille hier auch nicht durch eine entsprechende Befugnis des Deutschen Reichs ersetzt werden.

Auch die für den Kunsthandel bedeutsame, durch § 935 Abs. 2 BGB eröffnete Möglichkeit des gutgläubigen Erwerbs abhanden gekommener Sachen in einer öffentlichen Versteigerung besteht bei entzogenen Kunstwerken nicht. Sie wird für im besetzten Frankreich entzogene Kunstwerke durch die durch die Londoner Erklärung konkretisierte völkerrechtliche Restitutionspflicht und für alle sich nach ihrer Entziehung, gleichgültig, wo diese stattgefunden hat, in den westlichen Besatzungszonen und der alten Bundesrepublik Deutschland befindlichen Kunstwerke durch die alliierten Rückerstattungsgesetze ausgeschlossen. Dies ergibt sich aus dem Sinn und Zweck dieser Regelungen. Die von ihnen angestrebte möglichst umfassende Restitution entzogener Kunstwerke kann nämlich nur dann erreicht werden, wenn der an sich nach den §§ 932 bis 935 BGB mögliche gutgläubige Erwerb vollumfänglich ausgeschlossen ist. Dieser Ausschluss gilt für jeden seit der Entziehung bis heute erfolgten Erwerb. Für Kunstwerke, die in demjenigen Gebiet des Deutschen Reichs entzogen worden und belegen geblieben sind, das später zu der sowjetischen Besatzungszone und der DDR gehörte, gilt der Ausschluss des gutgläubigen Erwerbs nach den §§ 932 bis 935 BGB durch die alliierten Rückerstattungsgesetze erst seit dem 27./28. September 1990. Denn durch Ziffer 4 Buchst. c der Vereinbarung vom 27./28. September 1990 sind die fortgeltenden Grundsätze der alliierten Rückerstattungsgesetze, zu denen auch der Ausschluss des gutgläubigen Erwerbs gehört, auf das Gebiet der ehemaligen DDR erstreckt worden, wo sie den Grundsatz des sozialverträglichen Interessenausgleichs verdrängen und somit die durch § 4 Abs. 2 VermG eröffnete Möglichkeit des redlichen Erwerbs ausschließen.

Für den gutgläubigen Erwerb des Eigentums an entzogenen Kunstwerken kommt also nur die Ersitzung nach § 937 BGB, der Erwerb durch zehnjährigen Eigenbesitz, in Betracht. Erhebliche Bedeutung erlangt dabei die Frage nach dem guten Glauben des Ersitzenden an seinen Eigentumserwerb, da der böse Glaube die Ersitzung ausschließt. Dabei schadet beim Erwerb des Besitzes schon grob fahrlässige Unkenntnis, während später nur noch positive Kenntnis der fehlenden Berechtigung die Bösgläubigkeit begründet. Eine Nachforschungsobliegenheit des Erwerbers, deren Nichterfüllung ihn bösgläubig macht, besteht allerdings nur dann, wenn Verdachtsmomente dafür vorliegen, dass der Erwerb des Eigentums wegen der fehlenden Berechtigung des Veräußerers und des Ausschlusses des gutgläubigen Erwerbs wegen des Abhandenkommens des Kunstwerks nicht eintreten konnte. Solche Verdachtsmomente können sich vor allem daraus ergeben, dass das betreffende Kunstwerk ursprünglich einem jüdischen

Sammler gehört hat, dem es während der nationalsozialistischen Herrschaft in rechtswidriger Weise entzogen worden ist. Während auf die jüdische Provenienz besondere Umstände, wie etwa die Angabe des Namens des Eigentümers auf dem Kunstwerk, seine Zurschaustellung in einer Ausstellung oder seine Versteigerung in einer Judenauktion oder durch ein Finanzamt, hindeuten müssen, lassen sich die Entziehung und ihre Nichtigkeit schon an dem allgemeinen Umstand der Judenverfolgung erkennen. Was die Erkennbarkeit der Entziehung und ihrer Nichtigkeit für den Erwerber angeht, sind entsprechend der Veränderung des Wissens über die Judenverfolgung und des Vorhandenseins von Informationsquellen drei Zeitabschnitte zu unterscheiden: Erstens die Zeit während des Nationalsozialismus bis Ende der 1960er Jahre, in der als Erwerber Personen auftraten, welche den Nationalsozialismus bewusst miterlebt und somit über eigene Kenntnisse verfügt haben. Zweitens die Zeit von Anfang der 1970er Jahre bis 1998, in der die Erwerber zumeist der Nachkriegsgeneration angehört haben, die mangels eigener Kenntnisse auf fremde Erkenntnisquellen angewiesen war, die in dieser Zeit jedoch nur in sehr beschränktem Maße vorhanden bzw. zugänglich waren. Und drittens die Zeit nach 1998, in der den Erwerbern mit der nunmehr veröffentlichten Literatur zum Thema der Entziehung jüdischen Kunstbesitzes einschlägige und aktuelle Informationsquellen zur Verfügung stehen. Davon ausgehend konnte festgestellt werden, dass der Umstand der Entziehung des zu erwerbenden Kunstwerks aus einer jüdischen Sammlung und ihrer Nichtigkeit in der Zeit während des Nationalsozialismus bis Ende der 1960er Jahre und erneut seit 1999 jedem Erwerber, gleichgültig, ob es sich bei diesem um einen Kunsthändler, ein Museum oder einen Privatsammler gehandelt hat, erkennbar gewesen ist, während dies in der Zeit von Anfang der 1970er Jahre bis 1998 regelmäßig nicht der Fall gewesen sein dürfte. Dasselbe gilt auch für die Erkennbarkeit des Umstands, dass der gutgläubige Erwerb des Eigentums an entzogenen Kunstwerken aus dem Grund ausgeschlossen ist, weil diese als abhanden gekommen im Sinne des § 935 Abs. 1 BGB anzusehen sind. Damit dürfte die Ersitzung entzogener Kunstwerke bei einem Besitzerwerb im ersten oder dritten Zeitabschnitt regelmäßig an dem bösen Glauben des Ersitzenden scheitern.

Für den Ablauf der Ersitzungsfrist konnte im Hinblick auf die zwei bedeutsamsten Ereignisse, die zwischenzeitlich eintreten können, Folgendes festgestellt werden: Geht der Eigenbesitz vor Ablauf der Ersitzungsfrist auf einen Dritten über, so kann dieser nach § 943 BGB die bei seinem Rechtsvorgänger verstrichene Ersitzungszeit auf seine eigene anrechnen, vorausgesetzt, beide sind in gutem Glauben. Maßgeblich hierfür ist der Zeitpunkt der tatsächlichen Besitzergreifung durch den neuen Besitzer. Dies gilt auch dann, wenn der Besitzübergang im Wege der Gesamtrechtsnachfolge nach den §§ 857, 1922 BGB erfolgt ist, das heißt, dass hier ebenfalls auf den Zeitpunkt abzustellen ist, zu dem der Erbe den Nachlass in Besitz nimmt, und nicht bereits auf den Zeitpunkt des Erbfalles. Wird der Eigentümer, was bei entzogenen Kunstwerken zumeist der Fall sein wird, allein durch die fehlende Kenntnis des derzeitigen Besitzers an der Geltendmachung des Herausgabeanspruchs nach § 985 BGB gehindert, so ist die Ersitzungsfrist nicht gemäß § 939 Abs. 2 i. V. m. § 206 BGB gehemmt, da dies keinen Fall von „höherer Gewalt“ im Sinne der letztgenannten Vorschrift darstellt.

Im letzten Kapitel des dritten Teils der Arbeit wurde schließlich aufgezeigt, dass die erfolgreiche Geltendmachung des Herausgabeanspruchs nach § 985 BGB in vielen Fällen daran scheitern wird, dass der gegenwärtige Besitzer eines entzogenen Kunstwerks die Einrede der Verjährung erhebt. Die Neuregelung des Verjährungsrechts durch das Schuldrechtsmodernisierungsgesetz hat der Diskussion über die Verjährbarkeit des Herausgabeanspruchs nach § 985 BGB insbesondere in dem Fall, dass sich die Sache im Besitz des Diebes oder seines bösgläubigen Rechtsnachfolgers befindet, die Grundlage entzogen. Anders als der alte § 195 BGB bestimmt der neue § 197 Abs. 1 Nr. 1 BGB ausdrücklich, dass Herausgabeansprüche aus dem Eigentum in 30 Jahren verjähren. Damit kommt nunmehr zwei anderen Fragen entscheidende Bedeutung zu. Dabei handelt es sich zum einen um die Frage, inwieweit nach § 198 BGB eine Anrechnung der Besitzzeit des Rechtsvorgängers zulässig ist. Hierzu wurde festgestellt, dass die Vorschrift wohl tatsächlich, wie von der herrschenden Meinung angenommen, nicht nur die Anrechnung der Besitzzeit des unmittelbaren Rechtsvorgängers, sondern auch die Anrechung der Besitzzeiten der mittelbaren Rechtsvorgänger des gegenwärtigen Besitzers erlaubt. Darauf scheint der Wille des Gesetzgebers hinzudeuten. Diese Vorschrift begegnet jedoch erheblichen Bedenken, und zwar zum einen deshalb, weil sie den Rechtsgrundsatz, dass mit jedem Besitzwechsel der Herausgabeanspruch neu entsteht und eine neue Verjährung beginnt, faktisch ad absurdum führt. Nicht gerechtfertigt ist zum anderen, dass sie auch und gerade den nicht schutzwürdigen Interessen des bösgläubigen Rechtsnachfolgers des Diebes oder hier: des Entziehers den Vorrang vor den Interessen des Eigentümers einräumt. Die Vorschrift sollte daher dahingehend geändert bzw. klargestellt werden, dass eine Anrechnung der Besitzzeiten des unmittelbaren und der mittelbaren Rechtsvorgänger nur dann erfolgt, wenn sowohl diese als auch der jetzige Besitzer in gutem Glauben sind.

Bedeutsam ist zum Zweiten die Frage, ob die Einrede der Verjährung durch den Einwand der unzulässigen Rechtsausübung entkräftet werden kann. Dies ist in der Regel nur dann der Fall, wenn es sich bei dem gegenwärtigen Besitzer um ein öffentliches Museum handelt. Diese haben nämlich in der Gemeinsamen Erklärung auf die Einrede der Verjährung verzichtet, so dass dieser, wird sie trotzdem erhoben, unter dem Gesichtspunkt des Verstoßes gegen Treu und Glauben die Wirksamkeit zu versagen ist. Dagegen wird die von einem privatrechtlich organisierten Museum oder einem Privatsammler erhobene Verjährungseinrede regelmäßig nicht unzulässig sein, da diese sich in den seltensten Fällen den in der Gemeinsamen Erklärung niedergelegten Grundsätzen und Verfahrensweisen angeschlossen haben werden.

Das der erfolgreichen Geltendmachung des Herausgabeanspruchs nach § 985 BGB entgegenstehende Hindernis der Verjährung sollte nicht dadurch ausgeräumt werden, dass eine sogenannte „Ethikkommission" darüber befindet, ob ein Besitzer, der die Einrede der Verjährung erhebt, moralisch oder unmoralisch handelt. Vielmehr sollte der Gesetzgeber dafür sorgen, dass die Vorschrift des § 197 Abs. 1 Nr. 1 BGB dahingehend geändert wird, dass der Herausgabeanspruch nach § 985 BGB dann von der Verjährung ausgenommen ist, wenn er während der nationalsozialistischen Herrschaft aus jüdischen Sammlungen entzogene oder sonst kriegsbedingt verlagerte Kunstwerke betrifft und gegen den Entzieher oder Dieb oder deren bösgläubigen Rechtsnachfolger gerichtet ist. Dabei sollte einer entsprechenden Regelung Rückwirkung zukommen. Denn da die Verjährung in vielen Fällen bereits eingetreten sein dürfte, lässt sich die mit einer solchen Regelung bezweckte Verbesserung des Schutzes des früheren jüdischen Eigentümers und seiner Erben nur dann erreichen. Dem dürfte der Grundsatz der Rechtssicherheit und des Vertrauensschutzes nicht entgegen stehen. Er tritt in diesem Falle hinter das überwiegende Interesse an der Wiederherstellung der Besitzverhältnisse entsprechend der Eigentumslage zurück.[928] Sollte der Gesetzgeber anderer Ansicht sein und die Unverjährbarkeit nur mit Wirkung für die Zukunft normieren, so sollte er zusätzlich auch die Vorschrift des § 214 BGB ändern und bestimmen, dass der Eintritt der Verjährung für den Entzieher und seinen bösgläubigen Rechtsnachfolger kein Recht zur Verweigerung der Herausgabe des entzogenen Kunstwerks begründet.

[928] Vgl. *von Plehwe*, KUR 2001, S. 58 ff.

# Literaturverzeichnis

**Aalders, Gerard,** Geraubt! Die Enteignung jüdischen Besitzes im Zweiten Weltkrieg, Köln 2000

**Akinscha, Konstantin / Koslow, Grigori / Toussaint, Clemens,** Operation Beutekunst: die Verlagerung deutscher Kulturgüter in die Sowjetunion nach 1945; zusammengestellt nach bisher unveröffentlichten Dokumenten aus Archiven der russischen Förderation, Nürnberg 1995

**Anders, Reinhard,** Die Proklamationen, Gesetze und Verordnungen der Militärregierung Deutschlands (Amerikanische Zone) einschließlich der Proklamationen und Gesetze der Alliierten Kontrollbehörde Kontrollrat, Karlsruhe 1946

**Armbrüster, Christian,** Privatrechtliche Ansprüche auf Rückführung von Kulturgütern ins Ausland, NJW 2001, S. 3581 ff.

**Arndt, Adolf,** Das Rückerstattungs-Gesetz der amerikanischen Zone, NJW 1947/48, S. 161 ff.

**ders.,** Anmerkung zum Urteil des OLG Hamburg v. 3.2.48 – 2 U 324/47 –, SJZ 1948, Sp. 323 ff.

**Bajohr, Frank,** „Arisierung" und Restitution. Eine Einschätzung, S. 39 ff. in: Goschler, Constantin/Lillteicher, Jürgen (Hrsg.), „Arisierung" und Restitution. Die Rückerstattung jüdischen Eigentums in Deutschland und Österreich nach 1945 und 1989, Göttingen 2002 *(zitiert: Bajohr in: Goschler, Lillteicher)*

**Bar, Christian von / Mankowski, Peter,** Internationales Privatrecht, Band I Allgemeine Lehren, 2. Auflage, München 2003

**Barkai, Avraham,** Vom Boykott zur „Entjudung". Der wirtschaftliche Existenzkampf der Juden im Dritten Reich 1933–1943, Frankfurt am Main 1988

**ders.,** Der wirtschaftliche Existenzkampf der Juden im Dritten Reich, S. 153 ff. in: Paucker, Arnold (Hrsg.), Die Juden im nationalsozialistischen Deutschland 1933–1943, Tübingen 1986 *(zitiert: Barkai in: Paucker)*

**Baufeld, Stefan,** Kulturgutbeschlagnahmen in bewaffneten Konflikten, ihre Rückabwicklung und der deutsch-russische Streit um die so genannte Beutekunst, Frankfurt am Main 2005 (Zugl.: Dresden, Techn. Univ., Diss., 2004) *(zitiert: Baufeld, Kulturgutbeschlagnahmen)*

**Baur, Jürgen / Stürner, Rolf,** Sachenrecht, 17. Auflage, München 1999

**Becker, Ingeborg,** Zur Rückerstattungsrechtsprechung in der französischen Zone, DRZ 1949, S. 352 ff.

**Benecke, Martina,** Abhandenkommen und Eigentumserwerb im Internationalen Privatrecht, ZVglRWiss 101 (2002), S. 362 ff.

**Benz, Wolfgang,** Von der Entrechtung zur Verfolgung und Vernichtung. Jüdische Juristen unter dem nationalsozialistischen Regime, S. 813 ff. in: Heinrichs, Helmut (Hrsg.), Deutsche Juristen jüdischer Herkunft, München 1993 *(zitiert: Benz in: Heinrichs)*

**Berber, Friedrich,** Lehrbuch des Völkerrechts, Zweiter Band: Kriegsrecht, München und Berlin 1962

**Berzl, Susanne,** Völkerrechtliche Beurteilung der Bodenkonfiskationen in der Sowjetischen Besatzungszone Deutschlands (1945 bis 1949) und die Berücksichtigung dieser Rechtslage in der Rechtsordnung der Bundesrepublik Deutschland, Aachen 2001 (Zugl.: Regensburg, Univ., Diss., 2000)

**Biedermann, Heike,** Die Sammlung Fritz Glaser – „... alles verbotene, expressionistische, ‚entartete Kunst'!", S. 113 ff. in: Von Monet bis Mondrian. Meisterwerke der Moderne aus Dresdner Privatsammlungen der ersten Hälfte des 20. Jahrhunderts, Ausst.-Kat. Gemäldegalerie Neue Meister, Staatliche Kunstsammlungen Dresden, München 2006 *(zitiert: Biedermann in: Von Monet bis Mondrian)*

**Blumenwitz, Dieter,** Staatennachfolge und die Einigung Deutschlands, Teil I Völkerrechtliche Verträge, Berlin 1992 *(zitiert: Blumenwitz, Staatennachfolge)*

**Bötsch, Christine,** Die Nachbefolgung des westalliierten Besatzungsrechts im Lichte des Staats- und Völkerrechts, Frankfurt am Main 2000 (Zugl.: Würzburg, Univ., Diss., 2000) *(zitiert: Bötsch, Nachbefolgung)*

**Brenner, Henny,** Das Lied ist aus. Ein jüdisches Schicksal in Dresden, Zürich 2001

**Brockhaus, Christoph,** Zum Restitutionsgesuch der Erbengemeinschaft Dr. Ismar Littmann für das Ölbild „Buchsbaumgarten" (1909) von Emil Nolde, S. 78 ff. in: Veröffentlichungen der Koordinierungsstelle für Kulturgutverluste (Hrsg.), Band 1: Beiträge öffentlicher Einrichtungen der Bundesrepublik Deutschland zum Umgang mit Kulturgütern aus ehemaligem jüdischen Besitz, Magdeburg 2001 *(zitiert: Brockhaus in: Beiträge öffentlicher Einrichtungen)*

**Buhse, Karl-Heinrich,** Der Schutz von Kulturgut im Krieg. Unter besonderer Berücksichtigung der Konvention zum Schutze des Kulturguts im Falle eines bewaffneten Konflikts vom 14. Mai 1954, Hamburg 1959

**Buomberger, Thomas,** Raubkunst – Kunstraub. Die Schweiz und der Handel mit gestohlenen Kulturgütern zur Zeit des Zweiten Weltkrieges, Zürich 1998 *(zitiert: Buomberger, Raubkunst – Kunstraub)*

**Chatelain, Jean,** Mittel zur Bekämpfung des Diebstahls von Kunstwerken und ihres unerlaubten Handels in Europa, Baden-Baden 1978

**Coing, Helmut,** Allgemeine Rechtsgrundsätze in der Rechtsprechung des Reichsgerichts zum Begriff der „guten Sitten" (§ 138, § 826 BGB), NJW 1947/48, S. 213 ff.

**Cornides, Wilhelm / Menzel, Eberhard (Hrsg.),** Quellen für Politik und Völkerrecht, Band 1: Die Friedensverträge mit Italien, Ungarn, Bulgarien, Rumänien und Finnland, Oberursel (Taunus) 1948

**Dabelstein, Hans,** Restitutionen und Rechtsmangelhaftung, BB 1949, S. 22 f.

**Diamant, Adolf,** Chronik der Juden in Dresden. Von den ersten Juden bis zur Blüte der Gemeinde und deren Ausrottung, Darmstadt 1973

**Dolzer, Rudolf,** Eigentum, Enteignung und Entschädigung im geltenden Völkerrecht, Heidelberg 1985

**Dreifuss, Eric L.,** Die Geschäftstätigkeit der Schweizer Lebensversicherer im „Dritten Reich". Rechtliche Aspekte und Judikatur, S. 205 ff. in: Veröffentlichungen der Unabhängigen Expertenkommission Schweiz – Zweiter Weltkrieg (Hrsg.), Bd. 19, Die Schweiz, der Nationalsozialismus und das Recht, Band II: Privatrecht, Zürich 2001 *(zitiert: Dreifuss in: UEK, Bd. 19)*

**Dreßen, Wolfgang,** Betrifft: „Aktion 3". Deutsche verwerten jüdische Nachbarn; Dokumente zur Arisierung, Berlin 1998

**Drobnig, Ulrich,** Amerikanische Gerichte zum internationalen Sachenrecht auf dem Hintergrund der Teilung Deutschlands, IPRax 1984, S. 61 ff.

**Dubro,** Anmerkung zu Nr. 10: OLG Frankfurt, v. 25.11.1952, NJW 1953, S. 706

**Dünkel, Hans Peter,** Öffentliche Versteigerung und gutgläubiger Erwerb, Karlsruhe 1970

**Düx, Heinz,** Rückerstattung statt Rückübertragung im Sinne des Vermögensgesetzes bei NS-Verfolgung, VIZ 1992, S. 257 ff.

**Egbert, Lawrence D. / Josten Paul A. (Hrsg.),** Der Prozess gegen die Hauptkriegsverbrecher vor dem Internationalen Militärgerichtshof Nürnberg, 14. November 1945 – 1. Oktober 1946, Nürnberg 1947 *(zitiert: Der Prozess)*

**Enderlein, Fritz,** Keine Rückübertragung erforderlich, wenn der Alteigentümer noch im Grundbuch steht, ZOV 2002, S. 263 ff.

**Engstler, Ludwig,** Die territoriale Bindung von Kulturgütern im Rahmen des Völkerrechts, Köln, Berlin, Bonn, München 1964

**Enneccerus, Ludwig / Nipperdey, Hans Carl,** Lehrbuch des Bürgerlichen Rechts, Erster Band, Allgemeiner Teil des Bürgerlichen Rechts, Zweiter Halbband, 14. Auflage, Tübingen 1955, 15. Auflage, Tübingen 1960

**Erman, Walter,** Handkommentar zum Bürgerlichen Gesetzbuch, 1. Auflage, Münster 1952; Band I, 11. Auflage, Münster 2004

**Etzel, Matthias,** Die Aufhebung von nationalsozialistischen Gesetzen durch den Alliierten Kontrollrat (1945–1948), Tübingen 1992 (zugl.: Frankfurt (Main), Univ., Diss., 1992)

**Feliciano, Hector,** Das verlorene Museum. Vom Kunstraub der Nazis, Berlin 1998

**Fieberg, Gerhard / Reichenbach, Harald,** Zum Problem der offenen Vermögensfragen, NJW 1991, S. 321 ff.

**Fieberg, Gerhard / Reichenbach, Harald / Messerschmidt, Burkhard / Neuhaus, Heike,** Kommentar zum Gesetz zur Regelung offener Vermögensfragen, Loseblattausgabe, Stand Juli 2004, München 2004

**Fiedler, Wilfried,** Zur Entwicklung des Völkergewohnheitsrechts im Bereich des internationalen Kulturgüterschutzes, S. 199 ff. in: Hailbronner, Kay / Ress, Georg / Stein, Torsten (Hrsg.), Festschrift für Karl Doehring, Berlin, Heidelberg 1989 *(zitiert: Fiedler in: FS für Doehring)*

**ders.,** Neue völkerrechtliche Ansätze des Kulturgüterschutzes, S. 69 ff. in: Reichelt, Gerte (Hrsg.), Internationaler Kulturgüterschutz, Wiener Symposium 18./19. Oktober 1990, Wien 1992 *(zitiert: Fiedler in: Reichelt)*

**ders.**, Kulturgüter als Kriegsbeute: Völkerrechtliche Probleme seit dem Ende des Zweiten Weltkrieges, S. 87 ff. in: Frehner, Matthias (Hrsg.), Das Geschäft mit der Raubkunst. Fakten, Thesen, Hintergründe, Zürich 1998 *(zitiert: Fiedler in: Frehner)*

**ders.**, Die Alliierte (Londoner) Erklärung vom 5.1.1943: Inhalt, Auslegung und Rechtsnatur in der Diskussion der Nachkriegsjahre, S. 197 ff. in: Basedow, Jürgen / Meier, Isaak / Schnyder, Anton K. / Einhorn, Talia / Girsberger, Daniel (Hrsg.), Private Law in the international Arena. From national conflict rules towards harmonization and unification – Liber amicorum Kurt Siehr, The Hague 2000 *(zitiert: Fiedler in: Basedow)*

**Finkenauer, Thomas,** Gutgläubiger Erbe des bösgläubigen Erblassers – Das Bernsteinzimmer-Mosaik, NJW 1998, S. 960 ff.

**ders.**, Zum Begriff der Rechtsnachfolge in § 221 BGB, JZ 2000, S. 241 ff.

**Francini, Esther Tisa / Heuss, Anja / Kreis, Georg,** Fluchtgut – Raubgut. Der Transfer von Kulturgütern in und über die Schweiz 1933–1945 und die Frage der Restitution, in: Veröffentlichungen der Unabhängigen Expertenkommission Schweiz – Zweiter Weltkrieg (Hrsg.), Bd. 1, Zürich 2001 *(zitiert: Francini, Heuss, Kreis in: UEK, Bd. 1)*

**Frank, Henning,** Der Kampf um die freie Advokatur und die Gleichschaltung der Anwaltschaft im Dritten Reich. Zur Geschichte der Anwaltschaft Sachsens von 1831–1945, in: Sächsische Justizgeschichte Bd. 6, Justiz, Juristen und politische Polizei in Sachsen 1933 bis 1945, Schriftreihe des Sächsischen Staatsministeriums der Justiz, Dresden 1996 *(zitiert: Frank, Der Kampf um die freie Advokatur)*

**Franz, Michael,** Zivilrechtliche Probleme des Kulturgüteraustausches, Frankfurt am Main 1996 (Zugl.: Gießen, Univ., Diss., 1995)

**ders.**, Die Koordinierungsstelle für Kulturgutverluste und die Lostart Internet Database – eine Zwischenbilanz, S. 395 ff. in: Veröffentlichungen der Koordinierungsstelle für Kulturgutverluste (Hrsg.), Band 2: Museen im Zwielicht. Ankaufspolitik 1933–1945, die eigene Geschichte. Provenienzforschung an deutschen Kunstmuseen im internationalen Vergleich, Magdeburg 2002 *(zitiert: Franz in: Museen im Zwielicht)*

**Frehner, Matthias,** „Das wird toll und immer toller" – Der größte Kunstraub der Geschichte, S. 79 ff., Deutsche Raubkunst in der Schweiz: Täter, Verführte, Aufarbeitung, S. 135 ff., in: Frehner, Matthias (Hrsg.), Das Geschäft mit der Raubkunst. Fakten, Thesen, Hintergründe, Zürich 1998 *(zitiert: Frehner in: Frehner)*

**Fuchs, Angelika,** Kulturgüterschutz im Kulturgutsicherungsgesetz, IPRax 2000, S. 281 ff.

**Godin, Hans Freiherr von,** Sachlicher Geltungsbereich des Rückerstattungsgesetzes, SJZ 1949, Sp. 219 ff.

**Godin, Reinhard Freiherr von,** Das Rückerstattungsgesetz Nr. 59 für das amerikanische Kontrollgebiet Deutschlands, JR 1948, S. 32 ff.

**Godin, Reinhard Freiherr von / Godin, Hans Freiherr von,** Rückerstattung feststellbarer Vermögensgegenstände in der amerikanischen und britischen Besatzungszone und in Berlin, Kommentar, 2. Auflage, Berlin 1950 *(zitiert: von Godin)*

**Göppinger, Horst,** Juristen jüdischer Abstammung im „Dritten Reich": Entrechtung und Verfolgung, 2. Auflage, München 1990

**Goschler, Constantin,** Wiedergutmachung. Westdeutschland und die Verfolgten des Nationalsozialismus (1945–1954), München 1992 *(zitiert: Goschler, Wiedergutmachung)*

**ders.,** Die Politik der Rückerstattung in Westdeutschland, S. 99 ff. in: Goschler, Constantin / Lillteicher, Jürgen (Hrsg.), „Arisierung" und Restitution. Die Rückerstattung jüdischen Eigentums in Deutschland und Österreich nach 1945 und 1989, Göttingen 2002 *(zitiert: Goschler in: Goschler, Lillteicher)*

**Gräf, Dieter u.a.,** Schriftenreihe des Bundesamtes zur Regelung offener Vermögensfragen (Hrsg.), Heft 6: Behandlung der vermögensrechtlichen Ansprüche der NS-Verfolgten, Berlin 1994

**Graf, Hans-Jörg,** Rückgabe von Vermögenswerten an Verfolgte des nationalsozialistischen Regimes im Beitrittsgebiet: eine Untersuchung zur entsprechenden Anwendung westalliierten Rückerstattungsrechts im Beitrittsgebiet aufgrund rechtsvergleichender Ergebnisse zwischen dem US-Rückerstattungsgesetz und dem Vermögensgesetz, Berlin, Baden-Baden 1999 (Zugl.: Berlin, Humboldt-Univ., Diss., 1997) *(zitiert: Graf, Rückgabe)*

**Grewe, Wilhelm,** Ein Besatzungsstatut für Deutschland, Stuttgart 1948

**Griebel, Otto,** Ich war ein Mann der Straße. Lebenserinnerungen eines Dresdner Malers, 2. Auflage, Altenburg 1995

**Groeger, Stefan,** Anwendbarkeit des Vermögensgesetzes auf Ansprüche von NS-Verfolgten gegen private Erwerber?, VIZ 1995, S. 142 ff.

**Gujer, Eric,** Moskau und die harte Haltung zur Beutekunst, S. 115 ff. in: Frehner, Matthias (Hrsg.), Das Geschäft mit der Raubkunst. Fakten, Thesen, Hintergründe, Zürich 1998 *(zitiert: Gujer in: Frehner)*

**Günther-Hornig, Margot,** Kunstschutz in den von Deutschland besetzten Gebieten 1939–1945, Tübingen 1958 *(zitiert: Günther-Hornig, Kunstschutz)*

**Haase, Günther,** Kunstraub und Kunstschutz. Eine Dokumentation, Hamburg 1991

**Hachenburg, Max,** Das amerikanische und das französische Rückerstattungsgesetz im Widerstreit, NJW 1947/48, S. 321 ff.

**Hanisch, Hans,** Internationalprivatrechtliche Fragen im Kunsthandel, S. 193 ff. in: Dieckmann, Albrecht (Hrsg.), Festschrift für Wolfram Müller-Freienfels, Baden-Baden 1986 *(zitiert: Hanisch in: FS für Müller-Freienfels)*

**ders.,** Der Fall des Liotard und die nationale Zuordnung eines Kunstwerks, S. 19 ff. in: Frank, Rainer (Hrsg.), Recht und Kunst, Symposium aus Anlass des 80. Geburtstages von Wolfram Müller-Freienfels, Heidelberg 1996 *(zitiert: Hanisch in: Recht und Kunst)*

**Hartung, Hannes,** Kunstraub in Krieg und Verfolgung. Die Restitution der Beute- und Raubkunst im Kollisions- und Völkerrecht, Berlin 2005

**Hattemer,** Eigentumserwerb an Beutekraftfahrzeugen. Eine Entgegnung zum Rechtsgutachten des Justizministeriums für Nordwürttemberg und Baden, NJW 1947/48, S. 547 f.

**Hebeis, Michael,** Die Verfolgung von Rechtsanwälten und Notaren jüdischer Herkunft in Dresden unter den Nationalsozialisten, unveröffentlichtes Manuskript *(zitiert: Hebeis, Die Verfolgung)*

**Held, Steffen,** Von der Entrechtung zur Deportation: Die Juden in Sachsen, S. 200 ff. in: Vollnhals, Clemens (Hrsg.), Sachsen in der NS-Zeit, Leipzig 2002 *(zitiert: Held in: Vollnhals)*

**Henrich, Dieter,** Zum Herausgabeanspruch des Bestohlenen und den Gegenrechten des gutgläubigen Besitzers in Fällen mit Auslandsberührung, S. 199 ff. in: Meier, Isaak / Siehr, Kurt (Hrsg.), Rechtskollisionen, Festschrift für Anton Heini zum 65. Geburtstag, Zürich 1995 *(zitiert: Henrich in: FS für Heini)*

**Heuer, Carl-Heinz,** Die Kunstraubzüge der Nationalsozialisten und ihre Rückabwicklung, NJW 1999, S. 2558 ff.

**Heuss, Anja,** Die Reichskulturkammer und die Steuerung des Kunsthandels im Dritten Reich, Sediment 1998, Heft 3, S. 49 ff.

**dies.,** Die Vernichtung jüdischer Sammlungen in Berlin, S. 97 ff., Der Fall Goudstikker: Die Niederlande und die Raubkunst, S. 105 ff., Es ist nicht alles deutsch, was glänzt, S. 111 ff., in: Frehner, Matthias (Hrsg.), Das Geschäft mit der Raubkunst. Fakten, Thesen, Hintergründe, Zürich 1998 *(zitiert: Heuss in: Frehner)*

**dies.,** Kunst- und Kulturgutraub: eine vergleichende Studie zur Besatzungspolitik der Nationalsozialisten in Frankreich und der Sowjetunion, Heidelberg 2000 (Zugl.: Frankfurt (Main), Univ., Diss., 1999)

**dies.,** Wie geht es weiter? – Die Verantwortung der Museen, S. 419 ff. in: Veröffentlichungen der Koordinierungsstelle für Kulturgutverluste (Hrsg.), Band 2: Museen im Zwielicht. Ankaufspolitik 1933–1945, die eigene Geschichte. Provenienzforschung an deutschen Kunstmuseen im internationalen Vergleich, Magdeburg 2002 *(zitiert: Heuss in: Museen im Zwielicht)*

**Hilberg, Raul,** Die Vernichtung der europäischen Juden, Band 1, Frankfurt am Main 1990 (Erweiterte Ausgabe)

**Hinz, Hans-Joachim,** Raubkunst in Görlitz und die Ausplünderung jüdischer Sammlungen in Breslau, in: Tagungsdokumentation der Friedrich-Ebert-Stiftung, Büro Dresden, Tagung zur Geschichte der Juden in der östlichen Oberlausitz am 10. Oktober 1999 in Görlitz *(zitiert: Hinz, Raubkunst in Görlitz)*

**Hintz, Karl-Heinz,** Zur Anwendung des neugefassten Vermögensgesetzes auf Verfolgte des Nationalsozialismus, VIZ 1991, S. 12 ff.

**ders.,** Zur Frage der Anwendung des Vermögensgesetzes auf die Ansprüche der in § 1 VI VermG genannten NS-Verfolgten, VIZ 1992, S. 18 f.

**Hoche, Ulrich,** Anmerkung zum Urteil des BGH v. 11.6.1953 – IV ZR 181/52, NJW 1953, S. 1506

**Hoffmann, Bernd von,** Internationales Privatrecht einschließlich der Grundzüge des internationalen Zivilverfahrensrechts, 7. Auflage, München 2002

**Hübner, Heinz,** Der Rechtsverlust im Mobiliarsachenrecht. Ein Beitrag zur Begründung und Begrenzung des sachenrechtlichen Vertrauensschutzes – dargestellt an der Regelung nach §§ 932 ff. BGB, Erlangen 1955

**Ipsen, Knut,** Völkerrecht: ein Studienbuch, 4. Auflage, München 1999

**Jaeger, Andrea,** Internationaler Kulturgüterschutz: Rechtslage, Rechtspraxis, Rechtsentwicklung, Köln, Berlin, Bonn, München 1993 (Zugl.: Köln, Univ., Diss., 1992/93)

**Jayme, Erik,** Kunstwerk und Nation: Zuordnungsprobleme im internationalen Kulturgüterschutz; vorgetragen am 27. Oktober 1990, Heidelberg 1991

**ders.,** Die Nationalität des Kunstwerks als Rechtsfrage, S. 7 ff. in: Reichelt, Gerte (Hrsg.), Internationaler Kulturgüterschutz, Wiener Symposium 18./19. Oktober 1990, Wien 1992

**ders.,** Narrative Normen im Internationalen Privat- und Verfahrensrecht, Tübingen 1993

**ders.,** Anknüpfungsmaximen für den Kulturgüterschutz im Internationalen Privatrecht, S. 721 ff. in: Dominicé, Christian / Patry, Robert / Reymond, Claude (Hrsg.), Études de droit international en l'honneur de Pierre Lalive, Basel, Frankfurt am Main 1993 *(zitiert: Jayme in: FS für Lalive)*

**ders.,** Neue Anknüpfungsmaximen für den Kulturgüterschutz im internationalen Privatrecht, S. 35 ff. in: Dolzer, Rudolf (Hrsg.), Rechtsfragen des internationalen Kulturgüterschutzes: Symposium vom 22./23. Juni 1990 im Internationalen Wissenschaftsforum Heidelberg, Heidelberg 1994 *(zitiert: Jayme in: Dolzer)*

**ders.,** „Entartete Kunst" und internationales Privatrecht: vorgetragen am 6. November 1993, Heidelberg 1994

**ders.,** Kunstwerke als Kriegsbeute: Restitution und Internationales Privatrecht im deutsch-französischen Rechtsverkehr, IPRax 1995, S. 260 f.

**ders.,** Kulturgüterschutz in ausgewählten europäischen Ländern, ZVglRWiss 95 (1996), S. 158 ff.

**ders.,** Die Rückführung von Kunstwerken zwischen Recht und Wirklichkeit, Veröffentlichung der Rechtsanwälte Kübler, Rogier & Partner 1998

**ders.,** Antonio Canova und die Nationalisierung der Kunst, S. 281 ff. in: Basedow, Jürgen / Meier, Isaak / Schnyder, Anton K. / Einhorn, Talia / Girsberger, Daniel (Hrsg.), Private Law in the international Arena. From national conflict rules towards harmonization and unification – Liber amicorum Kurt Siehr, The Hague 2000 *(zitiert: Jayme in: Basedow)*

**ders.,** Narrative Normen im Kunstrecht, S. 539 ff. in: Becker, Jürgen / Hilty, Reto M. / Stöckli, Jean-Fritz / Würtenberger, Thomas (Hrsg.), Recht im Wandel seines sozialen und technologischen Umfeldes, Festschrift für Manfred Rehbinder, Bern 2002 *(zitiert: Jayme in: FS für Rehbinder)*

**ders.,** Die Washingtoner Erklärung über Nazi-Enteignungen von Kunstwerken der Holocaustopfer: Narrative Normen im Kunstrecht, S. 247 ff. in: Veröffentlichungen der Koordinierungsstelle für Kulturgutverluste (Hrsg.), Band 2: Museen im Zwielicht. Ankaufspolitik 1933–1945, die eigene Geschichte. Provenienzforschung an deutschen Kunstmuseen im internationalen Vergleich, Magdeburg 2002 *(zitiert: Jayme in: Museen im Zwielicht)*

**ders.,** Ein internationaler Gerichtsstand für Rechtsstreitigkeiten um Kunstwerke. Lücken im europäischen Zuständigkeitssystem, S. 517 ff. in: Grupp, Klaus / Hufeld, Ulrich (Hrsg.), Recht – Kultur – Finanzen, Festschrift für Reinhard Mußgnug zum 70. Geburtstag am 26. Oktober 2005, Heidelberg 2005 *(zitiert: Jayme in: FS für Mußgnug)*

**Jayme, Erik / Kohler, Christian,** Das Internationale Privat- und Verfahrensrecht der EG 1993 – Spannungen zwischen Staatsverträgen und Richtlinien, IPRax 1993, S. 357 ff.

**Kathmann, Dorothea,** Kunstwerke aus jüdischen Sammlungen – Möglichkeiten und Grenzen der Provenienzermittlungen am Beispiel der Sammlung Silberberg aus Breslau, S. 26 ff. in: Veröffentlichungen der Koordinierungsstelle für Kulturgutverluste (Hrsg.), Band 1: Beiträge öffentlicher Einrichtungen der Bundesrepublik Deutschland zum Umgang mit Kulturgütern aus ehemaligem jüdischen Besitz, Magdeburg 2001 *(zitiert: Kathmann in: Beiträge öffentlicher Einrichtungen)*

**Kaufmann, Erich,** Deutschlands Rechtslage unter der Besatzung, Stuttgart 1948

**ders.,** Die völkerrechtlichen Grundlagen und Grenzen der Restitutionen, AöR 75 (1949), S. 1 ff.

**Kegel, Gerhard / Schurig, Klaus,** Internationales Privatrecht: ein Studienbuch, 8. Auflage, München 2000

**Kessler, Ralf,** Interne Wiedergutmachungsdebatten im Osten Deutschlands – die Geschichte eines Misserfolges, S. 197 ff., in: Goschler, Constantin / Lillteicher, Jürgen (Hrsg.), „Arisierung" und Restitution. Die Rückerstattung jüdischen Eigentums in Deutschland und Österreich nach 1945 und 1989, Göttingen 2002 *(zitiert: Kessler in: Goschler, Lillteicher)*

**Kienle, Florian / Weller, Marc-Philippe,** Die Vindikation gestohlener Kulturgüter im IPR, IPRax 2004, S. 290 ff.

**Kim, Jin-Soo,** Die Verjährung des Anspruchs aus dem Eigentum, Jena 1997 (Zugl.: Jena, Univ., Diss., 1997)

**Kimme, Johannes,** Offene Vermögensfragen, Kommentar Band I, Loseblattausgabe, Stand Juni 1993, Köln 1993

**Klammt, Annerose / Winzeler, Marius,** „Die moderne deutsche Kunst mußte zur Geltung gebracht werden" – Zur Erwerbung von Kunstwerken aus jüdischem Eigentum für die Kunstsammlungen in Görlitz, S. 118 ff. in: Veröffentlichungen der Koordinierungsstelle für Kulturgutverluste (Hrsg.), Band 1: Beiträge öffentlicher Einrichtungen der Bundesrepublik Deutschland zum Umgang mit Kulturgütern aus ehemaligem jüdischen Besitz, Magdeburg 2001 *(zitiert: Klammt, Winzeler in: Beiträge öffentlicher Einrichtungen)*

**Kleine, Heinz,** Anmerkung zum Urteil des AG Wiesbaden vom 13.11.1945, SJZ 1946, S. 36

**Klemperer, Victor,** Ich will Zeugnis ablegen bis zum letzten. Tagebücher 1933–1945 (Bd. I – VIII), Taschenbuch 2. Auflage, Berlin 1999

**Knott, Hermann, J.,** Der Anspruch auf Herausgabe gestohlenen und illegal exportierten Kulturguts: Internationalprivatrechtliche und rechtsvergleichende Aspekte zum Herausgabeanspruch des privaten Eigentümers und des Herkunftsstaates, Baden-Baden 1990 (Zugl.: Köln, Univ., Diss., 1989) *(zitiert: Knott, Der Anspruch auf Herausgabe)*

**Knütel, Rolf,** Bösgläubiger Erblasser – gutgläubiger Erbe, S. 903 ff. in: Medicus, Dieter / Mertens, Hans-Joachim / Nörr, Knut Wolfgang / Zöllner, Wolfgang (Hrsg.), Festschrift für Hermann Lange, Stuttgart, Berlin, Köln 1992 *(zitiert: Knütel in: FS für Lange)*

**Köhn, Ursula / Lupfer, Gilbert,** „Verantwortung wahrnehmen – Fremdbesitz im Museum", Dresdener Kunstblätter 06/2003, S. 353 ff.

**König, Harald,** Erste Ergebnisse der Provenienzrecherche zu dem in Bundesbesitz befindlichen Restbestand CCP – Das Ölgemälde „Die Milchfrau" von Daniel Chodowiecki, S. 17 ff. in: Veröffentlichungen der Koordinierungsstelle für Kulturgutverluste (Hrsg.), Band 1: Beiträge öffentlicher Einrichtungen der Bundesrepublik Deutschland zum Umgang mit Kulturgütern aus ehemaligem jüdischen Besitz, Magdeburg 2001 *(zitiert: König in: Beiträge öffentlicher Einrichtungen)*

**ders.,** Leihgaben der Bundesrepublik Deutschland aus Beständen, die zwischen 1933–1945 in Reichsbesitz gelangten, S. 149 ff. in: Veröffentlichungen der Koordinierungsstelle für Kulturgutverluste (Hrsg.), Band 2: Museen im Zwielicht. Ankaufspolitik 1933–1945, die eigene Geschichte. Provenienzforschung an deutschen Kunstmuseen im internationalen Vergleich, Magdeburg 2002 *(zitiert: König in: Museen im Zwielicht)*

**Korth, Günther,** Die materiellrechtliche und prozessuale Ausgestaltung des Rückerstattungsanspruchs, SJZ 1948, Sp. 377 ff.

**Krach, Tillmann,** Jüdische Rechtsanwälte in Preußen: über die Bedeutung der freien Advokatur und ihre Zerstörung durch den Nationalsozialismus, München 1991

**Krämer, Gerd,** Bernsteinzimmer-Mosaik: Ersitzung durch den gutgläubiger Erben des bösgläubigen Besitzers?, NJW 1997, S. 2580 f.

**Kreis, Georg,** Die Schweiz und der Kunsthandel 1939–1945, S. 125 ff. in: Frehner, Matthias (Hrsg.), Das Geschäft mit der Raubkunst. Fakten, Thesen, Hintergründe, Zürich 1998 *(zitiert: Kreis in: Frehner)*

**Kreuzer, Karl,** Zur Funktion von kollisionsrechtlichen Berichtigungsnormen, ZfRV 1992, S. 168 ff.

**Krille, Hans,** Ein weiterer Beitrag zur Frage des Eigentumserwerbs an Beutefahrzeugen, NJW 1949, S. 212 ff.

**Kropholler, Jan,** Internationales Privatrecht: einschließlich der Grundbegriffe des internationalen Zivilverfahrensrechts, 5. Auflage, Tübingen 2004

**Kuhn, Petra,** Die „Gemeinsame Erklärung" von Bund, Ländern und kommunalen Spitzenverbänden vom Dezember 1999, S. 297 ff. in: Veröffentlichungen der Koordinierungsstelle für Kulturgutverluste (Hrsg.), Band 2: Museen im Zwielicht. Ankaufspolitik 1933–1945, die eigene Geschichte. Provenienzforschung an deutschen Kunstmuseen im internationalen Vergleich, Magdeburg 2002 *(zitiert: Kuhn in: Museen im Zwielicht)*

**Kunz, Josef L.,** Kriegsrecht und Neutralitätsrecht, Wien 1935

**Kunze, Hans Henning,** Restitution „Entarteter Kunst": Sachenrecht und Internationales Privatrecht, Berlin, New York 2000 (Zugl.: Heidelberg, Univ., Diss., 1999)

**Kurpiers, Olaf Rafael,** Die lex originis-Regel im internationalen Sachenrecht – Grenzüberschreitende privatrechtliche Ansprüche auf Herausgabe von abhanden gekommenen und unrechtmäßig ausgeführten Kulturgütern, Frankfurt am Main 2005 (Zugl.: Heidelberg, Univ., Diss., 2005)

**Kurtz, Michael J.,** Nazi Contraband. American Policy on the Return of European Cultural Treasures, 1945–1955, New York, London 1985

**Kurz, Jakob,** Kunstraub in Europa 1938–1945, Hamburg 1989

**Küster, Otto,** Das Rückerstattungsgesetz für die US-Zone (Militärregierungsgesetz Nr. 59), BB 1947, S. 361 ff.

**Laage, Clea,** Die Auseinandersetzung um den Begriff des gesetzlichen Unrechts nach 1945, KJ 1989, S. 409 ff.

**Ladwig-Winters, Simone,** Gebrochene Karrieren und Lebenswege. Zum Schicksal jüdischer Anwälte nach 1933, BRAK-Mitt. 2003, S. 102 ff.

**Landau, Peter,** Juristen jüdischer Herkunft im Kaiserreich und in der Weimarer Republik. Dem Andenken Ernst Landsbergs, S. 133 ff. in: Heinrichs, Helmut (Hrsg.), Deutsche Juristen jüdischer Herkunft, München 1993 *(zitiert: Landau in: Heinrichs)*

**ders.,** Justiz und Rechtsanwaltschaft in der nationalsozialistischen Diktatur, BRAK-Mitt. 2003, S. 110 ff.

**Lattmann, Eveline,** Schutz der Kulturgüter bei bewaffneten Konflikten. Die schweizerische Gesetzgebung und Praxis aufgrund des Haager Abkommens vom 14. Mai 1954 für den Schutz von Kulturgut bei bewaffneten Konflikten, Zürich 1974

**Laun, Rudolf,** Die Haager Landkriegsordnung (Das Übereinkommen über die Gesetze und Gebräuche des Landkriegs), 3. Auflage, Wolfenbüttel-Hannover 1947

**Lässig, Simone,** Nationalsozialistische „Judenpolitik“ und jüdische Selbstbehauptung vor dem Novemberpogrom. Das Beispiel der Dresdner Bankiersfamilie Arnhold, S. 129 ff. in: Pommerin, Reiner (Hrsg.), Dresden unterm Hakenkreuz, Köln 1998 *(zitiert: Lässig in: Pommerin)*

**dies.,** Kultur und Kommerz – Das Beispiel der Bankiersfamilie Arnhold, S. 39 ff. in: Dresdner Hefte. Beiträge zur Kulturgeschichte, Heft 49: Sammler und Mäzene in Dresden, Dresden 1997

**Leipzig, Curt von,** Gutachten: Verkäuferhaftung bei Restitution, BB 1948, S. 97 f.

**Lillteicher, Jürgen,** Rechtsstaatlichkeit und Verfolgungserfahrung. „Arisierung“ und fiskalische Ausplünderung vor Gericht, S. 127 ff. in: Goschler, Constantin / Lillteicher, Jürgen (Hrsg.), „Arisierung“ und Restitution. Die Rückerstattung jüdischen Eigentums in Deutschland und Österreich nach 1945 und 1989, Göttingen 2002 *(zitiert: Lillteicher in: Goschler, Lillteicher)*

**Loesch, Anette,** Das Schicksal der Porzellansammlung Gustav von Klemperers, S. 56 ff. in: Veröffentlichungen der Koordinierungsstelle für Kulturgutverluste (Hrsg.), Band 1: Beiträge öffentlicher Einrichtungen der Bundesrepublik Deutschland zum Umgang mit Kulturgütern aus ehemaligem jüdischen Besitz, Magdeburg 2001 *(zitiert: Loesch in: Beiträge öffentlicher Einrichtungen)*

**Lüchinger, Adolf,** Rechtsprechung der schweizerischen Gerichte im Umfeld des nationalsozialistischen Unrechtsregimes auf dem Gebiet des Privatrechts, unter Einschluss des internationalen Zivilprozess- und Vollstreckungsrechts (Schwerpunkt Ordre public), S. 67 ff. in: Veröffentlichungen der Unabhängigen Expertenkommission Schweiz – Zweiter Weltkrieg (Hrsg.), Bd. 19, Die Schweiz, der Nationalsozialismus und das Recht, Band II: Privatrecht, Zürich 2001 *(zitiert: Lüchinger in: UEK, Bd. 19)*

**Mann, F. A.,** Völkerrechtswidrige Enteignungen vor nationalen Gerichten, NJW 1961, S. 705 ff.

**Mansel, Heinz-Peter,** DeWeerth v. Baldinger – Kollisionsrechtliches zum Erwerb gestohlener Kunstwerke, IPRax 1988, S. 268 ff.

**ders.,** Die Reform des Verjährungsrechts, S. 333 ff. in: Ernst, Wolfgang / Zimmermann, Reinhard (Hrsg.), Zivilrechtswissenschaft und Schuldrechtsreform: zum Diskussionsentwurf eines Schuldrechtsmodernisierungsgesetzes des Bundesministeriums der Justiz, Tübingen 2001 *(zitiert: Mansel in: Ernst/Zimmermann)*

**Messerschmidt, Burkhard,** Die Rückgabe von Kulturgütern an NS-Verfolgte, VIZ 2001, S. 289 ff.

**Meyer-Seitz, Christian,** Die Entwicklung der Rückerstattung in den neuen Bundesländern seit 1989. Eine juristische Perspektive, S. 265 ff. in: Goschler, Constantin / Lillteicher, Jürgen (Hrsg.), „Arisierung" und Restitution. Die Rückerstattung jüdischen Eigentums in Deutschland und Österreich nach 1945 und 1989, Göttingen 2002 *(zitiert: Meyer-Seitz in: Goschler, Lillteicher)*

**Mosheim, Berthold,** Zur Problematik des US-Rückerstattungsgesetzes, BB 1949, S. 27 f.

**ders.,** Rückerstattungsrecht als Bundesrecht, BB 1949, S. 695 f.

**Mugdan, Benno,** Die gesamten Materialien zum Bürgerlichen Gesetzbuch für das Deutsche Reich, Band 1 Einführungsgesetz und Allgemeiner Teil, Neudruck der Ausgabe Berlin 1899, Aalen 1979

**Mühlner, Manfred,** Begeisterte Liebe für die Erzeugnisse der Buchkunst – Die Inkunabelsammlung Victor von Klemperers, S. 55 ff. in: Dresdner Hefte. Beiträge zur Kulturgeschichte, Heft 49: Sammler und Mäzene in Dresden, Dresden 1997

**Müller, Klaus,** Sachenrecht, 4. Auflage, Köln, Berlin, Bonn, München 1997

**Müller-Katzenburg, Astrid,** Internationale Standards im Kulturgüterverkehr und ihre Bedeutung für das Sach- und Kollisionsrecht, Berlin 1995 (Zugl.: Freiburg, Univ., Diss., 1995)

**dies.,** Besitz- und Eigentumsverhältnisse bei gestohlenen und sonst abhanden gekommenen Kunstwerken, NJW 1999, S. 2551 ff.

**dies.,** Auswirkungen der Neuregelung des Verjährungsrechts für NS-verfolgungsbedingt und kriegsbedingt entzogenes Kulturgut, KUR 2001, S. 124 ff.

**dies.,** Gutgläubiger Erwerb, Ersitzung, Verjährung … ?, S. 211 ff. in: Veröffentlichungen der Koordinierungsstelle für Kulturgutverluste (Hrsg.), Band 2: Museen im Zwielicht. Ankaufspolitik 1933–1945, die eigene Geschichte. Provenienzforschung an deutschen Kunstmuseen im internationalen Vergleich, Magdeburg 2002 *(zitiert: Müller-Katzenburg in: Museen im Zwielicht)*

**Müller-Magdeburg, Thomas / Giese, Andreas,** Die Berechtigung der Jewish Claims Conference bei Grundstücken, deren jüdischer Alteigentümer noch im Grundbuch eingetragen ist – oder: Rückübertragung an die JCC als Enteignung des rassisch Verfolgten?, ZOV 1993, S. 138 ff.

**Münch, Fritz,** Das Völkerrecht der militärischen Besetzung vor nationalen Gerichten, S. 457 ff. in: Münch, Ingo von (Hrsg.), Staatsrecht – Völkerrecht – Europarecht, Festschrift für Hans-Jürgen Schlochauer, Berlin, New York 1981 *(zitiert: Münch in: FS für Schlochauer)*

**Münchener Kommentar zum Bürgerlichen Gesetzbuch,** Band 1, Allgemeiner Teil §§ 1–240, AGB-Gesetz, 4. Auflage, München 2001; Band 2, Schuldrecht Allgemeiner Teil §§ 241–432, FernAbsG, 4. Auflage, München 2001; Band 6, Sachenrecht (§§ 854–1296), 4. Auflage, München 2004; Band 10, Einführungsgesetz zum Bürgerlichen Gesetzbuche (Art. 1–46) Internationales Privatrecht, 4. Auflage, München 2006, *(zitiert: MünchKomm – Bearbeiter)*

**Neuhaus, Paul Heinrich,** Die Grundbegriffe des Internationalen Privatrechts, 2. Auflage, Tübingen 1976

**Nicholas, Lynn H.,** Der Raub der Europa. Das Schicksal europäischer Kunstwerke im Dritten Reich, München 1997

**Oertmann, Paul,** Kommentar zum Bürgerlichen Gesetzbuche und seinen Nebengesetzen, Bürgerliches Gesetzbuch, Erstes Buch, Allgemeiner Teil, 2. Auflage, Berlin 1908

**Ordemann, W.,** Zur Auslegung des § 221 BGB, JR 1961, S. 93 f.

**Palandt, Otto (Begr.),** Bürgerliches Gesetzbuch, 9. Auflage, München 1951; 19. Auflage, München 1960; 65. Auflage, München 2006 *(zitiert: Palandt – Bearbeiter)*

**Partsch, K. J.,** Die Regelung der „äußeren Restitutionen" im Bonner Vertragswerk, BB 1952, S. 678 f.

**Pawlita, Cornelius,** „Wiedergutmachung" durch Zivilrecht? Zur juristischen und politischen Auseinandersetzung um die Rückabwicklung verfolgungsbedingter Vermögensverschiebungen im Nationalsozialismus, KJ 1991, S. 42 ff.

**Peters, Frank / Zimmermann, Reinhard,** Verjährungsfristen. Der Einfluß von Fristen auf Schuldverhältnisse; Möglichkeiten der Vereinheitlichung von Verjährungsfristen, S. 77 ff. in: Bundesministerium der Justiz (Hrsg.), Gutachten und Vorschläge zur Überarbeitung des Schuldrechts, Band I, Köln 1981

**Petropoulos, Jonathan,** Kunstraub und Sammelwahn. Kunst und Politik im Dritten Reich, Berlin 1999

**Pfeiffer, Thomas,** Der Stand des Internationalen Sachenrechts nach seiner Kodifikation, IPRax 2000, S. 270 ff.

**Pinner, Heinz,** Das Kammergerichtsurteil vom 29. Oktober 1946. Würdigung und Kritik, JR 1948, 60 f.

**Plehwe, Thomas von,** Verjährung des dinglichen Herausgabeanspruchs und Ersitzung in Fällen abhanden gekommener Kulturgüter – Zur Notwendigkeit einer Reform, KUR 2001, S. 49 ff.

**Radbruch, Gustav,** Gesetzliches Unrecht und übergesetzliches Recht, SJZ 1946, Sp. 105 ff.

**Rädler, Albert J. / Raupach, Arndt / Bezzenberger, Tilmann (Hsrg.),** Vermögen in der ehemaligen DDR, Handbuch zur Durchsetzung und Abwehr von Ansprüchen, Loseblattausgabe, Stand April 1997, Herne 1997

**Raue, Peter,** Summum ius summa iniuria – Geraubtes jüdisches Kultureigentum auf dem Prüfstand des Juristen, S. 277 ff. in: Veröffentlichungen der Koordinierungsstelle für Kulturgutverluste (Hrsg.), Band 2: Museen im Zwielicht. Ankaufspolitik 1933–

1945, die eigene Geschichte. Provenienzforschung an deutschen Kunstmuseen im internationalen Vergleich, Magdeburg 2002 *(zitiert: Raue in: Museen im Zwielicht)*

**Reemtsma, Jan Philipp,** „... daß erst nach über einem halben Jahrhundert ...!" – Ist die diesbezügliche Fassungslosigkeit statthaft?, S. 447 ff. in: Veröffentlichungen der Koordinierungsstelle für Kulturgutverluste (Hrsg.), Band 2: Museen im Zwielicht. Ankaufspolitik 1933–1945, die eigene Geschichte. Provenienzforschung an deutschen Kunstmuseen im internationalen Vergleich, Magdeburg 2002 *(zitiert: Reemtsma in: Museen im Zwielicht)*

**Reich, Steven A. / Fischer, Hermann J.,** Wem gehören die als „entartete Kunst" verfemten, von den Nationalsozialisten beschlagnahmten Werke?, NJW 1993, S. 1417 ff.

**Reichelt, Gerte,** Kulturgüterschutz und Internationales Privatrecht, IPRax 1986, S. 73 ff.

**dies.,** Die Vereinheitlichung des privatrechtlichen Kulturgüterschutzes nach dem Unidroit-Vertragsentwurf 1990, S. 67 ff. in: Dolzer, Rudolf (Hrsg.), Rechtsfragen des internationalen Kulturgüterschutzes: Symposium vom 22./23. Juni 1990 im Internationalen Wissenschaftsform Heidelberg, Heidelberg 1994

**Reichsgerichtsrätekommentar,** Das Bürgerliche Gesetzbuch mit besonderer Berücksichtigung der Rechtsprechung des Reichsgerichts und des Bundesgerichtshofes, I. Band Einleitung. Allgemeiner Teil. Recht der Schuldverhältnisse (Allgemeiner Teil), 9. Auflage, Berlin 1939; I. Band Einleitung. Allgemeiner Teil. Recht der Schuldverhältnisse (Allgem. Teil), 10. Auflage, Berlin 1953; Band I §§ 1–240, 12. Auflage, Berlin 1982; III. Band, 1. Teil Sachenrecht §§ 854–1011, 11. Auflage, Berlin 1959 *(zitiert: RGRK)*

**Remien, Oliver,** Vindikationsverjährung und Eigentumsschutz. Oder: Welche Rechte bestehen an vor langer Zeit abhanden gekommenen Sachen, insbesondere Kunstwerken?, AcP 201 (2001), S. 730 ff.

**Richard, Dagmar / Junker, Abbo,** Hans und Felicitas Tucher in New York – Deutsches Sachenrecht vor amerikanischen Gerichten, Jura 1985, S. 415 ff.

**Rigaux, Francois,** Berichte, Institut de Droit International, 65. Session in Basel vom 26. August – 3. September 1991, RabelsZ 56 (1992), S. 547 ff.

**Roemer, Walter,** Von den Grenzen und Antinomien des Rechts, SJZ 1946, Sp. 9 ff.

**ders.,** Anmerkung zum Urteil des KG Berlin v. 29.10.46 – 2 U 595/247.46, SJZ 1947, Sp. 263 ff.

**Röhling, Kerstin,** Restitution jüdischer Kulturgüter nach dem Zweiten Weltkrieg. Eine völkerrechtliche Studie, Baden-Baden 2004 (Zugl.: Saarbrücken, Univ., Diss., 2003) *(zitiert: Röhling, Restitution jüdischer Kulturgüter)*

**Römer, Gustav,** Gesetzesumgehung im deutschen Internationalen Privatrecht, Berlin 1955

**Rosenthal, Heinrich (Begr.),** Bürgerliches Gesetzbuch, 15. Auflage, Köln, Berlin, Bonn, München 1965

**Rudolph, Sabine,** Die Entziehung von Kunstwerken aus jüdischen Sammlungen und ihre Restitution, S. 139 ff. in: Von Monet bis Mondrian. Meisterwerke der Moderne aus Dresdner Privatsammlungen der ersten Hälfte des 20. Jahrhunderts, Ausst.-Kat. Gemäldegalerie Neue Meister, Staatliche Kunstsammlungen Dresden, München 2006 *(zitiert: Rudolph in: Von Monet bis Mondrian)*

**dies.**, Die Auflösung der Sammlung des Rechtsanwalts Dr. Fritz Salo Glaser, KUR 2006, S.141 ff.

**Rübsam, Andreas,** Anmerkung zum Urteil des KG, VIZ 1992, S. 69 f.

**Rürup, Reinhard,** Das Ende der Emanzipation: Die antijüdische Politik in Deutschland vor der „Machtergreifung" bis zum Zweiten Weltkrieg, S. 97 ff. in: Paucker, Arnold (Hrsg.), Die Juden im Nationalsozialisten Deutschland – The Jews in Nazi Germany 1933–1943, Tübingen 1986 *(zitiert: Rürup in: Paucker)*

**ders.**, Die Emanzipation der Juden und die verzögerte Öffnung der juristischen Berufe, S. 1 ff. in: Heinrichs, Helmut (Hrsg.), Deutsche Juristen jüdischer Herkunft, München 1993 *(zitiert: Rürup in: Heinrichs)*

**Rummel, Peter (Hrsg.),** Kommentar zum Allgemeinen bürgerlichen Gesetzbuch, 2. Band §§ 1175 bis 1502 ABGB; Nebengesetze, 2. Auflage, Wien 1992

**Sack, Rolf,** Das Anstandsgefühl aller billig und gerecht Denkenden und die Moral als Bestimmungsfaktor der guten Sitten, NJW 1985, S. 761 ff.

**Säcker, Franz Jürgen (Hrsg.),** Vermögensrecht, Kommentar zu §§ 1 bis 21 Vermögensgesetz, München 1995

**Salzburg, Friedrich,** Mein Leben in Dresden vor und nach dem 30. Januar 1933. Lebensbericht eines jüdischen Rechtsanwaltes aus dem amerikanischen Exil im Jahr 1940, Dresden 2001 *(zitiert: Salzburg, Mein Leben)*

**Schmeinck, Sabine,** Internationalprivatrechtliche Aspekte des Kulturgüterschutzes, Berlin 1994 (Zugl.: Münster, Univ., Diss., 1993)

**Schmidt, Norman,** Ein Fall bewusster Irreführung der Rückerstattungsjustiz, RzW 1978, S. 81 ff.

**Schmidt-Jortzig, Edzard,** Rechtsstaatlich angemessener Ausgleich für die sog. „Alt-Eigentümer 1945/49", S. 207 ff. in: Ipsen, Jörn u. a. (Hrsg.), Verfassungsrecht im Wandel, Köln 1995

**Schmoeckel, Mathias / Rückert, Joachim / Zimmermann, Reinhard,** Historisch-kritischer Kommentar zu BGB, Band I, Allgemeiner Teil, §§ 1–240, Tübingen 2003 *(zitiert: HKK-Bearbeiter)*

**Schoen, Susanne,** Kulturgüterschutz bei – illegaler – Rückkehr kriegsbedingt verbrachter Kulturgüter aus Russland nach Deutschland, NJW 2001, S. 537 ff.

**dies.**, Der rechtliche Status von Beutekunst. Eine Untersuchung am Beispiel der aufgrund des Zweiten Weltkrieges nach Russland verbrachten deutschen Kulturgüter, Berlin 2004 (Zugl.: Düsseldorf, Univ., Diss., 2003)

**Schorlemer, Sabine von,** Internationaler Kulturgüterschutz: Ansätze zur Prävention im Frieden sowie im bewaffneten Konflikt, Berlin 1992 (Zugl.: Hamburg, Univ., Diss., 1991)

**dies.**, Stolen Art, GYIL 41 (1998), S. 317 ff.

**Schrenk, Klaus,** Das Gemälde „Bildnis der Marchesa Veronica Spinola Doria“ von Peter Paul Rubens und die Chronologie einer Rückforderung, S. 151 ff. in: Veröffentlichungen der Koordinierungsstelle für Kulturgutverluste (Hrsg.), Band 1: Beiträge öffentlicher Einrichtungen der Bundesrepublik Deutschland zum Umgang mit Kulturgütern aus ehemaligem jüdischen Besitz, Magdeburg 2001 *(zitiert: Schrenk in: Beiträge öffentlicher Einrichtungen)*

**Schurig, Klaus,** Kollisionsnorm und Sachrecht. Zu Struktur, Standort und Methode des internationalen Privatrechts, Berlin 1981

**Schwarz, Walter,** Rückerstattung nach den Gesetzen der Alliierten Mächte, in: Die Wiedergutmachung nationalsozialistischen Unrechts durch die Bundesrepublik Deutschland, Band I, München 1974 *(zitiert: Schwarz, Rückerstattung)*

**ders.**, Zur Einführung: Das Recht der Wiedergutmachung und seine Geschichte, JuS 1986, S. 433 ff.

**Schweisfurth, Theodor,** SBZ-Konfiskationen privaten Eigentums 1945 bis 1949. Völkerrechtliche Analyse und Konsequenzen für das deutsche Recht, Baden-Baden 2000 *(zitiert: Schweisfurth, SBZ-Konfiskationen)*

**Schwimann, Michael,** Grundriss des internationalen Privatrechts. Mit besonderer Berücksichtigung der IPR-Staatsverträge, Wien 1982

**Schwind, Fritz,** Internationales Privatrecht. Lehr- und Handbuch für Theorie und Praxis, Wien 1990

**Seegers, Ulli,** The Art Loss Register – eine private Datenbank zwischen Kunstkriminalität, Beute- und NS-Raubkunst, S. 203 ff. in: Veröffentlichungen der Koordinierungsstelle für Kulturgutverluste (Hrsg.), Band 2: Museen im Zwielicht. Ankaufspolitik 1933–1945, die eigene Geschichte. Provenienzforschung an deutschen Kunstmuseen im internationalen Vergleich, Magdeburg 2002 *(zitiert: Seegers in: Museen im Zwielicht)*

**Seidl-Hohenveldern, Ignaz,** Internationales Konfiskations- und Enteignungsrecht, Berlin, Tübingen 1952

**Siehr, Kurt,** Der gutgläubige Erwerb beweglicher Sachen – Neue Entwicklungen zu einem alten Problem, ZVglRWiss 80 (1981), S. 273 ff.

**ders.**, Kunstraub und das internationale Recht, Schweizerische Juristen-Zeitung (SJZ) 1981, S. 189 ff., S. 207 ff.

**ders.**, Zivilrechtliche Fragen des Kulturgüterschutzes, S. 42 ff. in: Reichelt, Gerte (Hrsg.), Internationaler Kulturgüterschutz, Wiener Symposium 18./19. Oktober 1990, Wien 1992 *(zitiert: Siehr in: Reichelt)*

**ders.**, Handel mit Kulturgütern in der EWG, NJW 1993, S. 2206 ff.

**ders.**, Die Vereinheitlichung des Mobiliarsachenrechts in Europa, insbesondere im Hinblick auf Kulturgüter, RabelsZ 59 (1995), S. 454 ff.

**ders.**, Kulturgüterschutz innerhalb der Europäischen Union, ZVglRWiss 95 (1996), S. 170 ff.

**ders.**, Internationales Privatrecht. Deutsches und europäisches Kollisionsrecht für Studium und Praxis, Heidelberg 2001

**ders.**, Verjährt ein Anspruch auf Herausgabe des Eigentums? – Deutsches Verjährungsrecht vor englischem Gericht, S. 53 ff. in: Carl, Michael H. / Güttler, Herbert / Siehr, Kurt, Kunstdiebstahl vor Gericht: City of Gotha v. Sotheby's / Cobert Finance SA, Berlin, New York 2001 *(zitiert: Siehr in: Carl, Güttler, Siehr)*

**ders.**, Verjährung der Vindikationsklage?, ZRP 2001, S. 346 f.

**ders.**, Rechtsfragen zum Handel mit geraubten Kulturgütern in den Jahren 1933–1950, S. 125 ff. in: Veröffentlichungen der Unabhängigen Expertenkommission Schweiz – Zweiter Weltkrieg (Hrsg.), Bd. 19, Die Schweiz, der Nationalsozialismus und das Recht, Band II: Privatrecht, Zürich 2001 *(zitiert: Siehr in: UEK, Bd. 19)*

**ders.**, Restitution of looted art in private international law, S. 71 ff. in: Renold, Marc-André / Gabus, Pierre (Hrsg.), Claims for the restitution of looted art / La revendication des oeuvres d'art spoliées, Genf, Zürich, Basel 2004 *(zitiert: Siehr in: Renold/Gabus)*

**ders.**, Verlust von Ansprüchen auf Herausgabe von Mobilien. Rechtsvergleichendes zum Gutglaubenserwerb, S. 997 ff. in: Fischer-Czermak, Constanze (Hrsg.), Festschrift Rudolf Welser zum 65. Geburtstag, Wien 2004 *(zitiert: Siehr in: FS für Welser)*

**ders.**, Geraubtes Kulturgut vor nationalen Gerichten, S. 497 ff. in: Trunk, Alexander / Boguslavskij, Mark M. (Hrsg.), Russland im Kontext der internationalen Entwicklung: internationales Privatrecht, Kulturgüterschutz, geistiges Eigentum, Rechtsvereinheitlichung; Festschrift für Mark Moiseevic Boguslavskij, Berlin 2004 *(zitiert: Siehr in: FS für Boguslavskij)*

**Soergel, Hans-Theodor (Begr.),** Kommentar zum Bürgerlichen Gesetzbuch mit Einführungsgesetz und Nebengesetzen, I. Band §§ 1 bis 432, 9. Auflage, Stuttgart 1959; Band 1 Allgemeiner Teil (§§ 1–240), 12. Auflage, Stuttgart 1987; Band 6 Sachenrecht (§§ 854–1296), 12. Auflage, Stuttgart 1989, *(zitiert: Soergel – Bearbeiter)*

**Sommer, Achim,** Otto Muellers „Knabe vor zwei stehenden und einem sitzenden Mädchen (Landschaft mit Figuren)" von 1918/19 – Ein expressionistisches Gemälde aus der ehemaligen Sammlung Dr. Ismar Littmann, Breslau, S. 90 ff. in: Veröffentlichungen der Koordinierungsstelle für Kulturgutverluste (Hrsg.), Band 1: Beiträge öffentlicher Einrichtungen der Bundesrepublik Deutschland zum Umgang mit Kulturgütern aus ehemaligem jüdischen Besitz, Magdeburg 2001 *(zitiert: Sommer in: Beiträge öffentlicher Einrichtungen)*

**Spannuth, Jan Philipp,** Rückerstattung Ost. Der Umgang der DDR mit dem „arisierten" Vermögen der Juden und die Gestaltung der Rückerstattung im wiedervereinigten Deutschland, S. 241 ff. in: Goschler, Constantin / Lillteicher, Jürgen (Hrsg.), „Arisierung" und Restitution. Die Rückerstattung jüdischen Eigentums in Deutschland und Österreich nach 1945 und 1989, Göttingen 2002 *(zitiert: Spannuth in: Goschler, Lillteicher)*

**Spickhoff, Andreas,** Die Restkodifikation des Internationalen Privatrechts: Außervertragliches Schuldrecht und Sachenrecht, NJW 1999, S. 2209 ff.

**Staudinger, Julius von (Begr.),** Kommentar zum Bürgerlichen Gesetzbuch mit Einführungsgesetz und Nebengesetzen, I. Band, Allgemeiner Teil, 11. Auflage, Berlin 1957; Erstes Buch, Allgemeiner Teil §§ 90–240, 12. Auflage, Berlin 1980; Buch 1 Allgemeiner Teil §§ 134–163, Neubearbeitung 2003, Berlin 2003; Erstes Buch, Allgemeiner Teil §§ 164–240, Neubearbeitung 2001, Berlin 2001; Zweites Buch, Recht der Schuldverhältnisse, §§ 362–396, Neubearbeitung 2000, Berlin 2000; III. Band, Sachenrecht, 1. Teil §§ 854–1017, 11. Auflage, Berlin 1956; Drittes Buch, Sachenrecht, §§ 925–984, 13. Bearbeitung, Berlin 1995; Einführungsgesetz zum Bürgerlichen Gesetzbuche/IPR, Internationales Sachenrecht, 13. Bearbeitung, Berlin 1996 *(zitiert: Staudinger – Bearbeiter, (Internationales Sachenrecht))*

**Stoll, Hans,** Sachenrechtliche Fragen des Kulturgüterschutzes in Fällen mit Auslandsberührung, S. 53 ff. in: Dolzer, Rudolf (Hrsg.), Rechtsfragen des internationalen Kulturgüterschutzes: Symposium vom 22./23. Juni 1990 im Internationalen Wissenschaftsform Heidelberg, Heidelberg 1994 *(zitiert: Stoll in: Dolzer)*

**ders.,** Zur gesetzlichen Regelung des internationalen Sachenrechts in Art. 43–46 EGBGB, IPRax 2000, S. 259 ff.

**Strebel, Helmut,** Die Haager Konvention zum Schutz der Kulturgüter im Falle eines bewaffneten Konfliktes vom 14. Mai 1954, ZaöRV 1955/56, S. 35 ff.

**Strohal, Emil (Hrsg.),** Planck's Kommentar zum Bürgerlichen Gesetzbuch nebst Einführungsgesetz. I. Band. Allgemeiner Teil (§§ 1–240), 4. Auflage, Berlin 1913

**Strupp, Karl,** Grundzüge des positiven Völkerrechts, 4. Auflage, Bonn 1928

**Stumpf, Eva,** Kulturgüterschutz im internationalen Recht unter besonderer Berücksichtigung der deutsch-russischen Beziehungen, Frankfurt am Main 2003 (Zugl.: Würzburg, Univ., Diss., 2003) *(zitiert: Stumpf, Kulturgüterschutz)*

**Tatzkow, Monika / Henicke, Hartmut,** Zur Beweislage bei Rückerstattung von Kunstwerken im Geltungsbereich des Vermögensgesetzes, ZOV 2000, S. 67 ff.

**Tatzkow, Monika / Frost, Reinhard,** Max Steinthal – Bankier, Kunstsammler, Berliner in: Max Steinthal. Ein Bankier und seine Bilder, Berlin 2004

**Terlau, Katja,** Restitution des Gemäldes „Landschaft mit geborstener Brücke" nach Art des Meindert Hobbema aus der Sammlung Frederico Gentili di Giuseppe, S. 187 ff. in: Veröffentlichungen der Koordinierungsstelle für Kulturgutverluste (Hrsg.), Band 1: Beiträge öffentlicher Einrichtungen der Bundesrepublik Deutschland zum Umgang mit Kulturgütern aus ehemaligem jüdischen Besitz, Magdeburg 2001 *(zitiert: Terlau in: Beiträge öffentlicher Einrichtungen)*

**dies.,** Das Wallraf-Richartz-Museum in der Zeit zwischen 1933–1945, S. 21 ff. in: Veröffentlichungen der Koordinierungsstelle für Kulturgutverluste (Hrsg.), Band 2: Museen im Zwielicht. Ankaufspolitik 1933–1945, die eigene Geschichte. Provenienzforschung an deutschen Kunstmuseen im internationalen Vergleich, Magdeburg 2002 *(zitiert: Terlau in: Museen im Zwielicht)*

**Tiedtke, Klaus,** Gutgläubiger Erwerb im bürgerlichen Recht, im Handels- und Wertpapierrecht sowie in der Zwangsvollstreckung, 1. Auflage, Berlin 1985 *(zitiert: Tiedtke, Gutgläubiger Erwerb)*

**Trott zu Solz, Jost von,** Die Behandlung nichtiger Enteignungen im Rahmen von § 1 Abs. 6 VermG, dargestellt am Beispiel der Vermögensentziehungen nach § 3 der 11. VO zum Reichsbürgergesetz, ZOV 1998, S. 163 ff.

**Turner, Stefan,** Die Zuordnung beweglicher Kulturgüter im Völkerrecht, S. 19 ff., Das internationale Kulturgüterrecht und die Zerstreuung des deutschen Kulturbesitzes nach dem Zweiten Weltkrieg, S. 109 ff. in: Fiedler, Wilfried (Hrsg.), Internationaler Kulturgüterschutz und deutsche Frage. Völkerrechtliche Probleme der Auslagerung, Zerstreuung und Rückführung deutscher Kulturgüter nach dem Zweiten Weltkrieg, Berlin 1991 *(zitiert: Turner in: Fiedler)*

**Uechtritz, Michael,** Die Neuregelungen für NS-Verfolgte im 2. Vermögensrechtsänderungsgesetz, VIZ 1992, S. 377 ff.

**Volkert, Natalia,** Kunst- und Kulturraub im Zweiten Weltkrieg: Versuch eines Vergleichs zwischen den Zielsetzungen und Praktiken der deutschen und der sowjetischen Beuteorganisationen unter Berücksichtigung der Restitutionsfragen, Frankfurt am Main 2000

**Walk, Joseph,** Das Sonderrecht für die Juden im NS-Staat. Eine Sammlung der gesetzlichen Maßnahmen und Richtlinien – Inhalt und Bedeutung, 2. Auflage, Heidelberg 1996 *(zitiert: Walk, Das Sonderrecht)*

**Wasmuth, Johannes,** Wiedergutmachung für entzogene Vermögenswerte von NS-Verfolgten im Beitrittsgebiet, VIZ 1992, S. 81 ff.

**Walter, Bernhard,** Rückführung von Kulturgut im internationalen Recht, Bremen 1988

**Weber, Marc,** Unveräußerliches Kulturgut im nationalen und internationalen Rechtsverkehr, Berlin 2002

**Wedesweiler,** Rechtsfragen aus dem Gebiet der RLG-Beschlagnahmen, NJW 1949, S. 414 ff.

**Weiß, Gottfried,** Beutegüter aus besetzten Ländern. Die privatrechtliche Stellung des schweizerischen Erwerbers, Schweizerische Juristen-Zeitung (SJZ) 1946, S. 265 ff.

**Weiss, Evelyn,** Zwei Restitutionsfälle, S. 171 ff. in: Veröffentlichungen der Koordinierungsstelle für Kulturgutverluste (Hrsg.), Band 1: Beiträge öffentlicher Einrichtungen der Bundesrepublik Deutschland zum Umgang mit Kulturgütern aus ehemaligem jüdischen Besitz, Magdeburg 2001 *(zitiert: Weiss in: Beiträge öffentlicher Einrichtungen)*

**Welge, Manfred,** Investitionsvorrang gegenüber NS-Verfolgten?, VIZ 1993, S. 420 ff.

**Wengler, Wilhelm,** Gutachten: Die Anwendung des Rückerstattungsgesetzes der amerik. Zone auf Entziehungsfälle außerhalb Deutschlands, RzW 1949/50, S. 196 ff.

**ders.,** Räumlicher Anwendungsbereich der Rückerstattungsgesetze und örtliche Zuständigkeit im Rückerstattungsverfahren, NJW 1954, S. 737 ff.

**Werner,** Zur Anwendung des Rückerstattungsgesetzes für die amerikanische Zone, NJW 1947/48, S. 539 ff.

**Wesel, Uwe,** Wiedergutmachung für NS-Unrecht und Enteignungen auf der Grundlage sowjetischer Besatzungshoheit, VIZ 1992, S. 337 ff.

**Westermann, Harry,** Lehrbuch des Sachenrechts, 1. Auflage, Karlsruhe 1951

**ders.,** Sachenrecht: ein Lehrbuch, 7. Auflage, Heidelberg 1998

**Wiegand, Wolfgang,** Der gutgläubige Erwerb beweglicher Sachen nach §§ 932 ff. BGB, JuS 1974, S. 201 ff.

**Witz, Paul,** Völkerrechtliche Restitution und Rechtsmängelhaftung, NJW 1949, S. 658 f.

**Wolff, Hans-Jürgen,** Kriegserklärung und Kriegszustand nach klassischem Völkerrecht: mit einem Beitrag zu den Gründen für eine Gleichbehandlung Kriegsführender, Berlin 1990 (Zugl.: Bonn, Univ., Diss., 1989) *(zitiert: Wolff, Kriegserklärung)*

**Zeranski, Dirk,** Prinzipien und Systematik des gutgläubigen Erwerbs beweglicher Sachen, JuS 2002, S. 340 ff.

**Zimmermann, Norbert,** Die Praxis der Restitution, S. 313 ff. in: Veröffentlichungen der Koordinierungsstelle für Kulturgutverluste (Hrsg.), Band 2: Museen im Zwielicht. Ankaufspolitik 1933–1945, die eigene Geschichte. Provenienzforschung an deutschen Kunstmuseen im internationalen Vergleich, Magdeburg 2002 *(zitiert: Zimmermann in: Museen im Zwielicht)*

**Zimmermann, Reinhard / Leenen, Detlef / Mansel, Heinz-Peter / Ernst, Wolfgang,** Finis Litium? Zum Verjährungsrecht nach dem Regierungsentwurf eines Schuldrechtsmodernisierungsgesetzes, JZ 2001, S. 684 ff.

**Zschiedrich, Klaus / Hoffmann, Eva,** Völkerrechtlicher Schutz der Kulturgüter vor Wegnahme und illegaler Verbringung ins Ausland, NJ 1984, S. 86 ff.

# Personenregister

# Sachregister

Bei Fragen zur Produktsicherheit wenden Sie sich bitte an:
If you have any questions regarding product safety,
please contact:

Walter de Gruyter GmbH
Genthiner Straße 13
10785 Berlin
productsafety@degruyterbrill.com